orbibooks

문학 FOCUS

저자 정지환

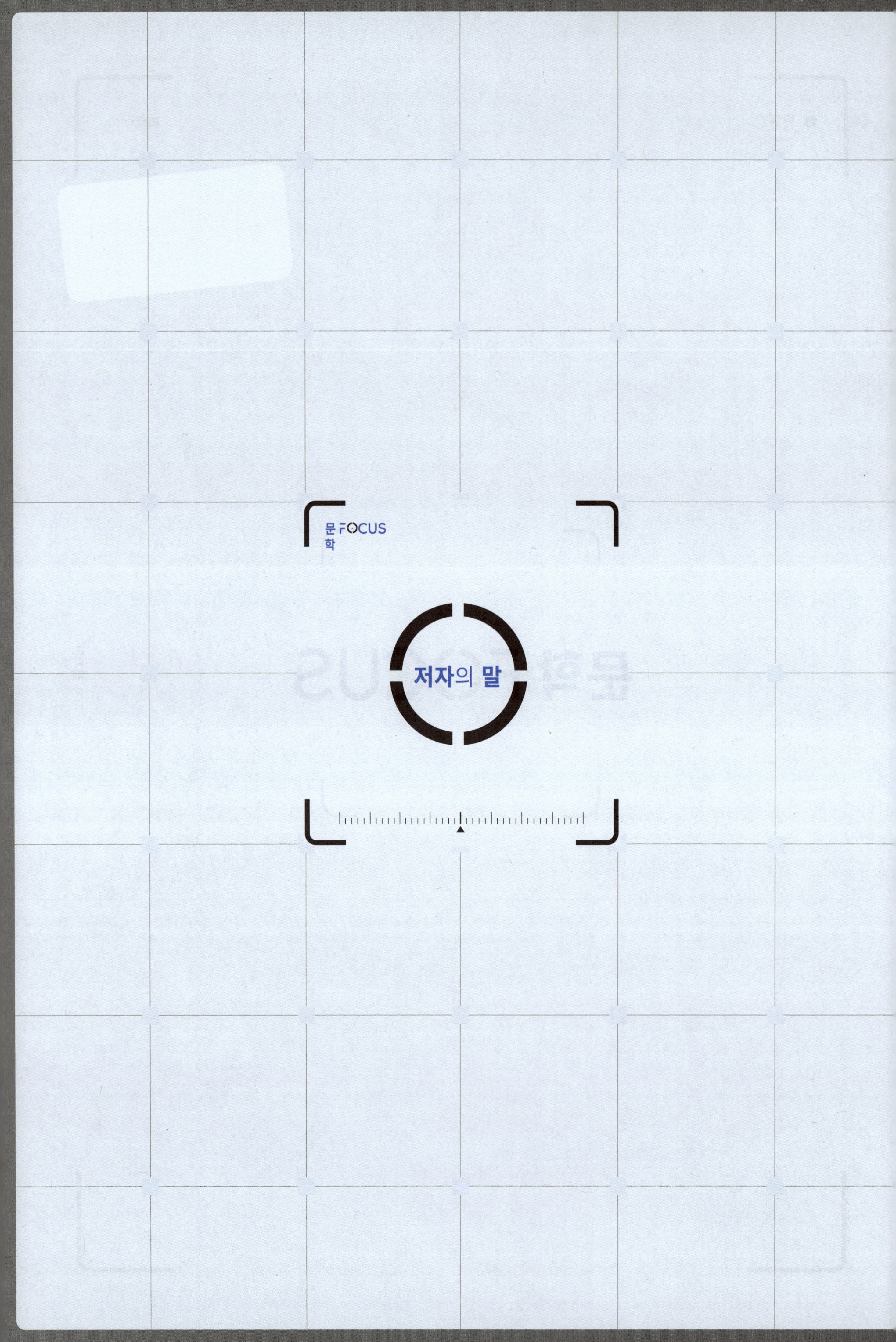
문
학 FOCUS
저자의 말

안녕하세요.
수능 국어를 다루는 정지환이라고 합니다.

수험생들과 함께하며 제가 깨달은 사실이 하나 있습니다.
문학 작품에는 정답이 없지만, 시험에서는 정답을 찾아야 하는 역설 속에 있다는 것입니다.

최근 기출을 보면 점점 더 난해하고 복잡한 작품들이 출제되고 있습니다. 학생들이 시험장에서 이런 작품들을 마주했을 때, 완벽하게 이해하고 감상하기가 쉽지 않습니다. 일각에서는 '이해와 감상'으로 뚫어내는 것이 최고의 방법이라고 말합니다. 작품을 온전히 이해했다면 문제 풀이도 자연스럽게 따라오기 때문입니다.

그런데 그 방법을 사용하지 못하는 학생들은 어떻게 해야 할까요?
그 이해와 감상이 될 때까지 계속 수능을 봐야 할까요?

아닙니다. 우리는 현실을 직시해야 합니다.
안 되는 것을 붙잡지 말고, 할 수 있는 것을 최대한 연습해야 합니다.

물론 '이해와 감상'을 갈고 닦아서 작품의 감상 능력을 키우는 것도 하나의 방법입니다. 그러나 이 방식은 개인의 경험과 능력에 의존하는 방식입니다. 누군가는 이 방법으로 정점에 도달할 수 있지만, 다른 누군가는 정점에 도달하지 못합니다. 개개인의 능력 차가 존재하기 때문입니다. 실제로 사람마다 공감 능력도, 머릿속에 심상을 그려내는 능력도 다르다고 합니다. 그렇기에 우리는 개인의 다름을 인정하지 않고 한 가지 방식만 고집해서는 안 됩니다.

저는 '이해와 감상'과 '인지와 판단' 둘 다 중요하다고 생각합니다.

'이해와 감상'은 성취기준에 언급이 되어 있고, 수능 출제 근거에도 언급되어 있기에 완전히 배제할 수 없습니다.

우리는 '이해와 감상'을 배제할 수 없는 상황에서 점수를 올려야 하는 상황을 마주합니다.
이때, 부족한 '이해와 감상'의 역량을 보완하기 위해서는 '인지와 판단'의 역량이 필요합니다.

이 역량은 앞의 역량과 달리 체계적이고 반복적인 훈련을 통해 쉽게 체득할 수 있습니다.

따라서 저는 이 책에 '최소한의 이해와 최대한의 판단'을 담으려 노력했습니다.

한편, 국어의 성적 상승을 논할 때, 항상 나오는 주제는 시간 단축입니다.

시간 단축 방법을 논할 때, 비문학을 단축할 것이냐 아니면 문학을 단축할 것이냐에 대한 논쟁이 있습니다. 저는 여기서 비문학이 아닌 문학을 단축해야 한다고 생각합니다. 왜냐하면 문학은 비문학과 달리 정보량이 훨씬 적기에 처리에 사용할 자원이 적기 때문입니다. 심지어 문학은 비문학과 달리 작품을 읽으며 풀 수 있습니다. 심지어 문제를 먼저 보고 작품 판단의 기준을 파악할 수 있습니다. 그렇게 문학에서 얻어낸 시간을 어려운 비문학에 투자해서 성적을 올려야 합니다.

그런데 시중의 서적이나 강의에서 이 부분을 다루는 것을 보신 적이 있으신가요?
대부분 다루지 않거나, 다루더라도 수업에서 가볍게 다루는 정도입니다.

제 책은 다릅니다. 이 책의 출간 이후 몇몇 강사분들의 수업에서 문학의 풀이 순서 최적화를 다루는 것이 추가될 정도로 혁신적이었습니다. 책의 내용을 그대로 자신의 것인 양 카피해 가신 분들은 부끄러워하시길 바랍니다.
다른 책들과 달리 문학의 풀이 순서를 운문과 산문으로 나눠서 유형별로 분석하고 깔끔하게 결론을 내려줍니다.
이 책은 다른 책들처럼 검 하나로 모든 적을 이기는 천하제일 검이 되게 만들어 주겠다는 소리를 하지 않습니다.

이 책은 검을 효율적으로 휘두르는 법과 더불어, 검에 독을 바르고, 가방에 표창과 연막탄과 화약을 넣어 주고, 강한 적을 만났을 때, 퇴로를 확보하는 법을 알려줍니다.

이 책은 단순한 기출 문제집이 아닙니다. 제가 말하고자 하는 바를 담은 구성으로 기출 문제들이 들어가 있습니다.
풀 세트가 아닌 경우가 많고 한 지문당 한 문제가 많습니다.

이 책은 자신이 따르던 커리큘럼과 병행해도 됩니다.
결국 대부분의 수능 문학 커리큘럼은 이해와 판단의 비중이 다를 뿐 다루는 내용이 크게 다르지 않기 때문입니다.

작품 해설에서는 이해가 필요하다면 논리를 동원한 이해를, 인지로 충분하다면 누구나 할 수 있는 판단을 다루고 갑니다. 문제 해설을 읽으면서 작품으로 돌아갈 필요가 없도록 작성했습니다. 작품 근거의 원문을 그대로 가져오거나 문장의 맥락에 맞게 자연스럽게 재진술해서 다루었기에 읽으며 흐름만 따라가면 됩니다.

한편 해설만으로 배워갈 수 없는 지점도 있기에 '교훈' 파트도 삽입해두었습니다.
여기에는 약간 말 많은 과외 선생님이 옆에서 하나라도 더 얻어가라고 알려주는 것들이 담겼습니다.

저는 수년간 3~4등급에서 진동하다가, 단 일 년 만에 18년도에 1등급으로 점프했고, 다음 해에도 그 성적을 유지해 냈습니다. 그리고 시간이 흘러 22년도 불국어에서 백분위 99로 올려냈습니다.

분명 저보다 국어를 잘하시는 분들은 많습니다.

그러나 저는 제 성적 상승 비법에 확신이 있었습니다.

그렇기에 제 경험을 되돌아보고 일반화한 후, 학생들의 성적 향상을 도우며 그들의 성공 사례들을 쌓아 나가며 방법론을 더 발전시켜 나갔습니다.

이 과정에서 많은 고민을 했습니다.
어떻게 해야 학생들이 나처럼 극단적으로 성적을 향상할 수 있을까?
어떻게 해야 학생들이 안정적으로 국어 성적의 하방을 다지고, 올릴 수 있을까?

여기서 제가 내린 결론은 문학에서의 압도적인 시간 단축이었고, 그 비결은 이해와 판단의 비중을 지문에 적재적소로 조절하는 것과 풀이 순서의 최적화였습니다.

이 두 개를 제가 하는 방식 그대로 옮겨드릴 수는 없습니다.
저의 암묵지에 있는 것이 모두에게 적용되는 것이 아닐 수 있으니까요.
대신 여기서는 제가 다년간 학생들과 고민하며 보편화시킨 방법론을 전해 드리려 합니다.

발전은 자신의 부족함과 한계점을 인정하는 것에서 시작됩니다.

본문에서 봅시다.

김민석
서울대학교 산업공학과
진학 예정, 2026학년도
수능 국어 90점
(25수능 백분위 64)

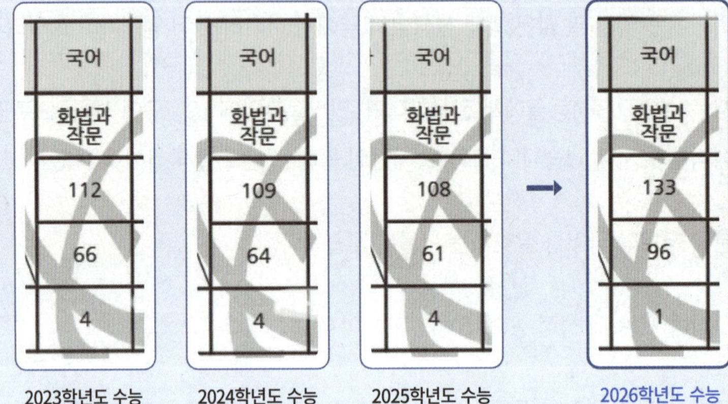

이 책은 수능 국어를 공부함에 있어서 마지막 퍼즐 조각을 맞춰주는 희망과도 같은 책입니다.

저는 ' 문제 풀이 능력 '은 우수했으나 항상 문학에서 30분을 쓰며 80분이라는 제한 시간 내에 매번 완주하지 못했습니다. 문제집을 풀땐 잘 풀어냈으나 막상 실전에선 실력이 나오지 않은 채로 4등급의 향연이었습니다. 시간에 쫓겨 평소 하지 않던 실수를 하든가, 조급함에 시야가 좁아져 이상한 선지를 선택하거나, 매번 한 지문을 못 푼 채로 끝나는게 일쑤였습니다. 분명 기출분석 많이 해서 달달 외울 경지까지 갔고, 문제집 풀면 정답률이 좋게 나오는데,,, 라며 그 이유를 분석하는 과정에서 이 책을 접하게 되었습니다. 이 책에서 저는 제가 하나 간과했던 것을 깨닫게 해주었습니다. 수능 문학은 문제를 푸는 그 과정 자체도 실력이지만, 시험이라는 특수성을 이해하는 것도 실력입니다. 이 책을 공부하며 실전에서의 다양한 변수를 인지할 수 있고, 시험장에서 리스크를 관리하는 능력을 얻을 수 있습니다. 책의 부제 ' 최소 판단, 최소 이해 '에 걸맞게 사고를 간략화하여 시간을 줄이게 되며 수능 문학의 마지막 퍼즐을 맞출 수 있게 될거라 생각합니다.

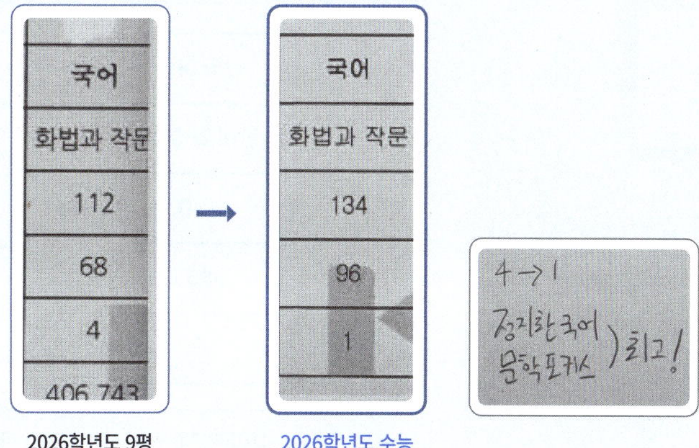

선생님 덕분입니다

가채점보다 좀 더 올라서 진짜 4→1 됐습니다!!

감사합니다

문학포커스 정말 최고의 교재였어요!

- 실제 디엠 내용

"문학을 논리로 해결하는 센세이션"

많은 수험생들이 다른 과목과 다르게 언어과목에서 유독 어려움을 겪는다. 개인적인 생각으로는 기본적인 개념이나 방법론 없이 본인의 글읽는 힘만 활용해 수능 국어를 접근하려 하는것 같다. 이러한 이유로 '국어는 감이다'나 '국어는 컨디션이 중요하다'라는 말이 나오기도 한다. 필자도 이 교재를 접하기 전까진 성적 변동이 심했고 모의고사를 칠때면 항상 긴장해 필자의 글읽는 힘을 제대로 발휘하지 못했다.

그러나 이 교재는 첫장부터 문학문제가 어떻게 구성되어 있는지와 문제를 접근하는 방법을 제시해준다. 그 덕분에 글읽는 힘을 올바른 방향으로 이끌어준다.

해설 역시 수험생의 눈높이로 구성되어있어 스스로 학습하기에 완벽하다. 시중 기출문제집 해설의 경우 단순히 왜 오답인지, 왜 정답인지만 알려주고 끝내는 경우가 다반사다. 그러나 문학 FOCUS는 지문을 읽을때 어떤 생각을 해야하는지, 선지를 읽을때 어떤 생각을 해야하는지 과외선생님처럼 친절하게 설명해주고 있다.

끝으로, 수험생활중 언제든지 보아도 너무 완벽한 책이다. 수험생활 초반에 보아도 문학 문제풀이의 접근법을 배우며 시작할 수 있다. 또한 논리적이며 난이도있는 아름다운 기출문제로 구성되어 있어 수험생활 중반~후반에 보아도 문학문제풀이를 재정비하며 기출문항을 복습해볼 기회가 될 수 있다.

아직도 수능 문학은 감이라고 생각하는가? 수능 문학의 본질을 꿰뚫는 정지환 선생님의 문학 FOCUS로 공부한다면 성적상승은 자연스럽게 따라올것이다. 믿어보아라! 필자의 경험이 증명한다.

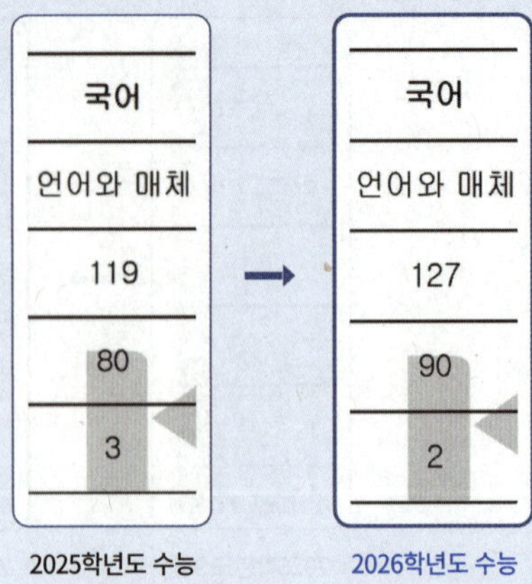

극적인 상승은 아니지만...작년 수능 백분위 80에서 올렸습니다.
무려 작년 9모에서 5등급을 받은 걸 생각하면 그래도 꽤 올렸다고 생각해요
문학을 다 맞아서 가능한 점수입니다. 그리고 문학 만점에 선생님의 교재가 큰 도움이 되었습니다.
제가 원래 문학에서 뭘 물어보는건지 감을 못 잡았는데, 선생님의 책으로 공부하며 문학 문제들이
물어보는 정보만 끌어낼 수 있게 되었어요. 문학 문제들이 정형화되어 있다는 걸 깨닫고 그걸 반복훈
련할 수 있었습니다. 책의 제목 그대로 무엇을 훈련할지, 문제에서 무엇을 물어보는지 초점화 해주는
좋은 교재라고 생각합니다.
감사합니다!
- 실제 디엠 내용

책을 공부하면 할수록 문학 문제들의 패턴을 명시적으로 적어놓은 점이 놀라웠습니다. 이렇게까
지 구체적인 책은 본 적이 없었습니다. 국어 공부에 있어 가장 난감할 때는 '그냥 잘 읽고 잘 풀어
라' 라는 식의 가르침을 받을 때였습니다. 이 책은 그러한 가르침의 정반대 지점에 놓여있습니다.

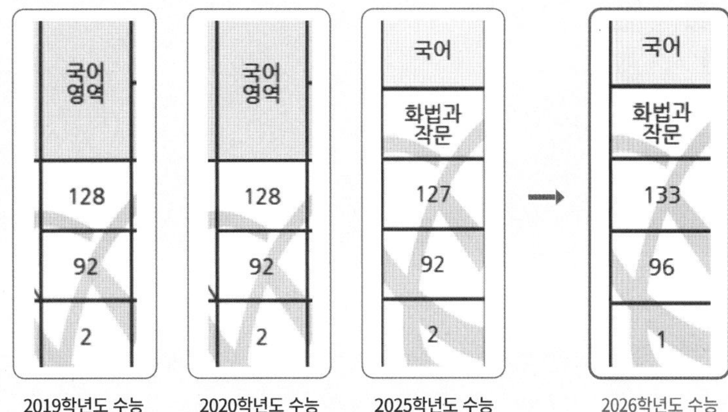

문학FOCUS는 매우 실전적인 책입니다.

저는 원래 문학 문제 풀이 속도가 빠른 편이었습니다, 그렇지만 공부를 거의 하지 않아서 19, 20학년도 수능에서 문법과 독서 영역에서 감점을 당해 백분위 92에 그쳤습니다.

20학년도 이후에는 국어 공부를 정말 적게 했습니다. 그 결과, 문학 문제 풀이 속도가 현저히 떨어졌습니다. 이미 풀어봤던 문학 세트조차 30분이 걸릴 때가 있을 정도였지요.

그러다가 25학년도 수능을 위해 국어를 공부하면서 사설 양치기를 했고, 그 결과 문학 문제 풀이 시간을 25분 내외로 쓸 수 있게 되었습니다. 하지만 독서 문제를 온전히 다 풀기 위한 시간이 확보하지 못해서 결국 전과 같이 백분위 92를 받았습니다.

독서에서 시간 단축이 힘든 걸 알기에, 예전처럼 문학 문제 풀이 속도를 빠르게 만들고 싶었습니다. 그런 목표를 가지고 있는 저는 어느 날, 오르비에서 이 책을 알게 되었습니다. 홀린 듯이 구매해서 하루에 1~2 챕터씩 공부했습니다.

이 책을 풀며 느낀 점은, 제가 이 책에서 말하는 '중복 독해'를 너무 많이 하고 있다는 점이었습니다. 이 책을 통해 문제 풀이 순서를 어떻게 정하느냐에 따라서 단순히 작품을 읽는데 걸리는 시간 차이가 크다는 것을 인지하게 되었습니다. 그리고 이 책에서 추구하는 최소한의 이해라는 점도 제가 추구하는 방향성과 같아서 거부감이 없었습니다.

이 책으로 공부한 결과, 26학년도 수능에서 문학 문제 풀이를 빠르게 진행할 수 있었습니다. 결과적으로 독서 문제까지 온전히 다 풀고 1등급을 받을 수 있었습니다. 사설 문제는 하나도 풀지 않고 이뤄낸 결과입니다.

이 책의 가장 큰 장점은 체화가 아주 쉽다는 점입니다. 문학 문제를 푸는 것에 있어 엄청난 스킬을 알려주는 책이 아닙니다. '시험장에서' 문학을 읽고 푸는 가장 현실적인 풀이법 및 해설을 보여줍니다. 문학 영역에서 크고 작은 어려움을 겪고 있다면, 이 책이 답이 될 거라고 확신합니다.

박도현
혜윰 모의고사 공동저자,
서울대 로스쿨 재학

어떤 과목이든 그럴 거 같습니다만, 언어 과목의 특성상 공부에는 말로 바꿀 수 있는 방법론이 있기 어렵고, 방법론이란 것이 있다고 하더라도 해당 방법론이 자신에게 맞는지를 찾는 것은 더욱 어렵습니다. 그런 이유로 저는 방법론을 알려준다는 글이나 책을 조금 비판적으로, 회의적으로 보는 면이 있습니다. 이 책이 그런 회의감을 해결해 준다는 말을 한다면 거짓말일 겁니다. 이 책의 특장점은 시험 현장에서 적용할 수 있도록 문학을 다루는 한 사람의 관점을 소개한다는 것에 있습니다. 그리고 이 책은 할 수 없는 것을 해주겠다고 자랑하지 않습니다. 소박하지만 진실하고, 효용성이 있을 겁니다. 문학에 대해 문제를 겪고 있는 학생, 문학과 비문학 모두에 대해서 공부방법을 한번 재검토해 보고 싶은 학생에게 추천합니다.

장현 국어
헬스터디2, 대치 명인,
강남 하이퍼, 러셀 등
유명학원 다수 출강 이력

정지환 선생님의 『문학 Focus』는 단순한 기출 문제 해설서를 넘어, 실전에서의 '시간 단축'과 '판단 중심 독해'를 철저히 훈련할 수 있도록 설계된 전략서다.

이 책은 시험장에서 낯선 작품을 마주했을 때 많은 수험생들이 겪는 혼란과 무력감을 솔직히 짚으며 출발한다. 그리고 그 해결책으로, 누구나 따라 할 수 있는 '인지와 판단 중심의 전략'을 체계적으로 제시한다. 기존의 국어 교재들이 감각적이고 이상적인 독해에 기대고 있다면, 『문학 Focus』는 현실적인 한계 속에서도 실제 점수를 올릴 수 있는 구체적인 방법을 담았다.

이 책의 진가는 해설보다 방법론에 있다. 단순히 '정답이 왜 맞는지'보다, '실전에서 무엇을 먼저 보고 어떻게 대응해야 하는지'를 알려준다. 특히 '문학의 비문학화'라는 흐름을 읽고, 문학 지문을 정보로 분석하는 전략은 변화하는 수능 트렌드에 정확히 부합한다.

기출 분석의 깊이와 실전 전략의 디테일이 만나 탄생한 이 책은, 문학이 약점인 학생은 물론 고득점을 원하는 상위권에게도 권할 만한 실전 독해 매뉴얼이다.

차동근

18년도 수능 국어 100점,
의사

수능의 주요 과목들 중 학생들이 어려움을 느끼지 않는 과목이 어디 있겠습니까만은 국어는 다른 과목들과는 약간 궤를 달리합니다. 수학을 예로 들면, 내가 다항 함수의 미적분 파트가 부족하다고 생각되어 관련된 문제를 많이, 열심히 풀면 정도의 차이는 있으나 그 파트에 대한 실력이 상승했다는 것을 어느 정도 체감할 수 있습니다. 하지만 국어는 내가 현대시 파트가 약하다고 해서 현대시 기출을 모아서 풀면 오히려 미궁에 빠지는 경우가 종종 일어납니다. 이는 국어가, 특히 문학이 사람들이 문학에 대해 가지고 있는 일반적인 인식과 수능 문제에서 괴리를 나타내기 때문입니다.

많은 사람들이 문학이라 하면 문학 작품에 대한 감상, 여러 평론가들의 다양한 해석을 떠올리지만, 명확한 답이 존재해야만 하는 수능에서는 그런 다양한 감상과 해석을 모두 수용할 수가 없습니다. 그렇기에 문학 작품에 나타난 근거를 바탕으로 선지의 정오를 명확히 판단하는 훈련을 해야만 문학 성적을 올릴 수 있습니다.

하지만 대부분의 국어 강의는, 심지어 '수능' 국어 강의를 표방하는 강의에서도 아마 여러분이 수능을 치는 동안 다시 나오지 않을 지문 분석에 강의 시간의 70%를 쏟고 선지의 정오 판단은 대충 '평가원이 오답이라고 했으니까 이건 아니겠지'라는 식으로 뭉개는 경우가 한둘이 아닙니다.

이 책은 그러한 류의 강의와 달리 내가 배운 것과 다른 문학 작품이 나오더라도, <보기>에 강사가 알려주지 않은 해석이 나오더라도 실전적으로 문제의 답을 판단할 수 있는 능력을 배양하도록 합니다. 물론 문학 파트의 특성 상 지문 분석이 없을 수 없지만, 이 책에서 저자가 강조하는 바는 어디까지나 어떻게 해야 정답 선지를 골라서 점수를 얻어낼 수 있을까입니다.

다른 강사처럼 재밌는 썰을 풀어 주지 않습니다, 흥미로운 비사를 얘기해주지도 않습니다. 이 책을 마주한 여러분은 5분짜리 유튜브 영상에서나 얻을 법한 도파민이 아니라 국어 성적 상승이라는 더욱 극적인 기쁨을, 근본적인 문제 해결을 위하고 있기 때문입니다. 수능 시험장 80분의 길지만 짧은 순간 동안 평가원이 요구하는 바를 완벽에 가깝게 찾아내도록 하는 것. 그리고 그것을 위한 훈련. 이 책이 담고 있는 모든 것입니다. 여러분의 성적 상승에 직효가 있을 것이라 자신합니다.

변이언

2015~2019학년도 수능 국어 all 1등급, 울산대학교 의과대학 19학번, 82회 KBS 한국어능력시험 1급

개인적으로 이 책은 현재 나와 있는 많은 국어 영역 학습도서 중에서 독보적인 책이라고 생각합니다. 저는 사실 국어 영역을 그냥 읽고 풀면 그만인 영역이라고 생각했고, 수험생 생활을 마친 지 이미 몇 년이 흘렀음에도 새로 나온 국어영역 시험지를 받아 들면 여전히 그냥 특별한 전략 없이 시간내 읽고 풀고 다 맞을 정도로, 별 노력 없이 국어 영역을 대하는 사람입니다. 하지만, 개인적으로 인연이 닿아 경제적 어려움을 겪는 수험생들을 무료 과외 형식으로 도와줄 일이 많았는데, 이 과정에서 국어 영역을 어려워하는 학생들을 많이 만나면서 생각이 바뀌었습니다. 또한 가르치는 입장에서 뭔가 적절한 교재가 있었으면 하고 바랐던 적이 많았습니다. 그냥 읽고 풀라고 가르칠 수는 없는 노릇이니까요.

그런 의미에서, 이 책은 매우 훌륭한 자습교재이며, 더더욱 훌륭한 과외교재라고 할 수 있겠습니다. 제가 생각하는 이 책의 장점을 세 가지만 추려서 언급하겠습니다.

먼저, 이 책은 특별한 기술이나 다양한 배경지식을 동원하지 않고, 마치 비문학을 풀듯이 아주 담백하고 진실하게, 무엇보다 수험생의 입장에서 문학을 접근하려는 시도를 하고 있습니다. 이는 현 수능의 메타에서 매우 효과적인데, 요즘의 수능 문학은 제가 판단키에는, 우리에게 "개인적인 감상과 이해"를 할 것을 요구하기보다 "출제자가 제시한 감상"이 타당한지 검증하기를 요구하는 경우가 많기 때문입니다. 저자의 생각도 이와 완벽히 통하며, 이 사고가 이 책을 관통하는 하나의 큰 대전제입니다. 요즘의 출제 경향에 대응하기에는 매우 적합하다고 할 수 있습니다.

또한, 이 책은 문학에서 출제되는 문제들의 유형을 하나하나 분석한 뒤, 최대한 시간을 줄이면서도 정확하게 문제들을 풀 수 있도록 최적화된 접근법을 제시합니다. 실제 수능에서도 문학은 일반적으로 비문학보다 절대적 난이도 자체가 낮은 편인데, 그만큼 문학에서 시간과 점수를 벌고 비문학에 투자하는 것이 좋습니다. 그렇기 때문에 문학에서 어떻게 시간을 줄이고 정답률을 높일지가 관건인데, 이 책은 그 방법론을 일관되게 다양한 기출문제들을 통해 검증하고 익숙해지도록 하고 있습니다. 문학 때문에 발목이 잡히는 분들에게는 이만한 처방이 없을 것 같습니다.

마지막으로, 기출문제집이 아니면서 이렇게 해설이 자세한 책은 보기 드뭅니다. 시중에 있는 국어 영역 문제집 중에서, 그나마 해설이 자세한 건 EBS 국어 영역 교재들이나 마X텅 기출문제집 같은 교재들이고, 그마저도 각 선지마다 해설을 달지 않는 경우가 많습니다. 하지만 이 책은, 거의 모든 문제에서 선지마다 정답이나 오답의 사유를 설명하는 것은 물론, 지문을 의미 단위로 나누어 하나하나 설명을 해주는 방식을 취하고 있습니다. 웬만큼 자세한 기출 해설 인터넷 강의를 들어도 이만큼 자세한 책을 찾기는 힘듭니다.

이 외에도 수없이 많은 장점을 가지고 있는 책이라고 생각합니다. 이만하면 다양한 교재들이 범람하는 현 상황에서도 당당히 이름을 내세울 만한 자습서, 과외 교재가 아닐까요? 문학이 고민인 모든 분들께 충분히 추천할 만한 책입니다.

한정윤
서울대학교 정치외교학
과, 저자

2년 전 '킬러 배제 수능'이 천명된 이후, 국어 영역은 매우 큰 변동을 겪었습니다. 그리고 그 변동은 '비문학의 난이도 약화'와 '문학의 난이도 강화'를 골자로 하고 있었죠.

그리고 현재, 비문학의 난이도는 원래대로 돌아갔으나 이것이 문학의 난이도 약화를 의미하는 것은 아니었습니다. 24수능 문학이라는 이름의 화마가 언제든지 다시 우리를 덮쳐 올 수 있음은 여러 시험을 통해 이미 충분히 증명되었습니다.

사람들은 흔히 말합니다: 비문학과 달리 문학은 아무리 시간을 많이 주어도 답을 고르지 못하겠다고. 비문학과 화작, 언매에는 없는 문학만의 그 오묘한 지점은 '감'이라는 추상적인 언어로만 포장된 채 현재까지 많은 학생들을 괴롭혀 오고 있죠.

하지만 그 '추상성'은, 이 교재로 인해 끝납니다.

'문학 Focus'는 지금까지 '감'으로만 치부되어 왔던 문학에서의 출제 포인트와 선지 판단 근거를 강제로 명확성의 영역으로 끌고 옵니다. 반박할 수 없는, 그러면서도 누구나 따라갈 수 있는 체계적인 논리 구조는 왜 본 교재가 최고의 문학 독학서인지를 여실히 보여주는 영역이라 할 수 있죠.

모호함과 감의 영역에서 발을 떼어, 명확함과 필연의 영역으로 향하세요. 그리고 문학 Focus'는, 그 긴 여정에서 여러분을 이끌어 줄 최고의 지도가 되어 줄 것입니다.

문
학
FOCUS

CONTENTS

FOCUS

0

문학의 시간 단축

문학의 시간 단축

국어 성적을 올리기 위한 요소들을 생각해 보면, 기출 분석을 통한 근본적인 독해력 향상과 선지 판단 기준 확립이 떠오를 것입니다. 그런데 국어의 성적 상승에 관여하는 요소가 이 두 가지 밖에 없을까요? 아닙니다. 저 두 가지 외에도 많은 요소가 있습니다. 이번에 다룰 내용은 그 중 하나인 문학의 시간 단축입니다.

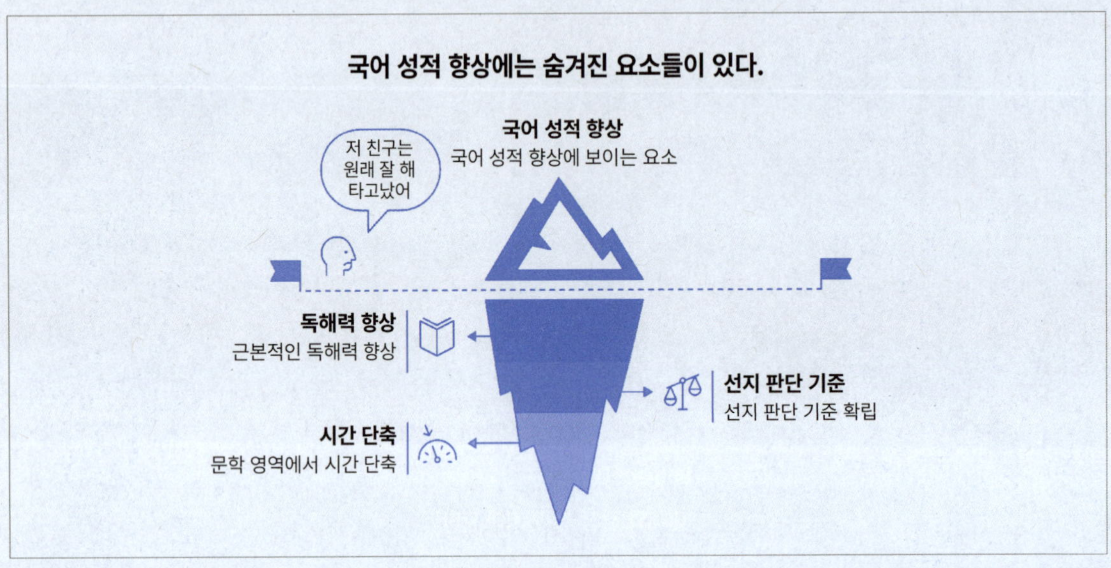

단축을 논하기 전에 국어를 비문학, 문학, 선택으로 나눠서 생각해 봅시다. 비문학은 시간 단축을 할 수는 있으나 그 과정이 험난하며 시간이 많이 걸립니다. 또한 선택(화작이나 언매)은 단축했을 때 실수가 발생할 확률이 기하급수적으로 늘어나기에 15분 내외로 고정해두고 가는 것이 좋습니다.

반면 문학은 비문학보다 처리할 정보도 적고 선택 과목보다 실수 위험도도 낮습니다. 무엇보다도 문학은 체계적인 훈련을 통해 안정적으로 시간을 단축할 수 있습니다. 예를 들어 비문학에서는 지문마다 새로운 개념과 정보가 등장하지만, 문학에서는 문학 개념어들이 반복적으로 출제됩니다. 이러한 것들을 미리 숙지해두면 선지 판단 속도를 크게 높일 수 있습니다.

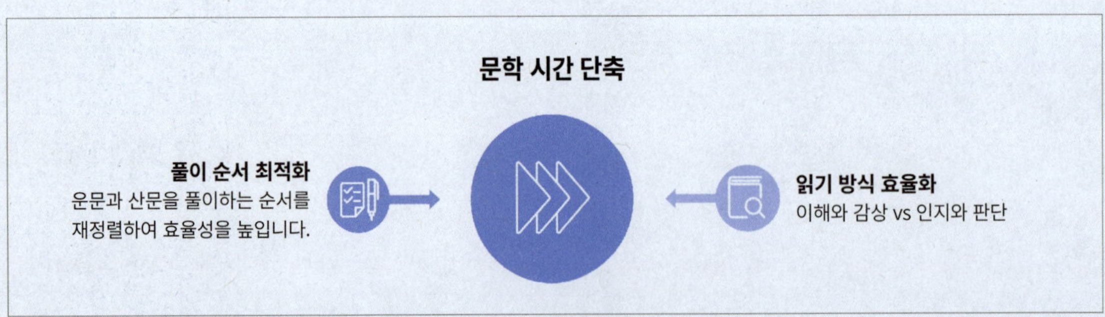

따라서 국어 시간 단축의 핵심은 문학입니다. 문학의 단축은 크게 두 가지 관점에서 접근할 수 있습니다. 첫째는 읽기 방식의 효율화이고 둘째는 풀이 순서의 최적화입니다, 먼저 읽기 방식의 효율화부터 살펴봅시다.

Subject 0   **'이해와 감상'과 '인지와 판단'**

"선생님이 강의에서 하는 것처럼 하고 싶은데 잘 안돼요!"
"시험장에만 가면 배운 대로 읽히지 않아요!"

시험장에서 배운 바를 적용하지 못하는 학생들이 자주 하는 질문입니다.
저 상황에서 어떻게 해야 할까요?

이에 대한 대답에 앞서 한 가지 짚고 넘어갑시다.

수업과 실전의 간극

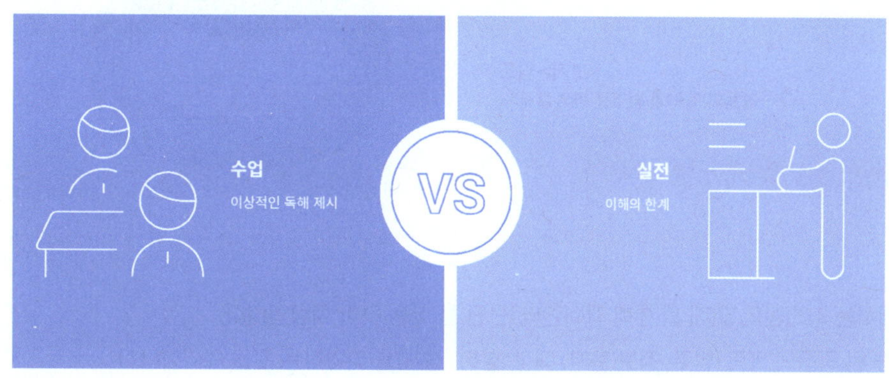

수업과 실전의 차이를 이해해야 합니다. 수업은 학생들이 이해할 수 있도록 최적화되어 구성됩니다. 교수자는 충분한 시간을 가지고 이상적인 독해 과정을 보여 줍니다.

그러나 실전에서는 제한된 시간, 심리적 압박 등 다양한 변수가 존재합니다.

따라서 학생들은 실전에서 모든 것을 '이해'하기 쉽지 않습니다. 앞서 언급한 이상적인 독해를 다루는 수업이 잘못된 것은 아닙니다. 이상적인 목표를 제시해야 학생들이 그에 근접할 수 있기 때문입니다.

그렇다면 이제 실전에서 어떻게 해야 할지에 대한 대답을 해보겠습니다.

실전에서 효과적으로 문제를 해결하기 위해서는 '할 수 있는 것'에 집중해야 합니다.
'할 수 있는 것'이라는 게 대체 뭘까요?

다음 페이지에서 개략적으로 알아봅시다.

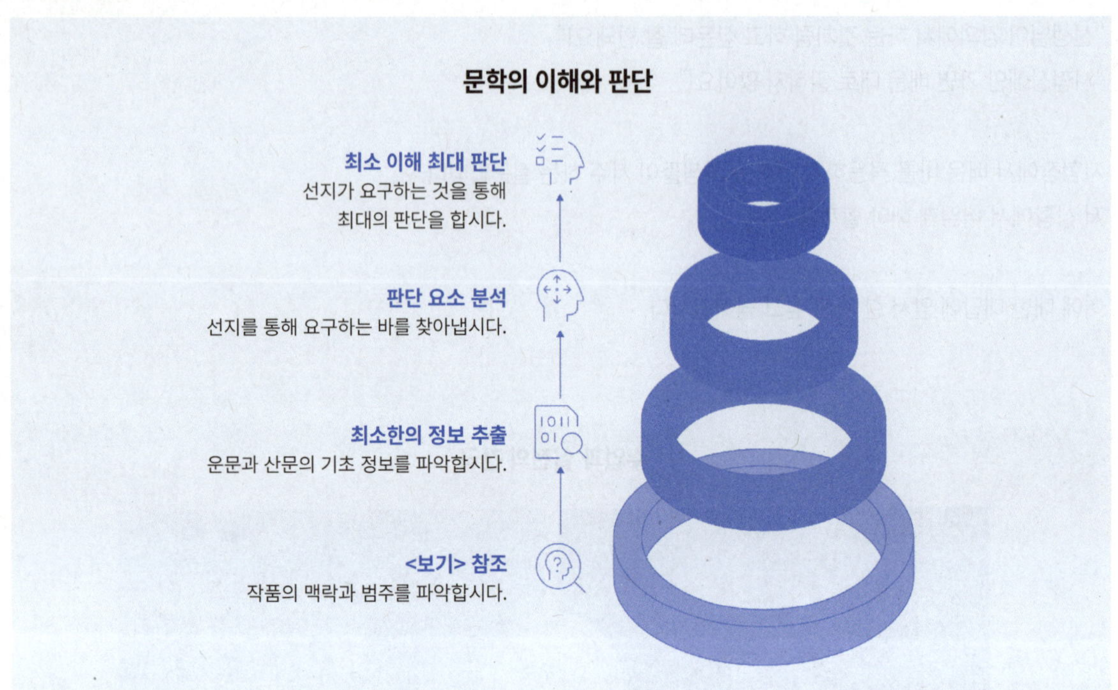

운문 파트에서는 최소한의 '이해'를 통해 최대한의 '판단'을 하는 것이 핵심입니다.
여기서 '이해'란 작품의 맥락, 범주, 정보(화자, 대상, 상황, 정서)를 파악하는 것을 의미합니다.

때로는 작품에서 기본 정보만 파악한 후, 문제의 '판단' 과정에서 작품 '이해'의 방향을 구체화하는 경우도 있습니다.
선지가 방향을 구체화해줄 수도 있지만 주로 <보기>가 그 역할을 합니다.
따라서 문제 구성을 조망하며 <보기>를 집중해서 볼지, 가볍게 볼지 판단하고 작품에 들어가야 합니다.

1단계 : 담담하게 읽기
• <보기> 먼저 체크(출제자의 관점 파악)
• 작품을 독해하며 '화자/대상/상황/정서'를 파악하고 논리적 연결
• 완벽한 이해보다는 '문제 해결에 필요한 최소 정보' 확보

➲ 사실 관계 파악 + <보기>에 의거한 최소한의 해석

2단계 : 선지 중심 판단
• 선지가 요구하는 바를 찾기
• 앞서 파악한 사실 관계와 비교하며 판단하며 해석 보완

산문 파트에서는 '인지와 판단'이 주로 쓰입니다.

여기서는 어떠한 해석을 요구하기보다 사실관계의 파악을 요구합니다.

단, <보기>에서 외적 준거를 통한 '이해'를 요구할 경우 '최소한의 이해'를 해야 합니다.

풀이의 기본 틀은 운문 파트와 크게 다르지 않습니다.

1단계 : 담담하게 읽기

- <보기> 먼저 체크(출제자의 관점 파악)
- 작품을 독해하며 각 장면 별로 인물, 상황, 심리, 소재 등의 요소들을 파악
- 완벽한 이해보다는 '문제 해결에 필요한 최소 정보' 확보

➡ 사실 관계 파악 + <보기>에 의거한 최소한의 해석

2단계 : 선지 중심 판단

- 선지가 요구하는 바를 찾기
- 앞서 파악한 사실 관계와 비교하며 판단하며 해석 보완

결국 운문(시)이나 산문(소설)이나 읽고 푸는 방식은 크게 다르지 않습니다. 작품의 해상도를 자유자재로 올리고 내려가며 읽어 나갑시다.

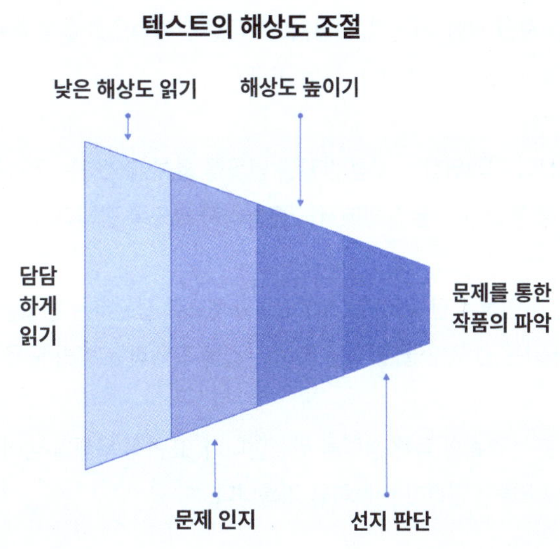

담담하게 읽을 때는 해상도가 낮아도 문제가 없습니다.

문제에서 요구하는 부분의 해상도를 높여서 선지 판단을 하는 것이 수능 문학의 시간 단축 전략입니다.

이 책은 기존 교재나 강의에서 체계적으로 다루지 않는 포인트들을 집중적으로 훈련할 수 있게 구성했습니다.

다른 곳에서 배우기 어려운 실전 감각을 기를 수 있도록, 매 Subject마다 명확한 학습목표와 함께 체계적인 접근법을 제공합니다. 대부분의 문학 수업과 책은 작품 분석과 문제 풀이에 집중하지만, 정작 '어떻게 읽을 것인가', '무엇을 먼저 볼 것인가'에 대한 구체적 전략은 소홀히 다루는 경우가 많습니다. 이 책은 바로 그 부분을 메워줍니다.

먼저 Focus 1부터 Focus 7까지, 각 단계는 운문 파트의 본질적 요소를 복습하고 시험의 요소를 연습할 수 있도록 설계되었습니다.

Focus 1~3에서는 기본기부터 <보기> 활용, 선지 분석까지 단계별로 복습합니다. 그 과정에서 문학의 기본기를 이용한 함정 선지 구성 원리, <보기>를 통한 논란 있는 지문의 파훼법, 선지를 통한 최소한의 이해를 연습합니다.

Focus 4~7에서는 난해한 작품, 고전 어휘, 방향성 판단, 범주 분류 등 실전에서 막히기 쉬운 상황들에 대한 구체적 해결책을 제시합니다.

이는 단순한 문제 풀이가 아닌, 문학 독해의 '원리'와 '전략'을 내재화하는 훈련입니다.

그 다음으로 Focus 8부터 Focus 13까지는 산문 파트의 연습을 진행합니다.

여기서는 소설 독해의 핵심 축인 시점, 시공간, 인물, 소재 등을 전략적으로 활용하는 방법을 다룹니다.
산문 파트는 결국 사실 관계의 파악이 핵심이기 때문입니다.

Focus 8에서는 많은 수험생이 어려워하는 시점 판단을 인물을 통해 파악하는 연습을 합니다.
의식의 흐름, 액자식 구조 등 복잡한 서술 상황에서도 흔들리지 않도록 합니다.

Focus 9~11에서는 시공간과 인물을 단독으로, 그리고 통합적으로 접근하는 방법을 단계별로 훈련합니다. 시공간을 기준으로 상념을 분할해서 읽는 전략, 인물 관계를 통해 사건을 파악하는 방법 등을 연습합니다.

Focus 12~13에서는 소재 분석과 종합 독해 능력을 완성합니다. 표면적 독해를 넘어 작품 맥락에서 소재와 행위의 의미를 파악하고, 복합적인 요소들을 연결하는 능력을 기릅니다.

이러한 접근법으로 소설을 막연히 읽는 것이 아니라, 논리적이고 실전적으로 읽을 수 있도록 돕습니다.

마지막으로 Focus 14에서는 '문학의 비문학화'를 다룹니다.

최근 수능에서는 문학 작품을 마치 비문학 지문처럼 출제하는 경우가 늘어나고 있습니다. 시어의 지시적 의미, 단어의 맥락적 해석, 범주별 분류 등 전통적인 문학적 감상을 넘어선 분석적 접근이 요구되는 것입니다. 특히 선지를 판단할 때, 이러한 특징이 도드라집니다.

Focus 14는 이러한 변화에 대응하여 문학을 비문학처럼 읽는 전략을 체계적으로 훈련합니다. 작품 맥락에서 단어의 의미를 파악하고, <보기>와 선지를 통해 의미를 판단하며, 시어를 범주별로 나누어 분석하는 등의 기법을 다룹니다. 그리고 'Focusing'에서는 앞서 학습한 것에 대한 연습을 진행합니다.

이 책은 단순히 문제를 풀고 넘어가는 것이 아닌 문학 독해의 본질을 이해하고 전략을 체화하는 훈련서입니다.
기존 교재들이 놓친 실전 감각과 시간 단축 기법을 통해, 문학 파트에서 확실한 점수 향상을 이룰 수 있도록 구성했습니다.

문학 풀이의 기본 원칙부터 확실히 하고 갑시다.

원칙 1　반드시 문제 단위로 완결짓기

(가)를 읽고 (가) 관련 선지만 푸는 건 절대 금물입니다. 무조건 한 문제는 한 덩어리로 생각해서 끝까지 풀고 넘어가세요. 왜냐하면 (가) 읽고 → (가) 선지 판단 → (나) 읽고 → (나) 선지 판단 이렇게 한 세트의 문제를 다 풀었는데 두 문제정도 답이 안 나오면 망하거든요. 뭐 어디서 틀렸는지 검토도 힘듭니다.

이런 풀이는 시간도 날리고 점수도 못 얻고 최악입니다.

선지가 아닌 문제를 한 단위로 생각하세요.

단, 연습을 충분히 했다면 구절, 기호 밑줄, 구간형 문항정도는 분할해서 봐도 좋습니다.

원칙 2　우선순위 정하고 시작하기

본격 풀이에 들어가기 전에 10초만 투자해서 문제 구성을 조망하며 어떤 문제부터 풀고 어떤 문제를 뒤로 뺄지 정하세요. 선 순위와 후 순위를 제외한 나머지 문제들은 배치 순서대로 간다가 원칙입니다.

풀이의 우선순위를 정하기 위해 최근 운문 파트의 문제 유형을 개략적으로 분류해 봅시다.

0. <보기> 박스

1. 표현법

2. 기호 밑줄
   2.1) 기호 밑줄 5개
       2.1.1) 한 작품에 배치
       2.1.2) 여러 작품에 나뉘어 배치
   2.2) 기호 밑줄이 2개 이상 4개 이하

3. 구간 설정
   3.1) 구간 5개 이상
       3.1.1) 한 작품에 배치
   3.2) 구간 1개~2개
       3.2.1) 한 작품에 배치
       3.2.2) 여러 작품에 나눠 배치

4. 박스에 대한 평가
   4.1) 박스 1개
   4.2) 박스 2개

5. 구절에 대한 평가

6. <보기> 문제
   6.1) <보기> 단독
   6.2) <보기>+기호 밑줄
   6.3) <보기>+구간별

하나씩 예시 문제들을 보며 분석하고 어떻게 접근할지 알아봅시다.

우선순위 가중치[1] 가 큰 순서대로 나열하겠습니다.

단독 배치 ＞ 기호 밑줄 ＝ 구절에 대한 평가 ＞ 구간 ＞ 박스 ＞ 보기 문제 ＞ 표현법

다음 장에서 왜 이런 순서를 가지는지 각 유형별로 설명한 후 종합해서 정리하겠습니다.

이 풀이 방식의 궁극적인 목적은 '중복독해'를 줄이는 것입니다. '중복독해'란 작품을 읽고 또 문제를 풀러 돌아갔다가 다시 작품으로 돌아와서 찾아서 표현법 문제를 풀고, 다시 넘어가서 기호 밑줄 유형을 보고 다시 돌아가서 보고.... 이 일련의 비효율적인 독해를 말합니다.

읽고 외워서 한 번에 모든 문제를 풀면 좋으나 한 두 문제를 풀고나면 머릿속에서 사라지는 바람에 왔다갔다하며 작품을 계속해서 읽는 경험을 해보셨을 겁니다.

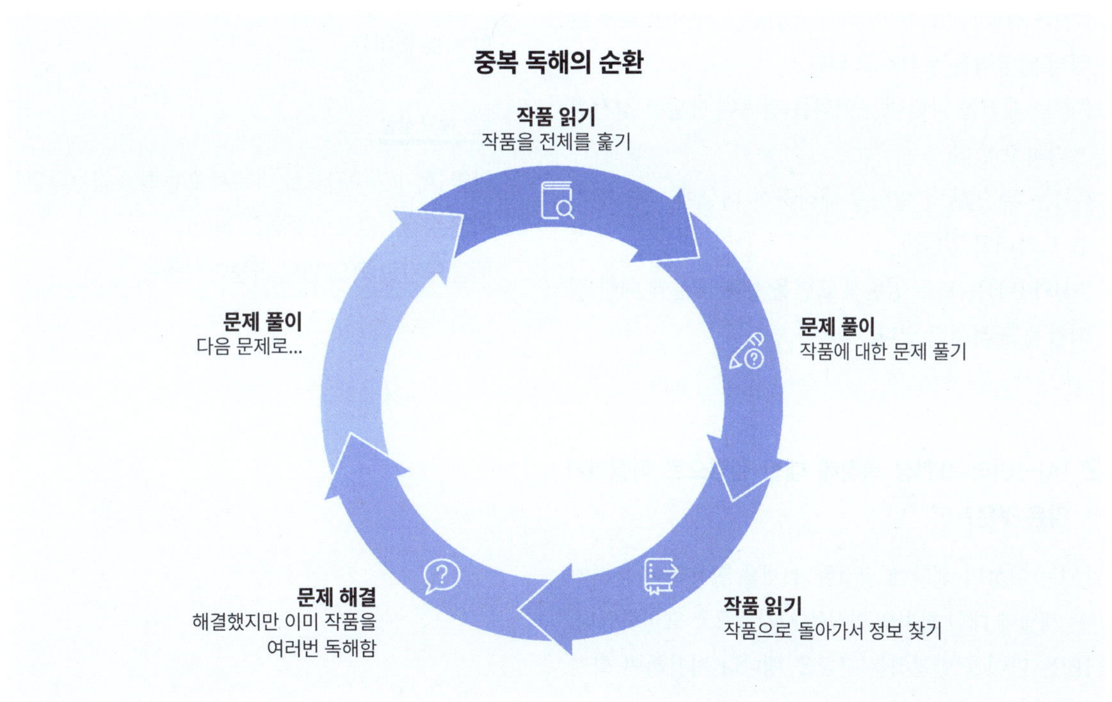

이 방식은 그 머릿속 휘발이 일어나는 문제가 생기기 전에 빠르게 문제를 풀고 넘어가는 방법입니다.

---

1. 어떤 요소나 값에 부여되는 중요도나 영향력을 나타내는 수치

22 (가)~(다)의 공통점으로 가장 적절한 것은?

① 설의적 표현을 사용하여 인물의 정서를 강조하고 있다.
② 묘사의 방식을 활용하여 대상의 특징을 구체화하고 있다.
③ 말을 건네는 방식을 사용하여 주제 의식을 심화하고 있다.
④ 과거의 장면을 회상하여 현재 상황에 대한 원인을 포착하고 있다.
⑤ 가상의 상황을 설정하여 현실에 대한 긍정적 인식을 이끌어 내고 있다.

32 (가), (나)의 표현상 특징에 대한 설명으로 가장 적절한 것은?

① (가)는 과거를 회상하는 표현을 통해 현재 상황에 대한 아쉬움을 드러내고 있다.
② (가)는 사물의 형태가 변화한 모습을 묘사하여 외부 환경의 영향력을 부각하고 있다.
③ (나)는 계절을 나타내는 어휘를 활용해 애달픈 정서를 부각하고 있다.
④ (나)는 두 인물의 행위를 대비하여 대상에 대한 평가를 드러내고 있다.
⑤ (가)와 (나)는 모두 영탄적 표현을 통해 대상에 대한 경외감을 드러내고 있다.

32 [A]~[C]의 표현상 특징에 대한 설명으로 적절하지 <u>않은</u> 것은?

① [A]는 여성의 생활에 밀접한 소재를 활용하여 흘러가는 세월에 대한 화자의 인식을 시각적으로 표현하였다.
② [B]는 단어를 반복하는 구절을 행마다 사용하여 화자가 주목하는 각 계절의 특성을 강조하였다.
③ [C]는 두 대상을 발음이 비슷한 의태어로 표현하여 움직이는 모습의 유사성을 드러내었다.
④ [A], [B]는 계절적 배경을 알려 주는 시어를 활용하여 시간에 따라 화자의 처지가 달라졌음을 드러내었다.
⑤ [B], [C]는 대구를 활용하여 리듬감을 형성하였다.

이 문제 유형들을 자주 접해보았을 겁니다. (가), (나), (다) 혹은 (가), (나)를 전부 읽고 하나씩 판단하는 유형입니다. 공통점을 묻기도 하고 상호 비교를 묻기도 합니다.

보통 어떻게 풀까요?

작품을 읽고 → 문제를 보고 → 다시 작품으로 돌아가서 찾고 → 선지 판단하고…

이 과정을 3번씩 반복합니다. 지문 왔다 갔다 하면서 시간만 잡아먹죠.

해결책은 간단합니다. 이 유형은 맨 마지막에 푸세요.

다른 문제들을 먼저 풀면서 자연스럽게 작품 내용이 머릿속에 쌓입니다. 그 상태에서 표현법 문제를 풀면 훨씬 빠르고 정확합니다.

굳이 처음부터 (가), (나), (다)를 비교하느라 시간 낭비할 필요 없어요.

예외 상황

만약 [A]~[C] 구간으로 나눠서 표현법을 묻는다면?
이때는 실시간으로 풀어도 됩니다.
해당 구간만 봐도 판단 가능하거든요.

2 기호 밑줄

1. 기호 밑줄 5개 (단독 세트)

1.1 한 작품에 배치

2311

(가)

한여름 채전으로 ㉠ 가 보아라

수염을 드리운 몇 그루 옥수수에 가지, 고추, 오이, 토란, 그리고 울타리엔 덤불을 이룬 넌출 사이로 반질반질 윤기 도는 크고 작은 박이며 호박들!

이 ㉡ 지극히 범속한 것들은 제각기 타고난 바탕과 생김새로 주어서 아낌없고 받아서 아쉼 없는 황금의 햇빛 속에 일심으로 자라고 영글기에 숨소리도 들릴세라 적적히 여념 없나니

㉢ 과분하지 말라 의혹하지 말라 주어진 대로를 정성껏 충만시킴으로써 스스로를 족할 줄을 알라 오직 여기에 목숨의 유열과 천지와의 화합에 있거니

한여름 채전으로 가 보아라

나비가 심방 오고 풍뎅이가 찾아오고 잠자리가 왔다 가고 바람결에 스쳐 가고 그늘이 지나가고 비가 내리고 햇볕이 다시 나고 …… 이같이 ㉣ 많은 손님들의 극진한 축복과 은혜 속에

이 지극히 범속한 것들의 지극히 충족한 ㉤ 빛나는 생명의 양상을 한여름 채전으로 와서 보아라

- 유치환, 「채전(菜田)」 -

32 ㉠~㉤의 시적 기능에 대한 설명으로 적절하지 <u>않은</u> 것은?

① ㉠을 반복하고 변주하여 '채전'에서 겪을 수 있는 경험의 소중함을 느끼게 하려는 화자의 의도를 드러내고 있다.

② ㉡을 수식어로 반복하여 '범속한 것들'로부터 '충족한' 느낌을 받는 화자의 정서를 강조하고 있다.

③ ㉢에서 부정 명령형을 사용하여 '주어진 대로' '족할 줄을 알'아야 한다는 화자의 인식을 제시하고 있다.

④ ㉣에서 사물을 인격화하여 '극진한 축복과 은혜'와 대비되는 화자의 시선을 반영하고 있다.

⑤ ㉤에서 관념을 시각화하여 '목숨의 유열과 천지와의 화합'이 이루어진 대상에 대한 화자의 생각을 표현하고 있다.

기호 밑줄이 한 작품에 5개나 몰려있으면 보통 선지에서 하나씩 다룹니다.

이 유형은 반드시 최우선으로 풀어야 합니다. 단독 세트이면서 기호 밑줄 유형이기 때문입니다.

왜냐하면 선지가 친절하게 '무엇을 봐야 하는지' 알려주기 때문입니다.

보통 문학을 읽을 때 '이게 뭘 의미하지?' 하면서 헤매잖아요?

그런데 이 유형은 다릅니다.

선지가 이미 '㉠에서는 반복을 봐라, 그 반복이 채전에서의 소중함을 드러나게 하니?', '㉣에서는 의인화된 부분을 봐라, 극진한 축복과 은혜와 대비되니?' 이런 식으로 질문을 가장한 힌트를 줍니다. 우린 거기에 '네, 아니오'만 반복하며 가면 됩니다.

이때, '네'라고 대답할 수 있는 선지들은 우리의 이해를 도와주는 도우미가 됩니다. 설사 ㉣처럼 '아니오'라고 대답하더라도 작품의 판단할 기준점을 제시해 주기에 동반자라고 볼 수 있습니다. "많은 손님들이 극진한 축복과 은혜를 내려 주었고 저들은 긍정적(생명력↑)인 공간의 긍정적인 대상들이니 대비는 아니야." 같은 사고를 하며 작품의 판단할 기준점을 알게 되기 때문입니다.

✍ **풀이 순서**

1. **선지부터 쭉 읽기** - 각 기호에서 뭘 봐야 하는지 체크
2. **지문 처음부터 차근차근 읽기** - 기호 밑줄 나올 때까지
3. **해당 기호 등장시 즉시 판단** - 선지에서 말한 게 맞는지 확인
4. **다음 기호까지 계속 읽기** - 이하 반복

이렇게 하면 지문 왔다갔다 할 필요 없이 한 번에 처리됩니다.

2506

(가)

손 흔들고 떠나갈 미련은 없다
며칠째 청산에 와 발을 푸니
㉠ 흐리던 산길이 잘 보인다.
상수리 열매를 주우며 인가를 내려다보고
쓰다 둔 편지 구절과 버린 칫솔을 생각한다.
남방으로 가다 길을 놓치고
두어 번 허우적거리는 여울물
산 아래는 때까치들이 몰려와
모든 야성을 버리고 들 가운데 순결해진다.
길을 가다가 자주 뒤를 돌아보게 하는
서른 번 다져 두고 서른 번 포기했던 ⓐ 관습들
서쪽 마을을 바라보면 나무들의 잔숨결처럼
㉡ 가늘게 흩어지는 저녁 연기가
한 가정의 고민의 양식으로 피어오르고
생목 울타리엔 들거미줄
맨살 ㉢ 비비는 돌들과 함께 누워
실로 이 세상을 앓아 보지 않은 것들과 함께
잠들고 싶다.

- 이기철, 「청산행」 -

(나)

나는 차를 앞에 놓고
고즈넉한 저녁에 호을로 마신다.
내가 좋아하는 차를 마신다.
그러나 이것은 다만 사실일 뿐,
차의 짙은 향기와는 관계 없이
이것은 물과 같이 담담한 사실일 뿐이다.

누구의 시킴을 받아
참새 한 마리가 땅에 떨어지는 것도 아니고
누구의 손으로 들국화를 어여삐 가꾼 것도 아니다.
차를 마시는 것은
이와 같이 ㉣ 스스로 달갑고 가장 즐거울 뿐,
이것은 다만 사실이며 또 ⓑ 관습이다.
나의 고즈넉한 관습이다.

물에게 물은 물일 뿐
소금물일 뿐,
앞으로 남은 십년을 더 살든지 죽든지
나에게도 나는 나일 뿐,
㉤ 이제는 차를 마시는 나일 뿐,

이 짙은 향기와는 관계도 없이
차를 마시는 사실과 관습은
내가 아는 내게 대한 모든 것이다.
그리고 모든 것에 대한 모든 것도 된다.

- 김현승, 「사실과 관습 : 고독 이후」 -

33 ㉠~㉤에 대한 이해로 적절하지 않은 것은?

① ㉠은 대상이 이전에는 제대로 파악되지 않았음을 드러내는 표현이다.

② ㉡은 '저녁 연기'의 형상으로 '한 가정'의 상황과 처지를 시각화한 표현이다.

③ ㉢은 '맨살'을 드러낸 '돌들'이 부대끼는 형상으로 세파에 시달리는 모습을 나타내는 표현이다.

④ ㉣은 '차를 마시는 것'이 화자의 선호에 따른 주체적 행위임을 드러내는 표현이다.

⑤ ㉤은 '나'에 대한 현재의 인식이 이전과는 달라졌음을 드러내는 표현이다.

㉠~㉤가 (가)와 (나)에 나뉘어져 있으면 우선순위가 살짝 떨어집니다.

왜냐하면 한 작품에 5개 몰려있을 때처럼 '선지 보고 → 쭉 읽으면시 → 즉시 판단' 이런 깔끔한 처리가 안 되거든요. (가) 읽다가 ㉠, ㉡, ㉢ 처리하고, (나) 읽다가 ㉣, ㉤ 처리해야 하니까 좀 번거로워요.

✎ 풀이 순서

Case 1 : 다른 단독 문제가 있을 때

➡ 단독 문제 먼저 풀고, 그 다음에 이 문제

Case 2 : 단독 문제가 없을 때

1. (가) 읽으면서 ㉠, ㉡, ㉢ 바로 판단
2. (나) 읽으면서 ㉣, ㉤ 바로 판단
3. 선지 정리해서 답 확정

2. 기호 밑줄

2.1 기호 밑줄이 2개

2506

(가)

손 흔들고 떠나갈 미련은 없다
며칠째 청산에 와 발을 푸니
㉠ 흐리던 산길이 잘 보인다.
상수리 열매를 주우며 인가를 내려다보고
쓰다 둔 편지 구절과 버린 칫솔을 생각한다.
남방으로 가다 길을 놓치고
두어 번 허우적거리는 여울물
산 아래는 때까치들이 몰려와
모든 야성을 버리고 들 가운데 순결해진다.
길을 가다가 자주 뒤를 돌아보게 하는
서른 번 다져 두고 서른 번 포기했던 ⓐ 관습들
서쪽 마을을 바라보면 나무들의 잔숨결처럼
㉡ 가늘게 흩어지는 저녁 연기가
한 가정의 고민의 양식으로 피어오르고
생목 울타리엔 들거미줄
맨살 ㉢ 비비는 돌들과 함께 누워
실로 이 세상을 앓아 보지 않은 것들과 함께
잠들고 싶다.

- 이기철, 「청산행」 -

(나)

나는 차를 앞에 놓고
고즈넉한 저녁에 호을로 마신다.
내가 좋아하는 차를 마신다.
그러나 이것은 다만 사실일 뿐,

차의 짙은 향기와는 관계 없이
이것은 물과 같이 담담한 사실일 뿐이다.

누구의 시킴을 받아
참새 한 마리가 땅에 떨어지는 것도 아니고
누구의 손으로 들국화를 어여삐 가꾼 것도 아니다.
차를 마시는 것은
이와 같이 ㉣ 스스로 달갑고 가장 즐거울 뿐,
이것은 다만 사실이며 또 ⓑ 관습이다.
나의 고즈넉한 관습이다.

물에게 물은 물일 뿐
소금물일 뿐,
앞으로 남은 십년을 더 살든지 죽든지
나에게도 나는 나일 뿐,
㉤ 이제는 차를 마시는 나일 뿐,

이 짙은 향기와는 관계도 없이
차를 마시는 사실과 관습은
내가 아는 내게 대한 모든 것이다.
그리고 모든 것에 대한 모든 것도 된다.

- 김현승, 「사실과 관습 : 고독 이후」 -

32 ⓐ, ⓑ에 대한 이해로 가장 적절한 것은?

① ⓐ는 '길을 가다가 자주 뒤를 돌아보게' 하는 것이라는
점에서 다시 돌아갈 수 없는 그리움의 대상이다.

② ⓑ는 '호을로' 하는 행위라는 점에서 행위 주체의 사회
적 고립을 드러내고 있다.

③ ⓐ는 바라봄의 대상인 '서쪽 마을'과 관련되어 있다는
점에서 피안에 대한 지향을, ⓑ는 일과를 마친 '저녁'
과 관련되어 있다는 점에서 안식에 대한 지향을 드러
내고 있다.

④ ⓐ는 '서른 번 다져 두고 서른 번 포기'한 것이라는 점
에서 내면의 갈등을, ⓑ는 '고즈넉한' 상황에서 이루
어지는 '담담한 사실'이라는 점에서 내면의 평정함을
내포한다.

⑤ ⓐ는 사물들을 '내려다보'아 촉발된 것이라는 점에서
자기 연민의 성격을, ⓑ는 '달갑고', '좋아하는' 것이라
는 점에서 자기 위안적 성격을 띠고 있다.

이 유형은 작품을 다 읽고 나서 풀어야 합니다.

왜일까요?

32번 문제를 보세요. ⓐ와 ⓑ를 비교하는 문제인데, 선지들이 전부 '~라는 점에서', '~와 관련되어 있다는 점에서' 이런 식으로 작품 전체 맥락을 요구합니다.

그리고 실시간으로 풀자니 ⓐ와 ⓑ의 상호 비교이기 때문에 결국 (나)까지 봐야 합니다.

✍ **풀이 순서**

1. 다른 문제들 먼저 풀면서 작품 파악하기
2. 해당 작품 독해 완료되면 즉시 이 문제로 넘어가기
3. 전체 맥락에서 기호 부분의 의미 파악하고 풀기

3 구간 설정

---

1. 구간 5개 이상

1.1 한 작품에 배치

2311

(나)

[A]
　우리는 썩어 가는 참나무 떼,
　벌목의 슬픔으로 서 있는 이 땅

패역의 골짜기에서
서로에게 기댄 채 겨울을 난다

[B]
　함께 썩어 갈수록
　바람은 더 높은 곳에서 우리를 흔들고

[C]
　이윽고 잠자던 홀씨들 일어나
　우리 몸에 뚫렸던 상처마다 버섯이 피어난다

황홀한 음지의 꽃이여

[D]
　우리는 서서히 썩어 가지만
　너는 소나기처럼 후드득 피어나
　그 고통을 순간에 멈추게 하는구나

오, 버섯이여

[E]
　산비탈에 구르는 낙엽으로도
　골짜기를 떠도는 바람으로도

[F]
　덮을 길 없는 우리의 몸을
　뿌리 없는 너의 독기로 채우는구나

- 나희덕, 「음지의 꽃」 -

33 [A]~[F]에 대한 이해로 가장 적절한 것은?

① [A]에서 참나무가 벌목으로 썩어 가는 모습은, [B]에서 바람에 흔들리는 나무의 모습과 순환적 관계를 형성한다.

② [B]에서 참나무의 상태에 변화를 가져온 움직임은, [C]에서 버섯이 피어나는 상황과 순차적 관계를 형성한다.

③ [C]에서 참나무의 상처에 생명이 생성되는 순간은, [D]에서 나무의 고통이 멈추는 과정과 대립적 관계를 형성한다.

④ [D]에서 참나무의 모습에 일어난 변화는, [E]에서 낙엽이나 바람이 처한 상황과 인과적 관계를 형성한다.

⑤ [E]에서 참나무의 주변에 존재하는 사물들은, [F]에서
   나무를 채워 주는 존재로 제시된 대상과 동질적 관계
   를 형성한다.

구간별 문제는 실시간으로 풀어야 합니다. 그런데 기호
밑줄보다는 순위가 밀릴 때가 많습니다. 기호 밑줄은 정
확한 지점을 콕 짚어주고 그 주위에서 판단을 하지만 구
간은 선지에서 물어본 것이 구간의 요소중에 어떤 것일
지 모르기 때문에 각 구간을 읽으며 생각할 게 더 많거든
요. 따라서 풀이 전략이 조금 달라집니다.

만약 기호와 구간 둘 다 나온다면 유동적으로 한 지문에
몰려 있는 것을 먼저 풀고 만약 둘 다 비슷하다면 순서
대로 갑시다.

33번 문제를 보세요. '[A]에서 참나무가~, [B]에서 바람
에 흔들리는 나무~' 이런 식으로 각 구간의 구체적 내용
을 묻고 있지 않나요?

이 유형은 작품 전체 이해보다는 '각 구간에서 무슨 일
이 일어나는가?'가 핵심입니다. 그리고 우리는 이 문제
를 풀며 독해하고 각 구간의 상황을 조합해서 작품 전체
의 상황을 알 수 있습니다.

✍ 풀이 순서

1. **선지부터 훑어보기** - 어떤 구간들을 비교하는지 파악
2. **[A] 읽으면서** - '썩어 가는 참나무', '서로에게 기댄 채'
   등 핵심 상황 체크
3. **[B] 읽으면서** - [A]와의 관계 생각하며 독해
4. **각 구간마다** - 선지에서 언급한 요소들 실시간 확인

예를 들어보겠습니다. ②번 선지 '참나무의 상태 변화
→ 버섯 피어나는 상황' 이렇게 나와 있으면, [B]에서 '바
람이 흔들고'를 읽는 순간 '아, 이게 변화를 가져온 움직
임이구나'라고 바로 판단하는 거죠. [C]에서 '버섯이 피
어난다'를 보고 '바람에 의해 버섯의 포자가 날려와서 피
었으니 순차적이겠구나'하는 생각을 합시다.

※ 주의 : 각 구간의 구체적 상황에 집중하다가 전체적인 맥락을 놓
   치지 않도록 합시다.

2. 구간 1개~2개

2.1 한 작품에 배치

2409

(가)

　청강 녹초변에 소 먹이는 아이들이
　석양에 흥이 겨워 피리를 빗기 부니
　물 아래 잠긴 용이 잠 깨어 일어날 듯
　내 기운에 나온 학이 제 깃을 던져 두고 반공에 솟
아 뜰 듯
　소선(蘇仙)* 적벽은 추칠월이 좋다 하되
　팔월 십오야를 모두 어찌 칭찬하는가
　구름이 걷히고 물결이 다 잔 적에
　하늘에 돋은 달이 솔 위에 걸렸거든
　잡다가 빠진 줄이 적선(謫仙)*이 헌사할샤
　┌ 공산에 쌓인 잎을 삭풍이 거둬 불어
　│ 떼구름 거느리고 눈조차 몰아오니
　│ 천공이 호사로워 옥으로 꽃을 지어
　│ 만수천림을 꾸며곰 낼세이고
　│ 앞 여울 가리 얼어 독목교(獨木橋) 비꼈는데
　│ 막대 멘 늙은 중이 어느 절로 간단 말고
　│ 산옹의 이 부귀를 남더러 자랑 마오
　│ 경요굴(瓊瑤窟)* 숨은 세계 찾을 이 있을세라
　└ 산중에 벗이 없어 서책을 쌓아 두고
[A] 만고 인물을 거슬러 혜여하니
　│ 성현도 많거니와 호걸도 하도 할샤
　│ 하늘 삼기실 제 곧 무심할까마는
　│ 어찌한 시운(時運)이 흥망이 있었는고
　│ 모를 일도 하거니와 애달픔도 그지없다
　│ 기산의 늙은 고블* 귀는 어찌 씻었던고
　│ 박 소리 핑계하고 지조가 가장 높다
　│ 인심이 낯 같아야 볼수록 새롭거늘
　│ 세사는 구름이라 험하기도 험하구나
　└ 엊그제 빚은 술이 얼마나 익었느냐
　잡거니 밀거니 실컷 기울이니
　마음에 맺힌 시름 조금은 풀리나다

- 정철, 「성산별곡」 -

• 소선 : 소동파를 신선에 빗댄 말.
• 적선 : 이태백을 신선에 빗댄 말.
• 경요굴 : 눈 내린 성산의 모습을 빗댄 말.
• 고블 : 기산에 은거한 인물인 허유.

33 [A]에 대한 이해로 적절하지 <u>않은</u> 것은?

① '삭풍'이 가을 잎을 쓸고 간 자리에 구름을 불러와 '공산'을 눈 세상으로 만들었다고 한 것에는, 인물이 거처한 공간의 아름다움에 대한 인식이 계절에 따른 자연의 변화를 통해 드러난다.

② '앞 여울'을 건너가는 노승을 발견하고 '경요굴'이 들키지 않기를 바라는 것에는, 빼어난 경치를 소중하게 여기는 태도가, 숨어 있는 세계가 알려질 것에 대한 염려를 통해 드러난다.

③ 만족스러운 외적 풍경에서 눈을 돌려 벗이 없는 '산중'에서 '만고 인물'을 생각하는 것에는, 정신적 세계에 주목하는 태도가, 적적한 상황에 놓인 인물의 행위를 통해 드러난다.

④ 하늘의 이치가 제대로 구현되지 못했음을 '시운'의 '흥망'에서 발견하고도 모를 일이 많다고 한 것에는, 인물의 담담한 태도가, 이상에 미치지 못하는 현실을 수용하는 것을 통해 드러난다.

⑤ 세상을 등진 인물의 삶을 '기산'의 '고불'에 비유한 것에는, 험한 세사와의 단절과 은거 지향에 대한 긍정적 인식이 인물의 선택에 대한 평가를 통해 드러난다.

구간이 1개만 제시되면 작품을 쭉 읽다가 해당 구간을 읽자 마자 바로 문제로 돌아가야 합니다.

33번 문제를 봅시다.

[A] 하나에서만 5개 선지를 다 뽑아내잖아요. '삭풍이 가을 잎을~', '앞 여울을 건너가는~', '만고 인물을 생각하는~' 이런 식으로 [A] 안의 서로 다른 부분들을 순서대로 묻고 있습니다.

이걸 나중에 풀려고 하면 다시 [A]를 처음부터 끝까지 읽어야 해서 시간 낭비입니다.

✍ 풀이 순서

1. 작품을 위에서부터 읽다가 [A]에 도착
2. ①번부터 문제 선지 파악하기
3. 해당하는 부분을 독해하며 허용 가능성 판단하기
4. 구간 독해 완료시 문제 풀이 완료

2211

(가)

춘일(春日)이 지지(遲遲)하여 뻐꾸기가 보채거늘
동린(東隣)에 쟁기 얻고 서사(西舍)에 호미 얻고
집 안에 들어가 씨앗을 마련하니
㉠ 올벼 씨 한 말은 반 넘게 쥐 먹었고
기장 피 조 팥은 서너 되 부쳤거늘
한아(寒餓)한 식구 이리하여 어이 살리

(중략)

베틀 북도 쓸데없어 빈 벽에 남겨 두고
㉡ 솥 시루 버려두니 붉은 빛이 다 되었다
세시 삭망 명절 제사는 무엇으로 해 올리며
원근 친척 내빈왕객(來賓往客)은 어이하여 접대할꼬
㉢ 이 얼굴 지녀 있어 어려운 일 하고 많다

　　이 원수 궁귀(窮鬼)를 어이하여 여의려뇨
　　술에 후량을 갖추고 이름 불러 전송하여
　　길한 날 좋은 때에 사방으로 가라 하니
　　웅얼웅얼 불평하며 원노(怨怒)하여 이른 말이
　　어려서나 늙어서나 희로우락(喜怒憂樂)을 너와 함께하여
　　죽거나 살거나 여읠 줄이 없었거늘
[A]　어디 가 뉘 말 듣고 가라 하여 이르느뇨
　　우는 듯 꾸짖는 듯 온가지로 협박커늘
　　돌이켜 생각하니 네 말도 다 옳도다
　　무정한 세상은 다 나를 버리거늘
　　네 혼자 유신하여 나를 아니 버리거든
　　위협으로 회피하며 잔꾀로 여읠려냐
　　하늘 삼긴 이내 궁(窮)을 설마한들 어이하리
　　빈천도 내 분(分)이니 서러워해 무엇하리

- 정훈, 「탄궁가」 -

(나)

서산에 돋을볕 비추고 구름은 느지막이 내린다
비 온 뒤 묵은 풀이 뉘 밭이 우거졌던고
㉣ 두어라 차례 정한 일이니 매는 대로 매리라

〈제1수〉

```
┌   면화는 세 다래 네 다래요 이른 벼의 패는 모
│   가 곱난가
[B]   오뉴월이 언제 가고 칠월이 반이로다
│   아마도 하느님 너희 삼길 제 날 위하여 삼기
└   셨다
```

<제7수>

아이는 낚시질 가고 집사람은 절이채 친다
새 밥 익을 때에 새 술을 걸러셔라
ⓜ 아마도 밥 들이고 잔 잡을 때에 흥에 겨워 하노라

<제8수>

- 위백규, 「농가」 -

33 [A], [B]에 대한 이해로 적절하지 <u>않은</u> 것은?

① [A]에서 '술에 후량'을 갖춘 화자는 의례를 통해 '궁귀'
에 대한 예우를 표하고 있다.

② [B]에서 화자는 시간의 경과를 의식하며 '세 다래 네 다
래' 열린 '면화'에 대한 만족감을 드러내고 있다.

③ [A]에서 화자는 '이내 궁'과의 관계를, [B]에서 화자는
'너희'와의 관계를 운명적인 것으로 여기는 관점을 취
하고 있다.

④ [A]에서 화자는 '옳도다'라는 응답으로 '네 말'을 수용
하는 태도를, [B]에서 화자는 '반이로다'라는 감탄으로
'패는 모'에 대한 기대감을 드러내고 있다.

⑤ [A]와 [B]에서 화자는 각각 초월적인 존재인 '하늘'과
'하느님'을 예찬하는 어조를 취하고 있다.

풀이 순서

1. 다른 문제들 먼저 처리 - 단독 문제, 기호 밑줄 등
2. (가) 읽으며 [A] 내용 정리
3. (나) 읽으며 [B] 내용 정리
4. 양쪽 독해 완료 후 문제 - [A]와 [B] 비교하며 선지 판단

주의점

1. [A] 읽을 때 나중에 [B]와 비교해야 함을 잊지 말 것!
2. 만약 (다)가 있는데 거기엔 구간이 없다면 (다) 독해 전
에 구간에 대한 정보를 잊기 전에 문제를 풀 것!

구간이 (가), (나) 두 작품에 나뉘어져 있으면 우선순위
가 떨어집니다.

왜냐하면 3.2.1)처럼 '한 구간 읽고 바로 풀기'가 불가능
하거든요.

33번 문제를 보세요.
[A]는 탄궁가, [B]는 농가에 있어서 (가) 다 읽고
➡ (나) 다 읽고 ➡ [A]와 [B] 비교

결국 다 읽어야 풀 수 있죠.

32 아픈 가락 에 대한 이해로 가장 적절한 것은?

① 임에게 자랑스레 내보일 화자의 자부심을 포함한다.
② 의로운 사람들이 보여 준 희생과 설움을 담고 있다.
③ 대나무에 서린 임의 뜻을 잊으려는 화자를 질책한다.
④ 피리의 흐느낌에 호응하여 화자의 억울함을 해소한다.
⑤ 구천에 사무친 원망을 살아남은 사람들에게 전달한다.

박스 문제는 주로 대상에 대한 감상을 평가하는 유형입니다.

32번 문제를 보세요. '아픈 가락'이라는 시어 하나에 대해 '이게 무슨 의미냐?'를 묻고 있죠. ①번부터 ⑤번까지 전부 '아픈 가락'의 서로 다른 해석들입니다.

작품 전체를 이해해야 풀 수 있기에 우선순위가 낮습니다. 선 순위 유형들을 작품과 함께 처리한 다음 작품 독해가 끝난 상태에서 이 문제를 풉시다.

이 문제의 특징

1. 박스 안의 시어/구절이 작품 전체에서 어떤 의미인지 파악해야 함
2. 화자의 정서, 상황, 주제의식(보기)와 연결해서 생각해야 함
3. 단순 어휘 뜻이 아니라 맥락적 의미가 핵심

✍ 풀이 순서

1. 다른 문제들 먼저 처리 - 기호 밑줄, 구간별 등으로 작품 이해 쌓기
2. 해당 작품 독해 완료 후 박스 문제로 이동
3. 전체 맥락에서 박스 의미 파악 - 화자 정서, 상황, 주제(보기)와 연결
4. 선지별 판단 - 각각이 작품과 맞는지 판단

39 (가)의 '나'와 ㉠~㉢의 관련성을 이해한 내용으로 적절하지 않은 것은?

① ㉠은 화자가 극복해야 할 자신의 모습을 빗대어 표현한 것으로, '나'와는 대비되는 표상이다.
② ㉡은 어떤 것도 존재하지 못하는 극한 상태로, 화자가 '나'와 대면할 수 있는 조건에 해당한다.
③ ㉢은 절대적 고독을 나타낸 것으로, 화자가 그 절대적 고독에서 벗어남으로써 '나'에 도달할 수 있음을 알려 준다.
④ ㉣은 생명이 본래적으로 존재하는 모습을 가리키는 것으로, '나'가 원시적 생명력을 지닌 존재임을 보여 준다.
⑤ ㉤은 죽음에 대한 화자의 태도를 드러내는 것으로, '나'를 통해 생명을 회복하려는 화자의 의지를 담아 낸 표현이다.

39번의 예시와 같이 이 유형은 기호 밑줄과 같은 유형과 묶였을 경우 후 순위로 밀려나게 됩니다. 작품 전체의 맥락을 알아야 저 시어가 의미하는 바가 무엇인지 알 수 있기 때문입니다.

22 묵화 와 북창 을 중심으로 (가)와 (나)를 비교한 내용으로 가장 적절한 것은?

① (가)에서는 '묵화'와 '박쥐 나래'의 이미지를 연결하여 고향의 어두운 분위기를, (나)에서는 '북창'에서 바라본 산의 '품'에 주목하여 산이 주는 아늑한 분위기를 드러낸다.

② (가)에서 '묵화'는 '황혼'이 상징하는 현실적 상황에, (나)에서 '북창'은 '저승의 밤'이 의미하는 절망적 상황에 대응된다.

③ (가)에서 '묵화'에 '좀이 쳐'라고 한 것은 화자가 고향에 대해 느끼는 세월의 깊이를, (나)에서 '북창'을 '오늘' 열었다고 한 것은 산을 대하는 화자의 인식이 변화된 시점을 드러낸다.

④ (가)에서 '묵화'를 '그림 조각'이라고 한 것은 고향의 분절된 이미지를, (나)에서 '북창'을 '열어' 산을 보고 있다는 것은 선망하는 세계와 분리된 이미지를 나타낸다.

⑤ (가)에서는 '묵화'에 그려진 '모매꽃'에 부끄러움의 정서를, (나)에서는 '북창'을 통해 본 '보옥'에 안타까움의 정서를 담아낸다.

이번에는 박스가 두 개가 나오는 유형입니다. 이 유형은 박스 안의 두 대상을 비교하며 판단하거나 작품 안에서 어떤 의미가 있는지 따로 묻습니다.

22번을 봅시다. '묵화'와 '북창'이라는 두 소재를 중심으로 (가)와 (나)를 비교하라고 하네요. 선지들을 봅시다.

①번 : 묵화 ➡ 어두운 분위기 vs 북창 ➡ 아늑한 분위기
    (긍정/부정)
②번 : 묵화 ➡ 현실적 상황 vs 북창 ➡ 절망적 상황 (상황)
③번 : 묵화 ➡ 세월의 깊이 vs 북창 ➡ 인식 변화 시점
    (시간 인식)

이처럼 두 박스의 공통점과 차이점을 동시에 묻는 게 특징입니다.

박스 1개와의 차이점
· 박스 1개: 한 시어의 의미만 파악
· 박스 2개: 두 시어 각각 + 둘 사이의 관계까지

2011

(가)

바람이 어디로부터 불어와
어디로 불려 가는 것일까,

㉠ 바람이 부는데
내 괴로움에는 이유가 없다.

내 괴로움에는 이유가 없을까,

단 한 여자를 사랑한 일도 없다.
시대를 슬퍼한 일도 없다.

㉡ 바람이 자꾸 부는데
내 발이 반석 위에 섰다.

강물이 자꾸 흐르는데
내 발이 언덕 위에 섰다.

- 윤동주, 「바람이 불어」 -

43 (가)에 대한 이해로 가장 적절한 것은?

① '불려 가는'이라는 피동 표현을 통해 자신이 처한 현실
에 순응하려는 화자의 태도를 강조하고 있다.
② '이유가 없을까'라는 물음의 형식으로 화자의 정신적
고통에 타당한 이유가 없음을 단정하고 있다.
③ '사랑한 일'과 '슬퍼한 일'을 병치하여 화자의 개인적
불행이 시대에 대한 무관심의 원인임을 암시하고 있다.
④ '없다'의 반복을 활용하여 자신의 삶과 내면을 응시하
는 화자의 반성적 자세를 드러내고 있다.
⑤ '흐르는데'와 '섰다'의 대비를 통해 변함없는 자연에서
깨달음을 얻으려는 화자의 의지를 드러내고 있다.

단독 문항 중 작품에 제시된 구절의 평가 유형은 작품 이
해의 가이드 역할을 합니다. 앞서 제시한 기호 밑줄 유
형과 크게 다르지 않기에 방법론보다 사고 흐름을 점검

해보겠습니다. 일부러 선지 판단의 순서와 작품의 이해
순서가 딱 맞아떨어지지는 않는 문제를 가져왔습니다.

43번을 보세요. '적절한 것'을 묻는 문제입니다.
각 선지를 보며 어떻게 작품을 판단하는 사고를 서술해
보겠습니다.

① 불려 가는 거면 억지로 끌려가는 걸수도 있지 않나?
작품 보니까 바람이 불려가지 화자 자신이 불려가지
는 않는데? 아닌 듯. (1연)

② 단정? (2연) 의문형 어조로 종결했는데 (3연)... 아닌 듯?

③ 부정어를 반복하는데 화자는 여자를 사랑(개인)하지
도, 시대를 슬퍼하지도 않았구나(4연).. 잠깐 시대를
슬퍼해? 부정적인 상황인가? 그런데 슬퍼해야 할 상
황에 슬퍼하지 않았어? 그러면 괴로울 수 있지. 그렇
게 보면 앞의 의문형 어조는 설의법일테니 ②번은 확
실히 아니네. 개인적인 불행으로 인해 시대를 슬퍼하
지 않았다는 인과 관계가 없는데... 그냥 회상한거지.
③번도 아니고

④ 지금 이거 성찰이냐고 물었는데 가만 보니까 부정적
인 상황에서 아무것도 하지 않아서 괴롭다고 했으니
성찰로 볼 수 있네. 이거 맞네 답이네.

⑤ 대비? 그러고 보니까 이거 자연은 흐르고 화자는 가
만히 있네. (4, 5연) 아마 저 흐르는데 나는 흐르지 않
아서 괴로웠나 본데... 자연에서 깨달음을 얻는다기보
다는 자신을 성찰하는 계기로 봐야 할 듯?

'적절하지 않은' vs '적절한' 차이

'적절하지 않은' 문제
• 4개가 맞는 선지 ➲ 작품 이해에 도움이 됨, 작품 이해
의 도우미 역할을 함
• 틀린 선지 1개만 골라내면 됨 ➲ 상대적으로 쉬움

'적절한' 문제 (43번)
• 1개만 맞는 선지 ➲ 도움되는 정보가 적음
• 5개 선지 다 꼼꼼히 검토해야 함 ➲ 상대적으로 어려
움, 판단 기준을 제시해 작품 이해의 동반자 역할을 함

1. <보기> 단독

34 <보기>를 참고하여 (가), (나)를 감상한 내용으로 적절하지 <u>않은</u> 것은? [3점]

• 보기 •

조선 후기 시가에서는 경험과 외물에 대한 관심이 확대되었다. 「일동장유가」는 사행을 다녀온 경험을 생생하게 표현하며 그에 대한 정서를 솔직하게 드러냈다. 「화암구곡」은 포착된 자연의 양상에 따라 강호에서의 자족감, 출사하지 못한 선비로서 생활 공간인 향촌에 머물 수밖에 없는 데 따른 회포, 취향이 반영된 자연물로 구성한 개성적 공간에서의 긍지를 드러냈다.

① (가)는 배가 '나뭇잎'처럼 파도에 휩쓸리고 하늘에 올랐다 떨어지는 것 같다고 하여 대풍을 겪은 체험을 생동감 있게 드러내는군.

② (나)는 화암의 풍경이라 인정할 만한 것이 '너뿐'이라고 하여 자신이 기른 화훼로 조성한 공간에 대한 자긍심을 드러내는군.

③ (가)는 '육선'에 탄 사신단이 만물이 격동할 만한 '군악'을 들으며 떠나는 데 주목해 경험에 대한 관심을, (나)는 꼬이고 틀어진 모양으로 가꾼 식물에 주목해 외물에 대한 관심을 드러내는군.

④ (가)는 배에서 '신세'를 생각하는 모습으로 사행길의 복잡한 심사를, (나)는 '청산'에서의 삶에서 느끼는 자랑스러움을 '야인 생애'로 표현하여 겸양의 태도를 드러내는군.

⑤ (가)는 집으로 돌아와 한가하게 지내며 '성대'를 누리는 삶에 대한 만족감을, (나)는 양류풍에 감응하며 '뜻대로 소일'하는 강호의 삶에 대한 자족감을 드러내는군.

<보기> 유형의 전형입니다. 작품 독해를 시작하기 전에 <보기>를 먼저 독해하고 필요한 정보를 얻어서 작품의 전개 방향을 미리 알고 갈 수 있습니다.

<보기> 박스는 먼저 읽어도, <보기> 문제는 결국 후 순위가 됩니다. 선 순위 유형들을 먼저 처리하고 작품 간 상호 비교 유형들까지 끝낸다음 <보기>를 풀고 마지막에 표현법 문제를 풉시다.

🎯 활용 전략

1. 작품 읽기 전 <보기> 먼저 체크하기 - 무엇을 봐야 할지 방향 설정
2. 키워드 염두에 두고 독해하기 -
   (가): 사행 경험 → 정서(?),
   (나): 자족감, 회포, 긍지 찾아가며 대응하기
3. 다른 문제들 먼저 처리하기 - 기호 밑줄, 구간별 등으로 작품 충분히 이해
4. 마지막에 <보기> 문제 풀이하기 - 전체 독해 완료 후 <보기>와 비교하며 선지 판단

45 <보기>를 바탕으로 (나)를 감상한 내용으로 적절하지 않은 것은? [3점]

「새」에서 '새장에 갇힌 새'는 일상의 안온함에 길들어 자유를 억압하는 일상을 벗어나지 못하는 현대인의 알레고리이다. '새'의 행동에 대한 묘사는 일상에 충실할수록 잠재된 힘과 본질을 잃어 가는 아이러니와, 일상에 만족하며 자유로운 삶의 가능성을 외면하는 현대인의 모습을 보여 준다.

① 몸이 창살에 부딪치고 나서야 창살의 간격이 보이는 새는, 일상에 갇힌 자신을 의식하는 현대인의 모습을 보여 주는군.

② 바깥 풍경이 보일 정도로 적당한 간격의 창살로 된 새장은, 안온함과 억압성이라는 양가성을 지닌 일상을 보여 주는군.

③ 닭처럼 날개가 귀찮아질 때까지 부지런히 걷는 새는, 성실한 생활이 잠재력의 상실로 이어지는 아이러니를 보여 주는군.

④ 새장 문이 열려도 날지 않고 모이를 향해 달려갈 수 있을 때까지 걷는 새는, 자신의 본질에 충실하다 보니 오히려 자유를 상실하게 되는 상황을 보여 주는군.

⑤ 하늘을 자유롭게 날도록 날개를 밀어 올리는 공기를 음미할 대상으로만 여기는 듯한 새는, 자유로운 삶의 가능성을 외면하고 일상에 안주하려는 현대인의 모습을 보여 주는군.

> 이러한 단독 문제 <보기>의 경우에는 (나) 작품 독해에 앞서 <보기>를 통해 '이해'에 도움을 받을 수 있습니다. 따라서 (나) 작품 기준 최우선 순위입니다.

복합

(가)

바람이 어디로부터 불어와
어디로 불려 가는 것일까,

㉠ 바람이 부는데
내 괴로움에는 이유가 없다.

내 괴로움에는 이유가 없을까,

단 한 여자를 사랑한 일도 없다.
시대를 슬퍼한 일도 없다.

㉡ 바람이 자꾸 부는데
내 발이 반석 위에 섰다.

강물이 자꾸 흐르는데
내 발이 언덕 위에 섰다.

- 윤동주, 「바람이 불어」 -

(나)

새는 새장 밖으로 나가지 못한다.
매번 머리를 부딪치고 날개를 상하고 나야 보이는,
창살 사이의 간격보다 큰, 몸뚱어리.
하늘과 산이 보이고 ㉢ 울음 실은 공기가 자유로이 드나드는
그러나 살랑거리며 날개를 굳게 다리에 매달아 놓는,
그 적당한 간격은 슬프나.
그 창살의 간격보다 넓은 몸은 슬프다.
넓게, 힘차게 뻗을 날개가 있고
㉣ 날개를 힘껏 떠받쳐 줄 공기가 있지만
새는 다만 네 발 달린 짐승처럼 걷는다.
부지런히 걸어 다리가 굵어지고 튼튼해져서
닭처럼 날개가 귀찮아질 때까지 걷는다.
새장 문을 활짝 열어 놓아도 날지 않고
닭처럼 모이를 향해 달려갈 수 있을 때까지 걷는다.
㉤ 걸으면서, 가끔, 창살 사이를 채우고 있는 바람을 부리로 쪼아 본다, 아직도 벽이 아니고

공기라는 걸 증명하려는 듯.
유리보다도 더 환하고 선명하게 전망이 보이고
울음 소리 숨내음 자유롭게 움직이도록 고안된 공기,
그 최첨단 신소재의 부드러운 질감을 음미하려는 듯.

- 김기택, 「새」 -

문제 조망하기

43번: 각 선지 판단하며 각 연 독해 (실시간 풀이)

45번: (나) 단독 <보기> (실시간 풀이)

작품 독해 완료

44번: <보기> 분석 후 풀이

---

43 (가)에 대한 이해로 가장 적절한 것은?

① '불려 가는'이라는 피동 표현을 통해 자신이 처한 현실에 순응하려는 화자의 태도를 강조하고 있다.

② '이유가 없을까'라는 물음의 형식으로 화자의 정신적 고통에 타당한 이유가 없음을 단정하고 있다.

③ '사랑한 일'과 '슬퍼한 일'을 병치하여 화자의 개인적 불행이 시대에 대한 무관심의 원인임을 암시하고 있다.

④ '없다'의 반복을 활용하여 자신의 삶과 내면을 응시하는 화자의 반성적 자세를 드러내고 있다.

⑤ '흐르는데'와 '섰다'의 대비를 통해 변함없는 자연에서 깨달음을 얻으려는 화자의 의지를 드러내고 있다.

44 다음에 제시된 선생님의 안내에 따라, ㉠~㉤을 탐구한 내용으로 적절하지 <u>않은</u> 것은?

· 보기 ·

공기와 바람은 눈에 보이지 않지만 사물의 움직임을 통해 지각되고, 계속 움직이며 대상에 영향을 주는 힘으로 인식되기도 합니다. 이런 속성이 시에 어떻게 활용되는지 알아봅시다.

① ㉠에서는 움직임이라는 '바람'의 속성을 '괴로움'이라는 내면의 흔들림을 지각하는 계기로 활용하고 있다.

② ㉡에서는 끊임없이 움직이는 '바람'의 속성을 활용해 '내 발'을 '반석 위'로 이끄는 힘을 보여 주고 있다.

③ ㉢에서는 자유롭게 창살 사이를 이동하는 '공기'의 속성을 '새'가 처한 상황을 부각하는 데 활용하고 있다.

④ ㉣에서는 '날개'를 '힘껏' 떠받치는 '공기'의 속성을 활용해 '새'의 '날개'가 '공기'의 힘을 이용할 수 있음을 암시하고 있다.

⑤ ㉤에서는 보이지 않지만 존재하는 '바람'의 속성을 활용해 '창살 사이'의 빈 공간을 쪼는 '새'의 동작에 의미를 부여하고 있다.

45 <보기>를 바탕으로 (나)를 감상한 내용으로 적절하지 <u>않은</u> 것은? [3점]

· 보기 ·

「새」에서 '새장에 갇힌 새'는 일상의 안온함에 길들어 자유를 억압하는 일상을 벗어나지 못하는 현대인의 알레고리이다. '새'의 행동에 대한 묘사는 일상에 충실할수록 잠재된 힘과 본질을 잃어 가는 아이러니와, 일상에 만족하며 자유로운 삶의 가능성을 외면하는 현대인의 모습을 보여 준다.

① 몸이 창살에 부딪치고 나서야 창살의 간격이 보이는 새는, 일상에 갇힌 자신을 의식하는 현대인의 모습을 보여 주는군.

② 바깥 풍경이 보일 정도로 적당한 간격의 창살로 된 새장은, 안온함과 억압성이라는 양가성을 지닌 일상을 보여 주는군.

③ 닭처럼 날개가 귀찮아질 때까지 부지런히 걷는 새는, 성실한 생활이 잠재력의 상실로 이어지는 아이러니를 보여 주는군.

④ 새장 문이 열려도 날지 않고 모이를 향해 달려갈 수 있을 때까지 걷는 새는, 자신의 본질에 충실하다 보니 오히려 자유를 상실하게 되는 상황을 보여 주는군.

⑤ 하늘을 자유롭게 날도록 날개를 밀어 올리는 공기를 음미할 대상으로만 여기는 듯한 새는, 자유로운 삶의 가능성을 외면하고 일상에 안주하려는 현대인의 모습을 보여 주는군

2. <보기> + 기호 밑줄

34 <보기>를 참고할 때, ㉠~㉤의 문맥적 의미에 대한 이해로 적절하지 <u>않은</u> 것은? [3점]

「탄궁가」는 향촌 공동체에서 경제적 기반이 취약한 사대부가 가정과 사회에 대한 책임을 다하기 어려운 자신의 궁핍한 삶을 실감나게 그려 낸 작품이다. 한편 「농가」는 곤궁한 향촌 공동체의 발전을 위해 여러 방도를 모색한 사대부가 가난을 벗어난 이상화된 농촌상을 그려 낸 작품이다.

① ㉠은 파종할 볍씨를 쥐가 먹어 버린 상황을 제시해 가난한 향촌 사대부의 곤혹스러운 처지를 실감나게 그려 낸다.

② ㉡은 솥과 시루가 녹슨 상황을 제시해 끼니조차 잇지 못하는 생활이 지속되는 향촌 사대부 가정의 궁핍함을 부각한다.

③ ㉢은 체면을 지키기 어려운 상황을 제시해 취약한 경제적 기반 때문에 사회적 책임을 내려놓는 향촌 사대부의 죄책감을 드러낸다.

④ ㉣은 밭을 맬 때 예정된 차례에 따라야 함을 나타내어 사회적 약속에 대한 존중을 향촌 공동체 발전의 방도로 여기는 관점을 드러낸다.

⑤ ㉤은 먹을거리에 부족함이 없이 즐거운 향촌 구성원의 모습을 통해 가난을 벗어난 이상화된 농촌상의 일면을 보여 준다.

15 <보기>를 참고하여 ㉠~㉤을 이해한 내용으로 적절하지 <u>않은</u> 것은? [3점]

「알 수 없어요」를 비롯한 한용운의 시는 '절대자'라는 궁극적 존재를 탐구하는 시이다. 동시에 그것은 역설에 의한 구도자로서의 자기 정립 또는 자기 극복의 시이기도 하다. 「알 수 없어요」에서는 이런 점이 물음의 방식을 통해 강화되어 나타난다.

① ㉠ : '바람도 없는 ~ 오동잎'의 이미지와 결합되어, '누구'로 표현된 절대자의 존재 방식을 알려 주는군.

② ㉡ : '푸른 하늘'과 대조되는 것으로, 화자와 절대자 사이의 만남을 가로막는 번뇌와도 같은 것이군.

③ ㉢ : '꽃도 없는 깊은 나무'에서 만들어진 것으로, 절대자의 존재에 대한 화자의 회의적 태도를 드러내는군.

④ ㉣ : '가이없는 바다를 밟고'와 짝을 이루어, 무한 공간에 걸쳐 있는 절대자의 면모를 드러내는군.

⑤ ㉤ : '타고 남은 ~ 됩니다'와 관련되면서, 구도자로서의 자기 정립에 대한 화자의 열망을 역설적으로 드러내는군.

첫 번째 <보기> 문제 예시는 기호 밑줄이 두 작품에 나뉘어 제시되어 있습니다.

반면 두 번째 <보기> 문제 예시는 기호 밑줄이 한 작품에 단독으로 제시되어 있습니다.

전자는 후 순위로 빼고 후자는 선 순위로 당겨와서 선지와 작품을 같이 봅시다.

3. <보기> + 구간별

19 <보기>를 참고할 때, [A]~[E]에 대한 이해로 적절하지 <u>않은</u> 것은?

• 보 기 •

이육사는 「초가」를 발표하면서 '유폐된 지역에서'라고 창작 장소를 밝혔다. 이곳에서 그는 오래전 떠나온 고향을 떠올려 시로 형상화했다. 계절의 흐름에 따라 낭만적인 봄에서 비극적인 겨울로 시상을 전개하여 악화되어 가는 일제 강점기의 현실을 묘사했다.

① [A] : 돌담 울에 둘러싸인 산기슭을 묘사하여 화자가 고향을 회상하는 장소의 분위기를 나타내고 있다.

② [B] : 봄날의 보리밭 풍경을 제시하여 화자가 떠올리는 고향의 모습을 형상화하고 있다.

③ [C] : 고향 사람들이 기대하던 앞내강 정경을 묘사하여 화자의 소망이 이루어진 상황을 나타내고 있다.

④ [D] : 풍족한 결실을 거두지 못한 상황에서 자신이 처한 현실 너머의 세계를 꿈꾸는 소년의 모습을 보여 주고 있다.

⑤ [E] : 강물이 얼어붙는 삭막한 겨울의 이미지로 일제 강점기의 가혹한 현실 상황을 드러내고 있다.

단독으로 제시된 구간 유형이 <보기>에 붙으면 선 순위로 당겨서 가는 것이 좋습니다. <보기>를 통해 작품의 이해에 도움을 받으며 실시간으로 바로 풀 수 있기 때문입니다. 앞의 설명을 참조하며 갑시다.

운문 파트 풀이 순서
효율성 극대화를 위한 체계적 접근법

1 기본 원칙

원칙 1. 문제 단위로 완결짓기
- 금지 : (가) ➡ (가) 선지 ➡ (나) ➡ (나)선지
- 필수 : 한 문제를 끝까지 완전히 풀고 넘어가기

원칙 2. 우선순위 정하고 시작
- 10초 투자해서 문제 구성 조망
- 어떤 문제부터 풀지 미리 결정

2 우선순위 체계

1위	2위	3위	4위	5위	6위
단독 배치	기호밑줄 구절평가	구간	박스	보기 문제	표현법

3 문제 유형별 전략

보기 박스
먼저 읽고 시작!
작품 독해 방향 설정
키워드 염두에 두고 독해

기호 밑줄 (단독) 최우선
5개 한 작품 ➡ 즉시
여러 작품 ➡ 단독 먼저

구간 설정 (단독) 최우선
1~2개 한 작품 ➡ 즉시
5개 이상 ➡ 실시간 풀이

구절에 대한 평가 최우선
작품 이해 가이드
"적절하지 않은" 4개 정답 ➡ 도움
"적절한" 1개 정답 ➡ 까다로움

선지가 힌트 제공
선지를 활용해 작품 정보를 빠르게 축적하고 정답 가리키는 단서를 파악

기호 밑줄 (여러 작품) 우선
작품 수 많아지면 후순위 이동
단독 문제 처리 후 해결

구간 설정 (여러 작품) 우선
여러 작품 배치 시 단독보다
후순위

박스 평가 / 비교 우선
작품 전체 이해 필요 ➡
선순위 문제로 정보 확보 후
처리

보기 문제 후
보기 단독은 마지막에 비교하며 풀이
다른 유형과 결합 시 위치 조정

표현법 문제 최후
맨 마지막 처리
다른 문제 통해 작품 내용 축적 후 해결
예외 : [A]~[C] 구간별 표현법은 실시간 OK

4
실전 적용
순서

문제 조망 (10초)

☑ <보기>가 있는가? ➔ 도움이 되는지 판단

☑ 단독 배치 문제 있는가?

☑ 기호 밑줄 개수와 배치는?

☑ 구간 설정은 어떻게 되어있는가?

우선순위 적용

1. 단독 배치 (보기+기호밑줄, 보기+구간 포함)
2. 기호 밑줄 5개 한 작품
3. 구간 1~2개 한 작품
4. 기호 밑줄 여러 작품, 구간 여러 작품
5. 두 작품 비교, 박스 평가, <보기> 문제
6. 표현법

최종
목표

중복독해 최소화 ➔ 시간 단축 ➔ 정확도 향상

문학 풀이의 기본 원칙부터 확실히 하고 갑시다.

원칙 1 산문은 작품을 처음부터 끝까지 다 읽자

산문은 긴 책의 일부를 발췌한 것이기 때문에 단절감이 느껴질 수밖에 없습니다. 앞뒤 맥락이 잘린 상태에서 <보기>, 줄거리 요약, 각 장면들을 통해 인물, 상황, 시점 등을 파악하는 일종의 퍼즐 맞추기입니다.

따라서 산문 파트는 문제 선지를 먼저 보고 작품을 파악하는 풀이를 하기 쉽지 않습니다. 따라서 <보기>를 먼저 보고 작품을 읽으며 실시간으로 풀 수 있는 문제들을 같이 푸는 방법을 권합니다.

원칙 2 우선순위 정하고 시작하기

본격 풀이에 들어가기 전에 10초만 투자합시다. 문제를 조망하고 어떤 문제를 같이 읽으며 풀지 정하세요.

풀이의 우선순위를 정하기 위해 최근 산문 파트의 문제 유형을 개략적으로 분류해 봅시다.

0. <보기> 박스	**3. 구간 설정**
	3.1) 구간이 5개 이상
1. 서술 방식	3.2) 구간이 2개 이상 4개 이하
1.1) 작품 전제	
1.2) 구간	**4. <보기>**
1.3) 기호 밑줄	4.1) <보기>+기호 밑줄
	4.2) <보기>+구간
2. 기호 밑줄	
2.1) 기호 밑줄이 5개 이상	
2.2) 기호 밑줄이 1개	
2.3) 기호 밑줄이 2개	
2.4) 기호 밑줄이 3개, 4개	

작품과 함께 처리할 것들을 정리해 봅시다.

산문 파트는 운문 파트와 달리 선 순위와 후 순위를 따로 설정할 필요가 없습니다. 어차피 작품을 다 읽어야 하기 때문입니다. 풀이 순서로 이점을 얻을 수 있는 것은 기호 밑줄, 구간 유형입니다. 인물, 발화, 심리, 소재 전부 다 물어볼 수 있습니다. 인물, 발화는 거의 고정이고 심리는 복잡하게 제시될 경우에 나오며 소재는 작품 내에서 전개에 중요한 역할을 할 때 다루게 됩니다. 따라서 여기에서는 대략적인 유형만 파악하고 갑시다. 산문의 유형은 변수가 많기에 큰 틀만 잡고 넘어갑시다.

<보기> 독해 → 작품 독해 + (기호 밑줄, 구간 유형) → 나머지 문제들 순서대로 → 서술 방식(기호, 구간 유형일 경우 작품과 함께)

1 서술 방식

1. 작품 전제

27 윗글의 서술상의 특징으로 가장 적절한 것은?

① 회상 장면을 병치하여 사건의 흐름을 반전시킨다.

② 사물의 세부를 구체적으로 묘사하여 장면의 현장성을 강화한다.

③ 중심인물의 반복적인 동작을 강조하여 내적 갈등을 표면화한다.

④ 서술자가 풍자적 어조를 활용하여 중심인물에 대한 비판적 입장을 드러낸다.

⑤ 서술자가 중심인물의 시선에 의존하여 사건의 양상을 제한적으로 나타낸다.

> 서술 방식 유형의 풀이 순서는 기본적으로 맨 처음에 배치됩니다. 그러나 이 유형은 작품 전체를 다 훑어야 하기에 결국 다시 돌아가서 전체를 다시 봐야 합니다. 최소한 다른 문제들을 풀며 머릿속에 정보를 잔상을 남긴 후 풉시다. 단, 구간, 기호 밑줄의 경우에는 작품 독해를 진행하며 풀이하는 것이 유리합니다.

2. 구간

28 [A]의 서술상의 특징으로 가장 적절한 것은?

① 인불의 행위를 사실적으로 그려 내어 내적 갈등을 표면화하고 있다.

② 과거와 현재를 교차하여 인물이 겪는 인식의 변화를 드러내고 있다.

③ 공간적 배경을 구체적으로 묘사하여 인물이 처한 상황을 드러내고 있다.

④ 서술자가 특정 인물의 시선을 통해 인물의 특징을 관찰하여 알려 주고 있다.

⑤ 서술자가 인물의 경험을 삽화 형식으로 나열하여 사건을 입체적으로 보여 주고 있다.

> 2의 예시를 보면 알겠지만 특정 구간에 한정해서 묻기 때문에 먼저 저길 바로 봐도 풀리긴 합니다. 그러나 출제자가 어떤 착각 포인트를 배치했을지 모르기 때문에 작품의 앞 부분부터 읽으며 [A]에 도달한 순간 문제를 풀기 위한 서술상의 특징에 주목하며 독해를 합시다. 앞서 언급한 추리 게임과 서술상의 특징 뽑기를 3:7정도로 비중을 잡고 읽어 나가야 합니다.

3. 기호 밑줄

28 ㉠~㉤의 서술 방식에 대한 설명으로 적절하지 <u>않은</u> 것은?

① ㉠ : '나'의 지각 내용을 '나'가 서술하는 상황으로 인물과 서술자가 겹쳐 있다.

② ㉡ : 서술의 주체를 알 수 있는 표지가 분명하게 제시되어 서술자와 지각의 주체가 뚜렷이 구분된다.

③ ㉢ : '나'가 아니라 '나'가 지각하는 대상을 주어로 서술함으로써 지각의 대상을 부각하는 효과가 나타난다.

④ ㉣ : 인용 부호 없이 서술된 발화에서 인물의 목소리가 드러난다.

⑤ ㉤ : 지각의 주체를 알리는 표지가 나타나지 않아서 누가 지각한 바를 서술한 것인지 모호한 상황이 빚어진다.

> 3의 예시는 작품을 독해하며 자연스럽게 바로 판단합시다. 복잡한 서술 방식이 제시될 경우 작품을 읽기 힘듭니나. 역설석으로 서술자는 복잡한 서술 방식을 묻고 싶어 합니다. 따라서 이런 문제가 필연적으로 출제되는데, 이는 작품의 상황 판단을 돕는 도우미 역할을 합니다. 소설의 서술 기법이 복잡할수록 이런 기호 밑줄형 문제가 제시될 확률이 높습니다. 따라서 선지를 먼저 보고 지문으로 가서 '이 부분이 이런 방식으로 서술되어 있던 것이구나' 같은 생각을 하며 독해를 하는 것을 추천합니다.

1. 기호 밑줄이 5개 이상

18 ㉠~㉤에 대한 설명으로 가장 적절한 것은?

① ㉠은 이대봉이 이릉의 영혼을 만나 갑옷과 칼을 얻은
공간이다.
② ㉡은 흉노가 침범한 곳이자 이대봉이 흉노를 처단한
공간이다.
③ ㉢은 장 한림 부부가 간신의 모해로 유배 간 공간이다.
④ ㉣은 이대봉이 중원으로 향하기 전에 머물던 공간이다.
⑤ ㉤은 동돌수가 이대봉을 피해 달아난 공간이다.

20 ⓐ~ⓔ를 이해한 내용으로 적절하지 <u>않은</u> 것은?

① ⓐ : 편지의 수신인이 누구인지 말해 주며 상대가 편지
의 중요성을 인식하게 하고 있다.
② ⓑ : 손주들을 호명하며 격해진 감정과 그들을 불쌍해
하는 마음을 표출하고 있다.
③ ⓒ : 자신의 운명은 하늘의 뜻이라고 함으로써 집에 온
자신을 책망하지 말 것을 부탁하고 있다.
④ ⓓ : 옥황상제의 부름을 거절할 수 없다고 말함으로써
이별이 예정되어 있음을 언급하고 있다.
⑤ ⓔ : 백학선과 약주를 선물함으로써 상대를 걱정하는
마음을 드러내고 있다.

29 ⓐ ~ ⓖ에 대한 이해로 적절하지 <u>않은</u> 것은?

① ⓐ는 상대를 못마땅해하는 발언이지만, ⓒ를 고려하
면 상대의 상태에 대한 관심에서 비롯된 것이라고 할
수 있다.
② ⓑ와 ⓓ의 시에 대한 인물의 태도를 고려하면, 인물이
시를 통해 위안을 얻었음을 알 수 있다.
③ ⓔ는 ⓓ를 듣고 실망하여, 상대의 새로운 반응을 기대
하며 한 발언이라고 할 수 있다.
④ ⓕ는 ⓔ에 대한 상대의 반응이 예상을 벗어났지만, 상대
가 보여 준 판단을 수용하기 위한 질문이라고 할 수 있다.
⑤ ⓖ는 ⓕ의 주장을 확인하는 질문으로, 상대의 태도를
탐탁지 않게 여기는 마음이 반영된 발언이라고 할 수
있다.

산문에서의 기호 밑줄 유형은 시·공간, 발화, 소재 등 여러 가지 유형이 있습니다. 5개 이상의 기호 밑줄이 제시될 경우 그냥 차분하게 따라가면서 선지를 판단합시다.

시·공간이라면 먼저 공간에서 어떤 일이 있었는지 파악한 후 선지를 판단합시다.

발화라면 인물에 집중해 누가 누구에게 어떤 의도로 말을 하는지 맥락을 통해 파악한 후 선지를 판단합시다.

소재는 기호 밑줄로 나오는 경우도 있지만 주로 박스형으로 제시됩니다. 박스형은 작품 독해 후에 판단하도록 합시다. 전체 맥락에서의 역할을 묻는 경우가 많기 때문입니다.

기호 밑줄이 6개 이상인 경우도 있습니다. 이 경우에는 두 개씩 엮어서 가야 하는데 29번 예시의 ① 번 선지를 보면 기호가 연속되지 않음을 볼 수 있습니다. 작품을 읽으며 선지가 묻는 것에 대해서 '네', '아니오'를 판단하다 보면 어느 순간 작품 파악이 끝나있을 겁니다.

다시 말하자면, 기호 밑줄 유형은 작품을 읽으며 백지 분석서를 쓰는 작업에서 OX 판별 문제로 바꿔주는 역할을 합니다.

꼭 읽으며 실시간으로 처리합시다.

2. 기호 밑줄이 1개

29 ㉠의 의미와 관련하여 윗글을 이해한 내용으로 적절하지 <u>않은</u> 것은?

① '이미 끝난 일이야'라는 말로 보아, 남자 사원들 중에 ㉠을 마저 입을지를 결정해야 하는 상황에 직면했다고 생각하는 사람이 있음을 알 수 있다.

② '험악해진 분위기'로 보아, ㉠과 관련된 문제로 남자 사원들 사이에 소란스러운 일이 있었음을 알 수 있다.

③ '그냥 지나칠 수가 없었습니다'라는 말로 보아, 권 씨도 남자 사원들과 마찬가지로 ㉠을 마저 입을지를 선택하는 일이 무엇보다 중요한 문제라고 생각하고 있음을 알 수 있다.

④ '총각 사원 하나'에 대한 아내의 반응으로 보아, 아내는 총각 사원이 ㉠ 때문에 회사를 스스로 그만두었다는 소문을 믿지 않고 있음을 알 수 있다.

⑤ '검정 곤색 일색'으로 보아, 체육 대회에 참석한 전체 사원이 ㉠을 마저 입게 되었음을 알 수 있다.

> 기호 밑줄이 1개라면 해당 부분은 발화, 내면 서술, 소재 등을 전체 맥락에서 이해한 것을 묻게 됩니다. 따라서 작품 전체 독해 후 푸는 것을 추천합니다. 29번의 경우 '㉠ 나머지 절반' 이 제시된 뒷 장면에서 나온 내용을 ③번 ~⑤번에서 묻습니다. 따라서 이 유형은 결국 작품 전체를 조망한 후 풀어야 합니다. 저 ㉠이 작품 전체에서 어떤 의미를 가지는 지에 대해 염두에 두고 읽어 나갑시다.

3. 기호 밑줄이 2개

29 윗글에서 ⓐ와 ⓑ의 서사적 기능에 대한 설명으로 가장 적절한 것은?

① ⓐ가 이야기의 심화된 주제를 구현하는 제재라면, ⓑ는 이야기의 주제를 가늠하도록 하는 단서이다.

② ⓐ가 이야기를 절정에 치닫도록 하는 추진력이라면, ⓑ는 이야기를 결말에 이르게 하는 원동력이다.

③ ⓐ가 이야기의 긴장감이 형성되는 요인이라면, ⓑ는 이야기의 긴장감이 완화됨을 드러내는 표지이다.

④ ⓐ가 이야기의 위기감이 해소된 종착점이라면, ⓑ는 이야기의 위기감이 고조된 정점이다.

⑤ ⓐ가 이야기를 일으키는 시발점이라면, ⓑ는 이야기의 전모가 드러나게 되는 귀결점이다.

20 ⓐ, ⓑ에 대한 설명으로 가장 적절한 것은?

① ⓐ에 대한 '나'의 이해는 기범에 대한 '나'의 인식이 전환되는 데에 기여한다.

② ⓐ에 대한 얘기를 '나'가 꺼낸 것은 기범에 대한 '저'의 오해를 풀 목적에서이다.

③ '저'는 '나'가 기범에 대해 품은 의문이 ⓑ를 바탕으로 하고 있음을 알게 된다.

④ '저'가 ⓐ로 인해 기범을 오해한다면, '나'는 ⓑ에 의해 기범을 이해한다.

⑤ '저'는 기범이 선행을 베풀며 보인 변화가 ⓑ에서 ⓐ로 변화된 과정과 일치함을 알고 있다.

20 '장 씨'를 중심으로 ㉠과 ㉡을 이해한 내용으로 가장 적절한 것은?

① ㉠은 학문을 연마하는 공간이고, ㉡은 덕행을 닦는 공간이다.

② ㉠은 불신을 드러내는 공간이고, ㉡은 조소를 당하는 공간이다.

③ ㉠은 한탄을 드러내는 공간이고, ㉡은 애정을 확인하는 공간이다.

④ ㉠은 계책을 꾸미는 공간이고, ㉡은 외로움을 인내하는 공간이다.

⑤ ㉠은 선후 시비를 따지는 공간이고, ㉡은 오해를 해소하는 공간이다.

기호 밑줄이 5개라면 각 선지에서 하나씩 다루며 우리에게 도움을 줍니다. 하지만 두 개를 묻는다면 필연적으로 비교를 묻게 됩니다. 선지는 5개인데 기호 밑줄은 5개 보다 적으니까요. 따라서 이 유형은 실시간으로 가기 힘듭니다. 심지어 이 유형은 주로 소재나 발화, 행동을 의미하는 단어를 작품 전체의 맥락에서 비교합니다. 따라서 작품 독해를 한 후 풀어야 합니다.

예를 들어 29번의 경우에는 'ⓐ 한마디'와 'ⓑ 한마디'가 작품의 서사에 미친 영향을 비교합니다.

그리고 20번의 경우 'ⓐ 묘한 철학'에 대해 작품의 흐름을 따라가며 이것이 무슨 의미인지에 대해 파악해야 합니다.

다른 20번은 특정 인물에게 있어서 '이화정'이라는 공간 배경이 어떤 공간인지를 묻습니다. 이 유형도 전체 맥락을 조망해야 풀 수 있습니다. 꼭 작품 독해를 완료한 후 바로 풉시다.

4. 기호 밑줄이 3개, 4개

20 ⓐ ~ ⓓ에 대한 설명으로 가장 적절한 것은?

① ⓐ와 ⓑ에서는 상대에 대한 신뢰를 바탕으로, 숨겨 온 사실을 드러내고 있다.
② ⓑ와 ⓒ에서는 자신의 위세를 드러내어, 상대의 복종을 이끌어 내고 있다.
③ ⓐ에서는 자신의 감정을 상대에게 드러내고, ⓓ에서는 자신들의 의도를 상대에게 숨기고 있다.
④ ⓑ에서는 당위를 내세워 상대의 행위를 요구하고, ⓓ에서는 상대의 안위를 우려하여 자제를 요청하고 있다.
⑤ ⓒ에서는 상대에게 자신의 목표를 위해 행동할 것을 촉구하고, ⓓ에서는 상대의 목표를 위해 행동할 것을 약속하고 있다.

기호 밑줄이 4개라면 선지 5개를 채우기 위해서라도 상호 비교를 묻게 됩니다. 20번의 예시처럼 공통점과 차이점을 묻기에 작품을 독해하며 처리가 가능하다면 바로바로 판단하는 것이 좋습니다.

3 구간 설정

---

1. 구간이 5개 이상

29 [A]~[E]의 서술 방식에 대한 설명으로 적절하지 <u>않은</u> 것은?

① [A] : '이만큼에 서서'와 '바라보면'을 보면, 서술자가 대상을 지각할 수 있는 위치에서 서술하고 있음을 알 수 있다.

② [B] : 호명하는 말을 각각 하나의 문단에 서술하여, 그 호칭이 두드러져 보이는 효과가 나타난다.

③ [C] : '나'와 '우리' 같은 표현을 사용하여, 서술자가 자기 경험을 바탕으로 하는 이야기를 서술하면서 자신의 내면을 드러낸다.

④ [D] : '동네였을 것이다'를 보면, 서술자가 과거 상황에 대해 확정적으로 진술하지 않고 추측의 의미를 담아 서술하고 있음을 알 수 있다.

⑤ [E] : 누가 한 말인지 명시하지 않은 것을 보면, 대화 상황에서 말하는 이와 서술자가 다르다는 사실을 알 수 있다.

> 구간이 5개 설정되어 있다면 결국 선지 하나하나와 매칭을 시키기 위함입니다. 작품을 독해하며 선지의 도움을 받아 작품을 판단합시다. 실시간으로 풀어 줍시다.

29 [A]~[C]에 대한 설명으로 적절하지 <u>않은</u> 것은?

① [A]에서 인물은 상대의 행위가 옳지 않다고 판단하여, 반복적으로 추궁하며 상대가 잘못했음을 분명히 한다.

② [B]에서 인물은 상대의 주장이 사실과 다르다며, 모르고 그랬다는 말을 반복함으로써 자신의 억울함을 알린다.

③ [C]에서 인물은 추측을 바탕으로 상대의 발언이 신뢰하기 어렵다고 반박하고, 상대의 반응에 아랑곳하지 않고 거짓으로 답했다며 몰아붙인다.

④ [A]에서 인물은 상대의 행위와 동기를 함께 비난하고, [B]에서 인물은 상대의 비난을 파악하지 못해 자신의 행위에 대해서만 인정한다.

⑤ [A]에서 인물이 상대에게 화를 내자, [B]에서 인물은 당황하며 자신을 방어하지만, [C]에서 갈등 상황은 지속된다.

30 [A]와 [B]에 대한 설명으로 가장 적절한 것은?

① [A]에서 태보의 위기에 대해 책임을 통감하는 제원들의 탄식은, [B]에서 그 책임을 자신에게 돌리는 태보의 자책과 대비된다.

② [A]에서 태보가 받은 제원들의 위로는, [B]에서 삶을 도모하여 무죄를 소명하겠다는 태보의 결심으로 이어진다.

③ [A]에서 제원들이 칭송하는 태보의 강직함은, [B]에서 소신을 지키겠다고 하는 태보의 다짐에서 확인된다.

④ [A]에서 제원들 간의 갈등으로 인한 태보의 심리적 상처는, [B]에서 가족과의 만남을 통해 해소된다.

⑤ [A]에서 제원들의 말을 통해 드러난 태보의 후회는, [B]에서 가족들을 향한 태보의 말에서 반복된다.

19 [A], [B]에 대한 이해로 가장 적절한 것은?

① [A]에서는 자신의 안부를 전한 뒤 곧이어 받는 이의 안부를 묻는다.

② [B]에서는 받는 이를 만나고 싶지만 당장 그럴 수 없는 처지를 언급하며 안타까운 심정을 드러낸다.

③ [B]에서는 받는 이의 건강에 문제가 있다는 소식을 듣고 걱정하는 마음을 드러낸다.

④ [A]와 [B]에서 모두 자신이 뜻한 바를 이루었음을 전하고, 받는 이에게 그 공을 돌리며 감사해한다.

⑤ [A]와 [B] 모두 당부의 말을 전하는데, [A]에서는 받는 이가 글쓴이의 노력을 알아주길 바라고, [B]에서는 받는 이가 스스로 잘 처신하기를 바란다.

> 기본적으로 구간이 2개 혹은 3개가 제시될 경우 해당 장면 내부에 있느냐가 중요합니다.
>
> 29번의 [A]~[C]는 한 장면 내부에 구간이 배치되어 있어 작품을 독해하며 누적해서 판단 가능합니다.
>
> 30번도 구간 2개이기에 비교를 요구하지만 한 장면 안에 배치되어 있어 해당 장면 독해 후 바로 판단이 가능합니다.
>
> 그러나 19번의 경우 동떨어진 장면에 배치되어 상호 비교를 요구합니다. 이럴 경우 독해를 다 끝낸 후 문제로 와야합니다.
>
> 결국 구간이 2개~4개인 유형은 한 장면안에 배치되어 있는가의 유무가 실시간 판단의 기준이 됩니다. 이 장면이 앞선 운문의 (가), (나)에 대응합니다.

29 [A], [B]를 고려하여 ㉠과 ㉡을 이해한 내용으로 가장 적절한 것은?

① ㉠은 용팔의 '웃음'에 대한 정일의 불쾌감으로 인해, ㉡은 아버지가 내비치는 '황홀한 눈'으로 인해 발생한다.

② ㉠은 정일이 갈등 끝에 '도장'을 찍음으로써, ㉡은 아버지가 사무치는 '동경'을 포기함으로써 지속된다.

③ ㉠은 정일의 '신경 쇠약'을 일으키는 원인이고, ㉡은 아버지가 '꺼멓게 탄 혀'의 고통을 줄이기 위한 방편이다.

④ ㉠은 용팔에 대한 미움이 '뺨을 갈기고 싶은 충동'으로 격화되는 정일의 마음을, ㉡은 '물그릇'에서 '어항', '드리우는 물줄기'로 심화되는 아버지의 갈망을 함축한다.

⑤ ㉠은 용팔의 '공모' 요구로 인해 표면화된 정일의 물질 지향적인 태도를, ㉡은 '심한 구역' 이후로 아버지가 '물'에서 얻고자 하는 육체적 안정에 대한 추구를 드러낸다.

> 그러나 이 29번처럼 구간과 기호 밑줄이 복합적으로 제시될 수 있습니다. 이 유형이 제시된다면 구간을 다 읽은 후 바로 기호 밑줄을 찾아서 비교하길 바랍니다.
>
> 이외에도 여러 가지 유형이 복합적으로 제시될 수 있으나 그 유형들도 결국 기존 유형들의 재조합입니다. 따라서 시험지를 보고 유동적으로 우선순위를 판단하며 풀어야 합니다. 작품과 함께 풀지, 작품을 읽은 다음 바로 풀지, 그저 배치 순서대로 풀지 판단합시다.

21 <보기>를 참고하여 윗글을 감상한 내용으로 적절하지 <u>않은</u> 것은? [3점]

> • 보기 •
>
> 「이대봉전」에서 주인공은 공적 가치와 사적 목표를 실현하기 위해 노력한다. 공적 가치는 국가 차원의 사건에 참여하는 당위로 제시되고, 사적 목표는 가문의 일원으로서 그 사건 해결에 가담하는 동력이 된다. 현실계나 비현실계의 존재들 또한 주인공의 이러한 문제 해결 과정에 조력한다. 공적 활약을 통해 공적 가치의 권위를 인정하는 이면에 사적 목표의 추구를 배치하는 이러한 구도는 영웅소설이 지향하는 '충'이라는 이념을 훼손하지 않으면서도 사적 목표의 추구를 정당화한다.

① 장애황이 혼약을 이루기 위해 대공을 세웠다고 한 데에서, 혼약이 국가 차원의 사건에 참여하는 동력이 되었음을 알 수 있군.

② 장애황이 난신 왕희를 국법으로 다스린 후 자신에게 내어 달라고 한 데에서, 공적 권위를 존중하되 사적 목표도 실현하고자 하는 마음을 알 수 있군.

③ 흉노의 침입으로 성상이 피신했다는 소식에 분노하여 이대봉이 출전한 데에서, 국가 차원의 문제 해결에 참여하는 당위성을 확인할 수 있군.

④ 표류하던 이대봉이 천우신조로 무인절도에서 이 시랑과 재회한 데에서, 비현실계의 존재가 이대봉의 공적 활약에 조력한 것을 확인할 수 있군.

⑤ 이대봉이 흉노 제압을 공으로 드러낸 후 성상에게 왕희의 처벌을 요구한 데에서, 충의 이념을 훼손하지 않으면서도 사적 목표의 정당성을 확보하려는 인물의 의중을 확인할 수 있군.

31 <보기>를 바탕으로 윗글을 감상한 내용으로 적절하지 <u>않은</u> 것은? [3점]

> • 보기 •
>
> '중도적 주인공'은 자신이 속한 집단의 논리를 비판적으로 인식하면서도 집단의 논리를 따를지 여부를 결정하지 못하는 상태에 있는 인물이다. '중도적 주인공'은 인식 측면에서는 집단의 논리에 숨겨진 문제를 읽어 내는 주체적인 관점을 보인다. 그러나 행동 측면에서는 자신의 인식에 따라 적극적으로 행동하지 못하거나, 집단에 동화되지 못한 채 집단 논리의 수용 여부를 두고 머뭇거리는 모습을 보인다.

① 동료에게 '준비 위원회'의 '회의'에 담긴 '경영자'의 숨은 의도를 파악하여 발언하는 것을 보니, 민도식은 '동림산업'이 내세우는 논리에 대해 비판적으로 인식하는 주체적인 관점을 지니고 있다고 볼 수 있군.

② 권 씨를 '노리갯감'으로 삼자는 장상태의 '눈짓'을 읽었지만 이에 선뜻 동참하지 않은 것을 보니, 민도식은 '작업 중' 사고를 둘러싼 '투쟁'과 '몸에 걸치는 옷'을 둘러싼 논쟁에 적극적으로 참여하고 있지 않다고 볼 수 있군.

③ 아내에게 '큰소리'로 자신의 생각을 말하면서도 '뒤늦게나마 집을 나서'는 것을 보니, 민도식은 '동림산업'의 문제를 인식하고 있으면서도 회사를 떠나지 못하는 상황에 놓여 있다고 볼 수 있군.

④ '사복 차림'으로 체육 대회에 가지만 자신을 '꽁무니에 따라 붙으려는' 사람이라고 생각하는 것을 보니, 민도식은 집단의 논리를 거부하고 싶지만 집단에 소속되고 싶은 마음도 지니고 있다고 볼 수 있군.

⑤ '제1 공장' 정문 앞에서 '붙박여 버린 듯' 움직이지 않는 모습을 보니, 민도식은 '동림산업'의 정책에 대한 비판을 적극적인 행동으로 옮길지 여부를 결정하지 못하고 있다고 볼 수 있군.

> <보기>에서 묻는 것은 작품 전체의 맥락 파악입니다. 실시간 풀이를 통해 우선순위가 높은 문제들을 먼저 해결한 후, 나머지 문제들을 배치된 순서대로 풉시다. <보기>의 유형 분류는 뒤에서 할 예정입니다.

1. <보기> + 기호 밑줄

31 <보기>를 참고하여 ㉠~㉤을 이해한 내용으로 적절하지 <u>않은</u> 것은? [3점]

◦ 보 기 ◦

소설에서 시간 표지는 배경을 지시할 뿐 아니라, 우연하게 일어날 수 있는 사건들에 개연성을 부여하거나 사건의 전개나 장면의 전환 등에 관여된 서사적 정보를 제시하기도 한다. 또한 장면을 제시하는 것은 물론 서로 다른 장면을 연결하거나, 사건이 요약적으로 제시되었음을 가늠하게 하는 등 서사의 주요 요소들을 보조하는 기능을 한다.

① ㉠은 우연으로 보이는 감사의 이방 선발이, 필성이 송이와 만나기 위해 애써 왔던 시간과 맞물려 있음을 드러냄으로써 필성의 관아 입성에 개연성을 부여한다.
② ㉡은 평범한 일상을 지내던 송이와 감사의 대화를 통해 중요한 서사적 정보가 드러난 시간을 부각하여, 필성과 재회하고자 하는 송이의 바람을 심화하게 되는 서사적 전환에 관여한다.
③ ㉢은 공청에서 일어난 최근의 변화에 송이가 주목하고 있음을 보여 주는 한편, 송이가 공청의 일을 돕게 되기까지의 과정이 요약적으로 제시되었음을 드러낸다.
④ ㉣은 송이와 필성의 만남이 이루어지지 않은 상태에서 상당한 시간이 흘렀음을 드러내면서, 송이와 필성이 가진 그리움의 깊이를 함축한 서사적 정보로 기능한다.
⑤ ㉤은 감사의 사람됨과 감사가 잠을 이루지 못하는 이유를 관련짓게 하는 한편, 흐느껴 울던 송이를 감사가 발견하는 사건의 시간적 배경을 지시한다.

주로 <보기>+기호 밑줄 유형은 <보기>에서 작품의 내용을 파악하는 데 도움이 되는 내용보다는 표현 방식, 요소들의 기능 등을 언급합니다. 그리고 기호 밑줄을 통해 작품 내에서의 기능을 묻습니다.

따라서 <보기> 아닌 문제에서 구간 유형이 제시되었다면 그 문제를 실시간으로 푼 후 이 유형을 다음으로 풀고, 그게 아니라면 이 유형을 실시간으로 풉시다.

2. <보기> + 구간

31 <보기>를 참고하여 [A]~[E]를 감상한 내용으로 적절하지 <u>않은</u> 것은? [3점]

◦ 보 기 ◦

'진작부터 벼르던 이야기'는 백 주사가 자신과 가족의 억울함을 하소연하는 부분이다. 그런데 서술자는 그 '이야기'를 서술자의 시선뿐 아니라 여러 인물들의 시선으로 초점화하여 서술함으로써 독자와 작중 인물 간의 거리를 조절한다. 또한 세부 항목을 하나씩 나열하여 장면의 분위기를 고조하고 정서를 확장하는 서술 방법으로 독자에게 현장감을 전해 준다. 이때 독자는 백 주사와 그의 가족에게 고통받았던 사람들의 입장에 서서 그들을 비판적으로 보게 된다.

① [A] : 백선봉의 풍요로운 생활을 '남들'의 굶주린 생활과 비교하여 서술함으로써 독자가 그를 비판적으로 보게 하고 있군.
② [B] : 부정하게 모은 많은 물건들을 하나씩 나열하여 습격 당시 현장의 들뜬 분위기를 환기함으로써 '군중'의 놀람과 분노를 독자에게 전하려 하고 있군.
③ [C] : '있었더란다'를 통해 누군가에게 들은 것처럼 전하면서도, 전하는 내용을 '군중'의 시선으로 초점화하여 독자가 '군중'의 입장에 서도록 유도하고 있군.
④ [D] : '동네 사람'의 시선으로 초점화하여 백 주사의 만행을 서술함으로써 백 주사가 습격의 빌미를 제공한 것처럼 독자가 느끼게 하고 있군.
⑤ [E] : 백 주사 '가족'의 몰락을 보여 주는 사건들을 백 주사의 시선으로 일관되게 초점화하여 그들에게 고통받았던 사람들의 편에 선 독자가 통쾌함을 느끼게 하고 있군.

<보기>+구간 유형도 마찬가지로 <보기>에서 작품의 내용을 파악하는 데 도움이 되는 내용보다는 표현 방식, 요소들의 기능 등을 언급합니다.

따라서 <보기> 아닌 문제에서 기호 밑줄 유형이 제시되었다면 그 문제를 실시간으로 푼 후 이 유형을 다음으로 풀고, 그게 아니라면 이 유형을 실시간으로 풉시다.

산문 파트 풀이 순서
작품 완독 + 실시간 풀이 극대화

1 기본 원칙

원칙 1. 작품 완독
- 산문은 발췌 지문 ➡ 앞뒤 맥락 단절
- 보기 · 줄거리 통해 인물 · 상황 · 시점 파악
- 선지 먼저 보고 풀기는 비효율

원칙 2. 우선순위 정하기
- 10초 동안 문제 구성 조망
- 실시간으로 풀 문제 미리 결정

2 우선순위 체계

- 보기 독해
- 작품독해 + 실시간 풀이
- 기타 문제 순서대로
- 보기 단독
- 작품 전체 서술 방식

3 문제 유형별 전략

보기 박스

먼저 읽는 것 추천
독해 방향 · 키워드 확인

기호 밑줄 5개↑ 실시간
시공간·발화·소재 등 다양
선지 도움 받아 즉시 판단

구간 5개↑ 실시간
각 구간-선지 매칭
읽으면서 바로 해결

구간/기호 서술 방식 실시간
서술 시점·전개 방식 포인트
실시간 확인

기호 밑줄 1개
작품 독해 후 처리

기호 밑줄 2개
작품 독해 후 처리

**구간 2~4개
(떨어진 장면 배치)**
작품 독해 후 처리

보기 단독
보기와 지문 연결

나머지 문제들(순서대로)
난이도·시간 대비 효율 고려

작품 전제 서술 방식
전체 전개·시점·분위기 파악
머릿속 잔상과 복귀 활용

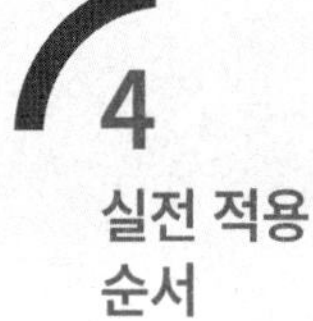

4 실전 적용 순서

문제 조망 (10초)

☑ 문제·보기 빠르게 스캔
☑ 우선순위 결정

우선순위 적용

1. 독해 하며 실시간 문제 풀이
2. 기호 밑줄, 구간 비교 풀이
3. 나머지 문제들 배치순 풀이
4. 보기 문제 풀이
5. 서술 방식 풀이

최종 목표

실시간 풀이 ➡ 작품 이해↑ ➡ 시간 효율↑

FOCUS

1

문학 독해 기본기 다지기

'화자/상황/대상/정서'의 바꿔치기를 주의합시다.

'화자/상황/대상/정서'의 바꿔치기를 주의합시다.

시 문학에 대해 분석할 때, 우리는 '화자, 상황, 대상, 정서'를 기본적으로 파악하고 갑니다. 이러한 요소들은 작품을 독해하고 난 후, 유의미한 정보를 머릿속에 남겨주는 역할을 합니다.

그런데 최근 평가원이 선지를 구성할 때, '화자, 상황, 대상, 정서'를 통해 변별하고 있는 경우가 늘고 있습니다. 이 네 가지 요소를 단순하게 바꿔치기해서 출제합니다. 평가원의 뒷모습을 따라가는 교육청도 마찬가지입니다. 그러나 '2406 오규원,「봄」33번'의 사례를 보았을 때, 수험생들은 이러한 변화에 대한 대처가 미흡합니다. (심지어 25년 시행 교육청 3월 모의고사의 33번의 ⑤번 선지를 봐도 그렇습니다.) 그저 두 가지 요소를 바꾸었을 뿐인 단순한 선지 구성이지만 시험장에서는 그럴듯해 보여서 당황스럽기 때문입니다. 이러한 문제를 해결하기 위해서, 몇 가지 원칙을 가져갑시다.

1. 화자와 대상 간의 구별
2. 대상 간의 구별
3. 상황(배경)과 대상의 구별 (언어적인 헷갈림을 유도하기 때문입니다.)

1번은 기본적인 원칙입니다. 상당수의 학생은 기출 문제를 풀었을 때, 맞췄다면 그저 넘어가고 틀렸다면 그저 실수로 치부하고 넘어갔을 것입니다. 그러나 최근 난해한 작품의 출제 빈도가 높아지기에 이러한 학습은 지양하는 것이 좋다고 생각합니다. 선지를 판단할 때는 의식적으로 화자와 대상을 구별해야 합니다.

2번도 평가원이 사랑하는 선지 출제 원칙입니다. 학생들은 단순히 "이거하고 저거하고 헷갈렸네"같은 사고를 하고 넘어갔을 확률이 있습니다. 그러나 대상 간의 구별이 어려운 난해한 시가 출제될 때, 이러한 생각을 가지고 풀 경우, "이게 뭐고 저게 뭐지?"하는 생각에 잡아먹혀 시간이 크게 소모될 수 있습니다. 따라서 대상 간의 구별을 묻는다면, 명확하게 그리고 의식적으로 판단을 해야 합니다.

3번의 경우는 최근에 제시된 선지 구성 원칙입니다. 그저 단순하게 일반적으로 풀어 써두면 어렵지 않아 보입니다. 그러나 작품에서 '배경'으로 생각되는 '대상'을 선지로 건드려 변별하는 것을 보면, 그저 감탄만 나옵니다. 이는 시어의 사전적 의미가 아닌 작품의 맥락 속 의미를 묻는 선지였습니다.

단순한 방법으로 난이도를 조절할 수 있기에 이런 선지들은 언제든지 다시 출제될 수 있습니다.

이 단원에서는 평소라면 가볍게 넘어갔을 지점들을 뜯어내 분석하고 가보려고 합니다.
다음 장에서 지문과 문제들을 읽고 푼 후, 해설에서 다시 만납시다.

이 책에서는 세트별로 해설의 콘셉트를 다르게 가져갑니다.
최소한의 이해를 연습할 때는 이해를 강조하고, 최대한의 판단을 연습할 때는 판단에 대한 부분을 강조합니다.

공부할 때는 '이해'도 '판단'도 둘 다 해봐야 합니다.
그래야 실전에 가서 어떤 도구를 사용할지 결정을 내리고 효율적으로 읽고 풀 수 있기 때문입니다.

여기에서는 지문의 '화자/상황/대상/정서'를 <보기>를 기준으로 파악하고 선지에서 판단합시다.

그중에 전승산이 글 쓰는 양(樣) 바라보고　　　[A]
필담(筆談)으로 써서 뵈되 전문(傳聞)에 퇴
석(退石) 선생
쉬 짓기가 유명(有名)터니 선생의 빠른 재주　　[B]
일생 처음 보았으니 엎디어 묻잡나니
필연코 귀한 별호(別號) 퇴석인가 하나이다
내 웃고 써서 뵈되 늙고 병든 둔한 글을
포장(襃獎)을 과히 하니 수괴(羞愧)*키 가　　　[C]
이 없다
승산이 다시 하되 소국(小國)의 천한 선비
세상에 났삽다가 ㉠장(壯)한 구경 하였으니　　[D]
저녁에 죽사와도 여한이 없다 하고
어디로 나가더니 또다시 들어와서
아롱보(褓)에 무엇 싸고 삼목궤(杉木櫃)에 무
엇 넣어
이마에 손을 얹고 엎디어 들이거늘
받아 놓고 피봉(皮封)* 보니 봉(封)한 위에 쓰
였으되
각색 대단(大緞) 삼단이요 사십삼 냥 은자(銀
子)로다
놀랍고 어이없어 종이에 써서 뵈되
그대 비록 외국이나 선비의 몸으로서
은화를 갖다 가서 글 값을 주려 하니　　　　[E]
그 뜻은 감격하나 의(義)에 크게 가하지 않아
못 받고 도로 주니 허물하지 말지어다

- 김인겸, 「일동장유가」 -

* 수괴 : 부끄럽고 창피함.
* 피봉 : 겉봉.

---

1 <보기>를 바탕으로 윗글을 감상한 내용으로 적절하지 <u>않은</u> 것은? [3점]

> • 보 기 •
>
> 　사행 가사인 「일동장유가」에는 화자와 일본인 문인 사이의 필담 장면이 기술되어 있는데, 필담을 통한 문답 형식은 일종의 대화의 성격을 지닌다. 필담 속에는 대화가 시작되는 상황, 문답의 주요 내용, 의사소통의 심층적 의미, 선비로서의 예법 등이 자연스럽게 포함되어 있다.

① [A]는 [B]~[D]의 필담이 시작되는 계기를 보여 주는군.
② [B]의 '빠른 재주'는 '나'의 글에 대한 상대의 평가를, [C]의 '늙고 병든 둔한 글'은 자신의 글에 대한 '나'의 입장을 보여 주는군.
③ [B]의 '필담으로 써서 뵈되'와 [C]의 '내 웃고 써서 뵈되'를 통해, 문답의 형식을 활용하여 의사소통 장면을 구체적으로 제시하는군.
④ [B]의 '귀한 별호 퇴석'과 [D]의 '소국의 천한 선비'는 선비의 예법을 동원하여 동일한 사람을 다르게 지칭한 표현이군.
⑤ [D]에는 '나'의 글에 대한 상대의 찬사가 나타나 있고, [E]에는 상대의 글 값에 대한 '나'의 거절이 드러나 있군.

고전 시가의 대화적 구성에서 화자와 대상을 명확히 구분하기

· 보기 ·

사행 가사인 「일동장유가」에는 화자와 일본인 문인 사이의 필담 장면이 기술되어 있는데, 필담을 통한 문답 형식은 일종의 대화의 성격을 지닌다. 필담 속에는 대화가 시작되는 상황, 문답의 주요 내용, 의사소통의 심층적 의미, 선비로서의 예법 등이 자연스럽게 포함되어 있다.

➡ **화자와 일본인 문인의 필담 장면이 제시됩니다. 대화적 구성이 제시되겠습니다.**

대상 일본인 문인 (작품에서 연결)
상황 화자와 대상의 문답 (작품에서 연결)

그중에 전승산이 글 쓰는 양(樣) 바라보고

그중에 전승산이 글 쓰는 모습을 바라보고

➡ **'전승산'이 화자의 글 쓰는 모양을 바라봅니다. <보기>의 일본인 문인에 해당합니다. 연결하고 갑시다.**

대상 전승산(일본인 문인)

필담(筆談)으로 써서 뵈되 전문(傳聞)에 퇴석(退石) 선생
쉬 짓기가 유명(有名)터니 선생의 빠른 재주
일생 처음 보았으니 엎디어 묻잡나니
필연코 귀한 별호(別號) 퇴석인가 하나이다

필담으로 써서 말하되 전해 듣기를 퇴석 선생
시 짓기가 유명하더니, 선생의 빠른 재주를 살면서
처음 보았으니 엎드려 묻습니다.
필연코 귀한 별호(본명, 자 이외의 이름) 퇴석인가 합니다.

➡ **'필담(筆談)으로 써서 뵈되'를 보니 <보기>에서 제시한 필담 장면이 제시되겠네요. 대화적 구성에서는 누가 어떤 말을 하는지에 대한 파악을 잘해야 합니다. 앞서 제시된 일본인 문인인 '전승산'이 말하고 있습니다.**

대상 퇴석 선생
상황 화자와 일본인 문인과의 대화(필담)

내 웃고 써서 뵈되 늙고 병든 둔한 글을
포장(褒獎)을 과히 하니 수괴(羞愧)*키 가이 없다

내가 웃고 써서 보여주되 늙고 병든 둔한 글을 포장을 과하게 하니 부끄럽고 창피하기 끝이 없습니다.

➡ **화자의 대답으로 화자와 일본인 문인의 대화가 이루어지고 있습니다.**

승산이 다시 하되 소국(小國)의 천한 선비
세상에 났삽다가 ⓛ장(壯)한 구경 하였으니
저녁에 죽사와도 여한이 없다 하고

승산이 다시 글을 쓰되 소국(일본)의 천한 선비
세상에 태어나 장한 구경 하였으니
저녁에 죽어도 여한이 없습니다.

어디로 나가더니 또다시 들어와서
아롱보(袱)에 무엇 싸고 삼목궤(杉木櫃)에 무엇 넣어
이마에 손을 얹고 엎디어 들이거늘
받아 놓고 피봉(皮封)* 보니 봉(封)한 위에 쓰였으되
각색 대단(大緞) 삼단이요 사십삼 냥 은자(銀子)로다

어디로 나가더니 또다시 들어와서 아롱보(보자기)에 무엇 싸고 삼목궤(삼나무 궤)에 무엇 넣어 이마에 손을 얹고 엎드려 들어오거늘 받아 높고 겉봉보니 봉한 위에 쓰여있되 각가지 색의 비단 3단이요 43냥의 은자로다

놀랍고 어이없어 종이에 써서 뵈되
그대 비록 외국이나 선비의 몸으로서
은화를 갖다 가서 글 값을 주려 하니
그 뜻은 감격하나 의(義)에 크게 가하지 않아
못 받고 도로 주니 허물하지 말지어다

➡ 화자는 선비의 의를 근거로 들어 전승산의 답례를 거절합니다.

💡 **교훈** • 작품 독해

문학적 정의, 일상에서의 정의가 아닌 기출에서 반복되어 온 평가원의 정의로 정리해 봅시다.

0. 독백체: 시는 기본적으로 독백체 (청자 X)
1. 대화적 구성: 대상에게 말을 걸었을 때 대답이 돌아옴 (A ⇄ B)
2. 말을 건네는 방식: 대상에게 말을 걸지만 대답이 없음 (A → B)

1. <보기>를 바탕으로 윗글을 감상한 내용으로 적절하지 않은 것은? [3점]

정답 ④

• 보기 •

사행 가사인 「일동장유가」에는 화자와 일본인 문인 사이의 필담 장면이 기술되어 있는데, 필담을 통한 문답 형식은 일종의 대화의 성격을 지닌다. 필담 속에는 대화가 시작되는 상황, 문답의 주요 내용, 의사소통의 심층적 의미, 선비로서의 예법 등이 자연스럽게 포함되어 있다.

① [A]는 [B]~[D]의 필담이 시작되는 계기를 보여 주는군.

➡ <보기>의 '필담 속에는 대화가 시작되는 상황'에 대응합니다.

② [B]의 '빠른 재주'는 '나'의 글에 대한 상대의 평가를, [C]의 '늙고 병든 둔한 글'은 자신의 글에 대한 '나'의 입장을 보여 주는군.

➡ [B]에서 '전승산'은 화자의 글에 대해 '빠른 재주'라고 평가합니다. [C]에서 화자는 자신의 글에 대해 '늙고 병든 둔한 글'이라고 칭하며 겸손함을 보입니다.

③ [B]의 '필담으로 써서 뵈되'와 [C]의 '내 웃고 써서 뵈되'를 통해, 문답의 형식을 활용하여 의사소통 장면을 구체적으로 제시하는군.

➡ '전승산'이 글을 써서 화자를 극찬하자 화자는 웃으며 글로 대답합니다. 이는 <보기>의 '필담을 통한 문답 형식'에 대응되며 의사소통 장면을 구체화한 것입니다.

④ [B]의 '귀한 별호 퇴석'과 [D]의 '소국의 천한 선비'는 선비의 예법을 동원하여 동일한 사람을 다르게 지칭한 표현이군.

➡ '귀한 별호 퇴석'은 화자를 지칭하는 말이고 '소국의 천한 선비'는 대상(일본인 문인)을 지칭하는 말입니다. '동일한 사람'이 아닙니다. 적절하지 않습니다.

⑤ [D]에는 '나'의 글에 대한 상대의 찬사가 나타나 있고,
   [E]에는 상대의 글 값에 대한 '나'의 거절이 드러나 있군.

➡ [D]에는 '전승산'이 스스로를 '소국(小國)의 천한 선비'라고 칭하며 자신을 낮추고 '세상에 났삽다가 장(壯)한 구경 하였으니 저녁에 죽사와도 여한이 없다.'라는 말로 '나'에 대한 찬사를 보냅니다. [E]에서는 '전승산'이 글 값으로 제시한 '각색 대단(大緞) 삼단이요 사십삼 냥 은자(銀子)'에 대한 화자의 거절이 드러납니다.

교훈 • 작품 독해 및 선지 판단

문학 작품을 이해할 때는 화자와 대상을 명확히 구분하는 것이 중요합니다. 우리가 배우는 문학 독해의 기본 방법론은 화자, 대상, 상황, 정서라는 네 가지 핵심 요소를 구별하여 분석하는 것입니다. 따라서 문제의 선지 역시 이 네 가지 요소를 중심으로 구성됩니다.

특히, <보기>에서 제시된 대화의 성격을 지닌 문답 형식을 대할 때, 화자와 대상을 잘 구별하셔야 합니다.

④번의 사례는 이러한 구분의 중요성을 잘 보여줍니다. '귀한 별호 퇴석'은 화자를 지칭하는 표현이고, '소국의 천한 선비'는 대상(일본인 문인)을 지칭하는 표현입니다. 이 둘을 '동일한 사람'으로 혼동하면 안 됩니다.

(나)

　경인년(庚寅年)에 큰 가뭄이 들어 정월부터 가을 7월에 이르기까지 **비가 내리지 않**았다. 봄에는 논밭을 갈지 못했고, 여름에는 김을 맬 수가 없었다. 들판에 있는 풀은 하나같이 누렇게 말랐고, 논밭의 곡식도 모두 시들었다.

　부지런한 농부가 말하기를,

　"김을 매도 죽을 것이고 김을 매지 않아도 죽을 것이다. 편안히 앉아 기다리는 것보다는 힘을 다하여 곡식을 살리는 게 나을 것이다. 만일 비가 내린다면 어찌 그동안 들인 노력이 모두 허사가 되겠는가."

라고 하였다. 그러므로 논밭은 이미 갈라졌으나 김매기를 그치지 아니하고 싹이 이미 시들었어도 **풀 뽑기를 쉬지 아니하여**, 한 해가 다 가도록 부지런히 일을 하면서 자신이 할 일에 최선을 다하였다.

　ⓑ게으른 농부는 말하기를,

　"김을 매도 죽을 것이고 김을 매지 않아도 죽을 것이다. 바쁘게 일하면서 수고로운 것보다는 아무 일도 하지 않고 **그냥 쉬는 것이 나을 것**이다. 만일 비가 오지 않으면 이것 모두 무익하게 될 것이다."

라고 하였다. 그러므로 밭에서 일하는 농부들을 보고 비웃기를 그치지 않았고, 들밥을 내가는 아녀자들을 보고 조롱하기를 그만두지 않으면서, 한 해가 다 가도록 물러나 앉아 천명을 기다리고 있었다.

　나는 일찍이 가을걷이할 무렵 파산(坡山)의 들판에 가 보았다. 그 밭의 절반은 황폐하였고 절반은 곡식이 잘 가꾸어져 있었는데, 절반은 곡식이 성글게 달렸고 절반은 **빽빽하게 달려 있었다.** 어떤 농부는 목을 뻣뻣이 세우고 하늘을 우러러보고, 또 어떤 농부는 술에 취해 잠이 들어 있었다. 마을 노인에게 이유를 물으니,

　"저 황폐하고 성긴 곡식은 목을 뻣뻣이 세우고 하늘을 우러러 보는 자들이 무익하다고 여겨 김을 매지 않은 것이고, 잘 가꾸어져 빽빽한 곡식은 술에 취한 채 목이 메어 잠든 자들이 정성과 힘을 다하여 살린 것이다. 한때의 편안함을 탐내었다가 일 년 내내 굶주리게 되었고, 한때의 괴로움을 참아 일 년 내내 배

불리 지낼 수 있게 되었다."

라고 하였다.

　아, 열심히 일하여 얻고, 편안하게 놀다가 잃는 것은 비단 농사일만이 아닐 것이다. 오늘날 시서(詩書)를 공부하여 벼슬길에 나아가기를 도모하는 사람들도 어찌 이와 다를 것인가?

　ⓒ선비들은 젊었을 때에 학문에 뜻을 두고 밤낮없이 부지런히 노력하여 육경(六經)과 온갖 사서(史書)를 탐구하지 않음이 없고 문장과 아름다운 글귀를 익히지 않음이 없다. 저마다 재주를 품고 기이한 재주를 쌓아 과거 시험장에 나아가 솜씨를 겨루어, 한 번에 뜻을 이루지 못하면 못마땅해하고, 두 번에 뜻을 얻지 못하면 마음이 흐려지고, 세 번에도 뜻을 얻지 못하면 스스로 낙심하여 말하기를,

　"공명에는 분수가 있어서 학문으로 이룰 수 있는 것이 아니며, 부귀는 운명에 달려 있으니 역시 학문으로 이룰 수 있는 것이 아니다."

라고 한다. 그동안 배운 것을 버리고 아울러 이전에 쌓아 온 바를 버려서 어떤 이는 중도에 그만두기도 하고 또 어떤 이는 문(門)에 거의 다 이르렀다가 되돌아간다. 아홉 길 높이로 산을 쌓고도 한 삼태기의 힘을 마저 쏟지 않는 것과 같으니, 어찌 게을러서 김을 매지 않는 자들과 같지 않으리오.

　학문의 수고로움은 농부들이 봄, 여름, 가을의 세 계절을 고생하는 것에 비할 바가 아니나, 학문을 하여 얻는 공이 어찌 농사를 지어 얻는 이로움 정도뿐이겠는가. 농사를 지어 입과 배를 채우는 것은 그 이로움이 적으나, 학문을 하여 명성을 취하는 것은 그 이로움이 크다. 이로움이 작은 일도 오히려 부지런히 하지 않을 수 없는데, 하물며 **큰 일을 하면서 부지런하**지 않을 수 있겠는가. 마음을 수고롭게 하는 군자는 도리어 몸을 수고롭게 하는 소인이 끝까지 노력함을 알지 못한다. 그러므로 이 글을 지어 그들을 깨우치는 바이다.

- 성현, 「타농설」 -

2 <보기>를 참고하여 (나)를 감상한 내용의 정오를 판단하라. [3점]

　당면한 현실에 대응하는 양상에 따라 삶에 대한 평가는 달라진다. 요행을 바라면서 책임감 없는 삶을 사는 경우에는 부정적으로, 현실적 한계를 극복하고자 노력하는 삶을 사는 경우에는 긍정적으로 평가된다. (나)에서는 운명론적 태도에서 벗어나 삶의 주체로서 문제를 성실하게 해결하는 자세에 대한 권면이 나타나고 있다.

① (나)의 '비가 내리지 않'아 '김을 맬 수가 없'는 것을 보니, 농부들이 농경에 부적합한 환경이라는 문제 상황에 당면하게 된 것을 알 수 있군.

② (나)의 '그냥 쉬는 것이 나을 것'에서 불행한 결과를 예단하는 운명론적 태도를 확인할 수 있군.

③ (나)의 '풀 뽑기를 쉬지 아니하여'에서 한계 상황을 극복하고자 하는 의지를 확인할 수 있군.

④ (나)의 '큰 일을 하면서 부지런하'기를 촉구하는 데에서 게으른 농부에 대한 권면이 나타나는군.

고전 수필의 대비 구조에서 범주잡고 대상 구별하기

수필에서는 화자의 인식과 깨달음에 집중해서 화자가 말하고자 하는 바를 파악해야 합니다. 수필은 화자 주위의 자연이나 일상생활에서의 체험을 개성적으로 드러낸 문학이기 때문입니다. 따라서 수필을 읽을 때는 화자의 정서, 태도, 인식, 깨달음에 주목하며 글을 이해하는 것이 중요합니다. 특히, 변화가 발생한 지점이나 대비적 구조가 나온다면 범주를 잡고 갑시다. 화자가 지향하는 지점을 A, 지향하지 않는 지점을 B로 설정해보세요.

　당면한 현실에 대응하는 양상에 따라 삶에 대한 평가는 달라진다. 요행을 바라면서 책임감 없는 삶을 사는 경우에는 부정적으로, 현실적 한계를 극복하고자 노력하는 삶을 사는 경우에는 긍정적으로 평가된다. (나)에서는 운명론적 태도에서 벗어나 삶의 주체로서 문제를 성실하게 해결하는 자세에 대한 권면이 나타나고 있다.

현실적 한계를 극복하는 노력하는 삶, 성실한 태도: 지향 O
요행을 바라는 책임감 없는 삶, 운명론적 태도: 지향 X

　경인년(庚寅年)에 큰 가뭄이 들어 정월부터 가을 7월에 이르기까지 비가 내리지 않았다. 봄에는 논밭을 갈지 못했고, 여름에는 김을 맬 수가 없었다. 들판에 있는 풀은 하나같이 누렇게 말랐고, 논밭의 곡식도 모두 시들었다.

상황 가뭄

부지런한 농부가 말하기를,

"김을 매도 죽을 것이고 김을 매지 않아도 죽을 것이다. 편안히 앉아 기다리는 것보다는 힘을 다하여 곡식을 살리는 게 나을 것이다. 만일 비가 내린다면 어찌 그동안 들인 노력이 모두 허사가 되겠는가."

라고 하였다. 그러므로 논밭은 이미 갈라졌으나 김매기를 그치지 아니하고 싹이 이미 시들었어도 풀 뽑기를 쉬지 아니하여, 한 해가 다 가도록 부지런히 일을 하면서 자신이 할 일에 최선을 다하였다.

➡ 부지런한 농부는 체념하지 않고 가뭄을 극복하려는 노력을 합니다.

대상 부지런한 농부

ⓑ게으른 농부는 말하기를,

"김을 매도 죽을 것이고 김을 매지 않아도 죽을 것이다. 바쁘게 일하면서 수고로운 것보다는 아무 일도 하지 않고 그냥 쉬는 것이 나을 것이다. 만일 비가 오지 않으면 이것 모두 무익하게 될 것이다."

라고 하였다. 그러므로 밭에서 일하는 농부들을 보고 비웃기를 그치지 않았고, 들밥을 내가는 아녀자들을 보고 조롱하기를 그만두지 않으면서, 한 해가 다 가도록 물러나 앉아 천명을 기다리고 있었다.

➡ 게으른 농부는 체념하고 부지런한 농부를 조롱합니다.

대상 게으른 농부

나는 일찍이 가을걷이할 무렵 파산(坡山)의 들판에 가 보았다. 그 밭의 절반은 황폐하였고 절반은 곡식이 잘 가꾸어져 있었는데, 절반은 곡식이 성글게 달렸고 절반은 빽빽하게 달려 있었다. 어떤 농부는 목을 뻣뻣이 세우고 하늘을 우러러보고, 또 어떤 농부는 술에 취해 잠이 들어 있었다.

➡ 화자는 가을 추수가 이루어질 무렵 다시 그 장소에 갑니다.

마을 노인에게 이유를 물으니,

"저 황폐하고 성긴 곡식은 목을 뻣뻣이 세우고 하늘을 우러러 보는 자들이 무익하다고 여겨 김을 매지 않은 것이고, 잘 가꾸어져 빽빽한 곡식은 술에 취한 채 목이 메어 잠든 자들이 정성과 힘을 다하여 살린 것이다. 한때의 편안함을 탐내었다가 일 년 내내 굶주리게 되었고, 한때의 괴로움을 참아 일 년 내내 배불리 지낼 수 있게 되었다."

라고 하였다.

대상¹ 술에 취해 자는 농부 = 부지런한 농부 (지향 O)
대상² 하늘을 우러러보는 농부 = 게으른 농부 (지향 X)

➡ 이 두 대상이 대비됩니다. 화자는 이 둘의 차이를 통해, 무언가 말하고자 합니다.

아, 열심히 일하여 얻고, 편안하게 놀다가 잃는 것은 비단 농사일만이 아닐 것이다. 오늘날 시서(詩書)를 공부하여 벼슬길에 나아가기를 도모하는 사람들도 어찌 이와 다를 것인가?

➡ 화자는 이러한 일화를 통해 시와 서를 공부해 벼슬길에 오르는 자들에게 어떤 이야기를 하려고 합니다. 이 부분이 주제입니다.

ⓒ선비들은 젊었을 때에 학문에 뜻을 두고 밤낮없이 부지런히 노력하여 육경(六經)과 온갖 사서(史書)를 탐구하지 않음이 없고 문장과 아름다운 글귀를 익히지 않음이 없다. 저마다 재주를 품고 기이한 재주를 쌓아 과거 시험장에 나아가 솜씨를 겨루어, 한 번에 뜻을 이루지 못하면 못마땅해하고, 두 번에 뜻을 얻지 못하면 마음이 흐려지고, 세 번에도 뜻을 얻지 못하면 스스로 낙심하여 말하기를,
"공명에는 분수가 있어서 학문으로 이룰 수 있는 것이 아니며, 부귀는 운명에 달려 있으니 역시 학문으로 이룰 수 있는 것이 아니다."
라고 한다. 그동안 배운 것을 버리고 아울러 이전에 쌓아 온 바를 버려서 어떤 이는 중도에 그만두기도 하고 또 어떤 이는 문(門)에 거의 다 이르렀다가 되돌아간다. 아홉 길 높이로 산을 쌓고도 한 삼태기의 힘을 마저 쏟지 않는 것과 같으니, 어찌 게을러서 김을 매지 않는 자들과 같지 않으리오.

➡ 선비들은 공부하다가도 실패하게 되면, 결국 부귀공명은 하늘이 결정한 것이기에 학문으로 이룰 수 없다며 체념합니다. 화자는 이에 대해 '게을러서 김을 매지 않는 자'에 빗대어 비판합니다. 그들은 앞서 제시된 '하늘을 우러러보는 농부 = 게으른 농부'에 대응합니다.

이 부분이 화자가 하고 싶은 말이자 주제라고 볼 수 있습니다.

대상³ 운명론적 태도를 가진 선비들

학문의 수고로움은 농부들이 봄, 여름, 가을의 세 계절을 고생하는 것에 비할 바가 아니나, 학문을 하여 얻는 공이 어찌 농사를 지어 얻는 이로움 정도뿐이겠는가. 농사를 지어 입과 배를 채우는 것은 그 이로움이 적으나, 학문을 하여 명성을 취하는 것은 그 이로움이 크다. 이로움이 작은 일도 오히려 부지런히 하지 않을 수 없는데, 하물며 큰 일을 하면서 부지런하지 않을 수 있겠는가. 마음을 수고롭게 하는 군자는 도리어 몸을 수고롭게 하는 소인이 끝까지 노력함을 알지 못한다. 그러므로 이 글을 지어 그들을 깨우치는 바이다.

➡ 학문은 농사일보다 쉽습니다. 하지만 학문은 농사를 해서 얻는 이익보다 더 큰 이익을 얻을 수 있습니다.
더 힘들고 보상이 적은 농사일도 열심히 하는데, 덜 힘들고 보상이 많은 학문을 열심히 하지 않는 것은 말이 안 됩니다.

화자가 하고 싶은 말이 나왔습니다.

2 <보기>를 참고하여 (나)를 감상한 내용의 정오를 판단하라. [3점]

현실적 한계를 극복하는 노력하는 삶, 성실한 태도: 지향 O
요행을 바라는 책임감 없는 삶, 운명론적 태도: 지향 X

① (나)의 '비가 내리지 않'아 '김을 맬 수가 없'는 것을 보니, 농부들이 농경에 부적합한 환경이라는 문제 상황에 당면하게 된 것을 알 수 있군.

정답 ○

② (나)의 '그냥 쉬는 것이 나을 것'에서 불행한 결과를 예단하는 운명론적 태도를 확인할 수 있군.

정답 ○

③ (나)의 '풀 뽑기를 쉬지 아니하여'에서 한계 상황을 극복하고자 하는 의지를 확인할 수 있군.

정답 ○

④ (나)의 '큰 일을 하면서 부지런하'기를 촉구하는 데에서 게으른 농부에 대한 권면이 나타나는군.

정답 ×

➜ '큰 일을 하면서 부지런하지 않을 수 있겠는가.'에서 '큰 일'은 학문에 대응됩니다. 화자는 게으른 농부가 아닌 운명론적 태도를 가진 선비들을 훈계하고 있습니다.

> **대상¹** 술에 취해 자는 농부 = 부지런한 농부 (지향 O)
> **대상²** 하늘을 우러러보는 농부 = 게으른 농부 (지향 X)
> **대상³** 운명론적 태도를 가진 선비들 (지향 X)

➜ 대상²와 대상³은 <보기>에 의해 같은 범주로 묶입니다. 하지만 같은 범주라고 해서 같은 대상은 아닙니다. 범주화라는 문제 풀이 방법을 사용할 때, 꼭 주의하세요.

💡 **교훈** • 작품 독해 및 선지 판단

대상들끼리 구분을 잘 해야 합니다. 평가원은 대상 간의 구분을 묻는 선지를 출제해 왔습니다. 그저 "단어를 바꿔치기한 걸 실수로 못 봤어요."라고 말한다면, 이러한 '실수'는 고쳐지지 않습니다. 언제나 의식적으로 왜 틀렸는지 파악합시다.

또한 '<보기>에 기반한 범주화'에서 착각하거나 실수하기 쉬운 지점들이 존재합니다. 이 지문과 문제에서는 범주를 설정한 후 그 범주 안의 대상을 구별하지 못하는 실수를 할 수 있습니다.

따라서 언제나 <보기>의 범주 설정을 한 후, 그 범주 안 대상끼리의 구별을 잊지 않아야 합니다.

(나)

　저기 저 담벽, 저기 저 라일락, 저기 저 별, 그리고 저기 저 우리 집 개의 똥 하나, 그래 모두 이리 와 ㉠ 내 언어 속에 서라. 담벽은 내 언어의 담벽이 되고, 라일락은 내 언어의 꽃이 되고, 별은 반짝이고, 개똥은 내 언어의 뜰에서 굴러라. ㉡ 내가 내 언어에게 자유를 주었으니 너희들도 자유롭게 서고, 앉고, 반짝이고, 굴러라. 그래 봄이다.

　봄은 자유다. 자 봐라, 꽃피고 싶은 놈 꽃피고, 잎 달고 싶은 놈 잎 달고, 반짝이고 싶은 놈은 반짝이고, 아지랑이고 싶은 놈은 아지랑이가 되었다. ㉢ 봄이 자유가 아니라면 꽃피는 지옥이라고 하자. 그래 봄은 지옥이다. ㉣ 이름이 지옥이라고 해서 필 꽃이 안 피고, 반짝일 게 안 반짝이던가. 내 말이 옳으면 자, ㉤ 자유다 마음대로 뛰어라.

- 오규원, 「봄」 -

3 다음에 따라 (나)를 감상한 내용의 정오를 판단하라. [3점]

• 보기 •

선생님 : (나)는 봄과 같은 세계에서 대상들과 함께 자유를 누리려는 바람을 드러내고 화자가 주목하는 대상들의 모습이 두드러집니다. 이 특징이 주변 존재들을 대하는 태도나 바람을 실현하는 방식에 반영되기도 해요.

① (나)의 화자가 지향하는 세계에서 대상들은 '자유롭게 서고, 앉고, 반짝이고,' 구를 거야.

○　×

② (나)의 화자는 대상들 각각의 모습에 주목하여 그 개별성을 드러내고 있어.

○　×

③ (나)의 화자는 대상들이 원하는 바를 실현하게 하여 '자유'를 함께 누리려는 태도를 보이고 있어.

○　×

④ (나)의 화자는 '담벽' 안에서 '봄'과 같은 세계를 대상들과 공유하려 하고 있어.

○　×

👍 **학습목표**

현대 시에서 시어의 맥락적 의미를 파악하고 '배경과 대상' 명확히 구별하기

저기 저 담벽, 저기 저 라일락, 저기 저 별, 그리고 저기 저 우리 집 개의 똥 하나, 그래 모두 이리 와 내 언어 속에 서라.

➡ 담벽, 라일락, 별, 개똥을 나열하고 있습니다. 화자는 이 대상들에게 자신의 언어 속에 서라는 명령을 합니다.

화자	표면적 화자('내')
대상	담벽, 라일락, 별, 개똥

담벽은 내 언어의 담벽이 되고, 라일락은 내 언어의 꽃이 되고, 별은 반짝이고, 개똥은 내 언어의 뜰에서 굴러라.

➡ 담벽으로, '라일락'은 꽃으로, '별'은 반짝이는 존재로, '개똥'은 굴러다니는 존재로 화자의 언어의 뜰에서 구릅니다.

상황	대상들이 화자의 언어 속에서 존재함

내가 내 언어에게 자유를 주었으니 너희들도 자유롭게 서고, 앉고, 반짝이고, 굴러라. 그래 봄이다.

➡ 화자는 자신의 '언어'에 '자유'를 부여했다고 합니다. 그리고 그 언어 속에 들어온 대상들에게도 각자의 방식대로 자유롭게 존재하라고 명령합니다. 이 자유로운 상태를 화자는 '봄'이라고 규정합니다.

대상	언어, 사물들(자유)
상황	봄(시간적 배경)

봄은 자유다. 자 봐라, 꽃피고 싶은 놈 꽃피고, 잎 달고 싶은 놈 잎 달고, 반짝이고 싶은 놈은 반짝이고, 아지랑이고 싶은 놈은 아지랑이가 되었다.

상황	대상들이 화자의 언어 속에서 자유롭게 존재함

봄이 자유가 아니라면 꽃피는 지옥이라고 하자. 그래 봄은 지옥이다. 이름이 지옥이라고 해서 필 꽃이 안 피고, 반짝일 게 안 반짝이던가. 내 말이 옳으면 자, 자유다 마음대로 뛰어라.

➡ 봄이 지옥이라고 해도, 대상물들은 자유롭게 구릅니다.

---

3 다음에 따라 (나)를 감상한 내용의 정오를 판단하라.
[3점]

> **선생님** : (나)는 봄과 같은 세계에서 대상들과 함께 자
> 유를 누리려는 바람을 드러내고 화자가 주목하는
> 대상들의 모습이 두드러집니다. 이 특징이 주변 존
> 재들을 대하는 태도나 바람을 실현하는 방식에 반
> 영되기도 해요.

① (나)의 화자가 지향하는 세계에서 대상들은 '자유롭게
서고, 앉고, 반짝이고,' 구를 거야.

정답 ○

➔ <보기>에 의하면, 화자는 '봄과 같은 세계'에서 대상
들(담벽, 라일락, 별, 개똥)과 함께 자유를 누리려고 합니
다. '서고, 앉고, 반짝이고, 굴러라'에서 화자가 지향하는
자유로운 세계의 대상의 모습을 볼 수 있습니다.

② (나)의 화자는 대상들 각각의 모습에 주목하여 그 개별
성을 드러내고 있어.

정답 ○

➔ '내 언어의 담벽이 되고, 라일락은 내 언어의 꽃이 되
고, 별은 반짝이고, 개똥은 내 언어의 뜰에서 굴러라.'에
서 대상들의 개별성을 확인할 수 있습니다.

③ (나)의 화자는 대상들이 원하는 바를 실현하게 하여 '자
유'를 함께 누리려는 태도를 보이고 있어.

정답 ○

➔ 자유로운 세계인 봄에서 대상들(담벽, 라일락, 별, 개
똥)은 원하는 바를 실현하고 있습니다. '꽃피고 싶은 놈 꽃피
고, 잎 달고 싶은 놈 잎 달고, 반짝이고 싶은 놈은 반짝이
고, 아지랑이고 싶은 놈은 아지랑이가 되었다.' 확인할 수
있습니다.

④ (나)의 화자는 '담벽' 안에서 '봄'과 같은 세계를 대상들
과 공유하려 하고 있어.

정답 ✕

➔ '담벽'은 상황(공간적 배경)이 아닌 대상입니다. 적절
하지 않습니다.

이 작품에서 '담벽'은 화자가 언어로 포착하려는 '대상'
이지, 사건이 벌어지는 '배경'이 아닙니다. '담벽'이라는
시어의 의미가 공간을 의미하는 것 같다고 해서, '배경'
이라고 단정 지어서는 안 됩니다. 시어의 의미는 사전
적 의미가 아니라 작품의 맥락이 결정하기 때문입니다.

(나)

겨울 아침 언 길을 걸어
물가에 이르렀다
나와 물고기 사이
창이 하나 생겼다
물고기네 지붕을 튼 ⓐ살얼음의 창
투명한 창 아래
물고기네 방이 한눈에 훤했다
나의 생가 같았다
창으로 나를 보고
생가의 식구들이
나를 못 알아보고
사방 쪽방으로 흩어졌다
젖을 갓 뗀 어린것들은
찬 마루서 그냥저냥 **그네끼리 놀고**
어미들은
물속 쌓인 돌과 돌 그 틈새로
그걸 깊은 데라고
그걸 가장 깊은 속이라고 떼로 들어가
나를 못 알아보고
무슨 **급한 궁리**를 하느라
그 **비좁은 구석방**에 빼곡히 서서
마음아, 너도 아직 이 생가 에 **살고 있는가**
시린 물속 시린 물고기의 눈을 달고

- 문태준, 「살얼음 아래 같은 데 2 — 생가(生家)」 -

4 <보기>를 참고하여 (나)를 감상한 내용으로 적절하지 않은 것은? [3점]

▸ 보 기 ◂

　이 시에서 성년이 된 화자는 얼음 아래의 물고기를 보면서 유년 시절 자신의 생가를 회상한다. 화자는 물고기의 움직임을 지켜보면서 '물고기네'의 여기저기를 본다. 그리고 '물고기네'의 모습에 화자의 생가에 대한 기억이 겹쳐진다. 화자는 자신을 물고기에 투영하면서, 성년이 된 지금도 여전히 생가에서의 '시린' 기억을 간직하고 있는 자신을 발견한다.

① '투명한 창'을 통해 본 물고기의 생활 공간을 '물고기네 방'이라고 표현한 것을 보니, 화자는 얼음 아래 물고기의 공간과 자신의 생가를 겹쳐 보고 있군.

② '창으로 나를 보'고 '사방 쪽방으로 흩어'지는 물고기들의 움직임을, 화자는 '생가의 식구들'이 자신을 못 알아본 것으로 표현하였군.

③ '젖을 갓 뗀 어린것들'이 '그네끼리 놀고'라고 표현한 것을 보니, 화자는 물고기들이 노는 모습을 통해 유년 시절 생가에서 지내던 아이들의 모습을 떠올리고 있군.

④ 화자는 '비좁은 구석방'에서 '급한 궁리를 하'는 물고기의 모습에 유년 시절 생가에서 외따로 지내야 했던 자신의 모습을 투영하고 있군.

⑤ 화자는 '마음아, 너도 아직' 생가에서 '살고 있는가'라고 하여, 성년인 자신의 마음속에 유년의 기억이 자리 잡고 있음을 드러내고 있군.

👍 학습목표 (나) 문태준, 「살얼음 아래 같은 데 2 – 생가(生家)」 25번

현대 시에서 같은 범주 내 대상들을 세밀하게 구분하기

• 보 기 •

　이 시에서 성년이 된 화자는 얼음 아래의 물고기를 보면서 유년 시절 자신의 생가를 회상한다. 화자는 물고기의 움직임을 지켜보면서 '물고기네'의 여기저기를 본다. 그리고 '물고기네'의 모습에 화자의 생가에 대한 기억이 겹쳐진다. 화자는 자신을 물고기에 투영하면서, 성년이 된 지금도 여전히 생가에서의 '시린' 기억을 간직하고 있는 자신을 발견한다.

화자 성년이 된 화자

대상 물고기

상황 유년 시절에 대한 회상, 현재의 '물고기네'에 과거의 생가를 겹쳐봄, '시린' 기억을 간직함

겨울 아침 언 길을 걸어
물가에 이르렀다

상황 겨울(시간적 배경), 물가(공간적 배경)

나와 물고기 사이
창이 하나 생겼다

➡ 화자는 물가에서 물고기를 바라봅니다.

그런데 '창'이 있다고 하네요?

화자 표면적 화자('나')

대상 물고기, 창

물고기네 지붕을 튼 살얼음의 창
투명한 창 아래
물고기네 방이 한눈에 훤했다
나의 생가 같았다

➡ 아~ 물가의 표면이 얼어서 '살얼음'이 되었고 이를 '창'이라고 표현했네요. 그런데 화자는 '살얼음' 건너편의 '물고기네'에 자신을 겹쳐보고 있습니다.

상황 화자가 얼음 표면(창)을 통해, '물고기네'를 바라보며 자신의 생가와 중첩 시킴

창으로 나를 보고
생가의 식구들이
나를 못 알아보고
사방 쪽방으로 흩어졌다

➡ '생가의 식구들'은 물고기들이겠네요. 화자를 보고 놀라 도망갔습니다.

젖을 갓 뗀 어린것들은
찬 마루서 그냥저냥 그네끼리 놀고

➡ '어린것들'(어린 물고기들)은 차가운 마루에서 자기들끼리 놉니다.

대상¹ 어린 물고기들

어미들은

물속 쌓인 돌과 돌 그 틈새로

그걸 깊은 데라고

그걸 가장 깊은 속이라고 때로 들어가

나를 못 알아보고

무슨 급한 궁리를 하느라

그 비좁은 구석방에 빼곡히 서서

➡ 화자는 그런 어미들을 보고 '나를 못 알아보'라고 합니다. 엄마에 비춰본 것일까요? 그렇다면 '어린것들'은 화자 자신이나 다른 식구들에 비춰본 것입니다.

화자는 물고기들을 볼 때, 어린 물고기들과 어미 물고기들로 구분 지어 보고 있습니다.

대상² 어미 물고기들

마음아, 너도 아직 이 생가에 살고 있는가

시린 물속 시린 물고기의 눈을 달고

➡ 화자는 여전히 '생가'에 대한 기억을 간직하고 있습니다. '시린' 기억을 간직하고 있습니다.

4 <보기>를 참고하여 (나)를 감상한 내용으로 적절하지 않은 것은? [3점]

정답 ④

• 보기 •

이 시에서 성년이 된 화자는 얼음 아래의 물고기를 보면서 유년 시절 자신의 생가를 회상한다. 화자는 물고기의 움직임을 지켜보면서 '물고기네'의 여기저기를 본다. 그리고 '물고기네'의 모습에 화자의 생가에 대한 기억이 겹쳐진다. 화자는 자신을 물고기에 투영하면서, 성년이 된 지금도 여전히 생가에서의 '시린' 기억을 간직하고 있는 자신을 발견한다.

① '투명한 창'을 통해 본 물고기의 생활 공간을 '물고기네 방'이라고 표현한 것을 보니, 화자는 얼음 아래 물고기의 공간과 자신의 생가를 겹쳐 보고 있군.

➡ <보기>에 의하면 화자는 얼음 아래의 물고기를 보며 유년 시절의 생가를 회상합니다. '살얼음의 창 투명한 창 아래'를 보며 '나의 생가 같았다'라는 반응을 보입니다.

② '창으로 나를 보'고 '사방 쪽방으로 흩어'지는 물고기들의 움직임을, 화자는 '생가의 식구들'이 자신을 못 알아본 것으로 표현하였군.

➡ '생가의 식구들이 나를 못 알아보고 사방 쪽방으로 흩어졌다'에서 화자는 '물고기네'를 유년 시절의 자기 가족과 겹쳐 보고 있습니다. 따라서 '생가의 식구들'이 화자 자신을 못 알아보고 흩어진다고 표현한 것으로 볼 수 있습니다.

③ '젖을 갓 뗀 어린것들'이 '그네끼리 놀고'라고 표현한 것을 보니, 화자는 물고기들이 노는 모습을 통해 유년 시절 생가에서 지내던 아이들의 모습을 떠올리고 있군.

➡ '젖을 갓 뗀 어린 것들'이 '그네끼리 놀고'에서 어린 물고기들이 자기들끼리 놀고 있음을 알 수 있습니다. 어린 물고기에 어린 자신의 모습을 투영한 화자는 유년 시절의 생가에서 지내던 아이들(자신과 가족들)을 떠올리고 있습니다.

④ 화자는 '비좁은 구석방에'서 '급한 궁리를 하'는 물고가
   의 모습에 유년 시절 생가에서 외따로 지내야 했던 자
   신의 모습을 투영하고 있군.

→ '급한 궁리를 하'는 물고기는 '어린것들'이 아닌 '어미들'
에 대응합니다. 또한 화자는 '외따로' 지내지 않았습니다.

대상¹	어린 물고기들 (그냥저냥 그네끼리 놂 → 화자는 이 모습을 보고 찬 마루에서 놀던 유년 시절을 떠올림)
대상²	어미 물고기들 ('어린것들'을 데리고 숨음 → 물고기들이 '빼곡히 서' 있는 모습을 본 화자는 과거 '비좁은 구석방'에서의 기억을 떠올림)

→ '어린것들'은 그저 놀고 있었습니다. 그러나 '어미들'은 화
자를 보고 놀라 '어린것들'을 데리고 숨어 버립니다. 따라서
'급한 궁리를' 하는 주체는 대상2 (어미 물고기들)입니다. 그
리고 화자는 대상1 (어린것들)에 대응됩니다.

또한 물고기들이 '어린것들은 찬 마루서 그냥저냥 그네끼리
놀고'있기에 선지의 '외따로'도 적절하지 않습니다.

⑤ 화자는 '마음아, 너도 아직' 생가에서 '살고 있는가'라
   고 하여, 성년인 자신의 마음속에 유년의 기억이 자리
   잡고 있음을 드러내고 있군.

→ 〈보기〉를 보면, 화자는 '성년이 된 지금도' 유년기의 '시
린' 기억을 간직하고 있습니다. 따라서 '마음아, 너도 아직
이 생가에 살고 있는가'라는 구절은 화자의 마음속에 유년
의 추억이 남아 있음을 알 수 있습니다.

교훈 • 작품 독해

'어미들은 물속 쌓인 돌과 돌 그 틈새로... 때로 들어가 나
를 못 알아보고 무슨 급한 궁리를 하느라 그 비좁은 구
석방에 빼곡히 서서' 이 구절에서 분명히 '급한 궁리를
하는' 주체는 '어미들'이라고 명시되어 있습니다. 주어와
서술어의 관계가 명확합니다.

또한 작품에서 분명히 '어린것들'과 '어미들'을 구분하여
묘사하고 있습니다. '젖을 갓 뗀 어린것들은 찬 마루서
그냥저냥 그네끼리 놀고', '어미들은... 급한 궁리를 하느
라...'이처럼 두 집단의 행동이 구분되어 있습니다.

이처럼 대상을 판단할 때, 같은 범주에 묶여 있는 것으로
보여도, 잘 구분해야 합니다.

FOCUS 2

<보기>의 활용

출제자가 작품을 들여다본 흔적이 바로 <보기>입니다.

출제자가 작품을 들여다본 흔적이 바로 <보기>입니다.

<보기>는 출제자가 제시한 중요한 해석의 틀입니다. 학생들이 자유롭게 해석할 수 있는 여지를 좁히고, 정해진 방향으로 작품을 감상하도록 유도하는 장치입니다.

이는 마치 나침반과 같아서, 시험장에서 우리가 나아갈 방향을 제시합니다.

그러나 모든 <보기>를 시작부터 바로 정독해서는 안 됩니다.

<보기>도 종류가 있기 때문입니다. 아래의 표를 통해 확인하고 갑시다.

주제 \ 대응 여부	작품과 대응되는 <보기>	작품과 대응되지 않는 <보기>
작품 내용	도움↑	도움(∵보기 내용과 다를 수 있음)
형식(표현법, 서술 방식)	도움↓	도움↓
인문학	도움↓	도움↓

<보기>를 대하는 방식을 '본다'와 '읽는다'로 구분해보겠습니다.

- '본다' : 글 전체를 조망하며 키워드만 훑어보는 읽기
- '읽는다' : 본격적인 독해를 통해 깊이 있게 사고하고 분석하는 읽기

전자는 '가볍게' 읽기, 후자는 '집중해서' 읽기라고 할 수 있습니다.

문제를 조망할 때는 다음과 같이 접근하세요.

<보기>의 키워드를 훑어보며 '본' 후, 작품 내용을 다루는 <보기>라면 먼저 '읽'고 시작합시다.
그 외의 <보기>라면 '보'고 작품으로 갑시다.

상황에 따라 집중도를 달리해서 읽는 것이 중요합니다.

작품 내용을 다룬 <보기>를 미리 읽으면 얻을 수 있는 장점이 많습니다.
작품에 들어가기 전에 내용을 어느 정도 예측하고 방향성을 잡을 수 있기 때문입니다.

다음 페이지에서 구체적인 예시를 통해 살펴보겠습니다.

먼저 작품 내용 <보기>입니다.

이 보기를 보면 '순환하는 자연 → 인간 역사의 쇠락과 생성'이라는 정보를 뽑아낼 수 있습니다.

그 결과 "작품을 읽을 때 대상을 자연과 인간으로 나누고 인과의 방향성을 잡으며 가자." 같은 생각을 하고, 작품에서 어떤 대상이 나올지 미리 '예측'을 할 수 있습니다. 심지어 '인간의 역사가 쇠락'이라는 부분에서 인간과 관련된 대상들이 쇠락의 이미지(하강적, 소멸적 등)와 자연이 어우러지는 부분도 나올 것임을 알 수 있습니다.

만약 <보기>를 보지 않고 작품 독해를 시작했다면 '문'과 '깃발'에서 '아. 갑자기 뭐라는 건지 하나도 모르겠다.' 같은 멘탈 이슈가 발생할 수도 있습니다. 이때, 그저 담담하게 읽고 "음 그렇구나"하고 넘어가면 좋겠지만 의문에 잡아먹혀 당황한다면 시간을 줄여내야 할 문학에서 시간을 갈아 마시게 됩니다.

따라서 <보기>를 통해 독해의 틀을 잡고 최대한 변수를 줄이는 것이 좋습니다.

이 <보기>도 마찬가지입니다. 작품의 내용을 다루었기에 도움이 됩니다. (가)와 (나)의 공통점을 언급한 후 차이점을 통해 대비되는 지점을 제시합니다. 이 <보기> 서술 방식은 현대, 고전을 가리지 않고 사용됩니다.

읽으면서 아래의 정보를 뽑아 갑시다.

공통점 : 유학자 → 가치를 선택함
차이점 : (가) 내적 갈등(출사vs은거) → 해소, (나): 경제적 문제, 성찰

이정도만 읽어도 각 작품이 어떤 상황일지 윤곽이 잡혔습니다.

(가)는 은거(은일)에서 드러나는 자연 친화일 것이고 (나)는 과오를 저질러서 유배지(자연)에 있는 인물이 경제적인 이유로 고통받는 상황일 것입니다. (가)는 어떤 공간에 있는지, 어떤 지향을 드러내는지 파악하고 (나)는 어떤 잘못을 저질러서 어디에 있는지 찾으면 됩니다.

마치 백지에 서술형 답안지를 쓰는 느낌의 작품 독해가 <보기> 하나로 단답형 주관식으로 바뀝니다.
여기에 문제 선지까지 들어오면 OX 판별 문제가 됩니다.

> **• 보 기 •**
>
> 「배꼽을 주제로 한 변주곡」은 주인공이 배꼽을 잃어 버렸다는 허구적 설정으로 시작하여, 이후 배꼽을 둘러싼 희화적 에피소드들이 이어진다. 주인공은 으레 있어야 할 것이 없어져 불편한 생활을 이어 가던 중 배꼽에 관심을 갖는 이들이 늘어나고 있음을 알게 된다. 이 과정에서 배꼽에 관련된 개인적 상황은 물론 인간 존재와 사회 상황에 대한 심층적 의미의 탐색이 이루어진다.

현대 소설에 나오는 작품 내용의 <보기>는 먼저 보는 것을 추천합니다. 난해한 작품일 경우 <보기>가 없으면 이해가 쉽지 않습니다. <보기>를 읽고 최소한의 이해를 합시다.

> **• 보 기 •**
>
> 「이대봉전」에서 주인공은 공적 가치와 사적 목표를 실현하기 위해 노력한다. 공적 가치는 국가 차원의 사건에 참여하는 당위로 제시되고, 사적 목표는 가문의 일원으로서 그 사건 해결에 가담하는 동력이 된다. 현실계나 비현실계의 존재들 또한 주인공의 이러한 문제 해결 과정에 조력한다. 공적 활약을 통해 공적 가치의 권위를 인정하는 이면에 사적 목표의 추구를 배치하는 이러한 구도는 영웅소설이 지향하는 '충'이라는 이념을 훼손하지 않으면서도 사적 목표의 추구를 정당화한다.

고전 소설도 작품 내용을 다루는 보기가 제시된다면 먼저 봅시다. 주인공의 행적을 공적/사적 가치로 나눠 읽으며 비현실계의 존재도 작품에서 나올 것임을 예측할 수 있습니다. 심지어 영웅소설이라는 갈래까지 알려줍니다.
먼저 봤다면 꽤나 유리했을 겁니다.

「정을선전」은 영웅소설과 가정소설의 상투적인 면모가 혼재되어 나타난다. 이를테면, 가정 안팎의 서사는 남주인공을 매개로 연결되고, 사건이 선악 구도로 전개되며, 인물의 고난과 감정은 극대화된다. 이 과정에서 일부다처제에서 비롯되는 가정 내 갈등이 개인의 인성 문제로 축소된다. 그러면서도 상전의 수족에 불과한 하층의 시비가 능동적인 행위자로 등장하거나, 가정과 사회에서 상층인 인물이 희화화된다.

이 예시처럼 두 가지 갈래가 혼재됨을 강조하는 것을 파악한다면, 각각의 요소를 떠올리며 실제 작품을 읽을 때 앞부분의 전쟁 파트와 뒷부분의 처첩 갈등을 보며 <보기>의 해석을 연결지으며 갈 수 있었습니다.

<보기>에서 원칙과 예외도 주목하고 갑시다. 말미에 있는 예외의 경우(하층의 시비가 능동적 행위자) 작품에서 주목해서 읽고 선지화가 되었을 때, 바로 그어낼 수 있습니다.

그 다음으로 형식에 대한 <보기>입니다.

문학적 표현에는 표현 대상을 그와 연관된 다른 관념이나 사물로 대신하여 나타내는 방법이 있다. 여기에는 사물의 속성으로 실체를 대신하거나 대상의 한 부분으로 전체를 대신하는 것 등이 포함된다. 이러한 방법들은 서로 혼재되기도 하면서 구체적이고 생생한 이미지와 분위기를 환기한다.

대유법이라 불리는 문학 표현법을 다룬 <보기>입니다. 먼저 봐도 좋고 나중에 봐도 좋습니다. 이 <보기>에서 언급하는 '여러 사물로 말하려는 바를 드러낸다'를 통해 범주화 풀이에 대한 힌트를 잡을 수 있기에 먼저 봐서 나쁠 것은 없었습니다. 작품 내용 <보기>와 비교했을 때 도움이 상대적으로 되지 않을 뿐입니다.

마지막으로 언어, 역사, 철학, 심리를 다루는 인문학적 <보기>입니다.

보기

문학 작품에서 공간에 대한 인식을 형상화하는 방식은 다양하다. 공간에 대한 인식을 직접적으로 드러내는 표현을 사용하거나, 공간 내 특정 대상의 속성으로써 그 대상이 포함된 공간 전체를 표상하기도 한다. 또한 이러한 인식은 공간 간의 관계를 통해 표현되기도 한다. 이때 관계를 이루는 공간에는 작품에 명시된 공간은 물론 그 이면에 전제된 공간도 포함된다.

이러한 보기는 난해합니다. 따라서 "뭐...공간을 표상하는구나?" 하고 바로 넘어가면 됩니다.
이러한 유형의 보기는 훑으며 키워드 위주로 뽑아 갑시다.

보기

부정적인 방향으로 응고된 기억을 돌이켜 긍정적인 방향으로 재편함으로써 심리적 안정을 도모하는 기회를 마련할 수 있다. 심리 요법의 일환으로 적용되는 '기억 재응고화'는 마음의 상처로 남은 기억을 재구성하여 다른 의미와 가치에 대응시킴으로써, 사람들로 하여금 부정적 기억으로 빚어진 심리적 불안정에 대응할 힘을 회복하도록 돕는 원리이다.

현대 소설에서 심리를 다룬 <보기>가 나온다면, 좀 더 가볍게 보고 갑시다.
"음 부정적인 일이 있어서 부정적인 기억이 남았나 보구나 작품에서 안 좋은 일 나오겠네" 정도로 생각하고 넘어갑시다.

참고로 <보기>도 결국 비문학과 같습니다.

앞 부분의 공통점과 뒷부분의 차이점을 파악하고 어떤 부분에서 차이가 발생했는지를 파악하거나,

> (가)와 (나)는 시간적 속성에 주목하여 시적 대상을 의미화한다는 점에서 공통적이지만, 구체적 이미지와 추상적 관념을 통합하는 방식의 측면에서 차이를 보인다. (가)는 대상의 일시성에 주목하며 포착한 경험 세계를 비유와 묘사를 통해 그려 냄으로써 생명과 자연에 대한 내적 인식을, (나)는 대상의 영속성에 주목하며 인식한 관념적 세계를 감각적으로 형상화함으로써 역사에 대한 상징적 의미를 드러내고 있다.

앞 부분에서는 원칙이 나왔는데 뒤에서는 예외가 나왔다거나 하는 방식으로 서술됩니다.

> 김진옥전 의 영웅 서사가 보여 주는 바다 세계에서의 모험담에서는 초월적 세계에 대한 변모된 서술 양상이 드러난다. 이 작품 속 초월적 세계는 다른 영웅소설에서처럼 인간 세계와의 간극을 지닌 곳으로 인식되지만, 인간 세계에나 있을 법한 갈등이 일어나는 곳으로도 그려진다. 주인공은 초월적 존재의 요청으로 초월적 세계의 문제를 대신 해결하는데, 이 과정에서 초월적 세계의 존재에게 우월한 능력을 인정받고, 약속된 보상을 받아 영웅의 자격을 증명한다.

우리가 해야 할 것은 자명하게도 차이를 나누는 기준을 파악하고, 예외에 집중하는 것입니다.

이상으로 <보기> 유형에 대한 간략한 정리를 마치겠습니다.

결론적으로, <보기>는 먼저 읽는 것이 유리합니다.
상황에 따라 중요도를 판별하고 갑시다.
집중해서 꼼꼼히 읽을 것인지, 아니면 가볍게 키워드만 파악하고 넘어갈 것인지를 구분해서 접근합시다.

(가)

청강 녹초변에 소 먹이는 아이들이

석양에 흥이 겨워 피리를 빗기 부니

물 아래 잠긴 **용**이 잠 깨어 일어날 듯

내 기운에 나온 **학**이 제 깃을 던져 두고 반공에 솟아 뜰 듯

소선(蘇仙)* 적벽은 추칠월이 좋다 하되

팔월 십오야를 모두 어찌 칭찬하는가

구름이 걷히고 물결이 다 잔 적에

하늘에 돋은 달이 솔 위에 걸렸거든

잡다가 빠진 줄이 **적선(謫仙)*** 이 헌사할샤

공산에 쌓인 잎을 삭풍이 거둬 불어

떼구름 거느리고 눈조차 몰아오니

천공이 호사로워 옥으로 꽃을 지어

만수천림을 꾸며곰 낼세이고

앞 여울 가리 얼어 독목교(獨木橋) 비꼈는데

막대 멘 늙은 중이 어느 절로 간단 말고

산옹의 이 부귀를 남더러 자랑 마오

경요굴(瓊瑤窟)* 숨은 세계 찾을 이 있을세라

산중에 벗이 없어 서책을 쌓아 두고

만고 인물을 거슬러 혜여하니

성현도 많거니와 호걸도 하도 할샤

하늘 삼기실 제 곧 무심할까마는

어찌한 시운(時運)이 흥망이 있었는고

모를 일도 하거니와 애달픔도 그지없다

기산의 늙은 고블* 귀는 어찌 씻었던고

박 소리 핑계하고 지조가 가장 높다

인심이 낯 같아야 볼수록 새롭거늘

세사는 구름이라 험하기도 험하구나

엊그제 빚은 **술**이 얼마나 익었느냐

잡거니 밀거니 실컷 기울이니

마음에 맺힌 시름 조금은 풀리나다

- 정철, 「성산별곡」 -

* 소선 : 소동파를 신선에 빗댄 말.
* 적선 : 이태백을 신선에 빗댄 말.
* 경요굴: 눈 내린 성산의 모습을 빗댄 말.
* 고블 : 기산에 은거한 인물인 허유.

(나)

생매 잡아 길 잘 들여 먼 산 두메로 꿩 사냥 보내고 흰 말 구불구종* 갈기 솔질 활활 쌀쌀 하여 임의 집 송정 뒤 잔디 잔디 금잔디 밭에 말 말뚝 꽝꽝쌍쌍 박아 숭마 바 고삐 길게 늘려 매고

앞내 여울 **고기** 뒷내 여울 고기 오르는 고기 내리는 고기 자나 굵으나 굵으나 자나 주섬주섬 낚아 내여 시내 동으로 뻗은 움버들가지 와지끈 뚝딱 꺾어 거꾸로 잡고 잎사귀 셋만 남기고 주루룩 훑어 아가미 너슬너슬 꿰어 시내 잔잔 흐르는 물에 납작 실죽 청바둑돌로 임도 모르고 아무도 모르게 가만히 살짝 자기 장단 맞춰 지근지지 눌러 놓고 동자야 이 뒤에 학 타신 **선관**이 날 찾거든 그물 낚싯대 종이 종다래끼* 파리 밥풀통 고추장 **술병**까지 가지고 뒷내 여울로 오라고 일러만 주소

아마도 산중호걸이 나뿐인가 하노라

- 작자 미상, 사설시조 -

* 구불구종 : 말 모는 하인.
* 종다래끼 : 작은 바구니.

1 <보기>를 바탕으로 (가)와 (나)를 감상한 내용으로 적절하지 <u>않은</u> 것은? [3점]

고전 시가에서 자연은 작품에 따라 다양하게 그려진다. (가)의 자연은 속세와 구별되는 청정한 이상 세계로 그려지며, 신선의 이미지를 통해 탈속적이고 고고한 가치를 추구하는 곳이다. (나)의 자연은 풍요롭게 그려지는 현실적 풍류의 장으로, 활달하고 흥겹게 놀이를 펼치는 곳이며, 신선의 이미지를 통해 멋이 고조된다.

① (가)의 '용'은 피리 소리로 조성된 탈속적 분위기를 환상적으로 표현하는 소재이고, (나)의 '생매'는 고고한 취향을 사실적으로 보여 주는 소재이군.

② (가)의 '학'은 이상적 세계의 아름다움을 구현하는 소재이고, (나)의 '고기'는 풍요롭고 생동하는 세계를 표현하는 소재이군.

③ (가)의 '소선', '적선'은 청정한 강호의 세계에서 떠올린 인물의 이미지이고, (나)의 '선관'은 '나'가 현재의 행위를 함께 하고 싶은 인물을 멋스럽게 표현한 이미지이군.

④ (가)의 '산옹'은 계절에 따른 산의 모습을 바라보며 이상 세계의 삶을 지향하는 인물이고, (나)의 '나'는 사냥과 고기잡이를 통해 현실의 즐거움을 향유하는 인물이군.

⑤ (가)의 '술'은 강호에서 세상에 대한 시름을 달래 주는 소재이고, (나)의 '술병'은 풍류의 장에 흥취를 더해 줄 소재이군.

👍 **학습목표** (가) 정철, 「성산별곡」 / (나) 작자 미상, 사설시조 34번

갈래 비교 <보기>에서 공통점과 차이점 찾고 적용하기

고전 시가에서 자연은 작품에 따라 다양하게 그려진다. (가)의 자연은 속세와 구별되는 청정한 이상 세계로 그려지며, 신선의 이미지를 통해 탈속적이고 고고한 가치를 추구하는 곳이다. (나)의 자연은 풍요롭게 그려지는 현실적 풍류의 장으로, 활달하고 흥겹게 놀이를 펼치는 곳이며, 신선의 이미지를 통해 멋이 고조된다.

(가) 이상 세계, 신선 이미지 → 탈속, 고고
(나) 현실적 풍류, 놀이, 신선 이미지 → 멋

➔ (가)와 (나)의 자연을 다루었다는 점과 신선의 이미지가 활용되었다는 것이 공통적입니다. 그러나 (가)는 탈속과 고고함을 (나)는 멋을 강조했습니다. 즉, (가)는 현실을 벗어난 공간으로서의 자연을, (나)는 현실 속에서 즐기는 공간으로서의 자연을 다룬 것입니다.

(가)

청강 녹초변에 소 먹이는 아이들이

맑은 강 푸른 풀밭 소 먹이는 아이들이

석양에 흥이 겨워 피리를 빗기 부니

흥취에 겨워서 피리를 빗겨 부니

대상 아이들
상황 석양(시간적 배경), 흥겨움

물 아래 잠긴 용이 잠 깨어 일어날 듯

물 아래 잠긴 용이 잠 깨어 일어날 듯

내 기운에 나온 학이 제 깃을 던져 두고 반공에 솟아 뜰 듯

내 기운에 나온 학이 제 깃을 벌리고 공중에 솟아 뜰 듯

➡ 화자가 바라보고 있는 대상을 용과 학에 빗대고 있습니다.

소선(蘇仙) 적벽은 추칠월이 좋다 하되

소선의 적벽은 가을 칠월 좋다는데

대상 소선(신선의 이미지)

팔월 십오야를 모두 어찌 칭찬하는가

팔월 보름을 모두 어찌 칭찬하는가

구름이 걷히고 물결이 다 잔 적에

구름이 다 걷히고 물결이 잔잔할 때

하늘에 돋은 달이 솔 위에 걸렸거든

하늘에 돋은 달이 솔 위에 걸렸거든

대상 달
상황 밤(시간적 배경)

잡다가 빠진 줄이 적선(謫仙)이 헌사할샤

잡으려다 물에 빠진 적선이 요란하네

대상 적선(신선의 이미지)

공산에 쌓인 잎을 삭풍이 거둬 불어

빈산에 쌓인 잎을 겨울바람이 거둬 불어

대상 잎, 삭풍
상황 가을 → 겨울(계절적 배경)

떼구름 거느리고 눈조차 몰아오니

떼구름 거느리고 눈조차 몰아오니

상황 겨울(계절적 배경)

천공이 호사로워 옥으로 꽃을 지어

조물주는 호사하여 옥으로 꽃을 지어

만수천림을 꾸며곰 낼세이고

수많은 나무숲을 꾸며 냈구나

태도 예찬적

앞 여울 가리 얼어 독목교(獨木橋) 비꼈는데

앞 여울 가려 얼어 외나무다리 걸쳤는데

막대 멘 늙은 중이 어느 절로 간단 말고

막대 멘 늙은 중이 어느 절로 간단 말인가

산옹의 이 부귀를 남더러 자랑 마오

산 늙은이 이 부귀를 남에게 자랑마오

경요굴(瓊瑤窟) 숨은 세계 찾을 이 있을세라

아름다운 숨은 경치 찾을 이 있을세라

산중에 벗이 없어 서책을 쌓아 두고

산중에 벗이 없어 서책을 쌓아두고

만고 인물을 거슬러 혜여하니

만고 인물을 거슬러 생각하니

성현도 많거니와 호걸도 하도 할샤

성현도 많거니와 호걸도 많고 많구나

하늘 삼기실 제 곧 무심할까마는

하늘이 만드실 때 곧 무심할까만은

어찌한 시운(時運)이 흥망이 있었는고

어찌하여 시운이 흥하고 망함이 있었는고

모를 일도 하거니와 애달픔도 그지없다

모를 일도 많거니와 애달음도 그지없다

기산의 늙은 고블 귀는 어찌 씻었던고

기산의 늙은 고불 귀는 어찌 씻었던가

박 소리 핑계하고 지조가 가장 높다

박소리 핑계하고 지조가 가장 높다

인심이 낯 같아야 볼수록 새롭거늘

사람 마음 얼굴 같아 볼수록 새롭거늘

세사는 구름이라 험하기도 험하구나

세상사는 구름이라 험하기도 험하구나

엊그제 빚은 술이 얼마나 익었느냐

엊그제 빚은 술이 얼마나 익었는가

잡거니 밀거니 실컷 기울이니

잡거니 밀거니 실컷 기울이니

마음에 맺힌 시름 조금은 풀리나다

마음에 맺힌 시름이 조금은 풀리는구나

➡ 화자가 자연에 오게 된 계기를 짐작할 수 있습니다.

(나)

생매 잡아 길 잘 들여 먼 산 두메로 꿩 사냥 보내고 흰 말 구불구종 갈기 솔질 활활 솰솰 하여 임의 집 송정 뒤 잔디 잔디 금잔디 밭에 말 말뚝 꽝꽝쌍쌍 박아 숭마 바 고삐 길게 늘려 매고

앞내 여울 고기 뒷내 여울 고기 오르는 고기 내리는 고기 자나 굵으나 굵으나 자나 주섬주섬 낚아 내여 시내 동으로 뻗은 움버들가지 와지끈 뚝딱 꺾어 거꾸로 잡고 잎사귀 셋만 남기고 주루룩 훑어 아가미 너슬너슬 꿰어 시내 잔잔 흐르는 물에 납작 실죽 청바둑돌로 임도 모르고 아무도 모르게 가만히 살짝 자기자 장단 맞춰 지근지지 눌러 놓고

동자야 이 뒤에 학 타신 선관이 날 찾거든 그물 낚싯대 종이 종다래끼* 파리 밥풀통 고추장 술병까지 가지고 뒷내 여울로 오라고 일러만 주소
아마도 산중호걸이 나뿐인가 하노라

사설시조의 경우 다양한 대상이 나열/열거되거나, 음성 상징어가 반복되는 경우가 많습니다. 시험장에서 이 부분을 세세하게 읽고 '이해'를 할 시간이 없습니다. 따라서 유의미한 정보만 뽑고, 표현법을 확인한 후, 선지로 가는 것을 추천합니다. 선지에서 요구하는 것만 판단하러 돌아옵시다.

또한, 나열/열거를 확인했다면, 먼저 나열된 대상의 공통점을 먼저 생각해 봅시다. 만약 공통점이 보이지 않는다면, 나열된 대상들이 상반된 속성을 가지고 나열된 것인지 판단하는 태도가 필요합니다.

1 <보기>를 바탕으로 (가)와 (나)를 감상한 내용으로 적절하지 <u>않은</u> 것은? [3점]

정답 ①

고전 시가에서 자연은 작품에 따라 다양하게 그려진다. (가)의 자연은 속세와 구별되는 청정한 이상 세계로 그려지며, 신선의 이미지를 통해 탈속적이고 고고한 가치를 추구하는 곳이다. (나)의 자연은 풍요롭게 그려지는 현실적 풍류의 장으로, 활달하고 흥겹게 놀이를 펼치는 곳이며, 신선의 이미지를 통해 멋이 고조된다.

(가) 이상 세계(신선 이미지 → 탈속, 고고)
(나) 현실적 풍류, 놀이(신선 이미지 → 멋)

① (가)의 '용'은 피리 소리로 조성된 탈속적 분위기를 환상적으로 표현하는 소재이고, (나)의 '생매'는 고고한 취향을 사실적으로 보여 주는 소재이군.

◉ <보기>에 의하면, '고고한' 취향은 (가)에서 신선의 이미지를 통해 드러납니다. 따라서 (나)의 '생매'는 '고고한 취향'을 드러내지 않습니다. 적절하지 않습니다.

해당 선지는 학생들이 (나)의 '학 타신 선관'에 대응하는 '신선의 이미지' 때문에 '고고'하다고 착각을 한 선지입니다. 이는 <보기>의 관점을 무시하고 자신의 추측에 근거한

판단을 한 것입니다. <보기>에서 (가)는 '신선의 이미지'를 통해 '탈속적'이고 '고고'함을 드러내지만, (나)의 '신선의 이미지'는 '멋'이 고조됩니다.

<보기>의 관점을 자신의 추측으로 판단하지 맙시다. 이 문제에서 "'학 타신 선관'에서 '신선의 이미지'가 느껴지고, 왠지 '신선'이 나왔으니까 고고한 것 같다."라는 사고를 한 학생들이 많았습니다. <보기>의 관점을 제대로 파악하고 선지로 갑시다.

② (가)의 '학'은 이상적 세계의 아름다움을 구현하는 소재이고, (나)의 '고기'는 풍요롭고 생동하는 세계를 표현하는 소재이군.

◉ (가)는 '학'이 공중에 뜬 상황을 통해, 이상적인 자연의 아름다움을 형상화했습니다. 반면, (나)는 '고기'를 통해 현실적인 생활상을 생생하게 드러냅니다.

③ (가)의 '소선', '적선'은 청정한 강호의 세계에서 떠올린 인물의 이미지이고, (나)의 '선관'은 '나'가 현재의 행위를 함께 하고 싶은 인물을 멋스럽게 표현한 이미지이군.

◉ (가)의 '소선', '적선'은 이상적인 자연에서 떠올린 신선의 이미지입니다. (나)의 '선관'은 화자가 '현재의 행위'인 낚시를 함께하고 싶어 하는 인물입니다. '뒷내 여울로 오라고 일러만 주소'라고 '동자'에게 명령하는 부분에서 확인할 수 있습니다.

④ (가)의 '산옹'은 계절에 따른 산의 모습을 바라보며 이상 세계의 삶을 지향하는 인물이고, (나)의 '나'는 사냥과 고기잡이를 통해 현실의 즐거움을 향유하는 인물이군.

◉ (가)의 '산옹'은 산을 '경요굴'이라고 묘사하며 이상적인 자연을 지향합니다. (나)의 '나'는 매 사냥과 고기잡이를 병렬적으로 제시하며 '활달하고 흥겹게 놀이'를 펼칩니다.

⑤ (가)의 '술'은 강호에서 세상에 대한 시름을 달래 주는
   소재이고, (나)의 '술병'은 풍류의 장에 흥취를 더해 줄
   소재이군.

● (가)의 '마음에 맺힌 시름 조금은 풀리나다'에서 화자의
시름이 있었음을 알 수 있습니다. 해당 선지를 통해, 화자
의 시름은 세상에 대한 것임을 알 수 있습니다. 술이 화
자의 시름을 조금이나마 달래 주었다고 볼 수 있습니다. 반
면, (나)의 '술병'은 현실적 풍류의 장인 자연에서의 흥을
돋워 줍니다.

고전시가에서 <보기>의 중요성

고전시가에서 <보기>는 크게 두 가지 역할을 합니다.

1. 작품의 해석 방향을 제시
2. 선지 판단의 기준점을 제공

현대 시와 달리 고전 시가는 주로 정해진 주제에서 출제됩니다. 따라서 굳이 먼저 <보기>를 볼 때 얻는 이점이 적습니다. 그러나 <보기>를 경시할 때, 생기는 문제가 있습니다. 바로 여러 가지 해석의 가능성이 존재하게 된다는 것입니다.

특히 익숙한 주제라고 해서 <보기>를 꼼꼼히 읽지 않으면, 출제자가 의도한 특정한 관점을 놓치기 쉽습니다.

예를 들어, 2409 고전시가 세트의 (나) 작품의 '학 타신 선관'이라는 구절을 보고 '신선의 이미지'를 떠올렸다고 해서 바로 '고고함'이 드러나 있다고 생각하는 것은 위험합니다. <보기>에서 '(가)는 신선의 이미지를 통해 탈속적이고 고고함을, (나)는 신선의 이미지를 통해 멋을 표현한다'고 제시했다면, 이 틀에서 벗어나지 않고 판단해야 합니다.

<보기>는 같은 소재라도 작품마다 다른 의미를 가질 수 있음을 알려줍니다. 자신의 주관적인 판단이나 추측으로 <보기>의 관점을 대체하려 하면, 문제 풀이에서 큰 오류를 범하게 됩니다.

그런데 조심해야 합니다. <보기>에는 일대일 대응이 되는 보기가 있고, 일대일 대응이 되지 않는 보기가 있습니다.

전자는 '(가)의', 「화암구곡」은' 같이 직접적으로 작품을 언급하며 작품과 <보기>를 연결합니다.
후자는 'N 세기의 작품은 이러한 경향이 있다~'같이 범주를 넓게 잡고 가는 경우입니다.

일대일 대응이 된다면, <보기>의 관점에 의존한 독해를 해도 됩니다. 그러나 후자와 같은 일대일 대응이 되지 않는 <보기>는 주의해야 합니다. 그 작품이 속한 범주가 어떠한 경향을 가지고 있다고 해서 그 작품이 무조건 그 경향을 가지고 있다고 단정 지을 수 없기 때문입니다.

(나)

꼬아 자란 층석류*요 틀어 지은 고사매*라
삼봉 괴석에 달린 솔이 늙었으니
아마도 화암 풍경이 **너뿐**인가 하노라

<제1수>

막대 짚고 나와 거니니 양류풍 불어온다
긴 파람 짧은 노래 **뜻대로 소일**하니
어디서 초동과 목수(牧叟)는 웃고 가리키나니

<제6수>

맑은 물에 벼를 갈고 **청산**에 섶을 친 후
서림 풍우에 소 먹여 돌아오니
두어라 **야인 생애**도 자랑할 때 있으리라

<제9수>

- 유박, 「화암구곡」 -

* 층석류 : 석류나무로 만든 분재.
* 고사매 : 매화를 고목에 접붙인 분재.

---

2 <보기>를 참고하여 (나)를 감상한 내용의 정오를 판단하라. [3점]

> • 보기 •
>
> 「화암구곡」은 포착된 자연의 양상에 따라 강호에서의 자족감, 출사하지 못한 선비로서 생활 공간인 향촌에 머물 수밖에 없는 데 따른 회포, 취향이 반영된 자연물로 구성한 개성적 공간에서의 긍지를 드러냈다.

① (나)는 화암의 풍경이라 인정할 만한 것이 '너뿐'이라고 하여 자신이 기른 화훼로 조성한 공간에 대한 자긍심을 드러내는군.

② (나)는 꼬이고 틀어진 모양으로 가꾼 식물에 주목해 외물에 대한 관심을 드러내는군.

③ (나)는 '청산'에서의 삶에서 느끼는 자랑스러움을 '야인 생애'로 표현하여 겸양의 태도를 드러내는군.

④ (나)는 양류풍에 감응하며 '뜻대로 소일'하는 강호의 삶에 대한 자족감을 드러내는군.

일대일 대응 <보기>의 복잡한 정서(자족감/회포/긍지)를 정확히 적용하기

- 보기 -

「화암구곡」은 포착된 자연의 양상에 따라 강호에서의 자족감, 출사하지 못한 선비로서 생활 공간인 향촌에 머물 수밖에 없는 데 따른 회포, 취향이 반영된 자연물로 구성한 개성적 공간에서의 긍지를 드러냈다.

➡ 화자는 자연을 통한 자족감, 출사하지 못한 선비로서 생활 공간에 머물며 생기는 회포, 개성적 공간에서의 긍지를 드러냅니다. <보기>에서 직접적으로 작품을 제시하고 방향성을 제시해줬습니다. 이러한 <보기>는 작품과 대응되기에 도움이 되는 <보기>입니다. 여기서 주어진 해석은 지문과 일대일 대응합니다. 따라서 우리는 작품에서 자족감(긍정), 회포(부정), 긍지(긍정)를 찾아내야 합니다.

꼬아 자란 층석류요 틀어 지은 고사매라
삼봉 괴석에 달린 솔이 늙었으니
아마도 화암 풍경이 너뿐인가 하노라

<제1수>

대상 층석류, 고사매, 솔

정서/태도 예찬적 태도, 긍지

상황 화자는 '층석류'와 '고사매'를 예찬하며, 개성적 공간에서의 긍지를 드러냄(<보기>의 '취향이 반영된 자연물로 구성한 개성적 공간에서의 긍지'에 대응)

막대 짚고 나와 거니니 양류풍 불어온다
긴 파람 짧은 노래 뜻대로 소일하니
어디서 초동과 목수(牧叟)는 웃고 가리키나니

<제6수>

대상 양류풍, 초동, 목수

정서 자족감('뜻대로'에서 자신의 의지로 하는 일임을 알 수 있음)

상황 화자의 뜻대로 소일하며 지냄(<보기>의 '자연의 양상에 따라 강호에서의 자족감'에 대응), '초동'과 '목수'가 자신을 보고 웃음 (어떤 웃음인지는 알 수 없음)

맑은 물에 벼를 갈고 청산에 섶을 친 후
서림 풍우에 소 먹여 돌아오니
두어라 야인 생애도 자랑할 때 있으리라

<제9수>

대상 맑은 물, 청산, 소, 야인 생애(화자)

상황 자연에서의 삶을 묘사함, '두어라 야인 생애도 자랑할 때 있으리라'는 <보기>의 '출사하지 못한 선비로서 생활 공간인 향촌에 머물 수밖에 없는 데 따른 회포'에 대응

2 <보기>를 참고하여 (나)를 감상한 내용으로 적절하지 않은 것은? [3점]

> ─ 보기 ─
>
> 「화암구곡」은 포착된 자연의 양상에 따라 강호에서의 자족감, 출사하지 못한 선비로서 생활 공간인 향촌에 머물 수밖에 없는 데 따른 회포, 취향이 반영된 자연물로 구성한 개성적 공간에서의 긍지를 드러냈다.

① (나)는 화암의 풍경이라 인정할 만한 것이 '너뿐'이라고 하여 자신이 기른 화훼로 조성한 공간에 대한 자긍심을 드러내는군.

정답 ○

➡ '너뿐'이라는 말을 통해, 대상(층석류, 고사매)에 대한 예찬을 드러냅니다. '층석류, 고사매'는 <보기>의 '자연물로 구성한 개성적 공간에서의 긍지'에 해당합니다.

② (나)는 꼬이고 틀어진 모양으로 가꾼 식물에 주목해 외물에 대한 관심을 드러내는군.

정답 ○

➡ 화자는 '꼬아 자란 층석류요 틀어 지은 고사매라'에서 외부 대상에 대한 예찬을 드러냅니다.

③ (나)는 '청산'에서의 삶에서 느끼는 자랑스러움을 '야인 생애'로 표현하여 겸양의 태도를 드러내는군.

정답 ✕

➡ 화자는 '두어라 야인 생애도 자랑할 때 있으리라'는 구절은 현재 시골에서의 삶에 대한 자랑스러움보다는, 출사하지 못한 선비로서 향촌에 머물 수밖에 없는 상황에 대한 회포와 아쉬움을 드러내고 있습니다. '-도', '-ㄹ 때', '-리라'의 문법적 요소를 분석해 보면, 현재는 자랑스럽지 않지만 언젠가는 자랑스러워할 때가 있을 것이라는 미래 지향적 인식이 담겨 있어, 현재의 삶에 대한 자랑스러움을 표현한 것이 아닙니다. 여기에서 선지 판단을 하고 끝맺는 것이 좋습니다.

추가적으로 판단을 해보겠습니다. 겸양이란, '겸손한 태도로 남에게 양보하거나 사양함.'이라는 뜻입니다. 이는 자신의 높은 상태나 자랑할 만한 것을 낮추어 표현하는 것입니다. 화자가 현재 상황을 자랑스럽게 여기지 않는다면, 애초에 겸양의 태도를 드러낼 수 없습니다. 따라서 적절하지 않습니다.

시험장에서는 확실하고 가시적인 것을 판단하고 답을 냅시다.

💡 **교훈 • 작품 독해**

④ (나)는 양류풍에 감응하며 '뜻대로 소일'하는 강호의 삶
　에 대한 자족감을 드러내는군.

정답 ◯

➡ '막대 짚고 나와 거니니 양류풍 불어온다'에서 양류풍
에 감응이, '긴 파람 짧은 노래 뜻대로 소일하니'에서
화자의 뜻대로 소일거리를 하며 강호에 대한 자족감이
드러납니다.

FOCUSING

1

문제의 의식적인 활용과 선지판단

문제의 의식적인 활용과 선지판단

앞서 배운 Focus 1, 2의 내용을 적용합시다.

단순하게 지문만 열심히 분석해서는 점수가 오르지 않습니다. 지문을 완벽하게 뜯어냈어도 문제를 틀리면 끝이거든
요. 결국 우리는 시험장에서 스스로 문제를 맞혀내야 합니다.

그걸 위해서는 출제자의 입장을 알아야 합니다. 그들이 시험을 변별할 때 사용할 수 있는 요소는 지문과 문제뿐입니
다. 비문학과 문학으로 나누어서 생각해 봅시다.

비문학에서는 지문과 문제 둘 다 변수처럼 작용합니다. 출제자가 개입해서 주무를 수 있다는 말이에요.
반면 문학에서는 이미 지문이 작품으로 제시됩니다. 따라서 지문은 상수로 고정되어 있습니다.
그런데 지문과 달리 문제는 변수처럼 고정되어 있지 않습니다.

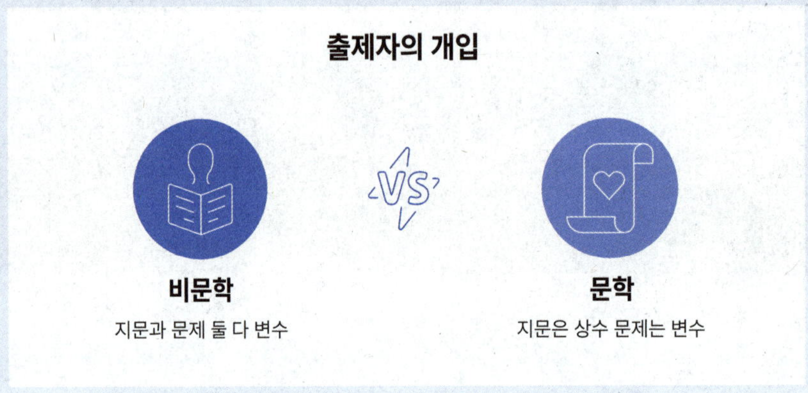

따라서 출제자가 문학을 변별하기 위해 사용하는 것은 문제입니다.
문제에는 유형, 선지, <보기> 등이 있습니다.

이 모든 것은 출제자가 변별하겠다는 의도로 배치된 것이고 우리는 그것을 역이용해야 합니다.
그렇지 않으면 출제자가 설계한 대로 흘러갈 뿐입니다.

다른 사람들과 같이 단순히 '특정 문제를 먼저 풀자!' 같은 이야기는 하지 않습니다.
선지와 작품이 조화를 이루며 상호 보완이 가능한 독해를 하고, 그 과정에서 경제성과 정확도를 챙기며 시간 단축을
이뤄내는 겁니다.

(가)

이렇듯이 좋은 해에 이때가 어느 때뇨
불한불열 삼춘이라
버드나무 드린 곳에 꾀꼬리 편편하고
수놓은 장막 베푼 곳에 벌 나비 분분하다
우리 꾀꼬리 아니로되 ⓐ 꽃은 같이 얻었으니
우리 비록 여자라도 이러한 태평세에 아니 놀고 무엇하리
백만 년을 다 버리고 하루 놀음 하려 하고
날짜를 정하자 하니 좋은 날은 언제런고
이월이라 이십오일 청명시절 제때로다
손꼽고 바라더니 어느 덧에 다닫고야
아이 종 급히 불러 앞뒷집 서로 일러
소식 주고 가사이다 노소 없이 다 모이어
㉠ 차례대로 달아나니 호화 장식 찬란하다
먼 산 같은 눈썹일랑 아미로 다스리고
구름 같은 귀밑일랑 고운 머리로 꾸미도다
동해의 고운 명주 잔줄 지어 누벼 입고
가을볕에 바랜 베를 연반 물 들여 입고
선명하게 나와 서서
좋은 풍경 보려 하고 가려강산 찾았으되
용산을 가려느냐 매봉으로 가려느냐
산명수려 좋은 곳은 소학산이 제일이라
어서 가자 바삐 가자 앞에 서고 뒤에 서고
태산같이 높은 고개 허위허위 올라가서
승지에 다닫거다
좌우 풍경 둘러보니 수양산 같은 **금오산**
충신이 멀었거늘 어찌 저리 푸르렀으며
황하 같은 낙동강은 성인이 나시련가
어찌 저리 맑아 있노
구경을 그만하고 화전터로 나려와서
빈천이야 **정관***이야 **시냇가**에 **걸어 놓고**
청유라 백분이라 화전을 지저 놓고
꽃 사이에 친척들을 웃으며 불렀으되
어서 오고 어서 오소
집에 앉아 수륙진미 맛보기는 하려니와
부녀자들 함께 즐김 이에서 더할소냐

(중략)

청계변에 복성 꽃은 **무릉원**이 의연하다
이러한 좋은 경치 흠 없이 다 즐기니
㉡ 소선(蘇仙)의 적벽(赤壁)인들 이에서 더할손가
이백(李白)의 채석(采石)인들 이에서 나을손가
꽃 사이에 벌여 앉아 서로 보며 이른 말이
여자의 소견인들 좋은 경치 모를소냐
규중에 **썩힌 간장 오늘**이야 쾌한지고
가슴이 상쾌하고 심신이 호탕하여
장장춘일 긴긴날을 긴 줄도 잊었더니
㉢ 서산에 지는 해가 깊은 계곡 재촉하여
층암 고산에 저녁 안개 일어나고
푸른 나무 숲속으로 숙조(宿鳥)가 돌아든다
흥대로 놀려 하면 인간의 자연 취객이
아닌 고로 마지못해 일어나니
암하(岩下)야 잘 있거라 강산아 다시 보자
시화세풍 하거들랑 창안백발 흩날리고
고향 산천 찾아오마

- 작자 미상, 「화전가」 -

* 정관 : 솥.

(나)

㉣ 공명을 헤아리니 영욕이 반이로다
동문에 괘관하고* **전려**에 돌아와서 **성경현전 헤쳐 놓고** 읽기를 파한 후에 **앞내**에 살진 **고기도** 낚고 **뒷뫼**에 엄긴 **약도** 캐다가 임고원망*하여 임의소요하니 **청풍**이 시지하고 **명월**이 자래하니 아지 못게라 천양지간에 이같이 **즐거움**을 무엇으로 **대할쏘니**
평생에 이리저리 즐기다가 노사태평하여 승화귀진*하면 긔 좋은가 하노라

- 작자 미상 -

* 동문에 괘관하고 : 벼슬을 그만두고.
* 임고원망 : 높은 곳에 올라 먼 곳을 바라보는 것.
* 승화귀진 : 자연에 순응하며 살다가 자연에 귀의하는 것.

(다)

ⓒ 청산이 둘러 있고 벽수도 흘러간다
풍월이 벗이 되어 ⓑ 백운(白雲)에 누웠으니
백구(白鷗)야 백년을 함께 놀자 하노라

<제2수>

- 채헌, 「석문가」 -

1 (가)~(다)의 공통점으로 가장 적절한 것은?

① 관념적 사유를 통해 내면을 수양하는 모습이 나타난다.
② 현재의 상황을 바탕으로 미래에 대한 바람을 드러낸다.
③ 구체적 행위를 통해 대상의 유한한 속성에 대한 아쉬움을 드러낸다.
④ 대상의 이면적 가치에 주목하여 태도 변화에 대한 의지를 드러낸다.
⑤ 공간의 이동 과정에서 탈속적 가치의 지향이 심화되는 모습이 나타난다.

2 ㉠~㉤에 대한 이해로 적절하지 <u>않은</u> 것은?

① ㉠ : 대상의 동적 속성에 주목하여 자연 경물을 화려하다고 여기고 있음이 드러난다.
② ㉡ : 수려한 경관이라고 보편적으로 인정받는 대상과 관련지어 자연 경관에 대한 예찬을 드러낸다.
③ ㉢ : 시간의 경과를 느끼게 하는 자연물을 통해 화자가 처한 상황이 바뀌게 되는 배경이 드러난다.
④ ㉣ : 과거에 대한 성찰을 바탕으로 세속적 성취의 추구가 헛된 일일 수도 있다는 깨달음을 드러낸다.
⑤ ㉤ : 자연의 모습을 통해 화자가 속세로부터 벗어난 공간에 있음이 드러난다.

3 ⓐ와 ⓑ에 대한 설명으로 가장 적절한 것은?

① ⓐ는 화자가 현실의 한계를 인지하게 하는 원인이고, ⓑ는 화자가 추구하는 삶의 가치를 함축하고 있는 대상이다.
② ⓐ는 화자가 기다리던 시기가 도래했음을 알려 주는 표지이고, ⓑ는 화자가 심리적으로 가깝게 여기고 있는 대상이다.
③ ⓐ는 화자가 계절이 변화했음을 확인하게 되는 계기이고, ⓑ는 화자에게 특정한 계절을 연상하게 하는 대상이다.
④ ⓐ는 화자가 주변의 다른 존재들과 함께 즐기고 있는 대상이고, ⓑ는 화자가 주변과 소통하지 못하게 만드는 원인이다.
⑤ ⓐ는 화자가 시대를 태평하다고 판단하는 근거이고, ⓑ는 화자가 도달할 수 없다고 여기는 이상향을 의미하는 대상이다.

4 <보기>를 참고하여 (가)~(다)를 감상한 내용으로 적절하지 <u>않은</u> 것은? [3점]

① (가)에서 '시냇가'에 '정관'을 '걸어 놓'는 것과 (나)에서 '앞내'의 '고기'를 낚고 '뒷뫼'의 '약'을 캐는 것에서, 일상적 생활 공간으로서 자연에 머물고자 하는 사대부의 모습을 엿볼 수 있군.

② (가)에서 '금오산'의 푸름을 보며 '충신'을 연상하고, (나)에서 '전려'에 돌아와서도 '성경현전 헤쳐 놓고 읽'는 것에서, 유교적 가치가 내면화되어 있는 사대부의 모습을 엿볼 수 있군.

③ (가)에서 '청계변'의 광경을 '무릉원'으로, (나)에서 '청풍'과 '명월'을 다른 것이 '대할' 수 없는 '즐거움'으로 여기는 것에서, 자연을 긍정적으로 수용하는 사대부의 모습을 엿볼 수 있군.

④ (가)에서 '부녀자들 함께 즐김'이 '이에서 더'하겠냐고 하는 것에서 사대부가 여성의 공동체적 흥취를, (다)에서 '풍월'을 '벗'으로 삼는 것에서 사대부가 남성의 자족적 흥취를 엿볼 수 있군.

⑤ (가)에서 '썩힌 간장'이 '오늘'은 쾌하다는 것에서 사대부가 여성의 한시적 만족감을, (다)에서 '백구'와 '백년'을 놀고자 하는 것에서 사대부가 남성의 지속적 만족감 추구를 엿볼 수 있군.

👍 **학습목표**

<보기>의 적용과 기호 밑줄 유형의 실시간 풀이를 통한 함정 피하기

[1~4] 풀이 순서

<보기> 독해 (공통/차이 → 강)

2번: (가)(나)(다) 실시간 독해 풀이 (기호 밑줄)

작품 독해 완료

3번: 독해 후 풀이 (기호 밑줄 비교)

4번: 독해 후 풀이 (구절의 평가와 작품 간 비교 <보기>)

1번: 독해 후 풀이 (표현법 공통점)

(가) : 여성(사대부) → 화전놀이
(나) : 남성(사대부) → 강호 생활
(다) : 남성(사대부) → 강호 생활

공통점 : 자연, 유교적 가치
차이점(반응) : 여성(놀이) vs 남성(생활)

(가)

이렇듯이 좋은 해에 이때가 어느 때뇨
불한불열 삼춘이라

➡️ 화자는 현재를 '좋은 해'라고 평가하네요. 삼월 봄입니다.

배경 삼춘(시간)

버드나무 드린 곳에 꾀꼬리 편편하고
수놓은 장막 베푼 곳에 벌 나비 분분하다

➡️ 대구법을 통해 꾀꼬리와 벌 나비의 생동감을 묘사합니다. 무언가 강조하고 싶으니 이런 표현을 사용했겠습니다. 그만큼 봄이 좋은 것 아닐까요?

우리 꾀꼬리 아니로되 ⓐ 꽃은 같이 얻었으니
우리 비록 여자라도 이러한 태평세에 아니 놀고 무엇 하리

➡️ 화자는 자신을 포함한 누군가를 '우리'라고 표현합니다. 아! 여자라고 칭한 것을 보아 〈보기〉의 여성 화자네요. 확실히 '태평세'라고 한 것을 보아 현재를 긍정적으로 받아들이고 있습니다. ⓐ가 있으니 선지화 되겠죠? 꽃을 같이 얻었다는 것은 봄이 왔음을 알리는 것 같습니다.

백만 년을 다 버리고 하루 놀음 하려 하고
날짜를 정하자 하니 좋은 날은 언제런고
이월이라 이십오일 청명시절 제때로다
손꼽고 바라더니 어느 덧에 다닫고야

➡️ 백만년 다시말해 평생의 일을 버리고 하루 놀이를 하기 위해 날을 정합니다. 그렇게 놀러가는 날만 기다립니다.

---

2 ㉠~㉤에 대한 이해로 적절하지 <u>않은</u> 것은?

① ㉠ : 대상의 동적 속성에 주목하여 자연 경물을 화려하다고 여기고 있음이 드러난다.

➡️ '동적 속성'에서 움직임을 찾고 그에 대한 화자의 반응을 체크합시다.

아이 종 급히 불러 앞뒷집 서로 일러
소식 주고 가사이다 노소 없이 다 모이어
㉠ 차례대로 달아나니 호화 장식 찬란하다
먼 산 같은 눈썹일랑 아미로 다스리고
구름 같은 귀밑일랑 고운 머리로 꾸미도다
동해의 고운 명주 잔줄 지어 누벼 입고
가을볕에 바랜 베를 연반 물 들여 입고

➡️ '아이 종'이 있네요. 확실히 〈보기〉의 사대부가의 여인임이 느껴집니다. 화자를 포함한 주위 여자들의 외양을 묘사하며 예찬합니다. ㉠을 보니 '달아나니'에서 동적 이미지를 발견했고 '찬란하다'에서 화려함을 발견했습니다. 선지를 다시 봅시다. '대상의 동적 속성에 주목하여 자연 경물을 화려하다고 여기고 있음이 드러난다.'
대상을 '자연 경물'이라고 지칭했습니다. ㉠의 대상은 '여인들'입니다. 따라서 적절하지 않습니다.

정답 ①

➡️ 대상간의 구별을 잘 해야 합니다.

대상 여인들
태도 예찬적

➡️ 이제 나머지 선지는 그저 해설지 역할을 합니다.

선명하게 나와 서서
좋은 풍경 보려 하고 가려강산 찾았으되
용산을 가려느냐 매봉으로 가려느냐
산명수려 좋은 곳은 소학산이 제일이라
어서 가자 바삐 가자 앞에 서고 뒤에 서고
태산같이 높은 고개 허위허위 올라가서
승지에 다닫거다

좌우 풍경 둘러보니 수양산 같은 **금오산**
충신이 멀었거늘 어찌 저리 푸르렀으며
황하 같은 낙동강은 성인이 나시련가
어찌 저리 맑아 있노

➡ 화자가 놀러 갈 곳을 정하고 갑니다.
하나하나 해상도를 높여서 갈 생각을 하지 마세요. 어디
에서 어디로 갔는지 가서 어떤 반응을 보이는지를 체크하고
갑시다. 이건 내신이 아닙니다.
화자가 나열한 저 산들을 높은 해상도로 해석하고 이해
하려 들지 마세요. 일단 지금은 어디에 가서 무엇을 했는
가에 집중하세요. 문제에서 묻는 것을 보고 돌아와도 늦지
않습니다.

대상	산
배경	소학산(공간)
시선	금오산(수양산 아님)
태도	예찬적

구경을 그만하고 화전터로 나려와서
빈천이야 **정관***이야 시냇가에 걸어 놓고
청유라 백분이라 화전을 지저 놓고
꽃 사이에 친척들을 웃으며 불렀으되
어서 오고 어서 오소
집에 앉아 수륙진미 맛보기는 하려니와
부녀자들 함께 즐김 이에서 더할소냐

➡ 산에서 내려와 '화전터'로 왔습니다. 솥걸어두고 화전을
지져먹으며 부녀자들끼리 즐깁니다. 이때, 집에서의 산해
진미보다 좋다는 비교를 통해 흥취를 강조하고 있습니다.

정서	즐거움

(중략)

② ㉡ : 수려한 경관이라고 보편적으로 인정받는 대상과
　관련지어 자연 경관에 대한 예찬을 드러낸다.

청계변에 복성 꽃은 무릉원이 의연하다
이러한 좋은 경치 흠 없이 다 즐기니
㉡ 소선(蘇仙)의 적벽(赤壁)인들 이에서 더할손가
이백(李白)의 채석(采石)인들 이에서 나을손가
꽃 사이에 벌여 앉아 서로 보며 이른 말이
여자의 소견인들 좋은 경치 모를소냐
규중에 썩힌 간장 오늘이야 쾌한지고

➡ 화자 자신이 있는 공간을 무릉도원에 빗대며 자족감을
드러냅니다.

'소동파가 놀던 적벽강인들 이보다 더하겠는가?'라는데 이
정도로 해상도를 세밀하게 올릴 이유가 있을까요? 소선이
소동파고 적벽이 그 소동파가 거닐던 적벽강임을 몰랐어도
대구법에 주목하면 파악이 됩니다.

또한 '이보다 더할까'와 '이보다 나을까'를 통해 무언가 비
교를 함을 알 수 있습니다.

결론적으로 '공간 배경(≒무릉원) ＞ 적벽, 채석'입니다.

이때, 선지의 '수려한 경관이라고 보편적으로 인정받는 대
상'을 보고 작품 해석의 기준점을 뽑아내야 합니다. '경관'
에 해당하는 '대상'이겠고 그것과 관련된 자연이 뭐지?

➡ 대상(적벽, 채석), 자연(현재 배경), 관련(비교)

따라서 저 선지를 판단하며 적벽과 채석이 어떤 경관이
라는 것을 알 수도 있었습니다.

한편, 설의법으로 자신들도 풍류를 즐길 줄 앎을 강조합니
다. 이 부분은 빠르게 쳐냅시다.

정서	상쾌함
태도	풍류적

③ ㉢ : 시간의 경과를 느끼게 하는 자연물을 통해 화자가
　처한 상황이 바뀌게 되는 배경이 드러난다.

> 가슴이 상쾌하고 심신이 호탕하여
> 장장춘일 긴긴날을 긴 줄도 잊었더니
> ㉢ 서산에 지는 해가 깊은 계곡 재촉하여
> 층암 고산에 저녁 안개 일어나고
> 푸른 나무 숲속으로 숙조(宿鳥)가 돌아든다
> 흥대로 놀려 하면 인간의 자연 취객이
> 아닌 고로 마지못해 일어나니
> 암하(岩下)야 잘 있거라 강산아 다시 보자
> 시화세풍 하거들랑 창안백발 흩날리고
> 고향 산천 찾아오마
> 　　　　　　　　　　　　- 작자 미상, 「화전가」 -

➡ 너무 상쾌하고 호탕해서 하루도 금방 가버렸습니다. 집
에가며 자연에게 인사하며 다시 올 것을 기약합니다.

정서 아쉬움

(나)

④ ㉣ : 과거에 대한 성찰을 바탕으로 세속적 성취의 추구
　가 헛된 일일 수도 있다는 깨달음을 드러낸다.

> ㉣ 공명을 헤아리니 영욕이 반이로다

➡ 공명(이름을 알림)을 되돌아보니 영욕이 반이라고 합니다. 부정적
으로 생각하고 있습니다. ④번을 참조하니 확실히 헛된(부정적) 일
로 여깁니다. (to 자연)

> 동문에 괘관하고* 전려에 돌아와서 성경현전 헤쳐 놓
> 고 읽기를 파한 후에 앞내에 살진 고기도 낚고 뒷뫼에
> 엄긴 약도 캐다가 임고원망*하여 임의소요하니 청풍
> 이 시지하고 명월이 자래하니 아지 못게라 천양지간에
> 이같이 즐거움을 무엇으로 대할쏘니

➡ 벼슬을 그만두고 자연으로 돌아왔습니다.(in 자연) 확실히 자연친
화의 태도가 드러납니다. (in 자연, to 자연)

배경 자연
정서 즐거움

> 평생에 이리저리 즐기다가 노사태평하여 승화귀진*하
> 면 긔 좋은가 하노라
> 　　　　　　　　　　　　- 작자 미상 -

➡ 평생 이렇게 살고 싶나 봅니다.

(다)

⑤ ㉤ : 자연의 모습을 통해 화자가 속세로부터 벗어난 공
　간에 있음이 드러난다.

> ㉤ 청산이 둘러 있고 벽수도 흘러간다
> 풍월이 벗이 되어 ⓑ 백운(白雲)에 누웠으니
> 백구(白鷗)야 백년을 함께 놀자 하노라
> 　　　　　　　　　　　　　　　<제2수>
> 　　　　　　　　　　　　- 채헌, 「석문가」 -

➡ 청산과 벽수를 통해 자연물과 함께함을 알 수 있습니다. 즉, 자
연에 있다는 것입니다. (in 자연)
그리고 풍월(바람과 달)을 벗삼아(to 자연) 백운(흰 구름)위에 누워
백구와 함께 즐기기를 바랍니다.

ⓑ가 있으니 선지화가 됨을 알 수 있지만 무얼 물을지는 모르겠습니
다. 문제를 보고 판단합시다.
자연친화의 주제임을 알고 빠르게 넘어갑시다.

대상(+) 청산, 벽수, 풍월, 백운, 백구

3 ⓐ(꽃)와 ⓑ(백운)에 대한 설명으로 가장 적절한 것은?

정답 ②

① ⓐ는 화자가 현실의 한계를 인지하게 하는 원인이고, ⓑ는 화자가 추구하는 삶의 가치를 함축하고 있는 대상이다.

➡ ⓐ는 그저 봄을 맞이했음을 드러냅니다. '꽃을 얻어서' 놀러가게 되었다고 했습니다. 이는 봄놀이를 가게 된 계기라고 볼 수 있기에 꽃(자연물)은 봄입니다. 적절하지 않습니다. ⓑ는 화자의 자연 친화적 태도를 드러내는 소재입니다.

② ⓐ는 화자가 기다리던 시기가 도래했음을 알려 주는 표지이고, ⓑ는 화자가 심리적으로 가깝게 여기고 있는 대상이다.

➡ ①번 선지를 판단한 후 내려왔다면 ⓐ는 화자가 기다리던 시기임을 알 수 있습니다. 또한 ⓑ는 화자의 자연친화적 태도를 감안할 때, 정서적 거리감이 가깝다고 볼 수 있습니다.

③ ⓐ는 화자가 계절이 변화했음을 확인하게 되는 계기이고, ⓑ는 화자에게 특정한 계절을 연상하게 하는 대상이다.

➡ 봄이와서 꽃이 피었으니 '계절이 변화했음을 확인하게 되는 계기'라고 볼 수 있습니다. 그런데 ⓑ에서는 특정한 계절을 연상할 수 없습니다. 특정 계절의 연상을 하려면 그 계절에만 있는 소재가 제시되어야 합니다. 흰 구름은 언제나 있기에 특정 계절을 상징하지 않습니다.

④ ⓐ는 화자가 주변의 다른 존재들과 함께 즐기고 있는 대상이고, ⓑ는 화자가 주변과 소통하지 못하게 만드는 원인이다.

➡ '주변의 다른 존재들'은 다른 여자들을 의미합니다. 그러나 ⓑ는 화자가 자연에서 즐기는 대상이지 소통의 단절의 원인이라 볼 수 없습니다. 심지어 속세와 단절하고 자연에 들어갔다고 해서 주변과 소통하지 못한다고 볼 이유도 없습니다.

⑤ ⓐ는 화자가 시대를 태평하다고 판단하는 근거이고, ⓑ는 화자가 도달할 수 없다고 여기는 이상향을 의미하는 대상이다.

➡ 시적 상황은 '좋은 해', '이때', '태평세'입니다. 다시 말해 시대가 태평하다는 것인데 봄이 오기전부터 이미 태평한 상황이기에 시대를 태평하다고 판단할 근거라고 볼 수 없습니다. 꽃과 태평함의 인과 관계도 알 수 없습니다. 또한 (나)의 화자는 이미 ⓑ(백운)위에 누워있다는 표현을 합니다. 그렇기에 도달할 수 없다고 볼 수 없습니다.

4 <보기>를 참고하여 (가)~(다)를 감상한 내용으로 적절하지 않은 것은? [3점]

> • 보기 •
>
> (가)는 사대부가(士大夫家)의 여성이 자연에서 화전놀이를 하는 상황을, (나)와 (다)는 사대부가의 남성이 강호에서 지내는 상황을 보여 준다. 세 작품에는 유교적 가치가 내면화되어 있는 사대부가로서의 공통적 인식이 드러나기도 하고, 사대부가의 여성이나 남성이 처해 있는 상황에 따라 화자의 정서, 행위, 주변 대상과의 관계 등의 측면에서 서로 다른 인식이 드러나기도 한다.

(가) : 여성(사대부) → 화전놀이 (일시)
(나) : 남성(사대부) → 강호 생활 (지속)
(다) : 남성(사대부) → 강호 생활 (지속)

공통점 : 자연, 유교적 가치
차이점(반응, 시간) : 여성(놀이→일시) vs 남성(생활→지속)

① (가)에서 '시냇가'에 '정관'을 '걸어 놓'는 것과 (나)에서 '앞내'의 '고기'를 낚고 '뒷뫼'의 '약'을 캐는 것에서, 일상적 생활 공간으로서 자연에 머물고자 하는 사대부의 모습을 엿볼 수 있군.

➡ (가)는 '일상적 생활 공간으로서 자연에 머물고자 하는 사대부가'가 아닙니다. 시냇가에 솥을 걸고 화전을 부치며 화전놀이를 하고 있기 때문입니다. 또한 '인간의 자연 취객이 아닌 고로 마지못해 일어나니'에서 머물지 않고 속

세로 복귀하는 모습을 볼 수 있습니다. 따라서 적절하지 않습니다. 또한 <보기> 분석을 할 때, '(가)vs(나)(다)'로 범주를 잡고 구별했다면 (가)는 놀이이기에 일시적이고 (나)(다)는 삶의 공간이기에 장기적으로 머물기에 일시적이지 않다는 것도 알 수 있습니다.

② (가)에서 '금오산'의 푸름을 보며 '충신'을 연상하고, (나)에서 '전려'에 돌아와서도 '성경현전 헤쳐 놓고 읽'는 것에서, 유교적 가치가 내면화되어 있는 사대부의 모습을 엿볼 수 있군.

➡ (가)는 산의 푸른 기상을 보며 충신을 떠올립니다. 이는 자연을 보면서도 '충'이라는 유교적 이념을 투영한 것입니다. (나)는 은퇴하여 '전려'(시골)로 돌아와서도 성인과 현인의 책을 읽고 있습니다. 이는 학문 수양이라는 유교적 실천을 놓지 않는 태도입니다. <보기>에서 언급한 '유교적 가치가 내면화되어 있는 사대부가의 공통적 인식'에 정확히 연결됩니다. 따라서 적절합니다. 여기서 '읽기를 파'했다는 구절에 꽂혀서 아 그만두었으니 이제 책을 안 읽는구나 라는 과해석을 해서는 안 됩니다.

③ (가)에서 '청계변'의 광경을 '무릉원'으로, (나)에서 '청풍'과 '명월'을 다른 것이 '대할' 수 없는 '즐거움'으로 여기는 것에서, 자연을 긍정적으로 수용하는 사대부가의 모습을 엿볼 수 있군.

➡ (가)는 자신이 위치한 '청계변'을 이상향인 '무릉원'에 비유하며 예찬합니다. (나)는 '청풍'과 '명월'을 즐기는 것을 세상 무엇과도 바꿀 수 없는 최고의 '즐거움'으로 인식합니다. 두 화자 모두 자연을 긍정적으로 수용하고 즐기고 있음을 확인할 수 있습니다. 공통점에 해당하는 내용이므로 적절합니다. '무릉원'이나 '대할' 수 없는 '즐거움'이나 결국 자연에 대한 예찬입니다. 선지가 긍정/부정을 물었으니 복잡하게 생각하지 말고 긍정/부정만 체크하고 넘어가면 됩니다.

④ (가)에서 '부녀자들 함께 즐김'이 '이에서 더'하겠냐고 하는 것에서 사대부가 여성의 공동체적 흥취를, (다)에서 '풍월'을 '벗'으로 삼는 것에서 사대부가 남성의 자족적 흥취를 엿볼 수 있군.

➡ (가)는 '부녀자들', '친척들'과 '함께' 즐기는 상황을 제시하며 여럿이 어우러지는 '공동체적 흥취'를 드러냅니다. 반면 (다)는 사람이 아닌 '풍월'을 '벗'으로 삼아 흰 구름 속에 홀로 누워 있다고 묘사합니다. 이는 타인 없이도 자연 속에서 스스로 만족하는 '자족적 흥취'를 보여줍니다. <보기>에서 '상황에 따라 주변 대상과의 관계에서 서로 다른 인식이 드러난다'고 한 부분과 일치합니다. 대상이 '사람들(함께)'인지 '자연물(홀로)'인지만 구별하면 끝나는 선지입니다. 따라서 적절합니다.

⑤ (가)에서 '썩힌 간장'이 '오늘'은 쾌하다는 것에서 사대부가 여성의 한시적 만족감을, (다)에서 '백구'와 '백년'을 놀고자 하는 것에서 사대부가 남성의 지속적 만족감 추구를 엿볼 수 있군.

➡ (가)는 규방 생활로 '썩힌 간장'(답답한 속)이 '오늘'이야 쾌하다고 합니다. 이는 평소에는 억압되어 있다가 화전놀이를 나온 '오늘' 하루 해소된다는 의미이므로 '한시적 만족감'입니다. 반면 (다)는 '백구'와 함께 '백년'을 놀자고 합니다. 이는 일시적인 놀이가 아니라 자연 속에서 살겠다는 태도이므로 '지속적 만족감 추구'입니다. <보기> 분석 시 잡았던 기준인 '여성(일시적 놀이) vs 남성(지속적 생활)'의 차이를 정확히 짚어낸 선지입니다. 어휘 하나하나가 판단 근거가 되니 놓치지 마세요.

1 **(가)~(다)의 공통점으로 가장 적절한 것은?**

① 관념적 사유를 통해 내면을 수양하는 모습이 나타난다.

→ (가)의 주제는 자연에서의 놀이와 흥취이지 내면의 수양이 아닙니다.

② 현재의 상황을 바탕으로 미래에 대한 바람을 드러낸다.

→ 주로 미래에 대한 바람을 드러낼 경우, 작품의 말미에 주목합시다. 고전시가는 보통 끝부분에 화자의 집약된 정서나 소망을 털어놓기 마련이기 때문입니다.
(가)는 '시화세풍 하거들랑 창안백발 흩날리고 고향 산천 찾아오마' 하며 태평성대가 오면 늙어서 다시 오겠다는 재방문의 바람을 드러냅니다.
(나)는 '노사태평하여 승화귀진하면 긔 좋은가 하노라'하며 평생 자연에서 즐기다 편안하게 죽기를 바라는 바람을 드러냅니다.
(다)는 '백구야 백년을 함께 놀자 하노라' 하며 자연물인 흰 갈매기와 평생을 함께하고 싶다는 바람을 청유형으로 드러냅니다.

따라서 세 작품 모두 현재의 자연 친화적 상황을 바탕으로 미래에도 그러한 삶이 이어지거나 다시 찾기를 바라고 있으므로 적절합니다.

③ 구체적 행위를 통해 대상의 유한한 속성에 대한 아쉬움을 드러낸다.

→ (가), (나), (다)에는 나타나지 않습니다. (가)는 대상의 시간적 속성에 대한 언급이 없고, (나)와 (다)에서 '한 평생', '백년'은 화자가 생을 마감할 때까지 오래도록이라는 의미로 쓰인 것이지 유한한 속성을 강조하기 위해 쓰인 것이 아닙니다.

④ 대상의 이면적 가치에 주목하여 태도 변화에 대한 의지를 드러낸다.

→ 세 작품의 화자들은 처음부터 끝까지 일관되게 '자연이 좋다'는 태도를 유지합니다.

⑤ 공간의 이동 과정에서 탈속적 가치의 지향이 심화되는 모습이 나타난다.

→ (다)는 공간의 이동 자체가 나타나지 않습니다.

> **교훈 ·** 선지 판단
>
> 두 작품 혹은 세 작품에서 표현법의 공통점을 물었을 경우, 선지가 요구하는 것을 기준으로 삼아서 확실하게 아닌 것만 딱 그으며 갑시다. (가)(나)(다)에서 하나만 아니어도 답이 아니니까요.

(가)

아스팔트 위에는
4월의 석양이 졸리고

잎사귀를 붙이지 아니한 가로수 밑에서는
오후가 손질한다.

소리 없는 **고무바퀴를 신은 자동차의 아기들**이
분주히 지나간 뒤에

너의 마음은
우울한 해저.

[A]

너의 가슴은
구름들의 피곤한 그림자가 때때로 쉬러 오는
회색의 잔디밭

바다를 꿈꾸는 바람들의 탄식을 들으러 나오는 침묵한 **행인들을 위하여**
작은 아스팔트의 거리는
지평선의 흉내를 낸다.

- 김기림, 「아스팔트」-

(나)

꽃이 피면 마음 간격들 한층 촘촘해져
ⓐ 김제 봄들 건너는데 **몸** 건너기가 너무 힘겹다
피기도 전에 봉오리째 져내리는
그 꽃잎 부리러* 이 **배**는 ⓑ 신포 어디쯤에 닿아 헤맨다
저 망해 다 쓸고 온 꽃샘바람 거기 부는 듯
몸 속에 곤두서는 봄 밖의 봄바람!
눈앞 해발이 양쪽 날개 펼친 구릉
사이로 스미려다
골짜기 비집고 빠져나오는 염소 떼와 문득 마주친다
염소도 제 한 몸 한 척 배로 따로 띄우는지

만경 저쪽이 포구라는 듯
새끼 염소 한 마리,
지평도 뿌우연 황삿길 타박거리며 간다
마음은 곁가지로 펄럭거리며 덜 핀 꽃나무
둘레에서 멈칫거리자 하지만
남몰래 출렁거리는 상심은 **아지랑이 너머**
끝내 닿을 수 없는 ⓒ 항구 몇 개는 더 지워야 한다고
닻이 끊긴 배 한 척,

- 김명인, 「봄길」-

* 부리러 : 사람의 등에 지거나 자동차나 배 따위에 실었던 것을 내려 놓으러.

5 **(가)와 (나)의 공통점으로 가장 적절한 것은?**

① 현재형 어미를 사용하여 시적 상황을 제시하고 있다.
② 명암의 대비를 통해 작품의 주제를 형상화하고 있다.
③ 동일한 색채어를 반복하여 시적 운율을 형성하고 있다.
④ 음성 상징어를 활용하여 대상의 모습을 묘사하고 있다.
⑤ 영탄적 표현을 통해 대상에 대한 태도를 드러내고 있다.

6 <보기>를 바탕으로 [A]를 이해한 내용으로 가장 적절한 것은?

　시에서 특정 호칭의 사용은 화자와 대상 간의 관계나 거리를 조정하여 정서를 나타내는 기반이 된다.

① 대상과의 심리적 거리를 좁혀서 화자의 우울함을 대상에게 투영한다.
② 대상과 각별한 관계를 형성하여 화자가 느낀 경이로움을 나타낸다.
③ 대상과 거리를 두기 시작하면서 느낀 화자의 회의감을 드러낸다.
④ 대상과의 관계를 회복시켜 화자의 권태로움을 해소한다.
⑤ 대상과의 관계를 역전시켜 화자의 침울함을 극복한다.

7 ⓐ ~ ⓒ에 대한 이해로 적절하지 <u>않은</u> 것은?

① ⓐ에서 화자는 '꽃이 피'는 것과 내면의 변화 간의 관련성을 의식한다.
② ⓐ에서 '건너기'의 힘듦을 자각한 화자는 이를 해소하고 싶은 마음에 ⓑ로 향한다.
③ ⓑ에서 화자는 '거기'에 부는 '꽃샘바람'을 '몸 속'에서 감각적으로 느끼고 있다.
④ '마음'과 '상심' 사이에서 번민하는 화자는 자신을 ⓑ와 ⓒ 사이에 놓인 '닻이 끊긴 배 한 척'으로 인식한다.
⑤ ⓒ에서 화자는 자신의 목적지를 '끝내 닿을 수 없는' 곳이라고 인식한다.

8 <보기>를 바탕으로 (가)와 (나)를 감상한 내용으로 적절하지 <u>않은</u> 것은? [3점]

　시적 대상이 지닌 속성은 다른 대상으로 전이되면서 시적 의미를 풍부하게 한다. (가)에서는 도시 문명을 대표하는 아스팔트에 자연물이 인접하여 배치됨으로써 생명력을 띤 것과 그렇지 않은 것의 경계가 완화되고, (나)에서는 봄 들판과 바다라는 상이한 공간의 이미지가 중첩됨으로써 공간에 속한 대상의 속성이 화자의 내면에 공유된다.

① (가)에서 '4월'의 '가로수'는 '잎사귀를 붙이지 아니한' 상태로 제시되어 생명력을 띠지 않은 '아스팔트'의 속성이 전이되었음을 드러내고, (나)에서 들판을 건너는 화자의 '몸'은 바다를 건너는 '배'와 중첩되어 화자의 부유하는 내면을 드러낸다.
② (가)에서 '고무바퀴를 신은 자동차의 아기들'이 '분주'하게 움직이는 모습은, 자동차가 지닌 분주함이 아스팔트에 전이되어 자동차와 아스팔트의 경계가 완화되고 있음을 드러낸다.
③ (가)에서 '지평선의 흉내'를 내는 '작은 아스팔트의 거리'가 '행인들'을 '위하'는 존재로 포착된 것은, 아스팔트가 '바다'의 속성을 공유하게 되었음을 암시한다.
④ (나)에서 들판과 바다라는 공간의 중첩은 '염소'도 '제 한 몸한 척 배로 따로 띄우는' 것으로 전이되면서, 화자가 '염소'에게서 자신의 처지를 발견하고 있음을 드러낸다.
⑤ (나)에서 '새끼 염소'가 가는 '지평도 뿌우연 황삿길'은 화자가 향하는 '아지랑이 너머'와 중첩되면서, 자신이 지향하는 바가 이루어지기 쉽지 않으리라는 화자의 인식을 암시한다.

<보기>의 적용과 기호 밑줄 유형의 실시간 풀이를 통한 함정 피하기

[5~8] 풀이 순서

<보기> 독해 (공통/차이 → 강)

(가) 독해 → 구간[A] 읽고 6번 풀이

(가) 작품 독해 완료

7번: (나) 실시간 독해 풀이

(나) 작품 독해 완료

8번: 독해 후 풀이 (<보기> 연결해서 읽어두고 구절 평가)

1번: 독해 후 풀이 (표현법 공통점)

· 보기 ·

　시적 대상이 지닌 속성은 다른 대상으로 전이되면서 시적 의미를 풍부하게 한다. (가)에서는 도시 문명을 대표하는 아스팔트에 자연물이 인접하여 배치됨으로써 생명력을 띤 것과 그렇지 않은 것의 경계가 완화되고, (나)에서는 봄 들판과 바다라는 상이한 공간의 이미지가 중첩됨으로써 공간에 속한 대상의 속성이 화자의 내면에 공유된다.

전이 : 대상1 → 대상2

(가) : 인공물(생명력X) vs 자연물(생명력O)
(나) : 봄 들판 vs 바다

➡ (가) <보기>를 통해 '아스팔트'는 인공물임을 파악 가능합니다. 그러나 자연물에 해당하는 대상은 아직 모르겠습니다. 작품을 독해하며 찾읍시다. 한편 전이를 통해 이 둘의 경계가 완화된다는 것은 '자연물의 속성→ 인공물의 속성, 인공물의 속성 → 자연물의 속성'을 뜻하는 것입니다. 어느 쪽인지 결정해야 합니다.

(나) '봄 들판', 시간적 배경은 봄이라는 말입니다. 또한 '봄 들판'과 '바다'는 상이하다고 하였으니 다른 대상입니다.

(가)

아스팔트 위에는
4월의 석양이 졸리고
잎사귀를 붙이지 아니한 가로수 밑에서는
오후가 손질한다.

➡ <보기>에서 자연물과 인공물을 생명력의 유무로 나누었습니다. 일단 가로수가 <보기>에서 언급된 자연물인 것은 알겠습니다. 그런데 잎사귀가 없다는 말은 대체 뭘까요? 우리는 어떤 속성이 어디에서 어디로 전이되가를 판단해야 합니다.

> **대상** 아스팔트(인공물), 가로수(자연물)
> **배경** 4월(시간), 낮(시간)

소리 없는 고무바퀴를 신은 자동차의 아기들이
분주히 지나간 뒤에

> **대상** 자동차(생명력X)
> **상황** 아스팔트(정적)위로 자동차들(동적)이 지나다님

너의 마음은
우울한 해저.

너의 가슴은
구름들의 피곤한 그림자가 때때로 쉬러 오는
회색의 잔디밭　　[A]

➡ '너'가 누구일까요? 계속 호명하며 말을 건넵니다. 회색이 혹시 아스팔트의 회색을 의미하는 것일까요?

> **대상** 너(우울한 해저, 회색의 잔디밭)

---

6 <보기>를 바탕으로 [A]를 이해한 내용으로 가장 적절한 것은?

시에서 특정 호칭의 사용은 화자와 대상 간의 관계나 거리를 조정하여 정서를 나타내는 기반이 된다.

① 대상과의 심리적 거리를 좁혀서 화자의 우울함을 대상에게 투영한다.
② 대상과 각별한 관계를 형성하여 화자가 느낀 경이로움을 나타낸다.
③ 대상과 거리를 두기 시작하면서 느낀 화자의 회의감을 드러낸다.
④ 대상과의 관계를 회복시켜 화자의 권태로움을 해소한다.
⑤ 대상과의 관계를 역전시켜 화자의 침울함을 극복한다.

바다를 꿈꾸는 바람들의 탄식을 들으러 나오는 침묵한 행인들을 위하여
작은 아스팔트의 거리는
지평선의 흉내를 낸다.

- 김기림, 「아스팔트」-

➡ 아! '아스팔트'가 '행인'들을 위해 지평선의 흉내를 냅니다. 다른 어떤 대상의 속성이 아스팔트로 전이된 상황이겠네요.

그렇다면 앞서 제시된 '너'는 '아스팔트'이고 아스팔트의 회색 이미지에 빗대어 '우울한 해저, 회색의 잔디밭'라고 은유한 것 같습니다.
'해저'와 '잔디밭'이 가진 생명력이라는 속성이 '아스팔트'로 전이된 것이겠네요.

> **대상** 해저, 잔디밭(생명력O) → 아스팔트(지평선)

➡ 자, 이제 6번을 풀어봅시다. 이 문제는 바로 답 고르고 넘겨야 합니다.

---

6 <보기>를 바탕으로 [A]를 이해한 내용으로 가장 적절한 것은?

정답 ①

시에서 특정 호칭의 사용은 화자와 대상 간의 관계나 거리를 조정하여 정서를 나타내는 기반이 된다.

① 대상과의 심리적 거리를 좁혀서 화자의 우울함을 대상에게 투영한다.

➡ '너의 마음은 우울한 해저'에서 '너(아스팔트)'를 우울하다고 했습니다. '아스팔트'를 '너'라고 의인화했고 자신과 동일시했습니다. 따라서 자신의 정서를 투영했다고 볼 수 있습니다. 아스팔트가 우울했을까요? 화자 자신이 우울했으니 아스팔트도 우울하다고 여겼을 겁니다.

그리고 나서 (나)로 갑시다. 7번을 보니 기호 밑줄이네요?

---

7 ⓐ ~ ⓒ에 대한 이해로 적절하지 <u>않은</u> 것은?

① ⓐ에서 화자는 '꽃이 피'는 것과 내면의 변화 간의 관련성을 의식한다.

(나)

꽃이 피면 마음 간격들 한층 촘촘해져
ⓐ 김제 봄들 건너는데 몸 건너기가 너무 힘겹다
피기도 전에 봉오리째 져내리는
그 꽃잎 부리러* 이 배는 ⓑ 신포 어디쯤에 닿아 헤맨다

➡ 화자는 봄에 어떤 마음의 변화를 겪고 있습니다. ①번 선지는 적절하겠습니다.
그리고 몸이 무겁다고 하는데. 아마 꽃잎 때문이 아닐까요? 표면에 드러나지 않은 화자는 '꽃잎'을 버리기 위해 '신포 어디쯤'을 헤맵니다.

② ⓐ에서 '건너기'의 힘듦을 자각한 화자는 이를 해소하고 싶은 마음에 ⓑ로 향한다.

➡ '꽃잎'이 무거워서 ⓑ로 향했다고 볼 수 있겠고요. ②번 선지도 적절합니다.

그런데 이 배는 과연 뭘까요?

③ ⓑ에서 화자는 '거기'에 부는 '꽃샘바람'을 '몸 속'에서 감각적으로 느끼고 있다.

> 저 망해 다 쓸고 온 꽃샘바람 거기 부는 듯
> 몸 속에 곤두서는 봄 밖의 봄바람!

➡ '꽃샘바람'이 '망해'(=바다)를 쓸고 왔고 그 바람이 내 몸 속에 곤두섭니다. 감각적이군요. ③번 선지도 적절합니다.

> 눈앞 해발이 양쪽 날개 펼친 구릉
> 사이로 스미려다
> 골짜기 비집고 빠져나오는 염소 떼와 문득 마주친다

➡ '염소'라는 대상에 주목합니다.

> 염소도 제 한 몸 한 척 배로 따로 띄우는지
> 만경 저쪽이 포구라는 듯
> 새끼 염소 한 마리,
> 지평도 뿌우연 황샛길 타박거리며 간다

➡ 화자는 '염소'를 '배 한 척'에 빗댑니다.
새끼 염소 한 마리가 뿌우연 앞이 보이지 않는 길을 향해 간다.

> 마음은 곁가지로 펄럭거리며 덜 핀 꽃나무
> 둘레에서 멈칫거리자 하지만
> 남몰래 출렁거리는 상심은 아지랑이 너머
> 끝내 닿을 수 없는 ⓒ 항구 몇 개는 더 지워야 한다고
> 닻이 끊긴 배 한 척,
>
>   - 김명인, 「봄길」 -

➡ 화자는 봄 들판에 있고 싶으면서도 동시에 화자는 '항구 몇 개'도 지향하고 있습니다. 동시에 두 곳을 지향하니 내적 갈등이라고 볼 수 있네요. 그러면 아래의 '닻이 끊긴'은 화자 자신의 방황이겠습니다.

④ '마음'과 '상심' 사이에서 번민하는 화자는 자신을 ⓑ와 ⓒ 사이에 놓인 '닻이 끊긴 배 한 척'으로 인식한다.

➡ 지문을 읽고 내적 갈등을 파악한 후 번민을 봐도 좋고 이 선지의 번민을 통해 내적 갈등이라는 것의 힌트를 얻어서 판단해도 좋습니다. 당장 화자 자신이 어떤 길에서 헤매거나, 갈 길을 모르거나, 눈앞이 가려졌거나 하는 표현은 방황할 때 사용됩니다. 이처럼 '닻이 끊긴'도 무언가 정착하지 못하고 떠다니는 느낌을 주기에 번민(내적 갈등)이라고 볼 수 있는 겁니다. 어라? 그러면 '지평도 뿌우연 황샛길'도....? 선지를 보고 기준삼아 작품을 뜯어내서 맞히고, 그 다음에 이런 배경지식의 학습을 해봅시다.

⑤ ⓒ에서 화자는 자신의 목적지를 '끝내 닿을 수 없는' 곳이라고 인식한다.

➡ 'ⓒ에서'라는 것은 현재 화자가 있는 공간 배경이 'ⓒ 항구 몇 개'라는 의미입니다. 그런데 ⓒ는 화자가 지향하는 대상이지 지금 있는 공간 배경이 아닙니다. 따라서 적절하지 않습니다. 언제나 대상과 배경의 구별을 의식적으로 합시다!

8 <보기>를 바탕으로 (가)와 (나)를 감상한 내용으로 적절하지 <u>않은</u> 것은? [3점]

　시적 대상이 지닌 속성은 다른 대상으로 전이되면서 시적 의미를 풍부하게 한다. (가)에서는 도시 문명을 대표하는 아스팔트에 자연물이 인접하여 배치됨으로써 생명력을 띤 것과 그렇지 않은 것의 경계가 완화되고, (나)에서는 봄 들판과 바다라는 상이한 공간의 이미지가 중첩됨으로써 공간에 속한 대상의 속성이 화자의 내면에 공유된다.

① (가)에서 '4월'의 '가로수'는 '잎사귀를 붙이지 아니한' 상태로 제시되어 생명력을 띠지 않은 '아스팔트'의 속성이 전이되었음을 드러내고, (나)에서 들판을 건너는 화자의 '몸'은 바다를 건너는 '배'와 중첩되어 화자의 부유하는 내면을 드러낸다.

⊙ (가) '가로수'는 자연물(생명력O)입니다. 그런데 '잎사귀를 붙이지 아니한' 상태, 즉 생명력을 잃은 모습입니다. 이는 인공물인 '아스팔트'(생명력X)의 속성이 자연물로 전이된 것으로 볼 수 있습니다. (나) '들판을 건너는 몸'이 '배'와 중첩되는지 확인해야 합니다. '몸 건너기'를 보고 '배는 신포 어디쯤에 닿아 헤맨다'를 보면 자신의 몸을 배에 빗대고 있음을 알 수 있습니다.

② (가)에서 '고무바퀴를 신은 자동차의 아기들'이 '분주'하게 움직이는 모습은, 자동차가 지닌 분주함이 아스팔트에 전이되어 자동차와 아스팔트의 경계가 완화되고 있음을 드러낸다.

⊙ <보기>의 범주 구별에 의하면 '생명력의 유무'에 따라 범주가 나뉩니다. '자동차'와 '아스팔트'는 둘 다 인공물이기에 생명력이 없는 대상입니다. 즉, 이 둘은 같은 범주에 속합니다. 같은 범주에 속한 대상끼리는 애초에 <보기>에서 요구한 '생명력을 기준으로 한 경계'가 존재하지 않습니다. 경계가 없는데 완화될 것도 없습니다.

③ (가)에서 '지평선의 흉내'를 내는 '작은 아스팔트의 거리'가 '행인들'을 '위하'는 존재로 포착된 것은, 아스팔트가 '바다'의 속성을 공유하게 되었음을 암시한다.

⊙ <보기>에 의하면, '아스팔트'(생명력X)가 '지평선'을 '흉내'낸다는 것은 생명력이 없는 대상이 생명력 있는 대상의 속성을 공유하게 되었다는 뜻입니다. 그래서 아스팔트가 행인을 위로할 수 있는 존재가 된 것입니다.

④ (나)에서 들판과 바다라는 공간의 중첩은 '염소'도 '제 한 몸한 척 배로 따로 띄우는' 것으로 전이되면서, 화자가 '염소'에게서 자신의 처지를 발견하고 있음을 드러낸다.

⊙ 지문에서 '염소도 제 한 몸 한 척 배로 따로 띄우는지'라고 했습니다. 화자는 염소를 보며 '~도'라고 했습니다. 자신과 마찬가지로 염소도 배에 빗댄 것입니다. 따라서 화자 자신과 염소를 '배'에 중첩 시켰다고 볼 수 있습니다.

⑤ (나)에서 '새끼 염소'가 가는 '지평도 뿌우연 황삿길'은 화자가 향하는 '아지랑이 너머'와 중첩되면서, 자신이 지향하는 바가 이루어지기 쉽지 않으리라는 화자의 인식을 암시한다.

⊙ '뿌우연 황삿길'은 앞이 보이지 않는 불확실한 상황입니다. 이는 화자가 지향하는 '아지랑이 너머'의 불확실성과 중첩됩니다. '아지랑이 너머'에 있는 '항구(이상향)'에 닿기가 쉽지 않음을 드러냅니다. 적절합니다. 7번의 ④번 선지를 판단하며 눈치채고 빠르게 확인만 하면 됩니다.

5 **(가)와 (나)의 공통점으로 가장 적절한 것은?**

① 현재형 어미를 사용하여 시적 상황을 제시하고 있다.

➡ 표현법 문제는 머리로 푸는 게 아니라 눈으로 푸는 겁니다.
현재형 어미 '-ㄴ다/는다'가 있는지 작품에서 찾으세요.

(가) '손질한다', '흉내를 낸다'
(나) '너무 힘겹다(형용사 현재)', '닿아 헤맨다', '마주친다',
'타박거리며 간다'

둘 다 눈에 보입니다. 적절합니다.

② 명암의 대비를 통해 작품의 주제를 형상화하고 있다.
(가) '석양'과 '그림자'가 나와있지만 명암의 대비는 아닙
니다. X
(나) X

③ 동일한 색채어를 반복하여 시적 운율을 형성하고 있다.
(가) '회색'으로 색채어O, 반복X
(나) X

④ 음성 상징어를 활용하여 대상의 모습을 묘사하고 있다.
(가) X
(나) '출렁거리는'에서 O

⑤ 영탄적 표현을 통해 대상에 대한 태도를 드러내고 있다.
(가) X
(나) '몸 속에 곤두서는 봄 밖의 봄바람!'에서 O

선지를 나눠 판단할 때, 명심하세요. 문학 선지의 유형은
두 가지입니다. '조건/결과, 사실/판단'

'조건/결과'의 경우, 표현법 유형에서 많이 사용됩니
다.반면 '사실/판단'의 경우, <보기>나 타 유형에서 구절
을 주고 사용하게 됩니다.

여기서 이 팁은 알고 가세요.

전자에서 요구하는 것이 적절한 것일 때는 그저 순서대
로 가는 것이 상책입니다. 그러나 '적절하지 않은' 것을
골라야 하는 경우에는 우리는 두 가지 태도를 가질 수
있습니다.

만약 작품의 이해도가 높을 경우 결과부터 보세요. 왜
냐하면 그 결과가 작품의 이해과정에서 나온 것이기 때
문입니다. 반면 작품 이해도가 낮을 경우엔 조건부부터
보는겁니다. 결국 표현법 유형은 눈으로 푸는 것이기 때
문이에요. 적절하지 않은 것은 결국 X가 하나만 나오면
끝이기에 내 상황에서 유리한 지점을 파악하고 그 부분
을 찌르는 겁니다.

기출을 분석하다보면 나오는 것들이 있습니다. '시적 상
황을 제시, 주제를 형상화, 시상의 전개 등'의 선지는 자
명하기에 판단할 이유가 없습니다. 그리고 반복이 제시
되면 운율, 리듬감, 형태적 안정감이 제시되는 것도 자명
하고요. 여기서 시간을 쓰지 않았으면 합니다.

후자의 경우에는 최근 선지만 봤을 때, 그럴싸한 선지들
이 자주 제시됩니다. 작품으로 돌아가지 말고 선지에서
만 승부를 본다면, 그럴싸한 논리에 낚여서 틀릴 수 있습
니다. 이 선지는 취약해 보이는 부분(반의어, 조건 등)이
잘 없습니다. 대신 특정 사실에 말이 되는 것 같은 판단
을 붙여 넣어서 변별을 시도합니다. 작품 내에서는 말이
안 되지만 우리가 그냥 봤을 때, 일상에서는 말이 되는
상황이에요. 따라서 선지의 의심점 찾기, 선지 바로 판
단하기도 좋지만 이 유형에서 쓸 때는 조심해서 쓰세요.

(가)

화룡담 깊은 못이 너럭바위 아래 있어
뿜으며 들썩이며 변화가 무궁하다
사자봉 높은 돌이 **용소(龍沼)**를 굽어보되
바위 중턱 파인 곳에 **돌 하나** 끼어 있다
중의 말이 황당하여 대강 걸러 들으니
저 바위의 사자가 화룡더러 말하기를
이내 몸 육중하여 무너져 내려가면
너의 깊은 **못**이 터전도 없을 테니
네가 재주 많다 하니 내 발 조금 고여 다오　　　　[A]
화룡이 옳게 여겨 **건너편 산**에 올라
저 돌을 빼다가 이 바위 괴었다 하네
들으니 그럴듯해 건넛산 바라보니
과연 산 중턱에 돌 하나 빠진 틈이
이 돌 갖다 끼울 만큼 크기가 비슷하다

(중략)

한참을 구경하고 도로 내려 금강문에
남여 타고 절에 와서 **점심을 먹은 후에**
만물초 가는 길이 온정을 지난다기에
극락고개 넘어서서 **오 리 남짓** 가니
주막집 바로 곁에 **우물집** 지었기에
문 열고 구경하니 상하탕(上下湯)이 늘어 놓여
넓적한 돌 네모지게 두 군데 똑같이 짜고
물빛은 흐릿하고 미지근하다 하네
보슬비 계속 내려 주점에서 머물고
이십일 일 조반 후에 날 흐리고 안개 덮여
만물초 구경하려 준비하고 내려가니
지로승(指路僧)과 **주막 주인** 붙들고 **만류**하되
ⓐ <u>만물초 가는 길이 칠십 리 왕복이요</u>
청명한 일기에도 구름 끼면 못 보는데
하물며 비 오는 날 지척을 분간하랴
미끄러운 돌사다리 천신만고 들어가서
산 밑만 겨우 보면 분하지 않으리오
들으니 그럴듯하고 일행들도 옳다 하여
봉래의 후약을 만물초에 남겨 두고

행장을 다시 차려 총석으로 향할 제
금강 내외산을 이곳에서 작별하니
만 이천 봉 빛이 눈앞에 역력하다

- 홍정유, 「동유가」 -

(나)

7월 3일(금)

　총석정은 다음날 와서 찾아가기로 하고 송전(松田)으로 오다. 송전처럼 좋은 데가 왜 아직 이름이 못 났을까. 왜 깨끗한 여관 하나, 세별장(貰別莊) 하나 없을까. 단 두 집의 여관, 모두 여인숙급인데 하나는 이름이 없고 하나는 '**동해여관**'이라 대서(大書)하였다. 이름 있는 집으로 정하다.

　고저(庫低)가 곳간 바닥 그대론 듯이 송전은 솔밭 그대로다. 거리도 반은 솔밭 속에 묻히었다. 해풍에 자란 솔들이라 통만 굵고 가지는 적은데 모두 아래로 드리워서 파라솔이라도 아주 요즘 유행형들이다. 그 밑에 돗자리나 깔아 놓으면 소나무 하나 마다가 훌륭한 정자겠다.

　솔만 보면 봄인 듯하다. 그렇게 푸르기만 하지 않고 **윤택하다.** 땅만 보면 가을인 듯하다. 그렇게 모새*가 보드랍지만 않고 쨍쨍 소리가 날 듯 양명(陽明)하다.

　거리에서 ⓑ <u>바다로 나가는 길</u>이 좋다. 넓고 양편에 소나무가 선 길은 송전 말고도 얼마든지 있을 게다. 그러나 이 길처럼 정하고 고운 길을 나는 일찍이 걸어 본 적이 없다. 혼례식장에서 이제 막 나오는 신랑 신부나 걸었으면 싶은 그런 길이다. 이 길이 끝나면 천공(天空), 해활(海闊), 거기엔 떡 뻗치고 선 것이 하나 있으니 초현실파의 그림처럼 의외의 것이되 배경에 조화되어 버린 철봉이 하나, 나는 뛰어가 매달리어 턱걸이를 겨우 네 번을 하다.

　바다는 물결이 세다. 뽀—얀 수말(水沫)은 눈보라처럼 해안을 올려 쓴다. 해당화가 잊어버리지 못할 정도로 군데군데서 나부낀다. 향기도 강하건만 파도 냄새에 묻혀 꺾어 들어야 코를 찌른다. 바다는 늘 보아도 젊어 있다.

밤에 창이 하 밝기에 **주인**에게 물으니 **보름달**이라
한다. 홑고의적삼이 추우리만치 **산산**하나 다시 **여관
을 나섰다.**

　낮에도 텅— 비었던 길, 밤에도 사람의 그림자는 하
나도 없다. 달빛만이 꽉— 차 있었다. 한 걸음 한 걸음
내어 디딜 때마다 달의 물결이 솨— 솨— 하고 흩어
지는 것 같다. 길뿐이 아니라 솔밭 위에도, 철로 위에
도, 으리으리한 바다 위에도, 달은 또한 큰 바다이다.
이 달의 바다 아래에선 물의 바다는 너무나 조그맣구
나! 그리고 달의 바다는 너무나 성스럽구나!

　새 한 마리 노래하지 않는 솔밭, 들창 하나 열리지
않은 빈 별장들, 누구를 위해 달은 이처럼 밝아 있는
가? 사람이야 나와서 보건 말건, 정물(情物)이 아닌
파도만 치는 곳에, 달은 이렇듯 아 있구나. 생각하면
우리 사람이 이르지 못하는 곳에 달은 얼마나 많이,
얼마나 널리 비치고 있는 것일까? 끝없는 사막, 끝없
는 해양, 그리고 무인고도(無人孤島)들, 높은 산봉우
리들, 남북극지의 빙원들, 또 그리고 무수한 천공에
달린 별의 세계들, 참 달은 무섭도록 크고 무섭도록
무심하구나! 사람이, 미물처럼 조그마한 사람이 제가
공연히 그에게 정을 두도다.

- 이태준, 「해촌 일지」 -

* 모새 : 가늘고 고운 모래.

9　(가)와 (나)의 공통점으로 가장 적절한 것은?

① 자연물에서 덕성을 발견하여 사회적 차원으로 일반화
　하고 있다.
② 계절의 변화를 제시하여 삶에 대한 관조적 태도를 드
　러내고 있다.
③ 자연물의 모습에 주목하여 자연에 대한 친화적 태도
　를 드러내고 있다.
④ 자연물 간의 조화로움에 빗대어 현실에서 겪는 삶의
　문제를 제기하고 있다.
⑤ 자연의 극한적 상황을 제시하여 인간의 나약함을 극복
　하고자 하는 태도를 드러내고 있다.

10　ⓐ, ⓑ에 대한 이해로 가장 적절한 것은?

① ⓐ는 화자가 날씨의 영향을 받지 않고 갈 수 있는 길
　이다.
② ⓑ는 글쓴이가 걷는 도중에 많은 사람들을 마주치는
　길이다.
③ ⓐ는 화자가 가려던 길이고, ⓑ는 글쓴이가 가고 있
　는 길이다.
④ ⓐ는 화자가 일행을 찾아 떠나는 길이고, ⓑ는 글쓴이
　가 일행을 마중하러 나가는 길이다.
⑤ ⓐ와 ⓑ는 각각 화자와 글쓴이가 걷기에 편한 길이다.

11　[A]에 대한 설명으로 적절하지 <u>않은</u> 것은?

① 화자는 '용소' 위에 있는 '사자봉'의 중턱 파인 곳에 '돌
　하나'가 끼어 있는 모습을 제시하고 있다.
② 화자는 '중'에게 전해 들은 말을 통해 '사자봉' 중턱 파
　인 곳의 위치가 사자 형상의 발밑임을 제시하고 있다.
③ 화자는 '중'에게 전해 들은 말을 통해 파인 곳에 끼어
　있는 '돌 하나'는 '못'의 용이 재주를 부려 옮긴 것임을
　제시하고 있다.
④ 화자는 '중'의 말을 듣고 자신이 '건너편 산'에 올라가
　'사자봉'을 바라보는 상황을 제시하고 있다.
⑤ 화자는 '중'의 말을 듣고 산 중턱의 '틈'과 '이 돌'을 견
　주면서 그 크기가 유사함을 제시하고 있다.

12 (나)에 대한 이해로 적절하지 <u>않은</u> 것은?

① '솔'의 생김새에서 '파라솔'을 연상하면서, 쉴 수 있는 공간을 떠올리고 있다.

② '초현실파의 그림' 같은 공간에서 '뛰어가 매달리'는 행동을 하면서, '혼례식장'을 걷는 '신랑 신부'의 모습을 상상하고 있다.

③ '뽀—얀' 물거품이 '눈보라처럼' 퍼지는 바닷가의 풍경을 바라보면서, 바다를 젊음과 연결하고 있다.

④ 밤 풍경 위를 채운 '달빛'을 '달의 물결'로 인식하면서, 세상 곳곳을 비추는 달의 속성을 발견하고 있다.

⑤ '끝없는 사막'과 '별의 세계'에 미치는 달빛을 '사람'의 미미함과 대비하면서, 달빛의 무한함에 대해 사색하고 있다.

13 <보기>를 참고하여 (가), (나)를 감상한 내용으로 적절하지 <u>않은</u> 것은? [3점]

> • 보기 •
>
> 새로운 것에 대한 욕구를 충족하려는 기행 주체는 여행 장소의 풍경이나 풍속, 사람들과의 만남 등을 체험하면서 감흥을 얻는다. (가)와 (나)의 기행 주체는 여정에서 기억에 남는 경험을 일기 형식을 사용하여 기록하고 있다. (가)에는 여행 장소에서의 체험에 대한 사실적 정보를 관찰자의 입장에서 기록하려는, (나)에는 여행 장소에서 관심을 기울인 대상에 대한 인상을 감각적으로 묘사하려는 양상이 주로 나타난다.

① (가)는 '점심을 먹은 후'에 '극락고개'를 넘어 '오 리 남짓' 가는 것으로 표현한 데서, 시간의 순서에 따른 장소의 이동을 사실적으로 기록하려는 양상이 드러나는군.

② (나)는 '솔'의 모습을 '푸르'고 '윤택하다'고 표현한 데서, 여행 장소에서 관심을 갖게 된 대상에 대한 인상을 감각적으로 묘사하려는 양상이 드러나는군.

③ (가)는 '우물집'을 '문 열고 구경하'는 데서, (나)는 '산산'함에도 '여관을 나섰다'는 데서, 동일한 장소를 다시 찾아가 감흥을 새로 얻고자 하는 욕구를 충족하려는 모습이 드러나는군.

④ (가)는 '조반' 먹은 것을 '이십일 일'로, (나)는 '동해여관'으로 숙소를 정한 것을 '7월 3일(금)'으로 날짜를 밝혀 기록한 데서, 여정의 경험을 일기 형식을 사용하여 표현했음이 드러나는군.

⑤ (가)는 '주막 주인'이 '만류'한 일을, (나)는 '주인'이 '보름달'이라 답한 일을 기록한 데서, 여정 중의 만남에서 정보를 얻은 경험을 기억할 만한 것으로 여기는 모습이 드러나는군.

학습목표

<보기>의 적용과 기호 밑줄 유형의 실시간 풀이를 통한 함정 피하기

[9~13] 풀이 순서

<보기> 독해 (공통/차이 → 강)

(가) 독해 → 구간[A] 읽고 11번 풀이

(가) 작품 독해 완료

12번: (나) 실시간 독해 풀이

(나) 작품 독해 완료

10번: 기호 밑줄 상호 비교

13번: 독해 후 풀이 (<보기> 구절 평가)

9번: 독해 후 풀이 (표현법 공통점)

• 보기 •

　새로운 것에 대한 욕구를 충족하려는 기행 주체는 여행 장소의 풍경이나 풍속, 사람들과의 만남 등을 체험하면서 감흥을 얻는다. (가)와 (나)의 기행 주체는 여정에서 기억에 남는 경험을 일기 형식을 사용하여 기록하고 있다. (가)에는 여행 장소에서의 체험에 대한 사실적 정보를 관찰자의 입장에서 기록하려는, (나)에는 여행 장소에서 관심을 기울인 대상에 대한 인상을 감각적으로 묘사하려는 양상이 주로 나타난다.

공통점: 여정(시공간 추적!) → 기억에 남는 경험 (왜?)
(가) : 여행 장소에서의 체험 (관찰자의 입장)
(나) : 여행 장소의 대상 (감각적)

각각 체험과 대상을 추적하며 가야 합니다.
완급조절의 기준점을 찾아냈습니다.

(가)

화룡담 깊은 못이 너럭바위 아래 있어
뿜으며 들썩이며 변화가 무궁하다

➡ '너럭바위' 아래의 '화룡담'에 시선을 둡니다. <보기>에서 기행을 다루었다고 했으니, 시선과 공간을 잘 구분하며 가야 합니다.

대상 너럭바위 아래 화룡담

사자봉 높은 돌이 용소(龍沼)를 굽어보되
바위 중턱 파인 곳에 돌 하나 끼어 있다
중의 말이 황당하여 대강 걸러 들으니
저 바위의 사자가 화룡더러 말하기를
이내 몸 육중하여 무너져 내려가면
너의 깊은 못이 터전도 없을 테니
네가 재주 많다 하니 내 발 조금 고여 다오　[A]
화룡이 옳게 여겨 건너편 산에 올라
저 돌을 빼다가 이 바위 괴었다 하네
들으니 그럴듯해 건넛산 바라보니
과연 산 중턱에 돌 하나 빠진 틈이
이 돌 갖다 끼울 만큼 크기가 비슷하다

➡ 사자봉을 보니 왠 돌이 있습니다. 사자와 화룡의 일화를 중이 들려줬는데, 그럴싸합니다. '건넛산'을 보니 정말 '이 파인 곳의 돌'과 저 산의 틈이 크기가 비슷합니다. 서술어에 집중해서 화자의 행위에 집중합시다.

대상 사자봉의 돌, 건넛산의 틈

---

11 [A]에 대한 설명으로 적절하지 <u>않은</u> 것은?

① 화자는 '용소' 위에 있는 '사자봉'의 중턱 파인 곳에 '돌 하나'가 끼어 있는 모습을 제시하고 있다.

➡ '용소(龍沼)를 굽어보되 바위 중턱 파인 곳에 돌 하나 끼어 있다'를 보면 확인가능합니다.

② 화자는 '중'에게 전해 들은 말을 통해 '사자봉' 중턱 파인 곳의 위치가 사자 형상의 발밑임을 제시하고 있다.

➡ '사자봉'의 사자가 '내 발 조금 고여 다오'라고 했고 '화룡'이 '저 돌을 빼다가 이 바위 괴었'습니다. 그리고 '바위 중턱 파인 곳에 돌 하나 끼어 있다'를 봤을 때, '사자 형상의 발밑'에 파인 곳이 있음을 알 수 있습니다.

③ 화자는 '중'에게 전해 들은 말을 통해 파인 곳에 끼어 있는 '돌 하나'는 '못'의 용이 재주를 부려 옮긴 것임을 제시하고 있다.

➡ '화룡이 옳게 여겨 건너편 산에 올라 저 돌을 빼다가 이 바위 괴었다 하네'에서 확인가능합니다.

④ 화자는 '중'의 말을 듣고 자신이 '건너편 산'에 올라가 '사자봉'을 바라보는 상황을 제시하고 있다.

➡ '건너편 산'에 올라갔다는 사실은 확인할 수 없습니다. 배경이 아닌 대상입니다. 적절하지 않아 답입니다. 대상과 배경의 바꿔치기에 주의합시다!

⑤ 화자는 '중'의 말을 듣고 산 중턱의 '틈'과 '이 돌'을 견주면서 그 크기가 유사함을 제시하고 있다.

➡ '과연 산 중턱에 돌 하나 빠진 틈이 이 돌 갖다 기울 만큼 크기가 비슷하다'에서 확인가능합니다.

(중략)

한참을 구경하고 도로 내려 금강문에
남여 타고 절에 와서 점심을 먹은 후에

➡ 구경을 마치고 '절'로 이동했습니다. 공간 이동이 드러납니다.

만물초 가는 길이 온정을 지난다기에
극락고개 넘어서서 오 리 남짓 가니

➡ '절'에서 점심을 먹고 '극락고개'를 넘어서 이동합니다. 목적지는 '만물초'입니다. 아마 온정을 거쳐가나 봅니다.

주막집 바로 곁에 우물집 지었기에
문 열고 구경하니 상하탕(上下湯)이 늘어 놓여
넓적한 돌 네모지게 두 군데 똑같이 짜고
물빛은 흐릿하고 미지근하다 하네

➡ 그리고 온정의 '주막집'에 도착하고 '우물집' 구경을 합니다. 감각적으로 묘사했군요.

보슬비 계속 내려 주점에서 머물고
이십일 일 조반 후에 날 흐리고 안개 덮여
만물초 구경하려 준비하고 내려가니
지로승(指路僧)과 주막 주인 붙들고 만류하되
ⓐ 만물초 가는 길이 칠십 리 왕복이요
청명한 일기에도 구름 끼면 못 보는데
하물며 비 오는 날 지척을 분간하랴
미끄러운 돌사다리 천신만고 들어가서
산 밑만 겨우 보면 분하지 않으리오

➡ 주점에서 머물다가 '만물초'를 보러가려 했으나, 스님과 주막 주인의 만류로 무산됩니다.

들으니 그럴듯하고 일행들도 옳다 하여
봉래의 후약을 만물초에 남겨 두고
행장을 다시 차려 총석으로 향할 제
금강 내외산을 이곳에서 작별하니
만 이천 봉 빛이 눈앞에 역력하다

- 홍정유, 「동유가」 -

➡ 여긴 금강산이었군요. '만물초'에서 '총석'으로 목적지를 변경했습니다.

그러면 이제 정리가 되네요.

> **공간** 금강산 → 금강문 → 절 → 극락고개 → 온정(주막집) → 만물초X → 총석
>
> **정서** 아쉬움

이제 12번의 구절과 평가를 보고 기준을 잡으며 시작합시다!

12 (나)에 대한 이해로 적절하지 <u>않은</u> 것은?

① '솔'의 생김새에서 '파라솔'을 연상하면서, 쉴 수 있는 공간을 떠올리고 있다.

➡ 솔을 찾고 파라솔에 빗대는지 확인합시다. 일단 파라솔은 휴식의 공간이니 쉴 수 있는 공간은 맞아요.

> 7월 3일(금)
> 총석정은 다음날 와서 찾아가기로 하고 송전(松田)으로 오다. 송전처럼 좋은 데가 왜 아직 이름이 못 났을까. 왜 깨끗한 여관 하나, 세별장(貰別莊) 하나 없을까. 단 두 집의 여관, 모두 여인숙급인데 하나는 이름이 없고 하나는 '동해여관'이라 대서(大書)하였다. 이름 있는 집으로 정하다.

➡ <보기>를 붙여보면 확실하게 기행을 다루고 있습니다.

> 고저(庫低)가 곳간 바닥 그대론 듯이 송전은 솔밭 그대로다. 거리도 반은 솔밭 속에 묻히었다. 해풍에 자란 솔들이라 통만 굵고 가지는 적은데 모두 아래로 드리워서 파라솔이라도 아주 요즘 유행형들이다. 그 밑에 돗자리나 깔아 놓으면 소나무 하나 마다가 훌륭한 정자겠다.

➡ 솔을 찾았고 파라솔에 빗대고 있습니다. 이 밑에 돗자리만 깔면 정자라고 했으니 휴식도 가능하다는 생각이겠네요. ①번은 적절합니다.

> **대상** 솔(파라솔)

② '초현실파의 그림' 같은 공간에서 '뛰어가 매달리'는 행동을 하면서, '혼례식장'을 걷는 '신랑 신부'의 모습을 상상하고 있다.

➡ '초현실파의 그림'을 찾고 거기서 화자가 어딘가에 매달리는 행위를 하면서, '혼례식장'을 걷는 '신랑 신부'의 모습을 상상하는지 찾아야 합니다.

> 솔만 보면 봄인 듯하다. 그렇게 푸르기만 하지 않고 윤택하다. 땅만 보면 가을인 듯하다. 그렇게 모새*가 보드랍지만 않고 쨍쨍 소리가 날 듯 양명(陽明)하다.
> 거리에서 ⓑ 바다로 나가는 길이 좋다.

➡ 화자는 '바다로 나가는 길'에 주목하고 있습니다. 음 아직 우리가 기대한 바는 없습니다.

> **대상** 솔(파라솔) → 길

넓고 양편에 소나무가 선 길은 송전 말고도 얼마든지 있을 게다. 그러나 이 길처럼 정하고 고운 길을 나는 일찍이 걸어 본 적이 없다. 혼례식장에서 이제 막 나오는 신랑 신부나 걸었으면 싶은 그런 길이다. 이 길이 끝나면 천공(天空), 해활(海闊), 거기엔 떡 뻗치고 선 것이 하나 있으니 초현실파의 그림처럼 의외의 것이되 배경에 조화되어 버린 철봉이 하나, 나는 뛰어가 매달리어 턱걸이를 겨우 네 번을 하다.

그 길을 걸으며 '신랑 신부나 걸었으면 싶은 그런 길'이라고 묘사합니다. 그리고 철봉을 보고 묘사한 후, 매달립니다. 음? 선지에서는 사건이 동시에 일어났는가를 물었는데, 여긴 선후가 있네요? 따라서 ②는 적절하지 않습니다. 이제 나머지는 해설지겠군요. 그래도 실전에서는 판단이 틀렸을 수도 있으니 나머지도 정오 판단을 진행해야 합니다.

> **대상** 솔(파라솔) → 길 → 철봉

③ '뽀—얀' 물거품이 '눈보라처럼' 퍼지는 바닷가의 풍경을 바라보면서, 바다를 젊음과 연결하고 있다.

바다는 물결이 세다. 뽀—얀 수말(水沫)은 눈보라처럼 해안을 올려 쏟는다. 해당화가 잊어버리지 못할 정도로 군데군데서 나부낀다. 향기도 강하건만 파도 냄새에 묻혀 꺾어 들어야 코를 찌른다. 바다는 늘 보아도 젊어 있다.

이번에는 바다에 집중합니다. '뽀—얀 수말(水沫)은 눈보라처럼'을 확인했고, 이제 젊음만 찾아내면 됩니다. '바다는 늘 보아도 젊어 있다.' 찾았습니다. 적절합니다.

> **대상** 솔(파라솔) → 길 → 철봉 → 바다

⑤ '끝없는 사막'과 '별의 세계'에 미치는 달빛을 '사람'의 미미함과 대비하면서, 달빛의 무한함에 대해 사색하고 있다.

밤에 창이 하 밝기에 주인에게 물으니 보름달이라 한다. 홑고의적삼이 추우리만치 산산하나 다시 여관을 나섰다.

낮에도 텅— 비었던 길, 밤에도 사람의 그림자는 하나도 없다. 달빛만이 꽉— 차 있었다. 한 걸음 한 걸음 내어 디딜 때마다 달의 물결이 솨— 솨— 하고 흩어지는 것 같다. 길뿐이 아니라 솔밭 위에도, 철로 위에도, 으리으리한 바다 위에도, 달은 또한 큰 바다이다. 이 달의 바다 아래에선 물의 바다는 너무나 조그맣구나! 그리고 달의 바다는 너무나 성스럽구나!

새 한 마리 노래하지 않는 솔밭, 들창 하나 열리지 않은 빈 별장들, 누구를 위해 달은 이처럼 밝아 있는가? 사람이야 나와서 보건 말건, 정물(情物)이 아닌 파도만 치는 곳에, 달은 이렇듯 아 있구나. 생각하면 우리 사람이 이르지 못하는 곳에 달은 얼마나 많이, 얼마나 널리 비치고 있는 것일까? 끝없는 사막, 끝없는 해양, 그리고 무인고도(無人孤島)들, 높은 산봉우리들, 남북 극지의 빙원들, 또 그리고 무수한 천공에 달린 별의 세계들, 참 달은 무섭도록 크고 무섭도록무심하구나! 사람이, 미물처럼 조그마한 사람이 제가 공연히 그에게 정을 두도다.

- 이태준, 「해촌 일지」-

달에 집중합니다. 그리고 나열/열거를 합니다. 그렇다면 자연스럽게 공통점을 찾아서 범주를 설정해야 합니다. 자연 환경 자체에 대한 무한함을 드러내며 사람의 미미함과 대비합니다. 따라서 ⑤번도 적절합니다.

> **대상** 솔(파라솔) → 길 → 철봉 → 바다 → 달

10 ⓐ, ⓑ에 대한 이해로 가장 적절한 것은?

정답 ③

① ⓐ는 화자가 날씨의 영향을 받지 않고 갈 수 있는 길이다.

➡ ⓐ를 향한 여정 도중 '보슬비 계속 내려 주점에서 머물고 이십일 일 조반 후에 날 흐리고 안개 덮여' 만물초로 향하는 여정을 중단하게 됩니다. 따라서 날씨의 영향을 받고 있습니다.

② ⓑ는 글쓴이가 걷는 도중에 많은 사람들을 마주치는 길이다.

➡ '낮에도 텅― 비었던 길, 밤에도 사람의 그림자는 하나도 없다.'에서 사람들의 부재를 알 수 있습니다. 여기 제시된 사람은 '글쓴이'와 '주인'입니다. 이 '주인'은 '여관'에 있기에 ⓑ에서 사람들을 마주쳤다고 볼 수 없습니다.

③ ⓐ는 화자가 가려던 길이고, ⓑ는 글쓴이가 가고 있는 길이다.

➡ ⓐ를 향한 여정 도중 주막 주인의 만류로 여정을 포기하게 됩니다. 화자는 ⓑ를 걸으며 보이는 대상들에 주목하고 있습니다.

④ ⓐ는 화자가 일행을 찾아 떠나는 길이고, ⓑ는 글쓴이가 일행을 마중하러 나가는 길이다.

➡ 둘 다 작품 내에 제시된 적이 없습니다.

⑤ ⓐ와 ⓑ는 각각 화자와 글쓴이가 걷기에 편한 길이다.

➡ ⓐ는 '비 오는 날 지척을 분간하랴 미끄러운 돌사다리'를 통해 글쓴이가 걷기에 편한 길이 아님을 알 수 있습니다.

13 <보기>를 참고하여 (가), (나)를 감상한 내용으로 적절하지 <u>않은</u> 것은? [3점]

정답 ③

• 보기 •

　새로운 것에 대한 욕구를 충족하려는 기행 주체는 여행 장소의 풍경이나 풍속, 사람들과의 만남 등을 체험하면서 감흥을 얻는다. (가)와 (나)의 기행 주체는 여정에서 기억에 남는 경험을 일기 형식을 사용하여 기록하고 있다. (가)에는 여행 장소에서의 체험에 대한 사실적 정보를 관찰자의 입장에서 기록하려는, (나)에는 여행 장소에서 관심을 기울인 대상에 대한 인상을 감각적으로 묘사하려는 양상이 주로 나타난다.

(가) : 여행 장소에서의 체험 (관찰자의 입장)

공간 금강산 → 금강문 → 절 → 극락고개 → 온정(주막집) → 만물초X → 총석

(나): 여행 장소의 대상 (감각적)

대상 솔(파라솔) → 길 → 철봉 → 바다 → 달

① (가)는 '점심을 먹은 후'에 '극락고개'를 넘어 '오 리 남짓' 가는 것으로 표현한 데서, 시간의 순서에 따른 장소의 이동을 사실적으로 기록하려는 양상이 드러나는군.

➡ '점심'에서 시간이 '먹은 후'에서 그 순서가 제시되고 구체적인 지명과 수치를 통해 사실적인 기록이 드러납니다. 선지 내부에서 바로 판단 가능합니다. 따라서 적절합니다.

② (나)는 '솔'의 모습을 '푸르'고 '윤택하다'고 표현한 데서, 여행 장소에서 관심을 갖게 된 대상에 대한 인상을 감각적으로 묘사하려는 양상이 드러나는군.

➡ '글쓴이'는 여행 장소에서 '솔'을 '푸르기만 하지 않고 윤택하다'라고 묘사합니다. 감각적으로 묘사한 양상이 드러납니다. 따라서 적절합니다.

③ (가)는 '우물집'을 '문 열고 구경하'는 데서, (나)는 '산산'
함에도 '여관을 나섰다'는 데서, 동일한 장소를 다시 찾
아가 감흥을 새로 얻고자 하는 욕구를 충족하려는 모습
이 드러나는군.

➡ (가)의 공간 이동을 추적했다면, '주막집 바로 곁에 우물
집 지었기에 문 열고 구경하니'를 통해 화자가 처음 도착한
곳에서 '우물집'을 처음 봤다는 것을 알 수 있습니다. 따라
서 '동일한 장소를 다시 찾아가'는 적절하지 않습니다. 반면
(나)의 경우 '산산하나 다시 여관을 나섰다.'의 '다시'와 앞
의 상황을 고려했을 때, 동일한 장소(길)를 찾아가 새로운
감흥(밤길)을 찾으려는 모습을 알 수 있습니다.

④ (가)는 '조반' 먹은 것을 '이십일 일'로, (나)는 '동해여관'
으로 숙소를 정한 것을 '7월 3일(금)'으로 날짜를 밝혀
기록한 데서, 여정의 경험을 일기 형식을 사용하여 표
현했음이 드러나는군.

➡ <보기>의 '(가)와 (나)의 기행 주체는 여정에서 기억에
남는 경험을 일기 형식을 사용하여 기록'에서 확인할 수 있
습니다. 적절합니다.

⑤ (가)는 '주막 주인'이 '만류'한 일을, (나)는 '주인'이 '보
름달'이라 답한 일을 기록한 데서, 여정 중의 만남에서
정보를 얻은 경험을 기억할 만한 것으로 여기는 모습
이 드러나는군.

➡ ④ 번 선지 판단 과정을 고려하면 바로 판단이 가능합
니다. <보기>의 '기억에 남는 경험을 일기 형식을 사용하여
기록'에서 알 수 있습니다. 기록했다는 것은 기억에 남았다
는 것이고, 기억에 남았다는 것은 그 경험을 '기억할 만한
것으로 여기는 모습'이라고 볼 수 있습니다.

9 (가)와 (나)의 공통점으로 가장 적절한 것은?

정답 ③

① 자연물에서 덕성을 발견하여 / 사회적 차원으로 일반
화하고 있다.

(가) X

(나) X

➡ 자연물에서 어떤 도덕에 관한 깨달음을 얻고 사회에
적용하는 모습은 보이지 않습니다.

② 계절의 변화를 제시하여 / 삶에 대한 관조적 태도를 드
러내고 있다.

(가) X

(나) X

➡ 먼저 (가)와 (나) 둘 다 여정에 집중하고 있습니다. 이
과정에서 관조적 태도는 드러나지 않습니다.

③ 자연물의 모습에 주목하여 / 자연에 대한 친화적 태도
를 드러내고 있다.

(가) O

(나) O

➡ (가)와 (나) 둘 다 자연물에 주목합니다. (가)의 여정에
서의 금강산과 (나)의 바다 길 근처의 대상들을 기억했다
면, 바로 고를 수 있습니다.

④ 자연물 간의 조화로움에 빗대어 / 현실에서 겪는 삶의
문제를 제기하고 있다.

(가) X

(나) X

⑤ 자연의 극한적 상황을 제시하여 / 인간의 나약함을 극
복하고자 하는 태도를 드러내고 있다.

(가) X

(나) X

(가)

너무나 잘 아는
순환의 원리를 위하여
나는 피로하였고
또 나는
영원히 피로할 것이기에
구태여 옛날을 돌아보지 않아도
설움과 아름다움을 대신하여 있는 나의 긍지
오늘은 필경 긍지의 날인가 보다

내가 살기 위하여
몇 개의 번개 같은 환상이 필요하다 하더라도
꿈은 교훈
청춘 물 구름
피로들이 몇 배의 아름다움을 가하여 있을 때도
나의 원천과 더불어
나의 최종점은 긍지
파도처럼 요동하여
소리가 없고
비처럼 퍼부어
젖지 않는 것

그리하여
피로도 내가 만드는 것
긍지도 내가 만드는 것
그러할 때면은 나의 몸은 항상
한 치를 더 자라는 ⓐ 꽃이 아니더냐
오늘은 필경 여러 가지를 합한 긍지의 날인가 보다
암만 불러도 싫지 않은 긍지의 날인가 보다
모든 설움이 합쳐지고 모든 것이 설움으로 돌아가는
긍지의 날인가 보다
이것이 나의 날
내가 자라는 날인가 보다

- 김수영, 「긍지의 날」 -

(나)

한 섬의 보채는 아픔이
다른 섬의 보채는 아픔에게로 가네.

한 섬의 아픔이 어둠이라면
다른 섬의 아픔은 빛
어둠과 빛은 보이지 않아서
서로 어제는
가장 어여쁜
꿈이라는 집을 지었네.

지었네,
공기는 왜 사이에 흐르는가.
지었네,
바다는 왜 사이에 넘치는가.
우리여 왜,
이를 수 없는가 없는가.

한 섬이 흘리는 눈물이
다른 섬이 흘리는 눈물에게로 가네.

한 섬의 눈물이 불이라면
다른 섬의 눈물은 재.

불과 재가 만나서
보이지 않게
빛나며 어제는 가장 따스한
한 바다의 ⓑ 하늘을 꿰매고 있었네.

- 강은교, 「섬 - 어떤 사랑의 비밀노래」 -

14 (가)와 (나)의 공통점으로 가장 적절한 것은?

① 추측의 표현을 통해 대상에 대한 회의감을 드러내고
있다.

② 하강적 이미지를 활용하여 애상적 분위기를 조성하고
있다.

③ 동일한 구절의 반복과 변주를 통해 주제 의식을 부각
하고 있다.

④ 음성 상징어를 활용하여 대상이 지닌 역동성을 표현
하고 있다.

⑤ 자연물에 인격을 부여하여 자연물과 인간의 속성을 대
비하고 있다.

15 (가)에 대한 이해로 적절하지 <u>않은</u> 것은?

① 1연에서 '나'는 '순환의 원리를 위하'는 자신의 모습이
앞으로도 변하지 않을 것이라고 생각한다.

② 1연에서 '나'는 '긍지'를 '설움과 아름다움'과 관련하여
인식하며 '오늘'이 지니는 의미를 깨닫는다.

③ 2연에서 '나'는 '번개 같은 환상'이 필요할 수 있다고 생
각하나, 이것을 자신의 '원천'으로 여기지 않는다.

④ 2연에서 '나'는 '소리가 없'고 '젖지 않'은 채 살아온 자신
의 모습을 바로잡아야 함을 인식한다.

⑤ 3연에서 '나'는 '피로'와 '긍지'가 모두 자신에 의해 이루
어지는 것임을 인식한다.

16 ⓐ, ⓑ에 대한 이해로 가장 적절한 것은?

① ⓐ는 '한 치'만큼 변화했다는 점에서 화자가 갖고 있던
조급함을 해소하는 주체이다.

② ⓑ는 '따스한' 것이라는 점에서 갈등을 해결하는 주체
이다.

③ ⓐ는 '자라는' 것이라는 점에서 성장에 대한 지향을, ⓑ
는 '꿰매'지는 것이라는 점에서 화합에 대한 지향을 내
포한다.

④ ⓐ는 '오늘'의 것이라는 점에서 현재를 낙관하게 하는,
ⓑ는 '어제'의 것이라는 점에서 현재를 성찰하게 하는
대상이다.

⑤ ⓐ는 '나의 몸'과 관련된 것이라는 점에서 새로운 만남
의 가능성을, ⓑ는 '한 바다'와 관련된 것이라는 점에서
극복의 가능성을 드러낸다.

17 <보기>를 바탕으로 (가), (나)를 감상한 내용으로 적
절하지 <u>않은</u> 것은? [3점]

> • 보기 •
>
> (가)와 (나)는 대립 관계를 이분법적으로 바라보지 않
> 고, 순환과 연결의 관계로 파악한다. (가)는 상반된 마
> 음 상태가 순환을 이루는 관계를 보여 주며, 서로가 서
> 로의 전제이며 어느 하나가 극복의 대상이 아니라는
> 인식을 드러낸다. (나)는 고립되어 있는 두 섬이 대립
> 적인 면을 지녔음에도 공통점을 갖고 있음을 보여 주
> 며, 두 섬이 그 공통점으로 인해 연결되고 있음을 드
> 러낸다.

① (가)의 '모든 설움이 합쳐지'는 것이 '긍지의 날'이라는
것은, 설움이 극복의 대상이 아니라는 인식을 반영하
는 것이겠군.

② (가)의 '긍지의 날'이 '모든 것이 설움으로 돌아가는' 날
이라는 것은, 상반된 마음 상태가 순환을 이루고 있음
을 나타내는 것이겠군.

③ (나)의 두 섬이 '꿈이라는 집을 지'은 것은, 고립되어 있
는 두 섬의 상황에서 비롯된 것이겠군.

④ (나)의 한 섬의 '눈물'이 '눈물에게로 가'는 것은, 두 섬이
공통점으로 인해 연결되고 있음을 보여 주는 것이겠군.

⑤ (나)의 '불'과 '재'가 '빛나'는 것은, 대립적인 면을 지닌
두 섬을 연결되게 만든 공통점에 해당하는 것이겠군.

[14~17] 풀이 순서

<보기> 독해 (공통/차이 → 강)

15번: 연별로 (가)독해하며 풀이

(가) 작품 독해 완료

(나) 작품 독해 완료

16번: 독해 후 풀이 (기호 밑줄 상호 비교)

17번: 독해 후 풀이 (<보기> 구절 평가)

14번: 독해 후 풀이 (표현법 공통점)

• 보기 •

   (가)와 (나)는 대립 관계를 이분법적으로 바라보지 않고, 순환과 연결의 관계로 파악한다. (가)는 상반된 마음 상태가 순환을 이루는 관계를 보여 주며, 서로가 서로의 전제이며 어느 하나가 극복의 대상이 아니라는 인식을 드러낸다. (나)는 고립되어 있는 두 섬이 대립적인 면을 지녔음에도 공통점을 갖고 있음을 보여 주며, 두 섬이 그 공통점으로 인해 연결되고 있음을 드러낸다.

공통점 : 대립 → 순환과 연결
(가) : 상반 → 순환
(나) : 고립 → 공통점

➡ 각각 어떤 정서와 대상이 상반과 고립의 상태에 있는지 찾아내겠다는 생각을 하고 시작합시다. 기본적으로 <보기> 분석은 '어떤 내용이 있다' 이거로 끝낼 것이 아니라, '내가 작품에서 무엇을 목표로 어떤 의도를 가지고 읽을 것인가'에 대한 프레임을 짜고 시작하는 겁니다.

---

15 (가)에 대한 이해로 적절하지 <u>않은</u> 것은?

① 1연에서 '나'는 '순환의 원리를 위하'는 자신의 모습이 앞으로도 변하지 않을 것이라고 생각한다.

(가)

> 너무나 잘 아는
> 순환의 원리를 위하여
> 나는 피로하였고
> 또 나는
> 영원히 피로할 것이기에
> 구태여 옛날을 돌아보지 않아도
> 설움과 아름다움을 대신하여 있는 나의 긍지
> 오늘은 필경 긍지의 날인가 보다

➡ '순환'을 위해 '피로'하고, '영원히 피로'하다고 합니다. 따라서 ①번은 적절합니다. '영원'하니 '변하지 않을 것'입니다. 적절합니다.

② 1연에서 '나'는 '긍지'를 '설움과 아름다움'과 관련하여 인식하며 '오늘'이 지니는 의미를 깨닫는다.

➡ 설움도 아름다움도 없고 긍지뿐입니다. 순환과 피로를 굳이 반복하고 있네요? 그리고 '오늘'이 '긍지의 날'이라고 하니 의미를 깨달았다고 볼 수 있습니다.
적절합니다.
여기에 바로 <보기>를 붙여 읽어 봅시다. 일단 피로와 긍지는 '상반된 마음 상태'에 해당합니다. 그런데 이 상반된 상태가 순환하는지는 아직 모르겠습니다. 그저 '순환의 원리'를 보고 바로 결정하기엔 위험합니다.

> **정서** 피로 → 긍지

---

③ 2연에서 '나'는 '번개 같은 환상'이 필요할 수 있다고 생
  각하나, 이것을 자신의 '원천'으로 여기지 않는다.

> 내가 살기 위하여
> 몇 개의 번개 같은 환상이 필요하다 하더라도
> 꿈은 교훈
> 청춘 물 구름
> 피로들이 몇 배의 아름다움을 가하여 있을 때도
> 나의 원천과 더불어
> 나의 최종점은 긍지
> 파도처럼 요동하여
> 소리가 없고
> 비처럼 퍼부어
> 젖지 않는 것

➡ '환상이 필요하다 하더라도'와 '나의 원천과 더불어 나
의 최종점은 긍지'를 보면, 화자의 원천은 '긍지'입니다. ③
번도 적절합니다.
화자는 긍지가 자신의 원천이자 최종점이라고 합니다.
그렇다면 '긍지 → ? → 긍지'라는 말인데, 이 중간이 '피
로'가 아닐까요? '피로 → 긍지'니까요. 이게 〈보기〉의 '순
환'에 해당합니다.

④ 2연에서 '나'는 '소리가 없'고 '젖지 않'은 채 살아온 자신
  의 모습을 바로잡아야 함을 인식한다.

➡ '파도처럼 요동하여 소리가 없고 비처럼 퍼부어 젖지 않
는 것'은 긍지입니다. 이 긍지가 자신의 원천이자 최종점인데
바로잡아야 할 리가 없습니다. 적절하지 않습니다.

정답 ④

정서 긍지 → 피로 → 긍지

⑤ 3연에서 '나'는 '피로'와 '긍지'가 모두 자신에 의해 이루
  어지는 것임을 인식한다.

> 그리하여
> 피로도 내가 만드는 것
> 긍지도 내가 만드는 것
> 그러할 때면은 나의 몸은 항상
> 한 치를 더 자라는 ⓐ 꽃이 아니더냐
> 오늘은 필경 여러 가지를 합한 긍지의 날인가 보다
> 암만 불러도 싫지 않은 긍지의 날인가 보다
> 모든 설움이 합쳐지고 모든 것이 설움으로 돌아가는
> 긍지의 날인가 보다
> 이것이 나의 날
> 내가 자라는 날인가 보다
>
> - 김수영, 「긍지의 날」 -

➡ '피로도 내가 만드는 것 긍지도 내가 만드는 것'에서
'자신에 의해 이루어지는 것임을 인식'함을 알 수 있습니
다. 적절합니다.

'설움이 합쳐지고 모든 것이 설움으로 돌아가는 긍지의 날'
에서 '긍지 → 설움'도 확인했습니다. 우리가 필요한 것은
다 찾아냈습니다.

(나)

> 한 섬의 보채는 아픔이
> 다른 섬의 보채는 아픔에게로 가네.

➡ 서로 다른 두 섬이 아픔으로 연결되어있습니다. 〈보기〉를
붙여서 보니 서로 다른 두 대상이 공통점으로 연결된다고 했
는데, 이 공통점이 '아픔'이었을까요?

대상 한 섬(아픔) ⇄ 다른 섬(아픔)

한 섬의 아픔이 어둠이라면
다른 섬의 아픔은 빛
어둠과 빛은 보이지 않아서
서로 어제는
가장 어여쁜
꿈이라는 집을 지었네.

➡ 한 섬의 아픔은 '어둠'이고 다른 섬의 아픔은 '빛'입니다. 이 둘은 학습된 범주(명암 대비)로 나뉩니다. 이때, <보기>의 '대립적인 면'에 해당함을 눈치챘다면 바로 '한 섬'과 '다른 섬'이 '고립되어 있는 두 섬'에 해당함을 확정할 수 있습니다. 따라서 이 둘은 '아픔'이라는 공통점을 통해 연결되고 있습니다. 그 연결의 결과물이 '꿈'입니다.

대상 한 섬(어둠) ⇄ 다른 섬(빛)
상황 어둠 + 빛 → 꿈

지었네,
공기는 왜 사이에 흐르는가.
지었네,
바다는 왜 사이에 넘치는가.
우리여 왜,
이를 수 없는가 없는가.

➡ 섬과 섬 사이에 '공기', '바다'가 존재합니다. '이를 수 없는가 없는가'라는 구절을 통해 저 두 대상이 섬과 섬을 단절시키는 역할을 하는 것을 알 수 있습니다.

대상 공기, 바다 (단절)

한 섬이 흘리는 눈물이
다른 섬이 흘리는 눈물에게로 가네.

대상 눈물 (∵ 아픔)

한 섬의 눈물이 불이라면
다른 섬의 눈물은 재.

대상 한 섬의 눈물(불), 다른 섬의 눈물(재)

불과 재가 만나서
보이지 않게
빛나며 어제는 가장 따스한
한 바다의 ⓑ 하늘을 꿰매고 있었네.
                        - 강은교, 「섬 - 어떤 사랑의 비밀노래」 -

➡ 불과 재가 만나면 하늘을 꿰맵니다. 즉, 단절되었던 두 섬을 연결한다는 이야기입니다.

상황 한 섬의 눈물(불) + 다른 섬의 눈물(재) → 빛

16 ⓐ, ⓑ에 대한 이해로 가장 적절한 것은?

정답 ③

① ⓐ는 '한 치'만큼 변화했다는 점에서 화자가 갖고 있던 조급함을 해소하는 주체이다.

➡ 화자는 '조급함'을 가지고 있지 않습니다. '조급함'의 범주를 생각해봅시다. 바로 시간입니다. 작품에서 시간적 요소를 따져보면, '몇 개의 번개 같은 환상이 필요하다 하더라도'에 주목할 수 있습니다. 여기서 화자는 '번개 같은' 빠른 대상을 지향하지 않고 '금지'를 추구합니다. 그리고 화자는 자신을 ⓐ(꽃)에 빗대며 '오늘은 필경 여러 가지를 합한 금지의 날', '암만 불러도 싫지 않은 금지의 날'이라 칭하고 오늘을 자라는 날이라고 합니다. 따라서 자신이 오늘 '한 치'만큼 자란 것은 맞지만, 조급함은 가지고 있지 않습니다. 적절하지 않습니다.

② ⓑ는 '따스한' 것이라는 점에서 갈등을 해결하는 주체
이다.

➡ '불과 재'가 만나 보이지 않게 빛나며 ⓑ(하늘)를 꿰맵
니다. 주체가 아닌 객체입니다. 적절하지 않습니다.

③ ⓐ는 '자라는' 것이라는 점에서 성장에 대한 지향을,
ⓑ는 '꿰매'지는 것이라는 점에서 화합에 대한 지향을
내포한다.

➡ ⓐ는 화자 자신을 빗댄 대상이기에 '자라는' 것이라면
성장에 대한 지향입니다. ⓑ는 앞의 섬과 섬 사이에 '공
기', '바다'가 단절의 이미지를 가지고 있었는데 '불'과 '재'
가 만나 빛을 만들어 '하늘'을 꿰맵니다. 찢어져 있던 두
대상을 꿰맸으니 연결한 겁니다. 따라서 화합에 대한 지
향도 적절합니다.

④ ⓐ는 '오늘'의 것이라는 점에서 현재를 낙관하게 하는,
ⓑ는 '어제'의 것이라는 점에서 현재를 성찰하게 하는
대상이다.

➡ ⓐ가 오늘과 관련되어 있다는 것은 맞습니다. '오늘은 필
경 긍지의 날인가 보다.'에서 확인할 수 있습니다. 하지만
ⓑ에 주목해봅시다. (나)에서 '어제는 가장 어여쁜 꿈이라
는 집을 지었네', '어제는 가장 따스한 한 바다의 하늘을
꿰매고 있었네'로 '어제'의 행위가 제시됩니다. 그런데 이
것이 '현재를 성찰하게 하는' 기능을 하나요? (나)는 두 섬
사이의 거리와 그것이 연결되는 과정을 형상화할 뿐, 현재
를 되돌아보고 반성하는 성찰의 태도는 드러나지 않습니다.
적절하지 않습니다.

⑤ ⓐ는 '나의 몸'과 관련된 것이라는 점에서 새로운 만남
의 가능성을, ⓑ는 '한 바다'와 관련된 것이라는 점에서
극복의 가능성을 드러낸다.

➡ ⓐ는 '나의 몸'과 관련됩니다. ①번 선지를 판단하는 과
정에서 알 수 있습니다. 그러나 '새로운 만남의 가능성'은
작품에서 확인되지 않습니다. (가)는 화자가 피로를 겪으며
긍지를 만들어가는 과정을 다루고 있고 타자와의 만남이나
관계에 대한 내용은 제시되지 않습니다. ⓑ 역시 '한 바
다'와 관련된 것은 맞지만, '극복의 가능성'이라는 표현은 적
절하지 않습니다. '불과 재가 만나서', '하늘을 꿰매고 있
었네'는 이미 완료된 과거의 사건이기 때문입니다. '가능성'

은 미래의 사건을 현재 서술할 때 사용가능합니다. 적절
하지 않습니다.

17 <보기>를 바탕으로 (가), (나)를 감상한 내용으로 적절하지 않은 것은? [3점]

정답 ⑤

• 보기 •

(가)와 (나)는 대립 관계를 이분법적으로 바라보지 않
고, 순환과 연결의 관계로 파악한다. (가)는 상반된 마
음 상태가 순환을 이루는 관계를 보여 주며, 서로가 서
로의 전제이며 어느 하나가 극복의 대상이 아니라는
인식을 드러낸다. (나)는 고립되어 있는 두 섬이 대립
적인 면을 지녔음에도 공통점을 갖고 있음을 보여 주
며, 두 섬이 그 공통점으로 인해 연결되고 있음을 드
러낸다.

① (가)의 '모든 설움이 합쳐지'는 것이 '긍지의 날'이라는
것은, 설움이 극복의 대상이 아니라는 인식을 반영하
는 것이겠군.

➡ 3연을 봅시다. '모든 설움이 합쳐지고 모든 것이 설움으로 돌
아가는 긍지의 날인가 보다'라고 합니다. 설움이 긍지의 날
을 구성하는 요소입니다. 그렇다면 설움은 제거해야 할 대
상이 아니라 긍지를 위해 필요한 전제입니다. <보기>에서
'서로가 서로의 전제이며 어느 하나가 극복의 대상이 아니
라는 인식'이라고 했으니 적절합니다.

② (가)의 '긍지의 날'이 '모든 것이 설움으로 돌아가는' 날
이라는 것은, 상반된 마음 상태가 순환을 이루고 있음
을 나타내는 것이겠군.

➡ '긍지의 날'인데 '모든 것이 설움으로 돌아가는' 날입니
다. 긍지에서 설움으로 돌아간다는 겁니다. 1연에서는 '피로'
에서 '긍지'로, 3연에서는 '긍지'에서 '설움'으로 돌아갑니다.
<보기>를 읽으며 연결한 '상반된 마음 상태가 순환을 이루
는 관계'입니다. 적절합니다.

③ (나)의 두 섬이 '꿈이라는 집을 지'은 것은, 고립되어 있는 두 섬의 상황에서 비롯된 것이겠군.

➡ '보이지 않아서' 꿈이라는 집을 지었습니다. 보이지 않는다는 것은 서로 만날 수 없다는 의미이니 고립된 상황입니다. <보기>의 '고립되어 있는 두 섬'에 해당합니다. 적절합니다. 또한 섬과 섬 사이에 '공기', '바다'가 존재하며 '우리 여 왜, 이를 수 없는가 없는가'라고 묻습니다. '이를 수 없다'는 것은 두 섬이 서로 닿을 수 없다는 뜻이니 공기와 바다가 두 섬을 단절시키고 있다고 볼 수 있습니다. 이러한 상황에서 두 섬은 '꿈이라는 집'을 지었습니다.

④ (나)의 한 섬의 '눈물'이 '눈물에게로 가'는 것은, 두 섬이 공통점으로 인해 연결되고 있음을 보여 주는 것이 겠군.

➡ 한 섬과 다른 섬 모두 '눈물'을 흘립니다. 이것이 두 섬의 공통점입니다. 그리고 이 눈물이 서로에게 간다고 했으니 연결되고 있는 겁니다. <보기>의 '두 섬이 그 공통점으로 인해 연결되고 있음'에 해당합니다. 적절합니다.

⑤ (나)의 '불'과 '재'가 '빛나'는 것은, 대립적인 면을 지닌 두 섬을 연결되게 만든 공통점에 해당하는 것이겠군.

➡ 두 섬을 연결되게 만든 공통점이 무엇인지 생각해봅시다. 4연에서 '한 섬이 흘리는 눈물이 다른 섬이 흘리는 눈물에게로 가네'라고 했습니다. 공통점은 '눈물'입니다. 그리고 이 눈물이 '불'과 '재'로 구체화됩니다. '불'과 '재'가 만나서 빛나며 '하늘을 꿰매'는 것은 이미 두 섬이 연결된 이후에 일어난 결과입니다. 연결을 만든 것은 '눈물'이라는 공통점입니다. 선후역전으로 방향성이 반대입니다. 적절하지 않습니다.

14 (가)와 (나)의 공통점으로 가장 적절한 것은?

정답 ③

① 추측의 표현을 통해 대상에 대한 회의감을 드러내고 있다.

(가) X

(나) X

➡ (가)는 '~인가 보다'라는 추측의 표현을 사용하지만, 이는 금지의 날에 대한 확신을 강조하는 것이지 회의감이 아닙니다. (나)는 추측의 표현 자체가 없습니다.

② 하강적 이미지를 활용하여 애상적 분위기를 조성하고 있다.

(가) X

(나) X

➡ (가)의 '비처럼 퍼부어'는 '금지'를 형상화한 것이지 애상적 분위기와는 무관합니다. (나)의 '흘리는 눈물'도 단절된 두 섬을 연결하는 과정의 일부일 뿐입니다.

③ 동일한 구절의 반복과 변주를 통해 주제 의식을 부각하고 있다.

(가) O

(나) O

➡ (가)는 '금지의 날인가 보다'의 반복과 변주, '~내가 만드는 것'의 반복으로 주제를 부각합니다. (나)는 '지었네'의 반복과 '왜'를 활용한 의문형의 변주로 두 섬의 주제를 부각합니다.

④ 음성 상징어를 활용하여 대상이 지닌 역동성을 표현하고 있다.

(가) X

(나) X

⑤ 자연물에 인격을 부여하여 자연물과 인간의 속성을 대비하고 있다.

(가) X

(나) X

➡ 의인법을 묻습니다. (나)는 '섬'이 보채고 눈물을 흘리는 것으로 인격을 부여했지만, 자연물과 인간의 속성을 대비하지는 않습니다. (가)는 자연물에 인격을 부여한 부분이 없습니다.

문학FOCUS

FOCUS

3

선지를 통한 시간 단축

선지가 묻는 바를 통해 부족한 지문 이해를 보완하고 시간을 단축합시다.

수능 국어는 시간과의 싸움입니다. 우리는 독서에서 시간을 줄이기 쉽지 않다는 것을 알기에 문학에서 시간을 단축하려고 합니다. 그러나 우리는 문제가 지문의 어느 부분을 물어볼지 모르기에 먼저 지문을 읽고 문제를 봅니다.

이 경우, 대부분 아래의 패턴을 따라갑니다.

25년도 수능의 현대 시 세트를 기준으로 예를 들어보겠습니다.

<보기> 독해 → (가) 지문 독해 → (나) 지문 독해 → (다) 지문 독해 → 표현법 문제 선지 독해 → (가)(나)(다) 지문으로 돌아가 재확인 → 표현법 문제 풀이 → (가) 단독 문제 선지 독해 → (가) 재확인 → (나) 단독 문제 선지 독해 → (나) 재확인 → (나) <보기> 재확인 후 선지 독해 → (나)의 구절들 재확인 후 판단 → (나), (다)의 기호 밑줄 문제 파악 → 밑줄 재확인 → (나), (다)의 기호 밑줄 문제 풀이 → (다) 수필 문제 파악 → (다) 수필의 구절들 재확인 → (다) 수필 문제 판단

이때, 지문을 몇 번 읽나요?

(가)는 최소 1번에서 최대 3번, (나)는 최소 1번에서 최대 5번, (다)는 최소 1번에서 최대 4번을 읽게 됩니다.

물론 딱 한 번만 읽고 풀면 문제가 없습니다.

그러나 기억력이 좋지 않거나 독해가 정확하지 않다면, 결국 기억이 안나서, 불안해서 지문으로 돌아가게 됩니다. 그 결과 지문 당 3~5번의 '중복 독해'가 발생하여 목적인 시간단축을 이루지 못하게 됩니다.

지문을 읽을 때, 문제에서 출제될 부분을 알 수 있다면 좋겠지만 우리는 알 수 없습니다.

이때, 이 출제 포인트를 모른다는 상황을 해결할 방법은 크게 두 가지가 있습니다.

먼저 기출 분석을 통해 지문에서 출제가 자주 되는 요소들을 미리 파악해두고, 첫 독해에 그러한 요소들을 미리 뜯어내고 문제로 가는 방법이 있습니다.

그 다음으로 문학 기출들의 출제 패턴을 분석한 후, 문제를 먼저 봐도 무방한 유형을 통해, 문제 풀이와 지문 독해를 동시에 처리하는 방법이 있습니다.

이때, 전자는 기억력의 문제로 잊어버리거나, 자신이 읽으며 생각한 것이 선지에 나오지 않는다면 결국 다시 작품으로 돌아가게 됩니다. 그러나 후자는 약간의 훈련만 해둔다면, 시간 단축과 정답률의 상승을 동시에 잡아낼 수 있습니다.

이 방법은 먼저 문제를 보고, 어떤 문제를 우선해서 보며 지문과 엮어서 갈 것인지 결정한 후, 해당 선지를 보고 지문에서 요구하는 것을 파악하고 지문을 독해하며 바로 선지를 판단하는 방법입니다.

작품과 같이 읽으며 풀어도 되는 유형의 문제 선지는 짝수형과 홀수형 모두 지문의 순서대로 배치가 되어 있습니다. 문제를 먼저 보고 요구하는 바를 따지며 지문을 읽는다면 목적성 없는 첫 독해로 시간을 날릴 필요가 없습니다. 선지가 요구하는 것을 찾는다는 목적을 갖게 된 순간, 운문 파트에서 시간을 줄여낼 수 있습니다.

그러나 운문 파트에서는 "한 문제의 (가)와 관련된 선지들(①~③번)을 먼저 다 풀고 (나) 읽고 나머지 선지들(④, ⑤번) 풀고..."이런 방법은 지양해야 합니다. 한 문제의 선지를 ①~③번까지 보고 나머지는 다음 지문을 보고 나서 ④, ⑤번을 푸는 방법은 그 순서를 복잡하게 합니다. 그 결과 정신없는 실전에서는 순서가 꼬이기 쉽습니다. 특히 저렇게 선지를 뒤섞어 버렸는데 답이 안 보이면 정신적으로 매우 힘들어집니다. 순서도 기억이 안 나는데 어디서부터 꼬인 것인지 모르거든요.

따라서 우리는 문제의 5개 선지를 한 덩어리로 봐야합니다.

풀이 순서는 그저 효율성을 위한 것입니다. 어떤 문제를 뒤로 빼버릴지, 어떤 문제를 우선해서 볼지에 대한 판단만 하세요.

이번에는 24년도 수능으로 예를 들어 보겠습니다.

"22번의 표현법은 다 봐야하니 뒤로 빼서 다 보고 가야겠다. 그리고 23번을 보며 <보기>의 도움과 선지의 도움으로 (가)를 완주해야지. 어? 24번은 [A], [B], [C]가 있네.. 이건 지문 먼저 보면서 [A], [B], [C]에 대한 선지를 차근 차근 털어내자. 읽고보니 ㉠, ㉡도 있던데 이건 문제에서 보이면 털어내자. 25번은 ⓐ, ⓑ, ⓒ, ⓓ, ⓔ가 있으니 저 부분을 지문 먼저 보면서 각각 판단하면 되겠어. 26번이 ㉠, ㉡을 묻네? 뭐였지? 돌아가보자. 27번은 아까 (나)와 (다)에 대한 문제를 지겹게 푸느라 어느정도 머릿속에 잔상이 강하게 남았으니 일단 보자. 이제 (가)(나)(다)를 전부 읽고 푸느라 어느정도 머릿속에 남았으니 22번을 빠르게 풀자."

여기서 문득 '27번은 아까 (나)와 (다)에 대한 문제를 지겹게 푸느라 어느정도 머릿속에 잔상이 강하게 남았으니 일단 보자.'라고 생각하는 것이 문제 먼저 보기의 태도와 배치된다고 생각되지 않나요? 22번도 마찬가지고요.

27번과 22번에 대한 생각은 지문을 먼저 보고 문제를 볼 때의 그 태도와 맥이 닿아 있습니다.

모든 방법론에 무조건은 없습니다.

한 방법만 사용하는 것이 아닌 두 방법을 자유자재로 쓸 줄 알아야 합니다. 먼저 읽은 후 머릿속에 잔상을 남기고 고정해서 선지를 바로 판단하는 연습도 병행해야 합니다. 그러나 이 연습은 평소에 자주 해 보셨을 테니 여기에서는 문제를 먼저 보는 연습을 하셨으면 합니다.

선지 구성이 짝수형과 홀수형 모두 동일한 유형들을 위주로 넣어두었습니다.

<보기>가 있는 유형, <보기>가 없는 유형, 기호와 구간이 설정된 구간을 넣어두었습니다.

선지와 지문을 엮어 읽는 풀이를 같이 연습해 봅시다.

(나)

　산비탈엔 들국화가 환—하고 누이동생의 무덤 옆엔 밤나무 하나가 오뚝 서서 바람이 올 때마다 아득—한 공중을 향하여 여윈 가지를 내어 저었다. 갈 길을 못 찾는 영혼 같애 절로 눈이 감긴다. 무덤 옆엔 작은 시내가 은실을 긋고 등 뒤에 서걱이는 떡갈나무 수풀 앞에 차단—한 비석이 하나 노을에 젖어 있었다. 흰나비처럼 여윈 모습 아울러 어느 무형(無形)한 공중에 그 체온이 꺼져 버린 후 밤낮으로 찾아 주는 건 비인 묘지의 물소리와 바람 소리뿐. 동생의 가슴 우엔 비가 나리고 눈이 쌓이고 적막한 황혼이면 별들은 이마 우에서 무엇을 속삭였는지. 한 줌 흙을 헤치고 나즉—히 부르면 함박꽃처럼 눈뜰 것만 같애 서러운 생각이 옷소매에 스몄다.

- 김광균, 「수철리(水鐵里)*」 -

* 수철리 : 공동묘지가 있던 서울의 한 마을.

1 (나)의 시어에 대한 설명으로 적절하지 <u>않은</u> 것은?

① '환—하고', '아득—한' 등의 '—'는 시어의 느낌을 풍부하게 한다.
② '밤나무'의 '여윈 가지'는 쓸쓸한 시적 분위기를 형성한다.
③ '흰나비'는 '누이동생'의 여윈 모습을 연상시킨다.
④ '묘지'는 화자가 죽은 누이를 떠올리는 공간이다.
⑤ '비', '눈', '별' 등은 화자의 의지를 상징한다.

선지를 먼저 보고 요구사항을 파악한 후 목적성 있는 지문 독해로 시간 단축하기

① '환—하고', '아득—한' 등의 '—'는 시어의 느낌을 풍부하게 한다.

> 산비탈엔 들국화가 환—하고 누이동생의 무덤 옆엔 밤나무 하나가 오뚝 서서 바람이 올 때마다 아득—한 공중을 향하여 여윈 가지를 내어 저었다.

➡ 산비탈에는 들국화와 누이동생의 무덤과 밤나무가 있습니다.

'들국화가 환—하고', '아득—한 공중'이라는 시구를 보았을 때, '환—하고'는 들국화의 선명한 인상을, '아득—한'은 공중의 멀고 깊은 느낌을 강조합니다. 그저 '환하고', '아득한'이라고 표현을 했을 때 보다 '환—하고', '아득—한'으로 표현했을 때, 시어의 느낌이 강조되어 풍부하게 느껴진다고 볼 수 있습니다.

> **대상** 들국화, 밤나무, 밤나무의 여윈 가지
> **상황** 산비탈 (공간적 배경), 누이동생의 무덤 옆 (공간적 배경)

따라서 ①번 선지는 적절합니다.

② '밤나무'의 '여윈 가지'는 쓸쓸한 시적 분위기를 형성한다.

➡ '밤나무와 여윈 가지'에 집중해서 쓸쓸함이라는 분위기를 드러낼 법한 요소를 찾아 봅시다.

무덤 옆에 서 있는 밤나무의 '여윈 가지'는 생기를 잃은 모습을 드러냅니다. 특히 '무덤 옆'이라는 장소와 함께 제시되어 상실과 죽음의 정서를 강화합니다. '여윈'이라는 단어 선택과 바람에 흔들리는 모습은 쓸쓸함을 불러일으킵니다. 따라서 ②번 선지는 적절합니다.

> **대상** 밤나무, 밤나무의 여윈 가지 → 쓸쓸한 분위기

③ '흰나비'는 '누이동생'의 여윈 모습을 연상시킨다.

➡ 직유나 상징을 통해 연상시킬 것 같습니다. 대상을 체크하고 표현법을 확인합시다.

> 갈 길을 못 찾는 영혼 같애 절로 눈이 감긴다. 무덤 옆엔 작은 시내가 은실을 긋고 등 뒤에 서걱이는 떡갈나무 수풀 앞에 차단—한 비석이 하나 노을에 젖어 있었다.

➡ 무덤 옆에는 작은 시내가 흐르고, 떡갈나무 수풀 앞에는 차갑고 단단한 비석 하나가 노을빛에 젖어있습니다.

> 흰나비처럼 여윈 모습 아울러 어느 무형(無形)한 공중에 그 체온이 꺼져 버린 후 밤낮으로 찾아 주는 건 비인 묘지의 물소리와 바람 소리뿐.

➡ '흰나비처럼 여윈 모습'이라는 직유법을 통해, 누이동생의 모습을 형상화하고 있습니다. 앞서 언급된 '누이동생의 무덤'과 연결하여 읽으면, 이 구절이 누이동생을 가리킨다는 것을 알 수 있습니다. '체온이 꺼져 버린 후'라는 표현은 누이의 죽음을 의미합니다. 따라서 ③번 선지도 적절합니다.

④ '묘지'는 화자가 죽은 누이를 떠올리는 공간이다.

➡ 묘지라는 대상을 보며 죽은 누이의 이미지를 나타내는 요소들을 찾아봅시다.

> 동생의 가슴 우엔 비가 나리고 눈이 쌓이고 적막한 황혼이면 별들은 이마 우에서 무엇을 속삭였는지. 한 줌 흙을 헤치고 나즉—히 부르면 함박꽃처럼 눈뜰 것만 같애 서러운 생각이 옷소매에 스몄다.

➡ 동생의 가슴 위(무덤 위)에는 '비'가 내리고 '눈'이 쌓이고 '별'이 뜹니다. 누이동생을 다시 부르면 금방이라도 '함박꽃처럼' 눈을 뜰 것 같아 서럽다고 합니다.

> **대상** 동생의 무덤
> **상황** 누이동생의 죽음 → 적막한 무덤만 남음
> **정서** 서러움, 그리움

누이동생의 무덤에서 죽은 누이를 떠올리고 있습니다.
④번 선지는 적절합니다.

⑤ '비', '눈', '별' 등은 화자의 의지를 상징한다.

 대상들을 나열해서 공통적으로 의지를 드러냈느냐 묻습니다.

앞서 나열된 자연물들은 그저 시간의 흐름과 쓸쓸함을 드러내는 장치일 뿐입니다. 화자의 의지는 드러나지 않습니다. 따라서 ⑤번 선지는 적절하지 않습니다.

정답 ⑤

상한 갈대라도 하늘 아래선
한 계절 넉넉히 흔들리거니
뿌리 깊으면야
밑둥 잘리어도 새순은 돋거니
충분히 흔들리자 상한 영혼이여
충분히 흔들리며 고통에게로 가자

뿌리 없이 흔들리는 부평초 잎이라도
물 고이면 꽃은 피거니
이 세상 어디서나 개울은 흐르고
이 세상 어디서나 등불은 켜지듯
가자 고통이여 살 맞대고 가자
외롭기로 작정하면 어딘들 못 가랴
가기로 목숨 걸면 지는 해가 문제랴

고통과 설움의 땅 훨훨 지나서
㉠뿌리 깊은 벌판에 서자
두 팔로 막아도 바람은 불듯
영원한 눈물이란 없느니라
영원한 비탄이란 없느니라
캄캄한 밤이라도 하늘 아래선
마주잡을 손 하나 오고 있거니

- 고정희, 「상한 영혼을 위하여」 -

2 다음 학습 활동의 ⓐ～ⓔ에 들어갈 말로 적절하지 <u>않</u>은 것은? [3점]

• 학습 활동 •

활동 목표 : 시에 쓰인 어구의 다양한 의미를 파악해 보자.

활동 1 : 시상을 고려하여 ㉠과 관련된 어구를 시에서 찾아 표에 넣어 보자.

활동 2 : 위의 어구들이 함축하고 있는 의미를 적어 보자.

활동 3 : 위 활동 결과를 바탕으로 ㉠의 다양한 시적 의미를 해석해 보자.

활동 1의 탐구 결과		활동 2의 탐구 결과		활동 3의 탐구 결과
갈대		흔들리는 존재		ⓐ
하늘	⇒	초월적인 공간	⇒	ⓑ
바람		막을수 없음		ⓒ
밤		부정적인 상황		ⓓ
손		만남의 대상		ⓔ

① ⓐ : 1연의 '갈대'처럼 흔들리는 존재도 뿌리를 내릴 수 있음을 보면, ㉠은 굳건한 삶의 공간이 될 수 있음을 뜻하겠군.

② ⓑ : 1연과 3연에서 '하늘'의 아래를 반복하여 표현한 것을 보면, ㉠은 초월적인 공간에 대응되는 현실적인 공간을 뜻하겠군.

③ ⓒ : 3연에서 '바람'은 막을 수 없다고 한 것을 보면, ㉠은 영원한 운명의 구속을 벗어날 수 없는 공간을 뜻하겠군.

④ ⓓ : 3연에서 '밤'이라는 부정적인 상황이 닥쳐오는 것을 보면, ㉠은 피할 수 없는 시련에 맞서야 하는 공간을 뜻하겠군.

⑤ ⓔ : 3연에서 '손'과의 만남을 기대하고 있는 것을 보면, ㉠은 희망이 예비된 공간을 뜻하겠군.

① ⓐ : 1연의 '갈대'처럼 흔들리는 존재도 뿌리를 내릴 수
　　　 있음을 보면, ㉠은 굳건한 삶의 공간이 될 수 있음
　　　 을 뜻하겠군.

➡ ㉠에 대한 것을 묻고 있습니다. ㉠까지 독해하고 판단
합시다.

> 상한 갈대라도 하늘 아래선
> 한 계절 넉넉히 흔들리거니
> 뿌리 깊으면야
> 밑둥 잘리어도 새순은 돋거니
> 충분히 흔들리자 상한 영혼이여
> 충분히 흔들리며 고통에게로 가자

➡ 상한 갈대의 이미지로 시작합니다. 갈대가 상했어
도 하늘 아래서는 한 계절 동안 넉넉히 흔들릴 수 있습니
다. 중요한 건 뿌리가 깊다면 '밑둥이 잘'려도 '새순'이 난
다는 겁니다.

화자는 '흔들리'를 반복하며 '고통에게로 가자'고 합니다.
'고통'을 수용하자는 의지가 느껴집니다.

> **대상** 상한 갈대
> **상황** 고통, 흔들림, 밑둥이 잘렸으나 새순이 돋을 수
> 　　　　 있음
> **태도** 수용적, 의지적

> 뿌리 없이 흔들리는 부평초 잎이라도
> 물 고이면 꽃은 피거니
> 이 세상 어디서나 개울은 흐르고
> 이 세상 어디서나 등불은 켜지듯
> 가자 고통이여 살 맞대고 가자
> 외롭기로 작정하면 어딘들 못 가랴
> 가기로 목숨 걸면 지는 해가 문제랴

➡ 부평초의 이미지가 등장합니다. 뿌리 없이 떠다니는 부평
초초차도 물만 고이면 꽃을 피울 수 있다고 합니다. 어디서나
'개울'과 '등불'이 켜집니다. 이는 당연한 일인가 봅니다.

화자는 '고통이여 살 맞대고 가자'라고 말하며 고통을 수용
하는 태도를 보입니다. 또한 외로움을 결심하고 목숨을 걸고
가기로 한다면 지는 해 같은 어려움은 문제가 되지 않는
다는 강한 의지도 보여주고 있습니다.

> **대상** 뿌리 없는 부평초 잎
> **상황** 고통
> **태도** 수용적, 의지적

> 고통과 설움의 땅 훨훨 지나서
> ㉠ 뿌리 깊은 벌판에 서자
> 두 팔로 막아도 바람은 불듯
> 영원한 눈물이란 없느니라
> 영원한 비탄이란 없느니라
> 캄캄한 밤이라도 하늘 아래선
> 마주잡을 손 하나 오고 있거니

➡ '고통과 설움'을 지나 '뿌리 깊은 벌판'에 섭니다.

'두 팔로 막아도 바람은 불듯' 당연하게도 영원한 '눈물'
과 '비탄'은 없습니다. 그리고 이러한 상황에서도 '마주잡을
손' 하나가 오고 있습니다.

① ⓐ : 1연의 '갈대'처럼 흔들리는 존재도 뿌리를 내릴 수
　　　 있음을 보면, ㉠은 굳건한 삶의 공간이 될 수 있음
　　　 을 뜻하겠군.

➡ 밑둥이 잘린 부정적인 상황에서도 뿌리가 깊다면, 새순
(생명력)이 다시 돋습니다(회복). 따라서 '뿌리 깊은' 벌판
도 굳건한 삶의 공간이 될 수 있습니다. ①번 선지는 적절
합니다.

② ⓑ : 1연과 3연에서 '하늘'의 아래를 반복하여 표현한 것
을 보면, ㉠은 초월적인 공간에 대응되는 현실적인
공간을 뜻하겠군.

➡ '상한 갈대라도 하늘 아래선 한 계절 넉넉히 흔들리거
니'와 '캄캄한 밤이라도 하늘 아래선 마주잡을 손 하나 오
고 있거니'에서 확인할 수 있습니다. 〈학습 활동〉에서 하
늘은 초월적인 공간입니다. 하늘과 벌판은 높이를 기준으로
대비됩니다. 따라서 하늘을 초월적인 공간으로 설정한다면,
벌판은 현실적인 공간에 대응될 수 있습니다. ②번 선지는
적절합니다.

③ ⓒ : 3연에서 '바람'은 막을 수 없다고 한 것을 보면, ㉠
은 영원한 운명의 구속을 벗어날 수 없는 공간을
뜻하겠군.

➡ 화자는 3연에서 '고통과 설움의 땅 훨훨 지나서' ㉠에
도달한다고 합니다. ㉠은 고통과 설움의 공간을 벗어나 도
달하는 장소입니다. 이미 그러한 공간(부정)을 벗어나 굳건
한 삶의 공간(긍정)에 도달했는데, 영원한 운명의 구속을
벗어날 수 없을 리가 없습니다. 따라서 ③번 선지는 적절
하지 않습니다.

'두 팔로 막아도 바람은 불 듯'에서 필연성을 파악할 수
있습니다. 그러나 이미 운명의 구속을 벗어나 긍정적인 공간
에 도달했기에 영원한 구속이라고 볼 수 없는 것입니다.

④ ⓓ : 3연에서 '밤'이라는 부정적인 상황이 닥쳐오는 것
을 보면, ㉠은 피할 수 없는 시련에 맞서야 하는 공
간을 뜻하겠군.

➡ 〈보기〉에 의하면 '밤'은 부정적인 상황을 나타냅니다.
3연에 나타난 '캄캄한 밤'의 어두운 이미지는 화자가 직면
한 부정적 상황을 효과적으로 드러냅니다. 2연의 '지는 해'
에서 3연의 '캄캄한 밤'으로 이어지는 시간의 자연스러운
흐름은 필연성을 보여줍니다. 이러한 맥락에서 ㉠은 비록
'뿌리 깊은 벌판'이라는 안정적 공간이지만, 여전히 필연적
으로 다가오는 시련에 맞서야 하는 공간임을 알 수 있습니
다. 따라서 ④번 선지는 적절합니다.

⑤ ⓔ : 3연에서 '손'과의 만남을 기대하고 있는 것을 보면,
㉠은 희망이 예비된 공간을 뜻하겠군.

➡ '밤'이라는 피할 수 없는 시련이라도 '마주잡을 손'이 다
가옵니다. '손'은 희망이라고 볼 수 있고 '~을'에서 그러한
희망의 예비를 읽어낼 수 있습니다.

정답 ③

(나)

　득음은 못하고, 그저 시골장이나 떠돌던
　소리꾼이 있었다, 신명 한 가락에
　막걸리 한 사발이면 그만이던 흰 두루마기의
그 사내
　꿈속에서도 폭포 물줄기로 내리치는
　한 대목 절창을 찾아 떠돌더니
　오늘은, 왁새* 울음 되어 우항산 솔밭을 다
적시고
　우포늪 둔치, 그 눈부신 봄빛 위에 자운영 꽃
불 질러 놓는다 　　　　　　　　　　　[A]

　살아서는 근본마저 알 길 없던 혈혈단신
　텁텁한 얼굴에 달빛 같은 슬픔이 엉켜 수염 　[B]
을 흔들곤 했다

　늙은 고수라도 만나면
　어깨 들썩 산 하나를 흔들었다
　필생 동안 그가 찾아 헤맸던 소리가
　적막한 늪 뒷산 솔바람 맑은 가락 속에 있었 　[C]
던가

　소목 장재 토평마을 양파들이 시퍼런 물살
몰아칠 때
　일제히 깃을 치며 동편제* 넘어가는 　　　[D]
　저 왁새들
　완창 한 판 잘 끝냈다고 하늘 선회하는
　그 소리꾼 영혼의 심연이 　　　　　　　[E]
　우포늪 꽃잔치를 자지러지도록 무르익는다
　　　　　　　　　　　　　- 배한봉, 「우포늪 왁새」 -

* 왁새 : 왜가리의 별명.
* 동편제 : 판소리의 한 유파.

3 <보기>를 참고하여 [A]~[E]를 이해한 내용으로 적절
하지 <u>않은</u> 것은?

───── 보기 ─────

　이 시의 화자는 '우포늪'에서 왁새 울음소리를 들으
며, 득음을 못한 채 생을 마감했던 한 '소리꾼'을 상상
적으로 떠올리고 있다. 화자는 왁새 울음소리에서 고
단하고 외로웠던 소리꾼이 평생을 추구했던 절창을 연
상함으로써, 우포늪의 생명력이 소리꾼의 영혼을 절창
으로 이끌었음을 표현하고자 했다. 자연과 인간이 어
우러진 세계에서 창조되는 예술의 경지와 우포늪의 아
름다움을 조화롭게 형상화한 것이다.

① [A] : 화자는 왁새 울음소리와 우포늪의 풍경을 연결
　　　 지어 소리꾼이 추구했던 절창을 상상적으로 떠
　　　 올리고 있다.
② [B] : 득음의 경지를 찾아 떠돌았던 소리꾼의 얼굴에 묻
　　　 어나는 삶의 비애를 감각적으로 표현하고 있다.
③ [C] : 소리꾼이 평생 추구했던 절창을 우포늪에서 찾아
　　　 낸 화자의 정서를 드러내고 있다.
④ [D] : 화자가 상상적으로 떠올린 세계를 우포늪 일대의
　　　 현실적 공간과 결부하고 있다.
⑤ [E] : 날아가는 왁새와 완창을 한 소리꾼을 대비하여
　　　 자연과 인간이 통합된 예술의 형상을 사실적으로
　　　 보여 주고 있다.

🏆 **학습목표**

[A]~[E] 구간별 문제에서 구간에서 선지가 묻는 것을 파악하고 해당 구간의 해석의 허용 가능성 판단하기

• 보기 •

이 시의 화자는 '우포늪'에서 왁새 울음소리를 들으며, 득음을 못한 채 생을 마감했던 한 '소리꾼'을 상상적으로 떠올리고 있다. 화자는 왁새 울음소리에서 고단하고 외로웠던 소리꾼이 평생을 추구했던 절창을 연상함으로써, 우포늪의 생명력이 소리꾼의 영혼을 절창으로 이끌었음을 표현하고자 했다. 자연과 인간이 어우러진 세계에서 창조되는 예술의 경지와 우포늪의 아름다움을 조화롭게 형상화한 것이다.

대상 왁새(현실) = 소리꾼(상상)
상황 왁새 소리를 우포늪에서 듣고 있음 → 우포늪의 생명력이 고단하고 외로웠던 소리꾼의 영혼을 절창으로 이끌었음

득음은 못하고, 그저 시골장이나 떠돌던
소리꾼이 있었다, 신명 한 가락에
막걸리 한 사발이면 그만이던 흰 두루마기의 그 사내
꿈속에서도 폭포 물줄기로 내리치는
한 대목 절창을 찾아 떠돌더니

➡ 〈보기〉에서 언급된 소리꾼입니다.

대상 소리꾼
상황 절창을 추구함

---

① [A] : 화자는 왁새 울음소리와 우포늪의 풍경을 연결지어 소리꾼이 추구했던 절창을 상상적으로 떠올리고 있다.

➡ 대상 두 개를 연결했는지 판단합시다. 상상적으로 떠올린 것은 자명합니다. 〈보기〉에서 '상상적으로 떠올리고 있다'라고 했으니까요.

오늘은, 왁새 울음 되어 우항산 솔밭을 다 적시고
우포늪 둔치, 그 눈부신 봄빛 위에 자운영 꽃불   [A]
질러 놓는다

➡ 화자는 왁새 울음소리에서 고단하고 외로웠던 소리꾼이 평생을 추구했던 절창을 연상합니다. 그 울음 소리가 우항산 솔밭을 다 적시고 봄빛 위에 꽃불을 질렀습니다.

대상 소리꾼=왁새
상황 우포늪(공간적 배경), 봄(시간적 배경)

①번 선지는 적절합니다.

---

② [B] : 득음의 경지를 찾아 떠돌았던 소리꾼의 얼굴에 묻어나는 삶의 비애를 감각적으로 표현하고 있다.

➡ 삶의 비애를 나타낼 법한 요소를 뽑아냅시다.

살아서는 근본마저 알 길 없던 혈혈단신
텁텁한 얼굴에 달빛 같은 슬픔이 엉켜 수염을 흔   [B]
들곤 했다

➡ '텁텁한 얼굴에 달빛 같은 슬픔이 엉켜 수염을 흔들곤 했다'에서 소리꾼의 얼굴에 묻어나는 삶의 비애를 감각적으로 표현하고 있음을 알 수 있습니다. ②번 선지는 적절합니다.

늙은 고수라도 만나면
어깨 들썩 산 하나를 흔들었다

---

③ [C] : 소리꾼이 평생 추구했던 절창을 우포늪에서 찾아낸 화자의 정서를 드러내고 있다.

➡ 평생 추구했던 절창이니 청각적 이미지를 찾아봅시다.

필생 동안 그가 찾아 헤맸던 소리가
적막한 늪 뒷산 솔바람 맑은 가락 속에 있었던가   [C]

➡ 화자는 그가 평생 추구했던 절창을 우포늪(적막한 늪)에서 찾아냈습니다. ③번 선지는 적절합니다.

④ [D] : 화자가 상상적으로 떠올린 세계를 우포늪 일대의
　　　　 현실적 공간과 결부하고 있다.

➡ 결부? 연결성을 보면 되겠네요.

> 소목 장재 토평마을 양파들이 시퍼런 물살 몰아
> 칠 때
> 일제히 깃을 치며 동편제 넘어가는　　　　　[D]
> 저 왁새들

➡ '양파들이 시퍼런 물살 몰아칠 때'는 화자가 관찰하고 있는 공간적 배경(우포늪 일대)의 모습입니다. 그리고 그 모습을 보며 왁새들이 동편제(판소리의 유파)를 향해 날아갑니다. 이는 화자가 상상적으로 떠올린 세계에 대응됩니다. 따라서 ④번 선지는 적절합니다.

⑤ [E] : 날아가는 왁새와 완창을 한 소리꾼을 대비하여
　　　　 자연과 인간이 통합된 예술의 형상을 사실적으로
　　　　 보여 주고 있다.

➡ 서로 반대되는 대상인지 파악합시다.

> 완창 한 판 잘 끝냈다고 하늘 선회하는
> 그 소리꾼 영혼의 심연이　　　　　　　　[E]
> 우포늪 꽃잔치를 자지러지도록 무르익힌다

➡ 날아가는 왁새들을 소리꾼의 영혼으로 표현합니다.

대상 왁새＝소리꾼

➡ 따라서 ⑤번 선지에서 '대비'는 적절하지 않습니다. 화자는 왁새와 소리꾼을 '동일시'하고 있습니다.

정답 ⑤

문학FOCUS

FOCUS 4

이해와 감상 vs 인지와 판단

최소한의 '이해'와 최대한의 '판단'을 연습합시다.

최소한의 '이해'와 최대한의 '판단'을 연습합시다.

우리는 문학 작품을 어디까지 이해해야 할까요? 남들에게 설명할 수 있을 정도로 완전한 이해를 해야 할까요?
저는 여기에 대해서 "완벽한 이해를 하면 좋다."라고 생각합니다. '이해와 감상'의 위력을 부정하지는 않습니다.
완전하게 이해하고 요약해내서 머릿속에 담고 모든 문제를 깔끔하게 풀어버리는 것이 우리 수험생들이 바라는 것입니다.
그런데 대부분의 수험생들이 현실적으로 가능한가요? 저는 아니라고 봅니다. 이상과 현실은 구분해야 합니다.

본격적인 이야기에 앞서 최대한 쉽게 용어를 설명하고 가겠습니다.

(1) 인지
정의: 텍스트의 정보를 감각을 통해 받아들이고 식별하는 1차적 활동
➡ 정보를 있는 그대로 알아차리는 단계입니다. 모든 정신 활동의 출발점이 바로 이 '인지'입니다.

(2) 이해
정의: 인지된 정보들을 연결하여 문맥적 의미를 파악하는 2차적 활동
➡ 즉, 작품의 기본적인 내용을 파악하는 것입니다. 시어의 의미, 문장 구조, 서사(누가, 언제, 어디서, 무엇을, 어떻게, 왜 했는가), 화자나 인물의 상황 등을 살피는 단계라고 할 수 있습니다. '이해'는 '인지'를 바탕으로 이뤄지며, 감상이나 해석의 전제 조건입니다. 이해 없이는 감상도 해석도 불가능하죠.

(3) 감상
정의: 작품을 접하며 느끼는 개인의 정서적·미적 반응
➡ 주관적인 느낌과 즐거움을 경험하는 단계입니다. 같은 작품이라도 독자의 경험과 가치관에 따라 감상은 천차만별일 수 있습니다. '이해'를 바탕으로 하지만, 논리적 분석보다는 우리 마음에 초점을 둡니다.

(4) 해석
정의: 작품의 의미와 가치를 논리적으로 설명하고 주장하는 분석적 활동
➡ 작품의 의미를 체계적으로 밝히고 설명하는 단계입니다. 객관적 근거(텍스트)를 바탕으로 한 논리적 추론을 요구합니다. 문학의 해석을 분류하는 기준으로는 내재적 접근과 외재적 접근(표현론적, 반영론적, 효용론적 관점)이 있습니다. 내신에서 들어본 적이 있을 겁니다.

우리는 방금 문학을 대하는 네 가지 중요한 활동인 '인지', '이해', '감상', '해석'에 대해 알아봤습니다.

수능은 우리에게 "이 작품을 네 방식대로 해석해 봐라"라고 요구하지 않습니다.
대신 "우리가 제시한 이 해석(<보기>, 선지에 근거)이 타당하니?"라고 묻습니다.

이때, 타당성을 판별하기 위해 '판단' 이 등장합니다.

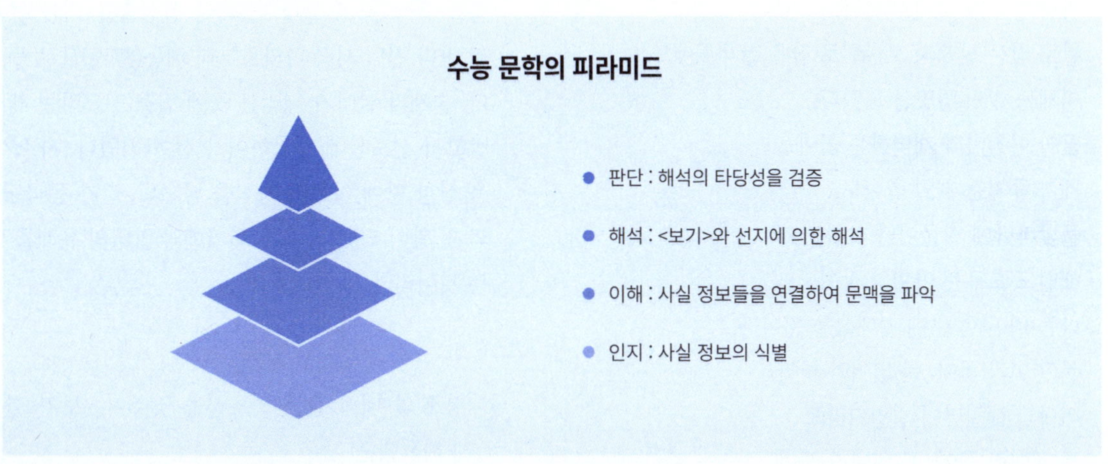

수험생에게 필요한 '판단'이란, 바로 주어진 해석이 타당한지를 텍스트에 근거하여 빠르고 정확하게 판별하는 행위입니다. 이는 평론가의 '해석'과 비슷해 보이지만, 새로운 의미를 창조하는 것이 아니라 주어진 의미를 검증한다는 점에서 다릅니다.

우리는 풍부한 '감상'에 빠지거나, 나만의 깊은 '해석'에 몰두할 시간이 없습니다.

따라서 우리의 전략은 간단합니다.
'최소한의 이해'를 바탕으로 '주어진 해석'들이 참인지 거짓인지를 가려내는 '최대한의 판단' 훈련에 집중해야 합니다.

지문 초입부터 완벽한 '이해'를 하려는 순간 막히고 멘탈이 깨질 수 있습니다.

'인지'를 통한 '최소한의 이해'와 <보기>라는 '주어진 해석'을 통해 '최대한 판단'합시다.

(가)

노래가 낮기는 그중 나아도
구름까지 갔다간 되돌아오고,
네 발굽을 쳐 달려간 말은
바닷가에 가 멎어 버렸다.
활로 잡은 산돼지, 매[鷹]로 잡은 산새들에도
이제는 벌써 입맛을 잃었다.
꽃아 아침마다 개벽하는 꽃아.
네가 좋기는 제일 좋아도,
물낯바닥에 얼굴이나 비취는
헤엄도 모르는 아이와 같이
나는 네 닫힌 문에 기대섰을 뿐이다.
문 열어라 꽃아. 문 열어라 꽃아.
벼락과 해일만이 길일지라도
문 열어라 꽃아. 문 열어라 꽃아.

[원주(原註)] **사소** : 사소는 신라 박혁거세의 어머니.
　　　처녀로 잉태하여, 산으로 신선수행(神
　　　仙修行)을 간 일이 있는데, 이 글은 그
　　　떠나기 전 그의 집 꽃밭에서의 독백.

- 서정주, 「꽃밭의 독백-사소(娑蘇)단장」 -

1 시인이 <보기>의 옛 기록을 바탕으로 (가)를 썼다고 할 때, 창작 과정을 추리한 내용의 정오를 판단하라.

· 보기 ·

경주 선도산(仙桃山)에 신모(神母)가 있었는데 그 이름을 '사소'라고 했다. 일찍이 신선술을 터득하여 멀리 바다 건너 서쪽 나라로부터 해동(海東)으로 들어왔다. 솔개가 날아가 내리는 곳에 집을 지으라는 계시를 받고서 선도산에 정착하여 신선이 되었다. 사소가 처음 삼한 땅에 이르러 자식을 낳으니, 그가 동국(東國)의 첫 왕이 되었다. 무릇 혁거세와 알영의 유래를 말하는 것이리라.

① '사소'의 내적 갈등에 초점을 맞추어 <보기>를 새롭게 해석했군.

② <보기>에 없는 '노래'와 '구름' 같은 시어로 바다 건너 고향을 그리는 '사소'의 심정을 나타냈다고 볼 수 있어.

난해한 작품에서 '이해'와 '판단'의 균형잡기

> 노래가 낫기는 그중 나아도
> 구름까지 갔다간 되돌아오고,
> 네 발굽을 쳐 달려간 말은
> 바닷가에 가 멎어 버렸다.
> 활로 잡은 산돼지, 매[鷹]로 잡은 산새들에도
> 이제는 벌써 입맛을 잃었다.

🔹 '노래'는 '구름'까지 갔다가 되돌아왔습니다. 그리고 '말'은 '바닷가'에서 멈춰버렸습니다. 이 두 대상은 끝까지 가서 결국 넘어설 수 없는 무언가를 넘지 못하고 되돌아오거나 멎어 버렸네요.

그리고 화자는 '산돼지'와 '산새들'에도 질렸습니다.

정리해 봅시다. 현재 화자는 무언가를 지향하고 있습니다. 그리고 현재 자신이 있는 곳에 대한 관심이 없습니다.

대상 노래와 말, 구름과 바닷가, 산돼지와 산새들 (지향X)

> 꽃아 아침마다 개벽하는 꽃아.
> 네가 좋기는 제일 좋아도,
> 물낯바닥에 얼굴이나 비취는
> 헤엄도 모르는 아이와 같이
> 나는 네 닫힌 문에 기대섰을 뿐이다.

🔹 화자는 '꽃'을 반복적으로 호명하며 말을 건넵니다. '꽃'이 아침마다 피어나는 모습을 보고 '개벽하는'이라는 표현을 사용한 것일까요? 더 읽어봅시다.

화자 자신을 '헤엄도 모르는 아이'에 빗대어 표현합니다. 화자는 이 '꽃'에 기대섰습니다. 꽃은 화자가 지향하는 존재입니다.

그런데 '닫힌 문'이라고 하는 것을 보아. 화자는 꽃에 쉽사리 도달할 수 없습니다. 앞의 노래와 말은 이에 대응합니다. 도달할 수 없는 한계를 가진 대상입니다.

화자 표면적 화자 ('나')
대상 꽃 (지향O)
상황 지향점에 도달할 수 없음

> 문 열어라 꽃아. 문 열어라 꽃아.
> 벼락과 해일만이 길일지라도
> 문 열어라 꽃아. 문 열어라 꽃아.

🔹 꽃에게 반복적으로 '문 열어라'라는 말을 건넵니다.

이 길이 '벼락과 해일'이라는 고난과 시련뿐이어도 화자는 그 길을 가겠다는 의지를 드러내고 있습니다.

대상 벼락과 해일 (고난, 시련)

💡 **교훈**

최소한의 '이해'과 선지에 대한 '판단'을 보여드리기 위해서 난해한 현대시를 선정했습니다.

뒤로 갈수록 '인지와 판단'을 더 많이 다루다 보니 균형감을 위해 '이해와 감상'에 비중을 둔 이야기를 했습니다.

잠깐 아래의 '이해와 감상'에 기반한 해설을 봅시다.

'노래'와 '말'이 '구름'과 '바닷가'에 도달하지 못했기에 '노래'와 '말'은 인간의 한계(유한성)를 상징하고, 화자가 '산돼지'와 '산새들'에 입맛을 잃은 것은 유한한 세계에 대한 지양을 드러냅니다.

따라서 '구름'과 '바닷가'는 유한한 세계와 무한한 세계의 경계를 상징합니다.

피고 지고 반복하며 순환하는 영원한 꽃, 이 '꽃'은 영원한 세계를 상징합니다. 그리고 '개벽'이라는 말을 통해 그저 피어나는 것이 아닌 세상을 연다는 의미를 담아냅니다. 이 '꽃'을 추구하는 길이 고난뿐이어도 화자는 그 고통을 감내하겠다는 의지를 드러냅니다.

이처럼 서정주 시인은 '영원성'을 다루는 시를 많이 쓰셨습니다.

0709 현대시(서정주, 「추천사」)에서도 그 특징이 돋보입니다. 이렇게 보면 이해가 쏙쏙 되고 참 좋은 것 같습니다.

그런데 우리가 시험장에서 이러한 사고를 할 수 있을까요?

해낼 수 있다면 정말 좋겠지만, 시험장에서 완벽한 해석을 해내기란 참 힘듭니다.

따라서 작품을 같이 보며 떠올린 해설이 바로 우리가 최소한으로 할 수 있는 '감상'입니다. 이후에는 모두 '판단'에 맡겨봅시다.

이제 문제 선지를 판단하러 갑시다.

1 시인이 <보기>의 옛 기록을 바탕으로 (가)를 썼다고 할 때, 창작 과정을 추리한 내용의 정오를 판단하라.

> ― 보기 ―
>
> 　경주 선도산(仙桃山)에 신모(神母)가 있었는데 그 이름을 '사소'라고 했다. 일찍이 신선술을 터득하여 멀리 바다 건너 서쪽 나라로부터 해동(海東)으로 들어왔다. 솔개가 날아가 내리는 곳에 집을 지으라는 계시를 받고서 선도산에 정착하여 신선이 되었다. 사소가 처음 삼한 땅에 이르러 자식을 낳으니, 그가 동국(東國)의 첫 왕이 되었다. 무릇 혁거세와 알영의 유래를 말하는 것이리라.

➡ '서쪽 나라 → 해동 → 선도산'이라는 공간 이동을 파악했습니다.

'사소'가 지향하는 공간은 신선 세계(탈속적)입니다. 또한 사소는 현재 지향점 ('꽃')에 도달하고 싶지만 도달할 수 없는 상황에 처해 있습니다.

이제 지문과 연결을 짓고 범주를 나눕시다.

화자가 지향하는 공간인 '선도산'을 기준으로 공간을 나눕시다.

[서쪽 나라(지향X) → 해동(지향X)] → 선도산(지향O)

① '사소'의 내적 갈등에 초점을 맞추어 <보기>를 새롭게 해석했군.

정답 ○

➡ 내적 갈등이라는 선지에 꽂혀 해당 선지를 고르면 안 됩니다.

<보기>를 잘못 적용할 경우, 1번을 고르게 됩니다.

범주화 풀이를 구사할 경우, 'A: 신선, B: 인간' 이렇게 설정을 한 후, "'사소'는 일관된 지향점(A)을 가지고 있기에 내적 갈등이 없다."라는 잘못된 생각을 할 수 있기 때문입니다.

'사소'는 '닫힌 문' 앞에 기대어 '문 열어라 꽃아.'를 반복합니다. 자신이 지향하는 공간에 도달하고 싶으나, 자신의 한계 때문에 도달할 수 없어 내적 갈등을 느끼고 있습니다.

초월적 세계에 대한 동경과 갈망 - '꽃'으로 상징되는 영원의 세계를 향한 내면의 열망
유한한 존재로서의 한계 인식 - '닫힌 문' 앞에 선 자신의 한계

화자는 이 두 심리가 공존하고 있습니다. 따라서 내적 갈등은 적절합니다.

② <보기>에 없는 '노래'와 '구름' 같은 시어로 바다 건너 고향을 그리는 '사소'의 심정을 나타냈다고 볼 수 있어.

정답 ✕

➥ '사소'가 현재 위치한 공간은 '해동'이고, 도달하고 싶어 하는 공간은 '선도산'입니다. 따라서 고향에 해당하는 '서쪽 나라'를 지향점으로 설정할 리가 없습니다.

이러한 '판단'이 아닌 최소한의 '감상'을 적용해도 적절하지 않습니다. '노래'와 '구름'이 상징하는 바는 각각 '한계'와 '두 공간의 경계'입니다. 이 두 대상이 같이 묶일 수 없습니다.

따라서 적절하지 않습니다.

> **교훈** • 선지 판단

<보기>의 범주를 설정한다면, 명시적으로 선지를 그어 낼 수 있습니다.

그러나 ①번 선지를 잘못 판단할 때처럼 범주를 잘못 설정했다면 치명적일 수 있습니다.

이 말은 범주화를 사용하지 말라는 것이 아닙니다.

<보기>의 범주화?

명확한 기준		불명확한 기준
두 개의 범주로 나누기		주어진 대로 받아들일 것

<보기>에서 범주를 나눌 기준이 명확하게 제시될 때 사용해야 한다는 것입니다. 이 <보기>에서는 '공간'을 기준으로 범주를 나눠야 합니다.

한편 '내적 갈등'이라는 개념은 크게 두 가지가 있습니다. 먼저 우리 마음속에 반대되는 방향성을 가지는 생각이 있을 때가 있습니다. 그다음으로 무언가 지향하는 바가 있으나, 그 지향하는 바를 이루지 못해, 이상과 현실의 괴리가 존재할 때입니다. 이 작품에서는 후자의 내적 갈등이 존재합니다.

(나)

　당신……, 당신이라는 말 참 좋지요, 그래서 불러 봅니다 킥킥거리며 한때 적요로움의 울음이 있었던 때, 한 슬픔이 문을 닫으면 또 한 슬픔이 문을 여는 것을 이만큼 살아옴의 **상처에 기대, 나 킥킥……, 당신을 부릅니다** 단풍의 손바닥, 은행의 두 갈래 그리고 합침 저 개망초의 시름, 밟힌 풀의 흙으로 돌아감 당신……, **킥킥거리며 세월에 대해 혹은 사랑과 상처,** 상처의 몸이 나에게 기대와 저를 부빌 때 당신……, 그대라는 자연의 달과 별……, 킥킥거리며 당신이라고……, 금방 울 것 같은 사내의 아름다움 그 아름다움에 기대 **마음의 무덤**에 나 벌초하러 진설 음식도 없이 맨 술 한 병 차고 병자처럼, 그러나 ⓐ 치병*과 환후*는 각각 따로인 것을 킥킥 당신 **이쁜 당신**……, **당신이라는 말 참 좋지요,** 내가 아니라서 끝내 버릴 수 없는, 무를 수도 없는 참혹……, 그러나 킥킥 당신

- 허수경, 「혼자 가는 먼 집」 -

* 치병 : 병을 다스림.
* 환후 : 병을 정중하게 이르는 말

---

2 (나)의 '당신'에 대한 설명으로 적절하지 <u>않은</u> 것은?

① 화자와 '한때'의 기억을 잇는 매개적 존재이다.
② 화자의 내면에 살고 있는 '병자'로서 연민의 대상이다.
③ 화자의 눈앞에 없지만 '부'름으로써 환기되는 대상이다.
④ 화자가 '버릴 수 없'고 '무를 수도 없는' 숙명적 존재이다.
⑤ 화자에게 '사랑'과 '슬픔'을 경험하게 하는 이중적 존재이다.

---

3 <보기>를 참고하여 (나)를 감상한 내용으로 적절하지 <u>않은</u> 것은? [3점]

> **◦ 보기 ◦**
>
> 　시는 표현하고자 하는 바를 어떤 심적 상태에 놓인 화자의 발화로써 형상화한다. (나)에 나타나 있는 독특한 발화 방식, 즉 끊어질 듯 이어지는 서술, 어휘의 반복적 출현, 맥락이 없어 보이는 구절들의 배열, 수시로 등장하는 말줄임표와 쉼표 등은 사랑의 기억을 떠올리거나 상처를 치유하지 못한 화자의 내면을 드러내는 시적 장치들이다. 이러한 장치들은 사랑의 기억과 함께 상실의 고통을 안고 남은 생을 살아 내야 하는 화자의 복합적인 내면을 생생하게 그려 내는 역할을 한다.

① '킥킥'은 반복적으로 출현하는 웃음의 의성어로서, 사랑과 슬픔이 내재된 화자의 복합적인 정서를 생생하게 드러내는 표현이겠군.
② '상처에 기대, 나 킥킥……, 당신을 부릅니다'는 말줄임표와 쉼표를 사용한 서술로서, 상실의 고통으로 인하여 사랑의 기억이 희미해지는 화자의 심적 상태를 보여 주는 표현이겠군.
③ '킥킥거리며 세월에 대해 혹은 사랑과 상처,'는 맥락이 없어 보이는 표현들이 한데 이어진 서술로서, 감정들이 뒤섞인 화자의 내면을 보여 주는 표현이겠군.
④ '마음의 무덤'은 화자의 심적 상태를 형상화한 서술로서, 상실의 고통을 안고 생을 살아 내야 하는 화자의 내면을 비유한 표현이겠군.
⑤ '이쁜 당신……, 당신이라는 말 참 좋지요,'는 끊어질 듯 이어지는 서술로서, 대상에 대하여 사랑의 감정을 품고 있는 화자의 내면을 보여 주는 표현이겠군.

학습목표

난해한 작품에서 화자와 대상 바꿔치기 함정 피하기, 선지를 통한 도움닫기

• 보기 •

시는 표현하고자 하는 바를 어떤 심적 상태에 놓인 화자의 발화로써 형상화한다. (나)에 나타나 있는 독특한 발화 방식, 즉 (끊어질 듯 이어지는 서술, 어휘의 반복적 출현, 맥락이 없어 보이는 구절들의 배열, 수시로 등장하는 말줄임표와 쉼표) 등은 사랑의 기억을 떠올리거나 상처를 치유하지 못한 화자의 내면을 드러내는 시적 장치들이다. 이러한 장치들은 사랑의 기억과 함께 상실의 고통을 안고 남은 생을 살아 내야 하는 화자의 복합적인 내면을 생생하게 그려 내는 역할을 한다.

독특한 발화 방식=복합적인 내면 드러냄(사랑의 기억과 상실의 고통이 존재)

상황 이별
정서 그리움, 고통

당신……, 당신이라는 말 참 좋지요, 그래서 불러봅니다

➔ 화자는 '당신'을 부릅니다.

대상 당신

킥킥거리며 한때 적요로움의 울음이 있었던 때, 한 슬픔이 문을 닫으면 또 한 슬픔이 문을 여는 것을 이만큼 살아옴의 상처에 기대, 나 킥킥……, 당신을 부릅니다

➔ 화자는 반복해서 당신을 부릅니다.
'적요로움의 울음이 있었던 때'로요.

<보기>에 의하면 화자는 지금 이별했을 테니 당연히 슬프겠습니다. 그런데 이 슬픔이 가시면 또 다른 슬픔이 찾아오나 봅니다.

화자 표면적 화자('나')
대상 당신
정서 슬픔, 그리움

단풍의 손바닥, 은행의 두 갈래 그리고 합침 저 개망초의 시름, 밟힌 풀의 흙으로 돌아감 당신……,

➔ 화자는 여러 대상들을 나열하고 있습니다. 주목할 점은 '단풍', '은행'과 달리 뒤에 등장하는 두 대상에는 의미를 확장하는 표현이 덧붙여져 있다는 것입니다.
특히 '개망초의 시름'과 '흙으로 돌아감 당신'이라는 표현에 주목해 볼 필요가 있습니다. 풀이 밟혀서 시들고 죽어버린 후 흙으로 돌아가듯, 이 '상실'은 '당신'의 죽음('흙으로 돌아감')에 대응됩니다. 이로 인해 화자의 '시름'이라는 정서가 발생했다고 볼 수 있습니다. 이는 <보기>의 '상실의 고통'에 대응됩니다.

상황 '당신'의 죽음으로 인한 슬픔

교훈 • 작품 독해

기출 문제를 학습했다면 1806, 0906 이수익, 「결빙(結氷)의 아버지」에서 '나를 품어 주던 그 가슴이 이제는 한 줌 뼛가루로 삭아 붉은 흙에 자취 없이 뒤섞여 있음을 생각하면'이라는 구절을 보고 이러한 표현이 죽음을 드러낸다는 것을 알 수 있습니다.

킥킥거리며 세월에 대해 혹은 사랑과 상처, 상처의 몸이 나에게 기대와 저를 부빌 때 당신……,

➡️ '당신'이 떠오를 때마다, 사랑스럽지만, 동시에 '당신'의 부재로 고통스럽나 봅니다. '당신'과 함께한 기억을 회상하고 있습니다.
이는 〈보기〉에서 언급된 '복합적인 내면'에 대응됩니다.

> 그대라는 자연의 달과 별……, 킥킥거리며 당신이라고……, 금방 울 것 같은 사내의 아름다움 그 아름다움에 기대 마음의 무덤에 나 벌초하러 진설 음식도 없이 맨 술 한 병 차고 병자처럼,

➡️ 화자의 마음속 무덤에 술 한 병 차고 벌초하러 간다고 합니다.
화자는 계속 '당신'과 함께한 기억을 회상하네요.
화자가 '병자처럼' 찾아간다는 것은 〈보기〉의 '상처를 치유하지 못한'에 대응되는 것 같습니다.

> 그러나 ⓐ치병*과 환후*는 각각 따로인 것을 킥킥 당신 이쁜 당신……,

➡️ 병을 다스리는 것과 병은 별개입니다. '이쁜 당신'을 보아 하니, 화자는 여전히 '당신'을 사랑합니다. 이젠 만날 수 없는데 말이지요.

> 당신이라는 말 참 좋지요, 내가 아니라서 끝내 버릴 수 없는, 무를 수도 없는 참혹……, 그러나 킥킥 당신

➡️ '당신'을 사랑하지만, 기억을 떠올릴 때마다 고통스럽습니다.
참혹인 줄 알면서도 참혹에 뛰어들 수밖에 없는 화자의 복합적인 내면이 드러납니다.

> **상황** 사랑의 기억과 함께 상실의 고통을 안고 남은 생을 살아 내야 하는 화자의 복합적인 내면이 드러남

2 (나)의 '당신'에 대한 설명으로 적절하지 않은 것은?

정답 ②

① 화자와 '한때'의 기억을 잇는 매개적 존재이다.

➡️ 화자는 '당신'이라는 호칭어를 통해, '한때'의 기억을 떠올립니다.

② 화자의 내면에 살고 있는 '병자'로서 연민의 대상이다.

➡️ '병자'는 대상이 아닌, 화자를 빗댄 표현입니다. 대상과 화자를 바꿔치기한 선지입니다. 적절하지 않습니다.

③ 화자의 눈앞에 없지만 '부름'으로써 환기되는 대상이다.

➡️ 화자는 '당신'을 부름으로써 과거 '당신'과 함께한 기억을 떠올립니다. ①번 선지와 연결점이 있습니다.

④ 화자가 '버릴 수 없'고 '무를 수도 없는' 숙명적 존재이다.

➡️ 화자는 '당신'을 사랑하기에 떠올리지만, 곧 그가 부재함을 느끼고 상실의 고통을 느낍니다. 그러나 고통을 느낀다고 해서 '당신'을 '버릴 수 없'습니다.

⑤ 화자에게 '사랑'과 '슬픔'을 경험하게 하는 이중적 존재이다.

➡️ 화자는 '당신'을 사랑하지만, 동시에 그가 부재함을 느낄 때, 상실의 고통을 느낍니다. 당신은 '사랑'과 '슬픔'을 동시에 경험하게 하는 이중적 대상입니다. ④번 선지와 같은 맥락을 묻고 있습니다.

💡 교훈 • 선지 판단

②번 선지에서 화자와 대상을 바꿔치기했습니다. 이러한 바꿔치기는 최근 평가원이 사랑하는 출제 방식입니다. '화자, 대상, 상황, 정서'를 잘 확인합시다.

이러한 문제 유형의 경우, 지문에서 최소한의 '감상'을 하고 선지를 판단하며 요구하는 것만 파악하셔도 좋습니다. 또한, 선지가 요구하는 것을 먼저 파악하고 지문을 보며 허용 가능성을 판단해도 됩니다.

선지를 통한 독해

<보기>를 먼저 읽고 시작합니다.

① 화자와 '한때'의 기억을 잇는 매개적 존재이다.

> 당신……, 당신이라는 말 참 좋지요, 그래서 불러봅니다 킥킥거리며 한때 적요로움의 울음이 있었던 때,

➡ ①번 선지를 보며 '당신'이 '매개적 존재'임을 판단해봅시다. 화자는 '한때 적요로움의 울음이 있었던 때'로 당신을 불렀습니다. 화자 – '당신' – '한때'의 기억이라는 구성을 보아 매개적 존재라고 볼 수 있습니다. 적절합니다.

② 화자의 내면에 살고 있는 '병자'로서 연민의 대상이다.

> 한 슬픔이 문을 닫으면 또 한 슬픔이 문을 여는 것을 이만큼 살아옴의 상처에 기대, 나 킥킥……, 당신을 부릅니다 단풍의 손바닥, 은행의 두 갈래 그리고 합침 저 개망초의 시름, 밟힌 풀의 흙으로 돌아감 당신……, 킥킥거리며 세월에 대해 혹은 사랑과 상처, 상처의 몸이 나에게 기대와 저를 부빌 때 당신……, 그대라는 자연의 달과 별……, 킥킥거리며 당신이라고……, 금방 울 것 같은 사내의 아름다움 그 아름다움에 기대 마음의 무덤에 나 벌초하러 진설 음식도 없이 맨 술 한 병 차고 병자처럼,

➡ ②번 선지의 경우, '당신'은 '병자'라고 했습니다. 확인하러 지문으로 가봅시다. 쭉 읽어 내려가다가 '나 벌초하러 진설 음식도 없이 맨 술 한 병 차고 병자처럼'이라는 구절을 발견했습니다. '병자'는 화자를 빗댄 표현입니다. 따라서 적절하지 않습니다.

③ 화자의 눈앞에 없지만 '부름'으로써 환기되는 대상이다.

➡ ③번 선지의 경우, ②번 선지를 판단하며 지문을 이미 저기까지 읽었고 ①번 선지와 연결점이 있기에 바로 판단할 수 있습니다. 적절합니다.

④ 화자가 '버릴 수 없'고 '무를 수도 없는' 숙명적 존재이다.

> 그러나 ⓐ치병*과 환후*는 각각 따로인 것을 킥킥 당신 이쁜 당신……, 당신이라는 말 참 좋지요, 내가 아니라서 끝내 버릴 수 없는, 무를 수도 없는 참혹……, 그러나 킥킥 당신

➡ 화자는 '당신'을 사랑하기에 떠올리지만, 곧 그가 부재함을 느끼고 상실의 고통을 느낍니다. 그러나 고통을 느낀다고 해서 '당신'을 '버릴 수 없'습니다. 적절합니다.

⑤ 화자에게 '사랑'과 '슬픔'을 경험하게 하는 이중적 존재이다.

➡ 화자는 '당신'을 사랑하지만, 동시에 그가 부재함을 느낄 때, 상실의 고통을 느낍니다. '사랑'과 '슬픔'을 동시에 경험하게 하는 이중적 존재입니다. ④번 선지와 같은 맥락을 묻고 있습니다.
적절합니다.

이처럼 해당 문제를 먼저 보고 선지에서 요구하는 바를 바로 판단하며 지문을 독해한다면, 지문을 읽을 때 도움을 받으며, 시간을 단축할 수 있습니다.

지문을 읽고 선지를 본 후, 다시 돌아가서 지문에서 찾고 돌아와서 판단하는 일련의 과정을 한 번에 해결할 수 있기 때문입니다.

단, 충분한 연습을 통해 적절하지 않은 선지를 걸러내는 역량을 길러낸 다음 사용하시는 것을 추천합니다.

3 <보기>를 참고하여 (나)를 감상한 내용으로 적절하지 않은 것은? [3점]

정답 ②

> • 보 기 •
>
> 시는 표현하고자 하는 바를 어떤 심적 상태에 놓인 화자의 발화로써 형상화한다. (나)에 나타나 있는 독특한 발화 방식, 즉 끊어질 듯 이어지는 서술, 어휘의 반복적 출현, 맥락이 없어 보이는 구절들의 배열, 수시로 등장하는 말줄임표와 쉼표 등은 사랑의 기억을 떠올리거나 상처를 치유하지 못한 화자의 내면을 드러내는 시적 장치들이다. 이러한 장치들은 사랑의 기억과 함께 상실의 고통을 안고 남은 생을 살아 내야 하는 화자의 복합적인 내면을 생생하게 그려 내는 역할을 한다.

독특한 발화 방식=복합적인 내면 드러냄(사랑의 기억과 상실의 고통이 존재)

상황	이별
정서	그리움, 고통

① '킥킥'은 반복적으로 출현하는 웃음의 의성어로서, 사랑과 슬픔이 내재된 화자의 복합적인 정서를 생생하게 드러내는 표현이겠군.

➥ '킥킥'은 반복적으로 나타나고 <보기>의 '어휘의 반복적 출현'에 대응됩니다. 이러한 시적 장치를 통해, 화자는 복합적인 내면을 드러냅니다. 따라서 적절합니다.

② '상처에 기대, 나 킥킥……, 당신을 부릅니다'는 말줄임표와 쉼표를 사용한 서술로서, 상실의 고통으로 인하여 사랑의 기억이 희미해지는 화자의 심적 상태를 보여 주는 표현이겠군.

➥ <보기>에 의하면, 화자는 사랑의 기억을 드러내기 위해 말줄임표와 쉼표를 사용합니다. 따라서 사랑의 기억이 강조되는 상황에서 그 기억이 희미해질 리가 없습니다.

또한, 상실의 고통으로 인해, 사랑의 기억이 희미해지지도 않습니다. '당신'의 부재라는 상황에서 사랑의 기억으로 인해, 상실의 고통이 유발됩니다.

따라서 적절하지 않습니다.

③ '킥킥거리며 세월에 대해 혹은 사랑과 상처,'는 맥락이 없어 보이는 표현들이 한데 이어진 서술로서, 감정들이 뒤섞인 화자의 내면을 보여 주는 표현이겠군.

➥ <보기>의 '맥락이 없어 보이는 구절들의 배열'에 대응됩니다. 이러한 시적 장치를 통해, 화자는 복합적인 내면을 드러냅니다. 따라서 적절합니다.

④ '마음의 무덤'은 화자의 심적 상태를 형상화한 서술로서, 상실의 고통을 안고 생을 살아 내야 하는 화자의 내면을 비유한 표현이겠군.

➥ '마음의 무덤'은 화자의 마음속 무덤입니다. 무덤은 죽음이라는 부정적 이미지를 가지고 있습니다. 따라서 상실의 고통을 안고 살아가는 화자의 내면을 드러낸다고 볼 수 있습니다. 적절합니다.

⑤ '이쁜 당신……, 당신이라는 말 참 좋지요,'는 끊어질 듯 이어지는 서술로서, 대상에 대하여 사랑의 감정을 품고 있는 화자의 내면을 보여 주는 표현이겠군.

➥ <보기>의 '끊어질 듯 이어지는 서술'과 '말줄임표와 쉼표'에 대응됩니다. 이러한 시적 장치를 통해, 화자는 '당신'에 대한 사랑의 기억을 드러냅니다. 따라서 적절합니다.

(가)

　검정 포대기 같은 까마귀 울음소리 고을에
떠나지 않고　　　　　　　　　　　　　[A]
　밤이면 부엉이 괴괴히 울어
　남쪽 먼 포구의 백성의 순탄한 마음에도
　상서롭지 못한 세대의 어둔 바람이 불어오던
　- 융희(隆熙) 2년!

　그래도 계절만은 천 년을 다채(多彩)하여
　지붕에 박넌출 남풍에 자라고　　　　　[B]
　푸른 하늘엔 석류꽃 피 뱉은 듯 피어
　나를 잉태한 어머니는
　짐짓 어진 생각만을 다듬어 지니셨고
　젊은 의원인 아버지는　　　　　　　　[C]
　밤마다 사랑에서 저릉저릉 글 읽으셨다

　왕고못댁 제삿날 밤 열나흘 새벽 달빛을 밟고
　유월이가 이고 온 제삿밥을 먹고 나서　[D]
　희미한 등잔불 장지 안에
　번문욕례 사대주의의 욕된 후예로 세상에 떨어졌
나니

　신월(新月)같이 슬픈 제 족속의 태반을 보고
　내 스스로 고고(呱呱)*의 곡성(哭聲)*을 지른
것이 아니련만　　　　　　　　　　　　[E]
　명(命)이나 길라 하여 할머니는 돌메라 이름
지었다오
　　　　　　　　　　　　- 유치환, 「출생기(出生記)」 -

* 고고 : 아이가 세상에 나오면서 처음 우는 울음소리.
* 곡성 : 사람이 죽어 슬퍼서 크게 우는 소리.

---

4 [A]~[E]에 대한 이해로 적절하지 <u>않은</u> 것은? [3점]

① [A] : 청각의 시각화를 통해 음산한 시적 상황을 조성
　하고 있다.
② [B] : 시대 상황과 대비되는 자연의 모습을 통해 생명력
　을 표현하고 있다.
③ [C] : 대구 형식을 활용하여 화자의 출생을 앞둔 집안의
　분위기를 드러내고 있다.
④ [D] : 화자가 태어난 날의 상황을 구체적으로 서술하여
　출생에 대한 감격을 드러내고 있다.
⑤ [E] : 울음소리에서 연상되는 상반된 의미와 연결하
　여 화자의 이름이 지어진 이유를 제시하고 있다.

<보기>와 선지를 통해 구간별 상황을 추적하며 판단하기

① [A] : 청각의 시각화를 통해 음산한 시적 상황을 조성하고 있다.

➥ 감각적 이미지에 집중해서 어두운 이미지를 찾아야합니다.

> 검정 포대기 같은 까마귀 울음소리 고을에 떠 나지 않고 [A]
> 밤이면 부엉이 괴괴히 울어

➥ '검정 포대기 같은 까마귀 울음소리'에서 청각적 요소(울음소리)를 시각적 이미지(검정 포대기)로 표현하는 청각의 시각화를 확인할 수 있습니다. 또한 '까마귀 울음소리가 고을에 떠나지 않고', '밤이면 부엉이가 괴괴히 울어' 등의 표현과 '상서롭지 못한 세대의 어둔 바람'이라는 구절을 통해 음산한 시적 상황을 효과적으로 조성하고 있습니다. ①번 선지는 적절합니다.

> 남쪽 먼 포구의 백성의 순탄한 마음에도
> 상서롭지 못한 세대의 어둔 바람이 불어오던
> - 융희(隆熙) 2년!

상황 음산함, 상서롭지 못함, 어둔 바람이 불어옴

② [B] : 시대 상황과 대비되는 자연의 모습을 통해 생명력을 표현하고 있다.

➥ 자연은 생명력을 시대 상황은 생명력X를 드러내야 합니다.

> 그래도 계절만은 천 년을 다채(多彩)하여
> 지붕에 박넌출 남풍에 자라고 [B]
> 푸른 하늘엔 석류꽃 피 뱉은 듯 피어

➥ 앞서 묘사된 음산하고 '상서롭지 못한' 시대 상황과 대비되는 자연의 모습을 보여줍니다. '그래도 계절만은 천 년을 다채(多彩)하여'라는 표현에서 부정적 시대 상황과의 대비가 드러나며, '지붕에 박넝쿨 남풍에 자라고', '푸른 하늘엔 석류꽃 피 뱉은 듯 피어'라는 구절에서 자연의 생명력이 감각적으로 표현되고 있습니다.
②번 선지는 적절합니다.

대상 자연물(박넌출, 석류꽃)
상황 어두운 시대

③ [C] : 대구 형식을 활용하여 화자의 출생을 앞둔 집안의 분위기를 드러내고 있다.

➥ 유사한 통사구조를 찾고 그 요소들이 집안을 나타내는지 판단합시다.

> 나를 잉태한 어머니는
> 짐짓 어진 생각만을 다듬어 지니셨고 [C]
> 젊은 의원인 아버지는
> 밤마다 사랑에서 저릉저릉 글 읽으셨다

➥ 어머니와 아버지를 대구 형식을 통해 드러냈습니다. 이는 '~는 / ~셨고'와 '~는 / ~셨다'의 구조적 반복을 통해 어머니와 아버지의 모습을 드러냅니다.
③번 선지는 적절합니다.

대상 어머니, 아버지
상황 화자가 태어나기 전의 집안 분위기

④ [D] : 화자가 태어난 날의 상황을 구체적으로 서술하여 출생에대한 감격을 드러내고 있다.

➥ 구체성과 출생에 대한 감격을 확인합시다.

> 왕고못댁 제삿날 밤 열나흘 새벽 달빛을 밟고 [D]
> 유월이가 이고 온 제삿밥을 먹고 나서

➥ '왕고못댁 제삿날 밤 열나흘 새벽 달빛', '유월이가 이고 온 제삿밥' 등 화자가 태어난 날의 상황을 구체적으로 서술하고 있습니다.

그런데 '출생에 대한 감격'은 보이지 않습니다. 더 읽어봅시다.

> 희미한 등잔불 장지 안에
> 번문욕례 사대주의의 욕된 후예로 세상에 떨어졌나니

➡ 화자의 출신을 '사대주의의 욕된 후예'라고 표현합니다. '출생에 대한 감격'이라고 볼 수 없습니다. 오히려 자신의 출생에 대한 부정적 인식이 드러납니다. '욕된 후예'라는 표현과 '떨어졌나니'라는 부정적 어조는 출생에 대한 감격이 아닌 자조적 태도를 보여주고 있습니다. 따라서 ④번 선지는 적절하지 않습니다.

⑤ [E] : 울음소리에서 연상되는 상반된 의미와 연결하여 화자의 이름이 지어진 이유를 제시하고 있다.

➡ 울음소리의 의미부터 찾고 반대되는지 생각해 봅시다.

> 신월(新月)같이 슬픈 제 족속의 태반을 보고
> 내 스스로 고고(呱呱)의 곡성(哭聲)을 지른 것이
> 아니련만   [E]
> 명(命)이나 길라 하여 할머니는 돌메라 이름 지
> 었다오

➡ 화자가 태어나며 내는 첫 울음소리인 '고고(呱呱)'와 사람이 죽을 때 슬퍼서 크게 우는 소리인 '곡성(哭聲)'을 연결하여 상반된 의미를 드러내고 있습니다. '내 스스로 고고의 곡성을 지른 것이 아니련만'이라는 표현에서 탄생(고고)과 죽음(곡성)이라는 상반된 의미가 연결되며, '명(命)이나 길라 하여 할머니는 돌메라 이름 지었다'는 부정적인 상황 속에서 화자의 이름이 지어진 이유를 제시하고 있습니다. ⑤번 선지는 적절합니다.

상황 부정적인 시대에 화자가 태어남

정답 ④

(나)

담쟁이덩굴이 가벼운 공기에 **업혀** 허공에서
허공으로 이동하고 있다

새가 푸른 하늘에 **눌려** 납작하게 날고 있다

들찔레가 길 밖에서 하얀 꽃을 **버리며**
빈자리를 만들고

사방이 몸을 비워놓은 마른 길에
하늘이 내려와 누런 돌멩이 위에 **얹힌다**

길 한켠 모래가 바위를 **들어올려**
자기 몸 위에 놓아두고 있다

- 오규원, 「하늘과 돌멩이」 -

5 다음은 (나)에 대한 <학습 활동> 과제이다. 이를 수행한
결과로 적절하지 않은 것은? [3점]

· 학습 활동 ·

하늘과 돌멩이는 사물에 대한 우리의 고정관념을 버리
고 새로운 시각으로 사물들을 바라보려고 시도한다. 각
연의 서술어에 주목하여, 이 시에 나타난 새로운 관점을
사물에 대한 고정관념과 비교하여 탐구해 보자.

	사물	사물에 대한 고정관념	서술어	새로운 관점
1연	담쟁이 덩굴	담쟁이덩굴은 벽에 붙어 자란다.	업혀	㉠
2연	새	새는 자유롭게 하늘을 난다.	눌려	㉡
3연	들찔레	들찔레의 꽃이 떨어진다.	버리며	㉢
4연	하늘	하늘은 땅에서 멀리 떨어져 있다.	얹힌다	㉣
5연	모래	모래가 바위 밑에 깔려 있다.	들어올려	㉤

① ㉠ : '업혀'에 주목하면, 담쟁이덩굴은 벽에 붙어 자라
는 것이 아니라 공기를 누르며 수직 상승하는 강
인한 존재로 볼 수 있다.

② ㉡ : '눌려'에 주목하면, 새가 아무 제약 없이 하늘을 나
는 것이 아니라 하늘의 무게를 견디며 나는 것으
로 볼 수 있다.

③ ㉢ : '버리며'에 주목하면, 꽃이 저절로 떨어지는 것이
아니라 들찔레가 스스로 꽃을 떨어뜨리는 것으로
볼 수 있다.

④ ㉣ : '얹힌다'에 주목하면, 하늘은 땅과 멀리 떨어져 있
지 않고 길에 가깝게 내려와 돌멩이 위에 닿는 존
재로 볼 수 있다.

⑤ ㉤ : '들어올려'에 주목하면, 모래는 바위 밑에 깔려 있
지 않고 자신의 힘으로 거대한 바위를 지탱할 수
있는 존재로 볼 수 있다.

학습목표

<보기>와 선지를 통해 작품 해석의 허용 가능성 판단하기

• 학습 활동 •

하늘과 돌멩이는 사물에 대한 우리의 고정관념을 버리고 새로운 시각으로 사물들을 바라보려고 시도한다. 각 연의 서술어에 주목하여, 이 시에 나타난 새로운 관점을 사물에 대한 고정관념과 비교하여 탐구해 보자.

	사물	사물에 대한 고정관념	서술어	새로운 관점
1연	담쟁이덩굴	담쟁이덩굴은 벽에 붙어 자란다.	업혀	㉠
2연	새	새는 자유롭게 하늘을 난다.	눌러	㉡
3연	들찔레	들찔레의 꽃이 떨어진다.	버리며	㉢
4연	하늘	하늘은 땅에서 멀리 떨어져 있다.	얹힌다	㉣
5연	모래	모래가 바위 밑에 깔려 있다.	들어올려	㉤

① ㉠ : '업혀'에 주목하면, 담쟁이덩굴은 벽에 붙어 자라는 것이 아니라 공기를 누르며 수직 상승하는 강인한 존재로 볼 수 있다.

담쟁이덩굴이 가벼운 공기에 업혀 허공에서
허공으로 이동하고 있다

➡ '담쟁이덩굴'이 '가벼운 공기'에 업혀 허공에서 허공으로 이동합니다.

대상 담쟁이덩굴

➡ 지문의 '가벼운 공기에 업혀'에서 선지의 '공기를 누르며'를 허용할 수 있습니다.

그러나 '업혀' 이동하는 존재이기에 '담쟁이덩굴'은 수동적입니다. '업히다'는 주체가 다른 대상에 의지하여 이동하는 수동적인 상태입니다. '업혀' 있는 존재는 스스로의 힘보다 타자(공기)의 힘에 의존하는 것이므로, 이를 '강인한 존재'로 볼 수 없습니다. 따라서 '수직 상승하는 강인한 존재'는 적절하지 않습니다.

①번 선지는 적절하지 않습니다.

② ㉡ : '눌러'에 주목하면, 새가 아무 제약 없이 하늘을 나는 것이 아니라 하늘의 무게를 견디며 나는 것으로 볼 수 있다.

새가 푸른 하늘에 눌려 납작하게 날고 있다

➡ '푸른 하늘에 눌려'라는 표현은 하늘이 무게나 압력을 가하는 존재로 묘사되고 있음을 보여줍니다. <학습 활동>의 고정관념에 의하면, '새'는 자유롭게 날아다니는 존재지만, 해당 작품의 '새'는 하늘의 무게를 견디며 날아다닙니다. ②번 선지는 적절합니다.

③ ㉢ : '버리며'에 주목하면, 꽃이 저절로 떨어지는 것이 아니라 들찔레가 스스로 꽃을 떨어뜨리는 것으로 볼 수 있다.

들찔레가 길 밖에서 하얀 꽃을 버리며
빈자리를 만들고

➡ <학습 활동>의 고정관념에 의하면, '꽃'은 그저 떨어질 뿐(수동)입니다. 그러나 '들찔레가 길 밖에서 하얀 꽃을 버리며'에 주목하면, 들찔레가 스스로 꽃을 버린다고(능동) 볼 수 있습니다. ③번 선지는 적절합니다.

④ ㉣ : '얹힌다'에 주목하면, 하늘은 땅과 멀리 떨어져 있지 않고 길에 가깝게 내려와 돌멩이 위에 닿는 존재로 볼 수 있다.

사방이 몸을 비워놓은 마른 길에
하늘이 내려와 누런 돌멩이 위에 얹힌다

➡ <학습 활동>의 고정관념에 의하면, '하늘'과 땅은 상당한 거리감이 있습니다. 그러나 '하늘이 내려와 누런 돌멩이 위에 얹힌다'에 주목할 경우, 이러한 거리감이 좁혀진 상태를 알 수 있습니다. ④번 선지는 적절합니다.

---

⑤ ㉤ : '들어올려'에 주목하면, 모래는 바위 밑에 깔려 있
　　　지 않고 자신의 힘으로 거대한 바위를 지탱할 수
　　　있는 존재로 볼 수 있다.

> 길 한켠 모래가 바위를 들어올려
> 자기 몸 위에 놓아두고 있다

➡ 〈학습 활동〉의 고정관념에 의하면, '모래'는 바위 밑에
깔려 있는(수동) 존재입니다. 그러나 '길 한켠 모래가 바위
를 들어올려'에 주목할 경우, 자신의 힘으로(능동) 거대한 바
위를 지탱할 수 있는 존재로 볼 수 있습니다.

정답 ①

(나)

노래는 심장에, 이야기는 뇌수에 박힌다
처용이 밤늦게 돌아와, 노래로써
아내를 범한 귀신을 꿇어 엎드리게 했다지만
막상 목청을 떼어 내고 남은 가사는
베개에 떨어뜨린 머리카락 하나 건드리지 못
한다 　[A]
하지만 처용의 이야기는 살아남아
새로운 노래와 풍속을 짓고 유전해 가리라
정간보가 오선지로 바뀌고
이제 아무도 시집에 악보를 그리지 않는다
노래하고 싶은 시인은 말 속에
은밀히 심장의 박동을 골라 넣는다 　[B]
그러나 내 격정의 상처는 노래에 쉬이 덧나
다스리는 처방은 이야기일 뿐
이야기로 하필 시를 쓰며
뇌수와 심장이 가장 긴밀히 결합되길 바란다.

- 최두석, 「노래와 이야기」 -

6 [A], [B]에 대한 이해로 가장 적절한 것은?

① [A]는 '노래'와 '가사'의 융합이 가져온 결과를 보여 준 것이다.

② [A]는 '노래'와 '이야기'가 결합되었을 때 나타나는 단점을 설명한 것이다.

③ [B]는 시인의 '말'에 '이야기'가 직접 연결된 상황을 표현한 것이다.

④ [B]는 '노래'의 성격이 약화된 '말'에 '노래'가 주는 감동을 불어넣는 상황을 보여 준 것이다.

⑤ [A]는 '이야기'의 도입이 지닌 한계를, [B]는 '노래'의 회복이 지닌 의의를 설명한 것이다.

묵묵히 시어 간의 관계 파악하기

노래는 심장에, 이야기는 뇌수에 박힌다

대상 노래 → 심장, 이야기 → 뇌수

처용이 밤늦게 돌아와, 노래로써
아내를 범한 귀신을 꿇어 엎드리게 했다지만
막상 목청을 떼어 내고 남은 가사는   [A]
베개에 떨어뜨린 머리카락 하나 건드리지 못한다

➡️ **목청은 청각적이기에 노래에 대응합니다. 가사는 이야기에 대응합니다. 노래와 분리된 이야기는 아무런 힘이 없습니다.**

대상 목청(노래), 가사(이야기)
상황 노래가 떼어짐

하지만 처용의 이야기는 살아남아
새로운 노래와 풍속을 짓고 유전해 가리라

➡️ **이야기는 새로운 노래와 같이 이어집니다.**

정간보가 오선지로 바뀌고
이제 아무도 시집에 악보를 그리지 않는다

➡️ **무언가 달라졌습니다. 악보는 노래와 연관이 있습니다. 더는 시에 노래가 붙어있지 않나 봅니다.**

대상 악보(노래)

노래하고 싶은 시인은 말 속에   [B]
은밀히 심장의 박동을 골라 넣는다

➡️ **그렇기에 시인은 시에 노래를 붙여넣고 싶어합니다.**

대상 노래(심장의 박동) → 말

그러나 내 격정의 상처는 노래에 쉬이 덧나
다스리는 처방은 이야기일 뿐

➡️ **그러나 노래가 상처를 덧나게 하기에 이야기가 필요합니다.**

대상 노래(문제) → 이야기(해결)

이야기로 하필 시를 쓰며
뇌수와 심장이 가장 긴밀히 결합되길 바란다.

➡️ **시인은 시에 이야기(뇌수)와 노래(심장)가 결합하기를 바랍니다.**

💡 **교훈 • 작품 독해**

이해가 잘되지 않아도 됩니다. 대신 사실적 독해와 추론적 독해를 합시다. 사실적으로 시어들의 의미를 파악한 후, 추론을 통해 연결하면, 해당 시어들이 노래를 의미한다는 것을 알 수 있습니다. 이제 범주를 나눠 봅시다.

시		
A(노래)		B(이야기)
심장	+	뇌수
목청	(지향)	가사
악보		

여기서 시어가 어떤 것을 상징하고 의미하는지 바로 알 수 있나요?

이 작품을 처음 보는 학생들에게 주어진 시간 안에 **이해와 감상**을 하라고 하면 대부분 어려워합니다. 의미에 대해 고민할 동안 시간은 흘러가기에 사실에 대한 인지와 판단을 통해 시어 간의 관계를 파악해야 합니다.

여기에서는 일부러 <보기>를 주지 않고 문제를 풀어보도록 의도했습니다. 학습된 지식을 통한 **이해와 감상**, <보기>를 통한 **이해와 감상**을 하지 않아도 작품에서 제시된 시어들의 관계를 파악하면 풀 수 있는 경우가 있다는 것을 알았으면 하기 때문입니다.

작품을 읽었는데도 무슨 말인지 전혀 **이해**가 되지 않을 수 있습니다. 그럴 때는 당황하지 말고 자신이 할 수 있는 것부터 차근차근 한 다음 문제에 접근해 봅시다.

6 [A], [B]에 대한 이해로 가장 적절한 것은?

정답 ④

① [A]는 '노래'와 '가사'의 융합이 가져온 결과를 보여 준 것이다.

➦ '목청을 떼어 내고 남은 가사'에서 목청이 노래를 의미하는 것을 파악했다면 '노래'와 '가사'는 분리되었음을 알 수 있습니다. 적절하지 않습니다.

② [A]는 '노래'와 '이야기'가 결합되었을 때 나타나는 단점을 설명한 것이다.

➦ ①번과 마찬가지로 '노래'와 '가사'는 분리되었음을 알 수 있습니다. 적절하지 않습니다.

③ [B]는 시인의 '말'에 '이야기'가 직접 연결된 상황을 표현한 것이다.

➦ '노래는 심장에'와 '말 속에 은밀히 심장의 박동을 골라 넣는다'를 연결하면, '말'에 '노래'가 직접 연결된 상황임을 알 수 있습니다.

④ [B]는 '노래'의 성격이 약화된 '말'에 '노래'가 주는 감동을 불어넣는 상황을 보여 준 것이다.

➦ '목청을 떼어 내고 남은 가사'를 통해 '말'에서 '노래'의 성격이 약화됨을 알 수 있고, '노래는 심장에'를 통해 심장에 노래가 박혀 있음을 알 수 있습니다. 이 두 문장을 연결하면 '말 속에 은밀히 심장의 박동을 골라 넣는다'는 '말'에 '노래'가 주는 감동을 불어넣는 상황이라고 볼 수 있습니다. 적절합니다.

⑤ [A]는 '이야기'의 도입이 지닌 한계를, [B]는 '노래'의 회복이 지닌 의의를 설명한 것이다.

➦ [A]는 노래가 떨어져 나가고 '가사'라는 이야기에 해당하는 대상이 남아있습니다. 따라서 '이야기'를 도입했다고 볼 수 없습니다. 이미 이야기가 있기 때문입니다. [B]에는 '노래'의 회복을 바라는 시인의 행위가 있을 뿐 '의의'는 존재하지 않습니다. 적절하지 않습니다.

(다)

아직 서해엔 가보지 않았습니다
어쩌면 당신이 거기 계실지 모르겠기에

그곳 바다인들 여느 바다와 다를까요
검은 개펄에 작은 게들이 구멍 속을 들락거리고
언제나 바다는 멀리서 진펄에 몸을 뒤척이겠지요

당신이 계실 자리를 위해
가보지 않은 곳을 남겨두어야 할까봅니다
내 다 가보면 당신 계실 곳이 남지 않을 것이기에

내 가보지 않은 한쪽 바다는
늘 마음속에서나 파도치고 있습니다

- 이성복, 「서해」 -

7 <보기>를 참고하여 (다)를 이해한 내용으로 적절하지 **않은** 것은? [3점]

> **· 보기 ·**
>
> 「서해」에서 화자는 바다에 다양한 의미를 부여하면서 '당신'에 대한 역설적 태도를 드러낸다.

① 제1연에서 화자가 '서해'에 가 보지 않은 것은 '당신' 때문이야. 화자는 '당신' 때문에 '서해'를 특별한 공간으로 여기는 것이지.

② 제2연에서 '그곳 바다'는 화자가 아직 알지 못하는 바다이고, '여느 바다'는 화자가 알고 있는 바다야. 그런데도 화자는 두 바다가 다르지 않을 것이라고 추측하고 있어.

③ 제2연의 제2~3행에서 화자는 '여느 바다'의 심상을 통해 '그곳 바다'를 추측하고 있어. 그런데 '멀리서'로 보아, 화자와 '당신' 사이에는 어떤 거리감이 있음을 알 수 있어.

④ 제3연에서 '계실 자리'와 '가보지 않은 곳'은 바다를 가리켜. '남겨두어야 할까봅니다'에는 지금은 '당신'에게 갈 수 없지만 나중에라도 가야겠다는 화자의 의지가 담겨 있어.

⑤ 제4연의 '한쪽 바다'는 화자가 '당신'이 계실 것으로 추측하는 곳이야. 그곳은 항상 화자의 마음속에 존재해.

🙌 학습목표

문장 간의 관계를 통해 상황 이해하기

• 보기 •

「서해」에서 화자는 바다에 다양한 의미를 부여하면서 '당신'에 대한 역설적 태도를 드러낸다.

➡ '바다'와 '당신'을 보며 모순되는 태도를 파악합시다.

대상 바다, 당신

7번 문제 풀이 – 작품 흐름 선지 해설

① 제1연에서 화자가 '서해'에 가 보지 않은 것은 '당신' 때문이야. 화자는 '당신' 때문에 '서해'를 특별한 공간으로 여기는 것이지.

> 아직 서해엔 가보지 않았습니다
> 어쩌면 당신이 거기 계실지 모르겠기에

➡ 화자는 서해에 가지 않습니다. 왜죠?
선지에서도 묻고 있습니다. 당신이 거기에 있을 것 같아서 가지 않으니 어떤 특별한 이유가 있나 봅니다.

①번 선지는 적절합니다.

대상 서해, 당신

② 제2연에서 '그곳 바다'는 화자가 아직 알지 못하는 바다이고, '여느 바다'는 화자가 알고 있는 바다야. 그런데도 화자는 두 바다가 다르지 않을 것이라고 추측하고 있어.

> 그곳 바다인들 여느 바다와 다를까요
> 검은 개펄에 작은 게들이 구멍 속을 들락거리고
> 언제나 바다는 멀리서 진펄에 몸을 뒤척이겠지요

➡ 서해는 분명 다른 바다와 다를 바 없을 겁니다. 그런데 거기가 뭐가 특별해서 '당신'이 있을 수 있다고 생각할까요?

②번도 적절합니다.

③ 제2연의 제2~3행에서 화자는 '여느 바다'의 심상을 통해 '그곳 바다'를 추측하고 있어. 그런데 '멀리서'로 보아, 화자와 '당신' 사이에는 어떤 거리감이 있음을 알 수 있어.

➡ 화자가 '당신'이 있을 것으로 추정되는 서해에 가지 않았으니 물리적 거리감이 있습니다.

③번도 적절합니다.

④ 제3연에서 '계실 자리'와 '가보지 않은 곳'은 바다를 가리켜. '남겨두어야 할까봅니다'에는 지금은 '당신'에게 갈 수 없지만 나중에라도 가야겠다는 화자의 의지가 담겨 있어.

> 당신이 계실 자리를 위해
> 가보지 않은 곳을 남겨두어야 할까봅니다
> 내 다 가보면 당신 계실 곳이 남지 않을 것이기에

➡ 화자는 당신을 찾으러 서해를 제외한 모든 바다를 가봤습니다. 그렇기에 서해에 당신이 없음을 확인한다면 당신이 더 이상 존재하지 않는다는 사실을 받아들여야 하기에 가지 않습니다.

<보기>와 연결합시다. 당신이 그립지만 당신이 있을 것으로 여겨지는 서해에 가지 않습니다. 역설적 태도가 드러납니다.

④번은 적절하지 않습니다. 화자가 서해에 가면 당신이 존재하지 않는다는 사실을 확인하게 되기에 나중에라도 가지 않을 겁니다.

---

⑤ 제4연의 '한쪽 바다'는 화자가 '당신'이 계실 것으로 추측하는 곳이야. 그곳은 항상 화자의 마음속에 존재해.

> 내 가보지 않은 한쪽 바다는
> 늘 마음속에서나 파도치고 있습니다

 화자가 가보지 않은 서해는 항상 화자의 마음속에 있습니다.
가지 않을 것이라고 말하지만 마음은 말과 반대됩니다.
당신이 그립나 봅니다.

정서 그리움

⑤번도 적절합니다.

정답 ④

시구, 시행을 그저 한 줄씩 따로따로 받아들이지 말고 문장 간의 관계를 따져서 왜 이런 말을 하는지 생각해 봅시다. 이러한 사고 과정은 비문학의 문장 독해와 다르지 않습니다. 개념들이 제시된 문장들을 읽으며 단어에서 개념을 파악하고, 논리적으로 문장끼리 연결하고, 누적해서 문단으로 받아들입니다. 이렇게 쌓인 문단을 하나의 구역으로 생각하면, 글 전체의 구조에서 이 문단이 어떤 역할을 하는지에 대해 파악 할 수 있습니다. 이것이 수능이 요구하는 비문학의 '이해'입니다. 문학이라고 다를까요?

'아직 서해엔 가보지 않았습니다'
'어쩌면 당신이 거기 계실지 모르겠기에'(이유)

'당신이 계실 자리를 위해 (목적)/ 가보지 않은 곳을 남겨두어야 할까 봅니다(수단)'
'내 다 가보면 당신 계실 곳이 남지 않을 것이기에'(이유)

→ 아하! 화자는 당신이 있을 것으로 여겨지는 서해에 가지 않았는데, 당신이 없다는 현실을 확인하기 싫기 때문이겠어. 이게 바로 <보기>의 역설적 태도라고 볼 수 있겠군.

이처럼 비문학에서 문장의 역할과 문학에서 문장의 역할은 크게 다르지 않습니다. 최대한 사실적으로 읽고 논리적으로 연결해서 <보기>에서 제시한 관점을 붙여 봅시다.

FOCUS

5

고전 문학의 임기응변

어휘를 모르면 포기해야 할까요?

어휘를 모르면 포기해야 할까요?

고전시가에서 어휘는 절대적이라고 볼 수 있습니다. 무슨 말을 하는지 알아야 읽고 풀 수 있기 때문입니다.
그런데 만약 시험장에서 모르는 어휘가 나왔다면 어떻게 해야 할까요?
그저 좌절하고 어휘를 암기하지 못한 자신을 탓하며 그 세트를 포기하는 것이 맞을까요?

만약 정말 중요하고 기초적인 필수 어휘를 놓친 것이라면 어쩔 수 없죠.
그러나 대부분의 학생이 모를 것이라고 생각되는 어휘와 마주했다면, **할 수 있는 모든 것을 활용해서 읽고 풀어야 합니다.**

이 파트에서는 우리가 자주 보는 어휘들의 판단법(해상도 업/다운)과 처음 보는 어휘의 판단을 다룹니다.

해상도 업/다운

자주 보는 어휘들을 정확하게 아는 것이 이상적이지만, 시간이 부족하거나 기억이 나지 않을 때는 해상도를 낮춰 대략적인 의미로 파악하는 전략을 추천합니다.

연하(烟霞): 정확히는 '안개와 노을'이지만, 구체적으로 기억이 안 날 경우 → '자연현상' 또는 '자연물'로 판단
백구(白鷗): 정확히는 '흰 갈매기'이지만, 구체적으로 기억이 안 날 경우 → '흰 새' 또는 '자연물'로 판단

고전시가에서는 정확한 어휘의 의미를 묻기도 하기에 꼼꼼히 공부를 해야 합니다.

그러나 수능은 서술형 시험이 아닙니다.

만약 시험장에서 모르는 어휘가 나온다면 할 수 있는 모든 것을 동원하고 추측해서 선지를 고를 수 있습니다.

이 소단원의 지문 해설은 어휘를 모를 때, 할 수 있는 행동을 위주로 구성했습니다.

1. 문법적 요소로 추측하기
조사(~이, ~을, ~로 등)를 통해 문장에서의 역할을 파악해봅시다.
예) '초야우생이' → 주어, '천석고황을' → 목적어

2. 문맥과 표현법 활용하기
앞뒤 문맥이나 표현법을 통해 의미를 유추해보세요.
예) '연하로 집을 삼고 풍월로 벗을 삼아' → 연하와 풍월은 모두 자연과 관련된 요소

3. 알고 있는 한자 활용하기

초보적인 한자 일부만 알아도 의미 추측이 가능합니다. 특히 계절은요.
예) 春(봄), 風(바람), 秋(가을), 月(달) 등

4. 시의 주제 고려하기

대부분의 고전시가는 자연 친화, 은거/은일, 사랑. 충절, 기행 등의 주제를 다루기에 고정되어 있습니다.
작품의 주제 중 빈출 요소인 자연 친화에 대해서 하나 짚고 갑시다.

자연 친화는 고전시가 출제 1순위입니다. 이 주제를 뚫어내기 위해서 우리는 화자가 어떠한 상황에 부닥쳐 어떠한 반응(정서, 태도)을 보이는지를 파악해야 합니다.

상황을 파악하기 위해서 무엇을 해야 할까요?
먼저 화자가 어떤 공간에 있고 어떤 지향을 가지는지를 주목해야 합니다.

자연을 좋아하는 태도는 무조건 자연에서만 드러낼 수 있나요?

아닙니다. 자연을 좋아하는 것은 속세에서도 할 수 있습니다. 자연이 너무 좋아 자연에 있음에도 불구하고 자연에 대한 예찬을 반복할 수도 있습니다. 또한 자연에서 문득 못다 이룬 꿈에 대한 미련 혹은 임금님에 대한 그리움을 드러내며 속세에 대한 지향이 나타날 수도 있습니다.

이 부분을 가볍게 처리할 방법을 소개하겠습니다.
아래의 표는 공간과 지향을 정리하며 파악하는 방법입니다. 기본 틀은 '어디에서 무엇을 지향하는가'입니다.

독해하며 일관적으로 공간과 지향을 파악한다면 공간 이동을 확인하기에도 쉽고 지향점을 추적해 나가며 속세에 대한 미련이 있는지에 대한 파악도 쉽습니다.

공간과 지향

In 자연	To 자연	강호가도, 강호자연의 주제를 가진 상황입니다. 자연이라는 공간 배경을 찾은 후 지향하는 바를 찾기 위해 시적 대상을 주의 깊게 봅시다. 이 경우 자족적 태도, 달관적 태도, 예찬적 태도, 풍류적 태도{시, 서(서예), 금(노래), 주(술)}가 지배적입니다. 그 결과 한가로움, 합일, 경외, 물아일체, 안빈낙도 등의 정서가 제시됩니다.
	To 속세	임금에 대한 그리움(은퇴 혹은 유배), 속세에서 못다 이룬 청운의 꿈(지위나 벼슬), 유배지에서 떠오르는 고향(부모님과 처자식 등), 후회를 발견했다면 이 경우일 수 있습니다. 이 경우는 내적 갈등이 드러나는 경우가 많습니다. 가끔 자연에 대한 지향과 섞여 나오기도 하니 두 개의 범주가 혼재될 수 있음을 인지해야 합니다.
In 속세	To 자연	어지러운 속세에 지쳐 자연에 가려고 하거나 언젠가 가고 싶다고 표현할 때 지금 화자가 어디에 있는지 점검하시길 바랍니다. 언젠가 자연으로 가고 싶다고 한다면 현재 화자는 어디에 있는 걸까요? 현재 속세에 있는데 비판적 태도나 도피적 태도를 가지고 있는 경우에 이렇게 판단해 봅시다.
	To 속세	잘 먹고 잘 산다는 것을 자랑하는 경기체가가 있긴 하지만 중요도가 떨어집니다.

그렇다면 자연과 속세는 각각 어떤 속성을 가지고 있을까요?
자연과 속세에 대한 정리를 가볍게 하고 갑시다.

자연(청산, 녹수)	↔	속세(홍진, 진세)
무심, 무욕, 소박	특징	갈등, 다툼, 시기, 질투, 사치
영원함	시간	인간의 유한성 → 무상감
청산(푸른색), 녹수(녹색)	색체 이미지	홍진(붉은색)

이번에는 자연의 종류입니다. 조선시대의 사대부들은 자연을 관념적 대상으로 삼거나 생활의 공간으로 삼는 경우가 많습니다. 잠깐 아래의 20년도 9월 관동별곡 지문의 <보기>를 보고 갑시다.

사대부들은 하늘의 이치가 자연에 구현된 것이었다고 보았기에 자연의 미를 관념적으로 형상화하였다고 합니다. 관념적 자연이라는 뜻은 상상 속의 자연이라는 뜻입니다. 이와 달리 상상이 아닌 현실 그 자체를 사실감 있게 묘사를 하는 경우가 있습니다. 위의 <보기>에 소개된 관동별곡입니다. 물론 관동별곡에도 관념적인 자연이 제시가 되어있겠지만 생동감이 느껴지는 자연 그 자체를 묘사했다는 점에서 의의가 있습니다. 특히 사회적 책무와 이상적 인간상은 그저 자연에 대한 묘사에서 그치지 않고 작가 개인만의 의미를 부여했다고 볼 수 있겠습니다.

자연	
관념적 자연	현실적 자연
• 천리(天理)가 구현된 이상적 공간으로 인식	• 실제 거주하고 생활하는 현실적 공간
• 실제 자연을 관념적으로 해석하고 형상화	• 일상적인 삶이 이루어지는 구체적 장소
• 자연을 통해 도덕적 가치나 이념을 표현	• 농사나 은거 등 실제적인 활동이 이루어지는 곳
• 자연을 통해 이상적 인간상을 모색	• 사실적이고 생동감 있는 묘사가 나타남

평소에 공부하다보면 사대부들이 자연을 거닐며 풍류적 태도를 드러낼 때 어떠한 패턴이 있다는 것을 눈치채지 않으셨나요?
몰랐다면 여기서 가볍게 다루고 가봅시다.
사대부가 자연의 흥취를 완상하며 풍류(시, 서, 금, 주)를 즐길 때는 유사한 순서를 지키며 흘러갑니다.

자연 발견	계절의 변화와 자연현상 인지
완상	발견한 자연을 섬세하게 관찰하고 감상
흥취	자연에서 느끼는 감흥이 고조
풍류	시·서·금·주 등으로 그 감흥을 표현
자족	신선이나 무릉도원에 비유하며 만족감 표출

고전시가에 등장하는 '자연'은 막연한 산수가 아니라, 구체적인 삶의 현장인 농촌과 어촌으로 제시되기도 합니다.
이때 화자가 해당 공간과 인물을 바라보는 태도를 구별해야 합니다.

1. 농촌: 풍류, 생업 혹은 교화와 훈계의 공간

조선은 농업을 국가의 근본(농자천하지대본)으로 삼았기에 농촌은 매우 중요한 공간이었습니다. 따라서 사대부 화
자가 농촌을 배경으로 할 때는, 농민들의 노고를 위로하거나 유교적 윤리(근면, 효도 등)를 가르치려는 '훈계적 태도'
를 보이는 경우가 많습니다.

2. 어촌: 풍류와 은일 혹은 생업의 공간

어촌에는 고기를 잡는 어부가 등장합니다. 여기서 우리는 '진짜 어부'와 '가짜 어부'를 구별해야 합니다.
정말 생업을 위한 어부들도 있겠지만 사대부들이 어부 행세를 하며 자연을 즐기고 있을 수도 있습니다.
이때의 사대부들을 가어옹이라고 부릅니다.

(1) 가어옹(假漁翁): 가짜 어부 (사대부의 자아)
가어옹이란 가짜 어부라는 뜻으로 속세를 떠나 강호에 은거하며, 낚시를 핑계 삼아 자연을 즐기는 사대부를 뜻합니
다. 생계를 위해 물고기를 잡는 것이 목적이 아닙니다. 이들에게 낚시는 시를 읊고 술을 마시며 심신을 수양하는 풍
류의 수단일 뿐입니다. 어촌의 삶을 이상화하여 탈속적, 풍류적, 관조적 태도가 주를 이룹니다. (대부분의 강호한정
가가 여기에 속합니다.)

(2) 진어옹(眞漁翁): 진짜 어부 (생활인)
반면 진어옹(진짜 어부)의 작품은 실제 어부들의 고된 노동을 사실적으로 묘사한 경우가 많습니다.
따라서 현실적 고충이 드러난 경우가 많습니다. 사대부의 시선에서 그려지더라도, 노동의 고단함이나 가난과 같은 삶
의 애환이 사실적으로 묘사됩니다.

자연		
농촌	어촌	
	진어옹	가어옹(사대부)

• 월령체(농가월령가)
• 훈계적 성격
• 농촌의 실제 생활상(농가, 농가구장, 농부가, 저곡전가팔곡)
  탐관오리에 대한 비판(갑민가, 향산별곡, 거창가, 산민)
• 시적 화자의 태도(백성을 교화하려는 사대부의 관점, 유배를
  와서 드러내는 후회-만언사)
	• 실제 어부의 삶
	• 현실적 고충과 애환
	
	예) 정약용, 「탐진어가」
		• 이상화된 자연 속 삶
		• 은거와 풍류
		• 자연친화
		• 탈속적 가치관
		
		예) 이현보, 「어부단가」,
		  윤선도, 「어부사시사」

(가)

동녁 두던 밧긔 크나큰 너븐 들히
만경(萬頃) 황운(黃雲)이 흔 빗치 되야 잇다
중양이 거의로다 **내노리 ᄒ쟈스라**
블근 게 여믈고 눌은 둙기 술져시니
술이 니글션정 버디야 업술소냐
전가(田家) 흥미는 날로 기퍼 가노매라
살여흘 긴 몰래예 **밤블이 불가시니**
㉠ 게 잡는 아히돌이 그믈을 흣텨 잇고
호두포* 엔 구븨예 **아젹믈이 미러오니**
㉡ 둧둔비 애내성(欸乃聲)*이 고기 ᄑᆞ는 댱시로다
경(景)도 됴커니와 **생리(生理)라 괴로오랴**

(중략)

어와 이 청경(淸景) 갑시 이실 거시런들
적막히 다든 문애 **내 분으로 드려오랴**
사조(私照)* 업다 호미 거즌말 아니로다
㉢ 모재(茅齋)*예 빗쵠 빗치 옥루(玉樓)라 다룰소냐
청준(淸樽)을 밧쎄열고 큰 잔의 ᄀᆞ둑 브어
㉣ 죽엽(竹葉) ᄀᆞᄂᆞ 술롤 둘빗 조차 거후로니
표연흔 일흥(逸興)이 져기면 ᄂᆞ리로다
이적선(李謫仙) 이려ᄒᆞ야 둘을 보고 밋치닷다
춘하추동애 경물이 아름답고
주야조모(晝夜朝暮)애 완상이 새로오니
㉤ 몸이 한가ᄒᆞ나 귀 눈은 겨룰 업다
여생이 언마치리 백발이 날로 기니
세상 공명은 계륵이나 다룰소냐
ⓐ 강호 어조(魚鳥)애 새 밍세 깁퍼시니
옥당금마(玉堂金馬)*의 몽혼(夢魂)*이 섯긔엿다
초당연월(草堂煙月)의 시룸업시 누워 이셔
촌주강어(村酒江魚)로 장일취(長日醉)롤 원(願)ᄒᆞ
노라
이 몸이 이러구롬도 역군은(亦君恩)이샷다

- 신계영, 「월선헌십육경가」 -

* 호두포 : 예산현의 무한천 하류.
* 애내성 : 어부가 노를 저으면서 부르는 노랫소리.
* 사조 : 사사로이 비춤.
* 모재 : 띠로 지붕을 이어 지은 집.
* 옥당금마 : 관직 생활.
* 몽혼 : 꿈.

1 ㉠~㉤에 대한 정오를 판단하라.

① ㉠에는 전원에서의 생활상이 나타난다.

② ㉡에는 한가로운 자연 속 흥취가 나타난다.

③ ㉢에는 자연현상에서 연상된 그리움의 대상이 나타난다.

④ ㉣에는 운치 있는 풍류의 상황이 나타난다.

⑤ ㉤에는 변화하는 자연에서 얻는 즐거움이 나타난다.

2 <보기>를 바탕으로 [A]를 감상한 내용으로 적절하지 않은 것은? [3점]

> • 보기 •
>
> 17세기 가사 「월선헌십육경가」는 월선헌 주변의 16경관을 그린 작품으로 자연에서의 유유자적한 삶을 읊으면서도 현실적 생활 공간으로서의 전원에 새롭게 관심을 두었다. 그에 따라 생활 현장에서 볼 수 있는 풍요로운 결실, 여유로운 놀이 장면, 그리고 생업의 현장에서 느끼는 정서 등을 다양한 표현 방법을 통해 현장감 있게 노래했다.

① 전원생활에서 목격한 풍요로운 결실을 '만경 황운'에 비유해 드러냈군.
② 전원생활 가운데 느끼는 여유를 '내노리 ᄒᆞ쟈스라'와 같은 청유형 표현을 통해 드러냈군.
③ 전원생활의 풍족함을 여문 '블근 게'와 살진 '눌은 돍'과 같이 색채 이미지에 담아 드러냈군.
④ 전원생활에서의 현장감을 '밤블이 볼가시니'와 '아젹믈이 미러오니'와 같은 묘사를 활용해 드러냈군.
⑤ 전원생활의 여유를 즐기면서도 생업의 현장에서 느끼는 고단함을 '생리라 괴로오랴'와 같은 설의적인 표현으로 드러냈군.

3 ⓐ에 대한 내용으로 가장 적절한 것은?

① ⓐ는 '내'가 '강호'에서의 은거를 긍정하지만 정치 현실에 미련이 있음을 나타낸다.
② ⓐ는 '내'가 '강호'에서의 은거를 마치고 정치 현실로 복귀하려는 의지를 나타낸다.
③ ⓐ는 '내'가 '강호'에서 경치를 완상하며 정치 현실의 번뇌를 해소하려는 자세를 나타낸다.
④ ⓐ는 '내'가 '강호'에서 늙어 감에 체념하면서도 정치 현실을 지향함을 나타낸다.
⑤ ⓐ는 '내'가 '강호'에서 임금께 맹세하며 정치 현실의 이상을 실현하려는 태도를 나타낸다.

맥락으로 고전 어휘의 부족함을 보완하는 임기응변 능력 기르기

> 동녘 두던 밧긔 크나큰 너븐 들히

해상도 업 : 동녘 둔덕(언덕) 밖에 크나큰 넓은 들에
해상도 다운 : 동쪽 넓은 들에

➡ '두던'이라는 단어가 생소하더라도 동쪽의 넓은 들임을 파악할 수 있습니다.

> 만경(萬頃) 황운(黃雲)이 흔 빗치 되야 잇다

해상도 업 : 넓은 누런 구름(누렇게 익은 벼)이 한 빛이 되어 있다.
해상도 다운 : 황운이 한 빛이 되어 있다.

➡ 벼가 익어 황금빛으로 물들었다는 묘사를 통해 가을이라는 계절적 배경을 알 수 있습니다.

> 중양이 거의로다 내노리 ᄒᆞ쟈스라

해상도 업: 중앙이 거의로다 냇놀이(고기잡이) 가자꾸나
해상도 다운: 냇놀이 가자

➡ '중양'이라는 절기를 모르더라도 앞에서 가을임을 파악했다면 충분합니다. 화자는 냇가에서 놀자고 제안하고 있습니다.

> 블근 게 여믈고 눌은 돍기 슬져시니

해상도 업 : 붉은 게 여물고 늙은 달이 살져있으니

해상도 다운 : 게와 닭을 통해 풍요로움을 드러내네 가을
인가?

➡ 대구법을 통해 자연물들이 풍요로운 모습을 강조합니다.
가을은 쓸쓸함보다 풍요로움의 계절로 그려집니다. 게와 닭
이 살진 것은 먹을 것이 풍족함을 의미합니다.

술이 니글선정 버디야 업술소냐

해상도 업 : 술이 익을망정 벗이야 없을쏘냐
해상도 다운 : 술이 익어서 풍요롭다.

➡ 설의법을 사용하여 친구가 있음을 강조한다. 술과 친구가
함께 언급되어 풍류적 태도가 드러납니다. 앞에 언급된
게와 닭은 안주로 볼 수 있습니다.

전가(田家) 흥미는 날로 기퍼 가노매라

해상도 업 : 전가(농가)의 흥미는 날로 깊어가는구나
해상도 다운 : 자연에서 흥이 깊어감

➡ 풍류적 태도로 자연을 즐기는 모습이 드러납니다.

상황 In 자연(전가) → To 자연(풍류적 태도)

살여흘 긴 몰래예 밤블이 볼가시니

해상도 업 : 살여울 긴 모래에 밤불이 밝았으니
해상도 다운 : 밤이다.

➡ '살여울'(물살이 깊고 빠른 여울), '밤불'(밤에 불을 켜고
고기 잡는 모습)이라는 용어를 몰라도 작품의 시간적 배경이
밤이라는 것을 알 수 있습니다. 앞서 상황을 파악 해두고,
시적 전환이 없는 한, 그 상황을 유지하고 읽어 나갑시다.

게 잡는 아히둘이 그물 을 훗텨 잇고

해상도 업: 게 잡는 아이들이 그물을 흩어 있고
해상도 다운: 아이들이 게를 잡으니 바다겠지

호두포* 엔 구븨예 아젹믈이 미러오니

해상도 업 : 호두포 먼 굽이에 밀물이 밀려오니
해상도 다운 : 바다에서 뭐가 밀려오네

➡ '아젹물'은 밀물을 의미합니다. 그러나 이러한 세부적인
어휘를 모른다고 하여 문제를 푸는 데 큰 지장은 없습니다.

돗돈 비 애내성(欸乃聲)이 고기 푸는 댱시로다

해상도 업 : 돗단 배 어부 노랫소리가 고기 파는 장사로다.
해상도 다운 : 자연에서 무언가를 하나봐

경(景)도 됴커니와 생리(生理)라 괴로오랴

해상도 업 : 경치도 좋거니와 생활이 괴로우랴
해상도 다운 : 자연이 좋으니 생활이 괴로울 리가 없지

➡ 설의법을 통해 자연에서의 생활이 괴롭지 않음을 강조
합니다.
아름다운 경치 속에서 생활하는 즐거움이 드러납니다.

(중략)

어와 이 청경(淸景) 갑시 이실 거시런돌

해상도 업 : 아아 이 맑은 경치가 값이 있었다면
해상도 다운 : 자연에 값이 있다면

적막히 다든 문애 내 분으로 드려오랴

해상도 업 : 적막히 닫은 문에 내 분수로 들어왔겠는가?
해상도 다운 : 내가 여기 들어올 수 있었을까

🔹 자연에 값이 있었다면 자신의 능력으로는 가질 수 없다고 합니다. 그만큼 자연의 경치가 뛰어난가 봅니다. 예찬적 태도가 드러납니다.

상황 In 자연(전가) → To 자연(풍류적, 예찬적 태도)

사조(私照)* 업다 호미 거즌말 아니로다

해상도 업 : 사조가 없다 하니 거짓말이 아니로다.
해상도 다운 : 뭐가 없다는게 거짓말이 아니래

🔹 이중부정을 사용하여 '사사로이 비추는 빛이 없다'는 말이 진실임을 강조합니다.

모재(茅齋)에 빗쵠 빗치 옥루(玉樓)라 다룰소냐

해상도 업 : 초가집 처마에 비친 빛이 옥루라고 다룰쏘냐
해상도 다운 : 옥루? 임금 있는 곳 아냐?

🔹 설의법을 통해 초가집의 빛과 임금이 계신 옥루(궁궐)의 빛이 다르지 않음을 보여줍니다. 자연에 만족하면서도(In 자연 → To 자연) 임금이 계신 곳을 언급함으로써 자연 지향 속에서도 임금에 대한 충성심이 드러납니다.

청준(清樽)을 밧쎄 열고 큰 잔의 ㄱ득 브어

해상도 업 : 맑은 술동이 바삐 열고 큰 잔에 가득 부어
해상도 다운 : 뭘 잔에 가득 붓네

죽엽(竹葉) ㄱ는 술룰 둘빗 조차 거후로니

해상도 업 : 죽엽주 맑은 술을 달빛 좇아 기울이니
해상도 다운 : 술이었구나. 풍류적 태도겠다. 달빛이니 밤.

🔹 시간적 배경은 여전히 밤입니다.

표연흔 일흥(逸興)이 져기면 눌리로다

해상도 업 : 가벼운 흥겨움에(잘하면 신선되어) 날겠구나
해상도 다운 : '흥'이 나왔으니 풍류를 드러내고 있겠지.

🔹 가벼운 흥취에 신선이 되어 날아갈 것 같다는 표현은 자연 속에서 느끼는 행복감이 극에 달했음을 보여줍니다.

실전에서는 완벽하게 해석을 못 해도 됩니다. 우리는 이미 화자의 풍류적 태도를 파악해 두었으니 시적 전환이 나오지 않는 한, 이 태도가 유지됨을 알고 있습니다.

이적선(李謫仙) 이려ᄒ야 둘을 보고 밋치닷다

해상도 업 : 이적선(이태백)이 이래서 달을 보고 미쳤구나
해상도 다운 : 달을 보고 미쳤데

🔹 이태백(당나라 시인)이 달에 미쳤다는 고사를 언급합니다. 이태백은 술을 즐기며 자연을 예찬한 시인으로, 달을 보고 감흥에 빠진 화자의 상태를 비유적으로 표현하고 있습니다.

➕ 이태백은 두보와 함께 거론되는 중국의 유명한 시인입니다. 이적선이라는 별명은 글을 너무 잘 써서 하늘나라에서 귀양 온 신선이 아니냐며 붙여졌다고 합니다. 술을 좋아했던 이태백이 강에서 뱃놀이를 즐기던 도중, 강물에 비친 달을 잡으려다 물에 빠져 죽었다는 전설이 존재하기에 달을 예찬할 때 이적선이 자주 언급됩니다.

춘하추동애 경물이 아름답고

해상도 업 : 봄, 여름, 가을, 겨울에 경물이 아름답고
해상도 다운 : 일년내내 자연이 아름답고

주야조모(晝夜朝暮)애 완상이 새로오니

해상도 업 : 낮, 밤, 아침, 저녁에 즐겨 감상함이 새로우니
해상도 다운 : 자연 예찬

➡ 여전히 자연을 예찬 중입니다.
자연이 일 년 내내 아름답고, 하루 종일 새롭다고 합니다.

> **상황** In 자연(전가) → To 자연(풍류적, 예찬적 태도)

몸이 한가ㅎ나 귀 눈은 겨룰 업다

해상도 업 : 몸은 한가하지만 귀와 눈은 겨를(틈)이 없다.
해상도 다운 : 자연에서 뭐 한가롭게 놀겠지

여생이 언마치리 백발이 날로 기니

해상도 업 : 남은 생이 얼마이리 백발이 날로 길어가니
해상도 다운 : 나이가 들었네

세상 공명은 계륵이나 다룰소냐

해상도 업 : 세상의 공명은 계륵이나 다름없다.
해상도 다운 : 공명이면 속세의 가치고... 이게 계륵이라고 하네?

➡ '계륵'(계륵: 먹자니 아깝고 버리자니 아까운 닭의 다리)이라는 표현에서 화자의 내적 갈등을 읽을 수 있습니다. 세상의 명예나 공명에 대한 미련과 회의가 공존합니다.

> **상황** In 자연 → To 자연(풍류적, 예찬적 태도)+속세
> (공명에 대한 미련)

강호 어조(魚鳥)애 새 밍셰 깁퍼시니

해상도 업 : 강호에서 물고기와 새에 새 맹세가 깊었으니
해상도 다운 : 자연에서 새로운 맹세를 함

(In 자연 → To 자연)

옥당금마(玉堂金馬)의 몽혼(夢魂)이 섯긔엿다

해상도 업 : 관직 생활의 꿈이 희미해졌다.
해상도 다운 : 관직 생활의 꿈이 섯긔엿다.

➡ 화자가 관직에 대한 미련을 완전히 버리지 못했음을 앞선 '계륵'을 통해 알 수 있습니다. 자연을 지향하면서도 관직에 대한 미련이 남아있는 내적 갈등을 보여줍니다.

> **상황** In 자연 → To 자연(풍류적, 예찬적 태도)+속세
> (공명, 관직에 대한 미련), 내적 갈등

➕ '섯긔엿다'는 '성기다'의 옛말로 해석됩니다. '성기다'는 '물건 사이가 뜨다, 반복 횟수가 뜨다, 친밀하지 않다, 희미하다' 등 드물고 희미한 상태를 뜻하는 말입니다. 따라서 '성긔다'의 의미는 '희미해지다, 듬성듬성하게 남다'로 풀이됩니다. 옥당금마의 옛 꿈이 이제는 아련하고 희미해졌다고

볼 수 있습니다. 이때, '꿈이 희미해졌다'를 '아주 없어진 게 아니라 희미하게나마 존재한다'는 논리를 통해, '미련의 잔존'이라는 결론을 내릴 수 있습니다.

하지만 앞서 제시된 '계륵'으로 화자의 내적 갈등을 파악하고 갔다면 '섯긔엿다'에서 결국 내적 갈등을 겪고 있다는 것을 확정짓고 갈 수 있습니다.

즉, 화자는 세속적 공명에 대한 완전한 미련을 떨쳐내지 못한 채 자연 속 삶을 선택한 것으로, 내면에는 갈등이 여전히 잔존하고 있습니다.

> 초당연월(草堂煙月)의 시롬업시 누워 이셔

해상도 업 : 초당의 달빛 아래 걱정 없이 누워있어
해상도 다운 : 자연에서 걱정이 없음

상황 In 자연 → To 자연

🔹 그럼에도 불구하고 작품 전체는 점차 자연에 대한 지향으로 수렴하며, 결과적으로 자연 속 삶을 긍정하는 방향으로 화자의 심리가 기울어감을 보여줍니다.

> 촌주강어(村酒江魚)로 장일취(長日醉)를 원(願)ᄒ노라

해상도 업 : 시골의 거친 술과 물고기 안주로 하루종일 취해 있기를 원하노라
해상도 다운 : 자연에서 걱정이 없음

🔹 촌주강어나 장일취를 몰라도(In 자연 → To 자연)의 상황은 유지됩니다.

> 이 몸이 이러구롬도 역군은(亦君恩)이샷다

해상도 업 : 이 몸이 이렇게 굶도 역군은(임금의 은혜)이다.
해상도 다운 : 자연에서 있는 것도 임금님 덕분임

🔹 자연에서 유유자적하는 것도 임금의 은혜라고 표현함으로써 유교적 충의 관념을 보여줍니다. 자연 지향 속에서도 임금에 대한 충성심이 드러납니다.(In 자연 → To 자연+속세)

1 ㉠~㉤에 대한 정오를 판단하라.

① ㉠에는 전원에서의 생활상이 나타난다.

정답 ○

➲ 전가 흥미가 날로 깊어진다는 표현 이후에 구체적 생활상이 드러났습니다. 그 부분이 ㉠입니다.

② ㉡에는 한가로운 자연 속 흥취가 나타난다.

정답 ○

➲ 돛단배와 노랫소리가 들리기에 한가롭다고 볼 수 있습니다.

③ ㉢에는 자연현상에서 연상된 그리움의 대상이 나타난다.

정답 ○

➲ 옥루는 임금이 계신 곳입니다. 자연에 만족하면서도(In 자연 → To 자연) 임금이 계신 곳을 언급함으로써 자연 지향 속에서도 임금에 대한 충성심이 드러납니다.

④ ㉣에는 운치 있는 풍류의 상황이 나타난다.

정답 ○

➲ 풍류의 상황을 묻는다면 시, 서, 금, 주를 찾아봅시다.

⑤ ㉤에는 변화하는 자연에서 얻는 즐거움이 나타난다.

정답 ○

➲ '춘하추동애 경물이 아름답고 주야조모애 완상이 새로오니'를 통해 자연이 아름답고 매번 새롭다는 것을 알 수 있습니다. 계속 변화하기에 매번 새로운 것입니다.

2 <보기>를 바탕으로 [A]를 감상한 내용으로 적절하지 않은 것은? [3점]

정답 ⑤

• 보기 •

17세기 가사 「월선헌십육경가」는 월선헌 주변의 16경관을 그린 작품으로 자연에서의 유유자적한 삶을 읊으면서도 현실적 생활 공간으로서의 전원에 새롭게 관심을 두었다. 그에 따라 생활 현장에서 볼 수 있는 풍요로운 결실, 여유로운 놀이 장면, 그리고 생업의 현장에서 느끼는 정서 등을 다양한 표현 방법을 통해 현장감 있게 노래했다.

➲ 화자는 자연에서의 한가로움을 드러내며 자연을 생활의 공간으로 묘사합니다.

① 전원생활에서 목격한 풍요로운 결실을 '만경 황운'에 비유해 드러냈군.

➲ '만경(萬頃) 황운(黃雲)'은 넓은 들판에 가득 익은 황금빛 벼를 구름에 비유한 표현입니다. 이를 통해 가을 추수를 앞둔 전원의 풍요로운 결실을 형상화하고 있습니다.

② 전원생활 가운데 느끼는 여유를 '내노리 ᄒᆞ쟈스라'와 같은 청유형 표현을 통해 드러냈군.

➲ '중양이 거의로다 내노리 ᄒᆞ쟈스라'에서 '~하자꾸나'라는 청유형 표현은 화자가 다른 이에게 함께 냇놀이를 가자고 제안하는 모습을 보여줍니다. 이는 농사일에 쫓기지 않고 여유롭게 놀이를 즐길 수 있는 전원생활의 한가로움을 반영하며, 청유형 표현을 통해 그 여유로움이 더욱 강조됩니다.

③ 전원생활의 풍족함을 여문 '블근 게'와 살진 '눌은 닭'과 같이 색채 이미지에 담아 드러냈군.

➲ '블근 게 여믈고 눌은 닭기 술져시니'에서 '블근 게'는 색채 이미지를 직접적으로 드러내며, '눌은 닭'은 살이 쪄있다는 표현과 함께 풍족함을 시각적으로 전달합니다. 이 두 자연물이 각각 '여믈고', '살쪄있다'는 표현을 통해 가을철 전원생활의 풍족함이 감각적으로 형상화되고 있습니다.

④ 전원생활에서의 현장감을 '밤블이 불가시니'와 '아젹 믈이 미러오니'와 같은 묘사를 활용해 드러냈군.

➡️ '살여흘 긴 몰래예 밤블이 불가시니'와 '호두포엔 구 예 아 믈이 미러오니'는 각각 시각적 이미지(밤블이 밝게 빛나는 모습)와 역동적 이미지(밀물이 밀려오는 모습)를 통해 전원생활의 현장감을 드러냅니다.

⑤ 전원생활의 여유를 즐기면서도 생업의 현장에서 느끼 는 고단함을 '생리라 괴로오랴'와 같은 설의적인 표현 으로 드러냈군.

➡️ 적절하지 않습니다. '경(景)도 됴커니와 생리(生理)라 괴 로오랴'는 설의법을 사용하여 '경치도 좋은데 생활이 괴롭 겠느냐'라는 의미를 전달하고 있습니다. 이는 생업의 고단 함이 아니라 오히려 자연 속에서의 생활이 괴롭지 않음을 강조하는 표현입니다.

또한 〈보기〉에 의하면 작품은 '풍요'와 '여유'를 드러내며 생업에 대한 정서를 제시한다고 했습니다. 지문에서 화 자는 게를 잡는 아이들과 물고기를 파는 어부의 모습을 통 해 생업의 고단함이 아닌 풍요로움과 여유로움을 느끼고 있 습니다. 따라서 생업의 현장에서 고단함을 느낀다는 ⑤번 선지는 적절하지 않습니다.

3 ⓐ에 대한 내용으로 가장 적절한 것은?

정답 ①

① ⓐ는 '내'가 '강호'에서의 은거를 긍정하지만 정치 현실 에 미련이 있음을 나타낸다.

➡️ '강호 어조(魚鳥)애 새 밍세 깁퍼시니'는 자연에서의 은거를 긍정하는 태도를 드러냅니다. 그러나 이 구절의 전 후 맥락을 함께 살펴볼 필요가 있습니다. '세상 공명은 계 극이나 다룰소냐'라는 표현으로 공명에 대한 미련과 회 의가 공존하는 내적 갈등을 드러냈고, 바로 뒤에는 '옥당 금마(玉堂金馬)의 몽혼(夢魂)이 섯긔엿다'라고 하여 관직 생활에 대한 꿈이 완전히 사라지지 않았음을 드러냅니다.

이러한 구성 속에서 ⓐ는 자연과의 맹세를 다짐하면서 도, 여전히 정치 현실에 대한 미련이 공존하는 복합적인 심리 상태를 나타내고 있습니다. 따라서 해당 선지는 적 절합니다.

② ⓐ는 '내'가 '강호'에서의 은거를 마치고 정치 현실로 복귀하려는 의지를 나타낸다.

➡️ '강호 어조(魚鳥)애 새 밍세 깁퍼시니'는 자연에서 계 속 머물겠다는 의지를 표현한 것입니다. 그리고 정치 현실로 복귀하려는 의지가 아니라 그에 대한 미련만 남아있음을 드러냅니다.

③ ⓐ는 '내'가 '강호'에서 경치를 완상하며 정치 현실의 번뇌를 해소하려는 자세를 나타낸다.

➡️ '세상 공명은 계극이나 다룰소냐'라는 표현으로 공명에 대한 미련과 회의가 공존하는 내적 갈등을 드러냈고, 바로 뒤에는 '옥당금마(玉堂金馬)의 몽혼(夢魂)이 섯긔엿다'라 고 하여 관직 생활에 대한 꿈이 완전히 사라지지 않았음 을 드러냅니다.

④ ⓐ는 '내'가 '강호'에서 늙어 감에 체념하면서도 정치 현실을 지향함을 나타낸다.

➡️ ⓐ에 늙어 감에 대한 체념이 존재하지 않습니다. '여 생이 언마치리 백발이 날로 기니'에서 화자가 늙어감을 언급하지만, 이는 체념보다는 남은 생을 남은 생을 어떻게 보낼지에 대한 고민의 맥락에서 등장합니다.

⑤ ⓐ는 '내'가 '강호'에서 임금께 맹세하며 정치 현실의 이상을 실현하려는 태도를 나타낸다.

➡️ '강호 어조(魚鳥)애 새 밍세 깁퍼시니'에서 화자의 맹 세 대상은 임금이 아니라 강호의 물고기와 새들입니다. 이 는 자연과의 유대를 깊게 하겠다는 다짐이지, 임금에게 맹세하거나 정치적 이상을 실현하겠다는 의지와는 거리가 있습니다. 작품의 마지막 부분에서 '이 몸이 이러구롬도 역 군은(亦君恩)이샷다'라고 임금의 은혜를 언급하기는 하 지만, 이는 자연에서의 유유자적한 삶도 임금의 은혜라는 유 교적 충의 관념을 드러낸 것이지, 정치 현실에서 이상을 실 현하겠다는 의지와는 다릅니다.

고전 시가에서 어휘의 정확한 학습은 작품 해석의 근간이 됩니다. 그러나 이는 모든 단어의 의미를 모르면 반드시 틀려야 한다는 것을 의미하지는 않습니다. 수능과 같은 시험에서는 특정 고어나 한자어의 의미를 몰라도 문맥과 전체적인 흐름을 통해 작품의 주제 의식과 화자의 태도를 추론해 낼 수 있습니다.

이 작품에서도 한두 가지 핵심 어휘를 몰라도 다른 표현을 통해 적극적으로 화자의 심리와 주제를 판단해 낼 수 있습니다. '섯긔엿다'의 정확한 의미를 몰라도 '계록'이라는 표현에서 화자의 내적 갈등을 읽어낼 수 있었던 것처럼, 시험장에서는 추론해서라도 정답을 맞혀내는 접근이 필요합니다. 때로는 곁가지를 통해서라도 작품의 본질에 접근하는 태도가 필요합니다.

그럼에도 불구하고 고전 어휘를 꼭 공부해야 합니다. 여기서 언급한 방법론은 실전에서 임기응변을 위한 것입니다.

(가)

이 몸 삼기실 제 님을 조차 삼기시니
ᄒᆞᆫ싱 **연분(緣分)**이며 **하ᄂᆞᆯ** 모를 일이런가
나 ᄒᆞ나 **졈어 잇고** 님 ᄒᆞ나 날 괴시니
이 ᄆᆞᆷ 이 ᄉᆞ랑 견졸 ᄃᆡ **노여** 업다
평싱(平生)애 원(願)ᄒᆞ요ᄃᆡ ᄒᆞᆫ ᄃᆡ 녜쟈 ᄒᆞ얏더니
늙거야 므ᄉᆞ 일로 외오 두고 그리ᄂᆞᆫ고
엇그제 님을 뫼셔 광한뎐(廣寒殿)의 올낫더니
그 더ᄃᆡ 엇디ᄒᆞ야 하계(下界)예 ᄂᆞ려오니
올 저긔 비슨 머리 헛틀언 디 삼 년일쇠
연지분(臙脂粉) 잇ᄂᆞ마는 눌 위ᄒᆞ야 고이 ᄒᆞᆯ고
ᄆᆞ음의 미친 실음 텹텹(疊疊)이 ᄡᅡ혀 이셔
짓ᄂᆞ니 한숨이오 디ᄂᆞ니 눈믈이라
인싱(人生)은 유훈(有限)ᄒᆞᆫ디 시름도 그지업다
무심(無心)ᄒᆞᆫ 셰월(歲月)은 믈 흐르듯 **ᄒᆞᄂᆞᆫ고야**
염냥(炎涼)이 ᄣᆡ를 아라 **가는 듯 고텨** 오니
듯거니 보거니 늣길 일도 하도 할샤
동풍이 건듯 부러 적셜(積雪)을 헤텨 내니
창(窓) 밧긔 심근 **미화(梅花)** 두세 가지 피여셰라
ᄀᆞᆺ득 닝담(冷淡)ᄒᆞᆫ디 암향(暗香)은 **므ᄉᆞ 일고**
황혼의 둘이 조차 벼마터 빗최니
늣기는 듯 반기는 듯 **님이신가** 아니신가
뎌 미화 것거 내여 님 겨신 ᄃᆡ 보내오져
님이 너를 보고 엇더타 너기실고

- 정철, 「사미인곡」 -

4 <보기>를 바탕으로 (가)를 감상한 내용으로 적절하지 **않은** 것은?

• 보기 •

　(가)에는 천상의 시간과 지상의 시간이 모두 나타난다. 천상에서는 지상과 달리 생로병사의 과정 없이 끝없는 사랑이 지속된다. 이러한 시간적 질서는 지상에 내려온 화자를 힘겹게 하는데, 이 과정에서 화자는 지상의 물리적 시간을 심리적으로 변형하여 자신의 심경을 드러낸다.

① 임과의 '연분'을 '하ᄂᆞᆯ'과 연결 짓는 것은, 임과의 사랑이 천상의 시간 질서처럼 끝없이 이어지기를 바라는 마음이 반영된 것이라 볼 수 있겠어.

② '졈어 잇고'와 '늙거야'를 통해 화자가 천상의 시간에서 벗어나 지상의 시간으로 편입되었음을 알 수 있겠어.

③ '삼 년' 전을 '엇그제'로 인식하는 것에서, 임과 함께한 기억이 아직도 선명하게 남아 있어 지상의 물리적 시간이 심리적으로 압축되어 나타나고 있음을 알 수 있겠어.

④ '인싱은 유훈'과 '무심ᄒᆞᆫ 셰월'을 통해 지상의 시간적 질서에 따라 소망을 이룰 수 있는 시간이 줄고 있는 것에 대한 불안한 마음을 엿볼 수 있겠어.

⑤ '염냥'이 '가는 듯 고텨' 온다는 인식에서, 임과의 관계 단절에 따른 절망감으로 인해 지상의 물리적 시간이 심리적으로 지연되어 나타나고 있음을 알 수 있겠어.

맥락으로 고전 어휘의 부족함을 보완하는 임기응변 능력 기르기

이 몸 삼기실 제 님을 조차 삼기시니

해상도 업 : 이 몸이 태어날 때에 임을 따라 태어났으니

훈싱 연분(緣分)이며 하놀 모롤 일이런가

해상도 업 : 한평생 인연임을 하늘이 모를 일이던가?

➡ 화자는 자신의 탄생이 임과 함께했음을 강조하며 천생 연분의 의미를 드러냅니다. 두 사람의 인연이 하늘이 정한 운명적 관계임을 강조하고 있습니다.

나 ᄒ나 졈어 잇고 님 ᄒ나 날 괴시니

해상도 업 : 나는 젊고 임은 오직 나를 사랑하시니
해상도 다운 : 사랑했구나.

화자	표면적 화자('나')
대상	님
상황	서로 사랑함

이 ᄆᆞ음 이 ᄉ랑 견졸 디 노여 업다

해상도 업 : 이 마음 이 사랑 견줄 데 없다.
해상도 다운 : 사랑했구나

➡ 화자는 자신의 젊음과 임의 변함없는 사랑을 언급하며, 임과의 사랑이 비교할 수 없을 만큼 특별하다는 것을 강조합니다.

평싱(平生)애 원(願)ᄒ요디 ᄒ디 녜쟈 ᄒ얏더니

해상도 업 : 평생에 원하되 임과 함께 살아가려 하였더니
해상도 다운 : 사랑했구나

늙거야 므ᄉ 일로 외오 두고 그리ᄂ고

해상도 업 : 늙어서야 무슨 일로 외따로 두고 그리워하는고?
해상도 다운 : 이별했나?

➡ 평생 임과 함께하길 원했지만 늙어서 이별하게 된 상황에 대한 안타까움을 표현합니다. 설의법을 다시 활용하여 이별의 서러움과 그리움의 정서를 강화하고 있습니다.

상황	이별

엇그제 님을 뫼셔 광한뎐(廣寒殿)의 올낫더니

해상도 업 : 엊그제에는 임을 모시고 광한전에 올라 있었더니

그 더디 엇디ᄒ야 하계(下界)예 ᄂ려오니

해상도 업 : 그 동안에 어찌하여 속세에 내려 왔느냐
해상도 다운 : 속세로 왔네

➡ 어제까지만 해도 '광한전'이라는 곳에 있었으나 지금은 하계에 내려오게 되었습니다.

상황	공간 이동(광한전 → 속세), 이별

도교적 이미지인 '광한전'(달의 궁전)에서 '하계'(속세)로의 하강을 통해 적강 모티프를 드러냅니다. '올랐다'와 '내려오다'의 대비를 통해 위에서 아래로의 이동을 강조하며, 신선계에서 속세로 내려온 상황을 표현합니다.

올 저긔 비슨 머리 헛틀언 디 삼 년일쇠

해상도 업 : 내려올 때에 빗은 머리가 헝클어진 지 3년일세
해상도 다운 : 3년이 흘렀고

 3년의 시간이 흐름

연지분(臙脂粉) 잇니마는 눌 위ㅎ야 고이 흘고

해상도 업 : 연지와 분이 있네마는 누구를 위하여 곱게 단장할꼬?

➜ 임과 이별한 지 3년이 지났음을 구체적 시간으로 제시합니다. 화장품인 연지분이 있어도 단장할 의미가 없다는 표현을 통해 임에 대한 변함없는 그리움과 슬픔을 강조합니다.

ㅁ음의 미친 실음 텹텹(疊疊)이 ㅼ혀 이셔

해상도 업 : 마음에 맺힌 근심이 겹겹으로 쌓여 있어서
해상도 다운 : 근심, 걱정이 많구나

짓ㄴ니 한숨이오 디ㄴ니 눈믈이라

해상도 업 : 짓는 것이 한숨이요, 흐르는 것이 눈물이라
해상도 다운 : 근심, 걱정이 많구나

➜ 추상적 개념인 '시름'을 구체적으로 '쌓인다'고 표현하여 심적 고통을 강조합니다. 대구법을 활용해 한숨과 눈물이 끊이지 않음을 효과적으로 드러내며, 형식적 요소를 통해 화자의 슬픔을 강조합니다.

 슬픔, 시름

인싱(人生)은 유흔(有限)ㅎ디 시룸도 그지업다

해상도 업 : 인생은 유한한데 시름은 끝이 없구나
해상도 다운 : 근심, 걱정이 많구나

무심(無心)ㅎ 세월(歲月)은 믈 흐르듯 ㅎ눈고야

해상도 업 : 무심한 세월은 물 흐르듯 하는구나
해상도 다운 : 시간이 계속 흘러가는구나

➜ '유한한 인생'과 '끝없는 시름'의 대비를 통해 화자의 고통을 부각시킵니다. '물 흐르듯' 빠르게 지나가는 시간에 대한 한탄을 통해 임과의 재회 가능성이 점점 줄어드는 절망감을 표현합니다.

 시간이 빠르게 흘러감에 한탄

염냥(炎凉)이 째룰 아라 가는 듯 고텨 오니

해상도 업 : 염냥(더위와 추위)이 때를 알아서 가는 듯 고쳐오니
해상도 다운 : 시간이 계속 흘러가는구나

듯거니 보거니 늣길 일도 하도 할샤

해상도 업 : 듣거니 보거니 느낄일도 많고 많구나.

➜ '염냥'(여름과 겨울)의 순환을 통해 연 단위의 시간 흐름을 표현합니다. 계절이 변화하는 동안에도 화자의 그리움과 슬픔은 지속되고 있음을 '느낄 일도 많고 많구나'라는 표현으로 드러냅니다.

 시간이 빠르게 흘러감에 한탄

염냥을 몰랐다면, 일단 읽고 넘어갑시다. 앞에서 시간이 빠르게 흘러감을 한탄했고 여기서 '때'를 다시 언급합니다. 즉, 시간을 언급한 것입니다. 그렇다면 '이 구절도 시간이 빠름을 한탄하겠군' 하고 넘어갈 수 있습니다.

동풍이 건듯 부러 적설(積雪)을 헤텨 내니

해상도 업 : 봄바람이 문득 불어 쌓인 눈을 헤쳐 내니
해상도 다운 : 겨울인가?

상황 동풍(계절적 배경)

창(窓) 밧긔 심근 미화(梅花) 두세 가지 피여셰라

해상도 업 : 창밖에 심은 매화가 두세 가지 피었구나
해상도 다운 : 매화가 피었네

굿득 닝담(冷淡)ᄒ디 암향(暗香)은 므스 일고

해상도 업 : 가뜩이나 쌀쌀하고 담담한데, 그윽히 풍겨 오는 향기는 무슨 일인고

➡ 동풍과 적설을 통해 겨울이라는 계절적 배경을 제시하고, 화자의 시선이 매화로 향하고 있음을 보여줍니다.
이때, 시선이 향한 대상인 매화에 집중합시다. 추위 속에서도 피어나 향기를 발산하는 매화는 역경 속에서도 변치 않음을 상징합니다.

황혼의 돌이 조차 벼마터 빗최니

해상도 업 : 황혼에 달이 따라와 베갯머리에 비치니
해상도 다운 : 달이 떴고

늣기는 듯 반기는 듯 님이신가 아니신가

해상도 업 : 느껴 우는 듯 반가워하는 듯하니, 임이신가 아니신가
해상도 다운 : 그게 님으로 여겨지나보네

대상 달(님)
정서 그리움

➡ 달빛이 배게를 비추는 모습이 제시됩니다. 달을 임으로 여기며 흐느끼고 반기는 모습은 임에 대한 그리움을 드러냅니다.

뎌 미화 것거 내여 님 겨신 디 보내오져

해상도 업 : 저 매화를 꺾어 내어 임 계신 곳에 보내고 싶구나
해상도 다운 : 매화를 임 계신데 보내고 싶구나

님이 너룰 보고 엇더타 너기실고

해상도 업 : 그러면 임이 너를 보고 어떻다 생각하실고?

➡ 화자는 긍정적 속성을 지닌 매화를 임에게 보내고자 합니다.
그러나 동시에 임의 반응에 대한 불확실성도 드러냅니다.

4 <보기>를 바탕으로 (가)를 감상한 내용으로 적절하지 <u>않은</u> 것은?

> • 보 기 •
>
> (가)에는 천상의 시간과 지상의 시간이 모두 나타난다. 천상에서는 지상과 달리 생로병사의 과정 없이 끝없는 사랑이 지속된다. 이러한 시간적 질서는 지상에 내려온 화자를 힘겹게 하는데, 이 과정에서 화자는 지상의 물리적 시간을 심리적으로 변형하여 자신의 심경을 드러낸다.

(가)는 적강 화소가 드러나는 것을 확인할 수 있습니다. 화자의 시공간을 기준으로 범주를 설정하고 선지를 봅시다.

천상 : 임 O + 무한한 시간 → 고통 X
지상 : 임 X + 유한한 시간 → 고통 O

① 임과의 '연분'을 '하늘'과 연결 짓는 것은, 임과의 사랑이 천상의 시간 질서처럼 끝없이 이어지기를 바라는 마음이 반영된 것이라 볼 수 있겠어.

◔ '하늘'은 천상을 상징하며, <보기>에 따르면 천상에서는 '끝없는 사랑이 지속'됩니다.

② '졈어 잇고'와 '늙거야'를 통해 화자가 천상의 시간에서 벗어나 지상의 시간으로 편입되었음을 알 수 있겠어.

◔ '졈어 잇고'는 천상에서의 상태를, '늙거야 므스 일로 외오 두고 그리는고'는 지상에서의 상태를 보여줍니다. 이는 화자가 천상(무한)에서 지상(유한)으로 내려왔음을 드러내는 표현입니다.

③ '삼 년' 전을 '엇그제'로 인식하는 것에서, 임과 함께한 기억이 아직도 선명하게 남아 있어 지상의 물리적 시간이 심리적으로 압축되어 나타나고 있음을 알 수 있겠어.

◔ 지상의 화자는 3년이라는 물리적 시간을 '엇그제'라는 짧은 시간으로 심리적으로 압축하여 인식합니다.

④ '인싱은 유흔'과 '무심흔 셰월'을 통해 지상의 시간적 질서에 따라 소망을 이룰 수 있는 시간이 줄고 있는 것에 대한 불안한 마음을 엿볼 수 있겠어.

◔ 지상에서는 인생이 유한하므로 시간이 흐를수록 임과 재회할 가능성이 줄어들게 됩니다. 이에 대한 불안감은 <보기>의 '지상에 내려온 화자를 힘겹게 하는데'와 연결되어 적절합니다.

⑤ '염냥'이 '가는 듯 고텨' 온다는 인식에서, 임과의 관계 단절에 따른 절망감으로 인해 지상의 물리적 시간이 심리적으로 지연되어 나타나고 있음을 알 수 있겠어.

◔ '염냥(炎凉)'은 더위와 추위, 즉 여름과 겨울을 의미하며 계절의 순환을 나타냅니다. 이는 1년이라는 시간이 빠르게 지나감을 의미하는 것으로, 시간의 '지연'이 아닌 '빠른 흐름'을 나타냅니다.

또한 작품의 다른 부분에서도 '무심(無心)흔 셰월(歲月)은 믈 흐르듯 흐는고야'라고 표현하여 시간의 빠른 흐름을 한탄하고 있습니다.

따라서 시간이 '지연'되어 나타난다는 감상은 적절하지 않습니다.

'염냥'이라는 단어를 몰랐더라도, '물 흐르듯'이라는 표현을 통해 화자가 시간의 빠른 흐름에 한탄하고 있음을 생각할 수 있습니다.

앞서 제시된 '세월이 물 흐르듯 가는구나'를 통해 화자가 시간이 빠르게 감에 한탄을 드러내고 있는 것을 알아챈 후, 바로 다음에 온 '염냥이 때를 알아 가는 듯 고쳐 온다'에서 아래의 생각을 해봅시다.

"'염냥'이 뭐지? 일단 앞에서 '세월'이라는 표현으로 화자의 시간이 빠르게 흐르고 있는 것은 알겠는데, '때'라는 부분을 보니, 시간에 대해 언급하고 있는 것 같군. 혹시 이게 시간이 빠르게 흐르고 있다는 것에 대한 한탄이 반복적으로 드러난 것은 아닐까?"

이처럼 시험장에서는 일부 단어나 표현의 의미를 정확히 모르더라도, 문맥을 통한 적극적인 추론으로 작품에 다가가는 태도가 중요합니다. 때로는 주변적 요소를 실마리로 삼아 작품의 의미를 파악하는 역량이 필요합니다.

사미인곡은 주요 작품이자 그 당시 연계 작품이었습니다. '염냥'은 미리 학습을 해두어야 합니다. 계속 강조하지만, 해상도를 낮추거나 어휘의 뜻을 추론하는 것은 시험장에서 할 수 있는 임기응변 중 하나입니다.

(가)

이런들 어떠하며 저런들 어떠하료
초야우생(草野愚生)이 이렇다 어떠하료
하물며 천석고황(泉石膏肓)을 고쳐 므슴하료

<제1수>

연하(烟霞)로 집을 삼고 풍월(風月)로 벗을 삼아
태평성대에 병으로 늙어 가네
이 중에 바라는 일은 허물이나 없고자

<제2수>

춘풍(春風)에 화만산(花滿山)하고 추야(秋夜)에 월만대(月滿臺)라
사시 가흥(佳興)이 사람과 한가지라
하물며 어약연비(魚躍鳶飛) 운영천광(雲影天光)이야 어느 끝이 있으리

<제6수>

- 이황, 「도산십이곡」 -

5 <보기>를 바탕으로 (가)를 이해한 내용 정오를 판단하라. [3점]

> • 보 기 •
>
> 「도산십이곡」에서 강호는 자연의 이치와 인간이 지향하는 이치가 일치된 이상적 공간으로 나타나며, 조화로운 자연과 합일하는 화자가 등장한다.

① (가)의 '초야우생'은 인간이 지향하는 이치와 자연의 이치가 일치된 공간에 존재하는 화자가 스스로를 이르는 말이겠군.

② (가)의 '천석고황'은 이상적 공간에 다다르지 못한 것에 대한 화자의 아쉬움이 나타난 말이겠군.

③ (가)의 '사람과 한가지라'는 자연의 이치와 인간이 지향하는 이치가 다르지 않음을 확인한 화자의 인식이 나타난 말이겠군.

④ (가)의 '춘풍에 화만산하고 추야에 월만대라'는 계절의 양상을 통해 조화로운 자연을 드러낸 말이겠군.

어휘 추론 연습

이 세트는 어휘의 추론을 중점적으로 다루겠습니다. 반복해서 말씀드리지만 결국 어휘가 중요하기에 암기를 하는 것이 필요합니다. 이 방법은 실전에서 이렇게라도 풀어서 맞춰내자는 것입니다.

> 이런들 어떠하며 저런들 어떠하료
> 초야우생(草野愚生)이 이렇다 어떠하료
> 하물며 천석고황(泉石膏肓)을 고쳐 므슴하료
>
> <제1수>

해상도 업

이런들 어떠하며 저런들 어떠하랴
시골에 묻혀 사는 어리석은 사람이 이렇게 산다고 해서 어떠하랴
하물며 자연을 버리고 살 수 없는 마음의 병을 고쳐 무엇하랴

해상도 다운

(초야우생과 천석고황을 모른다고 가정)

1. 문맥 활용

'초야우생'은 화자를 지칭하는 표현임을 문맥에서 유추할 수 있습니다.
주격조사 '이'가 붙어 문장의 주어로 사용되었습니다. 또한 '이렇다'는 '이와 같다'는 의미로, 주어의 상태나 생활방식을 가리킵니다. 이런 구조는 화자가 자신의 상태나 처지를 언급할 때 자주 사용됩니다.

2. 한자 힌트 활용

草이 풀을 뜻하고 生이 삶을 뜻함을 활용해도 됩니다.
자연에 있는 사람정도로 파악이 가능합니다.

3. 문법(서술어) 활용

'천석고황을 고쳐 므슴하료'에서 '천석고황'은 '고치다'의 목적어로 사용되었으므로 일종의 상태나 병을 의미할 가능성이 높습니다.

4. 전체 흐름 활용

전체적으로 '어떠하료(어떠하랴)'라는 의문형 종결어미가 반복되며 화자의 달관적 태도가 드러나므로, 특정 어휘를 몰라도 시의 기본 정서는 파악할 수 있습니다. '하물며'로 시작하는 구절은 앞과 연결되어 화자의 생각을 심화시킵니다. 이러한 흐름은 화자가 자신의 상황을 언급하고 있음을 추측할 수 있게 합니다.

5. 결론

초야우생 : '자연에 묻혀 사는 사람' 정도로 추측 가능 (고전 시가의 주제 중 자연친화를 떠올렸다면...)
천석고황 : '무슨 병이나 상태' 정도로 추측 가능

이처럼 필수 어휘를 외우지 않는다면, 해야할 것이 많아집니다. 꼭 꼼꼼하게 공부하시길 바랍니다.

> 연하(烟霞)로 집을 삼고 풍월(風月)로 벗을 삼아
> 태평성대에 병으로 늙어 가네
> 이 중에 바라는 일은 허물이나 없고자
>
> <제2수>

해상도 업

안개와 노을을 집으로 삼고 바람과 달을 친구로 삼아
태평스러운 세상에 병으로 늙어가네
이 중에 바라는 일은 허물이나 없고자 한다

해상도 다운

(연하를 모른다고 가정)

1. 문법 활용

'연하로'에서 '로'는 '로'는 수단이나 방법을 나타내는 조사로, '연하'가 '집을 삼는' 대상입니다.

2. 표현법 활용

대구적 표현을 감안했을 때, '풍월'이 자연물이므로 '연하'도 자연물일 확률이 큽니다.

3. 문맥 활용

자연속에서의 삶을 그려내는 작품이기에 자연물일 확률이
높습니다.

4. 결론

연하 : 자연물

> 춘풍(春風)에 화만산(花滿山)하고 추야(秋夜)에 월만
> 대(月滿臺)라
> 사시 가흥(佳興)이 사람과 한가지라
> 하물며 어약연비(魚躍鳶飛) 운영천광(雲影天光)이야
> 어느 끝이 있으리
>
> <제6수>

해상도 업

봄바람에 꽃은 산에 가득 피어 있고 가을 밤에는 달 빛이 누
대에 가득하구나
사시가흥이 사람의 흥겨움과 같구나
하물며 물고기는 물속에서 노닐고 솔개는 하늘 높이 날아오
르고, 구름 그림자와 밝은 햇빛이 온 세상을 비추는 저 대자
연의 조화에 어느 끝이 있으리

해상도 다운

1. 계절 표현 활용

춘=봄, 추=가을

2. 표현법 활용

'춘풍에 화만산하고 / 추야에 월만대라' → 대구법을 통해
계절마다 아름다운 자연의 모습을 강조함
'어느 끝이 있으리' → 설의법으로 한계가 없음을 표현

5 <보기>를 바탕으로 (가)를 이해한 내용 정오를 판단하라. [3점]

• 보기 •

「도산십이곡」에서 강호는 자연의 이치와 인간이 지
향하는 이치가 일치된 이상적 공간으로 나타나며, 조
화로운 자연과 합일하는 화자가 등장한다.

> **상황** 화자는 강호(공간적 배경)에서 자연과 자신을 동
> 일시함
> (in 자연 to 자연)

① (가)의 '초야우생'은 인간이 지향하는 이치와 자연의
이치가 일치된 공간에 존재하는 화자가 스스로를 이
르는 말이겠군.

정답 ○

➜ <보기>에 의하면 화자는 강호에 있으며, 스스로를 자연
과 동일시하고 있습니다. '초야우생'은 '초야에 묻혀 사는
어리석은 사람'의 뜻으로, 자연에 거하며 이를 지향하는 화
자 자신을 가리킵니다.

만약 어휘를 몰랐다면, '초야우생'이 화자가 스스로를 이르
는 말인지에 대한 판단이 중요했습니다. 주격조사 '이'를
통해, 문장의 주어로 사용되었다는 것과 '이렇다'는 '이와
같다'는 의미를 통해, 주어의 상태나 생활방식을 가리킴을
눈치채고 '초야우생'이 화자 스스로를 이르는 말이라고 판단
할 수 있습니다.

② (가)의 '천석고황'은 이상적 공간에 다다르지 못한 것에
대한 화자의 아쉬움이 나타난 말이겠군.

정답 ✕

➜ <보기>의 화자는 현재 강호에서 조화로운 자연과 합일
하고 있습니다. 따라서 '이상적 공간에 다다르지 못한 것
에 대한 화자의 아쉬움'은 적절하지 않습니다.

③ (가)의 '사람과 한가지라'는 자연의 이치와 인간이 지향
하는 이치가 다르지 않음을 확인한 화자의 인식이 나
타난 말이겠군.

정답 ◯

⊙ 〈보기〉에 의하면 강호는 자연의 이치와 인간이 지향하는
이치가 일치된 이상적 공간으로 그려집니다. 따라서 '사시
가흥이 사람과 한가지라'에서 자연과 인간이 지향하는 이
치는 일치합니다.

④ (가)의 '춘풍에 화만산하고 추야에 월만대라'는 계절의
양상을 통해 조화로운 자연을 드러낸 말이겠군.

정답 ◯

⊙ '춘풍에 화만산하고 추야에 월만대라'는 꽃이 만개한
봄과 달빛이 가득한 가을밤의 모습으로 조화로운 자연의 모
습을 드러내고 있습니다. 이 어휘를 몰랐다면, 계절을 나타
내는 어휘임을 눈치채고 〈보기〉에서 자연은 조화롭다고 언
급한 것을 연결 지어 봅시다.

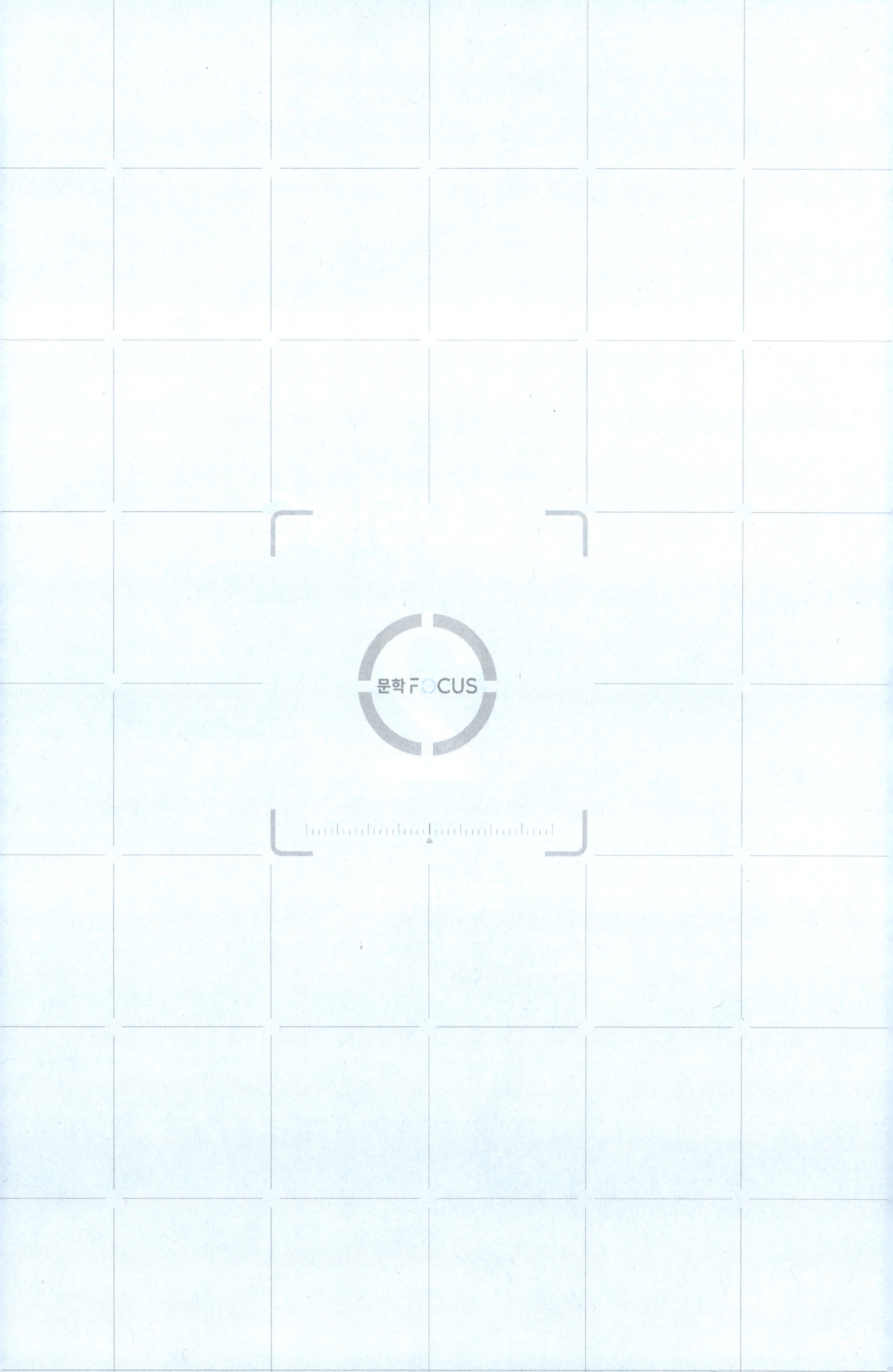

문학 FOCUS

FOCUSING

2

고전 시가 연습

이 파트의 해설은 다른 책들처럼 한 줄 한 줄 모든 한글 해석을 달지 않을 겁니다. 그런 해설은 언제든지 검색하면 상세하게 전문이 나오는 시대니까요. 심지어 AI에게 물어봐도 그럴듯하게 알려주는 세상입니다.

대신 저는 여기서 여러분들에게 시험장에서 해야 할 것을 알려드리려 합니다.

"아니 그게 대체 뭔가요?"라고 물어보시겠죠.

저는 앞에서부터 말씀드린 해상도의 조절을 통한 완급조절이 수능 고전 시가의 60%라고 생각합니다. 나머지 40%는 고전 어휘입니다. 이 어휘가 쌓여 있지 않으면 읽고 풀 수가 없으니까요.

이제부터 시험장에서 얼마나 해상도를 낮춰도 될지에 대한 기준을 정해드리고, 그걸 연습해 갈 수 있도록 하는 것을 목표로 할 거예요.

해상도를 최대한 낮춰서 가기에 이 부분만 보신다면 "해설이 뭐 이따구야?" 하실수도 있어요.
그런데 실전에서는 저렇게 읽어야 빠르게 털어내죠.

해설에서 어떤 어휘는 알고 있지만, 어떤 어휘는 모르는 상황을 가정해서 어떻게 추론할지를 가르쳐 드릴겁니다. 결국 최고는 공부를 꼼꼼히해서 어휘를 들고 가는 겁니다. 그러나 시험장에서 내가 모르는 어휘는 분명 나올 수 있기에 추론을 하는 그 방법을 알려 드리려 합니다.

(가)

문장(文章)을 ᄒ쟈 ᄒ니 인생식자(人生識字) 우환시(憂患始)*오

공맹(孔孟)을 **비**호려 ᄒ니 도약등천(道若登天) 불가급(不可及)*이로다

이 내 몸 쓸 ᄃ 업ᄉ니 **성대농포(聖代農圃)*** 되오리라

　　　　　　　　　　　<제1장>

홍진(紅塵)에 절교(絶交) ᄒ고 **백운(白雲)**으로 위우(爲友)ᄒ야

녹수(綠水) 청산(靑山)에 시름 업시 늘거 가니

이 듕의 **무한지락(無限至樂)**을 헌ᄉ ᄒᆯ 가 두려웨라

　　　　　　　　　　　<제3장>

인간(人間)의 벗 잇단 말가 나ᄂ 알기 슬희여라

물외(物外)에 벗 업단 말가 나ᄂ 알기 즐거웨라

슬커나 즐겁거나 내 분인가 ᄒ노라

　　　　　　　　　　　<제6장>

유정(有情)코 무심(無心)ᄒᆯ 손 아마도 풍진(風塵) **붕우(朋友)**

무심(無心)코 유정(有情)ᄒᆯ 손 아마도 강호(江湖) **구로(鷗鷺)**

　㉠ 이제야 작비금시(昨非今是)*을 ᄭᄃᄅ론가 ᄒ노라

　　　　　　　　　　　<제8장>

도팽택(陶彭澤) 기관거(棄官去)*ᄒᆯ 제와 태부(太傅) 걸해귀(乞骸歸)*ᄒᆯ 제

호연(浩然) 행색(行色)을 뉘 아니 부러ᄒ리

알고도 부지지(不知止)*ᄒ니 나도 몰나 ᄒ노라

　　　　　　　　　　　<제9장>

인간(人間)의 **풍우(風雨) 다(多)**ᄒ니 므스 일 머므ᄂ뇨

물외(物外)에 연하(煙霞) 족(足)ᄒ니 므스 일 아니 가리

이제ᄂ 가려 정(定)ᄒ니 일흥(逸興) 계워 ᄒ노라

　　　　　　　　　　　<제11장>

　　　　- 안서우, 「유원십이곡」 -

* 인생식자 우환시 : 사람은 글자를 알게 되면서부터 근심이 시작됨.
* 도약등천 불가급 : 도는 하늘로 오르는 것과 같아 미치기 어려움.
* 성대농포 : 태평성대에 농사를 지음.
* 작비금시 : 어제는 그르고 지금은 옳음.
* 도팽택 기관거 : 도연명이 벼슬을 버리고 떠남.
* 태부 걸해귀 : 한나라 태부 소광이 사직을 간청함.
* 부지지 : 그만두어야 할 때를 알지 못함.

1 **<보기>를 참고하여 (가)를 이해한 내용으로 적절하지 않은 것은? [3점]**

◦ 보 기 ◦

「유원십이곡」은 강호에서의 삶을 추구하는 노래지만, 화자는 강호에 머문 뒤에도 강호와 속세 사이에서 갈등을 반복한다. 이는 강호에서의 만족한 삶이라는 이상에 도달하는 것이 쉽지 않음을 보여 주는 것이다. 그뿐 아니라 화자가 갈등을 반복하면서도 항상 강호를 선택하는 모습은, 결국 자신의 결정이 가치 있는 것임을 드러내기 위한 것으로 이해할 수 있다.

① <제1장>의 초장에는 화자가 강호를 선택하게 되는 동기가 드러난다.
② <제3장>의 중장에는 강호를 선택한 삶의 모습이 긍정적으로 드러난다.
③ <제6장>의 종장에는 화자 자신이 분수에 맞는 선택을 했음이 드러난다.
④ <제9장>의 중장에는 속세에 미련을 갖게 하는 가치를 언급함으로써 화자의 갈등이 드러난다.
⑤ <제9장>의 종장에는 갈등하는 화자의 모습이, <제11장>의 종장에는 자신의 선택에 만족하는 화자의 모습이 드러난다.

2 절교 와 위우 를 중심으로 (가)를 감상한 내용으로 적절하지 않은 것은?

① 화자가 '절교'하고자 하는 대상은 '인간의 벗'으로 볼 수 있다.

② 화자는 '붕우'를 '절교'하고자 하는 대상으로 인식한다고 볼 수 있다.

③ 화자는 '백운'과의 '위우'를 통해 '무한지락'을 느끼고 있다고 볼 수 있다.

④ 화자가 '위우'하고자 하는 '구로'는 '물외에 연하 족'한 곳에 있다고 볼 수 있다.

⑤ 화자가 '물외에 벗'과 '위우'하고자 하는 이유는 '유정코 무심'하기 때문으로 볼 수 있다.

2006 안서우, 「유원십이곡」

범주(자연 VS 속세)의 설정을 통한 어휘 해상도 조절

• 보기 •

「유원십이곡」은 강호에서의 삶을 추구하는 노래지만, 화자는 강호에 머문 뒤에도 강호와 속세 사이에서 갈등을 반복한다. 이는 강호에서의 만족한 삶이라는 이상에 도달하는 것이 쉽지 않음을 보여 주는 것이다. 그뿐 아니라 화자가 갈등을 반복하면서도 항상 강호를 선택하는 모습은, 결국 자신의 결정이 가치 있는 것임을 드러내기 위한 것으로 이해할 수 있다.

상황 내적 갈등(강호 VS 속세) → 갈등 해소(강호 선택)

➡ 이제부터 자연을 의미하는 어휘와 속세를 의미하는 어휘에 대한 해상도를 조절하며 갑시다.

(가)

1 <보기>를 참고하여 (가)를 이해한 내용으로 적절하지 않은 것은? [3점]

① <제1장>의 초장에는 화자가 강호를 선택하게 되는 동기가 드러난다.

문장(文章)을 ㅎ쟈 ㅎ니 인생식자(人生識字) 우환시(憂患始)*오
공맹(孔孟)을 비호려 ㅎ니 도약등천(道若登天) 불가급(不可及)*이로다
이 내 몸 쓸 디 업스니 **성대농포(聖代農圃)** * 되오리라
<제1장>

해상도 다운 : 속세(문장, 공맹) 일은 못 하겠다고 합니다. (to 자연)

➡ 그래서 자연에 있겠다네요. (to 자연 확정) ①번 선지는 적절합니다.

---

② <제3장>의 중장에는 강호를 선택한 삶의 모습이 긍정적으로 드러난다.

> 홍진(紅塵)에 절교(絶交)ᄒ고 백운(白雲)으로 위우(爲友)ᄒ야
> 녹수(綠水) 청산(靑山)에 시름 업시 늘거 가니
> 이 듕의 무한지락(無限至樂)을 헌ᄉ ᄒᆯ 가 두려웨라
> <제3장>

해상도 다운 : 홍진(속세)와 절교하고 자연물을 벗암아 자연에서 살고자 합니다. (in자연, to자연 = 자연친화) 이제 기준을 잡았으니 쭉 빠르게 털어냅시다. 내적 갈등만 잡아가면 됩니다. ②번도 적절합니다.

➡ 자 어휘적 추론을 해봅시다. '홍진'은 필수 어휘 '절교'는 일상의 언어입니다. 둘 다 몰라서 파악을 못 하셨다면, 어쩔 수 없습니다. 대학수학능력시험이 제 기능을 하고 있다는 의미입니다. 둘 중 하나라도 공부하셔서 아셔야 합니다. 어휘 공부하고 외우세요. 만약 '홍진'을 몰랐다면 '절교'를 통해 홍진을 유추할 수 있습니다. 화자의 지향이 자연이기에 바로 홍진은 속세의 범주에 속함을 알 수 있습니다. 또한 '백운'과 '위우'도 동일한 논리로 알 수 있습니다. '백운'이 자연물임을 알았다면 '위우'가 어떤 의미인지 몰라도 '좋아한다, 가까이한다.'는 의미와 유사하다는 것을 알 수 있습니다.

③ <제6장>의 종장에는 화자 자신이 분수에 맞는 선택을 했음이 드러난다.

> 인간(人間)의 벗 잇단 말가 나는 알기 슬희여라
> 물외(物外)에 벗 업단 말가 나는 알기 즐거웨라
> 슬커나 즐겁거나 내 분인가 ᄒ노라
> <제6장>

➡ 대구법으로 무언가 틀에 맞춰서 자신의 지향을 드러냅니다.

해상도 업 : 속세의 벗이 있는게 싫고, 자연에는 벗이 없어서 좋습니다. 이것에 대해 운명적 태도를 보입니다. ③번도 적절합니다.

> 유정(有情)코 무심(無心)ᄒᆯ 순 아마도 풍진(風塵) 붕우(朋友)
> 무심(無心)코 유정(有情)ᄒᆯ 순 아마도 강호(江湖) 구로(鷗鷺)
> ㉠ 이제야 작비금시(昨非今是)*을 ᄭᆡ두ᄅᆞᆫ가 ᄒ노라
> <제8장>

해상도 업 : 다정하고 무심한 이는 아마도 세상에서 사귄 벗, 무심하고 다정한 것은 아마도 강 위(자연)의 갈매기와 해오라기(자연물) 이제야 어제는 틀렸다고 여긴 것이 오늘에 와서야 옳음을 깨달았노라.

➡ 화자는 과거에 부정적이라고 생각한 자연의 삶을 현재에 와서 긍정적이라고 여기게 됩니다. (자연친화)

④ <제9장>의 중장에는 속세에 미련을 갖게 하는 가치를 언급함으로써 화자의 갈등이 드러난다.

> 도팽택(陶彭澤) 기관거(棄官去)*ᄒᆯ 제와 태부(太傅) 걸해귀(乞骸歸)*ᄒᆯ 제
> 호연(浩然) 행색(行色)을 뉘 아니 부러ᄒ리
> 알고도 부지지(不知止)*ᄒ니 나도 몰나 ᄒ노라
> <제9장>

➡ 어휘 의미를 파악하고 각각의 공통점을 뽑아봅시다. 속세를 버린 두 사람이 부럽다고 합니다. 설의법으로 강조했습니다. 그 둘의 '행색'(to자연)이 부럽다고 했으니 자연친화겠죠? 따라서 ④번은 적절하지 않습니다.

정답 ④

⑤ <제9장>의 종장에는 갈등하는 화자의 모습이, <제11장>의 종장에는 자신의 선택에 만족하는 화자의 모습이 드러난다.

➡ 아까 <제9장>을 보며 화자의 갈등하는 모습을 확인했습니다. 선지를 통해 자연과 속세 사이에서 갈등하고 있음을 알 수도 있었습니다. 확인해봅시다.
알고도 그만둘 때를 모르니 나도 몰라 하노라'는 <보기>와 붙여읽으면 해석이 쉽습니다. 화자의 내적 갈등에 해당합니다.

이제 <제11장>에서 내적 갈등의 해소가 나오겠죠? <보기>에서 나온다 했는데, 아직 우리는 그걸 발견하지 못했으니까요.

> 인간(人間)의 풍우(風雨) 다(多)ᄒ니 므스 일 머므ᄂ뇨
> 물외(物外)에 연하(煙霞) 족(足)ᄒ니 므스 일 아니 가리
> 이제는 가려 정(定)ᄒ니 일흥(逸興) 계워 ᄒ노라
> <제11장>
> - 안서우, 「유원십이곡」 -

➡ 또 대구법입니다. 무언가 강조하려는 것 같습니다. 해상도를 높여서 그 의도만 알고 갑시다.

해상도 업: 속세에 비바람이 많은데 무슨 일로 머무르러 하는가, 자연에 안개와 노을(자연물)이 만족스러우니 아니 갈리가 있겠는가. 이제는 (자연으로)가려 정하니 흥(세속을 벗어난 흥)이 겹구나.

<보기>에서 언급한 내적 갈등의 해소를 확인했습니다. 결국 자연을 택합니다. ⑤번은 적절합니다.
(to자연 → 내적 갈등 해소)

2 절교 와 위우 를 중심으로 (가)를 감상한 내용으로 적절하지 않은 것은?

정답 ⑤

① 화자가 '절교'하고자 하는 대상은 '인간의 벗'으로 볼 수 있다.

➡ '절교'는 속세고 '인간의 벗'은 속세입니다.

② 화자는 '붕우'를 '절교'하고자 하는 대상으로 인식한다고 볼 수 있다.

➡ '붕우'는 속세고 '절교하려는 대상'도 속세입니다.

③ 화자는 '백운'과의 '위우'를 통해 '무한지락'을 느끼고 있다고 볼 수 있다.

➡ '백운'은 자연이고 '위우'하려는 대상은 자연입니다. 그 결과 무한한 즐거움을 느낍니다.

④ 화자가 '위우'하고자 하는 '구로'는 '물외에 연하 족'한 곳에 있다고 볼 수 있다.

➡ 화자가 '위우'하려는 대상은 자연이고 '구로'도 자연입니다. '물외', '연하'는 자연입니다.

⑤ 화자가 '물외에 벗'과 '위우'하고자 하는 이유는 '유정코 무심'하기 때문으로 볼 수 있다.

➡ '물외에 벗'은 자연, '위우'하려는 대상은 자연입니다. 그런데 '유정코 무심'한 것은 '풍진(風塵) 붕우(朋友)'이고 속세에 해당합니다. 적절하지 않습니다.

(가)

풍파에 일렁이던 배 어디로 갔단 말인가

구름이 험하거늘 처음 나왔는가 어찌하여

허술한 배 두신 분네는 모두 조심하소서

- 정철의 시조 -

(나)

심의산(深意山) 서너 바퀴 감돌아 휘돌아 들어

오뉴월 한낮에 살얼음 엉긴 위에 된서리 섞어 치고

자취눈 내렸거늘 보았는가 임아 임아

온 놈이 온 말을 하여도 임이 짐작하소서

- 정철의 시조 -

(다)

아이야 구럭 망태 찾아라 서쪽 산에 날 늦겠다

밤 지낸 고사리 벌써 아니 자랐으랴

이 몸이 이 나물 아니면 조석(朝夕) 어이 지내리

<제1수>

아이야 도롱이 삿갓 차려라 동쪽 시내에 비 내린다

기나긴 낚싯대에 **미늘* 없는 낚시** 매어

저 고기 놀라지 마라 내 흥 겨워하노라

<제2수>

아이야 죽조반(粥早飯) 다오 남쪽 논밭에 일 많구나

서투른 따비*는 누구와 마주 잡을꼬

두어라 성세궁경(聖世躬耕)*도 역군은(亦君恩)이

시니라

<제3수>

아이야 소 먹여 내어라 북쪽 마을에서 새 술 먹자

잔뜩 취한 얼굴을 달빛에 실어 오니

어즈버 희황상인(羲皇上人)*을 오늘 다시 보는

구나

<제4수>

- 조존성, 「호아곡」 -

* 미늘 : 고기가 물면 빠지지 않게 만든 낚시 끝의 안쪽에 있는 작은 갈고리.
* 따비 : 풀뿌리를 뽑거나 밭을 가는 데 쓰는 농기구.
* 성세궁경 : 태평한 세월에 자기가 직접 농사를 지음.
* 희황상인 : 세상일을 잊고 한가하고 태평하게 숨어 사는 사람을 이르는 말.

5 (가)~(다)의 공통점으로 가장 적절한 것은?

① 말을 건네는 방식을 통해 화자의 요구를 전달하고 있다.

② 대상을 의인화하여 화자와 자연의 유대감을 나타내고 있다.

③ 과거와 현재를 대비하여 미래에 대한 전망을 드러내고 있다.

④ 물음의 방식을 활용하여 대상에 대한 친밀감을 표현하고 있다.

⑤ 풍경을 사실적으로 묘사하여 계절의 변화상을 그려 내고 있다.

6 (다)에 대한 이해로 적절하지 **않은** 것은?

① 각 수의 첫 음보를 동일한 시어로 제시하여 시상 전개에 안정감을 부여하고 있다.

② <제1수>와 <제2수>에서는 생활 도구를 언급하여 화자가 살아가는 모습을 보여 주고 있다.

③ <제1수> 중장과 <제3수> 중장에서 나타나는 화자의 걱정은 각 수의 종장에서 강화되고 있다.

④ <제1수> 종장과 <제3수> 초장에서는 간단한 먹을거리를 언급하여 화자의 소박한 생활을 드러내고 있다.

⑤ <제4수> 종장은 첫 음보의 감탄 표현을 활용하여 시상을 집약하고 있다.

7 <보기>를 참고하여 (가)~(다)를 감상한 내용으로 적절하지 않은 것은? [3점]

학습목표
시조의 정보를 압축하고 빠르게 털어냅시다.

> ● 보기 ●
>
> 정철과 조존성이 살았던 16세기 후반~17세기 초반에는 정치 참여 과정에서 당파 간의 대립과 투쟁이 극심해지면서 정치적 공격을 받은 문인들이 벼슬에서 파직, 유배되거나 산림에 은거하는 등 정계에서 소외된 상태에 놓이는 경우가 잦았다. 이 과정에서 문인들은 정치 경험을 바탕으로 정치 현실에 대한 비판과 경계, 처세관, 자연에 몰입하려는 태도 등을 작품에 드러내었다.

① '풍파'가 험난한 정치 현실이고 '일렁이던 배'가 시련을 겪은 관료라면, (가)의 초장은 당쟁에 휘말린 사람이 정치적 소외 상태에 놓인 것을 의미하겠군.

② '구름이 험하거늘'이 정치적 위기의 조짐에 해당하고 '허술한 배 두신 분네'가 신진 관료라면, (가)의 종장은 화자가 정치 경험이 충분치 않은 이들에게 정치의 험난함을 알려 주는 것이겠군.

③ '심의산'이 화자의 심회이고 '오뉴월'의 '자취눈'이 화자의 복잡한 심정을 비유한 표현이라면, (나)의 초장과 중장에서는 당쟁의 상황에서 굳은 마음을 견지하려는 화자의 의지를 드러내는 것이겠군.

④ '온 놈이 온 말을 하'는 상황이 비방과 모략이 난무하는 현실이고 '임'이 임금이라면, (나)의 종장은 온갖 참소를 임금이 잘 판단해 달라는 것이겠군.

⑤ '미늘 없는 낚시'가 욕심 없이 사는 삶을 의미한다면, (다)의 <제2수> 종장은 자연과 더불어 지내는 화자의 흥을 드러내는 것이겠군.

[5~7] 풀이 순서

<보기> 독해 (상황)

6번: (다) 실시간 독해 풀이

(다) 작품 독해 완료

(가), (나) 작품 독해 완료

7번: 독해 후 풀이 (<보기> 연결해서 읽어두고 구절 평가)

5번: 독해 후 풀이 (표현법 공통점)

> ● 보기 ●
>
> 정철과 조존성이 살았던 16세기 후반~17세기 초반에는 정치 참여 과정에서 당파 간의 대립과 투쟁이 극심해지면서 정치적 공격을 받은 문인들이 벼슬에서 파직, 유배되거나 산림에 은거하는 등 정계에서 소외된 상태에 놓이는 경우가 잦았다. 이 과정에서 문인들은 정치 경험을 바탕으로 정치 현실에 대한 비판과 경계, 처세관, 자연에 몰입하려는 태도 등을 작품에 드러내었다.

상황 속세(갈등O) vs 자연(갈등X)

속세(정치 현실) = 갈등, 위험
자연(산림 은거) = 갈등 회피, 몰입

➔ 작품에 드러날 것은 '정치 현실 비판/경계', '처세관', '자연 몰입'입니다. 이제 이 틀을 가지고 작품을 읽어갑시다.

(가)

> 풍파에 일렁이던 배 어디로 갔단 말인가
> 구름이 험하거늘 처음 나왔는가 어찌하여
> 허술한 배 두신 분네는 모두 조심하소서
>
> - 정철의 시조 -

해상도 다운 : '풍파', '배', '구름'이 뭘 의미하는지 모르겠어도, 풍파와 험한 구름은 '허술한 배'에게 위험요소입니다. 그런데 <보기>를 붙여읽읍시다. '정치 현실'이 위험하다고 했습니다. 그렇다면 이 어휘들이 정치적 상황의 비유일 가능성이 높습니다.

해상도 업
'풍파' = 정치적 풍파(당쟁, 갈등)
'배' = 정치에 참여한 사람(관직에 있는 이)
'구름이 험하거늘' = 정치 상황이 험악함
화자는 '허술한 배 두신 분네는 모두 조심하소서'라고 합니다. 경계의 메시지입니다. <보기>에서 말한 '정치 현실에 대한 경계'가 여기서 드러납니다.

(나)

> 심의산(深意山) 서너 바퀴 감돌아 휘돌아 들어
> 오뉴월 한낮에 살얼음 엉긴 위에 된서리 섞어 치고 자취눈 내렸거늘 보았는가 임아 임아
> 온 놈이 온 말을 하여도 임이 짐작하소서
>
> - 정철의 시조 -

➡ '심의산'(한자 그대로 '깊은 뜻의 산')이 어떤 산인지 모르겠습니다. '오뉴월 한낮에 살얼음, 된서리, 자취눈'을 봅시다. 한여름인데 얼음과 서리와 눈? 현실적으로 불가능한 조합입니다. 여러 가지 해석이 가능하겠습니다. 일단 지금은 말이 안 되는 상황 정도로 알고 갑시다.
그리고 '임'이 누군가의 말을 듣고 잘 판단해서 걸러 들어 달라합니다. <보기>를 붙여읽어봅시다. 그 누군가는 부정적인 존재 다시말해 정치적 공격을 한 사람입니다.

> **상황** 여름에 눈이 옴

그런데 이게 뭘 의미할까요? <보기>의 맥락을 대입하면, 정치판의 예측 불가능하고 위험한 상황을 비유한 겁니다. 한여름에도 얼어죽을 수 있는 곳, 즉 언제 어떤 공격이 올지 모르는 험악한 정치 현실입니다.

6 (다)에 대한 이해로 적절하지 <u>않은</u> 것은?

① 각 수의 첫 음보를 동일한 시어로 제시하여 시상 전개에 안정감을 부여하고 있다.

➡ 다 보고 판단합시다.

② <제1수>와 <제2수>에서는 생활 도구를 언급하여 화자가 살아가는 모습을 보여 주고 있다.

➡ <제2수>까지 보고 판단합시다.

③ <제1수> 중장과 <제3수> 중장에서 나타나는 화자의 걱정은 각 수의 종장에서 강화되고 있다.

➡ <제3수>까지 보고 판단합시다.

④ <제1수> 종장과 <제3수> 초장에서는 간단한 먹을거리를 언급하여 화자의 소박한 생활을 드러내고 있다.

➡ <제3수>까지 보고 판단합시다.

⑤ <제4수> 종장은 첫 음보의 감탄 표현을 활용하여 시상을 집약하고 있다.

➡ <제4수>와 함께 판단합시다.

(다)

> 아이야 구럭 망태 찾아라 서쪽 산에 날 늦겠다
> 밤 지낸 고사리 벌써 아니 자랐으랴
> 이 몸이 이 나물 아니면 조석(朝夕) 어이 지내리
> <제1수>

해상도 다운 : 서쪽 산에 가서 고사리를 캡니다. 이 나물 없으면 끼니를 못 잇습니다.

> **상황**　자연에서의 소박한 생활 (in자연)

> 아이야 도롱이 삿갓 차려라 동쪽 시내에 비 내린다
> 기나긴 낚싯대에 **미늘*** 없는 낚시 매어
> 저 고기 놀라지 마라 내 흥 겨워하노라
> <제2수>

해상도 업 : 고기를 잡으려는 게 아니라 낚시 자체의 흥취를 즐기는 겁니다. '미늘 없는 낚시'와 '저 고기 놀라지 마라 내 흥 겨워하노라'가 이를 확인시켜 줍니다.

> **상황**　자연에서의 흥취 (to자연) → 자연친화 확정!

② <제1수>와 <제2수>에서는 생활 도구를 언급하여 화자가 살아가는 모습을 보여 주고 있다.

➡ '구럭 망태'와 '도롱이', '낚싯대'에서 확인가능합니다.

> 아이야 죽조반(粥早飯) 다오 남쪽 논밭에 일 많구나
> 서투른 따비*는 누구와 마주 잡을꼬
> 두어라　성세궁경(聖世躬耕)*도　역군은(亦君恩)이시니라
> <제3수>

해상도 다운 : 농사일이 힘들지만, 태평성대에 농사지을 수 있는 것도 임금 덕분이라고 합니다. 주제와 태도가 유지됩니다. 빠르게 갑시다.

> **상황**　자연에서의 삶
> **태도**　임금에 대한 감사 (자연친화, 충)

③ <제1수> 중장과 <제3수> 중장에서 나타나는 화자의 걱정은 각 수의 종장에서 강화되고 있다.

➡ '<제수> 중장'의 걱정은 '고사리'에 대한 걱정이고, 이 걱정은 종장에서 강화됩니다. '고사리'가 자신의 삶의 근간이 되는 것임을 종장에서 드러내기 때문입니다. 그리고 '<제3수> 중장'의 '서투른 따비'에 대한 판단을 내려 봅시다. <보기>에 의해 화자가 문인임을 알 수 있고, 문인이기에 농사일에 서투를 수 밖에 없다는 결론에 도달합니다. 따라서 화자의 걱정인 서투름은 적절합니다. 그러나 종장에서 '두어라'를 통해 걱정이 해소되기에 '강화'는 적절

하지 않습니다.

정답 ③

④ <제1수> 종장과 <제3수> 초장에서는 간단한 먹을거
리를 언급하여 화자의 소박한 생활을 드러내고 있다.

➡️ '나물', '죽조반'에서 확인가능합니다.

> 아이야 소 먹여 내어라 북쪽 마을에서 새 술 먹자
> 잔뜩 취한 얼굴을 달빛에 실어 오니
> 어즈버 희황상인(羲皇上人)*을 오늘 다시 보는구나
> <제4수>
>
> - 조존성, 「호아곡」 -

해상도 다운 : 술에 취해 달빛 아래 돌아오는 모습이 마치 세
상일을 잊고 한가하고 태평하게 숨어 사는 사람같다고 합니
다. 주제와 태도가 유지됩니다.

⑤ <제4수> 종장은 첫 음보의 감탄 표현을 활용하여 시상
을 집약하고 있다.

➡️ '어즈버'를 통해 시상의 집약이 이루어집니다. 감탄사를
통해 그 뒷부분을 강조하는 것은 자명합니다.

7 <보기>를 참고하여 (가)~(다)를 감상한 내용으로 적
절하지 **않은** 것은? [3점]

정답 ③

> **• 보기 •**
>
> 정철과 조존성이 살았던 16세기 후반~17세기 초반
> 에는 정치 참여 과정에서 당파 간의 대립과 투쟁이 극
> 심해지면서 정치적 공격을 받은 문인들이 벼슬에서 파
> 직, 유배되거나 산림에 은거하는 등 정계에서 소외된
> 상태에 놓이는 경우가 잦았다. 이 과정에서 문인들은
> 정치 경험을 바탕으로 정치 현실에 대한 비판과 경계,
> 처세관, 자연에 몰입하려는 태도 등을 작품에 드러내
> 었다.

① '풍파'가 험난한 정치 현실이고 '일렁이던 배'가 시련을
겪은 관료라면, (가)의 초장은 당쟁에 휘말린 사람이
정치적 소외 상태에 놓인 것을 의미하겠군.

➡️ 풍파가 정치 현실이고 배가 관료라는 건 <보기>와 부합
합니다. 이제 판단을 봅시다. '풍파에 일렁이던 배 어디로
갔단 말인가'에서 배가 사라졌다는 건 관료가 소외 상태
에 놓였다는 의미입니다. 적절합니다.

② '구름이 험하거늘'이 정치적 위기의 조짐에 해당하고
'허술한 배 두신 분네'가 신진 관료라면, (가)의 종장은
화자가 정치 경험이 충분치 않은 이들에게 정치의 험
난함을 알려 주는 것이겠군.

➡️ 구름이 위기 조짐이고 '허술한 배 두신 분네'가 신진 관료
라면, '허술한'을 경험 부족으로 해석한 겁니다. 판단을 봅시
다. '조심하소서'는 말을 건네는 어조로 경계에 대한 권고
입니다. 이는 경험 부족한 이들에게 험난함을 알려주는 것
입니다. 적절합니다.

③ '심의산'이 화자의 심회이고 '오뉴월'의 '자취눈'이 화
자의 복잡한 심정을 비유한 표현이라면, (나)의 초장과
중장에서는 당쟁의 상황에서 굳은 마음을 견지하려는
화자의 의지를 드러내는 것이겠군.

➡️ 심의산이 심회이고 자취눈이 복잡한 심정의 비유라는 건
일단 받아들입시다. 문제는 판단입니다. 가정에서는 '복잡
한 심정'이라고 했는데, 판단에서는 '굳은 마음을 견지하려
는 의지'라고 했습니다. 복잡하다는 건 혼란스럽고 정리되지

않은 상태입니다. 다시말해서 내적 갈등이 존재한다는 것입니다. 굳은 마음은 확고하고 흔들리지 않는 상태입니다. 이 둘은 상충합니다. 따라서 선지 내의 모순입니다. 또한 작품의 상황을 봐도 '굳은 마음을 견지'한다고 볼 수 없습니다. 적절하지 않습니다.

④ '온 놈이 온 말을 하'는 상황이 비방과 모략이 난무하는 현실이고 '임'이 임금이라면, (나)의 종장은 온갖 참소를 임금이 잘 판단해 달라는 것이겠군.

➡ 온 놈의 말이 비방과 모략이고 임이 임금이라는 건 〈보기〉의 정치적 맥락과 부합합니다. 판단을 봅시다. '임이 짐작하소서'는 임금이 잘 판단해달라는 의미로 말을 건네는 어조가 드러납니다. 적절합니다.

⑤ '미늘 없는 낚시'가 욕심 없이 사는 삶을 의미한다면, (다)의 〈제2수〉 종장은 자연과 더불어 지내는 화자의 흥을 드러내는 것이겠군.

➡ 미늘 없는 낚시가 욕심 없는 삶이라는 건, 고기를 잡으려는 게 아니니 적절합니다. 판단을 봅시다. '내 흥 겨워하노라'는 자연에서의 흥겨움입니다. 따라서 적절합니다.

교훈 • 선지 판단

해당 선지는 가정/판단의 구성입니다. 그렇다면 작품에서 구체적인 해석을 하고 올 것이 아니라, 선지가 가정한 것이 과연 적절한지에 대한 것을 봐야 합니다. 가정이 터무니없지 않다면 일단 받아들이고, 판단이 가정에서 논리적으로 도출되는지를 봐야 합니다. 가정 자체가 '맞다/틀리다'를 따지는 게 아닙니다. 역설적이게도 앞의 가정은 난해한 작품의 해석에 도움을 줍니다. 이 작품의 (나)는 먼저 해석을 할 것이 아니라 이 선지의 전건을 통해 해석해야 합니다.

5 (가)~(다)의 공통점으로 가장 적절한 것은?

정답 ①

① 말을 건네는 방식을 통해 화자의 요구를 전달하고 있다.

➡ (가)에서는 '분네'(관료들)에게 '조심하소서'라고 말을 건네며 요구합니다. (나)에서는 '임아 임아'(임금)에게 '짐작하소서'라고 말을 건네며 요구합니다. (다)에서는 '아이'에게 '아이야'라고 말을 건네며 '찾아라', '차려라', '다오', '내어라'라고 요구합니다. 세 작품 모두 청자를 설정하고 말을 건네며 요구를 전달합니다. 적절합니다.

② 대상을 의인화하여 화자와 자연의 유대감을 나타내고 있다.

➡ (가), (나)는 자연과의 유대감이 주제가 아닙니다. 정치적 경계와 처세관이 주제입니다. (다)에서도 자연물을 의인화한 부분이 뚜렷하지 않습니다.

③ 과거와 현재를 대비하여 미래에 대한 전망을 드러내고 있다.

➡ 세 작품 모두 과거와 현재의 대비가 명확하지 않고, 미래에 대한 전망도 드러나지 않습니다. 적절하지 않습니다.

④ 물음의 방식을 활용하여 대상에 대한 친밀감을 표현하고 있다.

➡ (가)에 '어디로 갔단 말인가', (나)에 '보았는가' (다)에 '아니 자랐으랴' 등 물음이 있긴 합니다. 그러나 이 물음들은 친밀감 표현이 아니라 강조나 걱정의 표현입니다. 적절하지 않습니다.

⑤ 풍경을 사실적으로 묘사하여 계절의 변화상을 그려 내고 있다.

➡ (다)는 계절의 '변화상'을 그리지 않습니다. 적절하지 않습니다.

문학 FOCUS

FOCUS

6

방향성 판단

단순한 함정같지만 방향성을 파악해 의식적으로 처리합시다.

단순한 함정같지만 방향성을 파악해 의식적으로 처리합시다.

작품에는 선후 관계나 인과 관계가 제시되는 경우가 많습니다. 이 상황에서 문제 선지를 구성하는 단순한 방법은 앞뒤 바꿔치기를 하거나 중간에 무언가를 끼워 넣는 것입니다.

이 방법은 단순해 보이지만, 놀랍게도 수험생들의 오답률을 높이는 데 효과적입니다. 수험생들은 문제 풀이 과정에서 작품의 방향성을 제대로 파악하지 못한 채 선지를 읽고 판단하기 때문에 실수하게 됩니다. 그리고 이런 실수를 한 후에도 "그냥 실수했어"라고 말하며 답을 체크한 후, 빠르게 넘어가 버립니다. 그 결과 이 유형에 대한 대처방법을 갖추지 못한 채, 다시 이 유형과 마주하고 또 틀리게 됩니다.

이러한 악순환을 끊기 위해서는 어떻게 해야 할까요?

이 순환을 끊기 위해서는 작품에 제시된 사건의 방향성을 의식적으로 판단하는 태도가 필요합니다.

예를 들어, <보기>에서 'A → B'라는 방향(순서나 인과 관계)이 제시된다면, 우리는 이것을 선지 판단의 기준으로 삼아야 합니다. 선지에서 'A → C'처럼 다른 관계를 묻거나 'B → A'처럼 순서를 바꿔 물을 때도, 원래의 'A → B'라는 기준을 잊어서는 안 됩니다.

심지어 출제자들은 더 교묘하게 'A → C → B'같이 중간에 새로운 요소를 끼워 넣는 방식으로 출제할 수도 있습니다.

이때, 시작(A)과 끝(B)만 대충 보고 판단할 경우 제대로 된 판단을 하지 못해 틀리게 됩니다.

이런 함정에 빠지지 않으려면 문제 풀이 단계에서부터 작품의 흐름을 기준 삼아 방향성을 면밀히 판단하는 태도를 갖춰야 합니다.

여기에서는 작품이나 <보기>에서 제시된 '방향성'의 판단을 연습합니다.

금강대 맨 우층의 선학(仙鶴)이 삿기 치니
춘풍 옥적성(玉笛聲)의 첫잠을 깨돗던디
호의현상*이 반공(半空)의 소소 뜨니
서호 녯 주인*을 반겨셔 넘노는 듯
소향로 대향로 눈 아래 구버보고
정양사 진헐대 고텨 올나 안즌마리
여산 진면목이 여긔야 다 뵈는구나
어와 조화옹이 헌사토 헌사할샤
날거든 뛰디 마나 섯거든 솟디 마나
부용(芙蓉)을 고잣는 듯 백옥(白玉)을 믓것는 듯
동명(東溟)*을 박차는 듯 북극(北極)을 괴왓는 듯
놉흘시고 망고대 외로올샤 **혈망봉**이
하늘의 추미러 므스 일을 사로려
천만겁(千萬劫) 디나도록 구필 줄 모르느냐
어와 너여이고 너 가트니 또 잇는가
개심대 고텨 올나 **중향성** 바라보며
만이천봉을 녁녁(歷歷)히 혀여 하니
봉마다 맷쳐 잇고 긋마다 서린 긔운
맑거든 조티 마나 조커든 맑디 마나
뎌 긔운 흐터 내야 인걸을 만들고쟈
형용도 그지업고 톄세(體勢)도 하도 할샤
천지 삼기실 제 **자연이 되**연마는
이제 와 보게 되니 유정(有情)도 유정할샤

(중략)

그 알픠 너러바회 화룡소 되어셰라
천년 노룡(老龍)이 구비구비 서려 이셔
주야의 흘녀 내여 창해(滄海)예 니어시니
풍운을 언제 어더 삼일우(三日雨)를 디련느냐
음애예 이온 플*
을 다 살와 내여스라
마하연 묘길상 안문재 너머 디여
외나모 써근 다리 **불정대** 올라 하니
천심(千尋) 절벽을 반공애 셰여 두고
은하수 한 구비를 촌촌이 버혀 내여
실가티 플텨 이셔 **베**가티 거러시니
도경(圖經) 열두 구비 내 보매는 여러히라

이적선 이제 이셔 고텨 의논하게 되면
여산*이 여긔도곤 낫단 말 못 하려니

- 정철, 「관동별곡」 -

* 호의현상 : 흰 저고리에 검은 치마란 뜻으로 학을 가리킴.
* 서호 녯 주인 : 송나라 때 서호에서 학을 자식으로 여기며 살았던 은
  사(隱士) 임포.
* 동명 : 동해 바다.
* 음애예 이온 플 : 그늘진 벼랑에 시든 풀.
* 여산 : 당나라 시인 이백(이적선)의 시구에 나오는 중국의 명산.

1 <보기>를 바탕으로 윗글을 감상한 내용으로 적절하지
않은 것은? [3점]

- 보 기 -

　조선의 사대부들은 자연에 하늘의 이치[天理]가 구
현된 것으로 보았으며, 그들 중 대부분은 자연의 미를
관념적으로 형상화하였다. 한편 「관동별곡」의 작가는
자연의 미를 현실에서 발견하여 사실감 있게 묘사함으
로써 그들과의 차별성을 드러내었다. 또한 그는 자연
을 바라보며 사회적 책무를 떠올리고 자연에 투사된
이상적 인간상을 모색하기도 하였다.

① '혈망봉'을 '천만겁'이 지나도록 굽히지 않는 존재로 본
　것은, 작가가 지향하는 이상적 인간상을 자연에 투사
　한 것이군.
② '개심대'에서 '뎌 긔운 흐터 내야 인걸을 만들'겠다는
　의지를 드러낸 것은, 작가가 자연을 바라보며 자신의
　사회적 책무를 인식하고 있음을 보여 주는군.
③ '중향성'을 바라보며 천지가 '자연이 되'었다고 본 것
　은, 자연의 미가 하늘의 이치가 구현된 인간 사회의 영
　향을 받는다고 생각하는 작가의 인식을 보여 주는군.
④ '불정대'에서 본 폭포의 아름다움을 '실'이나 '베'와 같
　은 구체적 사물을 활용하여 표현한 것은, 자연을 사
　실감 있게 나타내려는 작가의 태도를 반영한 것이군.
⑤ '불정대'에서 본 풍경을 중국의 '여산'과 비교하며 우리
　자연의 아름다움을 강조한 것은, 관념이 아닌 현실에
　서 아름다움을 발견하는 작가의 차별성을 보여 주는군.

중간에 끼워 넣는 함정 피하기

금강대 맨 우층의 선학(仙鶴)이 삿기 치니
춘풍 옥적성(玉笛聲)의 첫잠을 깨돗던디
호의현상이 반공(半空)의 소소 뜨니
서호 녯 주인을 반겨셔 넘노는 듯

대상 선학(仙鶴), 호의현상(학의 흰 모습)
상황 화자가 금강대(공간 배경)에서 학이 날개를 치며
　　　 날아오르는 모습을 관찰함

소향로 대향로 눈 아래 구버보고
정양사 진헐대 고텨 올나 안즌마리
여산 진면목이 여긔야 다 뵈는구나
어와 조화옹이 헌사토 헌사할샤

대상 소향로, 대향로, 진헐대, 여산
상황 소향로와 대향로를 굽어봄, 진헐대(공간 배경)에
　　　 올라 진헐대의 경치를 '여산'에 빗댐, 금강대 →
　　　 진헐대
정서 감탄
태도 예찬적

날거든 뛰디 마나 섯거든 솟디 마나
부용(芙蓉)을 고잣는 듯 백옥(白玉)을 믓것는 듯
동명(東溟)을 박차는 듯 북극(北極)을 괴왓는 듯
놉흘시고 망고대 외로올샤 혈망봉이
하늘의 추미러 므스 일을 사로려
천만겁(千萬劫) 디나도록 구필 줄 모르느냐
어와 너여이고 너 가트니 또 잇는가

대상 망고대, 혈망봉('너'→의인화)
상황 망고대와 혈망봉의 모습을 빗대어 표현함, 망고
　　　 대와 혈망봉을 '너'라고 칭하며, 굽힐 줄 모르는
　　　 지조와 절개를 예찬함(In 자연, To 자연)
태도 예찬적

개심대 고텨 올나 중향성 바라보며
만이천봉을 녁녁(歷歷)히 혀여 하니
봉마다 맷쳐 잇고 긋마다 서린 긔운
맑거든 조티 마나 조커든 맑디 마나
뎌 긔운 흐터 내야 인걸을 만들고쟈
형용도 그지업고 톄세(體勢)도 하도 할샤
천지 삼기실 제 자연이 되연마는
이제 와 보게 되니 유정(有情)도 유정할샤

대상 중향성(시선)
상황 개심대(공간적 배경), 진헐대 → 개심대(공간 이동)
　　　 중향성의 맑은 기운으로 인걸을 만들고자함

(중략)

그 알픠 너러바회 화룡소 되어셰라
천년 노룡(老龍)이 구비구비 서려 이셔
주야의 흘녀 내여 창해(滄海)예 니어시니
풍운을 언제 어더 삼일우(三日雨)를 디련느냐
음애예 이온 플
을 다 살와 내여스라

대상	화룡소, 삼일우, 음애예 이온 플(그늘진 낭떠러지에 시든 풀)
상황	화룡소의 모습을 천년 노룡이 서려 있는 모습에 빗대어 표현함, 시든 풀을 살려내겠다는 포부를 드러냄
태도	예찬적

마하연 묘길상 안문재 너머 디여
외나모 써근 다리 불정대 올라 하니
천심(千尋) 절벽을 반공애 셰여 두고
은하수 한 구비를 촌촌이 버혀 내여
실가티 플텨 이셔 베가티 거러시니
도경(圖經) 열두 구비 내 보매는 여러히라
이적선 이제 이셔 고텨 의논하게 되면
여산이 여긔도곤 낫단 말 못 하려니

대상	천심 절벽, 여산
상황	안문재 → 불정대(공간 이동), 절벽의 모습을 은하수를 베어내어 걸어 둔 모습에 빗댐, 여산보다 낫다는 표현이 돋보임
정서	자부심

교훈 · 작품 독해

기행 가사는 언제나 '시간'과 '공간'에 주목해야 합니다. 시간의 흐름을 파악하며, 화자가 현재 어느 공간에 있는지 파악합시다.

그리고 선지에서 공간의 이동이 제시될 경우, 화자의 시선과 구분해야 합니다. 화자가 A에서 B를 바라본다고 제시한 후, 선지에서 A에서 B로 이동했다고 물어볼 수 있기 때문입니다.

1 <보기>를 바탕으로 윗글을 감상한 내용으로 적절하지 <u>않은</u> 것은? [3점]

정답 ③

> **· 보기 ·**
>
> 조선의 사대부들은 자연에 하늘의 이치[天理]가 구현된 것으로 보았으며, 그들 중 대부분은 자연의 미를 관념적으로 형상화하였다. 한편 「관동별곡」의 작가는 자연의 미를 현실에서 발견하여 사실감 있게 묘사함으로써 그들과의 차별성을 드러내었다. 또한 그는 자연을 바라보며 사회적 책무를 떠올리고 자연에 투사된 이상적 인간상을 모색하기도 하였다.

대부분의 사대부: 하늘의 이치 → 자연 → 관념
화자: 하늘의 이치 → 자연 → 현실(사실)

① '혈망봉'을 '천만겁'이 지나도록 굽히지 않는 존재로 본 것은, 작가가 지향하는 이상적 인간상을 자연에 투사한 것이군.

➡ 화자는 '혈망봉'에 '천천만겁(千萬劫) 디나도록 구필 줄 모르느냐'라고 묻고, '어와 너여이고 너 가트니 또 잇는가'라며 직접 말을 건넵니다. 이처럼 화자는 혈망봉을 굳건한 지조와 절개를 지닌 존재로 의인화하여, 자신이 지향하는 이상적 인간상을 자연에 투영하고 있습니다. 따라서 이 선지는 적절합니다.

② '개심대'에서 '텨 긔운 흐터 내야 인걸을 만들'겠다는 의지를 드러낸 것은, 작가가 자연을 바라보며 자신의 사회적 책무를 인식하고 있음을 보여 주는군.

➡ <보기>에 따르면 작가는 '자연을 바라보며 사회적 책무를 떠올리고 자연에 투사된 이상적 인간상을 모색'합니다. 작품에서 화자는 '텨 긔운 흐터 내야 인걸을 만들고쟈'라고 표현하며, 자연의 맑은 기운으로 훌륭한 인재를 육성하겠다는 의지를 드러냅니다. 이는 화자가 자연 감상을 통해 자신의 사회적 책무를 인식하는 모습을 보여주므로 적절합니다.

③ '중향성'을 바라보며 천지가 '자연이 되'었다고 본 것은,
자연의 미가 [<하늘의 이치가 구현된> 인간 사회의] 영
향을 받는다고 생각하는 작가의 인식을 보여 주는군.

◉ '천지 삼기실 제 자연이 되연마는'과 <보기>에 의하
면 '자연에 하늘의 이치[天理]가 구현'되었고, '자연의 미
를 현실에서 발견'했습니다. 이를 도식화하면, '하늘의 이
치 → 자연'입니다. 해당 선지에서는 '하늘의 이치 → 인
간 사회 → 자연'이라고 주장합니다. 작품이나 <보기>에
서 인간 사회가 자연에 영향을 준다는 내용은 찾을 수 없
으므로 적절하지 않습니다.

④ '불정대'에서 본 폭포의 아름다움을 '실'이나 '베'와 같
은 구체적 사물을 활용하여 표현한 것은, 자연을 사
실감 있게 나타내려는 작가의 태도를 반영한 것이군.

◉ 화자는 '불정대 올라 하니'라는 구절에서 불정대에 올
라 폭포를 바라보며, 은하수를 '실가티 플텨 이셔 베가티
거러시니'라고 표현합니다. 이처럼 폭포를 '실'과 '베'라는
일상적이고 구체적인 사물에 빗대어 묘사함으로써, 자연
의 아름다움을 실제적이고 사실적으로 전달하고 있습니다.
이는 <보기>에서 언급한 '자연의 미를 현실에서 발견하
여 사실감 있게 묘사'하는 작가의 특징과 대응하므로 적
절합니다.

⑤ '불정대'에서 본 풍경을 중국의 '여산'과 비교하며 우
리 자연의 아름다움을 강조한 것은, 관념이 아닌 현실
에서 아름다움을 발견하는 작가의 차별성을 보여 주
는군.

◉ '여산이 여긔도곤 낫단 말 못 하려니'에서 중국의 '여산'
과 비교가 드러납니다. 관념적인 자연이 아닌 우리나라의
자연물의 아름다움을 강조합니다. 이는 <보기>에서 언급한
'자연의 미를 현실에서 발견'하는 작가의 차별성과 일치하
므로 적절합니다.

(다)

ⓐ신위가 **자기 집** 이름을 '문의당'이라 하고 ⓑ나에게 편지를 보내 말했다.

"내 천성이 물을 좋아하는데, 도성 안이라 **볼만한 샘이나 못**이 없어 비록 **물을 보는 법**을 알고 있어도 **써 볼 데가 없**는 것이 늘 아쉬웠습니다. 그런데 **천하의 지도를 보고** 깨우친 점이 있었습니다.

넘실거리는 큰 바다 사이로 아홉 개 대륙, 일만 개 나라가 퍼져 있는데 큰 나라는 범선이 늘어선 듯하고, 작은 나라는 갈매기와 해오라기가 출몰하는 듯했습니다. 천하만국에 두루 살고 있는 사람들은 모두 물 가운데 있는 존재일 뿐입니다. 이것이 제 집의 이름을 '**문의(文漪)***'라고 한 까닭입니다. 그대는 저를 위해 이 집의 기문을 지어 주시기 바랍니다."
나는 편지를 보고 웃으며 말했다.

"세상에는 본래 그 실물은 없으면서도 이름을 차지하는 경우가 있으니, 지금 그대가 집에 이름을 붙인 것이 바로 그 실물이 없는 것이라고 할 수 있겠소. 비록 그러하나 그대도 이에 대해 할 말이 있을 것이오. 지금 **바다의 섬 가운데 집을 짓고 사는 사람**이 있다면, 사람들은 반드시 **물에 산다고** 하지 산에 산다고 하지 않겠지요. 섬사람 중에는 담장을 두르고, 집을 짓고, 문을 닫고 **들어앉아 사는 사람**도 있게 마련이니, 그가 날마다 파도와 깊은 물을 가까이 접하지는 않는다고 하여, 물에 사는 게 아니라고 한다면 옳지 않겠지요. 이와 같은 이치를 **사람들**이 모두 그렇다고 인정하는데, 어찌 유독 그대의 말에만 의심을 품겠소?

대지는 하나의 섬이고, 세상 사람들은 섬사람이라오. 비록 **배를 집으로 삼아** 물 위를 떠다니면서 날마다 **물과 더불어** 살아가는 사람이라 하더라도, 그 형편상 눈을 한곳에 두고 꼼짝하지 않을 수는 없을 것이고, 잠시 **눈길을 돌려**서 잠깐 동안이나마 물이 있다는 것을 생각하지 못할 때가 반드시 있을 것이오. 이때에는 겨우 반걸음을 움직인 것이나 천 리를 간 것이나 매한가지라 할 것이오."

- 서영보, 「문의당기」 -

* 문의 : 물결무늬.

2 <보기>를 바탕으로 (다)를 이해한 내용의 O/X를 판단하라. [3점]

▸ 보기 ◂

문학 작품 속의 소재들은 연관성 속에서 서로 유사 혹은 대립의 관계를 이룸으로써 의미를 생성하거나 그 특징을 부각하는 효과를 드러낸다.

① (다)의 '아홉 개 대륙'과 '일만 개 나라'는 바다 안의 육지라는 유사성으로 관계를 맺으며 '천하의 지도'라는 새로운 의미를 생성하고 있군.

② (다)의 '파도'와 '깊은 물'은 바다의 형상이라는 유사성으로 관계를 맺으며 물에 사는 사람이 살면서 만나게 되는 환경이라는 의미를 생성하고 있군.

③ (다)의 '갈매기'와 '해오라기'는 크고 작음의 대비를 이루어 각 소재가 가진 특징을 부각하고 있군.

<보기>에서 방향성이 제시되지 않았으나 선지에서 물을 때 실수하지 않기

신위가 자기 집 이름을 '문의당'이라 하고 나에게 편지를 보내 말했다.

"내 천성이 물을 좋아하는데, 도성 안이라 볼만한 샘이나 못이 없어 비록 물을 보는 법을 알고 있어도 써 볼 데가 없는 것이 늘 아쉬웠습니다. 그런데 천하의 지도를 보고 깨우친 점이 있었습니다.

넘실거리는 큰 바다 사이로 아홉 개 대륙, 일만 개 나라가 펴져 있는데 큰 나라는 범선이 늘어선 듯하고, 작은 나라는 갈매기와 해오라기가 출몰하는 듯했습니다. 천하만국에 두루 살고 있는 사람들은 모두 물 가운데 있는 존재일 뿐입니다. 이것이 제 집의 이름을 '문의(文漪)'라고 한 까닭입니다. 그대는 저를 위해 이 집의 기문을 지어 주시기 바랍니다."

[신위→'나']

➜ 천하의 지도를 보고, 큰 나라는 '범선'에, 작은 나라는 '갈매기와 해오라기'에 빗대며, 천하의 사람들을 모두 물 가운데 있는 존재로 생각합니다.

이처럼 신위는 일반적인 통념과 다른 주장을 펼칩니다.

나는 편지를 보고 웃으며 말했다.

"세상에는 본래 그 실물은 없으면서도 이름을 차지하는 경우가 있으니, 지금 그대가 집에 이름을 붙인 것이 바로 그 실물이 없는 것이라고 할 수 있겠소. 비록 그러하나 그대도 이에 대해 할 말이 있을 것이오. 지금 바다의 섬 가운데 집을 짓고 사는 사람이 있다면, 사람들은 반드시 물에 산다고 하지 산에 산다고 하지 않겠지요. 섬사람 중에는 담장을 두르고, 집을 짓고, 문을 닫고 들어앉아 사는 사람도 있게 마련이니, 그가 날마다 파도와 깊은 물을 가까이 접하지는 않는다고 하여, 물에 사는 게 아니라고 한다면 옳지 않겠지요. 이와 같은 이치를 사람들이 모두 그렇다고 인정하는데, 어찌 유

독 그대의 말에만 의심을 품겠소?

['나'→신위]

➜ 화자는 '섬 가운데 집을 짓고 사는 사람이 물과 멀리 떨어져 산다고 하더라도, 결국 물에 사는 것이다.'라는 예시를 통해, 신위의 주장을 지지합니다.

대지는 하나의 섬이고, 세상 사람들은 섬사람이라오. 비록 배를 집으로 삼아 물 위를 떠다니면서 날마다 물과 더불어 살아가는 사람이라 하더라도, 그 형편상 눈을 한곳에 두고 꼼짝하지 않을 수는 없을 것이고, 잠시 눈길을 돌려서 잠깐 동안이나마 물이 있다는 것을 생각하지 못할 때가 반드시 있을 것이오. 이때에는 겨우 반걸음을 움직인 것이나 천 리를 간 것이나 매한가지라 할 것이오."

대지=하나의 섬
세상 사람들=섬사람

2 <보기>를 바탕으로 (다)를 이해한 내용의 O/X를 판단하라. [3점]

• 보기 •

문학 작품 속의 소재들은 연관성 속에서 서로 유사 혹은 대립의 관계를 이룸으로써 의미를 생성하거나 그 특징을 부각하는 효과를 드러낸다.

① (다)의 '아홉 개 대륙'과 '일만 개 나라'는 바다 안의 육지라는 유사성으로 관계를 맺으며 '천하의 지도'라는 새로운 의미를 생성하고 있군.

정답 ✕

➦ '아홉 개 대륙'과 '일만 개 나라'는 모두 육지로서 유사성을 가집니다. 그러나 이 두 대상이 '천하의 지도'라는 새로운 의미를 생성하는 것이 아니라, '천하의 지도'를 통해 이들을 발견하고 있습니다. 의미 생성의 방향이 반대로 제시되었습니다. 원문에서 '천하의 지도를 보고 깨우친 점이 있었습니다'라고 했으므로, '신위'는 '지도'를 통해, '대륙'과 '나라'의 유사성을 새롭게 인식한 것입니다.
천하의 지도 → [아홉 개 대륙≒일만 개 나라]

💡 **교훈**

<보기>에서 방향성이 제시되지 않는 경우입니다. '유사'와 '대립'의 관계만 제시해주었습니다. 따라서 해당 범주를 참조해야 합니다. 이때, 선지에서 인과 관계, 선후 관계에 대한 것을 묻는다면, <보기>의 범주를 고려하며 방향성을 생각합시다.

② (다)의 '파도'와 '깊은 물'은 바다의 형상이라는 유사성으로 관계를 맺으며 물에 사는 사람이 살면서 만나게 되는 환경이라는 의미를 생성하고 있군.

정답 ◯

➦ '그가 날마다 파도와 깊은 물을 가까이 접하지는 않는다고 하여, 물에 사는 게 아니라고 한다면 옳지 않겠지요'라는 구절에서, '파도'와 '깊은 물'은 모두 바다의 형상을 나타내는 유사한 요소들입니다. 이 두 대상은 '물에 사는 사람'이 접하게 되는 환경을 표현함으로써, 비록 직접 접하지 않더라도 여전히 '물에 사는' 것을 강조합니다. 따라서 바다의 형상이라는 유사성으로 관계를 맺어 물에 사는 사람의 환경이라는 의미를 생성한다는 설명은 적절합니다.

③ (다)의 '갈매기'와 '해오라기'는 크고 작음의 대비를 이루어 각 소재가 가진 특징을 부각하고 있군.

정답 ✕

➦ '갈매기'와 '해오라기'는 서로 대비되는 것이 아니라 유사한 속성(바다 위를 나는 새)을 가진 소재입니다. 두 새는 서로 '크고 작음의 대비'를 이루는 것이 아니라, 같은 범주의 새로서 함께 묶여 작은 나라의 모습을 형상화합니다. 실제 대비는 '범선'(큰 나라)과 '갈매기와 해오라기'(작은 나라) 사이에 이루어집니다.

(가)

흰 벽에는 ──

어련히 해들 적마다 나뭇가지가 그림자 되어 떠오를 뿐이었다.

그러한 정밀*이 천년이나 머물렀다 한다.

단청은 연년(年年)이 빛을 잃어 두리기둥에는 틈이 생기고, 볕과 바람이 쓰라리게 스며들었다. 그러나 험상궂어 가는 것이 서럽지 않았다.

기왓장마다 푸른 이끼가 앉고 세월은 소리없이 쌓였으나 ㉠문은 상기 닫혀진 채 멀리 지나가는 바람 소리에 귀를 기울이는 밤이 있었다.

주춧돌 놓인 자리에 가을풀은 우거졌어도 봄이면 돋아나는 푸른 싹이 살고, 그리고 한 그루 진분홍 꽃이 피는 나무가 자랐다.

유달리도 푸른 높은 하늘을 눈물과 함께 아득히 흘러간 별들이 총총히 돌아오고 사납던 비바람이 걷힌 낡은 처마 끝에 찬란히 빛이 쏟아지는 새벽, 오래 닫혀진 문은 산천을 울리며 열리었다.

── 그립던 깃발이 눈뿌리에 사무치는 푸른 하늘이었다.

- 김종길, 「문」 -

* 정밀 : 고요하고 편안함.

3 <보기>를 참고하여 (가)를 감상한 내용으로 적절하지 <u>않은</u> 것은?

• 보기 •

(가)에서 순환하는 자연이 가진 변화의 힘은 인간 역사의 쇠락과 생성에 관여한다. 인간의 역사는 쇠락의 과정에서도 생성의 기반을 잃지 않고, 자연과 어우러지며 자연의 힘을 탐색하거나 수용한다. 이를 통해 '문'은 새로운 역사를 생성할 가능성을 실현하게 되고, 인간의 역사는 '깃발'로 상징되는 이상을 향해 다시 나아갈 수 있게 된다.

① '흰 벽'에 나뭇가지가 그림자로 나타나는 것은, 천년을 쇠락해 온 인간의 역사가 자연의 힘을 탐색하는 과정에서 자연의 모습에 영향을 미친 결과를 보여 주는군.
② '두리기둥'의 틈에 볕과 바람이 쓰라리게 스며드는 것을 서럽지 않다고 한 것은, 쇠락해 가는 인간의 역사가 자연이 가진 변화의 힘을 수용함을 드러내는군.
③ '기왓장마다' 이끼와 세월이 덮여 감에도 멀리 있는 바람 소리에 귀를 기울이는 것은, 자연의 영향을 받으면서도 자연이 가진 변화의 힘에서 생성의 가능성을 찾는 모습이겠군.
④ '주춧돌 놓인 자리'에 봄이면 푸른 싹이 돋고 나무가 자라는 것은, 생성의 기반을 잃지 않은 인간의 역사가 자연과 어우러져 생성의 힘을 수용하는 모습이겠군.
⑤ '닫혀진 문'이 별들이 돌아오고 낡은 처마 끝에 빛이 쏟아지는 새벽에 열리는 것은, 순환하는 자연 속에서 인간의 역사를 다시 생성할 가능성이 나타남을 보여 주는군.

<보기>에서 방향성이 제시되었을 때 실수하지 않기

• 보기 •

(가)에서 순환하는 자연이 가진 변화의 힘은 인간 역사의 쇠락과 생성에 관여한다. 인간의 역사는 쇠락의 과정에서도 생성의 기반을 잃지 않고, 자연과 어우러지며 자연의 힘을 탐색하거나 수용한다. 이를 통해 '문'은 새로운 역사를 생성할 가능성을 실현하게 되고, 인간의 역사는 '깃발'로 상징되는 이상을 향해 다시 나아갈 수 있게 된다.

방향성 : 자연의 힘 → 인간의 쇠락과 생성
문 : 새로운 역사의 생성 가능성
깃발 : 이상

흰 벽에는 ──
어련히 해들 적마다 나뭇가지가 그림자 되어 떠오를 뿐이었다.
그러한 정밀이 천년이나 머물렀다 한다.

화자	이면적 화자
대상	흰 벽(인공물), 나뭇가지(자연물)
상황	흰 벽에 나뭇가지의 그림자가 짐
정서	고요하고 편안함이 지속됨

단청은 연년(年年)이 빛을 잃어 두리기둥에는 틈이 생기고, 볕과 바람이 쓰라리게 스며들었다. 그러나 험상 궂어 가는 것이 서럽지 않았다.

대상	단청(인공물), 두리기둥(인공물), 볕(자연물), 바람(자연물)
상황	단청의 변화(쇠락)와 기둥의 변화(쇠락)를 관찰 [자연물→인공물]
정서	서럽지 않음

기왓장마다 푸른 이끼가 앉고 세월은 소리없이 쌓였으나 문은 상기 닫혀진 채 멀리 지나가는 바람 소리에 귀를 기울이는 밤이 있었다.

대상	기왓장(인공물), 푸른 이끼(자연물), 세월(관념의 구체화), 바람, 문(?)
상황	기왓장(인공물)에 푸른 이끼(자연물)가 앉음(쇠락) [자연물→인공물], 문이 닫혀있음

주춧돌 놓인 자리에 가을풀은 우거졌어도 봄이면 돋아나는 푸른 싹이 살고, 그리고 한 그루 진분홍 꽃이 피는 나무가 자랐다.

대상	주춧돌(인공물), 가을풀(가을의 자연물), 푸른 싹(봄의 자연물), 진분홍 꽃(봄의 자연물)
상황	주춧돌 위에 가을풀(쇠락)이 우거졌으나 봄이 오면 푸른 싹과 꽃(생성)이 피어남 [자연물→인공물]

➲ 자연물은 자연을 상징하고 인공물은 인간을 상징합니다. 따라서 작품에서 반복된 '자연물 → 인공물'은 <보기>의 '자연 → 인간'에 연결됩니다.

유달리도 푸른 높은 하늘을 눈물과 함께 아득히 흘러
간 별들이 총총히 돌아오고 사납던 비바람이 걷힌 낡
은 처마 끝에 찬란히 빛이 쏟아지는 새벽, 오래 닫혀진
문은 산천을 울리며 열리었다.

> **대상** 푸른 높은 하늘, 별, 사나운 비바람, 문(!)
> **상황** 사납던 비바람이 걷히고, 별들이 돌아오며, 닫혀있
> 던 문이 열림, 새벽(시간적 배경)

➡ <보기>에 의하면, 문이 열린 것은 '새로운 역사를 생성
할 가능성을 실현하'는 것을 상징합니다.

―― 그립던 깃발이 눈뿌리에 사무치는 푸른 하늘이
었다.

> **대상** 깃발, 푸른 하늘

➡ <보기>에 의하면 '깃발'은 이상을 상징합니다. 화자는
그러한 '깃발'을 그리워 했습니다. 그러나 이제 비바람이
그치고 문이 열리며 다시 '깃발'을 볼 수 있습니다.

---

3 <보기>를 참고하여 (가)를 감상한 내용으로 적절하지 않은 것은?

정답 ①

• 보기 •

(가)에서 순환하는 자연이 가진 변화의 힘은 인간 역
사의 쇠락과 생성에 관여한다. 인간의 역사는 쇠락의
과정에서도 생성의 기반을 잃지 않고, 자연과 어우러
지며 자연의 힘을 탐색하거나 수용한다. 이를 통해 '문'
은 새로운 역사를 생성할 가능성을 실현하게 되고, 인
간의 역사는 '깃발'로 상징되는 이상을 향해 다시 나아
갈 수 있게 된다.

① '흰 벽'에 나뭇가지가 그림자로 나타나는 것은, 천년을
쇠락해 온 인간의 역사가 자연의 힘을 탐색하는 과정
에서 자연의 모습에 영향을 미친 결과를 보여 주는군.

➡ '흰 벽'은 인공물이기에 인간의 역사를 상징하고 '나뭇가
지'는 자연물이기에 자연을 상징합니다. <보기>에 의하면,
자연이 가진 변화의 힘이 인간 역사에 관여합니다. 이
는 '자연→인간'의 방향성입니다. 그러나 해당 선지에서는
'인간→자연'의 방향성을 제시합니다. 힘의 방향이 반대
로 제시되었습니다. 따라서 인간의 역사가 자연의 모습에
영향을 미친다고 볼 수 없습니다. 적절하지 않습니다.

② '두리기둥'의 틈에 볕과 바람이 쓰라리게 스며드는 것
을 서럽지 않다고 한 것은, 쇠락해 가는 인간의 역사가
자연이 가진 변화의 힘을 수용함을 드러내는군.

➡ '두리기둥'은 인공물이기에 인간의 역사를 상징하고 '볕'
과 '바람'은 자연을 상징합니다. '두리기둥'에 '틈'은 인간
의 역사가 쇠락함을 드러냅니다. 이 '틈'에 자연의 힘을 상
징하는 '볕'과 '바람'이 스며들었기에 자연이 가진 변화의
힘이 인간 역사에 관여한다고 볼 수 있습니다.

③ '기왓장마다' 이끼와 세월이 덮여 감에도 멀리 있는 바
람 소리에 귀를 기울이는 것은, 자연의 영향을 받으면
서도 자연이 가진 변화의 힘에서 생성의 가능성을 찾
는 모습이겠군.

➡ '기왓장'은 인공물이기에 인간의 역사를 상징하고 '이끼'
는 자연물이기에 자연을 상징합니다. '이끼'가 '기왓장'에

덮여 갔으므로 자연이 가진 변화의 힘이 인간 역사에 관여한다고 볼 수 있습니다. 또한 '기왓장'에 '세월'이 쌓였기에 인간의 역사가 쇠락함을 드러내고 있습니다. 한편 〈보기〉에서 '인간의 역사는 쇠락의 과정에서도 생성의 기반을 잃지 않고, 자연과 어우러지며 자연의 힘을 탐색하거나 수용'한다고 제시했습니다. 따라서 인간의 역사는 쇠락함에도 불구하고 자연의 힘을 통해, 생성의 가능성을 찾는다고 볼 수 있습니다.

④ '주춧돌 놓인 자리'에 봄이면 푸른 싹이 돋고 나무가 자라는 것은, 생성의 기반을 잃지 않은 인간의 역사가 자연과 어우러져 생성의 힘을 수용하는 모습이겠군.

➡ '주춧돌'은 인공물이기에 인간의 역사를 상징하고 '푸른 싹'과 '나무'는 자연물이기에 자연을 상징합니다. 이때, '주춧돌 놓인 자리에 가을풀은 우거졌어도'에서 인간의 역사가 쇠락함을 알 수 있습니다. '푸른 싹이 돋고 나무가 자라는 것'은 〈보기〉에서 언급된 '쇠락의 과정에서도 생성의 기반을 잃지 않은 인간의 역사가 자연과 어우러져 생성의 힘을 수용'하는 모습이라고 볼 수 있습니다.

⑤ '닫혀진 문'이 별들이 돌아오고 낡은 처마 끝에 빛이 쏟아지는 새벽에 열리는 것은, 순환하는 자연 속에서 인간의 역사를 다시 생성할 가능성이 나타남을 보여 주는군.

➡ '문'은 〈보기〉에 의하면 '새로운 역사를 생성할 가능성'을 상징합니다. 작품에서 '오래 닫혀진 문'이 '별들이 돌아오고'. '비바람이 걷힌 새벽'에 열리는 것은 순환하는 자연 속에서 새로운 역사를 생성할 가능성이 실현됨을 보여줍니다. 이는 〈보기〉에서 '이를 통해 문은 새로운 역사를 생성할 가능성을 실현하게 되고, 인간의 역사는 깃발로 상징되는 이상을 향해 다시 나아갈 수 있게 된다'라고 한 것과 연결됩니다.

FOCUS 7

범주 나누기

범주를 나누기 위해 기준점을 잡아 봅시다.

범주를 나누기 위해 기준점을 잡아 봅시다.

작품을 분석할 때 기준점을 정해 범주를 나누어 봅시다.

작품을 읽을 때 '긍정/부정'으로 나누어 읽으라는 말을 자주 듣습니다. 이는 단순한 구분이 아니라 작품을 바라보는 기준, 즉 '범주'를 설정하는 행위입니다. '긍정/부정'이라는 이분법은 가장 기본적인 범주이며, 우리가 가장 먼저 시도할 수 있는 판단입니다.

하지만 작품은 긍정과 부정만으로 이루어져 있지 않습니다. 우리는 다양한 기준으로 작품의 범주를 나눌 수 있습니다.

예를 들어 긍정/부정, 화자의 지향, 생명력, 동적/정적, 상승/하강, 과거/현재/미래, 자연물/인공물, 거리감(↑/↓), 내부/외부, 연결/단절, 고향/타향, 이상/현실, 명암 등이 있습니다.

이러한 요소들을 <보기>에서 키워드를 보고 추출하는 연습을 합시다.
그리고 <보기>가 없는 작품도 제시될 수 있으니 <보기> 없이 작품 자체에서 추출하는 연습을 합시다.

범주는 절대적인 것이 아닙니다. 작품에 따라 '밤(어둠)'이 부정일 수도 있지만, 긍정으로 묶일 수도 있습니다.
우리가 길러야 할 것은 문맥에 맞춰 유연하게 범주를 파악하는 능력입니다.

그리고 작품의 독해를 할 때, 어느 정도의 지식이 있다면 조금 더 빠르고 편합니다.

여기에서는 정석적이고 기초적인 문학 개념을 논하지 않습니다.
그저 시험에서 사용되는 원리를 귀납적으로 분석한 개념을 배웁니다.
시험장에서 최소한의 이해를 하기 위한 태도와 작품에 대한 패턴화를 배워가셨으면 합니다.

1. 상황과 반응

화자가 처한 상황을 파악하고, 그에 대한 반응을 찾아내는 과정입니다.
복잡한 시도 이 틀 안에서 움직이니 명심하시길 바랍니다.

① 현대시 독해 3단계

STEP 1 (상황 파악) : 화자는 지금 (+)상황인가, (-)상황인가?
STEP 2 (정서 확인) : 그래서 지금 기분이 어떤가? (슬픔, 기쁨, 분노, 부끄러움 등)
STEP 3 (태도 결정) : 그래서 무엇을 하려 하는가? (극복, 체념, 반성, 예찬 등)

② 실전적 패턴화

언제나 예외는 존재합니다.
이 표는 그저 귀납적으로 정리만 해둔 것이니 시험장에서 잘 판단하세요.

상황		정서	키워드
부정적 현실		그리움	부재, 회상, 고향
		연민, 공감	불쌍함, 동질감, 눈물
		극복 의지, 비판	저항, 명령, 풍자
	→	체념, 좌절	포기, 운명론, 절망
내적 갈등		혼란, 방황	부끄러움, 괴로움, 갈등
긍정/지향 (자연, 이상향)		즐거움, 예찬	자연 친화, 만족, 예찬
		소망, 지향	희망, 기다림, 이상향
인생/삶		깨달음, 성찰	반성, 성숙, 발견
		무상감, 고독	덧없음, 유한성, 허무

2. 부정적 현실의 구체화('괴로움'의 3가지 유형)

문학의 출발점은 대부분 '결핍 / 상실 / 고통'입니다.

화자를 괴롭히는 이 '부정적 현실'은 크게 세 가지 유형으로 나뉩니다.

지문을 읽을 때 화자가 '왜 괴로워하는지' 그 원인을 먼저 파악해야 합니다.

이 괴로움은 구조적 괴로움, 개인적 괴로움, 근원적 괴로움으로 분류할 수 있습니다.

이는 학술적 용어가 아닌 평가원 기출에 근거한 귀납적인 분류입니다.

① 구조적 괴로움 (사회, 현실의 문제)

잘못된 세상(시대) 때문에 겪는 고통입니다.

> **상황** 일제 강점기, 독재, 가난, 산업화로 인한 농촌 붕괴, 전쟁 등
> **접근** 화자가 현실에 저항하는지, 비판하는지, 아니면 좌절하는지를 봐야 합니다.

1409B 현대시

(나)

[A]
것징이 울린다 막이 내렸다
오동나무에 전등이 매어달린 가설 무대
구경꾼이 돌아가고 난 텅빈 운동장
우리는 분이 얼룩진 얼굴로
학교 앞 소줏집에 몰려 술을 마신다
ⓐ 답답하고 고달프게 사는 것이 원통하다

[B]
꽹과리를 앞장세워 장거리로 나서면
따라붙어 악을 쓰는 건 쪼무래기들뿐
처녀애들은 기름집 담벽에 붙어 서서
철없이 킬킬대는구나
보름달은 밝아 어떤 녀석은
꺽정이처럼 울부짖고 또 어떤 녀석은
서림이처럼 해해대지만 ⓑ 이까짓
산구석에 처박혀 발버둥 친들 무엇하랴

[C]
비료 값도 안 나오는 농사 따위야
아예 여편네에게나 맡겨 두고
쇠전을 거쳐 도수장 앞에 와 돌 때
우리는 점점 신명이 난다
ⓒ 한 다리를 들고 날나리를 불꺼나
고갯짓을 하고 어깨를 흔들꺼나

- 신경림, 「농무」 -

40 <보기>를 참고하여 (나)를 감상한 내용으로 적절하지 <u>않은</u> 것은? [3점]

시 「농무」는 1970년 전후의 농촌의 실상과 농민들의 정서를 잘 담아낸 작품이다. 당시 우리 사회는 산업화와 도시화에 힘을 기울였는데, 이로 인해 농촌이 도시와는 다르게 피폐해져 감으로써 삶의 터전을 도시로 옮긴 농민들이 적지 않았다. 이러한 상황에서 시인은 농촌에서 농민들이 삶의 활력과 신명을 얻기 위해 집단적으로 추는 '농무'를 소재로 하여 현실의 암울함을 역설적으로 드러내는 한편, 농촌 공동체의 소중함을 독자들에게 일깨워 주었다.

① [A]에서 화자는 농무를 통해 활력을 얻기보다 오히려 무력감을 느끼고 있는 것 같아.

② [B]에서 '악을 쓰는', '킬킬대는구나', '울부짖고', '해해대지만' 등은 화자가 농무를 흥겨운 축제로 대하지는 못하고 있음을 드러내 줘.

③ [C]에서 화자가 신명을 느끼는 것은 농무의 신명에 힘입어 농촌 현실의 문제를 극복하고자 하는 농민들의 태도를 잘 보여 줘.

④ ⓐ와 ⓑ를 통해 당시의 농민들이 도시로 떠날 수밖에 없었던 사정을 어느 정도 감지할 수 있어.

⑤ ⓒ에서 화자의 물음은 앞날을 낙관하지 못하는 농촌 사람들이 던지는 자조적 물음으로도 이해될 수 있어.

이 작품에서 농민들의 괴로움은 1970년대의 사회 구조적 문제로 인해 발생합니다.
이런 구조적인 괴로움이 발생할 경우, 우린 이들의 대응 방식을 눈여겨봐야 합니다.

② 개인적 괴로움

가장 보편적인 감정입니다. 사랑하는 사람과의 이별, 사별, 고향 상실 등 개인적 체험에서 오는 아픔입니다. 거창한 사회 비판이나 철학적 고뇌보다는, 대상에 대한 그리움과 슬픔이 주를 이룹니다.

상황 이별, 사별, 고향 상실
접근 어떤 상황이며, 왜 그 상황에 처해있는지 그리고 어떤 반응을 보이는지 찾아야 합니다.

유리(琉璃)에 차고 슬픈 것이 어린거린다.
열없이 붙어서서 입김을 흐리우니
길들은 양 언 날개를 파다거린다.
지우고 보고 지우고 보아도
새까만 밤이 밀려 나가고 밀려와 부딪히고,
물 먹은 별이, 반짝, 보석(寶石)처럼 백힌다.
밤에 홀로 유리를 닦는 것은

외로운 황홀한 심사이어니,
고흔 폐혈관(肺血管)이 찢어진 채로
아아, 늬는 산(山)ㅅ새처럼 날아갔구나!

- 정지용, 「유리창Ⅰ」 -

이 작품은 자식을 잃은 아버지의 개인적인 슬픔을 다루고 있습니다. 화자는 창밖의 '새까만 밤'을 보며 죽은 아이를 떠올리고, 입김을 불어 창을 닦는 행위를 통해 죽은 자식을 보려 애씁니다.
이 괴로움은 사회가 잘못되어서, 인간이 하늘을 날 수 없어서 생긴 것이 아닙니다.
그저 사랑하는 대상을 상실한 데서 오는 개인적이고 심리적인 아픔입니다.

하지만 예외적으로 만족을 드러내는 작품도 존재합니다. 문학이 현실의 결핍을 노래한다고 해서 모든 시가 우울하고 괴로운 것은 아닙니다. 화자가 인간 세상(속세)의 번잡함을 떠나 완벽하게 조화로운 자연의 세계에 몰입하거나, 욕심을 버리고 자신의 삶을 긍정할 때는 충만함과 만족감이 나타납니다.

산은
구강산(九江山)
보랏빛 석산(石山)

산도화
두어 송이
송이 버는데

봄눈 녹아 흐르는
옥 같은
물에

사슴은
암사슴
발을 씻는다.

- 박목월, 「산도화(山桃花)」 -

화자는 자신이 지향하는 이상적인 세계의 아름다움을 그림처럼 그려내고 있습니다. 여기에는 괴로움이 드러나지 않고 아름다운 자연에 대한 만족감만이 존재합니다.

③ 근원적 괴로움 (인간의 운명)

인간이라면 누구나 겪을 수밖에 없는, 피할 수 없는 운명적 고통입니다.

상황 늙음, 죽음, 이승과 저승의 단절, 인간의 유한함.

접근 한계를 인정하고 수용하거나 체념하는지, 그럼에도 불구하고 초월하려고 노력하는지 확인해야 합니다.

향단(香丹)아 그넷줄을 밀어라
머언 바다로
배를 내어 밀듯이,
향단아
이 다소곳이 흔들리는 수양버들나무와
베갯모에 놓이듯한 풀꽃더미로부터,
자잘한 나비 새끼 꾀꼬리들로부터
아주 내어 밀듯이, 향단아
산호(珊瑚)도 섬도 없는 저 하늘로
나를 밀어 올려 다오
채색(彩色)한 구름같이 나를 밀어 올려 다오
이 울렁이는 가슴을 밀어 올려 다오!
서(西)으로 가는 달 같이는
나는 아무래도 갈 수가 없다.
바람이 파도를 밀어 올리듯이
그렇게 나를 밀어 올려 다오
향단아.

- 서정주, 「추천사」-

이 작품은 인간이 그네를 타고 하늘로 가려는 노력을 그립니다. 인간은 지상을 벗어나 하늘의 세계로 올라가려는 노력을 하지만, 인간의 근원적인 한계로 인해 도달하지 못합니다. 그럼에도 불구하고 화자는 계속해서 그네를 타고 하늘로 가려는 노력을 합니다. 이처럼 인간의 근원적 한계를 다룬 시들은 인간의 피해갈 수 없는 운명에 대해 극복하려 하거나, 수용하거나, 체념하게 됩니다.

이제 정리해봅시다.

구분	원인	키워드	태도
구조적 괴로움	사회, 현실	일제, 산업화, 독재, 전쟁, 가난	① 저항과 비판 : 현실의 모순을 고발하고 맞서 싸움 ② 풍자와 해학 : 대상을 비꼬거나 우스꽝스럽게 만듦 ③ 자조와 체념 : 무기력한 자신의 처지를 비웃거나 포기함
개인적 괴로움	개인적 상실	이별, 사별, 실향(고향X)	① 재회 확신(의지) : 다시 만날 것이라 믿고 기다림 ② 슬픔의 승화 : 슬픔을 종교/예술적으로 극복함 ③ 비애와 탄식 : 슬픔에 깊이 잠겨 한탄함
근원적 괴로움	인간의 운명	죽음, 시간, 유한성	① 초월 의지 : 한계를 뛰어넘어 이상 세계로 가려 함 ② 수용과 관조 : 섭리를 인정하고 차분하게 바라봄 ③ 무상감 : 인생의 덧없음을 느끼고 허무해함

그렇다면 이러한 괴로움은 언제 나타날까요?

구체적으로 상황을 정리해 봅시다.

① 구조적 괴로움 (시간순)

유형	세부 상황	키워드
식민지 현실	나라를 빼앗긴 상황	망국의 한, 민족적 비극, 유랑민의 삶, 저항과 좌절
전쟁과 분단	6.25 전쟁 전후	폭력성, 동족상잔, 이념 대립, 생존의 위협
독재와 억압	군사 정권, 권위주의	자유 박탈, 검열, 부조리한 사회, 민중 탄압
산업화 / 도시화	급격한 근대화 과정	공동체 붕괴, 농촌의 황폐화, 환경 파괴, 물질 만능주의

② 개인적 괴로움

유형	세부 상황	핵심 키워드
이별과 상실	사랑하는 대상의 부재	사별(죽음), 이별, 짝사랑, 그리움
객지 생활	고향을 떠나온 처지	타향살이(객수), 가족의 해체, 낯선 공간에서의 두려움, 귀향의 좌절
소외와 단절	타인과 섞이지 못함	고립, 불통, 가난과 생계의 고단함, 소시민적 비애

③ 근원적 괴로움

유형	세부 상황	핵심 키워드
유한성	변화 → 소멸 → 죽음	무상감, 덧없음, 생성과 소멸, 불가항력적 죽음
운명적 고독	존재론적 외로움	절대 고독, 본원적 슬픔 (이유 없는 슬픔)
자아 성찰	자아에 대한 탐구	정체성 혼란, 내적 갈등, 이상과 현실의 괴리, 부끄러움

자, 어느정도 범주화와 시적 상황에 대한 세팅이 끝났습니다.
이제부터는 적용 연습을 해봅시다.

(가)

고향에 돌아온 날 밤에
내 백골이 따라와 한방에 누웠다.

어둔 **방**은 우주로 통하고
하늘에선가 소리처럼 바람이 불어온다.

어둠 속에 곱게 풍화작용하는
백골을 들여다보며
눈물짓는 것이 내가 우는 것이냐
백골이 우는 것이냐
아름다운 혼이 우는 것이냐

지조 높은 개는
밤을 새워 어둠을 짖는다.

어둠을 짖는 개는
나를 쫓는 것일 게다.

가자 가자
쫓기우는 사람처럼 가자
백골 몰래
아름다운 또 다른 고향에 가자.

- 윤동주, 「또 다른 고향(故鄕)」 -

1 <보기>를 참고하여 OX 문제를 풀어봅시다.

- 보 기 -

자아 성찰의 주제를 담은 현대시에서는 시적 자아가 분열된 모습으로 등장하는 경우가 많다. (가)의 화자는 자아 성찰을 통해 자아의 부정적인 모습과 단절하고 새로운 존재로 거듭나려 한다는 점에서 공통적이다. (가)의 화자는 시선을 자신의 내면으로 돌려 자아의 부정적, 긍정적 면모를 발견한 후 이들을 상징적 시어로 표현하고 있다.

① (가)의 '들여다보며'에서는 '백골'로 상징화된 부정적 자아를 향한 화자의 내면의 시선을 확인할 수 있군.

② (가)의 '지조 높은 개'는 자아의 부정적인 모습과 대비되어 화자를 새로운 존재로 거듭나게 하는군.

③ (가)의 '방'은 화자의 어두운 내면을 상징하는군.

<보기>가 제시된 상황에서 범주를 나누어 대상들 분류하기

지문을 파악하기 힘들 때, <보기>와 문제의 선지를 활용하는 전략은 시험장에서 유용합니다. 시간 제약 속에서도 효과적으로 적용할 수 있는 방법을 함께 연습해 봅시다.

<보기>가 '작품 (가)는 ~한 특성이 있다'처럼 직접 작품과 연결될 때는 확실성을 가집니다. 반면 'n 세기 작품은 ~한 경향이 있다'와 같이 일반적 경향을 설명할 때는 해당 작품에 그 특성이 반드시 나타나지 않을 수 있으니 주의해야 합니다.

─ 보기 ─

<자아 성찰의 주제를 담은> 현대시에서는 시적 자아가 분열된 모습으로 등장하는 경우가 많다. (가)의 화자는 자아 성찰을 통해 자아의 부정적인 모습과 단절하고 새로운 존재로 거듭나려 한다. (가)의 화자는 시선을 자신의 내면으로 돌려 / 자아의 부정적, 긍정적 면모를 발견한 후 / 이들을 상징적 시어로 표현하고 있다.

➡ '시선을 내면으로 돌려'라고 했으니, 자아에 대한 성찰일 것입니다. 그리고 시적 자아가 분열되어 부정적 면모, 긍정적 면모를 지닌 것으로 나뉘어져 있을 것입니다. 작품을 보며 자아의 부정적 면모를 상징하는 시어와 긍정적 면모를 상징하는 시어를 찾아봅시다.

<보기>를 기준삼아서 작품의 대상들을 긍정과 부정으로 나눠 읽어 봅시다.

대상 긍정적 대상, 부정적 대상
상황 자아 성찰 → 부정적 자아와 단절 → 새로운 존재

고향에 돌아온 날 밤에
내 백골이 따라와 한방에 누웠다.

➡ 화자는 고향에 돌아왔습니다.
그런데 '백골'이 나를 따라와 한방에 누웠다고 하네요.
아직 '백골'이라는 대상의 의미를 확정하기 어렵습니다.

화자 표면적 화자('내')
배경 고향의 방(공간), 밤(시간)
대상 백골(?)

어둔 방은 우주로 통하고
하늘에선가 소리처럼 바람이 불어온다.

➡ 방이 '어둔'(어두운) 상태입니다.
하늘에서 바람이 불어옵니다.
'어둔'이라는 표현에서 부정적인 상황임을 감지할 수 있습니다.
따라서 '어둔 방'은 화자가 처한 부정적 환경을 상징합니다.
(이러한 판단은 마지막 연을 읽으면 더 확실해집니다.)

상황 어두운 현실

어둠 속에 곱게 풍화작용하는
백골을 들여다보며
눈물짓는 것이 내가 우는 것이냐
백골이 우는 것이냐
아름다운 혼이 우는 것이냐

➡ 어두운 방에서 백골이 풍화되고 있습니다.
그리고 유사한 통사 구조의 반복이 제시됩니다.
대체 누가 우는 것인지 궁금한가 봅니다.

그런데 잠깐. <보기>를 떠올려봅시다. '자아 성찰을 통해 자아의 부정적, 긍정적 면모를 발견'한다고 하지 않았나요?

이 구절을 통해 '백골'과 '아름다운 혼'이 화자의 분열된 자아임을 알 수 있습니다.

'아름다운'이라는 긍정적 수식어와 백골과 대비를 통해 '아름다운 혼'이 분열된 자아의 긍정적 면모였다는 것을 알 수 있고 '백골'은 분열된 자아의 부정적 면모임을 알 수 있습니다.

(이때, 1연의 백골이 따라 들어온 방 안에 주목한다는 것은 '화자는 시선을 자신의 내면으로 돌려'에 대응됩니다.)

지조 높은 개는
밤을 새워 어둠을 짖는다.

➡ '지조 높은 개'가 어둠(부정적 현실)을 향해 짖고 있습니다.
'지조 높은'이라는 표현에서 이 개가 긍정적인 가치를 지닌 존재임을 알 수 있습니다.

어둠을 짖는 개는
나를 쫓는 것일 게다.

➡ '어둠을 짖는 개'는 '지조 높은 개'입니다.
이 개가 그 개군요. 화자를 쫓아내기 위해 짖나봅니다.

잠깐 상황을 되짚어봅시다. 나는 '어둠 방'에 있고 나의 분열된 자아 중 하나는 그 어둠에 동화되고 있었습니다.

가자 가자
쫓기우는 사람처럼 가자
백골 몰래
아름다운 또 다른 고향에 가자.

➡ '가자'라는 표현이 강조되어 반복됩니다.
청유형 어조를 통해 화자의 강한 의지가 드러납니다.

이때, '백골 몰래'에 주목합시다. 이 구절은 〈보기〉의 '자아의 부정적인 모습과 단절'을 직접적으로 보여줍니다.

그렇다면 앞서 제시된 '개'는 화자가 부정적 자아(백골)와 함께 어둔 방에 머무는 상황을 용납하지 않기 때문에 화자를 쫓아낸 것입니다.

그리고 '또 다른 고향'은 화자가 지향하는 새로운 공간입니다.
이곳은 화자가 부정적 현실에서 벗어나 〈보기〉의 '새로운 존재로 거듭나려'는 공간입니다.
(이제 첫 연에 나온 '고향'과 '어둔 방'이 부정적 공간이라는 것이 확실해졌습니다.)

1 <보기>를 참고하여 OX 문제를 풀어봅시다.

> ·보기·
>
> <자아 성찰의 주제를 담은> 현대시에서는 시적 자아가 분열된 모습으로 등장하는 경우가 많다. (가)의 화자는 자아 성찰을 통해 자아의 부정적인 모습과 단절하고 새로운 존재로 거듭나려 한다. (가)의 화자는 시선을 자신의 내면으로 돌려 / 자아의 부정적, 긍정적 면모를 발견한 후 / 이들을 상징적 시어로 표현하고 있다.

① (가)의 '들여다보며'에서는 '백골'로 상징화된 부정적 자아를 향한 화자의 내면의 시선을 확인할 수 있군.

정답 ◯

➡ '백골'은 <보기>에서 제시된 자아의 부정적 면모를 상징하는 시어입니다. 3연의 '백골을 들여다보며'에서는 화자 자신의 부정적 자아를 향한 화자의 시선이 느껴집니다.

② (가)의 '지조 높은 개'는 자아의 부정적인 모습과 대비되어 화자를 새로운 존재로 거듭나게 하는군.

정답 ◯

➡ 4연의 '지조 높은 개'는 '어둠을 짖는' 행위를 합니다. 1연에서 화자가 '어둔 방'에서 부정적인 자아로 여겨지는 '백골'과 함께 누워있다는 점을 고려한다면, 이 '개'가 화자 자신을 '쫓는'다고 인식하는 것을 이해할 수 있습니다. 그리고 '지조 높은 개'가 화자를 쫓아냄으로써 화자는 '아름다운 또 다른 고향'을 지향하게 됩니다.
이는 <보기>의 '새로운 존재로 거듭나려~'와 대응됩니다. 따라서 적절합니다.

③ (가)의 '방'은 화자의 어두운 내면을 상징하는군.

정답 ◯

➡ 화자는 현재 '어둔 방'에서 '백골'과 누워있습니다. '방'은 화자가 부정적 자아와 긍정적 자아를 발견하는 공간입니다.
이때, <보기>의 '화자는 시선을 자신의 내면으로 돌려 자아의 부정적, 긍정적 면모를 발견'이라는 문장에 집중한다면, '방'은 화자 자신의 내면에 대응함을 알 수 있습니다. 따라서 적절합니다.

(가)

나의 지식이 독한 회의를 구하지 못하고
내 또한 삶의 애증을 다 짐지지 못하여
㉠병든 나무처럼 생명이 부대낄 때
저 머나먼 아라비아의 사막으로 나는 가자

거기는 한번 뜬 백일(白日)이 불사신같이 작열하고
일체가 모래 속에 사멸한 ㉡영겁의 허적(虛寂)*에
오직 알라의 신만이
밤마다 고민하고 방황하는 열사(熱沙)의 끝

그 ㉢열렬한 고독 가운데
옷자락을 나부끼고 호올로 서면
운명처럼 반드시 '나'와 대면케 될지니
하여 '나'란 나의 생명이란
그 ㉣원시의 본연한 자태를 다시 배우지 못하거든
차라리 나는 어느 사구(沙丘)에 ㉤회한(悔恨) 없는
백골을 쪼이리라

　　　　　　　- 유치환, 「생명의 서 일장(一章)」 -

* 허적 : 아무것도 없이 적막함.

2 (가)의 '나' 와 ㉠~㉤의 관련성을 이해한 내용으로 적절하지 <u>않은</u> 것은?

① ㉠은 화자가 극복해야 할 자신의 모습을 빗대어 표현한 것으로, '나'와는 대비되는 표상이다.

② ㉡은 어떤 것도 존재하지 못하는 극한 상태로, 화자가 '나'와 대면할 수 있는 조건에 해당한다.

③ ㉢은 절대적 고독을 나타낸 것으로, 화자가 그 절대적 고독에서 벗어남으로써 '나'에 도달할 수 있음을 알려 준다.

④ ㉣은 생명이 본래적으로 존재하는 모습을 가리키는 것으로, '나'가 원시적 생명력을 지닌 존재임을 보여 준다.

⑤ ㉤은 죽음에 대한 화자의 태도를 드러내는 것으로, '나' 를 통해 생명을 회복하려는 화자의 의지를 담아낸 표현이다.

<보기>가 없는 상황에서 작품에 맞는 범주 기준을 스스로 설정하고 화자의 지향점 파악하기

(이 작품의 해석은 다양한 것으로 알고 있습니다. 널리 알려진 교과서의 해석을 따랐으며 시험장에서 학생이 할 수 있을 정도로만 해설했습니다.)

나의 지식이 독한 회의를 구하지 못하고
내 또한 삶의 애증을 다 짐지지 못하여
병든 나무처럼 생명이 부대낄 때
저 머나먼 아라비아의 사막으로 나는 가자

➡ 화자의 지식이 뭘 구하지 못했다고 합니다. (회의 : 의심을 품음)
화자도 삶에 대한 애증을 '짐지지 못'했다 합니다. (짐지지: 극복하지)

현재 화자는 지식으로 의심을 해결하지 못하고, 삶의 애증도 극복하지 못한 상태입니다.

그런데 생명을 병든 나무에 빗대고 있네요. 그만큼 현재 화자의 생명력이 약해졌나 봅니다.

이러한 상황에서 화자는 어떠한 태도를 보이나요? '아라비아의 사막으로 나는 가자'라고 하며 의지적 어조를 통해 의지적 태도를 드러냅니다. 포기하지 않고 저 공간에 가서 무언가를 하려나 봅니다.

화자	표면적 화자('나')
대상	병든 나무(생명력 X)
상황	생명력의 약화
태도	의지적

거기는 한번 뜬 백일(白日)이 불사신같이 작열하고
일체가 모래 속에 사멸한 영겁의 허적(虛寂)에
오직 알라의 신만이
밤마다 고민하고 방황하는 열사(熱沙)의 끝

➡ '거기'='아라비아 사막'은 태양이 작열하고 모든 것이 사라진 영원한 허무와 적막뿐입니다.

'오직' 신만 존재하는 뜨거운 모래사막의 끝입니다.

그런데 여긴 왜 왔을까요? 이렇게 극한의 공간인 사막을 화자가 찾은 이유가 궁금해집니다.

상황	극한
배경	아라비아 사막(공간)

그 열렬한 고독 가운데
옷자락을 나부끼고 호올로 서면
운명처럼 반드시 '나'와 대면케 될지니
하여 '나'란 나의 생명이란
그 원시의 본연한 자태를 다시 배우지 못하거든
차라리 나는 어느 사구(沙丘)에 회한(悔恨) 없는 백골을 쪼이리라

➡ 아무것도 없는 공간에서 고독과 마주하면, '나'를 대면한다고 합니다.

그리고 '원시의 본연한 자태'를 배우겠다는데, 이게 뭘까요? 혹시 앞서 언급한 생명력의 약화라는 상황을 극복하기 위해 '나'와 대면하려는 것은 아닐까요?
따라서 '원시의 본연한 자태'는 생명력이 약화되기 이전의 모습입니다. '원시의 본연한 자태를 다시 배우'에서 '다시'를 통해 과거에는 생명력이 존재했었음을 드러냅니다.

그렇다면 이 뒤는 생명력의 약화라는 상황을 극복해 내지 못하면 차라리 죽겠다는 의지를 드러냅니다.

대상	'나'(생명력 O)

이 시의 화자는 자신의 약화된 생명력을 회복하기 위해 극한의 공간(사막)으로 떠나 본질적인 자아를 찾고자 하며, 그것이 불가능하다면 후회 없이 죽음을 택하겠다는 강한 의지를 보여줍니다.

<보기>를 주지 않고 출제된 작품입니다.

이 작품의 시적 화자가 어떤 상황인지 파악하고, 그 화자의 지향을 잡고 가면 됩니다.

생명력을 기준 삼아 '병든 나무'(생명력 X), '원시의 본연한 자태'(생명력 O)라는 대비적인 범주를 설정할 수 있습니다.

또한 실시간 풀이가 무력화된 유형입니다. 단지 기호 밑줄이 있다는 이유로 먼저 판단하지 마세요. 바로 뒤의 박스와 비교를 해야 하기에 그 부분까지 읽고 그 박스가 무엇인지부터 알고 판단을 시작해야 합니다.

2 (가)의 '나' 와 ㉠～㉢의 관련성을 이해한 내용으로 적절하지 <u>않은</u> 것은?

① ㉠은 화자가 극복해야 할 자신의 모습을 빗대어 표현한 것으로, 나와는 대비되는 표상이다.

➡️ '병든 나무'와 나는 생명력을 기준삼아 대비됩니다. '병든 나무'는 극복해야 하는 현재 화자의 자신을 표상하고 '나'는 화자가 원시 본연의 자태를 되찾기 위해 추구하는 대상입니다. 따라서 ㉠은 화자가 극복해야 할 대상입니다.

② ㉡은 어떤 것도 존재하지 못하는 극한 상태로, 화자가 나와 대면할 수 있는 조건에 해당한다.

➡️ 2, 3연을 유기적으로 파악합시다. '아라비아 사막'이라는 배경의 속성을 되짚어 보면, ㉡ '영겁의 허적'이라는 것을 알 수 있습니다. 이 영원한 세월의 허무하고 적막함이 바로 ㉢ '열렬한 고독'을 야기합니다. 배경의 속성이 상황에 영향을 미치고 있습니다.

나라는 소재도 동시에 묻고 있기에 작품의 전체 맥락을 참조해야 합니다. 이와같이 선지 내에서 묻는 대상이 기호로 지정되어있다고 해도, 기호 부분만 보고 판단 하는 것은 위험할 수 있습니다.

③ ㉢은 절대적 고독을 나타낸 것으로, 화자가 그 절대적 고독에서 벗어남으로써 나에 도달할 수 있음을 알려 준다.

➡️ '그 열렬한 고독 가운데 옷자락을 나부끼고 호올로 서면'에서 '절대적 고독'을 수용하고 있음을 알 수 있습니다. 따라서 적절하지 않습니다.

④ ㉣은 생명이 본래적으로 존재하는 모습을 가리키는 것으로, 나가 원시적 생명력을 지닌 존재임을 보여 준다.

➡️ 나의 '원시의 본연한 자태'는 생명이 본래적으로 존재하는 모습을 가리킵니다.

⑤ ㉤은 죽음에 대한 화자의 태도를 드러내는 것으로, 나를 통해 생명을 회복하려는 화자의 의지를 담아낸 표현이다.

➡️ '회한(悔恨) 없는 백골을 쪼이리라'에서 화자는 본연한 생명을 회복하지 못할 때, 차라리 죽겠다는 의지가 드러납니다.

(가)

높으디높은 산마루
낡은 고목(古木)에 **못 박힌** 듯 기대어
내 홀로 **긴 밤**을
무엇을 **간구**하며 울어 왔는가.　　[A]

아아 **이 아침**
시들은 핏줄의 구비구비로
사늘한 가슴의 한복판까지
은은히 울려오는 종소리.

이제 눈감아도 오히려
꽃다운 하늘이거니
내 영혼의 촛불로
어둠 속에 **나래 떨던 샛별**아 숨으라.

환히 트이는 이마 우
떠오르는 햇살은
시월상달의 꿈과 같고나.

메마른 입술에 피가 돌아
오래 잊었던 피리의
가락을 더듬노니

새들 즐거이 구름 끝에 노래 부르고
사슴과 토끼는
한 포기 **향기로운 싸릿순**을 사양하라.

여기 높으디높은 산마루
맑은 바람 속에 **옷자락을 날리며**
내 홀로 서서　　[B]
무엇을 기다리며 **노래**하는가.

- 조지훈, 「산상(山上)의 노래」 -

3 [A]와 [B]를 이해한 내용으로 적절하지 <u>않은</u> 것은?

① [A]의 '높으디높은 산마루'에서 화자를 울게 한 문제는 [B]의 '여기 높으디높은 산마루'에서의 기다림의 대상이 아니다.

② [A]의 '못 박힌 듯' 기댄 자세는 과거의 고통을, [B]의 '옷자락을 날리며' 서 있는 자세는 미래에 대한 기대를 드러내고 있다.

③ [A]의 '긴 밤'에 담긴 부정적 상황은 '이 아침' 이후 [B]의 '맑은 바람'을 동반하는 새로운 상황으로 변화하고 있다.

④ [A]의 '무엇'이 [B]의 '무엇'으로 이행하는 과정에서 '나래 떨던 샛별'과 '향기로운 싸릿순'은 화자의 지향점으로 기능하고 있다.

⑤ [A]의 '간구'는 '사늘한 가슴'의 생명력 회복을 바라는 기원을, [B]의 '노래'는 '메마른 입술'에 생명력이 회복된 이후의 소망을 표출하고 있다.

> 높으디높은 산마루
> 낡은 고목(古木)에 못 박힌 듯 기대어
> 내 홀로 긴 밤을
> 무엇을 간구하며 울어 왔는가.

[A]

➡ 화자는 어두운 밤에 높은 산마루에서 낡은 고목에 기대어 무엇인가를 간절하게 바라고 구하며 울고 있습니다. 이때 자신이 기대고 있는 모습을 못에 박힌 모습에 빗댑니다.

화자   표면적 화자
정서   슬픔, 그리움
배경   높으디높은 산마루(공간), 밤(시간) → 어두움
상황   무언가를 간절하게 기다리며 울고 있음

> 아아 이 아침
> 시들은 핏줄의 구비구비로
> 사늘한 가슴의 한복판까지
> 은은히 울려오는 종소리.

➡ 밝은 아침이 되자 화자 자신의 핏줄에 은은한 종소리가 울려옵니다. 이때, '시들은'에서 화자의 생명력이 떨어진 상황이었음을 알 수 있습니다. 이제 핏줄을 타고 가슴까지 종소리가 울려 퍼져 들어옵니다. 생명력이 다시 회복된 것일까요? 일단, 우리가 알 수 있는 것은 긴 밤을 울며 보내던 때는 부정적 상황이었고 지금은 긍정적 상황이라는 것입니다.

명암 대비를 통해 긍정과 부정을 나눠갑시다.

배경   아침(시간) = 밝음
상황   부정(어두움) → 긍정(밝음)

> 이제 눈감아도 오히려
> 꽃다운 하늘이거니
> 내 영혼의 촛불로
> 어둠 속에 나래 떨던 샛별아 숨으라.

➡ 이제는 눈을 감아도 꽃다운 하늘이 보일 정도로 좋습니다. '샛별'에게 '영혼의 촛불'로 '숨으라'는 명령을 합니다. 이제는 밤이 아니기에 더 이상 샛별이라는 빛에 의지할 필요가 없기 때문입니다. (여기까지 못 해석해도 상관 없습니다.)

대상   영혼의 촛불(밝음) = 긍정, 어둠 = 부정, 샛별(밝음)
상황   눈을 감아도 꽃다운 하늘이 보이는 긍정적 상황

> 환히 트이는 이마 우
> 떠오르는 햇살은
> 시월상달의 꿈과 같고나.

➡ 햇살을 받으며 이마가 환히 트입니다. 기분이 좋은가 봅니다.

> 메마른 입술에 피가 돌아
> 오래 잊었던 피리의
> 가락을 더듬노니

➡ 메마른 입술에서 생명력이 떨어져 있었음을 알 수 있습니다. 그런데 이런 메마른 입술에 피가 돌았으니 생기가 돌았고 생명력이 회복되었다고 볼 수 있습니다.

이제 화자는 생기가 돈 입술로 잊었던 피리를 더듬는다고 합니다. 과거(생명력O)에 피리를 불었으나 현재로부터 가까운 과거(생명력X)에는 피리를 불지 못했나 봅니다. 지금(생명력O) 다시 피리를 불 수 있습니다. 음... 피리는 생명력과 연관이 있을까요? 문제에서 물어본다면 판단합시다.

새들 즐거이 구름 끝에 노래 부르고
사슴과 토끼는
한 포기 향기로운 싸릿순을 사양하라.

➡ 새들은 즐겁게 노래를 부릅니다. 일단 노래와 연관된 대상은 긍정적 대상이라고 볼 수 있겠네요.

사슴과 토끼는 '향기로운 싸릿순'을 사양하라고 합니다. '어둠 속에 나래 떨던 샛별아 숨으라.'처럼 명령형 어조로 특정 행동을 요구하는 것으로 화자의 의지가 느껴집니다. (서로 싸릿순을 사양하며 양보하는 모습을 긍정적으로 보나 봅니다.)

여기 높으디높은 산마루
맑은 바람 속에 옷자락을 날리며
내 홀로 서서   [B]
무엇을 기다리며 노래하는가.

➡ 수미상관에 변주가 들어갔습니다. 달라진 부분에 주목합시다. 화자는 '맑은 바람 속에 옷자락을 날리며' 홀로 서서 노래합니다. 1연에서는 '못 박힌 듯 기대어'라고 했지만 여기에서는 옷자락을 날리며 노래합니다. 정적인 이미지와 동적인 이미지로 대비됩니다. 그리고 1연에서 '무엇을 간구하며 울어 왔는가'가 '무엇을 기다리며 노래하는가'로 바뀌었습니다. 확실히 [A]는 부정적인 상황이 [B]는 긍정적인 상황이 두드러집니다.

> 💡 **교훈** • 작품 독해와 선지 판단
>
> [A]~[E]의 형태라면 작품의 순서대로 물어보지만, [A] 하나라면 서술 방식이나 내용 일치를, [A], [B]라면 두 구간의 비교를 묻는 경우가 많습니다. [A], [B] 구간은 [B]를 끝까지 읽고나서 두 개의 구간을 비교합시다. 이 작품에서는 [B]가 맨 끝에 있어 필연적으로 작품을 다 읽고 풀어야 합니다.

3 [A]와 [B]를 이해한 내용으로 적절하지 <u>않은</u> 것은?

① [A]의 '높으디높은 산마루'에서 화자를 울게 한 문제는 [B]의 '여기 높으디높은 산마루'에서의 기다림의 대상이 아니다.

➡ [A]에서 화자를 울게 한 문제는 부정적인 상황입니다. 이와 달리 [B]의 화자가 기다리는 대상은 화자에게 긍정적인 기대감을 불러일으키는 대상입니다. 따라서 이 두 대상은 다른 대상입니다. 적절합니다.

② [A]의 '못 박힌 듯' 기댄 자세는 과거의 고통을, [B]의 '옷자락을 날리며' 서 있는 자세는 미래에 대한 기대를 드러내고 있다.

➡ [A]에서 '못 박힌 듯'이 기대서 울고 있는 화자는 정적이고 고통받는 상황을 드러내지만, [B]의 '옷자락을 날리며' 서서 노래하는 화자는 동적이고 미래에 대한 기대감을 드러내고 있습니다. 적절합니다.

③ [A]의 '긴 밤'에 담긴 부정적 상황은 '이 아침' 이후 [B]의 '맑은바람'을 동반하는 새로운 상황으로 변화하고 있다.

➡ [A]의 '긴 밤'은 어두운 이미지를 드러내고, '이 아침'은 밝은 이미지를 드러냅니다. 이로써 명암 대비를 통해 부정적인 상황에서 긍정적인 상황으로 이어짐을 알 수 있습니다. 이후 [B]의 '맑은 바람' 속에서 노래를 부르며 무언가를 기다리는 새로운 상황으로 변화합니다.

④ [A]의 '무엇'이 [B]의 '무엇'으로 이행하는 과정에서 '나래 떨던 샛별'과 '향기로운 싸릿순'은 화자의 지향점으로 기능하고 있다.

➡ 앞 선지들을 판단하며 이 작품은 [A]의 부정적인 상황(과거), '이 아침'을 통해 드러낸 긍정적인 상황(현재), 그 긍정적인 상황(현재)에서 다른 긍정적인 미래에 대한 기다림을 드러내는 상황임을 알 수 있었습니다. 여기에서는 시간적 기준을 잡고 범주를 나눠야 합니다.

그리고 '지향점'은 화자가 도달하고자 하는 지점을 의미합니다. 지향점으로 기능하려면 화자가 아직 도달하지는 않았으나 언젠가 도달하고자 해야 합니다.

'나래 떨던 샛별'과 '향기로운 싸릿순'은 [A] 시점의 화자
가 지향하던 것들입니다.

[A]와 [B] 사이(현재)의 '아침'이 온 화자에게는 이미 이
루어진 것이기에 더 이상 지향점이라고 볼 수 없습니다.

또한 [B] 시점(현재)의 화자에게는 긍정적인 미래인 '무
언가'가 지향점입니다.

따라서 적절하지 않습니다.

⑤ [A]의 '간구'는 '사늘한 가슴'의 생명력 회복을 바라는
　 기원을, [B]의 '노래'는 '메마른 입술'에 생명력이 회복
　 된 이후의 소망을 표출하고 있다.

▶ '시들은 핏줄'을 통해 [A]의 부정적인 상황(과거)에서 생
명력이 떨어져 있음을 알 수 있습니다. 그리고 [B] 시점의
화자는 '메마른 입술'에 피가 돌아서 생명력을 회복(현재)
하고 '노래'를 부르며 미래의 '무언가'가 오기를 기대합니
다. 적절합니다.

교훈 · 작품 독해

<보기>가 없어도 작품의 범주를 나눠 읽을 수 있습니
다. 여기에서는 명암의 대비와 생명력의 유무로 나눠봅
시다. 다른 작품으로 한번 더 연습합시다.

(다)

```
      ┌ 굳어지기 전까지 저 딱딱한 것들은 물결이었다
      │ 파도와 해일이 쉬고 있는 바닷속
[A]   │
      │ 지느러미의 물결 사이에 끼어
      └ 유유히 흘러 다니던 무수한 갈래의 길이었다
      ┌ 그물이 물결 속에서 멸치들을 떼어냈던 것이다
      │ 햇빛의 꼿꼿한 직선들 틈에 끼이자마자
[B]   │
      │ 부드러운 물결은 팔딱거리다 길을 잃었을 것
      └ 이다
      ┌ 바람과 햇볕이 달라붙어 물기를 빨아들이는
      │ 동안
      │ 바다의 무늬는 뼈다귀처럼 남아
      │ 멸치의 등과 지느러미 위에서 딱딱하게 굳어
[C]   │ 갔던 것이다
      │ 모래 더미처럼 길거리에 쌓이고
      │ 건어물집의 푸석한 공기에 풀리다가
      └ 기름에 튀겨지고 접시에 담겨졌던 것이다
      ┌ 지금 젓가락 끝에 깍두기처럼 딱딱하게 집히
      │ 는 이 멸치에는
      │ 두껍고 뻣뻣한 공기를 뚫고 흘러가는
[D]   │ 바다가 있다 그 바다에는 아직도
      │ 지느러미가 있고 지느러미를 흔드는 물결이
      └ 있다
      ┌ 이 작은 물결이
      │ 지금도 멸치의 몸통을 뒤틀고 있는 이 작은 무
[E]   │ 늬가
      │ 파도를 만들고 해일을 부르고
      └ 고깃배를 부수고 그물을 찢었던 것이다
```

                                          - 김기택, 「멸치」 -

4 <보기>를 바탕으로 (다)의 시상 전개를 이해할 때, 적절하지 <u>않은</u> 것은?

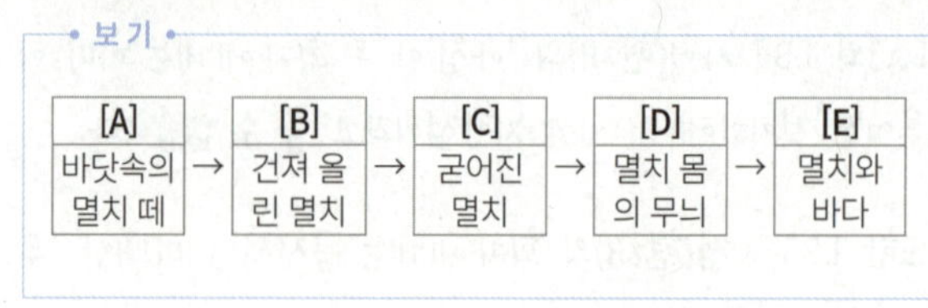

① [A]에서 멸치 떼의 유유한 움직임은 '무수한 갈래의 길'과 연결되어 바닷속의 자유로운 분위기를 보여 주고 있다.

② [B]에서 '그물', '햇빛의 꼿꼿한 직선들'은 멸치의 생명을 앗아 가려는 외부 세계의 폭력성을 환기하고 있다.

③ [C]는 멸치가 본래의 속성을 잃어 가는 과정을 순차적으로 보여 주고 있다.

④ [D]는 바다 물결의 실제 움직임을 사실적으로 묘사하여 마른 멸치의 몸에 남은 무늬에 시선을 집중시키고 있다.

⑤ [E]는 '파도'와 '해일'의 움직임을 통해 멸치가 본래 지녔던 생명력을 환기하며 시상을 마무리하고 있다.

💡 **교훈의 방법론으로 푼 4번 해설** — ④가 정답인 이유

답은 ④번입니다. 실제 바다를 보는 것이 아닌 멸치를 보며 떠올린 바다의 이미지입니다. 따라서 '실제 움직임'은 적절하지 않습니다. 작품 독해에 집중해봅시다.

바다 속(생명력O)		바다 밖(생명력X)
물기 O(촉촉함)	↔	물기 X (딱딱함, 푸석함)
물결(부드러움)		햇빛(꼿꼿함), 공기(뻣뻣함)

선지를 통해 판단의 기준을 잡고 읽어가거나 '촉촉함'이나 '부드러움'을 통해 생명력의 유무를 판단해도 좋습니다.

평소에 <보기> 없이도 판단하는 연습을 해봅시다.

문학 FOCUS

FOCUS

8

소설의 시점

인물을 통해 시점을 파악합시다.

인물을 통해 시점을 파악합시다.

최근 평가원의 산문 파트에 주목할 점이 있습니다. 시점 단독 문항이 유의미하게 늘어났다는 것입니다.

그렇다면 우리는 과연 여기에 제대로 대비를 하고 있을까요?

아마 문학 개념어를 배웠다면, 아래의 표는 알고 있을 것입니다.

작품 내	내용	시점
작품 속에 '나(우리)'가 등장 O → 1인칭	작품 속 인물 (주인공) '나'가 자신의 이야기를 한다. (주인공 내면 심리 서술 가능)	1인칭 주인공
	작품 속 인물 '나'가 주인공의 이야기를 한다. (주인공 내면 심리 서술 불가능)	1인칭 관찰자
작품 속에 '나(우리)'가 등장 X → 3인칭	작품 밖의 서술자가 등장인물과 사건의 모든 것을 이미 알고 서술한다. (등장인물의 내면 심리 서술 가능)	전지적 작가
	작품 밖의 서술자가 외부에서 관찰하며 서술하고 있다. (등장인물의 내면 심리 서술 불가능)	작가 관찰자

어느정도 문학 개념어의 학습이 완료된 수험생이라면 이정도는 작품을 읽으며 바로 파악할 수 있습니다.

소설을 읽을 때 우리는 위의 표에 나온 시점은 비교적 쉽게 파악하지만, 초점화된 화자나 화자의 대상화, 거리두기, 어린아이 서술자 같은 시점은 한눈에 알아채기 어렵습니다.

평가원의 시점 문제는 거시적 관점에만 머물지 않고, 독자가 놓치기 쉬운 미시적 특징까지 집요하게 파고듭니다. 첫 독해만으로 이 모든 시점을 정확히 짚어내기란 쉽지 않습니다. 따라서 우리는 작품 독해를 할 때는 1인칭인지, 3인칭인지부터 찾고, 시점이 파악되면 세부적으로 파고들고, 시점이 파악되지 않으면 선지를 통해 요구 사항을 분명히 파악한 뒤, 다시 작품으로 돌아가 판단하는 과정에서 지문 이해를 보완해야 합니다.

고전소설은 대부분 전지적 작가 시점이기에 현대소설을 위주로 다루겠습니다.

먼저 현대소설의 두 가지 경우를 확인합시다.

Case 1 : <보기>에서 시점을 다루지 않음

0. <보기> 독해
1. <보기>의 유형에 따른 독해의 강약 조절 (앞의 보기 분류 참조)
2. 작품 독해, 문제 풀이

Case 2: <보기>에서 시점을 다룸

0. <보기> 독해
1. <보기>는 가볍게 보고 작품가기
2. 작품을 독해하며 위의 표를 기준삼아 1인칭인지 3인칭인지 주인공은 누구인지 정도만 파악
3. 문제를 풀며 <보기>에서 제시한 복잡하고 특수한 경우의 시점을 판단하기

현대소설에서 시점이 복잡한 경우에는 그 자체로 출제 요소가 됩니다. 시점이 혼재된 경우 딱 분류가 되지 않을 수 있기에 큰 틀만 잡고 갑시다. 그리고 문제가 판단 요구하는 부분을 짚어주고 갑시다.

이 과정에서 시점을 잘 파악하면, 인물의 심리를 파악하는 것이 더욱 수월해집니다.

그러면 오독을 줄이고 정답률을 높여낼 수 있습니다.

처음 작품 독해 단계에서 독해의 해상도를 낮게 잡아 거시적인 요소들을 파악하고, 문제의 요구에 따라 독해의 해상도를 세밀하게 높여내 미시적인 요소들을 파악합시다.

최소한의 이해를 바탕으로 최대한의 판단을 내려, 지문 이해의 해상도를 한층 높여야 합니다.

분량을 보고 "한 문제를 위해 이정도나 투자를 해야해?"라고 말할 수도 있습니다.

하지만 반대로 생각하면 "한 문제나 더 맞춰낼 수 있다니!"입니다.

　다방을 찾는 사람들은, 어인 까닭인지 모두들 구석진 좌석을 좋아하였다. 구보는 하나 남아 있는 가운데 탁자에 앉는 수밖에 없었다. 그래도, 그는 그곳에서 엘만의 「발스 센티멘털」을 가장 마음 고요히 들을 수 있었다. 그러나 그 선율이 채 끝나기 전에, 방약무인(傍若無人)한 소리가, 구포 씨 아니오—— 구보는 다방 안의 모든 사람들의 ㉠ 시선을 온몸에 느끼며, 소리 나는 쪽을 돌아보았다. 중학을 이삼 년 일찍 마친 사내, 어느 생명 보험 회사의 외교원이라는 말을 들었다. 평소에 결코 왕래가 없으면서도 이제 이렇게 알은체를 하려는 것은 오직 얼굴이 새빨개지도록 먹은 술 탓인지도 몰랐다. 구보는 무표정한 얼굴로 약간 끄떡하여 보이고 ㉡ 즉시 고개를 돌렸다. 그러나 그 사내가 또 한 번, 역시 큰 소리로, 이리 좀 안 오시료, 하고 말하였을 때 구보는 ㉢ 게으르게나마 자리에서 일어나, 그의 탁자로 가는 수밖에 없었다. 이리 좀 앉으시오. 참, 최군, 인사하지. 소설가, 구포 씨.

　이 사내는, 어인 까닭인지 구보를 반드시 '구포'라고 발음하였다. 그는 맥주병을 들어 보고, 아이 쪽을 향하여 더 가져오라고 소리치고, 다시 구보를 보고, 그래 요새두 많이 쓰시우. 무어 별로 쓰는 것 '없습니다.' 구보는 자기가 이러한 사내와 접촉을 가지게 된 것에 지극한 불쾌를 느끼며, 경어를 사용하는 것으로 그와 사이에 간격을 두기로 하였다. 그러나 ⓐ 이 딱한 사내는 도리어 그것에서 일종 득의감을 맛볼 수 있었는지도 모른다. 그뿐 아니라, 그는 한 잔 십 전짜리 차들을 마시고 있는 사람들 틈에서 그렇게 몇 병씩 맥주를 먹을 수 있는 것에 우월감을 갖고, 그리고 지금 행복이었을지도 모른다. 그는 구보에게 술을 따라 권하고, 내 참 구포 씨 작품을 애독하지. 그리고 그러한 말을 하였음에도 불구하고 구보가 아무런 감동도 갖지 않는 듯싶은 것을 눈치 채자, 사실, 내 또 만나는 사람마다 보고,

　"구포 씨를 선전하지요."

　그러한 말을 하고는 혼자 허허 웃었다. 구보는 의미 몽롱한 웃음을 웃으며, 문득, 이 용감하고 또 무지한 사내를 고급(高給)으로 채용하여 구보 독자 권유원을 시키면, 자기도 응당 몇 십 명의, 또는 몇 백 명의 독자를 획득할 수 있을지 모르겠다고 그런 난데없는 생각을 하여 보고, 그리고 ㉣ 혼자 속으로 웃었다. 참 구보 선생, 하고 최 군이라 불린 사내도 말참견을 하여, 자기가 독견(獨鵑)의 「승방비곡(僧房悲曲)」*과 윤백남(尹白南)의 「대도전(大盜傳)」*을 걸작이라 여기고 있는 것에 구보의 동의를 구하였다. 그리고, 이 어느 화재 보험 회사의 권유원인지도 알 수 없는 사내는, 가장 영리하게,

　"구보 선생님의 작품은 따루 치고……."

　그러한 말을 덧붙였다. 구보가 ㉤ 간신히 그것들이 좋은 작품이라 말하였을 때, 최 군은 또 용기를 얻어, 참 조선서 원고료(原稿料)는 얼마나 됩니까. 구보는 이 사내가 원호료라 발음하지 않는 것에 경의를 표하였으나 물론 그는 이러한 종류의 사내에게 조선 작가의 생활 정도를 알려 주어야 할 아무런 의무도 갖지 않는다.

　그래, 구보는 혹은 상대자가 모멸을 느낄지도 모를 것을 알면서도, 불쑥, 자기는 이제까지 고료라는 것을 받아 본 일이 없어, 그러한 것은 조금도 모른다 말하고, 마침 문을 들어서는 벗을 보자 그만 실례합니다. 그리고 그들이 무어라 말할 수 있기 전에 제자리로 돌아와 노트와 단장을 집어 들고, 마악 자리에 앉으려는 벗에게,

　"나갑시다. 다른 데로 갑시다."

　밖에, 여름 밤, 가벼운 바람이 상쾌하다.

– 박태원, 「소설가 구보 씨의 일일」 –

* 「승방비곡」, 「대도전」 : 1930년대에 큰 인기를 얻었던 장편 소설.

1 위 글은 <보기> (가)의 시점으로 서술되어 있다. ⓐ를 (나)의 시점으로 바꾸었을 때, 가장 적절한 것은? [3점]

① 이 사내는 내가 공손한 척 말하는 것을 지켜보고 있었다.

② 이 사내는 내가 공손하게 말하는 것을 지켜보면서 득의감을 맛보고 있는지도 몰랐다.

③ 그 사내는 구보가 공손하게 말하는 것을 지켜보면서 득의에 찬 듯한 표정을 지었다.

④ 그 사내는 딱하게도 구보가 공손한 척 말하는 것을 알지 못한 채 득의감을 맛보고 있었다.

⑤ 그 사내는 딱하게도 구보가 공손한 척 말하는 것을 알지 못한 채 득의감을 맛보고 있었는지도 모른다.

의식의 흐름이 주된 제한적 전지적 작가 시점에서 '나'의 유무로 시점 파악하고 내면 심리의 서술 여부 파악하기

장면 1

다방을 찾는 사람들은, 어인 까닭인지 모두들 구석진 좌석을 좋아하였다. 구보는 하나 남아 있는 가운데 탁자에 앉는 수밖에 없었다. 그래도, 그는 그곳에서 엘만의 「발스 센티멘틀」을 가장 마음 고요히 들을 수 있었다.

➡ **구보는 다방에서 탁자에 앉아 노래를 고요히 듣고 있습니다.**

배경	다방(공간)
인물	구보
시점	3인칭('구보', '그')

그러나 그 선율이 채 끝나기 전에, 방약무인(傍若無人)한 소리가, 구포 씨 아니오── 구보는 다방 안의 모든 사람들의 ㉠시선을 온몸에 느끼며, 소리 나는 쪽을 돌아보았다. 중학을 이삼 년 일찍 마친 사내, 어느 생명 보험 회사의 외교원이라는 말을 들었다. 평소에 결코 왕래가 없으면서도 이제 이렇게 알은체를 하려는 것은 오직 얼굴이 새빨개지도록 먹은 술 탓인지도 몰랐다.

➡ **그러나 곧 고요함은 깨지게 됩니다.(대화의 직접 인용을 통해 알 수 있습니다.) 그런데 '사내'에 대한 내력을 언급하는 것으로 보아 구보와 사내는 구면입니다. 평소에는 연락도 없으나, 이렇게 요란하게 아는 체를 하는 것은 술에 취해서 그런 것 같습니다. 이 상황에 대한 추측은 구보의 관점에서 이루어졌습니다. 만약 전지적 작가 시점으로 서술되었다면, 사내의 내면 심리가 제시되어야 하나, 구보의 추측으로 서술되었기에 제한적 전지적 작가 시점이라고 생각할 수 있습니다.**

구보는 무표정한 얼굴로 약간 끄떡하여 보이고 ⓛ 즉시 고개를 돌렸다. 그러나 그 사내가 또 한 번, 역시 큰 소리로, 이리 좀 안 오시료, 하고 말하였을 때 구보는 ⓒ 게으르게나마 자리에서 일어나, 그의 탁자로 가는 수밖에 없었다. 이리 좀 앉으시오. 참, 최군, 인사하지. 소설가, 구포 씨.

➡ 구보는 무표정하게 아는 체를 한 후 바로 고개를 돌리나, 사내는 구보를 다시 부릅니다. (대화의 직접 인용으로 제시됩니다.)

장면 2

이 사내는, 어인 까닭인지 구보를 반드시 '구포'라고 발음하였다. 그는 맥주병을 들어 보고, 아이 쪽을 향하여 더 가져오라고 소리치고, 다시 구보를 보고, 그래 요새 두 많이 쓰시우. 무어 별로 쓰는 것 '없습니다.' 구보는 자기가 이러한 사내와 접촉을 가지게 된 것에 지극한 불쾌를 느끼며, 경어를 사용하는 것으로 그와 사이에 간격을 두기로 하였다.

➡ 구보는 사내가 자신의 이름을 잘못 발음하는 것에 반감을 가지고 있습니다. 사내는 소란스럽습니다. 구보는 경어를 사용함으로써 이런 상황에 불쾌함을 드러내고 거리를 둡니다.

그러나 ⓐ이 딱한 사내는 도리어 그것에서 일종 득의감을 맛볼 수 있었는지도 모른다. 그뿐 아니라, 그는 한 잔 십 전짜리 차들을 마시고 있는 사람들 틈에서 그렇게 몇 병씩 맥주를 먹을 수 있는 것에 우월감을 갖고, 그리고 지금 행복이었을지도 모른다. 그는 구보에게 술을 따라 권하고, 내 참 구포 씨 작품을 애독하지. 그리고 그러한 말을 하였음에도 불구하고 구보가 아무런 감동도 갖지 않는 듯싶은 것을 눈치 채자, 사실, 내 또 만나는 사람마다 보고,
"구포 씨를 선전하지요."
그러한 말을 하고는 혼자 허허 웃었다.

➡ 구보는 사내의 말에 어떠한 반응을 보이지 않으며 자신의 시선에서 사내의 내면 심리를 추측하고 있습니다. 제한적 전지적 작가 시점의 특징이 두드러집니다. 대화는 여전히 직접 인용을 통해 드러납니다.

구보는 의미몽롱한 웃음을 웃으며, 문득, 이 용감하고 또 무지한 사내를 고급(高給)으로 채용하여 구보 독자 권유원을 시키면, 자기도 응당 몇 십 명의, 또는 몇 백 명의 독자를 획득할 수 있을지 모르겠다고 그런 난데없는 생각을 하여 보고, 그리고 @혼자 속으로 웃었다.

➡ 의식의 흐름 기법으로 '시끄러운 '사내'를 자신의 홍보원으로 고용한다면, 독자를 모을 수 있겠다는 구보의 내면이 직접 제시됩니다.

이처럼 제한적 전지적 작가 시점이 사용된 소설은 주인공의 내면 심리를 알 수 있습니다. 그러나 주인공을 제외한 다른 인물들의 내면 심리는 주인공의 시선을 통해 간접적으로 추측할 수 있을 뿐입니다.

장면 3

참 구보 선생, 하고 최 군이라 불린 사내도 말참견을 하여, 자기가 독견(獨鵑)의 「승방비곡(僧房悲曲)」과 윤백남(尹白南)의 「대도전(大盜傳)」을 걸작이라 여기고 있는 것에 구보의 동의를 구하였다. 그리고, 이 어느 화재 보험 회사의 권유원인지도 알 수 없는 사내는, 가장 영리하게,
"구보 선생님의 작품은 따루 치고……."
그러한 말을 덧붙였다.

➡ 최 군이 대화에 끼어듭니다. 어떤 책이 걸작에 속하는지를 논하며, 구보의 작품은 따로 친다는 말을 합니다. 구보는 이 최 군이 누구인지 정확히 알 수 없기에 추측을 할 뿐입니다. 최 군은 사내와 마찬가지로 구보에게 듣기 좋은 말을 해줍니다.

구보가 ⓜ간신히 그것들이 좋은 작품이라 말하였을 때, 최 군은 또 용기를 얻어, 참 조선서 원고료(原稿料)는 얼마나 됩니까. 구보는 이 사내가 원호료라 발음하지 않는 것에 경의를 표하였으나 물론 그는 이러한 종류의 사내에게 조선 작가의 생활 정도를 알려 주어야 할 아무런 의무도 갖지 않는다.
그래, 구보는 혹은 상대자가 모멸을 느낄지도 모를 것을 알면서도, 불쑥, 자기는 이제까지 고료라는 것을 받아 본 일이 없어, 그러한 것은 조금도 모른다 말하고, 마침 문을 들어서는 벗을 보자 그만 실례합니다.

➡ 구보는 간신히 최 군의 견해에 동의해주지만, 최 군은 원고료같은 금전적인 요소를 언급합니다. 그 결과 구보는 최 군

을 '이러한 종류의 사내'라고 언급하며, 반감을 드러냅니다. 구보는 금전적인 것을 좋아하지 않나 봅니다. 그리고 구보는 자신의 친구가 다방에 들어오자 자리를 뜹니다.

인물과 성격
· 구보 : 조용한 것을 좋아하며 속물적인 것을 싫어함
· 사내(-) : 시끄럽고 예의가 없음
· 최 군(-) : 최근 유행하는 소설을 최고로 치며 금전적인 요소를 논하는 속물적 인물

그리고 그들이 무어라 말할 수 있기 전에 제자리로 돌아와 노트와 단장을 집어 들고, 마악 자리에 앉으려는 벗에게,
"나갑시다. 다른 데로 갑시다."
밖에, 여름 밤, 가벼운 바람이 상쾌하다.

➡ 구보는 벗에게 나가자고 하며 다방 밖으로 나갑니다. 구보에게 여름 밤은 바람이 상쾌합니다. 아무래도 내키지 않는 사람들과 어울려야 하니 다방 안은 답답했나 봅니다.

배경 다방 → 다방 밖(공간 이동), 여름 밤(시간)
인물 구보(주인공), 벗(+)

1 위 글은 <보기> (가)의 시점으로 서술되어 있다. ⓐ를 (나)의 시점으로 바꾸었을 때, 가장 적절한 것은? [3점]

정답 ④

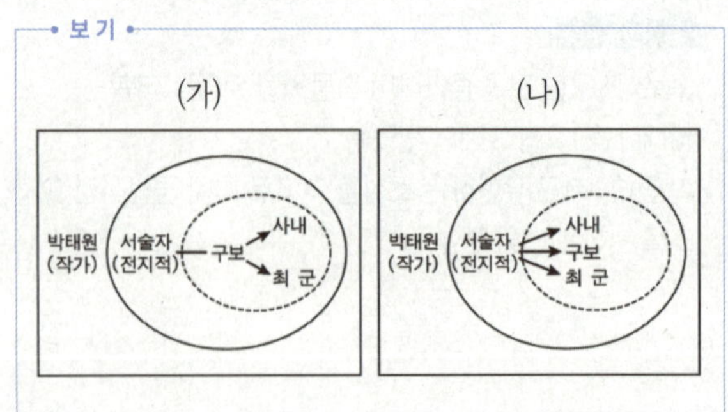

(가) : 제한적 전지적 작가 시점
(나) : 전지적 작가 시점

① 이 사내는 내가 공손한 척 말하는 것을 지켜보고 있었다.

➡ '구보'는 자신을 '내'라고 표현하며 1인칭 주인공 시점으로 내면을 드러내고 있습니다. 따라서 3인칭 시점인 (가)와 (나)에 해당하지 않습니다. 적절하지 않습니다.

② 이 사내는 내가 공손하게 말하는 것을 지켜보면서 득의감을 맛보고 있는지도 몰랐다.

➡ '구보'는 자신을 '내'라고 표현하며 1인칭 주인공 시점으로 내면을 드러내고 있습니다. 따라서 3인칭 시점인 (가)와 (나)에 해당하지 않습니다. 적절하지 않습니다.

③ 그 사내는 구보가 공손하게 말하는 것을 지켜보면서 득의에 찬 듯한 표정을 지었다.

➡ '그 사내'가 '득의에 찬 듯'했다는 추측을 드러냅니다. 전지적 작가 시점이라면, '그 사내'의 내면 심리가 직접적으로 제시됩니다. 그러나 이 선지는 '구보'의 시점에 의존한 서술이 나타났기에 (가)에 해당합니다. 적절하지 않습니다.

④ 그 사내는 딱하게도 구보가 공손한 척 말하는 것을 알지 못한 채 득의감을 맛보고 있었다.

➡ '득의감을 맛보고 있었다'는 구절을 통해, '그 사내'의 내면 심리가 제시하며, 주인공인 '구보'를 3인칭으로 지칭했습니다. 따라서 (나)에 해당하는 전지적 작가 시점으로 바꾸었습니다. 적절합니다.

⑤ 그 사내는 딱하게도 구보가 공손한 척 말하는 것을 알지 못한 채 득의감을 맛보고 있었는지도 모른다.

➡ '득의감을 맛보고 있었는지도 모른다'를 통해, '그 사내'의 내면 심리에 대해 추측을 하고 있습니다. 전지적 작가 시점이라면, '그 사내'의 내면 심리가 직접적으로 제시됩니다. 그러나 이 선지는 '구보'의 시점에 의존한 서술이 나타났기에 (가)에 해당합니다. 적절하지 않습니다.

문학 FOCUS

재종숙은 아무래도 김만호 씨보다는 강 목사에 더 애착이 가는 것 같았다.

"둘은 소학교와 농업학교를 같이 다녔고, 이 지역에서는 그래도 똑똑하다는 소문이 나 있던 사람들이었지. 강 목사는 농업학교를 나온 후 이곳 소학교에서 교편을 잡으면서 밤이면 야학을 하였어. 나도 토요일이나 방학에 집에 와서는 그 일을 도와 드렸지."

그러는 사이 강 목사와 김만호 씨는 자주 다투게 되었다. 한쪽에서는 일본 말을 가르치는 일을 못마땅히 생각하였고, 한편에서는 세상 돌아가는 형편을 외면한 채 저 잘난 척한다고 생각하였다. 그러는 동안 결국 한글 강습소는 문을 닫아야 하였고 강 목사는 고향을 떠나야 하였다.

"이봐, 그때 그 한글 강습소를 폐쇄시킨 게 바로 김만호였어. 우리가 주재소에 가서 혼이 나도록 당한 것도 다 뒤에서 그 작자가 조종을 한 거야. 나도 학교를 마치지도 않고 고향에 있을 수가 없어서 일본으로 떠나 버렸어. 귀찮은 일이 자꾸 따라다녔지."

㉠ 재종숙은 그때 일을 바로 어제 일같이 말하였다. "그 일뿐이 아니라고. 참으로 못할 짓 많이 하였지. 그런데 내가 해방이 되어서 고향에 돌아와 보니까, 아니 어디 숨어 있는 줄 알았던 그가 아주 요란스럽게 행세를 하고 있었어. 난 그 꼴이 보기 싫어서 다시 일본으로 들어가 버렸지만……."

재종숙의 말은 자꾸 헷갈렸다.

김만호 씨는 면 농회 근무 3년 만에 서른이 안 된 나이로 면장이 됐다. 재종숙은 아마 그가 제일 악질적인 면장이었을 거라고 말하였다. 더구나 용서하지 못할 일은, 그가 가장 면민을 위하는 척하면서 제 할 일은 다 했다는 점이었다. 그는 젊은 면장으로서 이 제주 섬에서 가장 도사(島司)의 신임을 얻은 면장이 되었다. ㉡ 재종숙의 말투는 점점 과격하여 갔다. 인생의 황혼기에서, 아무리 뼈에 사무친 일이라 하더라도 이 나이쯤이면 모두 이해하고 용서할 수 있을 터인데 그게 아니었다.

"생각해 보게. 어떻게 그런 사람에게 '선구적인 시민상'을 주어. 나라를 팔아먹는 데, 권력의 종노릇하는 데 선구적이었어. 그건 김만호 개인의 문제가 아니여. 신문사 문제만도 아니고, 작은 문제가 아니여. 그 사람이 상을 타면 세상 사람의 본이 되는 건데, 아니 모두들 그렇게 살아도 된다는 거여? 안 되여. 안 돼."

그는 언성을 높였다. 바로 교장 어른을 상대하여 말하는 투였다.

그와 헤어져 거리로 나오자 이번에는 교장 어른을 만나고 싶었다. 역시 그에게서는 재종숙과는 정반대의 말을 들을 것이 뻔하지만, 재종숙에게 듣지 못했던 새로운 이야기를 들을 수 있을 것 같았다.

"자네가 날 찾아올 줄 알았지."

교장 어른은 몸소 써서 만든 '반야심경' 열 폭 병풍 앞에서 한복 차림으로 앉았다가 일어서면서 나를 반갑게 맞았다. 나는 그분에게서 곱게 늙고 있는 행복한 서민의 모습을 보았다. 육십 평생을 어린이 교육을 위해서만 살다 정년퇴임한 지 몇 해가 되지만, 그는 여전히 이곳 사람들의 선생으로 대접받고 있었다. 방 한편 구석 문갑 위에 있는 한란 분이 그 어른의 기품과 어울리는 것 같았다. 세배꾼들이 다녀갔는지 방석들이 즐비하니 널려 있었다.

교장 어른은 아까 종갓집에서와는 다르게 나를 대하면서 벌써 찾아간 연유를 알고 있었다. 나는 신문사로부터 부여받은 일을 설명하고 나서,

"할아버님의 도움을 받아야 하겠습니다. 할아버님께서 그분과 오랜 교분을 갖고 계신 걸 알고 있습니다. 누구보다도 그분을 잘 알고 계시겠기에 밖으로 드러나지 않은 개인적인 일 같은 것을 듣고 싶습니다."

㉢ 되도록 조심스럽게 말하였다. 사실 나 자신 한 인간의 사회적인 삶을 어떻게 인식하느냐 하는 뚜렷한 생각도 잡혀지지 않은 처지라서 우선 이렇게 얼버무릴 수밖에 없었다.

"그분이 일제 시대에 관리 노릇을 하였고 더구나 면장을 오랫동안 지낸 것은 사실이지만, 그 시국에 누군들 면장을 해야 했을 거이고, ㉣ 더구나 일본 사

람이 면장을 했던 것보담야 훨씬 나았지. 나도 일제 시대 여남은 해 동안 교단에 서서 식민지 교육에 앞장섰던 사람으로서 그분의 행적에 대하여 시비를 가릴 자격은 없어. 큰집에서 내가 좀 강경하게 말한 것은 자네 칠촌 말일세. 일본 가서 살아서 이곳 사정을 모르는 처지에 이러쿵저러쿵 하는 바람에 비위가 상했던 거야. 자기도 그곳에서 살았으면 아니, 일본 사람에게 협조하지 않고 독야청청 민족과 나라를 위하여 애국만 하며 살 수 있었겠냔 말이네. 어림없어. 아마 먼저 더 철저하게 일본 사람들에게 붙어살았을지 누가 알아. 사실 이곳에서 살지 않았던 사람은 이곳에 살면서 좋은 일 궂은 일 모두 겪었던 사람들에 대해서는 말을 말아야 돼."

재종숙의 처사가 못마땅하다는 것이었다. ㉤ 그런 교장 어른에게서도 새로운 김만호의 면모를 찾을 수 없을 것 같았다.

- 현길언, 「신열(身熱)」 -

2 위 글의 이야기 구성을 <보기>와 같이 정리한다고 할 때, 이와 관련한 설명으로 적절한 것은? [3점]

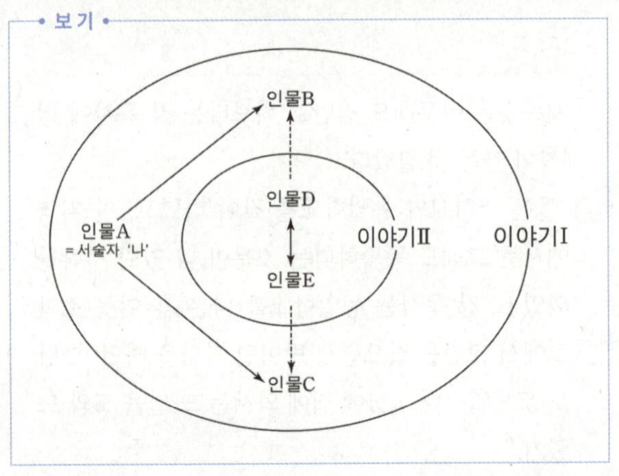

① 이야기Ⅰ과 이야기Ⅱ의 공간적 배경을 다르게 설정하여 작품의 입체성을 강화하고 있다.

② 이야기Ⅰ과 이야기Ⅱ의 시간적 배경을 동일하게 설정하여 보편적 공감을 유도해 내고 있다.

③ 이야기Ⅰ의 특정 인물과 이야기Ⅱ의 특정 인물만 서로 갈등 관계를 맺도록 하여 단일화의 효과를 높이고 있다.

④ 인물 A가 인물 B와 C의 입을 통해서만 인물 D와 E에 대한 이야기를 듣는 독특한 구성 방식 때문에 이야기Ⅱ의 비중이 약화된다.

⑤ 인물 A가 이야기Ⅱ 속의 인물 D와 E에 관심이 있는 것으로 보아 이 작품의 핵심적 의미는 인물 D와 E의 실상 규명과 관련되어 있다.

액자식 구조의 내화와 외화를 구별하며 시점 파악하기

장면 1

> 재종숙은 아무래도 김만호 씨보다는 강 목사에 더 애착이 가는 것 같았다.
> "둘은 소학교와 농업학교를 같이 다녔고, 이 지역에서는 그래도 똑똑하다는 소문이 나 있던 사람들이었지. 강 목사는 농업학교를 나온 후 이곳 소학교에서 교편을 잡으면서 밤이면 야학을 하였어. 나도 토요일이나 방학에 집에 와서는 그 일을 도와 드렸지."

➡ 서술자는 현재 재종숙의 내면 심리에 대한 추측을 드러내고 있습니다.(서술자의 내면 심리 제시) 그리고 재종숙의 발화로 '김만호 씨'와 '강 목사'의 과거 이야기가 제시됩니다. 그 둘은 같은 학교를 다녔으며 강 목사는 가르치는 일을 했습니다. 이때, 외화와 내화로 이루어진 액자식 구조를 취하고 있음을 알 수 있습니다.

외화의 인물: 재종숙, 화자
내화의 인물: 김만호, 강목사

> 그러는 사이 강 목사와 김만호 씨는 자주 다투게 되었다. 한쪽에서는 일본 말을 가르치는 일을 못마땅히 생각하였고, 한편에서는 세상 돌아가는 형편을 외면한 채 저 잘난 척한다고 생각하였다. 그러는 동안 결국 한글 강습소는 문을 닫아야 하였고 강 목사는 고향을 떠나야 하였다.
> "이봐, 그때 그 한글 강습소를 폐쇄시킨 게 바로 김만호였어. 우리가 주재소에 가서 혼이 나도록 당한 것도 다 뒤에서 그 작자가 조종을 한 거야. 나도 학교를 마치지도 않고 고향에 있을 수가 없어서 일본으로 떠나 버렸어. 귀찮은 일이 자꾸 따라다녔지."
> ㉠ 재종숙은 그때 일을 바로 어제 일같이 말하였다.

➡ 계속해서 과거 회상이 이어집니다. 강 목사와 김만호 씨는 대립하게 됩니다. 그러던 어느날 강 목사의 한글 교습소

는 문을 닫고 강 목사는 고향을 떠나게 됩니다. 정황상 강 목사는 한글을, 김만호는 일본 말을 가르쳤음을 알 수 있습니다. 그런데 재종숙은 일련의 사태에는 김만호가 배후에 있었다고 합니다. 그리고 자신이 일본으로 떠나게 된 계기도 언급합니다. 이 대화에서 서술자는 재종숙이 그때 일을 아직도 생생하게 느끼고 있다는 반응을 보입니다.(서술자의 내면 심리 제시)

내화의 상황 : 강 목사(한글 가르침) vs 김만호(일본어 가르침)
외화의 상황 : 서술자는 재종숙에게 강 목사와 김만호의 과거 이야기를 전해 듣고 있음

> "그 일뿐이 아니라고. 참으로 못할 짓 많이 하였지. 그런데 내가 해방이 되어서 고향에 돌아와 보니까, 아니 어디 숨어 있는 줄 알았던 그가 아주 요란스럽게 행세를 하고 있었어. 난 그 꼴이 보기 싫어서 다시 일본으로 들어가 버렸지만……."
> 재종숙의 말은 자꾸 헷갈렸다.

➡ 재종숙이 해방 이후 고향에 돌아왔을 때, 숨어 살 줄 알았던 김만호는 적극적으로 활동하고 있었고 이에 실망한 재종숙은 다시 일본으로 돌아갑니다. 그런데 서술자는 여기에 '헷갈렸다'라는 반응을 보입니다. (서술자의 내면 심리 제시)

> 김만호 씨는 면 농회 근무 3년 만에 서른이 안 된 나이로 면장이 됐다. 재종숙은 아마 그가 제일 악질적인 면장이었을 거라고 말하였다. 더구나 용서하지 못할 일은, 그가 가장 면민을 위하는 척하면서 제 할 일은 다 했다는 점이었다. 그는 젊은 면장으로서 이 제주 섬에서 가장 도사(島司)의 신임을 얻은 면장이 되었다. ㉡ 재종숙의 말투는 점점 과격하여 갔다. 인생의 황혼기에서, 아무리 뼈에 사무친 일이라 하더라도 이 나이쯤이면 모두 이해하고 용서할 수 있을 터인데 그게 아니었다.

➡ 김만호는 젊은 나이에 면장이 됐습니다. 그런데 이러한

사실 뒤에 바로 재종숙의 부정적인 반응이 제시됩니다. 김만호는 제주 섬에서 가장 신임을 받았다는 사실이 제시되고 바로 재종숙의 격한 반응이 제시됩니다. 이에 대해 서술자는 재종숙이 아직도 용서를 하지 못한 상태라고 추측합니다. (서술자의 내면 심리 제시)

배경　제주 섬 (공간)

"생각해 보게. 어떻게 그런 사람에게 '선구적인 시민상'을 주어. 나라를 팔아먹는 데, 권력의 종노릇 하는 데 선구적이었어. 그건 김만호 개인의 문제가 아니여. 신문사 문제만도 아니고, 작은 문제가 아니여. 그 사람이 상을 타면 세상 사람의 본이 되는 건데, 아니 모두들 그렇게 살아도 된다는 거여? 안 되여. 안 돼."
그는 언성을 높였다. 바로 교장 어른을 상대하여 말하는 투였다.

➡ 계속해서 재종숙은 김만호에 대해 부정적인 반응을 보입니다. 그런데 '교장 어른'이라는 새로운 인물이 제시됩니다. 그가 교장 어른을 '상대하'는 투로 말했다는 것은 이 시점보다 과거에 재종숙과 교장 어른 사이에 어떠한 갈등이 있었음을 추측할 수 있습니다.

외화의 인물 : 화자, 재종숙, 교장 어른
외화의 상황 : 재종숙과 교장 어른의 갈등 → 화자와 재종숙의 대화

장면 2

그와 헤어져 거리로 나오자 이번에는 교장 어른을 만나고 싶었다. 역시 그에게서는 재종숙과는 정반대의 말을 들을 것이 뻔하지만, 재종숙에게 듣지 못했던 새로운 이야기를 들을 수 있을 것 같았다.

➡ 화자는 재종숙과 헤어져 거리로 나옵니다. 그리고 교장 어른을 찾아가려 합니다. 이때, 화자의 내면에서 제시된 정반대의 말을 통해, 앞서 제시된 재종숙과 교장 어른의 갈등을 추측할 수 있습니다. 서술자는 이전의 대화에서 새로운 이야기를 듣지 못했다는 것을 알 수 있습니다. 이 새로운 이야기가 대체 뭘까요?

외화의 배경 : 거리 (공간 이동)
외화의 상황 : 서술자는 재종숙과의 대화에서 새로운 이야기를 듣지 못함 → 교장 어른을 만나고자 함

"자네가 날 찾아올 줄 알았지."
교장 어른은 몸소 써서 만든 '반야심경' 열 폭 병풍 앞에서 한복 차림으로 앉았다가 일어서면서 나를 반갑게 맞았다. 나는 그분에게서 곱게 늙고 있는 행복한 서민의 모습을 보았다. 육십 평생을 어린이 교육을 위해서만 살다 정년퇴임한 지 몇 해가 되지만, 그는 여전히 이곳 사람들의 선생으로 대접받고 있었다. 방 한편 구석 문갑 위에 있는 한란 분이 그 어른의 기품과 어울리는 것 같았다. 세배꾼들이 다녀갔는지 방석들이 즐비하니 널려 있었다.

➡ 교장 어른이 화자를 '자네'라고 부르며 반갑게 맞이합니다. 화자의 시선으로 교장 어른의 외양 묘사 (한복 차림, 곱게 늙고 있는 행복한 서민 등)를 드러내며 교장 어른의 성격을 드러냅니다. (주인공의 내면 제시)

외화의 인물 : 서술자('나'), 교장 어른
외화의 배경 : '교장 어른'의 방 (공간 이동)
시점 : 1인칭 주인공

교장 어른은 아까 종갓집에서와는 다르게 나를 대하면서 벌써 찾아간 연유를 알고 있었다. 나는 신문사로부터 부여받은 일을 설명하고 나서,
"할아버님의 도움을 받아야 하겠습니다. 할아버님께서 그분과 오랜 교분을 갖고 계신 걸 알고 있습니다. 누구보다도 그분을 잘 알고 계시겠기에 밖으로 드러나지 않은 개인적인 일 같은 것을 듣고 싶습니다."
ⓒ 되도록 조심스럽게 말하였다. 사실 나 자신 한 인간의 사회적인 삶을 어떻게 인식하느냐 하는 뚜렷한 생각도 잡혀지지 않은 처지라서 우선 이렇게 얼버무릴 수밖에 없었다.

🔵 과거 종갓집에서는 현재 교장 어른이 서술자를 대하는 태도와는 달랐음을 알 수 있습니다. 서술자가 스스로를 '나'라고 언급함으로써 1인칭 주인공 시점임을 알 수 있습니다. (앞서 제시된 내면 심리는 주인공인 '나'의 심리입니다.) 그리고 '신문사로부터 부여받은 일'을 통해, 주인공의 배경에 대해 알 수 있습니다.

시점 : 1인칭 주인공

"그분이 일제 시대에 관리 노릇을 하였고 더구나 면장을 오랫동안 지낸 것은 사실이지만, 그 시국에 누군들 면장을 해야 했을 거이고, ⓔ 더구나 일본 사람이 면장을 했던 것보담야 훨씬 나았지. 나도 일제 시대 여남은 해 동안 교단에 서서 식민지 교육에 앞장섰던 사람으로서 그분의 행적에 대하여 시비를 가릴 자격은 없어. 큰집에서 내가 좀 강경하게 말한 것은 자네 칠촌 말일세. 일본 가서 살아서 이곳 사정을 모르는 처지에 이러쿵저러쿵 하는 바람에 비위가 상했던 거야. 자기도 그곳에서 살았으면 아니, 일본 사람에게 협조하지 않고 독야청청 민족과 나라를 위하여 애국만 하며 살 수 있었겠냔 말이네. 어림없어. 아마 먼저 더 철저하게 일본 사람들에게 붙어살았을지 누가 알아. 사실 이곳에서 살지 않았던 사람은 이곳에 살면서 좋은 일 궂은 일 모두 겪었던 사람들에 대해서는 말을 말아야 돼."
재종숙의 처사가 못마땅하다는 것이었다. ⓓ 그런 교장 어른에게서도 새로운 김만호의 면모를 찾을 수 없을 것 같았다.

🔵 교장 어른은 재종숙과는 다른 이야기(김만호에 대한 옹호)를 합니다. 과거 종갓집에서 그 둘의 갈등에 대해 추측이 가능합니다. 재종숙은 '김만호'에 대해 비판했을 텐데 교장 어른은 김만호에 대해 옹호했을 것입니다. 그러나 주인공인 '나'는 이 대화에서도 김만호의 새로운 면모를 찾을 수 없다고 생각합니다. (주인공의 내면 제시) 앞선 두 대화에서 알아낸 것들은 주인공이 이미 알고 있던 이야기와 크게 다르지 않았다는 것을 알 수 있습니다.
앞서 서술자가 기대하던 '새로운 이야기'는 바로 김만호의 새로운 면모에 관한 것이었나 봅니다.

외화의 상황 : 재종숙과 교장 어른의 갈등 → 재종숙과 주인공의 대화 → 교장 어른과 주인공의 대화

2 위 글의 이야기 구성을 <보기>와 같이 정리한다고 할 때, 이와 관련한 설명으로 적절한 것은? [3점]

정답 ⑤

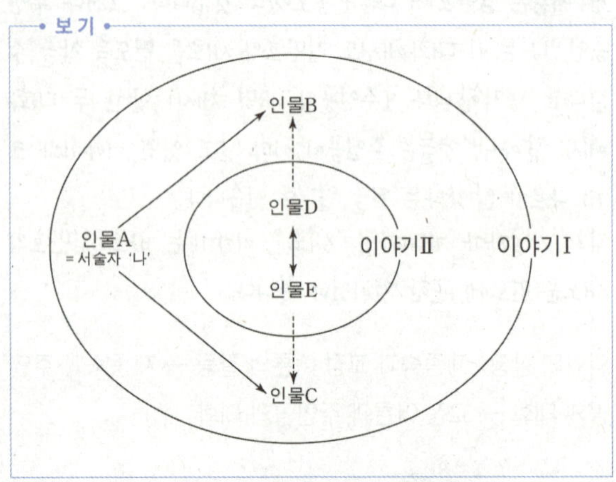

→ : 관찰, ↔ : 갈등, ⇢ : 옹호
외화 : 서술자 '나' (A) → [재종숙 (B) ↔ 교장 어른 (C)]
내화 : 강 목사 (D) ↔ 김만호 (E)
시점 : 1인칭 주인공

① 이야기Ⅰ과 이야기Ⅱ의 공간적 배경을 다르게 설정하여 작품의 입체성을 강화하고 있다.

➡ 이야기Ⅰ과 이야기Ⅱ의 공간적 배경은 '제주 섬'입니다. 적절하지 않습니다.

② 이야기Ⅰ과 이야기Ⅱ의 시간적 배경을 동일하게 설정하여 보편적 공감을 유도해 내고 있다.

➡ 이야기Ⅰ의 시간적 순서는 이야기Ⅱ의 이후입니다. 적절하지 않습니다.

③ 이야기Ⅰ의 특정 인물과 이야기Ⅱ의 특정 인물만 서로 갈등 관계를 맺도록 하여 단일화의 효과를 높이고 있다.

➡ 이야기Ⅰ의 인물끼리 갈등하고 이야기Ⅱ의 인물끼리 갈등합니다. 따라서 '이야기Ⅰ의 특정 인물과 이야기Ⅱ의 특정 인물만'이 갈등한다고 볼 수 없습니다. 또한 이야기Ⅰ에서는 '김만호'에 대한 비판을 하는 '재종숙'과 '김만호'에 대한 옹호를 하는 '교장 어른'의 갈등이 제시되기에 '단일화'의 효과가 나타나고 있다고 볼 수 없습니다.

④ 인물 A가 인물 B와 C의 입을 통해서만 인물 D와 E에 대한 이야기를 듣는 독특한 구성 방식 때문에 이야기 Ⅱ의 비중이 약화된다.

➡ 이야기Ⅰ과 이야기Ⅱ는 각각 외화와 내화에 해당합니다. 이러한 액자식 구조는 내화에 주목합니다. 실제로 해당 작품에서 '나'는 신문사로부터 부여받은 일을 수행하기 위해 '재종숙'과 '교장 어른'을 찾아가서 '강 목사'와 '김만호'의 과거 이야기를 듣게 됩니다. 그 결과 우리는 이야기Ⅰ을 통해, 이야기Ⅱ에 주목합니다. 따라서 이야기Ⅱ의 비중이 약화한다고 보기 어렵습니다. 적절하지 않습니다.

⑤ 인물 A가 이야기Ⅱ 속의 인물 D와 E에 관심이 있는 것으로 보아 이 작품의 핵심적 의미는 인물 D와 E의 실상 규명과 관련되어 있다.

➡ 주인공은 '강 목사'와 '김만호'의 과거 이야기에 대해, 관심이 있습니다. 이는 '재종숙'과 '교장 어른'의 이야기를 통해 '새로운 이야기', '새로운 김만호의 면모'를 기대하는 것에서 알 수 있습니다.
또한 주인공인 '나'가 '강 목사'와 '김만호'의 실상 규명을 하는 것이 '신문사로부터 부여받은 일'이었다는 것을 알 수 있습니다.

💡 **교훈** · 작품 독해

이 작품은 액자식 구성을 활용하고 있습니다. 액자식 구성은 이야기 바깥의 이야기(외화)와 이야기 속의 이야기(내화)로 이루어지며, 주로 내화의 사실성을 강조하기 위해 사용됩니다. 외화 속 인물이 과거의 사건을 회상하거나 타인의 이야기를 전하며, 독자에게 내화가 마치 실제 있었던 일처럼 느껴지도록 만듭니다.

또한, 외화와 내화의 시점이 반드시 일치하는 것은 아닙니다. 외화에서는 1인칭 시점이 사용되더라도, 내화에서는 3인칭 시점이나 다른 인물의 시점으로 이야기가 전개될 수 있습니다. 시점이 서로 다르거나 혼재될 수 있다는 점에 유의하며 읽는 것이 중요합니다.

이처럼 액자식 구성은 단순히 이야기 구조를 복잡하게 만드는 것뿐만 아니라 사건에 대한 다양한 시선과 해석을 가능하게 합니다.

[앞의 줄거리] 아들 성기가 역마살 때문에 떠돌이가 될까 봐 걱정하던 옥화는 그를 정착시키기 위해 체 장수 영감의 딸 계연과 맺어주려 하지만, 계연이 자기 동생이라는 것을 알고는 그녀를 떠나보내기로 한다.

　계연의 시뻘겋게 상기한 얼굴은, 옥화와 그의 아버지가 그들을 지켜보고 있다는 것도 잊은 듯이 성기의 얼굴만 일심으로 바라보고 있었으나, 버드나무에 몸을 기댄 성기의 두 눈엔 다만 불꽃이 활활 타오를 뿐, 아무런 새로운 명령도 기적도 나타나지 않았다.
　"오빠, 편히 사시오."
하고, ⓐ 거의 울음이 다 된, 마지막 목소리를 남기고 돌아선 계연의 저만치 가고 있는 항라 적삼*을, 고운 햇빛과 늘어진 버들가지와 산울림처럼 울려오는 뻐꾸기 울음 속에, 성기는 우두커니 지켜보고 있을 뿐이었다.

　성기가 다시 자리에서 일어나게 된 것은 이듬해 우수(雨水)도 경칩(驚蟄)도 다 지나, 청명(淸明) 무렵의 비가 질금거릴 무렵이었다. 주막 앞에 늘어선 버들가지는 다시 실같이 푸르러지고 살구, 복숭아, 진달래 들이 골목 사이로 산기슭으로 울긋불긋 피고 지고 하는 날이었다.
　아들의 미음상을 차려 들고 들어온 옥화는 성기가 미음 그릇을 비우는 것을 보자 이렇게 물었다.
　"아직도, 너, 강원도 쪽으로 가 보고 싶냐?"
　"……"
　성기는 조용히 고개를 돌렸다.
　"여기서 장가들어 나랑 같이 살겠냐?"
　"……"
　성기는 역시 고개를 돌렸다.
　그해 아직 봄이 오기 전, 보는 사람마다, 성기의 회춘을 거의 다 단념하곤 하였을 때 옥화는, 이왕 죽고 말 것이라면, 어미의 맘속이나 알고 가라고, 그래, 그 체 장수 영감은, 서른여섯 해 전 남사당을 꾸며 와 이 화개 장터에 하룻밤을 놀고 갔다는 자기의 아버지임에 틀림이 없었다는 것과, 계연은 그 왼쪽 귓바퀴 위의 사마귀로 보아 자기의 동생임이 분명하더라는 것을, 통정*하노라면서, 자기의 같은 왼쪽 귓바퀴 위의 검정 사마귀까지를 그에게 보여 주었다.
　"나도 처음부터 영감이 '서른여섯 해 전'이라고 했을 때 가슴이 섬뜩하긴 했다. 그렇지만 설마 했지 그렇게 남의 간을 뒤집어 놀 줄이야 알았나. 하도 아슬해서 이튿날 악양으로 가 명도*까지 불러 봤더니, 요것도 남의 속을 빤히 들여다나 보는 듯이 재잘대는구나, 차라리 망신을 했지."
　옥화는 잠깐 말을 그쳤다. 성기는 두 눈에 불을 켜듯 한 형형한 광채를 띠고, 그 어머니의 얼굴을 쳐다보고 있었다.
　"차라리 몰랐으면 또 모르지만 한번 알고 나서야 인륜이 있는듸 어쩌겠냐."
　그리고 ㉠ 부디 어미 야속타고나 생각지 말라고, 옥화는 아들의 뼈만 남은 손을 눈물로 씻었다.
　옥화의 이 마지막 하직같이 하는 통정 이야기에 의외로도 성기는 도로 힘을 얻은 모양이었다. 그 불타는 듯한 형형한 두 눈으로 천장을 한참 바라보고 있던 성기는 무슨 새로운 결심이나 하듯 입술을 지그시 깨물고 있었다.
　아버지를 찾아 강원도 쪽으로 가 볼 생각도 없다, 집에서 장가들어 살림을 할 생각도 없다, 하는 아들에게 그러나, 옥화는 이제 전과 같이 고지식한 미련을 두는 것도 아니었다.
　"그럼 어쩔라냐? 너 좋을 대로 해라."
　"……"
　성기는 아무런 말도 없이 도로 자리에 드러누워 버렸다.

　그러고 나서 한 달포나 넘어 지난 뒤였다.
　성기가 좋아하는 여러 가지 산나물이 화갯골에서 연달아 자꾸 내려오는 이른 여름의 어느 장날 아침이었다. 두릅회에 막걸리 한 사발을 쭉 들이켜고 난 성기는 옥화더러,
　"어머니, 나 엿판 하나만 맞춰 주."
하였다.

“……”

　옥화는 갑자기 무엇으로 머리를 얻어맞은 듯이 성기의 얼굴을 멍하니 바라보고 있었다.

　그런 지도 다시 한 보름이나 지나, ⓑ 뻐꾸기는 또다시 산울림처럼 건드러지게 울고, 늘어진 버들가지엔 햇빛이 젖어 흐르는 아침이었다. 새벽녘에 잠깐 가는 비가 지나가고, 날은 다시 유달리 맑게 갠 화개 장터 삼거리 길 위에서, 성기는 그 어머니와 하직을 하고 있었다. 갈아입은 옥양목 고의적삼에, 명주 수건까지 머리에 잘끈 동여매고 난 성기는, 새로 맞춘 새하얀 나무 엿판을 걸빵해서 느직하게 엉덩이 즈음에다 걸었다. 위 목판에는 새하얀 가락엿이 반나마 들어 있었고, 아래 목판에는 팔다 남은 이야기책 몇 권과 간단한 방물이 좀 들어 있었다.

　그의 발 앞에는, 물과 함께 갈려 길도 세 갈래로 나 있었으나, 화갯골 쪽엔 처음부터 등을 지고 있었고, 동남으로 난 길은 하동, 서남으로 난 길이 구례, 작년 이맘때도 지나 그녀가 울음 섞인 하직을 남기고 체 장수 영감과 함께 넘어간 산모퉁이 고갯길은 퍼붓는 햇빛 속에 지금도 환히 장터 위를 굽이돌아 구례 쪽을 향했으나, 성기는 한참 뒤, 몸을 돌렸다. 그리하여 그의 발은 구례 쪽을 등지고 하동 쪽을 향해 천천히 옮겨졌다.

　한 걸음, 한 걸음, 발을 옮겨 놓을수록 그의 마음은 한결 가벼워져, 멀리 버드나무 사이에서 그의 뒷모양을 바라보고 서 있을 어머니의 주막이 그의 시야에서 완전히 사라져 갈 무렵 해서는, 육자배기 가락으로 제법 콧노래까지 흥얼거리며 가고 있는 것이었다.

- 김동리, 「역마」 -

* 항라 적삼 : 명주, 모시, 무명실 따위로 된 한 겹의 윗도리.
* 통정 : 통사정. 딱하고 안타까운 형편을 털어놓고 말함.
* 명도 : 마마를 앓다가 죽은 어린 계집아이의 귀신.

---

3 ㉠은 <보기> (가)의 시점으로 서술되어 있다. ㉠을 (나)의 시점으로 바꾸어 썼을 때, 가장 적절한 것은?

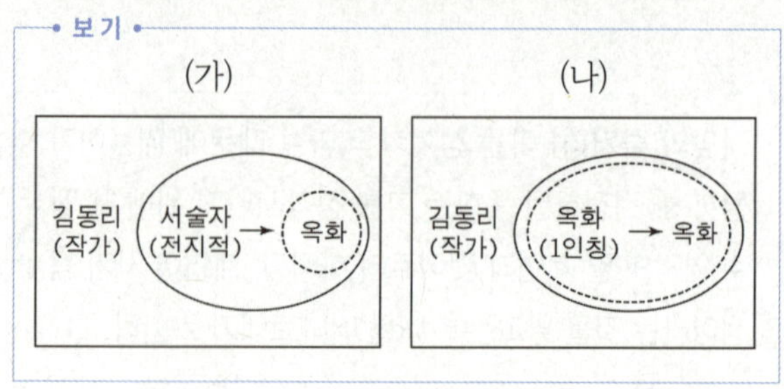

① 부디 나를 야속타고나 생각지 말라고, 나는 나의 뼈만 남은 손을 눈물로 씻었다.

② 부디 나를 야속타고나 생각지 말라고, 나는 아들의 뼈만 남은 손을 눈물로 씻었다.

③ 부디 나를 야속타고나 생각지 말라고, 옥화는 아들의 뼈만 남은 손으로 눈물로 씻었다.

④ “부디 나를 야속타고나 생각지 마라.”라고 말하며, 나는 나의 뼈만 남은 손을 눈물로 씻었다.

⑤ “부디 어미 야속타고나 생각지 마라.”라고 말하며, 엄마는 나의 뼈만 남은 손을 눈물로 씻었다.

👍 **학습목표**

기호 밑줄 부분을 효율적으로 판단하기

[앞의 줄거리] 아들 성기가 역마살 때문에 떠돌이가 될까 봐 걱정하던 옥화는 그를 정착시키기 위해 체 장수 영감의 딸 계연과 맺어주려 하지만, 계연이 자기 동생이라는 것을 알고는 그녀를 떠나보내기로 한다.

인물 성기(옥화의 아들), 옥화, 체 장수 영감, 계연(옥화의 동생)

장면 1

계연의 시뻘겋게 상기한 얼굴은, 옥화와 그의 아버지가 그들을 지켜보고 있다는 것도 잊은 듯이 성기의 얼굴만 일심으로 바라보고 있었으나, 버드나무에 몸을 기댄 성기의 두 눈엔 다만 불꽃이 활활 타오를 뿐, 아무런 새로운 명령도 기적도 나타나지 않았다.

"오빠, 편히 사시오."

하고, ⓐ 거의 울음이 다 된, 마지막 목소리를 남기고 돌아선 계연의 저만치 가고 있는 항라 적삼*을, 고운 햇빛과 늘어진 버들가지와 산울림처럼 울려오는 뻐꾸기 울음 속에, 성기는 우두커니 지켜보고 있을 뿐이었다.

➡ 계연과 성기가 이별을 하고 있습니다. 계연은 성기를 바라보며 거의 울면서 작별을 고합니다. 그러나 성기는 불꽃같은 눈으로 지켜볼 뿐입니다. 서술자는 계연의 내면을 추측하듯 드러내며, 성기의 행동을 드러냅니다. 만약 계연의 내면을 직접 제시했다면, 서술자는 직접적인 감정(슬픔 등)을 제사했을 겁니다.

인물 계연, 옥화, 옥화 아버지(체 장수 영감), 성기
상황 계연이 성기에게 작별을 고함
심리 계연(슬픔), 성기(알 수 없음)

장면 2

성기가 다시 자리에서 일어나게 된 것은 이듬해 우수(雨水)도 경칩(驚蟄)도 다 지나, 청명(淸明) 무렵의 비가 질금거릴 무렵이었다. 주막 앞에 늘어선 버들가지는 다시 실같이 푸르러지고 살구, 복숭아, 진달래 들이 골목 사이로 산기슭으로 울긋불긋 피고 지고 하는 날이었다.

아들의 미음상을 차려 들고 들어온 옥화는 성기가 미음 그릇을 비우는 것을 보자 이렇게 물었다.

"아직도, 너, 강원도 쪽으로 가 보고 싶냐?"

"……"

성기는 조용히 고개를 돌렸다.

"여기서 장가들어 나랑 같이 살겠냐?"

"……"

성기는 역시 고개를 돌렸다.

➡ 성기는 계화와 작별 이후 자리에 누운 채 시간을 보냈습니다. 이듬해 청명(봄) 무렵에 일어나, 옥화가 준 미음을 먹습니다. 그때, 옥화가 강원도로 갈 것인지 주막에서 결혼해서 살 것인지 질문하지만 성기는 그저 고개를 저을 뿐입니다.

배경 이듬해 청명 무렵(시간의 흐름) 봄, 주막(공간 배경)
인물 옥화, 성기

그해 아직 봄이 오기 전, 보는 사람마다, 성기의 회춘을 거의 다 단념하곤 하였을 때 옥화는, 이왕 죽고 말 것이라면, 어미의 맘속이나 알고 가라고, 그래, 그 체 장수 영감은, 서른여섯 해 전 남사당을 꾸며 와 이 화개 장터에 하룻밤을 놀고 갔다는 자기의 아버지임에 틀림이 없었다는 것과, 계연은 그 왼쪽 귓바퀴 위의 사마귀로 보아 자기의 동생임이 분명하더라는 것을, 통정*하노라면서, 자기의 같은 왼쪽 귓바퀴 위의 검정 사마귀까지를 그에게 보여 주었다.

➡ 모두가 성기의 회복에 부정적일 때, 옥화는 어차피 죽을 것이라면 어찌 된 일인지는 알고 가라고('옥화'의 내면 심리 제시) 과거의 이야기를 성기에게 말해줍니다. 그런데 장면

---

l의 이별의 원인에 대해 성기는 몰랐나 봅니다. 영문도 모른 채 이별을 해서 식음을 전폐했나 보군요. 여기서 성기가 '체 장수 영감'이 '옥화'의 아버지고 '계연'은 '옥화'의 여동생임을 알게 됩니다.

교훈 · 작품 독해

등장인물이 몰랐던 사실을 새롭게 인지하는 장면은 반드시 짚고 넘어가야 합니다. 이야기의 전개에 변화를 불러올 가능성이 크기 때문입니다. 이 변화는 단독으로 문제 출제가 가능할 뿐만 아니라 지문의 독해에도 큰 영향을 끼칩니다.

따라서 변화가 작품의 주요 흐름에 영향을 미친다면 인과 관계를 꼼꼼히 따져 가며 읽어야 합니다. 반면, 주요 흐름을 크게 바꾸지 않는 변화라면 내용 일치 문제의 출제 포인트가 될 수 있으니 해당 부분을 다시 한번 확인해 두세요.

그런데 이미 알고 있는 사실에 관해 묻는 경우도 있습니다. 24년도 수능 '박태원, 「골목 안」'의 30번 문제 ⑤번 선지에서 '양서방은 누가 자신을 뒷간에 가두었는지 알게 되어 화가 풀렸다.'라고 물었으나 '양서방'은 누가 자신을 뒷간에 가두었는지 이미 아는 상황이었습니다. 이처럼 지문에서 등장인물의 사실 인지 여부를 파악 해두었다면 지문 독해와 문제 풀이 과정이 조금 더 수월해질 수 있습니다.

"나도 처음부터 영감이 '서른여섯 해 전'이라고 했을 때 가슴이 섬뜩하긴 했다. 그렇지만 설마 했지 그렇게 남의 간을 뒤집어 놀 줄이야 알았나. 하도 아슬해서 이튿날 악양으로 가 명도*까지 불러 봤더니, 요것도 남의 속을 빤히 들여다나 보는 듯이 재잘대는구나, 차라리 망신을 했지."

옥화는 잠깐 말을 그쳤다. 성기는 두 눈에 불을 켜듯한 형형한 광채를 띠고, 그 어머니의 얼굴을 쳐다보고 있었다.

"차라리 몰랐으면 또 모르지만 한번 알고 나서야 인륜이 있는듸 어쩌겠냐."

그리고 ㉠ 부디 어미 야속타고나 생각지 말라고, 옥화는 아들의 뼈만 남은 손을 눈물로 씻었다.

옥화의 이 마지막 하직같이 하는 통정 이야기에 의외로도 성기는 도로 힘을 얻은 모양이었다. 그 불타는 듯한 형형한 두 눈으로 천장을 한참 바라보고 있던 성기는 무슨 새로운 결심이나 하듯 입술을 지그시 깨물고 있었다.

옥화가 모든 진실을 이야기하자, 성기는 다시 힘을 얻은 듯합니다. 옥화 자신도 과거에 의심만 했을 뿐 진실은 몰랐습니다. 나중에 신체적 특징과 주술적 요소들을 통해, 계화가 자신의 여동생이라는 것을 알게 된 것이었습니다. 그러나 여전히 성기의 내면은 알 수 없습니다. 그저 성기의 행동을 통해 추측할 뿐입니다.

아버지를 찾아 강원도 쪽으로 가 볼 생각도 없다, 집에서 장가들어 살림을 할 생각도 없다, 하는 아들에게 그러나, 옥화는 이제 전과 같이 고지식한 미련을 두는 것도 아니었다.

"그럼 어쩔라냐? 너 좋을 대로 해라."

"……"

성기는 아무런 말도 없이 도로 자리에 드러누워 버렸다.

➥ 그러나 '성기'는 강원도로 갈 생각도 없고, 집에서 장가 들어 살 생각도 없습니다. 그저 다시 자리에 누울 뿐입니다. 새로운 사실을 알게 된 '성기'는 대체 어떤 생각을 하고 있을까요?

장면 3

> 그러고 나서 한 달포나 넘어 지난 뒤였다.
> 성기가 좋아하는 여러 가지 산나물이 화갯골에서 연달아 자꾸 내려오는 이른 여름의 어느 장날 아침이었다.
> 두릅회에 막걸리 한 사발을 쭉 들이켜고 난 성기는 옥화더러,
> "어머니, 나 엿판 하나만 맞춰 줘."
> 하였다.
> "……"
> 옥화는 갑자기 무엇으로 머리를 얻어맞은 듯이 성기의 얼굴을 멍하니 바라보고 있었다.

➥ 한 달포가 지난 어느 여름 아침에 성기는 옥화에게 엿판을 맞춰달라고 합니다. 성기는 따로 생각하는 바가 있었나 봅니다. 그런데 옥화는 여기에 충격을 받습니다. 성기가 무엇을 하려는 것이기에 옥화가 충격을 받았을까요?

> **배경** 한 달포가 지난 뒤 어느 여름의 아침(시간의 흐름)
> **상황** 성기는 옥화에게 엿판을 맞춰달라 함 → 옥화 충격
> **사실 인지** 옥화는 성기가 무언가(의문)를 하려고 하는 것을 알게 됨

장면 4

> 그런 지도 다시 한 보름이나 지나, ⓑ 뻐꾸기는 또다시 산울림처럼 건드러지게 울고, 늘어진 버들가지엔 햇빛이 젖어 흐르는 아침이었다. 새벽녘에 잠깐 가는 비가 지나가고, 날은 다시 유달리 맑게 갠 화개 장터 삼거리 길 위에서, 성기는 그 어머니와 하직을 하고 있었다. 갈아입은 옥양목 고의적삼에, 명주 수건까지 머리에 잘끈 동여매고 난 성기는, 새로 맞춘 새하얀 나무 엿판을 걸빵해서 느직하게 엉덩이 즈음에다 걸었다.

위 목판에는 새하얀 가락엿이 반나마 들어 있었고, 아래 목판에는 팔다 남은 이야기책 몇 권과 간단한 방물이 좀 들어 있었다.

➥ 시간이 흘러 성기는 화개 장터 삼거리 위에서 엿판과 여러 가지 물건을 들고 어머니인 옥화와 작별을 하고 있습니다. 결국 성기는 자신의 역마살대로 떠돌며 장사를 하려고 하나 봅니다. '앞의 줄거리'에서 그토록 성기의 역마살을 걱정한 옥화였지만, 결국 성기의 운명대로 흘러갑니다.

> **배경** 보름이나 지난 아침(시간의 흐름), 화개 장터 삼거리(공간 배경)
> **상황** 성기와 옥화가 작별을 하고 있음, 성기는 장을 돌며 엿을 파는 장사꾼(의문 해결)이 됨

> 그의 발 앞에는, 물과 함께 갈려 길도 세 갈래로 나 있었으나, 화갯골 쪽엔 처음부터 등을 지고 있었고, 동남으로 난 길은 하동, 서남으로 난 길이 구례, 작년 이맘때도 지나 그녀가 울음 섞인 하직을 남기고 체 장수 영감과 함께 넘어간 산모퉁이 고갯길은 퍼붓는 햇빛 속에 지금도 환히 장터 위를 굽이돌아 구례 쪽을 향했으나, 성기는 한참 뒤, 몸을 돌렸다. 그리하여 그의 발은 구례 쪽을 등지고 하동 쪽을 향해 천천히 옮겨졌다.
> 한 걸음, 한 걸음, 발을 옮겨 놓을수록 그의 마음은 한결 가벼워져, 멀리 버드나무 사이에서 그의 뒷모양을 바라보고 서 있을 어머니의 주막이 그의 시야에서 완전히 사라져 갈 무렵 해서는, 육자배기 가락으로 제법 콧노래까지 흥얼거리며 가고 있는 것이었다.

➥ 성기는 그녀(계화)가 간 구례를 향하던 도중 어떤 결심을 한 후, 하동으로 갑니다. 걸어갈수록 마음은 가벼워집니다. 어머니(옥화)의 주막에서 아주 멀어졌을 때는 흥겹기까지 합니다.

3 ㉠은 <보기> (가)의 시점으로 서술되어 있다. ㉠을 (나)의 시점으로 바꾸어 썼을 때, 가장 적절한 것은?

정답 ②

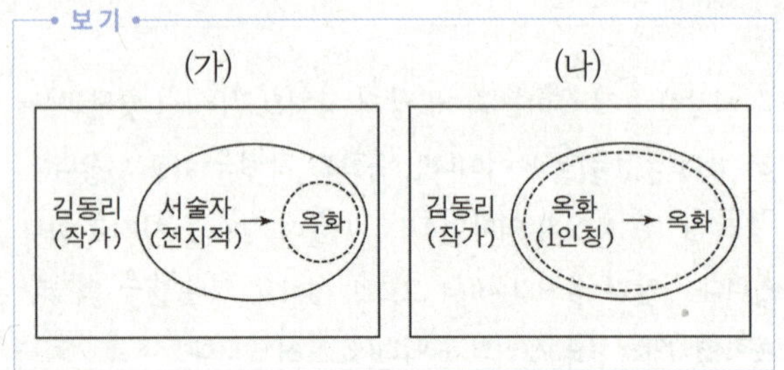

㉠ : '옥화'가 '성기'의 손을 잡고 눈물을 흘림

(가) : 전지적 작가 시점(서술자가 옥화에 대해 서술)
(나) : 1인칭 주인공 시점(옥화가 옥화 자신에 대해 서술)

① 부디 나를 야속타고나 생각지 말라고, 나는 나의 뼈만 남은 손을 눈물로 씻었다.

➥ '옥화'는 아들인 '성기'의 손을 잡고 눈물을 흘렸습니다. 자신의 손을 잡았다는 이 선지는 적절하지 않습니다.

② 부디 나를 야속타고나 생각지 말라고, 나는 아들의 뼈만 남은 손을 눈물로 씻었다.

➥ 옥화 자신을 '나'라고 드러내 1인칭 주인공 시점으로 자신의 행동을 서술하고 있습니다.

③ 부디 나를 야속타고나 생각지 말라고, 옥화는 아들의 뼈만 남은 손으로 눈물로 씻었다.

➥ '옥화는' 3인칭 시점에서 본 것입니다. 1인칭 주인공 시점에서 서술한다면 '나는'을 사용해야 합니다. 적절하지 않습니다.

④ "부디 나를 야속타고나 생각지 마라."라고 말하며, 나는 나의 뼈만 남은 손을 눈물로 씻었다.

➥ '옥화'는 아들인 '성기'의 손을 잡고 눈물을 흘렸습니다. 자신의 손을 잡았다는 이 선지는 적절하지 않습니다. ①번의 정오 논리와 동일합니다. 적절하지 않습니다.

⑤ "부디 어미 야속타고나 생각지 마라."라고 말하며, 엄마는 나의 뼈만 남은 손을 눈물로 씻었다.

➥ '엄마'는 '성기'의 시점에서 '옥화'를 언급한 것입니다. '옥화'의 시점에서 봐야 합니다. 적절하지 않습니다.

[앞부분의 줄거리] 해방 직후, 미군 소위의 통역을 맡아 부정 축재를 일삼던 방삼복은 고향에서 온 백 주사를 집으로 초대한다.

"서 주사가 이거 두구 갑디다."

들고 올라온 각봉투 한 장을 남편에게 건네어 준다.

"어디?"

그러면서 받아 봉을 뜯는다. 소절수 한 장이 나온다. 액면 만 원짜리다.

미스터 방은 성을 벌컥 내면서

"겨우 둔 만 원야?"

하고 소절수를 다다미 바닥에다 확 내던진다.

"내가 알우?"

"우랄질 자식 어디 보자. 그래 전, 걸 십만 원에 불하 맡아다, 백만 원 하난 냉겨 먹을 테문서, 그래 겨우 둔 만 원야? 엠병헐자식, ㉠ 내가 엠피*헌테 말 한마디문, 전 어느 지경 갈지 모를 줄 모르구서."

"정종으루 가져와요?"

"내 말 한마디에, 죽을 눔이 살아나구, 살 눔이 죽구 허는 줄은 모르구서. 흥, 이 자식 경 좀 쳐 봐라……. 증종 따근허게 데와. 날두 산산허구 허니."

새로이 안주가 오고, 따끈한 정종으로 술이 몇 잔 더 오락가락하고 나서였다.

백 주사는 마침내, **진작부터 벼르던 이야기**를 꺼내었다.

백 주사의 아들 ㉡ 백선봉은, 순사 임명장을 받아 쥐면서부터 시작하여 8·15 그 전날까지 칠 년 동안, 세 곳 주재소와 두 곳 경찰서를 전근하여 다니면서, 이백 석 추수의 토지와, 만 원짜리 저금통장과, 만 원어치가 넘는 옷이며 비단과, 역시 만 원어치가 넘는 여편네의 패물과를 장만하였다.

[A] **남들**은 주린 창자를 졸라맬 때 그의 광에는 옥 같은 정백미가 몇 가마니씩 쌓였고, 반년 일 년을 남들은 구경도 못 하는 고기와 생선이 끼니마다 상에 오르지 않는 날이 없었다.

××경찰서의 경제계 주임으로 있던 마지막 이 년 동안은 더욱더 호화판이었다. 8·15 그날 밤, **군중**이 그의 집을 습격하였을 때에 쏟아져 나온 물건이 쌀 말고도

[B]
광목 여섯 필

고무신 스물세 켤레

지카다비 여덟 켤레

빨랫비누 세 궤짝

양말 오십 타

정종 열세 병

설탕 한 부대

[C] 이렇게 **있었더란다**. 만 원어치 여편네의 패물과, 만 원 어치의 옷감이며 비단과, 만 원짜리 저금통장은 고만두고 말이었다.

물건 하나 없이 죄다 빼앗기고, 집과 세간은 조각도 못 쓰게 산산 다 부수고, 백선봉은 팔이 부러지고, 첩은 머리가 절반이나 뽑히고, 겨우겨우 목숨만 살아, 본집으로 도망해 왔다.

[D] 일변 고을에서는, 백 주사가, 자식이 그런 짓을 해서 산 토지를 가지고, **동네 사람**한테 거만히 굴고, 작인들한테 팔 할 가까운 도지를 받고, 고리대금을 하고 하였대서, 백선봉이 도망해 와 눕는 그날 밤, 그의 본집인 백 주사네 집을 습격하였다.

[E] 집과 세간 죄다 부수고, 백선봉이 보낸 통제 배급 물자 숱한 것 죄다 빼앗기고, **가족**들은 죽을 매를 맞고, 백선봉은 처가로, 백 주사는 서울로 각기 피신하여 목숨만 우선 보전하였다.

백 주사는 비싼 여관 밥을 사 먹으면서, 울적히 거리를 오락가락, 어떻게 하면 이 분풀이를 할까, ⓐ 어떻게 하면 빼앗긴 돈과 물건을 도로 다 찾을까 하고 궁리를 하는 것이나, 아무런 묘책도 없었다.

그러자 오늘은 우연히 이 미스터 방을 만났다. 종로를 지향 없이 거니는데, 지나가던 자동차가 스르르

멈추면서, 서양 사람과 같이 탔던 신사 양반 하나가 내려서더니, 어쩌다 눈이 마주치자

"아, 백 주사 아니신가요?"

하고 반기는 것이었었다.

자세히 보니, 무어 길바닥에서 신기료장수를 하다던 코삐뚤이 삼복이가 분명하였다.

"자네가, 저, 저, 방, 방……."

"네, 삼복입니다."

"아, 건데, 자네가……."

"허, 살 때가 됐답니다."

그러고는 ⓑ 내 집으루 갑시다, 하고 잡아끄는 대로 끌리어 온 것이었었다.

의표하며, 집하며, 식모에 침모에 계집 하인까지 부리면서 사는 것이며, 신수가 훤히 트여 가지고, 말도 제법 의젓하여진 것 같은 것이며, ⓒ 진소위 개천에서 용이 났다고 할 것인지.

옛날의 영화가 꿈이 되고, 일조에 몰락하여 가뜩이나 초상집 개처럼 초라한 자기가, ⓓ 또 한 번 어깨가 옴츠러듦을 느끼지 아니치 못하였다. 그런 데다이 녀석이, 언제 적 저라고 무엄스럽게 굴어, 심히 불쾌하였고, 그래서 ⓔ 엔간히 자리를 털고 일어설 생각이 몇 번이나 나지 아니한 것도 아니었었다. 그러나 참았다.

보아하니 큰 세도를 부리는 것이 분명하였다. 잘만 하면 그 힘을 빌려, 분풀이와, 빼앗긴 재물을 도로 찾을 여망이 있을 듯 싶었다.

- 채만식, 「미스터 방」 -

* 엠피(MP) : 미군 헌병.

4 <보기>를 참고하여 [A]∼[E]를 감상한 내용으로 적절하지 <u>않은</u> 것은? [3점]

• 보기 •

'진작부터 벼르던 이야기'는 백 주사가 자신과 가족의 억울함을 하소연하는 부분이다. 그런데 서술자는 그 '이야기'를 서술자의 시선뿐 아니라 여러 인물들의 시선으로 초점화하여 서술함으로써 독자와 작중 인물 간의 거리를 조절한다. 또한 세부 항목을 하나씩 나열하여 장면의 분위기를 고조하고 정서를 확장하는 서술 방법으로 독자에게 현장감을 전해 준다. 이때 독자는 백 주사와 그의 가족에게 고통받았던 사람들의 입장에 서서 그들을 비판적으로 보게 된다.

① [A] : 백선봉의 풍요로운 생활을 '남들'의 굶주린 생활과 비교하여 서술함으로써 독자가 그를 비판적으로 보게 하고 있군.

② [B] : 부정하게 모은 많은 물건들을 하나씩 나열하여 습격 당시 현장의 들뜬 분위기를 환기함으로써 '군중'의 놀람과 분노를 독자에게 전하려 하고 있군.

③ [C] : '있었더란다'를 통해 누군가에게 들은 것처럼 전하면서도, 전하는 내용을 '군중'의 시선으로 초점화하여 독자가 '군중'의 입장에 서도록 유도하고 있군.

④ [D] : '동네 사람'의 시선으로 초점화하여 백 주사의 만행을 서술함으로써 백 주사가 습격의 빌미를 제공한 것처럼 독자가 느끼게 하고 있군.

⑤ [E] : 백 주사 '가족'의 몰락을 보여 주는 사건들을 백 주사의 시선으로 일관되게 초점화하여 그들에게 고통받았던 사람들의 편에 선 독자가 통쾌함을 느끼게 하고 있군.

학습목표

<보기>가 제시된 복잡한 시점의 처리 연습하기

• 보기 •

'진작부터 벼르던 이야기'는 백 주사가 자신과 가족의 억울함을 하소연하는 부분이다. 그런데 서술자는 그 '이야기'를 서술자의 시선뿐 아니라 여러 인물들의 시선으로 초점화하여 서술함으로써 독자와 작중 인물 간의 거리를 조절한다. 또한 세부 항목을 하나씩 나열하여 장면의 분위기를 고조하고 정서를 확장하는 서술 방법으로 독자에게 현장감을 전해 준다. 이때 독자는 백 주사와 그의 가족에게 고통받았던 사람들의 입장에 서서 그들을 비판적으로 보게 된다.

서술자의 시선, 여러 인물들의 시선 → 거리 조절
나열 → 분위기, 정서 강조 → 현장감

인물 백 주사(-), 백 주사의 가족들(-)

[앞부분의 줄거리] 해방 직후, 미군 소위의 통역을 맡아 부정 축재를 일삼던 방삼복은 고향에서 온 백 주사를 집으로 초대한다.

인물 방삼복(미군 통역), 백 주사(고향에서 옴)
시대 배경 해방 직후

장면 1

"서 주사가 이거 두구 갑디다."
들고 올라온 각봉투 한 장을 남편에게 건네어 준다.
"어디?"
그러면서 받아 봉을 뜯는다. 소절수 한 장이 나온다. 액면 만 원짜리다.

미스터 방은 성을 벌컥 내면서
"겨우 둔 만 원야?"
하고 소절수를 다다미 바닥에다 홱 내던진다.
"내가 알우?"
"우랄질 자식 어디 보자. 그래 전, 걸 십만 원에 불하 맡아다, 백만 원 하난 냉겨 먹을 테문서, 그래 겨우 둔 만 원야? 엠병헐자식, ㉠ 내가 엠피헌테 말 한마디문, 전 어느 지경 갈지 모를 줄 모르구서."
"정종으루 가져와요?"
"내 말 한마디에, 죽을 눔이 살어나구, 살 눔이 죽구 허는 줄은 모르구서. 흥, 이 자식 경 좀 쳐 봐라……. 증종 따근허게 데와. 날두 산산허구 허니."

⊙ 방삼복의 아내가 서 주사가 보낸 봉투를 전달합니다. 방삼복은 만 원짜리 수표를 보고 격분합니다. 십만 원에 불하받아 백만 원을 챙긴 서 주사가 고작 만 원만 보냈기 때문입니다. 방삼복은 자신이 미군에게 한마디만 하면 서 주사를 궁지에 몰 수 있다고 허세를 부립니다.

상황 방삼복이 서 주사에게 받은 돈이 적어 분노함
인물과 성격
· 방삼복 : 미군의 권력을 이용해 위세를 부리는 인물
· 방삼복의 아내
· 서 주사(직접 등장하지 않음)
· 백 주사

새로이 안주가 오고, 따끈한 정종으로 술이 몇 잔 더 오락가락하고 나서였다.
백 주사는 마침내, 진작부터 벼르던 이야기를 꺼내었다.

⊙ 따뜻한 정종과 안주가 오간 후, 백 주사가 본격적인 이야기를 꺼냅니다. 백 주사는 대체 어떤 인물일까요? 왜 고향에서 여기까지 온 것일까요? '벼르던 이야기'는 뭘까요?

장면 2

백 주사의 아들 ⓛ 백선봉은, 순사 임명장을 받아 쥐면서부터 시작하여 8・15 그 전날까지 칠 년 동안, 세 곳 주재소와 두 곳 경찰서를 전근하여 다니면서, 이백 석 추수의 토지와, 만 원짜리 저금통장과, 만 원어치가 넘는 옷이며 비단과, 역시 만 원어치가 넘는 여편네의 패물과를 장만하였다.

[A]
남들은 주린 창자를 졸라맬 때 그의 광에는 옥 같은 정백미가 몇 가마니씩 쌓였고, 반년 일 년을 남들은 구경도 못 하는 고기와 생선이 끼니마다 상에 오르지 않는 날이 없었다.

[B]
××경찰서의 경제계 주임으로 있던 마지막 이 년 동안은 더욱더 호화판이었다. 8・15 그날 밤, 군중이 그의 집을 습격하였을 때에 쏟아져 나온 물건이 쌀 말고도

광목 여섯 필
고무신 스물세 켤레
지카다비 여덟 켤레
빨랫비누 세 궤짝
양말 오십 타
정종 열세 병
설탕 한 부대

[C]
이렇게 있었더란다. 만 원어치 여편네의 패물과, 만 원 어치의 옷감이며 비단과, 만 원짜리 저금통장은 고만두고 말이었다.

⏵백 주사의 아들 백선봉의 과거가 서술됩니다. 그는 일제 강점기 순사로 7년간 근무하며 엄청난 부를 축적했습니다. 이백 석 추수 토지, 만 원짜리 저금통장, 각종 비단과 패물 등을 모았고, 특히 경제계 주임으로 있던 마지막 2년은 더욱 호화로웠습니다. 8・15 해방 그날 밤, 군중이 습격했을 때 나온 물자만 해도 쌀, 광목, 고무신, 비누, 양말, 정종, 설탕 등이 엄청났습니다. 대체 '백 주사'가 벼르던 것이 무엇이기에 이런 어마어마한 과거사가 제시되는 것일까요?

인물과 성격

· 백 주사 : 친일파 아들의 부정축재로 기생하며 민중을 착취했던 기회주의자
· 백선봉 : 백 주사의 아들. 일제의 앞잡이로 7년간 민중을 수탈한 악질 친일 순사

상황 일제강점기 동안 부정축재한 백선봉의 과거가 제시됨

배경 순사 임명부터 8·15 해방 전날까지 7년간(시간)

💡 **교훈・작품 독해**

인물의 과거사가 상세히 제시될 때는 현재 상황과의 인과 관계를 파악해야 합니다. 이를 통해 백선봉의 부정 축재는 민중의 보복과 직접 연결됨을 알 수 있습니다.

장면 3

물건 하나 없이 죄다 빼앗기고, 집과 세간은 조각도 못 쓰게 산산 다 부수고, 백선봉은 팔이 부러지고, 첩은 머리가 절반이나 뽑히고, 겨우겨우 목숨만 살아, 본집으로 도망해 왔다.

⏵해방 당일 밤, 분노한 군중이 백선봉의 집을 습격합니다. 모든 재산을 빼앗기고, 집과 세간은 부서지고, 백선봉은 팔이 부러지고 첩은 머리가 뽑혔습니다. 간신히 목숨만 건져 본집으로 도망칩니다.

[D]
일변 고을에서는, 백 주사가, 자식이 그런 짓을 해서 산 토지를 가지고, 동네 사람한테 거만히 굴고, 작인들한테 팔 할 가까운 도지를 받고, 고리대금을 하고 하였대서, 백선봉이 도망해 와 눕는 그날 밤, 그의 본집인 백 주사네 집을 습격하였다.

[E]
집과 세간 죄다 부수고, 백선봉이 보낸 통제 배급 물자 숱한 것 죄다 빼앗기고, 가족들은 죽을 매를 맞고, 백선봉은 처가로, 백 주사는 서울로 각기 피신하여 목숨만 우선 보전하였다.

⏵그러나 백 주사 집도 습격당합니다. 아들이 부정하게 번 돈으로 산 토지로 동네 사람들에게 거만하게 굴고 고리대금을 했다는 이유였습니다. 결국 백선봉은 처가로, 백 주사는 서울로 피신합니다.

백 주사는 비싼 여관 밥을 사 먹으면서, 울적히 거리를
오락가락, 어떻게 하면 이 분풀이를 할까, ⓐ 어떻게 하
면 빼앗긴 돈과 물건을 도로 다 찾을까 하고 궁리를 하
는 것이나, 아무런 묘책도 없었다.

→ 백 주사는 서울에서 비싼 여관에 머물며(여전히 돈이 많
다는 것을 추측할 수 있습니다.) 복수와 재산 회복 방법을
고민하지만 묘책이 없습니다. 이때, 분풀이를 논한다는 것에
서 현재 사태에 대한 반성이 없다는 것을 알 수 있습니다.

장면 4

그러자 오늘은 우연히 이 미스터 방을 만났다. 종로를
지향 없이 거니는데, 지나가던 자동차가 스르르 멈추
면서, 서양 사람과 같이 탔던 신사 양반 하나가 내려서
더니, 어쩌다 눈이 마주치자
"아, 백 주사 아니신가요?"
하고 반기는 것이었다.
자세히 보니, 무어 길바닥에서 신기료장수를 한다던
코삐뚤이 삼복이가 분명하였다.
"자네가, 저, 저, 방, 방……."
"네, 삼복입니다."
"아, 건데, 자네가……."
"허, 살 때가 됐답니다."
그러고는 ⓑ 내 집으루 갑시다, 하고 잡아끄는 대로 끌
리어 온 것이었다.

→ 백 주사가 종로를 걷다가 우연히 방삼복을 만납니다. 과
거 길바닥에서 신기료장수를 하던 코삐뚤이 삼복이가 이제
는 자동차를 타고 다니는 신사가 되어 있었습니다. 방삼복
은 백 주사를 자기 집으로 데려갑니다. 여기까지가 백 주
사가 방삼복의 집에 오게 된 정황입니다. 그렇다면 왜 갔
을까요?

의표하며, 집하며, 식모에 침모에 계집 하인까지 부리
면서 사는 것하며, 신수가 훤히 트여 가지고, 말도 제
법 의젓하여진 것 같은 것이며, ⓒ 진소위 개천에서 용
이 났다고 할 것인지.
옛날의 영화가 꿈이 되고, 일조에 몰락하여 가뜩이나
초상집 개처럼 초라한 자기가, ⓓ또 한 번 어깨가 옴츠
러듦을 느끼지 아니치 못하였다. 그런 데다 이 녀석이,
언제 적 저라고 무엄스럽게 굴어, 심히 불쾌하였고, 그
래서 엔간히 자리를 털고 일어설 생각이 몇 번이나 나
지 아니한 것도 아니었었다. 그러나 참았다.
보아하니 큰 세도를 부리는 것이 분명하였다. 잘만 하
면 그 힘을 빌려, 분풀이와, 빼앗긴 재물을 도로 찾을
여망이 있을 듯 싶었다.

→ 백 주사는 방삼복의 변화에 놀랍니다. 좋은 집, 하인들,
의젓한 말씨 등 '개천에서 용이 난' 상황입니다. 과거의 영
화를 잃고 초라해진 자신과 대비되어 어깨가 움츠러듭니다.
방삼복의 무례한 태도에 불쾌하여 몇 번이나 자리를 뜨려
했지만 참습니다. 바로 방삼복의 세도를 이용해 복수하고 재
산을 되찾을 수 있을지도 모른다는 희망 때문입니다. 백주사
가 벼르던 것이 무엇인지 잘 알 것 같습니다.

4 <보기>를 참고하여 [A]~[E]를 감상한 내용으로 적절하지 <u>않은</u> 것은? [3점]

정답 ⑤

> ━ 보기 ━
>
> '진작부터 벼르던 이야기'는 백 주사가 자신과 가족의 억울함을 하소연하는 부분이다. 그런데 서술자는 그 '이야기'를 서술자의 시선뿐 아니라 여러 인물들의 시선으로 초점화하여 서술함으로써 독자와 작중 인물 간의 거리를 조절한다. 또한 세부 항목을 하나씩 나열하여 장면의 분위기를 고조하고 정서를 확장하는 서술 방법으로 독자에게 현장감을 전해 준다. 이때 독자는 백 주사와 그의 가족에게 고통받았던 사람들의 입장에서서 그들을 비판적으로 보게 된다.

[A]~[E] 구간 문제는 지문 독해를 하며 해당 구간을 실시간으로 처리해도 좋습니다. 여기에서는 시점 판단 연습을 위해 지문과 문제를 따로 떼냈습니다.

① [A] : 백선봉의 풍요로운 생활을 '남들'의 굶주린 생활과 비교하여 서술함으로써 독자가 그를 비판적으로 보게 하고 있군.

➡ 서술자의 시선에서 '정백미', '고기', '생선'이라는 구체적인 사물을 나열하여 백선봉의 풍요로운 생활을 드러냅니다. 이와 대조적으로 남들은 '주린 창자를 졸라'매며 연명하는 처지로, '고기'와 '생선'은 구경조차 할 수 없는 상황입니다. 이러한 대비를 통해 작가는 독자로 하여금 백선봉의 삶을 비판적 시각으로 바라보도록 유도하고 있습니다. 적절합니다.

② [B] : 부정하게 모은 많은 물건들을 하나씩 나열하여 습격 당시 현장의 들뜬 분위기를 환기함으로써 '군중'의 놀람과 분노를 독자에게 전하려 하고 있군.

➡ 고통받았던 사람들(군중)의 시선에서 다양한 물건들을 구체적인 수량과 함께 나열하여 백선봉의 부정축재 규모를 드러냅니다. 이러한 세부적 열거는 습격 당시의 혼란스럽고 격양된 현장 분위기를 생동감 있게 제시하며 이를 목격한 군중들의 놀람과 분노를 독자에게 전달하고 있습니다. 적절합니다.

③ [C] : '있었더란다'를 통해 누군가에게 들은 것처럼 전
　　　　하면서도, 전하는 내용을 '군중'의 시선으로 초점
　　　　화하여 독자가 '군중'의 입장에 서도록 유도하고
　　　　있군.

→ '있었더란다'를 통해, 누군가에게 들은 것처럼 전달하면서, 다양한 물건들을 나열하는 내용을 군중의 시선으로 초점화하여 서술하고 있습니다. 이를 통해 독자가 마치 그 현장에 있던 군중의 일원이 된 것처럼 느끼게 하여, 백선봉에 대한 분노를 함께 체험하도록 유도하고 있습니다. 적절합니다.

④ [D] : '동네 사람'의 시선으로 초점화하여 백 주사의 만
　　　　행을 서술함으로써 백 주사가 습격의 빌미를 제
　　　　공한 것처럼 독자가 느끼게 하고 있군.

→ '하였대서'를 통해 동네 사람들이 누군가에게 들은 것처럼 전달하면서, 백 주사의 악행을 동네 사람들의 시선으로 서술하고 있습니다. 이를 통해 백 주사 스스로가 습격의 원인을 제공했다고 인식하도록 유도하고 있습니다. 적절합니다.

⑤ [E] : 백 주사 '가족'의 몰락을 보여 주는 사건들을 백 주
　　　　사의 시선으로 일관되게 초점화하여 그들에게 고
　　　　통받았던 사람들의 편에 선 독자가 통쾌함을 느
　　　　끼게 하고 있군.

→ '부수고'는 '백 주사'에게 '고통받았던 사람들'의 시선에서 서술한 부분입니다. 만약 '백 주사'의 시선으로 초점화된 부분이었다면, 뒤에 나열된 '빼앗기고'와 '맞고'와 같이 '부숴지고'라고 표현해야 합니다. 따라서 적절하지 않습니다.

교훈 · 작품 독해

작품을 읽을 때, 미리 시점을 파악해도 좋지만 복잡한 시점이 제시된 경우, 문제에서 묻는 부분만 파악합시다. 특히, 전지적 작가 시점을 파악해 둔 상태에서 특정 인물의 초점화가 혼재된다면, 첫 독해부터 시점의 정확한 파악에 너무 집착할 필요가 없습니다. 문제에서 물어볼 때, 돌아가서 확인합시다.

[앞부분 줄거리] 아버지가 위독하다는 소식을 듣고 귀향한 정일은 용팔에게 재산 상속에 관한 이야기를 듣는다.

아버지가 아직도 지키고 있는 그의 재산을 넘겨다보는 듯한 용팔이가 따지는 산판알이 거침없이 한 자리씩 올라가는 것을 유심히 바라보고 있는 자신을 의식하며 보고 있을 때, 이렇게 대강만 놓아도, 하고 산판을 밀어 놓으며 쳐다보는 용팔의 눈과 마주치게 되자 정일이는 흠칫 놀라게 되는 자신의 얼굴이 붉어지는 것을 깨달았다. ⓐ <u>여기 대한 상속세만 해도 큰돈인데 안 물고 할 수 있는 이것은 제 말씀대로 하시지요.</u> 이렇게 결정적으로 말하는 용팔이는 정일이의 앞에 위임장을 내놓으며 도장을 치라고 하였다.

정일이는 더욱 불쾌하여졌다. 잠이 부족한 신경 탓도 있겠지만 자기의 눈을 기탄없이 바라보는 용팔이의 얼굴에 발라 놓은 듯한 그 웃음이 말할 수 없이 미웠다. 이 소인 놈! 하는 의분 같은 ㉠ <u>심열</u>이 떠오르며, 언제 내가 이런 음모를 하자고 너와 공모를 하였던가? 하고 그의 뺨을 갈기고 싶은 충동을 느끼었다. 그러나 정일이는 금시에 미끄러지는 듯한 웃음이 자기 얼굴에 흐름을 깨달았다. 이러한 심열은 신경 쇠약의 탓이 아닐까? 의분이랄 것도 없고 결벽성도 아니고 그런 것을 공연히 이같이 한순간에 뒤집히는 자기 마음 한 모퉁이에 상식을 놓쳐 뿌린 결과가 어떤가? 해 보자 하는 놓치기 쉬운 어떤 힌트같이 번쩍이는 생각을 보자 정일이는 조급히 도장을 뒤져내며, 자 칠 대로 치우, 나는 어디다 치는 것도 모르니까 하였다. 이렇게 지껄이듯이 말하는 정일이는 자기가 실없이 웃기까지 하는 것을 들을 때 내가 지금 더 심한 심열에 떠 있지 않은가? 하는 생각에 갑자기 말과 웃음과 표정까지 없어지고 말았다.

ⓑ <u>도장을 치고 난 용팔이는 공손히 정일이에게 돌리며, 잔금은 제가 장인께 말씀드리겠습니다, 하고 일어선다.</u> 중문으로 들어가는 용팔이의 뒷모양을 바라보던 정일이는 갑자기 불러내고 싶었다. 궁둥이를 들먹하고 부르는 손짓까지 하였으나 탄력 없이 벌어

진 입에서는 말이 나오지 않았다. 창졸간에 용팔이를 어떻게 불러야 할지 몰라서 주저되는 것같이도 생각되었다. 중문 안으로 들어가는 용팔이의 뒷모양은 마치 심한 장난을 꾸미다가 용기를 못 내는 자기를 남겨 두고 ⓒ <u>그걸 못 해? 내 하마 하고 나서는 동무의 모양같이 아슬아슬한 것이었다.</u> 종시 용팔이가 중문 안으로 사라져서 불러낼 기회를 놓치고 말았다고 후회하면서도 내가 정말 후회하는 것이라면 지금이라도 따라가서 붙들 수도 있지 않은가? 이렇게 생각하는 정일이는 용팔이가 이 말을 시작하였을 때부터 자기는 육감으로 벌써 예기하였던지도 모를 일이 지금 일어나리라는 기대가 앞서는 것을 느끼며 ⓓ <u>정일이는 실험의 결과를 기다리는 듯이 숨을 죽이고 귀를 기울이고 있었다.</u> 예사로운 말소리는 들리지 않는 거리이므로 긴장한 정일이의 귀에도 한참 동안은 아무런 말도 들리지 않았다. 아버지도 종시 죽음에 굴복하고 마는가? 이렇게 생각되어 정일이는 긴장하였더니만큼 허전한 실망에 담배를 붙이려고 성냥을 그었을 때 자기의 귀를 때리는 듯한 아버지의 격분한 고함 소리를 들었다.

(중략)

사실 이렇게 되어서까지도 죽기가 싫은가 하고 아버지를 눈 찌푸리고 바라보는 자기는 죽음의 공포를 해탈한 무슨 수양이 있는 것이 아니라 단지 애써 살려는 의지력이 없는 것뿐이다. ⓔ <u>아버지는 한 번도 자기의 생활을 회의하거나 죽음을 생각할 필요가 없었던 사람</u>이므로 이같이 죽음과 싸울 수 있는 것이 아닐까 생각하였다. 그래서 정일이는 어떤 위대한 의지력을 우러러보는 듯한 마음으로 아버지의 고통을 바라보고 있는 자기를 발견하는 때가 있었다.

그때 심한 구토를 한 후부터 한 방울 물도 먹지 못하고 혓바닥을 축이는 것만으로도 심한 구역을 하게 된 만수 노인은 물을 보기라도 하겠다고 하였다. 정일이는 요를 둑여서 병상을 돋우고 아버지가 바라보기 편한 곳에 큰 물그릇을 놓아 드렸다. 그러나 그 물

그릇을 바라보기에 피곤한 병인은 어디나 눈 가는 곳에는 물이 보이기를 원하였다. 그래서 큰 어항을 병실에 가득 늘어놓고 물을 채워 놓았다. 병인은 이 어항에서 저 어항으로 ⓛ 서늘한 감각을 시선으로 핥듯이 돌려 보다가 그도 만족하지 못하여 시원히 흐르는 물이 보고 싶다고 하였다. 정일이는 아버지가 보기 편한 곳에 큰 물그릇을 놓고 대접으로 물을 떠서는 작은 폭포같이 들이 쏟고 또 떠서는 들이 쏟기를 계속하였다. 만수 노인은 꺼멓게 탄 혀를 벌린 입 밖에 내놓고 황홀한 눈으로 드리우는 물줄기를 바라보고 있었다. 그 눈을 볼 때 정일이는 걷잡을 사이도 없이 자기 눈에 눈물이 솟아오름을 참을 수가 없었다. 정일이는 일찍이 그러한 눈을 본 기억이 없다고 생각하였다. 더욱이 아버지의 얼굴에서! 자기 아버지에게서 저러한 동경에 사무친 황홀한 눈을 보게 되는 것은 의외라고 할밖에 없었다.

- 최명익, 「무성격자」 -

5. <보기>를 참고하여 윗글을 감상한 내용으로 적절하지 않은 것은? [3점]

◦ 보기 ◦

「무성격자」의 정일은 자신을 구속하는 속물적 욕망을 경멸하고 현실에서의 적극적인 행동을 주저하는 한편, 자신과 주변에 관심을 집중한다. 그는 주변 대상을 관찰하여 그 의미를 파악하고, 파악한 내용에 반응하며, 그런 자신을 분석하기도 한다. 나아가 관찰과 분석을 수행하는 자신의 내면마저 대상화함으로써 인간 심리의 중층적 구조를 드러낸다.

① 산판알을 놓으며 이익을 따지는 상대를 경멸하면서도 산판알이 올라가는 것을 주목하는 데에서, 자신을 구속하는 속물적 욕망으로부터 자유롭지 못한 모습을 찾을 수 있군.

② 상대의 웃음에서 공모 의사를 읽어 내자 얼굴에 흐르는 미끄러지는 듯한 웃음을 깨닫는 데에서, 상대에 대한 불쾌감을 웃음으로 무마하려는 자신을 의식하는 모습을 찾을 수 있군.

③ 중문 안으로 들어가는 상대를 불러내지는 못하고 자신이 그를 부르지 못한 이유를 생각하는 데에서, 행동을 주저하고 자신에게로 관심을 돌리는 모습을 찾을 수 있군.

④ 상대의 고통을 바라보며 의지력을 우러러보는 듯한 마음이 있는 자신을 발견하는 데에서, 상대와의 차이를 인식하는 스스로의 내면마저 대상화하는 모습을 찾을 수 있군.

⑤ 물줄기를 바라보는 상대로부터 이전에는 한 번도 보지 못한 눈을 확인하는 데에서, 주변 대상을 관찰하여 상대가 내비치는 생에 대한 강렬한 동경을 파악하는 모습을 찾을 수 있군.

<보기>를 기준삼아 초점화된 화자를 파악하고 작품 독해하기

• 보기 •

「무성격자」의 정일은 자신을 구속하는 속물적 욕망을 경멸하고 현실에서의 적극적인 행동을 주저하는 한편, 자신과 주변에 관심을 집중한다. 그는 주변 대상을 관찰하여 그 의미를 파악하고, 파악한 내용에 반응하며, 그런 자신을 분석하기도 한다. 나아가 관찰과 분석을 수행하는 자신의 내면마저 대상화함으로써 인간 심리의 중층적 구조를 드러낸다.

➡ 정일의 시선과 반응에 집중해봅시다. 먼저 속물적 욕망을 경멸하는 것을, 그다음으로 자신의 내면마저 대상화 하는 것을 파악합시다.

인물 정일(속물적 욕망 경멸, 소극적)

[앞부분 줄거리] 아버지가 위독하다는 소식을 듣고 귀향한 정일은 용팔에게 재산 상속에 관한 이야기를 듣는다.

인물 아버지, 정일, 용팔

장면 1

아버지가 아직도 지키고 있는 그의 재산을 넘겨다보는 듯한 용팔이가 따지는 산판알이 거침없이 한 자리씩 올라가는 것을 유심히 바라보고 있는 자신을 의식하며 보고 있을 때, 이렇게 대강만 놓아도, 하고 산판을 밀어 놓으며 쳐다보는 용팔의 눈과 마주치게 되자 정일이는 흠칫 놀라게 되는 자신의 얼굴이 붉어지는 것을 깨달았다.

➡ 정일과 용팔이 재산 상속에 관해 이야기하는 장면입니

다. 정일이 자신도 모르게 재산에 관심을 보이다가 용팔과 눈이 마주치자 당황하는 모습이 드러납니다. 정일의 내적 갈등과 양심의 가책이 시작되는 지점입니다. 정일의 얼굴이 붉어지는 모습을 통해, 스스로에 대한 부끄러움을 나타냅니다.

인물 정일(주인공), 용팔
배경 집 안(산판을 두는 공간) 산판을 두며 재산 이야기를 나누는 중
갈등 정일의 내적 갈등(재산에 대한 관심 vs 양심)

ⓐ 여기 대한 상속세만 해도 큰돈인데 안 물고 할 수 있는 이것은 제 말씀대로 하시지요. 이렇게 결정적으로 말하는 용팔이는 정일이의 앞에 위임장을 내놓으며 도장을 치라고 하였다. 정일이는 더욱 불쾌하여졌다. 잠이 부족한 신경 탓도 있겠지만 자기의 눈을 기탄없이 바라보는 용팔이의 얼굴에 발라 놓은 듯한 그 웃음이 말할 수 없이 미웠다. 이 소인 놈! 하는 의분 같은 ㉠심열이 떠오르며, 언제 내가 이런 음모를 하자고 너와 공모를 하였던가? 하고 그의 뺨을 갈기고 싶은 충동을 느끼었다.

➡ 용팔이 구체적으로 위임장에 도장을 치라고 요구하자, 정일은 강한 거부감을 느낍니다. '소인 놈', '음모', '공모' 등의 표현을 통해 정일이 이 상황을 부도덕한 일로 인식하고 있음을 알 수 있습니다.

갈등 정일의 내적 갈등(정일의 도덕적 양심 vs 용팔의 　　　현실적 제안)
심리 정일(불쾌감 → 분노 → 도덕적 거부감)

그러나 정일이는 금시에 미끄러지는 듯한 웃음이 자기 얼굴에 흐름을 깨달았다. 이러한 심열은 신경 쇠약의 탓이 아닐까? 의분이랄 것도 없고 결벽성도 아니고 그런 것을 공연히 이같이 한순간에 뒤집히는 자기 마음 한 모퉁이에 상식을 놓쳐 뿌린 결과가 어떤가? 해 보자 하는 놓치기 쉬운 어떤 힌트같이 번쩍이는 생각을 보자 정일이는 조급히 도장을 뒤져내며, 자 칠 대로

치우, 나는 어디다 치는 것도 모르니까 하였다. 이렇게
지껄이듯이 말하는 정일이는 자기가 실없이 웃기까지
하는 것을 들을 때 내가 지금 더 심한 심열에 떠 있지
않은가? 하는 생각에 갑자기 말과 웃음과 표정까지 없
어지고 말았다.

➜ 정일의 심리가 급격히 변화하는 장면입니다. 분노에서 갑
자기 체념과 타협으로 바뀝니다. '해 보자'라는 생각이 번
뜩이면서 결국 도장을 치기로 결정합니다. 〈보기〉에 의하
면 정일은 속물적 욕망을 경멸하는 인물입니다. 그러나 이 순
간 그는 자기 자신이 속물적인 욕망에 구속되고 있음을 깨
닫고 맙니다.

> **심리** 정일(의분 → 합리화 → 타협 → 자기 발견 →
> 　　　　 수치심)
> **인물과 성격**
> · 정일 : 우유부단하며 현실에 타협하는 모습을 보임
> · 용팔 : 계산에 능함

장면 2

> ⓑ 도장을 치고 난 용팔이는 공손히 정일이에게 돌리
> 며, 잔금은 제가 장인께 말씀드리겠습니다, 하고 일어
> 선다. 중문으로 들어가는 용팔이의 뒷모양을 바라보
> 던 정일이는 갑자기 불러내고 싶었다. 궁둥이를 들먹
> 하고 부르는 손짓까지 하였으나 탄력 없이 벌어진 입
> 에서는 말이 나오지 않았다. 창졸간에 용팔이를 어떻
> 게 불러야 할지 몰라서 주저되는 것같이도 생각되었
> 다. 중문 안으로 들어가는 용팔이의 뒷모양은 마치 심
> 한 장난을 꾸미다가 용기를 못 내는 자기를 남겨 두고
> ⓒ 그걸 못 해? 내 하마 하고 나서는 동무의 모양같이
> 아슬아슬한 것이었다.

➜ 도장을 친 후 정일은 후회합니다. 용팔을 불러내려 하지만
말이 나오지 않는 모습에서 정일의 내적 갈등이 극대화됩
니다. 이러한 상황이 정일의 시점에서 제시됩니다.

종시 용팔이가 중문 안으로 사라져서 불러낼 기회를
놓치고 말았다고 후회하면서도 내가 정말 후회하는 것
이라면 지금이라도 따라가서 붙들 수도 있지 않은가?
이렇게 생각하는 정일이는 용팔이가 이 말을 시작하였
을 때부터 자기는 육감으로 벌써 예기하였던지도 모
를 일이 지금 일어나리라는 기대가 앞서는 것을 느끼
며 ⓓ 정일이는 실험의 결과를 기다리는 듯이 숨을 죽
이고 귀를 기울이고 있었다.

➜ 용팔이 완전히 사라진 후 정일이 복잡한 심리 상태에
있는 상황입니다. 후회한다면서도 실제로는 행동하지 않고,
오히려 용팔이 아버지에게 무슨 말을 할지 기대하며 기
다립니다. 정일의 이중적이고 모순적인 심리가 드러납니다.

> **심리** 정일의 이중성(후회+기대+호기심)

예사로운 말소리는 들리지 않는 거리이므로 긴장한 정
일이의 귀에도 한참 동안은 아무런 말도 들리지 않았
다. 아버지도 종시 죽음에 굴복하고 마는가? 이렇게 생
각되어 정일이는 긴장하였더니만큼 허전한 실망에 담
배를 붙이려고 성냥을 그었을 때 자기의 귀를 때리는
듯한 아버지의 격분한 고함 소리를 들었다.

➜ 정일이 용팔이 아버지에게 위임장 이야기를 한 후의 반
응을 기다리는 장면입니다. 조용한 상황에서 정일은 긴장과
동시에 실망을 느낍니다. 이는 정일의 복잡한 심리를 보여줍
니다. 죽음에 굴복할 리가 없는 아버지가 조용한 것을 봐서
'죽음에 굴복'하고 재산을 넘기고 만 것이 아닌가하는 생각
을 합니다. 그러나 갑작스러운 아버지의 격분한 고함은 정
일의 예상을 완전히 뒤집어버립니다.

> **상황** 용팔이 아버지에게 위임장에 대해 이야기함
> **심리** 정일(긴장 → 기대 → 실망 → 충격)

(중략)

장면 3

사실 이렇게 되어서까지도 죽기가 싫은가 하고 아버지를 눈 찌푸리고 바라보는 자기는 죽음의 공포를 해탈한 무슨 수양이 있는 것이 아니라 단지 애써 살려는 의지력이 없는 것뿐이다. ⓒ 아버지는 한 번도 자기의 생활을 회의하거나 죽음을 생각할 필요가 없었던 사람이므로 이같이 죽음과 싸울 수 있는 것이 아닐까 생각하였다. 그래서 정일이는 어떤 위대한 의지력을 우러러보는 듯한 마음으로 아버지의 고통을 바라보고 있는 자기를 발견하는 때가 있었다.

➡ 정일이 죽음을 앞둔 아버지의 모습을 보며 자신과 비교하는 장면입니다. 정일은 자신이 죽음을 두려워하지 않는 것이 수양 때문이 아니라 단지 살려는 의지가 부족하기 때문이라고 생각합니다. 반면 아버지는 자신의 삶을 의심해본 적이 없기 때문에 죽음 앞에서도 맞설 수 있다고 분석합니다. 이를 통해 두 사람의 삶에 대한 태도 차이가 드러납니다.

그때 심한 구토를 한 후부터 한 방울 물도 먹지 못하고 혓바닥을 축이는 것만으로도 심한 구역을 하게 된 만수 노인은 물을 보기라도 하겠다고 하였다. 정일이는 요를 둑여서 병상을 돋우고 아버지가 바라보기 편한 곳에 큰 물그릇을 놓아 드렸다. 그러나 그 물그릇을 바라보기에 피곤한 병인은 어디나 눈 가는 곳에는 물이 보이기를 원하였다. 그래서 큰 어항을 병실에 가득 늘어놓고 물을 채워 놓았다. 병인은 이 어항에서 저 어항으로 ⓛ 서늘한 감각을 시선으로 핥듯이 돌려 보다가 그도 만족하지 못하여 시원히 흐르는 물이 보고 싶다고 하였다. 정일이는 아버지가 보기 편한 곳에 큰 물그릇을 놓고 대접으로 물을 떠서는 작은 폭포같이 들이 쏟고 또 떠서는 들이 쏟기를 계속하였다.

➡ 아버지의 병이 악화되어 물을 마실 수 없지만 보고 싶어하는 상황입니다. 정일이 처음에는 물그릇을 놓아드리고, 이어서 어항들을 가득 놓아드리고, 마지막에는 물을 계속 부어 흐르는 물을 보여드립니다. 아버지의 요구가 점점 구체화되고 정일은 이를 성심껏 들어줍니다.

배경	병실(공간)
상황	아버지가 죽음 앞에서도 생명에 대한 강한 의지를 보임

만수 노인은 꺼멓게 탄 혀를 벌린 입 밖에 내놓고 황홀한 눈으로 드리우는 물줄기를 바라보고 있었다. 그 눈을 볼 때 정일이는 걷잡을 사이도 없이 자기 눈에 눈물이 솟아오름을 참을 수가 없었다. 정일이는 일찍이 그러한 눈을 본 기억이 없다고 생각하였다. 더욱이 아버지의 얼굴에서! 자기 아버지에게서 저러한 동경에 사무친 황홀한 눈을 보게 되는 것은 의외라고 할밖에 없었다.

➡ 아버지가 물을 바라보는 모습을 정일이 지켜보는 장면입니다. 물을 마실 수 없는 아버지가 물줄기를 '황홀한 눈'으로 바라보는 모습을 본 정일은 갑작스럽게 눈물이 솟아오릅니다. 정일은 아버지의 그런 표정을 처음 본다고 느끼며, 특히 평소 알던 아버지와는 다른 '동경에 사무친' 모습에 의외감을 느낍니다.

상황	아버지가 물을 간절히 바라보고 정일이 이를 관찰함
심리	정일(갑작스런 감동으로 인한 눈물, 놀라움, 의외감)

5 <보기>를 참고하여 윗글을 감상한 내용으로 적절하지 않은 것은? [3점]

정답 ②

----- 보기 -----

「무성격자」의 정일은 자신을 구속하는 속물적 욕망을 경멸하고 현실에서의 적극적인 행동을 주저하는 한편, 자신과 주변에 관심을 집중한다. 그는 주변 대상을 관찰하여 그 의미를 파악하고, 파악한 내용에 반응하며, 그런 자신을 분석하기도 한다. 나아가 관찰과 분석을 수행하는 자신의 내면마저 대상화함으로써 인간 심리의 중층적 구조를 드러낸다.

① 산판알을 놓으며 이익을 따지는 상대를 경멸하면서도 산판알이 올라가는 것을 주목하는 데에서, 자신을 구속하는 속물적 욕망으로부터 자유롭지 못한 모습을 찾을 수 있군.

➡ 정일은 용팔이 '재산을 넘겨다보는 듯'하다는 생각을 하며, 자신을 바라보며 웃는 용팔에게 '소인 놈!'이라는 반응을 보입니다. 그러나 정일 자신도 산판알을 '유심히 바라보고 있는 자신을 의식'하면서 '자신의 얼굴이 붉어지는'것을 발견합니다. 이는 <보기>의 '자신을 구속하는 속물적 욕망'을 드러내는 자신을 발견하고 보인 반응입니다. 적절합니다.

② 상대의 웃음에서 공모 의사를 읽어 내자 얼굴에 흐르는 미끄러지는 듯한 웃음을 깨닫는 데에서, 상대에 대한 불쾌감을 웃음으로 무마하려는 자신을 의식하는 모습을 찾을 수 있군.

➡ 용팔이 위임장을 내놓고 도장을 치라고 하면서 웃음을 지었을 때, 정일은 처음에 강한 거부감을 느꼈습니다. 그런데 그 직후 정일에게는 급격한 심리 변화가 일어납니다. '해 보자 하는 놓치기 쉬운 어떤 힌트같이 번쩍이는 생각'이 들면서 갑자기 도장을 뒤져내며 '자 칠 대로 치우'라고 말하게 됩니다. 이때, '미끄러지는 듯한 웃음이 자기 얼굴에 흐름'을 깨닫습니다. 이 선지에서 웃음을 '상대에 대한 불쾌감을 웃음으로 무마하려는' 웃음이라고 했는데, 이는 적절하지 않습니다. 정일의 웃음은 용팔에 대한 불쾌감을 감추거나 무마하려는 것이 아니라 <보기>의 '자신을 구속하는 속물적 욕망'에 의한 것이기 때문입니다.

③ 중문 안으로 들어가는 상대를 불러내지는 못하고 자신이 그를 부르지 못한 이유를 생각하는 데에서, 행동을 주저하고 자신에게로 관심을 돌리는 모습을 찾을 수 있군.

➡ '후회하면서도 내가 정말 후회하는 것이라면 지금이라도 따라가서 붙들 수도 있지 않은가? 이렇게 생각하는 정일이는'에서 <보기>에서 언급한 '적극적인 행동을 주저'하고 자신에 관심을 집중하는 모습을 확인할 수 있습니다. 적절합니다.

④ 상대의 고통을 바라보며 의지력을 우러러보는 듯한 마음이 있는 자신을 발견하는 데에서, 상대와의 차이를 인식하는 스스로의 내면마저 대상화하는 모습을 찾을 수 있군.

➡ 정일은 죽음을 앞둔 아버지를 바라보며 자신과 아버지를 비교합니다. 자신은 '죽음의 공포를 해탈한 수양'이 아니라 단지 '살려는 의지력이 없는' 사람입니다. 이와 달리 아버지는 '한 번도 자기 생활을 회의하거나 죽음을 생각할 필요'가 없었던 사람이므로 '죽음과 싸울 수 있'다고 생각합니다. 이처럼 정일이 아버지의 강인한 의지력을 우러러보면서 동시에 자신을 객관적으로 관찰하는 모습이 바로 '스스로의 내면마저 대상화하는 모습'에 해당합니다. 따라서 적절합니다.

⑤ 물줄기를 바라보는 상대로부터 이전에는 한 번도 보지 못한 눈을 확인하는 데에서, 주변 대상을 관찰하여 상대가 내비치는 생에 대한 강렬한 동경을 파악하는 모습을 찾을 수 있군.

➡ 정일은 '자기 아버지에게서 저러한 동경에 사무친 황홀한 눈'을 '보게 되는 것'은 '의외'라는 반응을 보입니다. 이때, 정일은 아버지가 물을 바라보는 '황홀한 눈'을 통해 생에 대한 '위대한 의지'를 파악합니다. 이는 <보기>의 '주변 대상을 관찰하여 그 의미를 파악하고, 파악한 내용에 반응'에 해당합니다. 적절합니다.

문학 작품을 읽을 때 시점을 즉시 명확하게 판단하기 어려운 경우가 많습니다. 해당 작품의 대목에서는 전지적 작가 시점이 지배적이나, '정일'의 내면만 제시되어 제한적 전지적 작가 시점으로 분류할 수 있습니다. 독해 과정에서 이러한 판단을 미리 해도 좋습니다. 그러나 이와 같은 복잡한 시점이 제시된 작품에서는 미리 모든 것을 파악하는 것이 힘들 수 있습니다.

대신 **독해의 강약을 조절**해야 합니다. 첫 독해를 할 때는 장면별로 인물, 인물 간 관계, 상황, 갈등, 인물의 심리 같은 주요 정보를 추출하는 '약한 독해'를 하고, 문제에서 구체적 요구사항을 확인한 후 해당 부분을 '강한 독해'를 통해, 집중적으로 분석하는 것을 추천합니다. 물론 첫 독해에서 충분히 파악했다면 굳이 돌아가지 않고 선지를 바로 판단해도 좋습니다.

어머니의 변명은 끝끝내 내 마음을 어루만져 주지 못했다. 그 후로 나는 좀처럼 아버지에 대한 얘기를 꺼내지 않게 되었다. 뜻밖에도 아버지의 죄를 순순히 시인하는 그녀의 ⓐ 한마디가 내게는 그토록 엄청난 충격으로 깊이 남겨졌던 탓이리라. ㉠ 바로 그 순간부터 나는 아버지의 그 죄라는 것을 내 스스로 함께 나누어 지니고 만 느낌이었고, 그 때문에 나이에 걸맞지 않게 나는 눈빛이 깊고 어두운 아이가 되어 가고 있었다. 그리고 그때부터 아버지의 무서운 환영은 저주처럼 내 곁을 따라다니기 시작했다. 그는 언제나 시커먼 어둠 저편에 숨어서 음산하기 그지없는 눈빛으로 나를 쏘아보고 있었다. 그는 어디에나 숨어 있었다. 내 어릴 때 이따금 고개를 디밀어 들여다보면 마루 밑 저편 깊숙이 도사리고 있던 그 까마득한 어둠 속에도 그 어둠 속에서 술술 기어 나오던 그 눅눅하고 음습한 냄새 속에서도 내가한 번도 얼굴을 본 적이 없는 그 사내는 핏발 선 눈알을 번득이며 나를 쏘아보고 있는 것이었다. 그건 어디서 묻었는지도 모르는, 오랜 시간이 흐른 뒤에까지 지워지지 않는 핏자국처럼 내게는 저주와 공포의 **낙인**으로 깊이 박혀져 있었다. 그리고 그 낙인을 가슴에 지닌 채, 나는 끝끝내 나를 휘감고 있는 어떤 엄청난 **죄악감과 불길한 예감**으로부터 영영 벗어날 수가 없었다.

[중략 부분의 줄거리] 나와 부대원들은 훈련에 대비해 참호를 파다가 발견한 유해를 인근 마을의 노인과 함께 수습하여 매장하는 일을 행한다.

두개골과 다리뼈를 꼼꼼히 문질러 닦은 뒤, 노인은 몸통뼈에 묶인 줄을 풀어내기 시작했다. 완강하게 묶인 매듭은 마침내 노인의 손끝에서 풀리어졌다. 금방이라도 쩔걱쩔걱 쇳소리를 낼 듯한 철삿줄은 싱싱하게 살아 있었다. 살을 녹이고 **뼈**까지도 녹슬게 만든 그 오랜 시간과 땅 밑의 어둠을 끝끝내 견뎌 내고 그렇듯 시퍼렇게 되살아 나오는 그것의 놀라운 끈질김과 냉혹성이 언뜻 소름끼치도록 무서움증을 느끼게 했다.

노인은 손목과 팔에 묶인 결박까지 마저 풀어낸 다음 허리를 펴고 일어서더니 **줄 묶음**을 들고 저만치 걸어 나갔다. 그가 허공을 향해 그것을 멀리 **내던지는** 순간 나는 까닭 모르게 마당가에서 하늘을 치어다보며 서 있는 어머니의 가녀린 목 줄기와 그녀가 아침마다 소반 위에 떠서 올리곤 하던 하얀 **물 사발**이 눈앞에 떠올랐다가 스러져 버리는 것이었다.

㉡ 나는 담배를 피워 물었다. 멀리 메마른 초겨울의 야산이 헐벗은 등을 까 내놓고 죽은 듯이 엎드려 있었다. 사위는 온통 잿빛의 풍경이었다. 피잉, 현기증이 일었다.

광주리를 머리에 인 어머니가 **모래밭**을 걸어오고 있었다. 돌돌거리며 흐르는 물소리를 거슬러 강변 모래밭을 어머니가 혼자 저만치서 다가오고 있었다. 모래밭은 하얗게 햇살을 되받아 쏘며 은빛으로 반짝였다. 허리띠를 질끈 동인 어머니의 치맛자락이 흐느적이며 바람결에 흔들리고 있었다. 나는 햇살에 부신 눈을 가늘게 오므리고 줄곧 그녀를 지켜보고 있었다. 그때였다. 꿈속에서처럼 나는 그녀의 뒤를 바짝 따라오고 있는 한 **사내의 환영**을 보았다. 그건 아버지였다. ㉢ 언젠가 어머니의 낡은 반닫이 깊숙한 옷가지 밑에 숨겨져 있던 액자 속에서 학생복 차림으로 서 있던 그대로 그건 영락없는 그 사내였다. 나를 어머니의 배 속에 남겨 놓은 채 어느 바람이 몹시 부는 날 밤, 산길을 타고 지리산인가 어디로 황황히 떠나가 버렸다는 사내. 창백해 뵈는 뺨에 마른 몸집의 그 사내가 어머니와 함께 걸어오고 있는 것이었다. 놀란 눈으로 풀밭에 앉아 나는 그들을 지켜보고 있었다. 이윽고 어머니의 눈썹과 코, 입의 윤곽과 야윈 목 줄기까지 뚜렷이 드러날 만큼 가까워졌을 때 사내의 환영은 어느 틈에 사라져 버리고 없었다. 몇 번이나 눈을 비비고 보았으나 역시 마찬가지였다. 하얗게 반짝이는 모래밭 위로 어머니가 찍어 내는 발자국만 유령처럼 끈질기게 그녀의 발꿈치를 뒤따라오고 있을 뿐이었다.

우리는 관 대신에 신문지로 싼 **유해**를 맨 처음 그 자리에 다시 묻어 주었다. 도톰하니 봉분을 만들고 뗏장까지 입혀 놓고 보니 엉성한 대로 형상은 갖춘 듯

싶었다. 노인은 술을 흙 위에 뿌려 주었다. 그리고 자신이 먼저 한 모금 마신 다음에 잔을 돌렸다. 오 일병이 노파가 준 북어를 내놓았고, 덕분에 작은 술판이 벌어졌다. 음복인 셈이었다.

"얌마, 이런 느닷없는 장례식도 모두 너희 두 놈들 때문이니까, 자 한 잔씩 마셔라."

"그래그래, 어쨌든 너희들은 좋은 일 했으니 천당 가도 되겠다."

소대장이 병을 기울였고 다른 녀석들도 낄낄대며 ⓑ한마디씩 보태었다.

술이 가득 차오른 반합 뚜껑을 나는 두 손으로 받쳐 들었다. ㉣저것 봐라이. ㉤날짐승도 때가 되면 돌아올 줄 아는 법이다. 어머니가 말했다. 저만치 웬 사내가 서 있었다. 가슴과 팔목에 철삿줄을 동여맨 채 사내는 이쪽을 응시하며 구부정하게 서 있었다. 퀭하니 열려 있는 그 사내의 눈은 잔뜩 겁에 질려 있는채로였다. 애앵. 총성이 울렸고 그는 허물어지듯 앞으로 고꾸라지고 있었다. ㉤ 불현듯 시야가 부옇게 흐려 왔다.

아아. 아버지는 지금 어디에 쓰러져 누워 있을 것인가. 해마다 머리맡에 무성한 ⓝ쑥부쟁이와 엉겅퀴꽃을 지천으로 피워 내며 이제 아버지는 어느 버려진 밭고랑, 어느 응달진 산기슭에 무덤도 묘비도 없이 홀로 잠들어 있을 것인가.

- 임철우, 「아버지의 땅」 -

8 ㉠~㉤의 서술 방식에 대한 설명으로 적절하지 <u>않은</u> 것은?

① ㉠ : '나'의 지각 내용을 '나'가 서술하는 상황으로 인물과 서술자가 겹쳐 있다.

② ㉡ : 서술의 주체를 알 수 있는 표지가 분명하게 제시되어 서술자와 지각의 주체가 뚜렷이 구분된다.

③ ㉢ : '나'가 아니라 '나'가 지각하는 대상을 주어로 서술함으로써 지각의 대상을 부각하는 효과가 나타난다.

④ ㉣ : 인용 부호 없이 서술된 발화에서 인물의 목소리가 드러난다.

⑤ ㉤ : 지각의 주체를 알리는 표지가 나타나지 않아서 누가 지각한 바를 서술한 것인지 모호한 상황이 빚어진다.

학습목표

기호 밑줄 선지가 요구하는 것을 통해 복잡한 소설 독해하기

장면 1

> 어머니의 변명은 끝끝내 내 마음을 어루만져 주지 못했다. 그 후로 나는 좀처럼 아버지에 대한 얘기를 꺼내지 않게 되었다. 뜻밖에도 아버지의 죄를 순순히 시인하는 그녀의 ⓐ 한마디가 내게는 그토록 엄청난 충격으로 깊이 남겨졌던 탓이리라.

⮕ 서술자 '나'는 어머니로부터 아버지의 '죄'에 대해 듣게 됩니다. 어머니가 '순순히 시인'했다는 표현에서, 아버지의 행위가 부정할 수 없는 사실임이 드러납니다. 이 충격적인 사실은 서술자에게 깊은 상처로 남게 되었습니다. '뜻밖에도'라는 표현으로 보아 서술자는 어머니가 끝까지 부정할 것이라 예상했던 것 같습니다.

> **인물과 성격**
> · 나(서술자) : 아버지의 죄를 알게 되어 충격받음
> · 어머니 : 아버지의 죄를 숨기려다 결국 인정함
> · 아버지 : 부재, 어떤 죄를 지음
> **상황** 아버지의 죄를 알게 된 충격
> **시점** 1인칭 주인공 시점

> ㉠ 바로 그 순간부터 나는 아버지의 그 죄라는 것을 내 스스로 함께 나누어 지니고 만 느낌이었고, 그 때문에 나이에 걸맞지 않게 나는 눈빛이 깊고 어두운 아이가 되어 가고 있었다. 그리고 그때부터 아버지의 무서운 환영은 저주처럼 내 곁을 따라다니기 시작했다. 그는 언제나 시커먼 어둠 저편에 숨어서 음산하기 그지없는 눈빛으로 나를 쏘아보고 있었다. 그는 어디에나 숨어 있었다. 내 어릴 때 이따금 고개를 디밀어 들여다보면 마루 밑 저편 깊숙이 도사리고 있던 그 까마득한 어둠 속에도 그 어둠 속에서 술술 기어 나오던 그 눅눅하고 음습한 냄새 속에서도 내가 한 번도 얼굴을 본 적이 없는 그 사내는 핏발 선 눈알을 번득이며 나를 쏘아보고 있는 것이었다.

⮕ 서술자는 아버지의 죄를 '내 스스로 함께 나누어 지니고 만 느낌'이라고 표현하며, '눈빛이 깊고 어두운 아이'로 변해 갑니다. 아버지의 환영이 저주처럼 따라다니기 시작하는데, 이는 죄의식이 구체적인 형상으로 나타난 것으로 볼 수 있습니다. 아버지의 환영은 집안 곳곳에 나타납니다. 특히 마루 밑의 어둠과 그곳에서 '나'는 눅눅하고 음습한 냄새 속에서 환영을 봅니다. 서술자는 한 번도 아버지의 얼굴을 본 적이 없지만, 환영 속 아버지는 핏발 선 눈으로 서술자를 쏘아봅니다. '한 번도 얼굴을 본 적이 없는 그 사내'라는 표현에서 아버지의 부재가 다시 한 번 강조됩니다.

> **심리** '나'(죄의식의 내면화, 공포)
> **인물과 성격**
> · 나(서술자) : 아버지의 죄를 알게 되어 충격을 받고 죄의식에 시달림

> 그건 어디서 묻었는지도 모르는, 오랜 시간이 흐른 뒤에까지 지워지지 않는 핏자국처럼 내게는 저주와 공포의 낙인으로 깊이 박혀져 있었다. 그리고 그 낙인을 가슴에 지닌 채, 나는 끝끝내 나를 휘감고 있는 어떤 엄청난 죄악감과 불길한 예감으로부터 영영 벗어날 수가 없었다.

⮕ 아버지에 대한 죄의식은 지워지지 않는 '핏자국', '낙인'으로 비유됩니다. 서술자는 이 죄악감과 불길한 예감에서 벗어나지 못합니다.

> **상황** 일상 속에서 아버지의 환영에 시달림

> **[중략 부분의 줄거리]** 나와 부대원들은 훈련에 대비해 참호를 파다가 발견한 유해를 인근 마을의 노인과 함께 수습하여 매장하는 일을 행한다.

> **배경** 인근 마을(공간)
> **인물** '나', 부대원들, 노인
> **상황** 유해를 수습하여 매장함

장면 2

두개골과 다리뼈를 꼼꼼히 문질러 닦은 뒤, 노인은 몸통뼈에 묶인 줄을 풀어내기 시작했다. 완강하게 묶인 매듭은 마침내 노인의 손끝에서 풀리어졌다. 금방이라도 쩔걱쩔걱 쇳소리를 낼 듯한 철삿줄은 싱싱하게 살아 있었다. 살을 녹이고 뼈까지도 녹슬게 만든 그 오랜 시간과 땅 밑의 어둠을 끝끝내 견뎌 내고 그렇듯 시퍼렇게 되살아 나오는 그것의 놀라운 끈질김과 냉혹성이 언뜻 소름끼치도록 무서움증을 느끼게 했다. 노인은 손목과 팔에 묶인 결박까지 마저 풀어낸 다음 허리를 펴고 일어서더니 줄 묶음을 들고 저만치 걸어 나갔다.

➥ 훈련 중 발견한 유해를 수습하는 장면입니다. '철삿줄'이 중요한 소재로 등장합니다. '싱싱하게 살아 있었다'는 표현은 과거의 비극이 현재에도 생생히 남아있음을 보여줍니다. 노인은 그 '철삿줄'을 풀고 걸어 나갑니다.

배경 인근 마을(공간), '나'가 성인이 된 현재(시간)
상황 훈련 중 발견한 유해 수습 작업
소재 철삿줄 (폭력과 억압의 상징)
인물 '나', 노인, 부대원들
심리 '나'(철사를 보고 소름끼치는 무서움을 느낌)

장면 3

그가 허공을 향해 그것을 멀리 내던지는 순간 나는 까닭 모르게 마당가에서 하늘을 치어다보며 서 있는 어머니의 가녀린 목 줄기와 그녀가 아침마다 소반 위에 떠서 올리곤 하던 하얀 물 사발이 눈앞에 떠올랐다가 스러져 버리는 것이었다.
ⓛ나는 담배를 피워 물었다. 멀리 메마른 초겨울의 야산이 헐벗은 등을 까 내놓고 죽은 듯이 엎드려 있었다. 사위는 온통 잿빛의 풍경이었다. 피잉, 현기증이 일었다.

➥ 노인이 철삿줄을 던지는 순간, 서술자는 어머니를 떠올립니다. 하늘을 올려다보는 어머니의 모습과 아침마다 올리던 하얀 물 사발이 떠오릅니다. 물 사발은 아버지를 위한 것

으로 보입니다. 아마 어머니는 아버지가 무사히 돌아오기를 바랐나 봅니다. 타인의 유해를 통해 자신의 가족사를 떠올립니다.

인물과 성격
· 어머니: 헌신적으로 아버지를 기다림

광주리를 머리에 인 어머니가 모래밭을 걸어오고 있었다. 돌돌거리며 흐르는 물소리를 거슬러 강변 모래밭을 어머니가 혼자 저만치서 다가오고 있었다. 모래밭은 하얗게 햇살을 되받아 쏘며 은빛으로 반짝였다. 허리띠를 질끈 동인 어머니의 치맛자락이 흐느적이며 바람결에 흔들리고 있었다. 나는 햇살에 부신 눈을 가늘게 오므리고 줄곧 그녀를 지켜보고 있었다. 그때였다. 꿈속에서처럼 나는 그녀의 뒤를 바짝 따라오고 있는 한 사내의 환영을 보았다.

➥ 서술자는 환상을 봅니다. 모래밭을 걸어오는 어머니 뒤에 한 사내가 따라오고 있습니다. '꿈속에서처럼'이라는 표현으로 이것이 환상임을 알 수 있습니다. 그런데 '한 사내'는 누구일까요.

그건 아버지였다. ⓒ언젠가 어머니의 낡은 반닫이 깊숙한 옷가지 밑에 숨겨져 있던 액자 속에서 학생복 차림으로 서 있던 그대로 그건 영락없는 그 사내였다. 나를 어머니의 배 속에 남겨 놓은 채 어느 바람이 몹시 부는 날 밤, 산길을 타고 지리산인가 어디로 황황히 떠나가 버렸다는 사내. 창백해 뵈는 뺨에 마른 몸집의 그 사내가 어머니와 함께 걸어오고 있는 것이었다.

➥ 환상 속 사내는 아버지입니다. 어머니가 숨겨둔 사진 속 학생복 차림 그대로입니다. 아버지는 서술자가 태어나기 전, 바람 부는 밤에 지리산으로 떠났기에 서술자는 아버지를 본 적이 없습니다. 그저 사진에서 봤을 뿐입니다. 그렇기에 이 환상에서는 사진에서 본 학생복 차림의 아버지가 등장합니다.

놀란 눈으로 풀밭에 앉아 나는 그들을 지켜보고 있었
다. 이윽고 어머니의 눈썹과 코, 입의 윤곽과 야윈 목
줄기까지 뚜렷이 드러날 만큼 가까워졌을 때 사내의
환영은 어느 틈에 사라져 버리고 없었다. 몇 번이나 눈
을 비비고 보았으나 역시 마찬가지였다. 하얗게 반짝
이는 모래밭 위로 어머니가 찍어 내는 발자국만 유령
처럼 끈질기게 그녀의 발꿈치를 뒤따라오고 있을 뿐
이었다.

➡️ 아버지의 환영은 사라지고 어머니의 발자국만 남습니다.
발자국만이 유령처럼 어머니를 따라옵니다.

> **상황** 유해 수습 도중 환상 속에서 어머니와 아버지의 모
> 습을 봄
> **인물** 어머니, 아버지, '나'

장면 4

우리는 관 대신에 신문지로 싼 유해를 맨 처음 그 자리
에 다시 묻어 주었다. 도톰하니 봉분을 만들고 뗏장까
지 입혀 놓고 보니 엉성한 대로 형상은 갖춘 듯싶었다.
노인은 술을 흙 위에 뿌려 주었다. 그리고 자신이 먼저
한 모금 마신 다음에 잔을 돌렸다.

➡️ 다시 현실로 돌아와서 유해를 다시 묻는 장면입니다.
'관 대신에 신문지'라는 표현에서 제대로 된 장례를 치르
지 못하는 상황이 드러납니다. '도톰하니 봉분을 만들고 뗏
장까지 입혀' 놓았다는 것은 그런 상황에서 최대한 정성
을 들여 무덤을 만들었음을 보여줍니다. '엉성한 대로 형상
은 갖춘'이라는 표현은 비록 초라하지만 무덤의 모습은 갖추
었다는 의미입니다.

오 일병이 노파가 준 북어를 내놓았고, 덕분에 작은 술
판이 벌어졌다. 음복인 셈이었다.
"얌마, 이런 느닷없는 장례식도 모두 너희 두 놈들 때
문이니까, 자 한 잔씩 마셔라."
"그래그래, 어쨌든 너희들은 좋은 일 했으니 천당 가
도 되겠다."
소대장이 병을 기울였고 다른 녀석들도 낄낄대며
ⓑ 한마디씩 보태었다.
술이 가득 차오른 반합 뚜껑을 나는 두 손으로 받쳐
들었다.

➡️ 부대원들이 술을 권하는 장면입니다. '느닷없는 장례식'이
라는 표현은 훈련 중 우연히 발견한 유해를 즉석에서 묻어
주는 상황을 가리킵니다. 유해를 발견한 '두 놈'에게 칭찬
을 하며 술을 따라줍니다. 서술자가 그 술을 받았기에 '너희
들' 중 한 명에 속함을 알 수 있습니다.

> **인물** 노인, 오일병, 소대장, 다른 부대원들, '나'

장면 5

ⓔ 저것 봐라이. ㉮ 날짐승도 때가 되면 돌아올 줄 아
는 법이다. 어머니가 말했다.

➡️ 갑자기 어머니의 목소리가 들립니다. 과거 기억이 떠오른
것일까요? 어머니는 '날짐승도 때가 되면 돌아올 줄 아는
법'이라고 하며 아버지도 언젠가는 돌아올 것이라는 희망을
드러냅니다. '때가 되면'이라는 표현은 어머니가 여전히 기
다리고 있음을 보여줍니다.

> **상황** 어머니가 아버지를 기다리는 것을 떠올림
> **인물** 어머니, '나'

저만치 웬 사내가 서 있었다. 가슴과 팔목에 철삿줄을
동여맨 채 사내는 이쪽을 응시하며 구부정하게 서 있
었다. 퀭하니 열려 있는 그 사내의 눈은 잔뜩 겁에 질
려 있는채로였다. 애앵. 총성이 울렸고 그는 허물어지
듯 앞으로 고꾸라지고 있었다. ㉢불현듯 시야가 부옇
게 흐려 왔다.

○ 다시 서술자는 환상을 봅니다. 철삿줄에 묶인 사내가 나
타납니다. 앞서 수습한 유해가 철삿줄에 묶여 있었던 것과
같은 모습입니다. 총성과 함께 사내가 허물어지듯 쓰러집니
다. 이 사내는 누구일까요 지금 수습해준 유해의 주인일까
요? 아니면 아버지일까요?

아아. 아버지는 지금 어디에 쓰러져 누워 있을 것인가.
해마다 머리맡에 무성한 ㉡쑥부쟁이와 엉겅퀴꽃을 지
천으로 피워 내며 이제 아버지는 어느 버려진 밭고랑,
어느 응달진 산기슭에 무덤도 묘비도 없이 홀로 잠들
어 있을 것인가.

○ 서술자가 아버지를 떠올리며 내뱉는 독백입니다. 따라서
앞의 '사내'는 정황상 아버지를 가리키는 것일 확률이 있습
니다. 서술자는 아버지가 어디에 묻혀 있는지조차 모르는 상
황이기에 아버지가 버려진 밭고랑이나 응달진 산기슭 어딘
가에 홀로 잠들어 있을 것이라고 상상합니다. 무덤도 묘비도
없이 묻혀 있을 아버지의 머리맡에는 쑥부쟁이와 엉겅퀴꽃
같은 야생화만이 무성하게 피어날 것입니다.

> **상황** 타인의 유해를 수습하면서 돌아오지 않는 아버
> 지를 떠올림

8 ㉠~㉤의 서술 방식에 대한 설명으로 적절하지 **않은**
것은?

정답 ②

① ㉠ : '나'의 지각 내용을 '나'가 서술하는 상황으로 인물
과 서술자가 겹쳐 있다.

○ 서술자인 '나'가 자신의 내면 변화를 직접 서술하고 있
습니다. '아버지의 죄를 함께 나누어 지니고 만 느낌'이라
는 것은 '나'가 직접 경험한 심리적 변화이고, 이를 '나' 자
신이 서술하고 있습니다. 1인칭 주인공 시점에서는 이야기
속 인물인 '나'와 이야기를 전달하는 서술자인 '나'가 동일
인물입니다. 적절합니다.

② ㉡ : 서술의 주체를 알 수 있는 표지가 분명하게 제시
되어 서술자와 지각의 주체가 뚜렷이 구분된다.

○ 표지 '나'를 통해 서술의 주체가 '나'임을 알 수 있습니
다. 또한 '야산이 헐벗은 등을 까 내놓고 죽은 듯이 엎드려
있었다. 사위는 온통 잿빛의 풍경이었다.'라는 묘사를 통해,
지각의 주체가 '나'임을 알 수 있습니다. 서술의 주체와 지
각의 주체가 일치합니다. 따라서 서술자와 지각의 주체는
뚜렷이 구분되지 않습니다. 적절하지 않습니다.

③ ㉢ : '나'가 아니라 '나'가 지각하는 대상을 주어로 서
술함으로써 지각의 대상을 부각하는 효과가 나타
난다.

○ 이 문장의 주어는 '그건'입니다. 서술자인 '나'가 주어가
아니라, '나'가 보고 있는 대상인 '사내의 환영'이 주어가
되고 있습니다. 이렇게 지각 대상을 주어로 내세움으로써
'사내의 환영'과 '액자 속 아버지'가 동일 인물임을 강조하
는 효과가 나타납니다. 적절합니다.

④ ㉣ : 인용 부호 없이 서술된 발화에서 인물의 목소리
가 드러난다.

○ 일반적으로 인물의 대사는 따옴표를 사용하여 표시합니
다. 그러나 이 부분에서는 인용 부호 없이 어머니의 말이
직접 제시되고 있습니다. '저것 봐라이'라는 구어체 표현과
'~법이다'라는 어미를 통해 어머니의 목소리가 생생하게
드러납니다. 마지막에 '어머니가 말했다'라고 덧붙여 발
화자를 밝히고 있습니다. 적절합니다.

⑤ ⑩ : 지각의 주체를 알리는 표지가 나타나지 않아서 누
　　　 가 지각한 바를 서술한 것인지 모호한 상황이 빚
　　　 어진다.

➲ '나의 시야가' 또는 '그의 시야가'처럼 지각 주체를 명시
하는 표현이 없습니다. 문맥상 서술자인 '나'의 시야가 눈물
로 흐려진 것으로 읽히지만, 총에 맞아 쓰러지는 사내의 시
야가 흐려지는 것으로도 해석할 수 있습니다. 적절합니다.

교훈 • 선지 판단

이 유형은 기호 밑줄 유형이기에 작품 독해를 하며 바로
풀어도 좋습니다. 여기에서는 지문 자체를 담담하게 독
해했을 때, 어떻게 생각하고 가야 할 지를 배우고 문제
선지와 연결하는 연습을 합시다.

[앞부분의 줄거리] 동림산업은 사무직 남자 사원들에게까지 제복 착용을 확대하는 정책을 시행하기로 했다. 이를 위해 준비 위원회를 결성해 전체 사원이 새로운 제복을 착용하도록 결정했으나, 그 결과에 불만을 품은 사무직 남자 사원들이 있었다.

"**이미 끝난 일이야.** 지금 와서 아무리 떠들어대 봤자 제복은 벌써 우리 몸에 절반쯤이나 입혀져 있어." 민도식이 나서서 **험악해진 분위기**를 간신히 가라앉혔다.

"준비 위원회를 구성하고 회의를 소집한 건 처음부터 요식 행위에 지나지 않았던 거야. 경영자 독단으로 처리하지 않고 사원들의 의사를 물어서 전폭적인 지지를 얻어 가지고 결정했다는 인상을 대내외에 풍길 필요가 있었던 거야. 이제 길은 두 가지뿐야. 나머지 절반을 찾아서 마저 몸에 꿰든가, 아니면 기왕 우리 몸에 입혀진 절반을 아예 벗어 버리든가 각자가 알아서 결정할 일이야. 저기 좀 보라고. 저 사람 아까부터 우릴 비웃고 있어. 제복 얘기 앞으로는 그만하기로 하지."

생산부 공원 복장을 한 사내가 엇비뚜름한 자세로 이쪽을 돌아다보며 ⓐ <u>야릇한 웃음</u>을 입가에 물고 있었다. 그를 보더니 장상태가 화를 벌컥 내면서 큰 소리로 미스 윤을 불렀다.

"이봐, 저기 앉은 저 사람 내가 좀 보잔다고 전해!"

ⓑ <u>눈이 휘둥그레진</u> 미스 윤이 종종걸음으로 그에게 다가가기 전에 그쪽에서 자진해서 먼저 일어섰다. 그가 충분히 알아들을 수 있을 정도로 장의 목소리가 컸던 것이다.

"저를 부르셨습니까?"

여전히 웃음기를 입에 문 얼굴이 장을 정면으로 상대했다.

"당신 뭐야? 뭔데 어제부터 남의 얘길 엿듣고 비웃지, 비웃길?"

"비웃음으로 보셨다면 용서하십쇼. 엿듣고 싶은 생각은 없었습니다. 가만히 앉아 있어도 들릴 정도로 선생님들 말소리가 컸습니다. 말씀 내용이 동림산업에 계신 분들 같아서 저도 모르게 관심이 갔나 봅니다."

"오오라, 그러고 보니 당신도 동림 가족의 일원이 분명하군. 부서가 어디야?"

"생산부 제1 공장입니다. 거기서 잡역부로 근무하고 있습니다."

"이름은?"

"권입니다."

"이름이 권이다? 그럼 성까지 아주 짝을 채워 보게."

"성이 권입니다."

만만한 상대를 만난 장은 권 씨를 노리갯감으로 삼아 화풀이할 작정임을 분명히 하면서 동료들에게 은밀히 눈짓을 보냈다. 함께 놀이에 끼어들라는 뜻일 것이다.

[A]
> 그러나 도식이 보기엔 첫눈에 결코 만만한 상대가 아니었다. 그는 참을성 좋게 여전히 웃고 있었다. 그것은 생산부 공원들이 본사의 사무직을 대할 때 일반적으로 갖는 비굴한 표정이 아니었다. 그렇다고 적대감도 아닌 그것은 일종의 자신감의 표현임이 분명했다. 두툼한 입술과 커다란 눈이 얼핏 눈에 띄는 특징이었다. 장상태하고 비교해서 둘이 서로 어금어금할 정도로 작은 체구였다. 실제 나이는 장보다 두세 살쯤 위일 것 같은데 적어도 이삼십 년은 더 세상을 살아 냈을 법한 관록 같은 게 엿보이는 얼굴이었고, 그것이 교양이라는 것하고도 연결되어 잡역부라던 자기소개가 아무래도 믿어지지 않는 그런 사람이었다.

"짝을 채우기 싫다 이거지? 좋았어. 그런데 자네가 하는 잡역 일하고 무슨 상관이 있어서 우리 얘기에 이틀 동안이나 관심이 갔지?"

"물론 상관은 없습니다. 그렇지만 한쪽에선 작업 중에 팔이 뭉텅 잘려져 나간 사람이 있고 그 팔 값을 찾아 주려고 투쟁하는 사람들이 있는 반면에 다른 한쪽에선 몸에 걸치는 옷 때문에 자기 인생을 걸려는 분들도 계시구나 하는 생각이 들어서 그냥 지나칠 수가 없었습니다."

그 순간 장상태의 얼굴색이 하얗게 질리는 것 같았다.

(중략)

체육 대회가 열리는 제1 공장까지 가자면 다른 날보다 더 일찍 나서야 되는데도 여전히 밍기적거리고만 있는 남편 곁에서 아내는 시종 근심스런 눈초리를 거두지 않았다. 제복 때문에 **총각 사원 하나**가 사표를 던졌다는 소문을 아내는 믿지 않았다. 사표를 제출한 게 아니라 강제로 모가지가 잘린 거라고 굳게 믿고 있었다.

"까짓것 난 필요 없어. 거기 아니면 밥 빌어먹을 데 없는 줄 알아? 세상엔 아직도 유니폼 안 입는 회사가 수두룩하단 말야!"

ⓒ 거듭되는 재촉에 이렇게 큰소리로 대거리를 했지만 결국 민도식은 뒤늦게나마 집을 나서고 말았다.

시내를 멀리 벗어나서 교외에 널찍하게 자리 잡은 제1 공장 앞에 당도했을 때는 벌써 개회식이 시작된 뒤였다. 공장 정문 철책 너머로 **검정 곤색 일색**의 운동장을 넘어다보는 순간 민도식은 갑자기 ⓓ 숨이 턱 막혀 옴을 느꼈다. 새로 맞춘 제복으로 단장한 남녀 전 사원이 각 부서별로 군대처럼 질서 정연하게 도열해 서서 연단에 선 지휘자의 손끝을 우러러보며 사가(社歌)를 제창하기 직전의 예비 운동으로 목청을 가다듬는 헛기침들을 하고 있었다. 이윽고 공장 일대를 한바탕 들었다 놓는 우렁찬 노래가 터지기 시작했다. 노래 부르는 사원들 모두가 작당해서 ⓔ 지각한 사람을 야유하는 듯한 기분이 들었다. 검정 곤색의 제복들이 일치단결해 가지고 사복 차림으로 꽁무니에 따라붙으려는 유일한 사람을 완강히 거부하는 듯한 기분에 사로잡혔다. 세상 전체가 온통 제복투성이인 가운데 저 혼자만 외돌토리로 떨어져 있는 셈이었다. 자기 한 사람쯤 불참한다 해도 아무렇지도 않게 체육 대회 개회식은 진행될 수 있다는 사실이 민도식을 무척 화나면서도 그지없이 외롭게 만들었다. 정문으로 들어서지도 못하고 그렇다고 뒤돌아서서 나오지도 못한 채 그는 일단 멈춘 자리에 붙박여 버린 듯 언제까지고 움직일 줄을 몰랐다.

- 윤흥길, 「날개 또는 수갑」 -

1 [A]의 서술상의 특징으로 가장 적절한 것은?

① 인물의 행위를 사실적으로 그려 내어 내적 갈등을 표면화하고 있다.

② 과거와 현재를 교차하여 인물이 겪는 인식의 변화를 드러내고 있다.

③ 공간적 배경을 구체적으로 묘사하여 인물이 처한 상황을 드러내고 있다.

④ 서술자가 특정 인물의 시선을 통해 인물의 특징을 관찰하여 알려 주고 있다.

⑤ 서술자가 인물의 경험을 삽화 형식으로 나열하여 사건을 입체적으로 보여 주고 있다.

2 <보기>를 바탕으로 윗글을 감상한 내용으로 적절하지 <u>않은</u> 것은? [3점]

'중도적 주인공'은 자신이 속한 집단의 논리를 비판적으로 인식하면서도 집단의 논리를 따를지 여부를 결정하지 못하는 상태에 있는 인물이다. '중도적 주인공'은 인식 측면에서는 집단의 논리에 숨겨진 문제를 읽어 내는 주체적인 관점을 보인다. 그러나 행동 측면에서는 자신의 인식에 따라 적극적으로 행동하지 못하거나, 집단에 동화되지 못한 채 집단 논리의 수용 여부를 두고 머뭇거리는 모습을 보인다.

① 동료에게 '준비 위원회'의 '회의'에 담긴 '경영자'의 숨은 의도를 파악하여 발언하는 것을 보니, 민도식은 '동림산업'이 내세우는 논리에 대해 비판적으로 인식하는 주체적인 관점을 지니고 있다고 볼 수 있군.

② 권 씨를 '노리갯감'으로 삼자는 장상태의 '눈짓'을 읽었지만 이에 선뜻 동참하지 않은 것을 보니, 민도식은 '작업 중' 사고를 둘러싼 '투쟁'과 '몸에 걸치는 옷'을 둘러싼 논쟁에 적극적으로 참여하고 있지 않다고 볼 수 있군.

③ 아내에게 '큰소리'로 자신의 생각을 말하면서도 '뒤늦게나마 집을 나서'는 것을 보니, 민도식은 '동림산업'의 문제를 인식하고 있으면서도 회사를 떠나지 못하는 상황에 놓여 있다고 볼 수 있군.

④ '사복 차림'으로 체육 대회에 가지만 자신을 '꽁무니에 따라 붙으려는' 사람이라고 생각하는 것을 보니, 민도식은 집단의 논리를 거부하고 싶지만 집단에 소속되고 싶은 마음도 지니고 있다고 볼 수 있군.

⑤ '제1 공장' 정문 앞에서 '붙박여 버린 듯' 움직이지 않는 모습을 보니, 민도식은 '동림산업'의 정책에 대한 비판을 적극적인 행동으로 옮길지 여부를 결정하지 못하고 있다고 볼 수 있군.

인물을 통해 시점과 사건 파악하기

[앞부분의 줄거리] 동림산업은 사무직 남자 사원들에게까지 제복 착용을 확대하는 정책을 시행하기로 했다. 이를 위해 준비 위원회를 결성해 전체 사원이 새로운 제복을 착용하도록 결정했으나, 그 결과에 불만을 품은 사무직 남자 사원들이 있었다.

장면 1

"이미 끝난 일이야. 지금 와서 아무리 떠들어대 봤자 제복은 벌써 우리 몸에 절반쯤이나 입혀져 있어."
민도식이 나서서 험악해진 분위기를 간신히 가라앉혔다.
"준비 위원회를 구성하고 회의를 소집한 건 처음부터 요식 행위에 지나지 않았던 거야. 경영자 독단으로 처리하지 않고 사원들의 의사를 물어서 전폭적인 지지를 얻어 가지고 결정했다는 인상을 대내외에 풍길 필요가 있었던 거야. 이제 길은 두 가지뿐야. 나머지 절반을 찾아서 마저 몸에 꿰든가, 아니면 기왕 우리 몸에 입혀진 절반을 아예 벗어 버리든가 각자가 알아서 결정할 일이야. 저기 좀 보라고. 저 사람 아까부터 우릴 비웃고 있어. 제복 얘기 앞으로는 그만하기로 하지."

➡ 민도식이 제복 문제에 대한 현실적인 판단을 내립니다. '제복은 벌써 우리 몸에 절반쯤이나 입혀져 있어'라는 표현은 이미 제복 착용이 기정사실화되었음을 의미합니다. 민도식은 두 가지 선택지를 제시하는데, 제복을 완전히 받아들이거나 거부하거나 둘 중 하나를 택해야 한다고 말합니다. 그리고 '저 사람'이 언급됩니다. 누구일지 알 수 없습니다.

상황 제복 착용 정책에 대한 논의
갈등 경영진의 일방적 결정 vs 사원들의 불만
인물과 성격
· 민도식: 현실적이고 체념적인 태도
· 사무직 사원들: 제복 착용에 불만을 품음인물과 성격

장면 2

생산부 공원 복장을 한 사내가 엇비뚜름한 자세로 이쪽을 돌아다보며 ⓐ 야릇한 웃음을 입가에 물고 있었다. 그를 보더니 장상태가 화를 벌컥 내면서 큰 소리로 미스 윤을 불렀다.

"이봐, 저기 앉은 저 사람 내가 좀 보잔다고 전해!"

ⓑ 눈이 휘둥그레진 미스 윤이 종종걸음으로 그에게 다가가기 전에 그쪽에서 자진해서 먼저 일어섰다. 그가 충분히 알아들을 수 있을 정도로 장의 목소리가 컸던 것이다.

"저를 부르셨습니까?"

여전히 웃음기를 입에 문 얼굴이 장을 정면으로 상대했다.

> '저 사람'의 '야릇한 웃음'은 사무직 사원들에게 자신들을 조롱하는 것으로 보였나 봅니다. 장상태는 이에 격분하여 큰 소리로 그를 부릅니다. 미스 윤이 '눈이 휘둥그레진' 것은 장상태의 격한 반응에 놀란 것입니다. 생산부 직원은 당당하게 장상태를 마주하며 여전히 웃음을 띠고 있는데, 이는 자신감의 표현으로 보입니다.

인물과 성격
· 장상태: 감정적이고 권위적인 성격
· '저 사람': 침착하고 자신감 있음
· 미스 윤: 중간 전달자 역할

"당신 뭐야? 뭔데 어제부터 남의 얘길 엿듣고 비웃지, 비웃길?"

"비웃음으로 보셨다면 용서하십쇼. 엿듣고 싶은 생각은 없었습니다. 가만히 앉아 있어도 들릴 정도로 선생님들 말소리가 컸습니다. 말씀 내용이 동림산업에 계신 분들 같아서 저도 모르게 관심이 갔나 봅니다."

"오오라, 그러고 보니 당신도 동림 가족의 일원이 분명하군. 부서가 어디야?"

"생산부 제1 공장입니다. 거기서 잡역부로 근무하고 있습니다."

"이름은?"

"권입니다."

"이름이 권이다? 그럼 성까지 아주 짝을 채워 보게."

"성이 권입니다."

만만한 상대를 만난 장은 권 씨를 노리갯감으로 삼아 화풀이할 작정임을 분명히 하면서 동료들에게 은밀히 눈짓을 보냈다. 함께 놀이에 끼어들라는 뜻일 것이다.

> 장상태는 위압적인 태도로 '저 사람'을 다그칩니다. 그러나 '저 사람'은 정중하면서도 당당하게 대답합니다. '선생님들 말소리가 컸습니다'라는 표현은 오히려 장상태 일행을 돌려 비판했다고 볼 수 있습니다. '저 사람'은 자신을 '권'이라고 소개합니다. 그리고 권 씨가 동림 산업의 '잡역부'라고 자신을 소개하자, 장상태는 그를 '만만한 상대'로 여기고 화풀이 대상으로 삼으려 합니다. 이러한 갈등이 서술자인 민도식의 시선으로 제시됩니다.

> **갈등** 사무직(장상태) vs 생산직(권 씨)
> **심리** 장상태(우월감, 공격성), 권 씨(침착함, 자신감)

그러나 도식이 보기엔 첫눈에 결코 만만한 상대가 아니었다. 그는 참을성 좋게 여전히 웃고 있었다. 그것은 생산부 공원들이 본사의 사무직을 대할 때 일반적으로 갖는 비굴한 표정이 아니었다. 그렇다고 적대감도 아닌 그것은 일종의 자신감의 표현임이 분명했다. 두툼한 입술과 커다란 눈이 얼핏 눈에 띄는 특징이었다. 장상태하고 비교해서 둘이 서로 어금어금할 정도로 작은 체구였다. 실제 나이는 장보다 두세 살쯤 위일 것 같은데 적어도 이삼십 년은 더 세상을 살아 냈을 법한 관록 같은 게 엿보이는 얼굴이었고, 그것이 교양이라는 것하고도 연결되어 잡역부라던 자기소개가 아무래도 믿어지지 않는 그런 사람이었다.

> 민도식의 시각에서 권 씨를 관찰한 부분입니다. 권 씨가 '비굴한 표정'이 아닌 '자신감의 표현'을 보인다는 것은 일반적인 생산직 노동자와 다름을 드러냅니다. 또한 민도식은 '이삼십 년은 더 세상을 살아 냈을 법한 관록'과 '교양'이 있다는 외양 묘사를 통해 그가 잡역부라고 믿기 힘들다는 평가를 내립니다.

· 권 씨 : 외모는 평범하나 관록과 교양을 지님, 정체가
  의문스러운 인물
· 민도식 : 관찰력이 있고 신중한 성격

"짝을 채우기 싫다 이거지? 좋았어. 그런데 자네가 하
는 잡역 일하고 무슨 상관이 있어서 우리 얘기에 이틀
동안이나 관심이 갔지?"
"물론 상관은 없습니다. 그렇지만 한쪽에선 작업 중
에 팔이 뭉텅 잘려져 나간 사람이 있고 그 팔 값을 찾
아 주려고 투쟁하는 사람들이 있는 반면에 다른 한쪽
에선 몸에 걸치는 옷 때문에 자기 인생을 걸려는 분들
도 계시구나 하는 생각이 들어서 그냥 지나칠 수가 없
었습니다."
그 순간 장상태의 얼굴색이 하얗게 질리는 것 같았다.

➡ 권 씨는 생산직 노동자의 산업재해와 사무직의 제복 문
제를 대비시킵니다. '팔이 뭉텅 잘려져 나간 사람'과 '옷
때문에 자기 인생을 걸려는 분들'의 대비를 통해 사무직의
고민이 얼마나 사소한 것인지를 꼬집습니다. 이때, 장상태
의 얼굴이 '하얗게 질리는 것 같'다는 표현을 통해 민도식
의 시점으로 관찰이 이루어짐을 드러냅니다. 장상태는 '팔
값'보다 '옷'이 사소하다는 것을 알 것입니다. 3인칭 시점
으로 민도식의 내면을 서술하나, 민도식을 제외한 인물들의
심리는 서술하지 못합니다. 따라서 제한적 전지적 작가 시
점임을 알 수 있습니다.

상황 권 씨의 신랄한 비판

(중략)

장면 3

체육 대회가 열리는 제1 공장까지 가자면 다른 날보다
더 일찍 나서야 되는데도 여전히 밍기적거리고만 있
는 남편 곁에서 아내는 시종 근심스런 눈초리를 거두
지 않았다. 제복 때문에 총각 사원 하나가 사표를 던졌
다는 소문을 아내는 믿지 않았다. 사표를 제출한 게 아
니라 강제로 모가지가 잘린 거라고 굳게 믿고 있었다.
"까짓것 난 필요 없어. 거기 아니면 밥 빌어먹을 데 없
는 줄 알아? 세상엔 아직도 유니폼 안 입는 회사가 수
두룩하단 말야!"
ⓒ 거듭되는 재촉에 이렇게 큰소리로 대거리를 했지만
결국 민도식은 뒤늦게나마 집을 나서고 말았다.

➡ 체육대회 날 아침, 민도식은 출근을 망설입니다. 아내는
'제복 때문에 총각 사원 하나가 사표를 던졌다'는 소문을
'강제로 모가지가 잘린 거'라고 믿습니다. 민도식은 '유니폼
안 입는 회사가 수두룩하다'며 큰소리치지만, 결국 집을 나섭
니다. 이는 현실적으로 민도식이 회사를 쉽게 그만둘 수 없
는 처지임을 보이고 그가 소시민적인 성격임을 드러냅니다.

배경 체육대회 날 아침(시간), 민도식의 집(공간)
상황 제복 착용 거부와 출근 사이의 갈등
갈등 민도식(반항심 vs 현실적 굴복)
인물과 성격
· 민도식 : 갈등하면서도 현실에 순응
· 아내 : 남편을 걱정하며 회사의 압력을 두려워함

장면 4

시내를 멀리 벗어나서 교외에 널찍하게 자리 잡은 제1
공장 앞에 당도했을 때는 벌써 개회식이 시작된 뒤였다.
공장 정문 철책 너머로 검정 곤색 일색의 운동장을 넘어
다보는 순간 민도식은 갑자기 ⓓ 숨이 턱 막혀 옴을 느
꼈다. 새로 맞춘 제복으로 단장한 남녀 전 사원이 각 부
서별로 군대처럼 질서 정연하게 도열해 서서 연단에 선
지휘자의 손끝을 우러러보며 사가(社歌)를 제창하기 직
전의 예비 운동으로 목청을 가다듬는 헛기침들을 하고
있었다. 이윽고 공장 일대를 한바탕 들었다 놓는 우렁찬
노래가 터지기 시작했다.

제1 공장에 도착한 민도식은 제복을 입은 전 사원들의 모습에 압도됩니다. '검정 곤색 일색'의 운동장은 획일화된 집단의 모습을 보여줍니다. '군대처럼 질서 정연하게 도열'했다는 표현을 통해 회사가 군사 조직처럼 운영되고 있음을 알 수 있습니다. 민도식이 '숨이 턱 막혀 옴'을 느낀 것은 이러한 집단주의적 분위기에 대한 압박감을 느낀다는 것을 드러냅니다.

배경	제1 공장(공간), 체육대회 개회식(시간)
상황	제복 입은 전 사원의 집단 행동
심리	민도식(압박감)

최소한의 이해를 해봅시다. 민도식은 제복 착용을 거부하여 집단에서 벗어나고자 했지만, 막상 혼자 남겨지자 '그지없이 외롭게' 느낍니다. '자기 한 사람쯤 불참한다 해도 아무렇지도 않게' 진행되는 것에 '화나면서도' 동시에 소외감을 느낍니다. 이는 그가 집단을 거부하면서도 완전한 배제를 원하지 않는 양가적인 감정을 가지고 있음을 보입니다.

노래 부르는 사원들 모두가 작당해서 ⓔ 지각한 사람을 야유하는 듯한 기분이 들었다. 검정 곤색의 제복들이 일치단결해 가지고 사복 차림으로 꽁무니에 따라붙으려는 유일한 사람을 완강히 거부하는 듯한 기분에 사로잡혔다. 세상 전체가 온통 제복투성이인 가운데 저 혼자만 외돌토리로 떨어져 있는 셈이었다. 자기 한 사람쯤 불참한다 해도 아무렇지도 않게 체육 대회 개회식은 진행될 수 있다는 사실이 민도식을 무척 화나면서도 그지없이 외롭게 만들었다. 정문으로 들어서지도 못하고 그렇다고 뒤돌아서서 나오지도 못한 채 그는 일단 멈춘 자리에 붙박여 버린 듯 언제까지고 움직일 줄을 몰랐다.

민도식은 극도의 소외감을 느낍니다. '지각한 사람을 야유하는 듯한 기분'과 '외돌토리'라는 표현은 집단에서 배제된 개인의 고립감을 나타냅니다. 민도식은 자신이 없어도 체육대회가 진행된다는 사실에 분노와 외로움을 동시에 느낍니다. '정문으로 들어서지도 못하고 그렇다고 뒤돌아서서 나오지도 못한 채' 멈춰 있는 모습은 진퇴양난의 상황을 보입니다.

심리	민도식(소외감, 분노, 외로움, 무력감)
갈등	민도식(집단에 속하고 싶지 않음 vs 집단에 속하고 싶음)

1 [A]의 서술상의 특징으로 가장 적절한 것은?

정답 ④

① 인물의 행위를 사실적으로 그려 내어 / 내적 갈등을 표면화하고 있다.

➡ [A]에는 권 씨가 '참을성 좋게 여전히 웃고 있'는 행위가 나타나지만, 이는 외적 행동일 뿐 권 씨의 내적 갈등은 전혀 드러나지 않습니다. 오히려 권 씨는 '자신감의 표현'을 보이며 갈등 없이 침착한 모습입니다.

② 과거와 현재를 교차하여 / 인물이 겪는 인식의 변화를 드러내고 있다.

➡ [A]는 현재 시점에서 민도식이 권 씨를 관찰하는 한 장면만을 다루고 있습니다. 시간의 흐름이나 과거 회상이 없으며, 인식의 변화 과정도 나타나지 않습니다.

③ 공간적 배경을 구체적으로 묘사하여 / 인물이 처한 상황을 드러내고 있다.

➡ [A]에는 공간에 대한 구체적 묘사가 전혀 없습니다. 오직 권 씨의 외모와 표정, 태도에 대한 관찰만 있을 뿐입니다.

④ 서술자가 특정 인물의 시선을 통해 / 인물의 특징을 관찰하여 알려 주고 있다.

➡ [A]의 첫 부분 '그러나 도식이 보기엔'이라는 표현에서 서술자가 민도식의 시선을 빌려 권 씨를 관찰하고 있음을 알 수 있습니다. 이는 전지적 작가 시점이면서도 특정 인물(민도식)의 관점을 통해 다른 인물(권 씨)을 바라보는 제한적 전지적 작가 시점입니다.

⑤ 서술자가 인물의 경험을 삽화 형식으로 나열하여 / 사건을 입체적으로 보여 주고 있다.

➡ [A]는 하나의 연속된 관찰 장면이며, 여러 경험이나 사건을 나열하지 않습니다. 삽화 형식이란 여러 개의 짧은 이야기를 나열하는 구성인데, 여기서는 제시되지 않았습니다.

능지 판단해야 합니다. 전자라면 다 읽고 푸는 것이 좋고 특정 장면에 몰려있는 후자라면 바로 풀어버립시다.

③ 구간 유형과 기호 밑줄 유형이 동시에 제시될 경우

기호 밑줄은 읽으며 선지가 요구하는 바를 파악한 후 작품 독해를 하며 풀어냅시다. 중간에 구간이 제시된다면 그 구간 유형을 읽고 문제를 푼 후, 다시 구간 뒷부분을 읽으며 작품을 독해하고 기호 밑줄 유형을 풉시다.

적 연결이 성립하지 않으면 틀린 선지입니다.

이외에도 <보기>나 다른 유형의 선지 구성은 전건(사실)과 후건(판단)으로 이루어져 있기도 합니다. 참고하세요.

교훈 • 선지 판단

기본적으로 선지를 전건(조건부)과 후건(결과부)으로 분리하여 분석합니다.
· 전건: 표현법이나 형식을 제시
· 후건: 그로 인한 효과나 내용을 서술판단 기준은 '전건에서 제시한 표현법이 실제로 후건의 효과를 나타내는가?'입니다.

1. 후건 우선 판단

지문 내용을 이미 파악했다면, 후건부터 먼저 확인합니다. 표현법을 찾느라 시간을 낭비하지 않도록 합니다.

2. 발문 유형별 접근

'적절한 것'을 묻는 경우

① 후건의 내용이 적절한지 판단
② 후건이 부적절하다 → 다음 선지로 이동
③ 후건이 적절하다 → 전건 판단 후 인과관계 확인

'적절하지 않은 것'을 묻는 경우

→ '적절한 것'과 달리 구성 요소 중에서 틀린 것 하나만을 골라내면 됩니다.
① 후건의 내용이 적절한지 판단
② 후건이 부적절하다 → 판단 완료 (정답 후보)
③ 후건이 적절하다 → 전건 판단 후 인과관계 확인

3. 잊지 말 것 !

어떤 상황에서든 반드시 전건과 후건 간의 인과관계를 확인해야 합니다. 각각이 적절하더라도 둘 사이의 논리

[A]

　　다음에 송 영감이 정신이 든 것은 아주 어두운 속에서 애가 흔들어 깨워서였다. 울먹이던 애가 깨나는 아버지를 보고 그제야 안심된 듯이 저쪽에서 밥그릇을 가져다 아버지 앞에 놓았다. 웬 거냐고 하니까 애가, 앵두나뭇집 할머니가 주더라고 한다. 송 영감은 확 분노가 치밀어, 누가 거랑질해 오라더냐고 밥그릇을 밀쳐 놓자 애가 훌쩍훌쩍 울기 시작했다. 송 영감은 아침에 어제의 저녁밥 남은 것을 조금 뜨는 것처럼 하고는 하루 종일 아무것도 입에 대지 않은 것을 생각하고는, 애도 아직 저녁을 못 먹었을지 모른다고 밥그릇을 도로 끌어다 한 술 입에 떠넣으며 이번에는 애보고, 맛있으니 너도 먹으라는 것이었으나, 자신은 입맛을 잃은 탓만도 아닌 무엇이 밥 넘기려는 목을 치밀어 올라오곤 해, 좀처럼 밥을 넘길 수가 없었다.

8 [A]의 서술 방식으로 가장 적절한 것은?

① 시간의 흐름을 단계적으로 보여 줌으로써, 갈등이 해소되는 과정을 부각하고 있다.
② 인물 간의 대화에 서술자가 개입함으로써, 인물에 대한 서술자의 평가를 제시하고 있다.
③ 새로운 인물이 다른 인물의 발화를 통해 등장함으로써, 인물 간의 대립 구도가 전환되고 있다.
④ 서술자가 인물의 분노를 직접적으로 제시함으로써, 상황에 대한 인물의 태도를 드러내고 있다.
⑤ 인물들의 심리 상태를 공간적 거리와 결부하여 서술함으로써, 인물 간의 심리적 거리감을 보여 주고 있다.

💡 **교훈의 방법론으로 푼 8번 해설** — ④가 정답인 이유

1. 발문 조망하기
• '서술 방식', '가장 적절한 것'

2. 구간 [A] 독해
• 앵두나뭇집 할머니가 밥을 줌
• '송 영감은 확 분노가 치밀어' → 3인칭 전지적 작가
• '애가 훌쩍훌쩍 울기 시작' → 분노의 결과
• '자신은 입맛을 잃은 탓만도 아닌 무엇이 밥 넘기려는 목을 치밀어 올라오곤 해' → 분노의 결과

3. 기억이 남아있을 때, 바로 선지 판단하기
① 단계적 시간 전개 → 갈등 해소
후건부터 판단합시다. 송 영감과 '애'의 갈등이 제시됩니다. 해소는 적절하지 않습니다.

② 대화 속 서술자 평가 개입 → 서술자의 평가
후건부터 판단합시다. 서술자의 평가는 없습니다. 적절하지 않습니다.

③ 새로운 인물 등장 → 대립 구도 전환
후건부터 판단합시다. 대립 구도의 전환은 존재하지 않습니다.

④ 서술자가 분노를 직접 제시 → 태도 드러남
후건부터 판단하려고 보니 상황에 대한 인물의 태도를 언급합니다. 상황에 대한 인물의 태도가 드러나 있습니다. 앵두나뭇집 할머니가 준 밥에 대해 거랑질을 해왔다고 하며 분개했습니다. 이제 바로 전건을 보고 구간[A]를 확인합시다. '송 영감은 확 분노가 치밀어'에서 서술자가 분노를 직접 제시하는 것을 확인할 수 있습니다.

⑤ 심리 상태+공간적 거리 → 심리적 거리
송 영감이 '애'에게 심리적으로 거리감을 가졌다면 마지막의 '맛있으니 너도 먹으라'는 반응을 드러냈을 리가 없습니다. 애매하니 확실하게 전건도 확인합시다. 공간적 거리감은 밥그릇과 인물 간의 관계에서 드러나지 인물 사이에서 거리감이 느껴지지 않습니다. 멀리 치워둔 밥그릇을 끌어와서 아이에게 권하는 장면에서는 인물과 소재의 거리를 통해 인물 간의 심리적 거리감이 가까움을 드러냅니다.

2 <보기>를 바탕으로 윗글을 감상한 내용으로 적절하지 않은 것은? [3점]

정답 ②

> • 보기 •
>
> '중도적 주인공'은 자신이 속한 집단의 논리를 비판적으로 인식하면서도 집단의 논리를 따를지 여부를 결정하지 못하는 상태에 있는 인물이다. '중도적 주인공'은 인식 측면에서는 집단의 논리에 숨겨진 문제를 읽어 내는 주체적인 관점을 보인다. 그러나 행동 측면에서는 자신의 인식에 따라 적극적으로 행동하지 못하거나, 집단에 동화되지 못한 채 집단 논리의 수용 여부를 두고 머뭇거리는 모습을 보인다.

인식 측면 : 집단 논리의 문제점을 비판적으로 파악함
행동 측면 : 머뭇거리며 결정하지 못하는 모습을 보임

① 동료에게 '준비 위원회'의 '회의'에 담긴 '경영자'의 숨은 의도를 파악하여 발언하는 것을 보니, 민도식은 '동림산업'이 내세우는 논리에 대해 비판적으로 인식하는 주체적인 관점을 지니고 있다고 볼 수 있군.

➡ 민도식은 '준비 위원회를 구성하고 회의를 소집한 건 처음부터 요식 행위에 지나지 않았던 거야. 경영자 독단으로 처리하지 않고 사원들의 의사를 물어서 전폭적인 지지를 얻어 가지고 결정했다는 인상을 대내외에 풍길 필요가 있었던 거야'라고 발언합니다. 이는 경영진의 숨은 의도를 정확히 간파한 것으로, 민도식이 동림산업의 논리를 비판적으로 인식하는 주체적 관점을 지니고 있음을 보여줍니다. 따라서 적절합니다.

② 권 씨를 '노리갯감'으로 삼자는 장상태의 '눈짓'을 읽었지만 이에 선뜻 동참하지 않은 것을 보니, 민도식은 '작업 중' 사고를 둘러싼 '투쟁'과 '몸에 걸치는 옷'을 둘러싼 논쟁에 적극적으로 참여하고 있지 않다고 볼 수 있군.

➡ 민도식은 논쟁에 적극적으로 참여하고 있습니다. '민도식이 나서서 험악해진 분위기를 간신히 가라앉혔다.'에서 확인할 수 있습니다.
또한 민도식이 장상태의 행동에 동참하지 않는다는 사실과 논쟁의 적극적인 참여 여부에서는 인과 관계를 찾아볼 수 없습니다. 민도식이 그 행위에 동참하지 않은 이유는 그저 권 씨가 만만한 상대가 아니어서입니다. 따라서 적절하지 않습니다.

③ 아내에게 '큰소리'로 자신의 생각을 말하면서도 '뒤늦게나마 집을 나서'는 것을 보니, 민도식은 '동림산업'의 문제를 인식하고 있으면서도 회사를 떠나지 못하는 상황에 놓여 있다고 볼 수 있군.

➡ 민도식은 '까짓것 난 필요 없어. 거기 아니면 밥 빌어먹을 데 없는 줄 알아? 세상엔 아직도 유니폼 안 입는 회사가 수두룩하단 말야!'라고 큰소리치며 회사의 문제를 인식하고 있음을 드러냅니다. 그러나 '결국 민도식은 뒤늦게나마 집을 나서고 말았다'에서 확인할 수 있듯이, 실제로는 회사를 떠나지 못하는 현실적 한계에 부딪혀 있습니다. 따라서 적절합니다.

④ '사복 차림'으로 체육 대회에 가지만 자신을 '꽁무니에 따라 붙으려는' 사람이라고 생각하는 것을 보니, 민도식은 집단의 논리를 거부하고 싶지만 집단에 소속되고 싶은 마음도 지니고 있다고 볼 수 있군.

➡ 민도식은 제복 착용을 거부하여 '사복 차림'으로 체육대회에 참석함으로써 집단의 논리를 거부하는 모습을 보입니다. 하지만 동시에 자신을 '사복 차림으로 꽁무니에 따라 붙으려는 유일한 사람'이라고 표현하는 것에서 집단에 소속되고자 하는 욕구도 드러냅니다. 이는 집단을 거부하면서도 배제되는 것은 원하지 않는 양가적 감정을 보여줍니다. 따라서 적절합니다.

⑤ '제1 공장' 정문 앞에서 '붙박여 버린 듯' 움직이지 않는 모습을 보니, 민도식은 '동림산업'의 정책에 대한 비판을 적극적인 행동으로 옮길지 여부를 결정하지 못하고 있다고 볼 수 있군.

➡ 민도식은 '정문으로 들어서지도 못하고 그렇다고 뒤돌아서서 나오지도 못한 채 그는 일단 멈춘 자리에 붙박여 버린 듯 언제까지고 움직일 줄을 몰랐다'는 모습을 보입니다. 이는 동림산업의 정책을 비판적으로 인식하고 있으면서도 이를 적극적인 행동으로 옮길지 결정하지 못하는 중도적 주인공의 특징을 명확히 보여줍니다. 따라서 적절합니다.

시험장에서는 무조건 확실하고 가시적인 근거를 통해 선지를 판단해야 합니다.

여기에서는 작품의 사실관계와 사실 간의 인과 관계를 통해 ②번 선지를 판단할 수 있습니다. '민도식은 '몸에 걸치는 옷'을 둘러싼 논쟁에 적극적으로 참여하고 있지 않다.'에서 적절하지 않음을 판단해야 합니다. 이는 작품의 '민도식이 나서서 험악해진 분위기를 간신히 가라앉혔다.' 이후에 제시된 발화를 통해 알 수 있습니다.

그런데 여기서 인과 관계를 보고 판단을 할 경우 '장상태의 '눈짓'을 읽었으나 무시함 → '투쟁'과 논쟁에 적극적으로 참여하지 않음'이라는 인과 관계를 판단해야 합니다. 시험장에서 명쾌하게 답을 고른다기보다는 "그럴리가 없어"같은 모호한 사고로 답을 고르게 됩니다. 이는 풀이 후에도 의문을 남길 수 있습니다.

따라서 소설에서는 사실관계를 기준으로 판단하는 것을 추천합니다.

㉠ 불편스런 일이 한두 가지가 아니었다. 하지만 허원은 그렇게 스스로 주의하고 고통을 감내해 냈기 때문에 자신의 비밀을 남 앞에 감쪽같이 숨겨 나갈 수 있었다. 아무도 그의 비밀을 눈치챈 사람이 없었다. 비밀이 탄로 나지 않는 한 그의 일상 생활은 더 이상 불편을 겪을 필요도 없었다. 인체 생리나 해부학 서적 같은 걸 뒤져 봐도 성인의 배꼽은 거의 아무런 기능도 수행하지 않음을 알 수 있었다. 적어도 그의 외모나 바깥 생활은 정상을 유지할 수 있었다. 그 점만이라도 무척 다행이었다. 그는 일단 안도의 한숨을 내쉬었다.

㉡ — 그깟 놈의 배꼽, 안 가지고 있음 어때.

그쯤 체념을 하고 될 수 있으면 배꼽에 관한 일들을 잊어버리려 했다. ㉢ 자신으로부터 배꼽이 사라져 버린 사실을, 그리고 그 때문에 생긴 모든 불편을 잊고, 그 배꼽 없는 생활에 스스로 익숙해져 버리기를 바라마지않았다. 하지만 문제는 그렇게 간단하지 않았다. 아무리 일상생활에선 드러나게 불편한 점이 없다 해도 그는 역시 배꼽이 없는 자신에 대해 좀처럼 익숙해질 수가 없었다. 그는 자꾸만 허전해서 견딜 수가 없어지곤 했다. 있느니라 여기고 지낼 때는 그처럼 무심스럽던 일이 그런 식으로 한번 **의식의 끈을 건드려** 오자 허원의 상념은 잠시도 그 잃어버린 배꼽에서 떠나 있을 수가 없었다.

그는 마침내 **회사 출근**마저 단념하기에 이르렀다. 그러자 신통하게도 **늦잠 버릇**이 깨끗이 자취를 감춰 버렸다. 그는 눈만 뜨면 사라져 없어진 배꼽 때문에 기분이 허전했고, 그러면 그 허망감을 쫓기 위해 배꼽에 관한 끝없는 상념들을 쌓기 시작했다.

(중략)

그리하여 배꼽에 관한 허원의 지식과 **사념**은 자꾸 더 **심오하고 추상적인** 것이 되어 갔다. 그에게는 어느덧 그 나름의 독특한 배꼽론 같은 것이 윤곽을 지어 가고 있었다. 하지만 그러면 그럴수록 허원은 더욱더 허전해지고, 아무 곳에도 발이 닿아 있는 것 같

지 않고, 혼자서 외롭게 허공을 둥둥 떠다니고 있는 것처럼 느껴졌다. 그러면 그는 또 거듭 그 허망감을 쫓기 위해 자신의 배꼽론을 완벽하게 발전시켜 나갔다. 마치 그렇게 하여 그는 자신의 사념 속에서 잃어버린 배꼽을 되찾아내고, 그것으로 그 **실물**을 대신해 어떤 식으로든 자신과 세상 간에 큰 불편이 없도록

화해시키고 그것으로 그 난감스런 허망감을 채우려는 듯이. 그의 배꼽론은 가령 이런 식으로까지 발전되어 있었다.

—우리는 누구나 **배꼽**을 가지고 있다…… 우리는 우리들의 어머니로부터 **탯줄**이 끊어지는 순간 이 우주의 한 단자(單子)로서 고독하게 존재하게 되었다. 그러나 우리는 영원히 그 탯줄의 기억을 잊지 않는다. 우리 영혼은 언제까지나 그 어머니의 탯줄과 이어지려 하고, 또다시 그 어머니의 어머니의 탯줄과 이어져 나가면서 우리 **존재**를 설명하고 근원을 밝혀 나가며, 마침내는 마지막 어머니의 탯줄이 이어지는 우리들의 **우주와 만나**게 된다…… 우리의 배꼽은 우리가 그 마지막 우주와 만나고자 하는 향수의 표상이며 가능성의 상징이며 존재의 비밀로 나아가는 형이상학이다. 그 비밀의 문이다……

그는 어느덧 배꼽에 대해 당당한 일가견을 이룬 배꼽 전문가가 되어 가고 있었다.

㉣ 어느 해 여름이었다. 하니까 그것은 허원이 자신의 배꼽을 잃어버리고 나서 불편하기 그지없는 세 번째의 여름을 맞고 있을 때였다. 그는 물론 배꼽을 잃어버린 자신에 대해 아직도 완전히 익숙해지질 못하고 있었다. 그의 사념 역시 언제나 그 눈에 보이지 않는 배꼽에 매달려 거기에서밖에는 영영 더 이상 자유로워질 수가 없었다. 그 대신 허원은 이제 그 자신의 **배꼽론**에 대해선 매우 **확고한 경지**에 도달해 있었다.

그럴 즈음이었다. 허원은 문득 **세상 사람들**이 수상쩍어지기 시작했다. 어느 때부턴지는 확실히 알 수 없었지만, 세상 사람들 역시 무슨 이유에선지 이 인간 장기의 한 조그만 흔적에 대해 **심상찮은 관심**을 나타내기 시작한 것이다. 배꼽에 대한 사람들의 관심 역시 기왕부터 있어 온 것을 여태까지 서로 모르

고 지내 오다가 비로소 어떤 기미를 알아차리게 된 것인지, 혹은 사람들로 하여금 그런 관심을 내보이게 할 만한 무슨 우연찮은 계기가 마련되었는지는 확실치가 않았다. 그리고 무엇 때문에 사람들에게서 그런 관심이 시작되었는지 그 이유를 알 수도 없었다. 하지만 그것은 어쨌든 **사실**이었다. 주의를 기울여 보니 관심의 정도도 여간이 아니었다. 한두 사람, 한두 곳에서만 나타난 현상이 아니었다. 그것은 이미 일반적인 현상이 되어 가고 있었다. 그리고 그렇듯 **배꼽 이야기**가 **일반화**의 기미를 엿보이기 시작하자 사람들은 이제 그걸 신호로 아무 흥허물 없이 터놓고 지껄이거나 신문, 잡지 같은 데서 진지하게 논의의 대상을 삼기도 하였다. ⑩ 배꼽에 관한 논의가 그렇듯 갑자기 시중 일반에까지 성행하기 시작한 것이다.

　기묘한 현상이었다.

- 이청준, 「배꼽을 주제로 한 변주곡」 -

10 ㉠~㉤의 서술 방식에 대한 설명으로 가장 적절한 것은?

① ㉠ : 누구의 생각을 누가 말하는지 명시한 표현을 나타내어 서술하고 있다.

② ㉡ : 인물의 생각을 서술자가 평가하며 그 심화된 의미를 함축하여 서술하고 있다.

③ ㉢ : 인물의 의식을 인물 자신의 생생한 목소리를 통해 서술하고 있다.

④ ㉣ : 인물의 상황에 관련된 정보를 부가하여 서술하고 있다.

⑤ ㉤ : 인물 행동의 진행 과정을 순차적으로 서술하고 있다.

기호 밑줄 선지가 요구하는 것을 통해 복잡한 소설 독해하기

장면 1

㉠ 불편스런 일이 한두 가지가 아니었다. 하지만 허원은 그렇게 스스로 주의하고 고통을 감내해 냈기 때문에 자신의 비밀을 남 앞에 감쪽같이 숨겨 나갈 수 있었다. 아무도 그의 비밀을 눈치챈 사람이 없었다. 비밀이 탄로 나지 않는 한 그의 일상 생활은 더 이상 불편을 겪을 필요도 없었다. 인체 생리나 해부학 서적 같은 걸 뒤져 봐도 성인의 배꼽은 거의 아무런 기능도 수행하지 않음을 알 수 있었다. 적어도 그의 외모나 바깥 생활은 정상을 유지할 수 있었다. 그 점만이라도 무척 다행이었다. 그는 일단 안도의 한숨을 내쉬었다.

㉡ ― 그깟 놈의 배꼽, 안 가지고 있음 어때.

➔ 허원은 배꼽을 잃어버린 후 이를 철저히 숨기며 살아갑니다. 배꼽 상실로 인한 불편함이 많았지만 '고통을 감내'하며 비밀을 유지합니다. 의학 서적을 통해 성인의 배꼽이 기능적으로 무의미함을 확인하고 안도하는 모습은 이성적으로 상황을 받아들이려는 노력을 보여줍니다. '그깟 놈의 배꼽'이라는 표현에서 가볍게 넘기려는 체념의 의지가 드러납니다. '허원', '그'와 같은 말과 서술자의 내면 심리 제시를 통해 전지적 작가 시점임을 알 수 있습니다.

> **심리** 허원(불안 → 이성적 확인 → 체념 시도)
> **상황** 비밀 유지의 고통과 안도감의 공존
> **인물과 성격**
> ·허원: 상실의 은폐와 합리화

그쯤 체념을 하고 될 수 있으면 배꼽에 관한 일들을 잊어버리려 했다. ⓒ 자신으로부터 배꼽이 사라져 버린 사실을, 그리고 그 때문에 생긴 모든 불편을 잊고, 그 배꼽 없는 생활에 스스로 익숙해져 버리기를 바라 마지않았다. 하지만 문제는 그렇게 간단하지 않았다. 아무리 일상생활에선 드러나게 불편한 점이 없다 해도 그는 역시 배꼽이 없는 자신에 대해 좀처럼 익숙해질 수가 없었다. 그는 자꾸만 허전해서 견딜 수가 없어지곤 했다. 있느니라 여기고 지낼 때는 그처럼 무심스럽던 일이 그런 식으로 한번 의식의 끈을 건드려 오자 허원의 상념은 잠시도 그 잃어버린 배꼽에서 떠나 있을 수가 없었다.

▸ 그러나 체념하려는 시도는 실패로 끝납니다. 허원은 배꼽 없는 생활에 익숙해지기를 바라지만 오히려 의식할수록 더 집착하게 됩니다. 무심히 지냈던 것이 한번 의식되자 '잠시도 떠나 있을 수가 없는' 강박이 되어버린 것입니다. 이는 상실이 의식화되면서 일상을 지배하게 되는 과정을 보여줍니다.

> **심리** 허원(무의식적 소유 → 의식적 상실 → 강박적 집착)
> **갈등** 허원(잊고 싶음 vs 잊을 수 없음)

그는 마침내 회사 출근마저 단념하기에 이르렀다. 그러자 신통하게도 늦잠 버릇이 깨끗이 자취를 감춰 버렸다. 그는 눈만 뜨면 사라져 없어진 배꼽 때문에 기분이 허전했고, 그러면 그 허망감을 쫓기 위해 배꼽에 관한 끝없는 상념들을 쌓기 시작했다.

▸ 결국 허원은 '회사 출근마저 단념'합니다. 역설적으로 '늦잠 버릇이 깨끗이 자취를 감춰'버린 것은 배꼽에 대한 집착이 일상을 완전히 장악했음을 의미합니다. '허망감을 쫓기 위해 배꼽에 관한 끝없는 상념들을 쌓기 시작'하는 모습은 상실을 사유로 메우려는 시도입니다.

> **상황** 은폐 → 체념 시도 → 집착 심화 → 일상 포기

> (중략)

장면 2

그리하여 배꼽에 관한 허원의 지식과 사념은 자꾸 더 심오하고 추상적인 것이 되어 갔다. 그에게는 어느덧 그 나름의 독특한 배꼽론 같은 것이 윤곽을 지어 가고 있었다. 하지만 그러면 그럴수록 허원은 더욱더 허전해지고, 아무 곳에도 발이 닿아 있는 것 같지 않고, 혼자서 외롭게 허공을 둥둥 떠다니고 있는 것처럼 느껴졌다. 그러면 그는 또 거듭 그 허망감을 쫓기 위해 자신의 배꼽론을 완벽하게 발전시켜 나갔다.

▸ 허원의 배꼽에 대한 사유는 점차 철학적 차원으로 발전합니다. '심오하고 추상적'인 배꼽론을 구축하지만, 역설적으로 지식이 깊어질수록 허전함도 커집니다. 사유가 상실을 채우지 못하는 상황입니다.

마치 그렇게 하여 그는 자신의 사념 속에서 잃어버린 배꼽을 되찾아내고, 그것으로 그 실물을 대신해 어떤 식으로든 자신과 세상 간에 큰 불편이 없도록 화해시키고 그것으로 그 난감스런 허망감을 채우려는 듯이. 그의 배꼽론은 가령 이런 식으로까지 발전되어 있었다.

▸ 허원은 사념 속에서 잃어버린 배꼽을 되찾아 '자신과 세상 간의 불편'을 해소하려 합니다. 그의 배꼽론이 발전되어 갑니다. 어떤 것일지 확인하러 갑시다.

―우리는 누구나 배꼽을 가지고 있다…… 우리는 우
리들의 어머니로부터 탯줄이 끊어지는 순간 이 우주의
한 단자(單子)로서 고독하게 존재하게 되었다. 그러나
우리는 영원히 그 탯줄의 기억을 잊지 않는다. 우리 영
혼은 언제까지나 그 어머니의 탯줄과 이어지려 하고,
또다시 그 어머니의 어머니의 탯줄과 이어져 나가면
서 우리 존재를 설명하고 근원을 밝혀 나가며, 마침내
는 마지막 어머니의 탯줄이 이어지는 우리들의 우주와
만나게 된다…… 우리의 배꼽은 우리가 그 마지막 우
주와 만나고자 하는 향수의 표상이며 가능성의 상징
이며 존재의 비밀로 나아가는 형이상학이다. 그 비밀
의 문이다……
그는 어느덧 배꼽에 대해 당당한 일가견을 이룬 배꼽
전문가가 되어 가고 있었다.

➡ 허원의 배꼽론은 우주론적 차원에 도달합니다. 배꼽을
통해 어머니, 조상, 그리고 궁극적으로 우주와 연결되는 형이
상학적 체계를 구축합니다. 탯줄의 흔적인 배꼽은 '향수의
표상', '존재의 비밀로 나아가는 형이상학'이 됩니다. 허원은
어느덧 '배꼽 전문가'가 되어 있습니다.

장면 3

㉣ 어느 해 여름이었다. 하니까 그것은 허원이 자신의
배꼽을 잃어버리고 나서 불편하기 그지없는 세 번째
의 여름을 맞고 있을 때였다. 그는 물론 배꼽을 잃어버
린 자신에 대해 아직도 완전히 익숙해지질 못하고 있
었다. 그의 사념 역시 언제나 그 눈에 보이지 않는 배
꼽에 매달려 거기에서밖에는 영영 더 이상 자유로워질
수가 없었다. 그 대신 허원은 이제 그 자신의 배꼽론에
대해선 매우 확고한 경지에 도달해 있었다.

➡ '세 번째의 여름'이라는 구체적 시간은 3년간의 집착을
보여줍니다. 허원은 '아직도 완전히 익숙해지질 못하고' 있으
며, '그 눈에 보이지 않는 배꼽에 매달려' 있습니다. 그러
나 '배꼽론에 대해선 매우 확고한 경지에 도달'했다는 것
은 상실을 사유로 승화시킨 결과입니다.

배경 3년 후 여름(시간)
상황 여전히 배꼽은 사라진 상태, 배꼽론은 확고한 경
지에 도달함

그럴 즈음이었다. 허원은 문득 세상 사람들이 수상쩍
어지기 시작했다. 어느 때부턴지는 확실히 알 수 없었
지만, 세상 사람들 역시 무슨 이유에선지 이 인간 장기
의 한 조그만 흔적에 대해 심상찮은 관심을 나타내기
시작한 것이다. 배꼽에 대한 사람들의 관심 역시 기왕
부터 있어 온 것을 여태까지 서로 모르고 지내 오다가
비로소 어떤 기미를 알아차리게 된 것인지, 혹은 사람
들로 하여금 그런 관심을 내보이게 할 만한 무슨 우연
찮은 계기가 마련되었는지는 확실치가 않았다. 그리
고 무엇 때문에 사람들에게서 그런 관심이 시작되었
는지 그 이유를 알 수도 없었다. 하지만 그것은 어쨌
든 사실이었다.

➡ 갑자기 세상 사람들도 배꼽에 관심을 보이기 시작합니
다. 언제부터인지, 왜인지는 불분명하지만 '심상찮은 관심'
이 나타납니다. 개인의 집착이 집단적 현상과 일치하는 순
간입니다. 그러나 허원은 이유를 알지 못합니다.

상황 세상 사람들이 배꼽에 대해 관심을 보임
사실 세상 사람들이 배꼽에 대해서 왜 관심을 보이는
지는 모르지만, 관심을 보인다는 사실은 알게 됨

주의를 기울여 보니 관심의 정도도 여간이 아니었다.
한두 사람, 한두 곳에서만 나타난 현상이 아니었다. 그
것은 이미 일반적인 현상이 되어 가고 있었다. 그리고
그렇듯 배꼽 이야기가 일반화의 기미를 엿보이기 시작
하자 사람들은 이제 그걸 신호로 아무 흉허물 없이 터
놓고 지껄이거나 신문, 잡지 같은 데서 진지하게 논의
의 대상을 삼기도 하였다. ⓜ 배꼽에 관한 논의가 그렇
듯 갑자기 시중 일반에까지 성행하기 시작한 것이다.
기묘한 현상이었다.

➡ 배꼽에 대한 논의가 '신문, 잡지'에까지 등장하며 대중
화됩니다. 갑자기 '시중 일반에까지 성행'하는 이 현상을
'기묘한'이라고 표현합니다. 이는 개인의 상실이 공적 담론이
되어버린 상황에 대한 허원의 반응입니다.

> **상황** 개인적 집착(3년) → 사회적 관심 발견 → 집단
> 적 현상으로 확산
> **심리** 허원(이해할 수 없음, 기묘함)

10 ㉠~㉤의 서술 방식에 대한 설명으로 가장 적절한 것은?

정답 ④

① ㉠ : 누구의 생각을 누가 말하는지 명시한 표현을 나타
내어 서술하고 있다.

➡ '불편스런 일이 한두 가지가 아니었다'는 서술자가 허원
의 상황을 전달하는 것입니다. '허원은 ~라고 생각했다'
와 같은 명시적 표현이 없어 적절하지 않습니다.

② ㉡ : 인물의 생각을 서술자가 평가하며 그 심화된 의미
를 함축하여 서술하고 있다.

➡ '— 그깟 놈의 배꼽, 안 가지고 있음 어때'는 허원의 내
적 독백입니다. 이는 서술자의 평가가 아닌 인물의 생각이
직접적으로 제시된 것입니다. 적절하지 않습니다.

③ ㉢ : 인물의 의식을 인물 자신의 생생한 목소리를 통해
서술하고 있다.

➡ '자신으로부터'를 통해, 서술자가 허원의 내면을 서술하
고 있음을 알 수 있습니다. 이는 인물 자신의 목소리가 아닙
니다. 적절하지 않습니다.

④ ㉣ : 인물의 상황에 관련된 정보를 부가하여 서술하
고 있다.

➡ '허원이 자신의 배꼽을 잃어버리고 나서 불편하기 그지
없는 세 번째의 여름'이라는 구절을 통해, '허원'이 배꼽을
잃어버린 지 3년이 되어감을 드러냅니다. 적절합니다.

⑤ ㉤ : 인물 행동의 진행 과정을 순차적으로 서술하고
있다.

➡ '배꼽에 관한 논의가 그렇듯 갑자기 시중 일반에까지
성행하기 시작한 것이다'는 사회적 현상의 결과를 드러낸
것입니다. 인물 행동의 진행 과정은 제시되어 있지 않습니
다. 적절하지 않습니다.

FOCUS

9

소설의 시공간

시간과 공간을 기준 삼아 장면을 분할해서 읽어 봅시다.

소설의 시공간

시간과 공간을 기준 삼아 장면을 분할해서 읽어 봅시다.

산문 작품을 분석할 때는 인물을 중심으로 시간과 공간을 파악하는 것이 효과적입니다. 인물이 누구인지, 언제 어디서 무엇을 했는지를 차례로 정리하다 보면 시·공간적 배경이 자연스럽게 드러나기 때문입니다. 이런 점에서 산문의 인물은 비문학의 개념어와 비슷한 역할을 한다고 볼 수 있습니다. 개념어가 비문학의 핵심 내용을 파악하는 열쇠인 것처럼, 인물은 산문의 구조를 파악하는 중심축이 되는 것입니다.

시간과 공간은 작품 이해에 중요한 요소이므로 당연히 파악해야 하지만, 간혹 이러한 요소들을 단독으로 묻는 문제가 출제되기도 합니다.

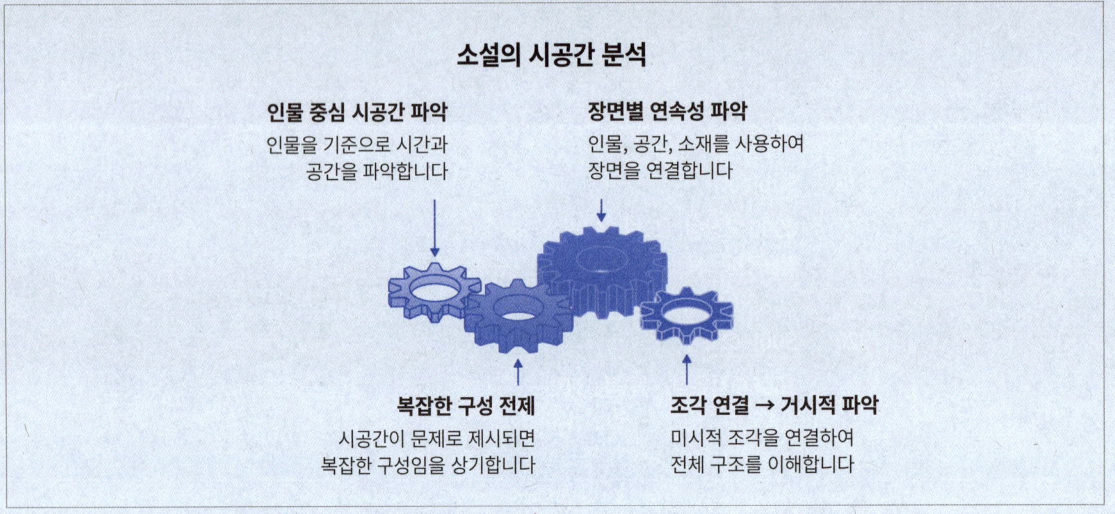

시·공간을 단독으로 다룬 문제가 나왔다는 것은 그 작품은 굉장히 복잡한 구성이라는 뜻입니다.
그렇지 않고서야 굳이 시·공간을 단독 문제로 다룰 이유가 없습니다.

따라서 문제 조망의 과정에서 시·공간을 단독 유형을 발견하거나 <보기>에서 시·공간을 다루는 것을 발견한다면 작품의 구성이 복잡할 것임을 전제로 독해합시다.

인물뿐만이 아닌 각 장면에 겹치는 공간, 소재 까지 활용해서 이 장면과 저 장면의 연속성을 파악해야 합니다.

그렇게 장면들의 요소를 하나씩 파악해서 연결하면 자연스레 순서를 알 수 있습니다

처음부터 모든 것을 거시적으로 잡고 가려고 하지 마세요.

해야 할 것을 하나씩 하면 개별 조각들을 파악할 수 있습니다.
우리는 그 조각들을 모아서 붙이는 작업을 하는 겁니다.

어둠이 쪽 깔려 간 밤하늘에는 별들이 빙판(氷板)에 얼어붙은 구슬들처럼 반짝이고 있었다. 찬바람이 나뭇가지를 흔들고 지나갈 때마다 낙엽이 우수수 발밑으로 떨어져 흩어졌다. 그는 지금 가로수에 기대어서서 하늘을 쳐다보고 있었다. 무거운 마음이 좀처럼 가라앉지가 않았다. 그는 즈봉 포켓 속에 구겨 넣은 신문지를 다시금 손으로 구겨 쥐었다. 어머니—그는 마음속으로 이렇게 부르짖었다. 그 순간 '아래는 아들의 소식을 듣고 실신한 노모'라는 ㉠신문 구절과 함께 노파의 주름진 얼굴이 어머니 얼굴과 겹쳐서 떠올랐다. 그러나 곧 '모두가 조국을 위해서다.' 하는 음성이 그의 마음을 뒤덮고 지나갔다.

'이미 우리는 ㉡조국을 위해서만이 있는 몸이다. 지금의 네 심정을 모르는 바 아니지만 보다 더 보람 있는 하나를 위해서 하나를 버려야지.'

약 이 개월 전 일이었다. 그가 투신하고 있는 비밀 결사에서는 한 사람을 암살하지 않으면 안 될 경지에 놓여 있었다. 그리고 바로 계획된 그날 밤 오랜 신병 끝에 오직 한 분밖에 없는 그의 어머니가 숨져 가고 있었던 것이었다.

클랙슨 소리가 짧게 밖에서 또 한 번 울려 오고 있었다. 정각에서 삼십 분 전. 야광 초침이 파란 빛깔을 그으면서 아라비아 숫자가 나열된 동그란 원반 위를 움직이고 있었다. ㉢클랙슨 소리가 다시 짧게 울렸다. 그는 묵묵히 고개를 들고 어둠과 마주 섰다.

[B]
"연기는 안 돼. 생각해 봐. 우리가 오늘 이 기회를 잡기 위해서 얼마나 시간과 정력을 소비했나를……. 그것뿐만이 아니라 오늘 실패하는 경우엔 이미 우리들의 계획은 모두 수포로 돌아가는 거야. 그렇게 되면 우리는 하나에서부터 다시 시작해야 하는 거야. 지금 우리들은 삼이라는 성공 숫자 앞에 와 있다. 알겠지? 어머니는 우리가 맡을 테다. 조국을 위해서 이미 모든 것을 버리기로 한 우리들이 아니냐."

나직하면서도 초조한 음성이었다. 그는 조용히 문을 닫았다. 어머니의 신음 소리가 무겁게 방 안에서

울려 나오고 있었다.

(중략)

의식을 잃고 누워 있던 어머니는 방문이 부시시 열리는 소리에 눈을 떴다. 천장이 축 쳐져서 내려앉은 ㉣방 안은 더욱 답답하고 어두웠다. 그는 어머니 앞으로 조용히 다가가서 꿇어 앉았다. 고개를 약간 모로 눕히면서 아들 모습을 더듬어 가고 있는 그 눈빛은 다 꺼져 가는 모닥불처럼 희미하게 등잔불 빛에 반사되어 빛나고 있었다.

"어머니……."

노파는 아들의 음성을 알아들었는지 고개를 간신히 흔들어 보이는 것 같았다.

"어머니, 의사가 왔댔어요?"

그러나 노파는 가만히 있었다. 그는 어머니가 말귀를 못 알아들었는가 하여 다시 한 번 어머니 귀 가까이 입을 대고 물어보았다. 그리고 나서 어머니 표정을 조용히 지켰다. 험하게 주름져 간 입술이 움직거리는 것 같았다. 어머니 손이 무엇인가를 찾아 헤매는 듯하므로 그는 어머니의 손을 마주 잡으며 물었다.

"왜 그러세요?"

어머니는 아무 말 없이 아들의 손만을 꾹 움켜쥐는 것이었다. 어머니는 곧 아들의 손을 끌어당겨 자기 뺨 위로 가져갔다. 그는 가슴이 뭉클 뜨거운 물결 속에 휩쓸려 들어가는 것 같았다. 그는 순간 며칠 전 집을 나갈 때 간신히 입을 열고 중얼거리던 어머니 말씀이 눈앞에 또렷이 아로새긴 것처럼 떠오르는 것이었다.

"언제 돌아오냐?"

"오늘은 못 돌아올 것 같아요. 저 옆집 아주머니한테 부탁을 했어요. 그리고 좀 돌봐 달라고 돈도 드렸으니까 근심 마세요. 의사도 이따 저녁에 다시 한 번 들를 거예요."

"오냐."

그리고 나서 어머니는 잠시 멍하니 허공에 눈 주

고 있다가 혼잣말처럼 이렇게 중얼거리는 것이었다.

[C] "어머니는 아들만을 위해서 있단다. 나이 들
면 들어 갈수록……. 그러나 아들이야 그럴
수 있겠니, 제 할 일이 더 중한데……."

그 말을 듣는 순간 노쇠한 어머니의 애틋한 기대를 깨닫지 못하는 바 아니었으나 그는 자리에서 일어섰던 것이었다.

그는 지금 이러한 생각에 사로잡힌 채 자기 손을 끌어당겨다 입술 위에 대고 어루만지고 있는 어머니의 모습을 잠시 지켜보고 있었다. 얼마 후 자기 손을 어루만지던 어머니의 손은 맥없이 그대로 멈추어졌다. 그는 뼈만이 앙상한, 여윈 어머니의 손가락으로부터 어머니 눈 위로 시선을 옮겼다. 자기를 쳐다보고 있는 희미한 어머니의 눈빛, 마치 그것은 먼지 속에 퇴색하여 버린 ⓔ유리알처럼 빛을 잃고 있었다. 그 순간 어머니는 지금 아들의 모습을 바라다보고 있는 것이 아니라, 다만 마음속에서 느끼고 있을 뿐이라는 생각이 그의 마음에 어두운 선을 그으며 지나갔다.

다음날 그는 밀회 시간을 어기고 그대로 어머니 곁에 있었다. 정오가 가까워서였다. 자동차의 엔진 소리가 요란하게 들리더니 집 앞에서 급히 브레이크 밟는 소리가 났다.

- 오상원, 「모반」 -

1 위 글의 서술상의 시간을 <보기>와 같이 정리했다. 이와 관련한 설명으로 적절하지 <u>않은</u> 것은?

• 보기 •

지금(1) → 그날 밤 → 며칠 전 → 지금(2) → 다음날

① '지금'(1)과 '지금'(2)는 공간적 배경이 다르다.
② '그날 밤'과 '지금'(2)는 시간적 배경이 동일하다.
③ '그날 밤'과 '며칠 전' 장면은 서술자의 시점이 서로 다르다.
④ 실제 시간 순으로 배열하면 '며칠 전'이 가장 먼저이다.
⑤ '다음날'에는 새로운 사건의 발생이 암시되어 있다.

학습목표

<보기>에서 제시된 시간기준을 통해 작품 독해하기

• 보기 •

지금(1) → 그날 밤 → 며칠 전 → 지금(2) → 다음날

➔ <보기>에서 서술상의 시간이 제시되었습니다. 실제 시간과 차이가 있을 수 있으니 읽으며 판단합시다. 그러나 시간 구성이 복잡할 경우 전체 순서를 미리 다 파악하기 힘들 수 있습니다. 따라서 독해를 할 때는 장면의 단편적인 선후 관계를 먼저 파악합시다. 그리고 문제로 간 다음, 선지에서 요구하는 것을 찾아서 선후 관계를 파악합시다.

장면 1

어둠이 쪽 깔려 간 밤하늘에는 별들이 빙판(氷板)에 얼어붙은 구슬들처럼 반짝이고 있었다. 찬바람이 나뭇가지를 흔들고 지나갈 때마다 낙엽이 우수수 발밑으로 떨어져 흩어졌다. 그는 지금 가로수에 기대어 서서 하늘을 쳐다보고 있었다. 무거운 마음이 좀처럼 가라앉지가 않았다. 그는 즈봉 포켓 속에 구겨 넣은 신문지를 다시금 손으로 구겨 쥐었다.

➔ 차가운 밤의 정경 묘사로 시작합니다. '어둠', '찬바람', '낙엽' 등의 이미지가 주인공의 무거운 마음과 조응합니다. '그'라는 호칭어로 3인칭임을 알 수 있습니다. 그가 신문지를 구겨 쥐는 행동을 합니다. 어떤 상황이기에 무거운 마음을 가지고 있을까요?

배경 어두운 밤(시간), 가로수가 있는 거리(공간)

시점 3인칭

인물과 성격
· '그' : 무거운 마음을 가진 주인공

어머니—그는 마음속으로 이렇게 부르짖었다. 그 순간 '아래는 아들의 소식을 듣고 실신한 노모'라는 ㉠ 신문 구절과 함께 노파의 주름진 얼굴이 어머니 얼굴과 겹쳐서 떠올랐다. 그러나 곧 '모두가 조국을 위해서다.' 하는 음성이 그의 마음을 뒤덮고 지나갔다.
'이미 우리는 ㉡ 조국을 위해서만이 있는 몸이다. 지금의 네 심정을 모르는 바 아니지만 보다 더 보람 있는 하나를 위해서 하나를 버려야지.'

➔ 신문 구절은 독립운동으로 희생된 아들의 소식을 듣고 실신한 어머니에 대한 기사로 추측됩니다. 이것이 자신의 어머니와 겹쳐 보이나 봅니다. 우리는 이때, 주인공이 신문의 내용과 비슷한 상황임을 추측할 수 있습니다. 그리고 마침 그의 내면에 어떤 '음성'이 지나갑니다. 이로써 누군가가 그에게 무언가 희생을 요구하는 상황이고 그는 어머니와 어떤 일 사이에서 내적 갈등을 겪고 있다는 것을 알 수 있습니다.

시점 전지적 작가

갈등 '그'(어떤 일 vs 어머니)

장면 2

약 이 개월 전 일이었다. 그가 투신하고 있는 비밀결사에서는 한 사람을 암살하지 않으면 안 될 경지에 놓여 있었다. 그리고 바로 계획된 그날 밤 오랜 신병 끝에 오직 한 분밖에 없는 그의 어머니가 숨져 가고 있었던 것이었다.

➔ 과거 회상을 통해 사건의 경위가 제시됩니다. 암살 계획이 '계획된 그날 밤'에 그의 어머니가 죽어가고 있었습니다. 내적 갈등의 원인이 제시되었습니다. '그날 밤'은 '지금(1)'보다 앞선 시간대입니다.

갈등 그'(비밀결사의 암살 요구 vs 어머니가 숨져 가고 있음)

배경 이 개월 전(시간)

장면 3

클랙슨 소리가 짧게 밖에서 또 한 번 울려 오고 있었다. 정각에서 삼십 분 전. 야광 초침이 파란 빛깔을 그으면서 아라비아 숫자가 나열된 동그란 원반 위를 움직이고 있었다. ⓒ클랙슨 소리가 다시 짧게 울렸다.

▶ 회상이 끝나고 다시 현실로 돌아왔습니다. 밖에서 클랙슨 소리가 들립니다. 다시 클랙슨을 누르는 것을 봐서 차를 탄 누군가가 주인공을 기다리고 있나 봅니다. 그런데 '정각에서 삼십 분 전'이라는 서술을 하고 방 안의 시계의 모습과 움직임을 구체적으로 묘사합니다. 따라서 주인공이 어떤 약속에 늦었기에 누군가가 재촉을 하는 중이라는 추측을 할 수 있습니다.

> **배경** 방 안(공간 배경)
> **상황** 차를 탄 누군가가 클랙슨을 울려 '그'를 재촉함

그는 묵묵히 고개를 들고 어둠과 마주 섰다.
"연기는 안 돼. 생각해 봐. 우리가 오늘 이 기회를 잡기 위해서 얼마나 시간과 정력을 소비했나를……. 그것뿐만이 아니라 오늘 실패하는 경우엔 이미 우리들의 계획은 모두 수포로 돌아가는 거야. 그렇게 되면 우리는 하나에서부터 다시 시작해야 하는 거야. 지금 우리들은 삼이라는 성공 숫자 앞에 와 있다. 알겠지? 어머니는 우리가 맡을 테다. 조국을 위해서 이미 모든 것을 버리기로 한 우리들이 아니냐."
나직하면서도 초조한 음성이었다. 그는 조용히 문을 닫았다. 어머니의 신음 소리가 무겁게 방 안에서 울려 나오고 있었다.

▶ 그가 '어둠과 마주' 섭니다. 방 바깥에 나왔습니다. 그리고 주인공을 기다리던 누군가가 그를 설득합니다. '오늘'이 바로 '계획'을 실행하는 날이고 연기는 할 수 없기에 그 '계획'을 위해 죽어가는 어머니를 두고 가라고 합니다. 그리고 주인공인 문을 닫고 어머니를 뒤로 한 채 바깥으로 나갑니다.

> **배경** 바깥(공간 배경)
> **상황** '그'는 어머니를 뒤로 한 채, 계획을 실행하러 감

(중략)

장면 4

의식을 잃고 누워 있던 어머니는 방문이 부시시 열리는 소리에 눈을 떴다. 천장이 축 쳐져서 내려앉은 ⓔ방 안은 더욱 답답하고 어두웠다. 그는 어머니 앞으로 조용히 다가가서 꿇어 앉았다. 고개를 약간 모로 눕히면서 아들 모습을 더듬어 가고 있는 그 눈빛은 다 꺼져 가는 모닥불처럼 희미하게 등잔불 빛에 반사되어 빛나고 있었다.

▶ 갑자기 다시 방 안이 제시되고 어머니가 등장합니다. 그는 어머니 앞에 가서 꿇어 앉고 어머니는 그를 응시합니다. 어머니의 눈빛을 '다 꺼져 가는 모닥불'에 비유하여 생명력이 쇠해가는 모습을 드러 냅니다.

> **배경** 방 안(공간)
> **상황** 어머니의 임종이 가까워짐
> **인물과 성격**
> · '그' : 무거운 마음을 가진 주인공
> · 어머니 : 위독한 상태

"어머니……."
노파는 아들의 음성을 알아들었는지 고개를 간신히 흔들어 보이는 것 같았다.
"어머니, 의사가 왔댔어요?"
그러나 노파는 가만히 있었다. 그는 어머니가 말귀를 못 알아들었는가 하여 다시 한 번 어머니 귀 가까이 입을 대고 물어보았다. 그리고 나서 어머니 표정을 조용히 지켰다. 험하게 주름져 간 입술이 움직거리는 것 같았다. 어머니 손이 무엇인가를 찾아 헤매는 듯하므로 그는 어머니의 손을 마주 잡으며 물었다.

▶ 아들이 어머니에게 말을 걸지만 어머니는 제대로 대답하지 못합니다. 어머니의 상태가 매우 위중함을 알 수 있습니다. 입술만 움직이고 손으로 무언가를 찾는 모습에서 임

종이 가까워졌음을 보여줍니다.

"왜 그러세요?"
어머니는 아무 말 없이 아들의 손만을 꾹 움켜쥐는 것이었다. 어머니는 곧 아들의 손을 끌어당겨 자기 뺨 위로 가져갔다. 그는 가슴이 뭉클 뜨거운 물결 속에 휩쓸려 들어가는 것 같았다.

◉ 어머니는 말 대신 아들의 손을 잡고 자신의 뺨에 갖다 댑니다. 신체적 접촉으로 애정을 표현하는 모습입니다. 주인공은 복받치는 감정을 느낍니다. 어머니가 죽어가는 이 장면을 통해 이 시점이 '그의 어머니가 숨져 가고' 있던 '그날 밤'에 해당함을 알 수 있습니다.

배경 그날 밤

장면 5

그는 순간 머칠 전 집을 나갈 때 간신히 입을 열고 중얼거리던 어머니 말씀이 눈앞에 또렷이 아로새긴 것처럼 떠오르는 것이었다.
"언제 돌아오냐?"
"오늘은 못 돌아올 것 같아요. 저 옆집 아주머니한테 부탁을 했어요. 그리고 좀 돌봐 달라고 돈도 드렸으니까 근심 마세요. 의사도 이따 저녁에 다시 한번 들를 거예요."
"오냐."

◉ 다시 과거 회상이 시작됩니다. '며칠 전' 집을 나갈 때의 상황입니다

배경 며칠 전(시간)
시간 순서 며칠 전 → 그날 밤

그리고 나서 어머니는 잠시 멍하니 허공에 눈 주고 있다가 혼잣말처럼 이렇게 중얼거리는 것이었다.
"어머니는 아들만을 위해서 있단다. 나이 들면 들어 갈수록……. 그러나 아들이야 그럴 수 있겠니, 제 할 일이 더 중한데……."
그 말을 듣는 순간 노쇠한 어머니의 애틋한 기대를 깨닫지 못하는 바 아니었으나 그는 자리에서 일어섰던 것이었다.

◉ 어머니와 아들의 대화입니다. 어머니는 언제 돌아오는지 묻고, 아들은 오늘은 못 돌아온다고 답합니다. 그리고 어머니는 자신은 아들만을 위해 산다고 하면서도 아들에게는 더 중요한 일이 있으니 어쩔수 없다고 말합니다. 여기서 아들을 이해하는 어머니의 마음이 드러납니다. 주인공은 어머니의 마음을 알지만 자리를 떠납니다.

갈등 '그'(어머니에 대한 마음 vs 해야 할 일)

장면 6

그는 지금 이러한 생각에 사로잡힌 채 자기 손을 끌어당겨다 입술 위에 대고 어루만지고 있는 어머니의 모습을 잠시 지켜보고 있었다. 얼마 후 자기 손을 어루만지던 어머니의 손은 맥없이 그대로 멈추어졌다. 그는 뼈만이 앙상한, 여윈 어머니의 손가락으로부터 어머니 눈 위로 시선을 옮겼다. 자기를 쳐다보고 있는 희미한 어머니의 눈빛, 마치 그것은 먼지 속에 퇴색하여 버린 ㉤ 유리알처럼 빛을 잃고 있었다. 그 순간 어머니는 지금 아들의 모습을 바라다보고 있는 것이 아니라, 다만 마음속에서 느끼고 있을 뿐이라는 생각이 그의 마음에 어두운 선을 그으며 지나갔다.

◉ 다시 현재로 돌아와 어머니의 죽어가는 모습이 제시됩니다. 어머니의 손이 '맥없이' 멈추고, 그저 그를 쳐다봅니다. 그리고 서술자는 어머니의 눈빛을 '퇴색'한 '유리알'에 비유합니다. 이는 생명력을 잃어가는 어머니를 드러냅니다. 그는 어머니가 눈으로는 못 보지만 마음으로는 자신을 느끼고 있다고 생각합니다.

상황 어머니의 임종이 가까워짐

배경 [지금(2) = 그날 밤](시간)

시간 순서 며칠 전 → [지금(2) = 그날 밤]

장면 7

> [다음날] 그는 밀회 시간을 어기고 그대로 어머니 곁에 있었다. 정오가 가까워서였다. 자동차의 엔진 소리가 요란하게 들리더니 집 앞에서 급히 브레이크 밟는 소리가 났다.

▶ '다음날' 주인공은 '밀회 시간을 어기고' 어머니 곁에 있습니다. 그리고 자동차 소리가 들리는 것으로 보아 동료들이 찾아온 것 같습니다.

배경 다음날

시간 순서 며칠 전 → [지금(2) = 그날 밤] → 다음날

1 위 글의 서술상의 시간을 <보기>와 같이 정리했다. 이와 관련한 설명으로 적절하지 <u>않은</u> 것은?

정답 ③

┌─ 보기 ─

지금(1) → 그날 밤 → 며칠 전 → 지금(2) → 다음날

└─

① '지금'(1)과 '지금'(2)는 공간적 배경이 다르다.

▶ '지금'(1)의 공간적 배경은 '가로수가 있는 거리'이고 '지금'(2)의 공간적 배경은 '방 안'입니다. 전자는 '그는 지금 가로수에 기대어 서서'라는 구절을 통해 알 수 있습니다. 후자는 '그'가 '방 안'에 있는 '어머니'의 앞에 있다는 것을 통해 알 수 있습니다. 적절합니다.

② '그날 밤'과 '지금'(2)는 시간적 배경이 동일하다.

▶ '계획된 그날 밤 오랜 신병 끝에 오직 한 분밖에 없는 그의 어머니가 숨져 가고'라는 서술을 통해 '그날 밤' '어머니'가 죽어가고 있음을 알 수 있습니다. 이때, '지금'(2)에서 '어머니'가 죽어가고 있는 상황을 파악해서 '그날 밤'과 '지금'(2)의 시간적 배경이 동일함을 알 수 있습니다. 적절합니다.

③ '그날 밤'과 '며칠 전' 장면은 서술자의 시점이 서로 다르다.

▶ ② 번 선지를 판단하며 '그날 밤'은 '지금'(2)와 동일한 시간적 배경임을 알 수 있습니다. 따라서 '마음속에서 느끼고 있을 뿐이라는 생각이 그의 마음에 어두운 선을 그으며 지나갔다.'라는 구절을 통해, '그날 밤'에서는 3인칭으로 서술된 '그'의 내면 심리를 서술하고 있음을 파악할 수 있고 전지적 작가 시점임을 알 수 있습니다. 또한 '며칠 전'의 장면에서도 '그는 순간 며칠 전 집을 나갈 때 간신히 입을 열고 중얼거리던 어머니 말씀이 눈앞에 또렷이 아로새긴 것처럼 떠오르는 것'이라는 표현을 통해, 3인칭으로 서술된 '그'의 내면 심리를 서술하고 있음을 파악할 수 있고 전지적 작가 시점임을 알 수 있습니다. 따라서 적절하지 않습니다.

④ 실제 시간 순으로 배열하면 '며칠 전'이 가장 먼저이다.

➡ '그는 순간 며칠 전 집을 나갈 때'라는 구절을 통해 '며칠 전'은 '그'가 '지금'(2) 상황에서 회상하는 과거임을 알 수 있습니다. 또한 '약 이 개월 전 일이었다.', '계획된 그 날 밤 오랜 신병 끝에 오직 한 분밖에 없는 그의 어머니가 숨져 가고 있었던 것이었다.'라는 구절을 통해 '그날 밤'은 '지금'(1)보다 2개월 전 상황임을 알 수 있습니다. '다음날 그는 밀회 시간을 어기고 그대로 어머니 곁에 있었다.'를 통해 '다음날'은 '그날 밤'의 다음 날임을 알 수 있고, '지금'(1)에서 클랙슨 소리가 울리고 동료가 재촉하는 상황이 '다음날'의 연장선임을 알 수 있습니다. 따라서 실제 시간 순서는 '며칠 전 → 그날 밤(지금2) → 다음날 → 지금(1)'이므로 '며칠 전'이 가장 먼저입니다. 적절합니다.

⑤ '다음날'에는 새로운 사건의 발생이 암시되어 있다.

➡ '다음날 그는 밀회 시간을 어기고 그대로 어머니 곁에 있었다. 정오가 가까워서였다. 자동차의 엔진 소리가 요란하게 들리더니 집 앞에서 급히 브레이크 밟는 소리가 났다.'라는 구절을 통해 '다음날'에 자동차를 타고 온 누군가가 집 앞에 도착했음을 알 수 있습니다. 이는 앞서 '지금'(1)에서 '클랙슨 소리가 짧게 밖에서 또 한 번 울려 오고', '연기는 안 돼.'라며 동료가 주인공을 재촉하던 상황과 연결됩니다. 따라서 '다음날'의 자동차 도착은 동료들이 찾아와 주인공을 재촉하는 새로운 사건의 발생을 암시합니다. 적절합니다.

시간의 순서는 인물, 상황, 공간 등의 명시적인 근거를 통해 하나씩 파악해야 합니다. 앞선 지문에서 미리 다 파악을 하고 가도 좋지만, 구성 자체가 복잡하기에 상황, 인물의 등·퇴장, 공간 이동 등을 파악해두고 문제로 가서 요구하는 것을 판단하는 것을 추천합니다.

이 작품에서는 어머니가 죽어간다는 상황과 '그'가 위치한 공간적 배경, 인물의 등·퇴장을 파악해야 합니다.

먼저, 장면 2에서 2개월 전 '어머니'가 죽어가고 있다는 상황을 염두에 두고 읽어 내려갑시다. 그리고 장면 4에 이르러서 이 장면이 '어머니'가 죽어가는 상황을 묘사하고 있다는 것을 파악하면 해당 장면이 '그날 밤'임을 알 수 있습니다.

그 다음으로, 장면 5에서 '며칠 전'이라는 시간 표지를 통해 과거 회상이 이루어지고 있음을 눈치채고 '며칠 전 → 그날 밤'이라는 결론을 내렸어야 합니다. 또한 장면 6에서 '그날 밤'이라는 시간이 지속되고 있는 상황임을 염두에 둔 채 '지금(2)'가 제시됨을 파악하면, '그날 밤 = 지금(2)'라는 결론을 내릴 수 있습니다.

마지막으로, 장면 7에서 '자동차의 엔진 소리'를 통해 그 다음 장면에 자동차와 관련된 무언가가 온다는 것을 파악해야 합니다. 이때, 장면 1의 '클랙슨 소리'를 통해, 장면 7의 자동차를 타고 온 인물이 장면 1에서 주인공을 재촉하는 것임을 알 수 있습니다. 또한 '비밀 결사'의 조직원이 '오늘' 꼭 계획을 실행해야 한다는 말을 하고 그 말을 들은 주인공이 '방 안'의 '어머니'를 뒤로 한 채, 계획을 실행하러 가는 상황이 제시됩니다. 그 결과 우리는 '다음날 → 지금(1)'임을 알 수 있습니다.

결국 시간 순서는 '며칠 전 → 그날 밤 = 지금(2) → 다음날 → 지금(1)'이라는 결론을 얻게 됩니다. 이처럼 복잡한 시간 순서를 파악해야 할 때 인물, 소재, 인물이 위치한 장소, 상황 등 사용 가능한 모든 것을 동원해야 합니다.

우리 장인님은 약이 오르면 이렇게 손버릇이 아주 못됐다. 또 사위에게 이 자식 저 자식 하는 이놈의 장인님은 어디 있느냐. 오죽해야 우리 동리에서 누굴 물론하고 그에게 욕을 안 먹는 사람은 명이 짜르다, 한다. 조그만 아이들까지도 그를 돌라세 놓고 욕필이 ㉠(본 이름이 봉필이니까), 욕필이, 하고 손가락질을 할 만치 두루 인심을 잃었다. 허나 인심을 정말 잃었다면 욕보다 읍의 배참봉 댁 마름으로 더 잃었다. 번이 마름이란 욕 잘 하고 사람 잘 치고 그리고 생김 생기길 호박개 같아야 쓰는 거지만 장인님은 외양이 똑 됐다. 작인이 닭 마리나 좀 보내지 않는다든가 애벌 논 때 품을 좀 안 준다든가 하면 그해 ⓐ가을에는 영락없이 땅이 뚝뚝 떨어진다. 그러면 미리부터 돈도 먹이고 술도 먹이고 안달재신으로 돌아치던 놈이 그 땅을 슬쩍 돌라안는다. 이 바람에 장인님 집 빈 외양간에는 눈깔 커다란 황소 한 놈이 절로 엉금엉금 기어들고, 동리 사람들은 그 욕을 다 먹어 가면서도 그래도 굽신굽신하는 게 아닌가 —

그러나 내겐 장인님이 감히 큰소리할 계제가 못 된다. 뒷생각은 못 하고 뺨 한 개를 딱 때려 놓고는 장인님은 무색해서 덤덤히 쓴침만 삼킨다. 난 그 속을 퍽 잘 안다. 조금 있으면 갈도 꺾어야 하고 모도 내야 하고, 한창 바쁜 때인데 나 일 안 하고 우리 집으로 그냥 가면 고만이니까. 작년 이맘때도 트집을 좀 하니까 늦잠 잔다고 돌멩이를 집어 던져서 자는 놈의 발목을 삐게 해 놨다. 사날씩이나 건승 끙, 끙, 앓았더니 종당에는 거반 울상이 되지 않았는가 —

"얘, 그만 일어나 일 좀 해라. 그래야 올갈에 벼 잘 되면 너 장가들지 않니."

그래 귀가 번쩍 띄어서 그날로 일어나서 남이 이틀 품 들일 ⓑ논을 혼자 삶아 놓으니까 장인님도 눈깔이 커다랗게 놀랐다. 그럼 정말로 가을에 와서 혼인을 시켜 줘야 원 경우가 옳지 않겠나. 볏섬을 척척 들여 쌓아도 다른 소리는 없고 물동이를 이고 들어오는 점순이를 담배통으로 가리키며,

"이 자식아 미처 커야지. 조걸 데리고 무슨 혼인을 한다고 그러니 원!" 하고 남 낯짝만 붉게 해 주고 고

만이다.

(중략)

그 전날 왜 내가 새고개 맞은 봉우리 ㉢화전밭을 혼자 갈고 있지 않았느냐. 밭 가생이로 돌 적마다 야릇한 꽃내가 물컥물컥 코를 찌르고 머리 위에서 벌들은 가끔 붕, 붕, 소리를 친다. 바위틈에서 샘물 소리밖에 안 들리는 산골짜기니까 맑은 하늘의 봄볕은 이불 속같이 따스하고 꼭 꿈꾸는 것 같다. 나는 몸이 나른하고 몸살 ㉡(을 아직 모르지만 병)이 나려고 그러는지 가슴이 울렁울렁하고 이랬다.

"어러이! 말이! 맘 마 마……."

이렇게 노래를 하며 소를 부리면 여느 때 같으면 어깨가 으쓱으쓱한다. 웬일인지 ⓓ밭 반도 갈지 않아서 온몸의 맥이 풀리고 대고 짜증만 난다. 공연히 소만 들입다 두들기며 —

"안야! 안야! 이 망할 자식의 소 ㉣(장인님의 소니까) 대리를 꺾어 줄라."

그러나 내 속은 정말 안야 때문이 아니라 점심을 이고 온 점순이의 키를 보고 울화가 났던 것이다.

점순이는 뭐 그리 썩 이쁜 계집애는 못 된다. 그렇다구 또 개떡이냐 하면 그런 것도 아니고, 꼭 내 아내가 돼야 할 만치 그저 툽툽하게 생긴 얼굴이다. 나보다 십 년이 아래니까 올해 열여섯인데 몸은 남보다 두 살이나 덜 자랐다. 남은 잘도 훤칠히들 크건만 이건 위아래가 몽툭한 것이 내 눈에는 헐없이 감참외 같다. 참외 중에는 감참외가 젤 맛 좋고 이쁘니까 말이다. 둥글고 커단 눈은 서글서글하니 좋고 좀 지쳐 찢어졌지만 입은 밥술이나 혹혹이 먹음직하니 좋다. 아따 밥만 많이 먹게 되면 팔자는 고만 아니냐. 헌데 한 가지 파가 있다면 가끔가다 몸이 ㉤(장인님은 이걸 채신이 없이 들까분다고 하지만) 너무 빨리빨리 논다. 그래서 밥을 나르다가 때 없이 풀밭에서 깨빡을 쳐서 흙투성이 밥을 곧잘 먹인다. 안 먹으면 무안해할까 봐서 이걸 씹고 앉았노라면 으적으적 소리만 나고 돌을 먹는 겐지 밥을 먹는 겐지 —

그러나 ⓔ 이날 은 웬일인지 성한 밥채로 밭머리에 곱게 내려놓았다. 그리고 또 내외를 해야 하니까 저만큼 떨어져 이쪽으로 등을 향하고 웅크리고 앉아서 그릇 나기를 기다린다.

내가 다 먹고 물러섰을 때 그릇을 와서 챙기는데 그런데 난 깜짝 놀라지 않았느냐. 고개를 푹 숙이고 밥함지에 그릇을 포개면서 날더러 들으라는지 혹은 제 소린지,

"밤낮 일만 하다 말 텐가!" 하고 혼자서 쫑알거린다. 고대 잘 내외하다가 이게 무슨 소린가, 하고 난 정신이 얼떨떨했다. 그러면서도 한편 무슨 좋은 수나 있는가 싶어서 나도 공중을 대고 혼잣말로,

"그럼 어떻게?" 하니까,

"성례시켜 달라지 뭘 어떻게." 하고 되알지게 쏘아붙이고 얼굴이 발개져서 산으로 그저 도망질을 친다.

나는 잠시 동안 어떻게 되는 셈판인지 맥을 몰라서 그 뒷모양만 덤덤히 바라보았다.

봄이 되면 온갖 초목이 물이 오르고 싹이 트고 한다. 사람도 아마 그런가 보다, 하고 며칠 내에 부쩍 ⓜ (속으로) 자란 듯 싶은 점순이가 여간 반가운 것이 아니다.

- 김유정, 「봄·봄」 -

2 <보기>를 참조할 때, ⓐ～ⓔ에 대한 감상으로 적절하지 <u>않은</u> 것은? [3점]

봄·봄 은 시·공간의 이동을 통해 사건들이 전개된다. 소설 속 사건이 일어나는 배경은 단순히 물리적 시·공간을 제시하는 데에서 그치는 것이 아니다. 인물을 둘러싼 구체적 환경은 인물의 성격을 드러내거나 태도에 변화를 줄 뿐만 아니라 사건의 분위기를 조성하기도 한다. 그리고 인물이 처한 사회적 환경을 환기하기도 하고 때로는 인물의 심리 상태에 영향을 미친다.

① ⓐ : 대부분의 마름들이 장인과 같이 행동하였다면, '가을'에 많은 소작농들은 불안감에 시달렸겠군.

② ⓑ : '논'은 '장인'의 회유에 넘어간 '나'가 일꾼으로서의 면모를 발휘하는 장소로군.

③ ⓒ : '화전밭'에서 '나'는 생기 있는 봄의 분위기에 취해 정서적으로 반응하고 있군.

④ ⓓ : '밭'에서 '나'는 '장인' 때문에 생긴 울화를 '소'와 '점순이'에게 한껏 터트리고 있군.

⑤ ⓔ : '이날'은 '점순이'의 평소와 다른 말과 행동을 통해 '나'가 '점순이'의 본심을 알아채는 날이겠군.

학습목표

시공간을 통한 상황 파악하기

장면 1

우리 장인님은 약이 오르면 이렇게 손버릇이 아주 못 됐다. 또 사위에게 이 자식 저 자식 하는 이놈의 장인님은 어디 있느냐. 오죽해야 우리 동리에서 누굴 물론하고 그에게 욕을 안 먹는 사람은 명이 짜르다, 한다. 조그만 아이들까지도 그를 돌라세 놓고 욕필이 (본 이름이 봉필이니까), 욕필이, 하고 손가락질을 할 만치 두루 인심을 잃었다.

➡ 작품이 1인칭 화자의 서술로 시작됩니다. '우리 장인님'이라는 호칭으로 화자가 장인의 사위임을 알 수 있습니다. 장인님이 '손버릇이 아주 못되고', '사위에게 이 자식 저 자식' 한다는 서술을 통해 폭력적이고 무례한 성격임을 드러냅니다. '욕필이'라는 별명은 본명 '봉필'에 '욕'을 합쳐 만든 것으로, 마을 사람들이 그를 어떻게 보는지 보여줍니다. '조그만 아이들까지' 손가락질한다는 것은 그의 악행이 얼마나 심한지를 드러냅니다.

시점	1인칭 주인공

인물과 성격
· 장인(봉필/욕필) : 폭력적이고 입이 거칠어 마을에서 인심을 잃음
· '나'(주인공) : 장인의 사위

허나 인심을 정말 잃었다면 욕보다 읍의 배참봉 댁 마름으로 더 잃었다. 번이 마름이란 욕 잘 하고 사람 잘 치고 그리고 생김 생기길 호박개 같아야 쓰는 거지만 장인님은 외양이 똑 됐다. 작인이 닭 마리나 좀 보내지 않는다든가 애벌논 때 품을 좀 안 준다든가 하면 그해 가을에는 영락없이 땅이 뚝뚝 떨어진다. 그러면 미리부터 돈도 먹이고 술도 먹이고 안달재신으로 돌아치던 놈이 그 땅을 슬쩍 돌라안는다. 이 바람에 장인님 집 빈 외양간에는 눈깔 커다란 황소 한 놈이 절로 엉금엉금

기어들고, 동리 사람들은 그 욕을 다 먹어 가면서도 그래도 굽신굽신하는 게 아닌가 —

➡ 장인님의 사회적 지위가 드러납니다. '배참봉 댁 마름'으로 지주와 작인 사이의 중간층입니다. 그리고 '나'는 '호박개 같아야' 한다는 표현으로 마름의 조건을 해학적으로 제시합니다. '작인이 닭 마리나 좀 보내지 않'으면 '땅이 뚝뚝 떨어진다'는 것은 뇌물을 주지 않으면 소작권을 빼앗는다는 뜻입니다.

배경	지주제 하의 농촌(공간)

인물과 성격
· 장인(봉필) : 폭력적이고 입이 거칠고 마름일을 통해, 마을에서 인심을 잃음

갈등 마름 vs 작인들

그러나 내겐 장인님이 감히 큰소리할 계제가 못 된다. 뒷생각은 못 하고 뺨 한 개를 딱 때려 놓고는 장인님은 무색해서 덤덤히 쓴침만 삼킨다. 난 그 속을 퍽 잘 안다. 조금 있으면 갈도 꺾어야 하고 모도 내야 하고, 한창 바쁜 때인데 나 일 안 하고 우리 집으로 그냥 가면 고만이니까. 작년 이맘때도 트집을 좀 하니까 늦잠 잔다고 돌멩이를 집어 던져서 자는 놈의 발목을 삐게 해 놨다. 사날씩이나 건승 끙, 끙, 앓았더니 종당에는 거반 울상이 되지 않았는가 —
"애, 그만 일어나 일 좀 해라. 그래야 올갈에 벼 잘 되면 너 장가들지 않니."
그래 귀가 번쩍 띄어서 그날로 일어나서 남이 이틀 품들일 논을 혼자 삶아 놓으니까 장인님도 눈깔이 커다랗게 놀랐다.

➡ 서술자인 주인공은 자신이 다른 마을 사람들과 다르다고 합니다. 다른 사람들에게는 폭압적인 장인님이지만 화자에게는 큰 소리를 치지 못합니다. 농번기에 화자가 일을 하지 않으면 곤란하기 때문입니다. 이는 화자가 장인에게 경제적으로 필요한 존재임을 의미합니다.

작년 이맘때도 트집을 좀 하니까 늦잠 잔다고 돌멩이를 집어 던져서 자는 놈의 발목을 삐게 해 놨다. 사날 씩이나 건승 끙, 끙, 앓았더니 종당에는 거반 울상이 되지 않았는가 ―

"얘, 그만 일어나 일 좀 해라. 그래야 올갈에 벼 잘 되면 너 장가들지 않니."

그래 귀가 번쩍 띄어서 그날로 일어나서 남이 이틀 품 들일 논을 혼자 삶아 놓으니까 장인님도 눈깔이 커다랗게 놀랐다.

➡ 작년에도 비슷한 갈등이 있었음을 과거 회상을 통해 보여 줍니다. 그리고 장인님이 화자를 달래는 방법이 제시됩니다. '장가들지 않니'라는 말을 통해 혼인을 미끼로 일을 시킨다는 것을 알 수 있습니다. 화자는 이에 즉시 반응하여 '남이 이틀 품 들일' 일들을 혼자서 해냅니다.

그럼 정말로 가을에 와서 혼인을 시켜 줘야 원 경우가 옳지 않겠나. 볏섬을 척척 들여 쌓아도 다른 소리는 없고 물동이를 이고 들어오는 점순이를 담배통으로 가리키며,

"이 자식아 미처 커야지. 조걸 데리고 무슨 혼인을 한다고 그러니 원!" 하고 남 낯짝만 붉게 해 주고 고만이다.

➡ 그리고 화자의 불만이 드러납니다. 열심히 일을 해도 혼인 약속을 지키지 않는 장인님에 대한 원망이 드러납니다. 여기서 처음으로 '점순이'가 등장합니다. 장인님은 점순이를 가리키며 아직 어리다고 핑계를 댑니다.

> **배경** 농번기(시간), 지주제 하의 농촌 마을(공간)
> **인물과 성격**
> · 장인(봉필/욕필) : 폭력적이고 입이 거칠며, 배참봉 댁 마름으로 작인들을 수탈하지만 화자에게는 의존적임, 혼인을 미끼로 화자를 조종함
> · '나'(주인공) : 장인의 사위, 경제적으로 필요한 존재, 혼인에 대한 강한 욕망을 가짐
> · 점순이 : 혼인 상대, 아직 어린 상태
> **갈등** 화자(혼인 요구) vs 장인(핑계와 회피)

> (중략)

장면 2

그 전날 왜 내가 새고개 맞은 봉우리 화전밭을 혼자 갈고 있지 않았느냐. 밭 가생이로 돌 적마다 야릇한 꽃내가 물컥물컥 코를 찌르고 머리 위에서 벌들은 가끔 붕, 붕, 소리를 친다. 바위틈에서 샘물 소리밖에 안 들리는 산골짜기니까 맑은 하늘의 봄볕은 이불 속같이 따스하고 꼭 꿈꾸는 것 같다.

➡ 시간이 '그 전날'로 이동합니다. 화자가 혼자 화전밭을 갈고 있는 상황입니다. 봄의 생명력 넘치는 자연을 묘사합니다. '이불 속같이 따스하고', '꿈꾸는 것 같다'는 표현으로 몽환적이고 평화로운 분위기를 조성합니다.

> **배경** 전날(시간), 새고개 맞은 봉우리 화전밭(공간)
> **상황** 화자가 혼자 밭을 갈고 있음, 봄의 생명력 넘치는 자연

나는 몸이 나른하고 몸살 (을 아직 모르지만 병)이 나려고 그러는지 가슴이 울렁울렁하고 이랬다.

"어러리! 말이! 맘 마 마……."

이렇게 노래를 하며 소를 부리면 여느 때 같으면 어깨가 으쓱으쓱한다. 웬일인지 밭반도 갈지 않아서 온몸의 맥이 풀리고 대고 짜증만 난다. 공연히 소만 들입다 두들기며 ―

"안야! 안야! 이 망할 자식의 소 (장인님의 소니까) 대리를 꺾어 줄라."

➡ 여느 때와 달리 이날은 '온몸의 맥이 풀리고 짜증만' 납니다. 이를 통해 '나'의 내면의 변화를 보여줍니다.

> **상황** 화자의 몸과 마음의 변화, 일에 집중하지 못함

그러나 내 속은 정말 안야 때문이 아니라 점심을 이고
온 점순이의 키를 보고 울화가 났던 것이다.

➡️ 화자가 자신의 감정 변화의 진짜 원인을 깨닫습니다.
소 때문이 아니라 '점순이의 키를 보고 울화가 났던' 것입니
다. 여기서 점순이에 대한 의식이 시작됨을 알 수 있습니다.

인물과 성격
· '나'(주인공): 점순이에 대해 의식하기 시작함, 자신의
  감정을 파악하기 시작함

점순이는 뭐 그리 썩 이쁜 계집애는 못 된다. 그렇다구
또 개떡이냐 하면 그런 것도 아니고, 꼭 내 아내가 돼야
할 만치 그저 툽툽하게 생긴 얼굴이다. 나보다 십 년이
아래니까 올해 열여섯인데 몸은 남보다 두 살이나 덜
자랐다. 남은 잘도 훤칠히들 크건만 이건 위아래가 몽
툭한 것이 내 눈에는 헐없이 감참외 같다. 참외 중에는
감참외가 젤 맛 좋고 이쁘니까 말이다. 둥글고 커단 눈
은 서글서글하니 좋고 좀 지쳐 찢어졌지만 입은 밥술
이나 혹혹이 먹음직하니 좋다. 아따 밥만 많이 먹게 되
면 팔자는 고만 아니냐. 헌데 한 가지 파가 있다면 가끔
가다 몸이 (장인님은 이걸 채신이 없이 들까분다고 하
지만) 너무 빨리빨리 논다. 그래서 밥을 나르다가 때 없
이 풀밭에서 깨빡을 쳐서 흙투성이 밥을 곧잘 먹인다.
안 먹으면 무안해할까 봐서 이걸 씹고 앉았노라면 으
적으적 소리만 나고 돌을 먹는 겐지 밥을 먹는 겐지 —

➡️ 화자가 점순이를 자세히 관찰하고 있음을 보여줍니다. 인
물에 대한 외양 묘사를 파악합시다. '썩 이쁘지도', '개떡'
도 아닌 '그저 툽툽하게 생긴' 정도라고 하지만, '꼭 내 아
내가 돼야 할 만치'라는 표현에서 애정이 느껴집니다. 화
자가 점순이를 '감참외'에 비유하며 '감참외가 젤 맛 좋고
이쁘니까'라는 말로 그녀에 대한 애정을 드러냅니다.

인물과 성격
· 점순이 : 16세, 화자보다 10살 아래, 체구 작음, 활발하
  고 성급한 성격, 자주 실수하며 순수함
· '나'(주인공) : 점순이를 세심하게 관찰하고 애정을 품
  고 있음, 소박한 행복관을 가짐

장면 3

그러나 이날은 웬일인지 성한 밥채로 밭머리에 곱게
내려놓았다. 그리고 또 내외를 해야 하니까 저만큼 떨
어져 이쪽으로 등을 향하고 웅크리고 앉아서 그릇 나
기를 기다린다. 내가 다 먹고 물러섰을 때 그릇을 와서
챙기는데 그런데 난 깜짝 놀라지 않았느냐.

➡️ '이날은 웬일인지'라는 표현으로 점순이의 변화를 암시합
니다. 평소에는 밥을 흘리곤 했는데 이날은 밥을 흘리지 않
고 내려놓았습니다.

고개를 푹 숙이고 밥함지에 그릇을 포개면서 날더러
들으라는지 혹은 제 소린지,
"밤낮 일만 하다 말 텐가!" 하고 혼자서 쫑알거린다. 고
대 잘 내외하다가 이게 무슨 소린가, 하고 난 정신이 얼
떨떨했다. 그러면서도 한편 무슨 좋은 수나 있는가 싶
어서 나도 공중을 대고 혼잣말로,
"그럼 어떻게?" 하니까,
"성례시켜 달라지 뭘 어떻게." 하고 되알지게 쏘아붙
이고 얼굴이 발개져서 산으로 그저 도망질을 친다.

➡️ '밤낮 일만 하다 말 텐가!'라고 하며 점순이가 말을 걸
어옵니다. 화자가 깜짝 놀랄 정도로 예상치 못한 일입니
다. 점순이는 현재 상황에 대한 불만을 드러내며 직설적으
로 혼인을 요구합니다. 부끄러워하면서도 자신의 의사를 분
명히 표현한 후 달아나는 모습에서 적극성과 수줍음이 동시
에 드러납니다.

나는 잠시 동안 어떻게 되는 셈판인지 맥을 몰라서 그
뒷모양만 덤덤히 바라보았다.

➡️ 화자가 상황을 제대로 파악하지 못하고 있습니다. '어떻
게 되는 셈판인지 맥을 몰라서'라는 표현으로 혼란스러운 심
리를 보여줍니다.

봄이 되면 온갖 초목이 물이 오르고 싹이 트고 한다. 사람도 아마 그런가 보다, 하고 며칠 내에 부쩍 (속으로) 자란 듯 싶은 점순이가 여간 반가운 것이 아니다.

➡ 화자가 상황을 이해하기 시작합니다. '봄이 되면 온갖 초목이 물이 오르고 싹이 트고 한다'는 자연의 이치를 통해 점순이의 변화를 설명합니다. '사람도 아마 그런가 보다'라며 점순이의 정신적 성장을 자연스러운 현상으로 받아들입니다.

2 <보기>를 참조할 때, ⓐ~ⓔ에 대한 감상으로 적절하지 않은 것은? [3점]

정답 ④

• 보기 •

봄·봄 은 시·공간의 이동을 통해 사건들이 전개된다. 소설 속 사건이 일어나는 배경은 단순히 물리적 시·공간을 제시하는 데에서 그치는 것이 아니다. 인물을 둘러싼 구체적 환경은 인물의 성격을 드러내거나 태도에 변화를 줄 뿐만 아니라 사건의 분위기를 조성하기도 한다. 그리고 인물이 처한 사회적 환경을 환기하기도 하고 때로는 인물의 심리 상태에 영향을 미친다.

① ⓐ : 대부분의 마름들이 장인과 같이 행동하였다면, '가을'에 많은 소작농들은 불안감에 시달렸겠군.

➡ '가을'은 추수철로 마름이 소작권을 결정하는 시간적 배경입니다. 장인은 뇌물을 주지 않으면 '땅이 뚝뚝 떨어진다'고 했으므로, 이런 마름들이 많았다면 소작농들이 불안해했을 것입니다. 따라서 적절합니다.

② ⓑ : '논'은 '장인'의 회유에 넘어간 '나'가 일꾼으로서의 면모를 발휘하는 장소로군.

➡ 장인의 혼인 약속에 혹해서 '나'는 '남이 이틀 품 들일 논을 혼자' 해냈습니다. 회유에 넘어가 뛰어난 일솜씨를 보여준 것이므로 적절합니다.

③ ⓒ : '화전밭'에서 '나'는 생기 있는 봄의 분위기에 취해 정서적으로 반응하고 있군.

➡ 화자는 '화전밭'의 생명력 넘치는 봄 분위기 속에서 '몸이 나른하고', '가슴이 울렁울렁'하며 노래를 부르는 등 정서적 변화를 보입니다. 따라서 적절합니다.

④ ⓓ : '밭'에서 '나'는 '장인' 때문에 생긴 울화를 '소'와 '점순이'에게 한껏 터트리고 있군.

➡ '나'는 '밭'에서 '장인님의 소'에게 '대리를 꺾어 줄라'라고 하며 공연히 협박을 하고 화를 냅니다. '점순이'에게는 화를 내지 않았습니다. 따라서 적절하지 않습니다. 그런데 이것은 '소' 때문에 화가 난 것이 아닙니다. 자라

지 않는 점순이의 '키'를 빌미로 삼아 혼인을 시켜주지 않는
'장인' 때문입니다.

⑤ ⓔ : '이날'은 '점순이'의 평소와 다른 말과 행동을 통
　　　해 '나'가 '점순이'의 본심을 알아채는 날이겠군.

→ '이날'은 점순이가 처음으로 '성례시켜 달라'며 혼인을 요
구한 날입니다. 화자는 이를 통해 점순이도 혼인을 원한다
는 본심을 알아차렸으므로 적절합니다.

교훈 • 작품 독해

이 문제는 작품에서 시·공간이 갖는 의미를 묻고 있습니
다. 작품 속 시공간의 의미는 전체적인 맥락을 파악해야
만 제대로 이해할 수 있습니다. 문제의 선택지를 미리
보지 않고 순수하게 작품만 읽어서 그 의미를 파악하려
한다면, 쉽지 않을 뿐만 아니라 비효율적이기도 합니다.

따라서 이러한 유형은 작품을 독해하며 실시간으로 판
단하는 것을 추천합니다.

0. 풀이 시작 전 전반적인 문제 구성 조망
1. 해당 장면에 대한 독해
2. 기호 밑줄 발견!
3. 문제의 선지를 보고 허용 가능성을 판단하러 복귀

교훈 • 선지 판단

④번 같은 세부 정보는 선지를 보고 지문으로 돌아가서
판단합시다. '점순이의 키를 보고 울화가 났던 것이다.'
라는 구절을 얼핏 보고 나서 선지를 볼 때는 왠지 '나'
가 '점순이'에게 화를 냈을 것 같다는 착각에 빠질 수 있
습니다.

문학 FOCUS

FOCUS 10

소설의 인물

인물 간의 관계를 파악합시다.

소설의 인물

인물 간의 관계를 파악합시다.

인물들의 관계는 단순히 바라보는 것만으로 읽어낼 수 없습니다.
오고 가는 대화의 맥락을 세심하게 살펴야 비로소 그 관계가 모습을 드러내기 때문입니다.

따라서 특정 장면에서 인물 간의 관계는 대화와 그 대화가 이루어지는 상황을 통해 알 수 있습니다.

그렇다면 산문 작품을 감상하는 것은 무엇과 같을까요?

저는 카페에 가는 것이라고 말하고 싶습니다. 이것이 무슨 의미인지, 지금부터 예시를 통해 보여드리겠습니다.

우리가 '수능 국어 문학'이라는 이름의 카페에 와서 자리에 앉았다고 상상해봅시다. 사람이 많아서 만석이군요. 앞뒤 테이블 모두에 사람들이 앉아서 각자의 이야기를 하고 있습니다. 저는 문득 그들이 하는 이야기들을 듣고 말았습니다.

앞쪽 테이블에는 중년 여성과 교복 입은 남학생이 앉아 있습니다. 외적인 모습만 보면 영락없는 모자(母子) 사이입니다. 하지만 가만히 들어보니, 학생은 여성을 '엄마'가 아닌 '큰 누나'라고 부릅니다. 예상과 다르네요. 대화를 더 들어보니 이번 모의고사 성적이 5등급이라는데, 누나는 혼내기는커녕 오히려 '괜찮다'며 다정하게 다독여 줍니다.

알고 보니 나이 차이가 많이 나는 늦둥이 동생이었던 겁니다. 첫인상만으로는 알 수 없는 관계였죠.

뒤쪽 테이블에는 군복을 입은 청년들이 앉아 있습니다. 현역 군인일까요? 그런데 다들 머리가 깁니다. 그들은 '이거 언제 끝나냐', '얼마나 남았냐'며 한탄 섞인 대화를 나눕니다. 그 말을 듣는 순간, 이들이 현역 군인이 아니라 '예비군'일 것이라는 생각이 듭니다. 그렇다면 이들의 신분은 군인이 아닌 민간인이겠군요.

이처럼 수능 문학의 산문 영역은 우리가 전후 사정을 모르는 타인의 대화를 엿듣고 그들의 관계와 상황을 추리하는 과정과 비슷합니다.

여기서 중요한 점이 있습니다. 예비군의 특징(긴 머리, 훈련에 대한 불평)을 알고 있었기에 그들의 정체를 파악할 수 있었죠? 이 '배경지식'이 바로 문학 개념어나 작품의 시대적 배경처럼 소설을 이해하는 데 필요한 '지식'에 해당합니다. 만약 저 예시에서 제가 특정 드라마를 봤다면 저들이 예비군이 아닌 진짜 현역 군인이고 탈영병을 잡으러 다니는 헌병이라는 생각도 할 수 있었겠죠. 여기서 드라마는 <보기>라는 외적 준거의 역할을 한 셈입니다.

결국 산문 파트에서 요구하는 능력은 대단한 것이 아닙니다.

우리가 일상에서 늘 하는 자연스러운(?) 추론 과정과 다르지 않습니다.

[앞부분의 줄거리] 승상 정을선이 출정한 사이 정렬부인의 모략으로 충렬부인이 옥에 갇히자 시비 금섬이 충렬부인을 피신시키고 자진한다. 옥에서 얼굴이 상한 금섬의 시신이 발견되자 왕비는 월매를 문초한다. 전장에서 정을선은 호첩이 전한 편지를 읽는다.

원수가 대경하여 호첩을 불러 **연고**를 물으시고 인하여 중군장에게 분부하시되 '나는 집에 변이 있어 먼저 가니 중군장은 차후에 인솔하여 오라.' 하고 밤낮 삼 일 만에 득달하니 이때에 왕비의 시비 월매가 종시 토설치 아니하매 **매를** 많이 맞고 여쭈오되

"어서 바삐 죽이시면 금섬의 뒤를 쫓아가겠나이다."

한데 왕비 크게 노하여 목을 베라 할 즈음에 이때 승상이 필마로 달려오다가 월매 죽이려 하는 거동을 보고 급히 소리를 지르며 말에서 내려 이를 구호하매 문왈

"충렬부인은 어디 계시냐?"

월매 인사를 모르다가 승상을 보고 방성통곡 왈

"승상은 바삐 충렬부인을 살리소서."

한데 승상이 급히 문왈

"어디 계시냐?"

한데 월매 울며 왈

"소인이 걷지 못하오니 어찌 가오리까?"

한데 급히 종을 불러 월매를 업히고 구덩이를 찾아가 보니 부인이 아기를 안고 있거늘 아기는 잠을 깊이 들었는지라. 승상이 **통곡** 왈

"부인은 눈을 떠 나를 보소서."

한데 부인이 눈을 떠 보니 승상이 왔거늘 정신 아득하여 인사를 모르다가 겨우 인사를 차려 왈

"이것이 꿈인가 생시인가 구년지수의 해 같고 칠년 대한의 빗발같이 바라더니 지금 구덩이에서 만날 줄 알았으리까. 승상은 나의 누명 을 씻겨 주소서."

하며 인사를 모르는지라. 그 참혹한 형상을 어디에 비하리오. **슬픔에 매우 야위어 뼈가 드러**나게 되었는지라. 승상이 아기를 안아 월매를 주고 부인을 구한 후에 자리를 마련하여 옥석을 구별할새, 왕비전에 뵈온대 왕비 못내 반기시며 **사연을** 낱낱이 이르

시되 승상 왈

㉠"이 일은 소자가 이미 아는 바이오니 염려 마옵소서."

하며 왈

㉡"처음에 그놈이 충렬부인 방에 간 줄 어찌 알으셨나이까?"

왕비 왈

"사촌 오라비가 이르기로 알았노라."

하신대 승상이 복록을 찾는데 벌써 제 **죄를** 알고 후원에 올라가 이미 죽었는지라. 하릴없어 옥졸을 잡아들여 엄히 문왈

"너희는 어찌 충렬부인 아닌 줄 알았느냐? 바로 아뢰라."

하신대 옥졸이 급히 여쭈오되

"얼굴이 상하여 아모란 줄 모르오나 손길이 곱지 못하오매 소인 등 소견에 충렬부인이 천하일색이라 하더니 손이 곱지 아니하더라 하올 제 정렬부인의 시비 금연이 이를 듣고 묻기에 자세히 이르고 부디 다른 데 가서 이 말 말라 당부하옵더니, 필연 금연의 입을 통해 발설이 된가 하나이다."

한데 승상이 금연을 잡아들여 문왈

"이 말을 듣고 네게 국문하니 바른대로 고하라."

하는 소리가 벼락이 꼭두에 임한 듯하고 궁궐이 뒤집히는 듯 하더라. 이때에 정렬부인이 **승상의 호통 소리**를 듣고 똥을 한 무더기를 싸고 자빠졌는지라. 금연이 하릴없어 바로 아뢰나니라 하고 정렬부인 하던 말이며 제가 남복을 하고 충렬부인 침소로 들어간 말이며 이불 속에 누웠다가 달아난 말이며 정렬부인이 앓는 체하고 누웠사오매 충렬부인이 약으로 구병하며 곁에 있으시매 침소로 가라 강권하여 침소로 마지 못하여 가시매 복록이 왕비께 참소하던 연유를 낱낱이 아뢴대 왕비 곁에 있다가 **앙천통곡**하시며 왈

"내 밝지 못하여 악녀의 꾀에 빠져 충렬부인을 죽이려 하였나니 무슨 면목으로 충렬부인을 보리오."

하시며 자결코자 하거늘 승상이 붙들고 울며 왈

"모친이 너무 과도히 하시면 소자가 먼저 죽으려 하나이다."

왕비 금침에 누워 일어나지 못하더라. 승상이 정렬
부인을 결박하여 땅에 꿇리고 크게 노하여 왈
　"너는 무엇이 부족하여 충렬부인을 해코자 하느냐.
어찌 일시를 살리리오. 내 임의로는 죽이고 싶으나
황상께 아뢰고 죽게 하리라."
하고 **상소**하니 그 글에 하였으되
　"대사마 대도독 대원수 정을선은 돈수백배하고 아
뢰나니 신이 서융을 쳐 사로잡고, 백성을 진무하고
돌아오려 할 때, 집에서 급한 소식을 듣고 군사를 중
군장에게 맡기옵고 필마로 올라와 본즉, 정렬부인
이 이러이러한 변을 일으켰사오니 세상에 이러하온
일이 있사오닛가."
하고 금연이 흉계를 꾸민 일과 월매가 당하던 고초를
낱낱이 아뢰었다.

- 작자 미상, 「정을선전」 -

1 ㉠, ㉡과 관련하여 윗글을 이해한 내용으로 적절하지 <u>않은</u> 것은?

① ㉠을 보니, 호첩에게 물은 '연고'의 내용은 왕비가 말한
'사연'의 내용과 관련이 있겠군.

② ㉠을 보니, 승상이 황상에게 올린 '상소'에 들어 있는
내용은 '이미 아는 바'와 같겠군.

③ ㉡을 보니, 승상은 '사연'의 진상을 밝히는 데에 왕비
가 '그놈'의 행위를 알게 된 경위가 중요하다고 생각
했겠군.

④ ㉡에 대한 왕비의 대답을 보니, 왕비에게 '그놈'의 행위
에 대해 제보한 사람이 있었군.

⑤ ㉡이 제시된 후에 드러난 복록의 상황을 보니, 복록은
자신이 지은 '죄'에 대하여 심리적 중압감을 느꼈겠군.

2 누명과 관련한 설명으로 가장 적절한 것은?

① 누명이 벗겨지면서, 누명을 썼던 인물은 자신의 어리
석음을 탓하고 있다.

② 누명을 쓴 인물의 요청으로 남주인공은 누명을 씌운
인물의 처벌을 유보한다.

③ 누명의 내용은 누명을 쓴 인물이 남몰래 자신의 처소
에서 벗어나 구덩이에 있다는 사실이다.

④ 누명을 씌우기 위한 계략에는 누명을 쓰는 인물을 특
정 장소로 가게 하는 것이 포함되어 있다.

⑤ 누명이 벗겨지는 계기는 남주인공이 자신의 어머니가
극단적 선택을 하겠다는 것을 만류한 것이다.

3 <학습 활동>을 수행한 결과로 적절하지 <u>않은</u> 것은?

「정을선전」은 모략을 중심으로 사건이 전개되므로
인물 간 소통 양상을 파악하는 것이 중요하다. 윗글
을 바탕으로 인물 간에 나타난 소통의 내용을 정리해
보자.

	인물 A	인물 B	소통의 내용
①	원수	중군장	A가 B에게 군사를 이끌고 가 서융을 사로잡으라고 명령함.
②	승상	월매	A가 B에게 충렬부인이 있는 곳이 어디인지 물음.
③	옥졸	금연	B가 A로부터 옥중 시신의 정체와 관련한 정보를 얻음.
④	옥졸	승상	A가 B에게, 금연이 옥중 시신에 대하여 발설했을 것이라는 의혹을 제기함.
⑤	금연	승상	B가 A로부터 정렬부인이 거짓으로 앓아누웠었다는 정보를 얻음.

4 <보기>를 참고하여 윗글을 이해한 내용으로 적절하지 않은 것은? [3점]

> **보기**
>
> 「정을선전」은 영웅소설과 가정소설의 상투적인 면모가 혼재되어 나타난다. 이를테면, 가정 안팎의 서사는 남주인공을 매개로 연결되고, 사건이 선악 구도로 전개되며, 인물의 고난과 감정은 극대화된다. 이 과정에서 일부다처제에서 비롯되는 가정 내 갈등이 개인의 인성 문제로 축소된다. 그러면서도 상전의 수족에 불과한 하층의 시비가 능동적인 행위자로 등장하거나, 가정과 사회에서 상층인 인물이 희화화된다.

① 정을선이 황상에게 올린 상소에서, 대원수와 가장으로서의 모습이 드러나는 것으로 보아, 가정 안팎의 사건에 남주인공이 두루 관여하고 있음을 알 수 있군.

② 승상이 충렬부인을 구출하는 장면에서, '슬픔에 매우 야위어 뼈가 드러'난 부인의 모습과 '통곡'하는 승상의 모습은 인물의 고난과 감정이 극대화된 형상임을 알 수 있군.

③ 왕비가 '앙천통곡'하는 장면에서, 충렬부인의 수난이 '악녀'의 탓이라는 인식이 드러나면서 일부다처제의 문제가 개인의 인성 문제로 축소되고 있음을 알 수 있군.

④ 월매가 '매를' 맞는 장면에서, 월매는 자신이 모시는 주인에게 죽음을 각오하고 진실을 밝힘으로써 능동적인 행위자를 지향하고 있음을 알 수 있군.

⑤ 정렬부인이 '승상의 호통 소리'에 반응하는 장면에서, 가정의 상층 인물이 자신의 위엄이 실추되는 행동을 보이면서 희화화되고 있음을 알 수 있군.

👍 **학습목표**

인물 간의 관계를 파악하고 사건과 연결 짓기

> **보기**
>
> 「정을선전」은 영웅소설과 가정소설의 상투적인 면모가 혼재되어 나타난다. 이를테면, 가정 안팎의 서사는 남주인공을 매개로 연결되고, 사건이 선악 구도로 전개되며, 인물의 고난과 감정은 극대화된다. 이 과정에서 일부다처제에서 비롯되는 가정 내 갈등이 개인의 인성 문제로 축소된다. 그러면서도 상전의 수족에 불과한 하층의 시비가 능동적인 행위자로 등장하거나, 가정과 사회에서 상층인 인물이 희화화된다.

➡ 각 장면을 주인공을 기준삼아 읽어 나갑시다. 그리고 하층의 시비가 누구인지, 희화된 상층인 인물이 누구인지 확인합시다.

영웅소설 : 영웅적 면모, 군담
가정소설 : 인물 간 관계, 가정 내 갈등(∵개인의 인성 문제)

> **[앞부분의 줄거리]** 승상 정을선이 출정한 사이 정렬부인의 모략으로 충렬부인이 옥에 갇히자 시비 금섬이 충렬부인을 피신시키고 자진한다. 옥에서 얼굴이 상한 금섬의 시신이 발견되자 왕비는 월매를 문초한다. 전장에서 정을선은 호첩이 전한 편지를 읽는다.

➡ <보기>를 기반으로 인물과 상황을 파악하고 시작합시다. '전장'에서 영웅소설의 면모인 전쟁이, '모략'에서 가정소설의 면모인 처첩 갈등이 드러납니다. 앞부분의 줄거리에서 인물들을 먼저 파악합시다.

인물과 성격
· 정을선(승상) : 주인공
· 충렬부인(+) : 상전
· 정렬부인(-) : 상전
· 금섬 : 시비, 충렬부인 대신 사망(능동적인 행위자)
· 월매 : 시비

장면 1

> 원수가 대경하여 호첩을 불러 연고를 물으시고 인하여 중군장에게 분부하시되 '나는 집에 변이 있어 먼저 가니 중군장은 차후에 인솔하여 오라.' 하고 밤낮 삼 일 만에 득달하니

🔹 정을선이 호첩의 편지를 받고 '대경하'는 것을 보아 편지 내용이 매우 심각한가 봅니다. 중군장에게 군대를 맡기고 가는 것은 개인적 위기가 국가적 임무보다 우선할 정도로 중대함을 보여줍니다. 이는 가정소설적 성격을 드러내는 대목입니다. '밤낮 삼 일 만에 득달하니'는 정을선의 다급함을 드러냅니다.

> **상황** 정을선이 집의 변고를 알고 집으로 감
> **사실 인지** 정을선이 집의 변고를 알게 됨

장면 2

> 이때에 왕비의 시비 월매가 종시 토설치 아니하매 매를 많이 맞고 여쭈오되
> "어서 바삐 죽이시면 금섬의 뒤를 쫓아가겠나이다."
> 한데 왕비 크게 노하여 목을 베라 할 즈음에 이때 승상이 필마로 달려오다가 월매 죽이려 하는 거동을 보고 급히 소리를 지르며 말에서 내려 이를 구호하매 문왈

🔹 월매가 고문을 당함에도 불구하고 말을 하지 않습니다. 그런데 월매가 '죽이시면 금섬의 뒤를 쫓아가겠'다고 합니다. 충렬부인을 피신시켰던 금섬이는 죽었나 봅니다. 월매의 소원대로 월매를 죽이려던 찰나에 정을선이 나타나 이를 저지합니다. 그런데 월매는 왕비의 시비인데 왜 이런 행동을 한 것인지 의문입니다.

> "충렬부인은 어디 계시냐?"
> 월매 인사를 모르다가 승상을 보고 방성통곡 왈
> "승상은 바삐 충렬부인을 살리소서."
> 한데 승상이 급히 문왈

> "어디 계시냐?"
> 한데 월매 울며 왈
> "소인이 걷지 못하오니 어찌 가오리까?"
> 한데 급히 종을 불러 월매를 업히고 구덩이를 찾아가 보니 부인이 아기를 안고 있거늘 아기는 잠을 깊이 들었는지라.

🔹 '충렬부인은 어디 계시냐?'라고 직접적으로 묻는 것은 이미 상황을 어느 정도 파악하고 있음을 시사합니다. 편지를 보고 안 것 같습니다. 그렇게 월매를 데리고 부인(충렬부인)과 아기를 구해냅니다.

> **사실 인지** 정을선은 편지를 통해 사건의 전말을 어느 정도 앎

> 승상이 통곡 왈
> "부인은 눈을 떠 나를 보소서."
> 한데 부인이 눈을 떠 보니 승상이 왔거늘 정신 아득하여 인사를 모르다가 겨우 인사를 차려 왈
> "이것이 꿈인가 생시인가 구년지수의 해 같고 칠년대한의 빗발같이 바라더니 지금 구덩이에서 만날 줄 알았으리까. 승상은 나의 누명을 씻겨 주소서."
> 하며 인사를 모르는지라. 그 참혹한 형상을 어디에 비하리오. 슬픔에 매우 야위어 뼈가 드러나게 되었는지라.

🔹 충렬부인과 극적 재회를 한 상황을 드러냅니다. 구덩이에서 발견된 충렬부인의 모습은 극도로 비참합니다. '구년지수의 해 같고 칠년대한의 빗발같이 바라더니'라는 표현은 남편에 대한 그리움을 과장적으로 표현한 것입니다.

> **상황** 정을선의 귀환 → 월매 구출 → 충렬부인 발견 및 구출
> **심리** 충렬부인(억울함, 그리움, 반가움, 슬픔), 정을선(슬픔, 걱정)

장면 3

승상이 아기를 안아 월매를 주고 부인을 구한 후에 자리를 마련하여 옥석을 구별할새, 왕비전에 뵈온대 왕비 못내 반기시며 사연을 낱낱이 이르시되 승상 왈
㉠"이 일은 소자가 이미 아는 바이오니 염려 마옵소서."
하며 왈
㉡"처음에 그놈이 충렬부인 방에 간 줄 어찌 알으셨나이까?"
왕비 왈
"사촌 오라비가 이르기로 알았노라."
하신대 승상이 복록을 찾는데 벌써 제 죄를 알고 후원에 올라가 이미 죽었는지라.

🔹 정을선(승상)이 사건의 진상을 밝혀가는 과정입니다. 정을선이 왕비에게 '이 일은 소자가 이미 아는 바이오니 염려 마옵소서'라고 말하는 것으로 보아, 호첩이 전한 편지에 사건의 전모가 상당히 자세히 기록되어 있었음을 알 수 있습니다. 그렇지 않다면 정을선이 이렇게 확신을 가지고 말할 수 없습니다.
'처음에 그놈이 충렬부인 방에 간 줄 어찌 알으셨나이까?'라는 질문은 매우 구체적입니다. 정을선이 '그놈'이라고 지칭하는 것으로 보아, 정을선이 호첩에게서 받은 편지의 내용을 추측할 수 있습니다. 왕비가 '사촌 오라비가 이르기로 알았노라'고 답하면서 왕비의 사촌 오라비인 복록이 최초 정보 제공자였음이 확인됩니다. 그러나 복록이가 자살해버려 진실을 알 수 없게 됩니다.

하릴없어 옥졸을 잡아들여 엄히 문왈
"너희는 어찌 충렬부인 아닌 줄 알았느냐? 바로 아뢰라."
하신대 옥졸이 급히 여쭈오되
"얼굴이 상하여 아모란 줄 모르오나 손길이 곱지 못하오매 소인 등 소견에 충렬부인이 천하일색이라 하더니 손이 곱지 아니하더라 하올 제 정렬부인의 시비 금연이 이를 듣고 묻기에 자세히 이르고 부디 다른 데 가서 이 말 말라 당부하옵더니, 필연 금연의 입을 통해 발설이 된가 하나이다."

🔹 정을선이 옥졸들에게 '너희는 어찌 충렬부인 아닌 줄 알았느냐?'라고 묻습니다. 앞부분 줄거리에서 '얼굴이 상한 금섬의 시신'이라고 했는데, 얼굴을 확인할 수 없다면 어떻게 신원을 구별했는지가 의문이기 때문입니다. 그리고 옥졸의 답변에서 중요한 정보들이 나옵니다. 얼굴은 확인이 안 되지만 손이 거칠어서 의심했는데 정렬부인의 시비 금연이 이 상황에 관심을 보였습니다.

한데 승상이 금연을 잡아들여 문왈
"이 말을 듣고 네게 국문하니 바른대로 고하라."
하는 소리가 벼락이 꼭두에 임한 듯하고 궁궐이 뒤집히는 듯 하더라. 이때에 정렬부인이 승상의 호통 소리를 듣고 똥을 한 무더기를 싸고 자빠졌는지라.

🔹 정을선이 국문하며 소리치는 장면을 과장해 묘사합니다. 〈보기〉에서 제시된 상층 인물(정렬부인)의 희화화가 나타나 있습니다.

금연이 하릴없어 바로 아뢰나니라 하고 정렬부인 하던 말이며 제가 남복을 하고 충렬부인 침소로 들어간 말이며 이불 속에 누웠다가 달아난 말이며 정렬부인이 앓는 체하고 누웠사오매 충렬부인이 약으로 구병하며 곁에 있으시매 침소로 가라 강권하여 침소로 마지못하여 가시매 복록이 왕비께 참소하던 연유를 낱낱이 아뢴대 왕비 곁에 있다가 앙천통곡하시며 왈
"내 밝지 못하여 악녀의 꾀에 빠져 충렬부인을 죽이려 하였나니 무슨 면목으로 충렬부인을 보리오."
하시며 자결코자 하거늘 승상이 붙들고 울며 왈
"모친이 너무 과도히 하시면 소자가 먼저 죽으려 하나이다."
왕비 금침에 누워 일어나지 못하더라.

🔹 금연의 자백을 통해 사건의 구체적 전모가 드러납니다. 사실 충렬부인의 침소에 들어간 남자는 남장을 한 금연이었습니다. 정렬부인이 거짓으로 아픈척을 하며 드러누웠고 충렬부인은 그런 정렬부인을 걱정해 간병합니다. 그리고 충렬

부인이 침소로 돌아가자, 그 안에 숨어있던 금연이가 뛰쳐
나가 충렬부인이 외간 남자와 부정한 짓을 저질렀다는 것
으로 보이도록 유도했고 복록이가 이 사건을 왕비에게 전달
했던 것입니다.

그리고 왕비가 자신의 잘못된 판단을 깊이 후회하며 죽으려
하자, 정을선이 왕비를 만류합니다.

이때, '모친', '소자'라는 호칭을 통해 왕비와 정을선이 모자
관계임이 드러납니다.

> **상황** 사건의 전말이 제시됨
>
> **사실 인지** 정을선과 왕비가 사건의 전모에 대해서 알
> 게 됨
>
> **인물과 성격**
> ·정을선(승상) : 논리적 수사 능력, 효심과 공정함을 겸
> 　비한 영웅적 인물
> ·충렬부인(+) : 타인을 의심하지 않아 모략에 당함
> ·정렬부인(-) : 타인의 선량함을 악용하는 악인
> ·왕비 : 정을선의 모친, 자신의 판단 실수를 인정하고 깊
> 　이 후회함

교훈

> 인물의 발화에서 호칭어에 주목합시다. 여기서 '모친'과
> '소자'는 왕비가 정을선의 모친임을 알 수 있는 단서입니
> 다. 또한 이전 구간의 왕비의 발화(사촌 오라비)에서 복
> 록과 왕비의 관계를 알 수 있습니다.

승상이 정렬부인을 결박하여 땅에 꿇리고 크게 노하
여 왈

"너는 무엇이 부족하여 충렬부인을 해코자 하느냐. 어
찌 일시를 살리리오. 내 임의로는 죽이고 싶으나 황상
께 아뢰고 죽게 하리라."

하고 상소하니 그 글에 하였으되

"대사마 대도독 대원수 정을선은 돈수백배하고 아뢰
나니 신이 서융을 쳐 사로잡고, 백성을 진무하고 돌아
오려 할 때, 집에서 급한 소식을 듣고 군사를 중군장
에게 맡기옵고 필마로 올라와 본즉, 정렬부인이 이러
이러한 변을 일으켰사오니 세상에 이러하온 일이 있
사오닛가."

하고 금연이 흉계를 꾸민 일과 월매가 당하던 고초를
낱낱이 아뢰었다.

> ● 정을선은 정렬부인을 처벌하기 전에 황상께 먼저 알립
> 니다. 이때, 황상께 보내는 상소에는 이 사건의 전후 사
> 정이 드러납니다. 정을선이 서융을 친 후, 백성들을 돌아오
> 려 할 때, 편지를 받았던 것입니다. 중군장에게 '중군장은
> 차후에 인솔하여 오'라고 한 이유를 알았습니다. 이처럼 편
> 지나 상소에서는 전후 사정이 제시되는 경우가 있습니다.

> **상황** 사건의 진상 규명 → 황상에게 편지

고전 소설에서는 선인과 악인의 구분이 명확한 경우가 많습니다. 여기서 주동 인물과 반동 인물을 확인하고 갈등 관계를 파악하고 선과 악이라는 범주로 인물들을 분류해야 합니다.

또한 중심인물과 주변 인물도 구별해야 합니다. 전자의 경우 이야기를 이끌어가는 인물들이기에 우리의 머릿속에 새겨지지만, 후자의 경우는 잔상만 남는 경우가 많습니다.

따라서 문제에서 주변 인물을 묻는다면, 어느 장면에서 등장했는지 떠올린 후, 지문으로 돌아가서 세부 정보를 확보하고 복귀해야 합니다. 단, 주변 인물임에도 불구하고 <보기>에서 강조된 인물이 있다면, <보기>에서 강조한 바를 연결해서 읽어야 합니다.

이 작품으로 예를 들어 봅시다. 승상(정을선), 충렬부인, 정렬부인, 왕비와 같은 주요인물들은 작품을 읽으면 머릿속에 남으나 중군장, 금섬, 월매, 금연, 옥졸과 같은 주변 인물들은 머릿속에 잘 남지 않습니다. 그 결과 전자의 인물들에 대해 묻는다면 바로 답을 고를 수 있으나, 후자의 인물들에 대해 묻는다면 한 번 돌아가서 확인을 하게 됩니다.

한편 주변 인물들 중 '금섬, 월매, 금연'은 모두 <보기>에서 강조된 주변 인물로 '중군장, 옥졸'과 달리 '능동적인 행위자'에 속합니다. 금섬이는 자진해 죽었으니 이후에는 직접 등장하지 않습니다. (고전 소설에서는 죽은 인물이 꿈에서 간접적으로 재등장할 수 있습니다. 또한 과거에 대한 이야기를 통해 제시될 수 있습니다. 그때, 집중해서 읽어줍시다.) 반면 월매는 살아남아 각 사건에 직접적인 영향을 끼칩니다. 또한 금연이도 정렬부인 모략의 핵심 인물로 자백을 통해 사건의 전모를 알려줍니다. 따라서 월매와 금연이는 첫 독해를 할 때, 주요인물과 같이 '강하게'(새겨가며) 읽어줍시다.

요소＼인물	금섬	월매	금연
속성	선	선	악
장면	이전 줄거리	장면2	장면3
독해 강약	약 (∵사망)	강	강

따라서 문제의 선지에서 이 셋을 물어본다면, 월매가 장면 1에서 등장했다는 것과 금연이가 장면 2에서 등장했다는 것을 떠올린 다음, 각각의 속성(선/악)을 기억하고 돌아가서 어떤 일을 했는지 확인해야 합니다.

1 ㉠, ㉡과 관련하여 윗글을 이해한 내용으로 적절하지 않은 것은?

정답 ②

① ㉠을 보니, 호첩에게 물은 '연고'의 내용은 왕비가 말한 '사연'의 내용과 관련이 있겠군.

➥ 승상은 편지를 받고 호첩에게 그 '연고'를 물어 집안에 변이 생겼음을 파악합니다. 이후 급히 귀환하여 왕비로부터 그동안의 '사연'을 전해 듣고는 '이미 아는 바'라고 반응합니다. 만약 호첩에게 들은 '연고'와 왕비의 '사연'이 서로 다른 내용이었다면 승상이 '이미 아는 바'라고 즉답할 수 없습니다. 따라서 두 내용은 서로 관련이 있다고 할 수 있습니다. 적절합니다.

② ㉠을 보니, 승상이 황상에게 올린 '상소'에 들어 있는 내용은 '이미 아는 바'와 같겠군.

➥ 승상이 '편지'를 통해 알게된 사실이 '이미 아는 바'에 해당합니다. 이는 사건의 진실이 드러나기 이전에 알게 된 사실입니다. 이후 금연의 자백을 통해 정렬부인의 모략이 밝혀진 다음(승상의 사실 인지), 승상이 사건의 진실에 기반한 '상소'를 올립니다. 따라서 '상소'에 들어 있는 내용은 '이미 아는 바'와 같지 않습니다. 적절하지 않습니다.

③ ㉡을 보니, 승상은 '사연'의 진상을 밝히는 데에 왕비가 '그놈'의 행위를 알게 된 경위가 중요하다고 생각했겠군.

➥ 승상은 왕비의 사연을 듣고 '그놈이 그리하였다 함을 뉘 아뢰었나이까'라고 묻습니다. 누가 알렸는지를 먼저 질문한 것은 승상이 정보의 출처를 사건 해결의 핵심으로 생각한다는 뜻입니다. 적절합니다.

④ ㉡에 대한 왕비의 대답을 보니, 왕비에게 '그놈'의 행위에 대해 제보한 사람이 있었군.

➥ 왕비가 '사촌 오라비가 이르기로 알았노라'라고 답한 것은 왕비가 직접 목격한 것이 아닌 전해들은 것임을 보여줍니다. 적절합니다.

⑤ ㉡이 제시된 후에 드러난 복록의 상황을 보니, 복록은 자신이 지은 '죄'에 대하여 심리적 중압감을 느꼈겠군.

➥ 승상이 복록을 찾았을 때 복록은 '이미 자신의 죄를 알고 이미 죽어버렸'습니다. 이는 복록이 승상의 추궁을 기다리지 않고 스스로 죄를 자각하고 먼저 죽음을 택했음을 드러냅니다. 어떤 형태로든 심리적인 중압감(죄책감, 불안 등)을 느꼈다고 볼 수 있습니다. 적절합니다.

2 누명과 관련한 설명으로 가장 적절한 것은?

정답 ④

① 누명이 벗겨지면서, 누명을 썼던 인물은 자신의 어리석음을 탓하고 있다.

➥ 누명을 썼던 인물은 충렬부인이고 누명이 벗겨지며 자신의 어리석음을 탓한 인물은 왕비입니다. 적절하지 않습니다.

② 누명을 쓴 인물의 요청으로 남주인공은 누명을 씌운 인물의 처벌을 유보한다.

➥ 남주인공(정을선)이 처벌을 유보한 이유는 황상께 알린 후 정렬부인을 처벌하기 위함입니다. 심지어 누명을 쓴 인물은 충렬부인인데 진실을 밝히고 처벌을 하는 장면에서는 충렬부인이 등장하지 않습니다. 적절하지 않습니다.

③ 누명의 내용은 누명을 쓴 인물이 남몰래 자신의 처소에서 벗어나 구덩이에 있다는 사실이다.

➥ 누명의 내용은 누명을 쓴 인물(충렬부인)이 남몰래 외간 남자와 부정한 행위를 하고 있다는 것입니다. 금연이 '남복을 하고 충렬부인 침소로 들어간 말이며 이불 속에 누웠다가 달아난' 사실을 실토하는 부분에서 알 수 있습니다. 적절하지 않습니다.

④ 누명을 씌우기 위한 계략에는 누명을 쓰는 인물을 특정 장소로 가게 하는 것이 포함되어 있다.

➥ 누명을 씌운 인물(정렬부인)은 누명을 쓰는 인물(충렬부인)에게 '침소로 가라 강권하여 침소로 마지못하여 가'게 했습니다. 적절합니다.

⑤ 누명이 벗겨지는 계기는 남주인공이 자신의 어머니가 극단적 선택을 하겠다는 것을 만류한 것이다.

➡ 남주인공(정을선)은 '모친이 너무 과도히 하시면 소자가 먼저 죽으려 하나이다.'라는 발언을 하며 왕비와 자신의 관계가 모자 관계임을 드러내며 어머니의 극단적 선택을 만류합니다. 그러나 누명이 벗겨지는 계기는 금연의 자백입니다. 적절하지 않습니다.

3 <학습 활동>을 수행한 결과로 적절하지 <u>않은</u> 것은?

정답 ①

> • 학습 활동 •
>
> 「정을선전」은 모략을 중심으로 사건이 전개되므로 인물 간 소통 양상을 파악하는 것이 중요하다. 윗글을 바탕으로 인물 간에 나타난 소통의 내용을 정리해 보자.

	인물 A	인물 B	소통의 내용
①	원수	중군장	A가 B에게 군사를 이끌고 가 서용을 사로잡으라고 명령함.
②	승상	월매	A가 B에게 충렬부인이 있는 곳이 어디인지 물음.
③	옥졸	금연	B가 A로부터 옥중 시신의 정체와 관련한 정보를 얻음.
④	옥졸	승상	A가 B에게, 금연이 옥중 시신에 대하여 발설했을 것이라는 의혹을 제기함.
⑤	금연	승상	B가 A로부터 정렬부인이 거짓으로 앓아누웠었다는 정보를 얻음.

➡ ① 장면에서 원수는 중군장에게 '나는 집에 변이 있어 먼저 가니 중군장은 차후에 인솔하여 오라.'라고 명령합니다. 그러나 이 정보만으로 무엇을 인솔하여 오라는 것인지 알 수 없습니다. 그런데 장면 3에서 황상에게 보낸 상소에 '신이 서용을 쳐 사로잡고, 백성을 진무하고 돌아오려 할 때, 집에서 급한 소식을 듣고 군사를 중군장에게 맡기옵고'라는 내용을 통해 백성과 군사들을 데리고 돌아가라고 명령한 것임을 알 수 있습니다. 따라서 적절하지 않습니다.

② 승상은 월매에게 "충렬부인은 어디 계시냐?"라고 묻습니다. 적절합니다.

③ 옥졸의 발화를 통해 알 수 있습니다. '정렬부인의 시비 금연이 이를 듣고 묻기에 자세히 이르고 부디 다른 데 가서 이 말 말라 당부하옵더니'에서 금연이 옥졸로부터 옥중 시신의 정체와 관련한 정보를 얻었음을 알 수 있습니다. 적절합니다.

④ 옥졸이 승상에게 한 발화를 통해 알 수 있습니다. '정렬부인의 시비 금연이 이를 듣고 묻기에 자세히 이르고 부디 다른 데 가서 이 말 말라 당부하옵더니'에서 금연이 옥중 시신에 대하여 발설했을 것이라는 의혹을 제기했음을 알 수 있습니다. 적절합니다.

⑤ 승상은 금연을 국문하는 과정에서 자백을 받아냅니다. '정렬부인이 앓는 체하고 누웠사오매'에서 정렬부인이 거짓으로 앓아누웠음을 알 수 있습니다. 적절합니다.

💡 교훈

고전 소설에서 편지에 해당하는 소재가 나온다면, 집중해야 합니다. 편지에는 전후 사정이 담기는 경우가 많기에 소설에서 발화나 행동으로 제시되지 않은 정보들이 담길 수 있습니다.

①번 선지를 판단할 때, 원수가 중군장에게 내린 명령과 원수가 황상에게 올린 '상소' 안의 정보를 연결해야 합니다. 이처럼 편지는 매우 중요하니 아래의 어휘를 읽어 보고 가세요.

고전 소설 속 '편지'를 뜻하는 어휘들
· 서간(書簡) / 서신(書信) / 서찰(書札) / 간찰(簡札) : 편지, 서신
· 글월 : 편지를 뜻하는 고어
· 장계(狀啓) : 신하가 임금에게 올리는 보고서
· 상소(上疏) : 신하가 임금에게 올리는 간언이나 청원서
· 교지(敎旨) : 임금이 신하에게 내리는 명령서 (관직 임명, 포상 등)
· 전갈(傳喝) : 구두로 전하는 소식이나 안부

4 <보기>를 참고하여 윗글을 이해한 내용으로 적절하지
않은 것은? [3점]

정답 ④

「정을선전」은 영웅소설과 가정소설의 상투적인 면
모가 혼재되어 나타난다. 이를테면, 가정 안팎의 서사
는 남주인공을 매개로 연결되고, 사건이 선악 구도로
전개되며, 인물의 고난과 감정은 극대화된다. 이 과정
에서 일부다처제에서 비롯되는 가정 내 갈등이 개인의
인성 문제로 축소된다. 그러면서도 상전의 수족에 불
과한 하층의 시비가 능동적인 행위자로 등장하거나,
가정과 사회에서 상층인 인물이 희화화된다.

① 정을선이 황상에게 올린 상소에서, 대원수와 가장으로
서의 모습이 드러나는 것으로 보아, 가정 안팎의 사건
에 남주인공이 두루 관여하고 있음을 알 수 있군.

➜ 상소에서 '집에서 급한 소식을 듣고 군사를 중군장에게
맡기옵고 필마로 올라와 본즉'이라는 내용을 통해, 정렬부
인의 모략이라는 가정 내부의 일과 전쟁이라는 가정 외부
의 일에 관여함을 알 수 있습니다.

② 승상이 충렬부인을 구출하는 장면에서, '슬픔에 매우
야위어 뼈가 드러'난 부인의 모습과 '통곡'하는 승상
의 모습은 인물의 고난과 감정이 극대화된 형상임을
알 수 있군.

➜ '승상이 통곡 왈'에서 승상이 통곡함을 알 수 있고 '슬픔
에 매우 야위어 뼈가 드러나게 되었는지라.'에서 충렬부인
이 슬퍼하는 모습이 과장적으로 드러났습니다. 적절합니다.

③ 왕비가 '앙천통곡'하는 장면에서, 충렬부인의 수난이
'악녀'의 탓이라는 인식이 드러나면서 일부다처제의
문제가 개인의 인성 문제로 축소되고 있음을 알 수
있군.

➜ 왕비가 울며 '내 밝지 못하여 악녀의 꾀에 빠져'서 판
단을 잘못했음을 드러내는데, 여기서 <보기>의 '일부다처
제에서 비롯되는 가정 내 갈등이 개인의 인성 문제로 축
소'됨을 확인할 수 있습니다. 적절합니다.

④ 월매가 '매를' 맞는 장면에서, 월매는 자신이 모시는 주
인에게 죽음을 각오하고 진실을 밝힘으로써 능동적인
행위자를 지향하고 있음을 알 수 있군.

➜ 월매는 자신의 주인인 왕비에게 진실을 밝히지 않음으
로써 죽을 위기에 처합니다. 이는 '왕비의 시비 월매가 종
시 토설치 아니하매 매를 많이 맞고'에서 확인할 수 있습
니다. 적절하지 않습니다.

⑤ 정렬부인이 '승상의 호통 소리'에 반응하는 장면에서,
가정의 상층 인물이 자신의 위엄이 실추되는 행동을
보이면서 희화화되고 있음을 알 수 있군.

➜ '정렬부인이 승상의 호통 소리를 듣고 똥을 한 무더기를
싸고 자빠졌는지라.'에서 상층 인물의 위엄이 실추되며 희
화됩니다.

한참 정이와 별의별 말이 다 오고 가고 하였을 때, '불단집*'에서 마악 설거지를 하고 있던 갑순이 할머니가 뛰어나왔다. 갑득이 어미는, 경우에 따라서는 그들 모녀를 상대하여서도, 할 말에 궁하지는 않다고 은근히 마음에 준비가 있었던 것이나, 뜻밖에도 갑순이 할머니는 자기 딸의 역성을 들려고는 하지 않고,

㉠"애최에 늬가 말 실수헌 게 잘못이지, 남을 탄해 뭘 허니? 이게 모두 모양만 숭업구……, 온, 글쎄, 그만 허구 들어가아. 늬가 잘못했어. 네 잘못이야."

하고 도리어 딸을 나무라던 것을, 갑득이 어미는 그 당장에는, 귀에 솔깃하여,

"그렇지. 자계가 먼저 말을 냈지. 나야 그저 대꾸헌 죄밖엔 없으니까. 잘했든 잘못했든 자계가 시초를 낸 게니까 ── "

하고, 뽐내도 보았던 것이나, 나중에 깨달으니, 그것은 얼토당토 않은 생각으로, 갑순이 할머니가 그렇게 자기 딸을 꾸짖으며 한사코 집으로 데리고 들어간 것에는,

㉡"아, 그 배지 못헌 행랑것허구, 쌈이 무슨 쌈이냐?"

"똥이 무서워 피허니? 더러우니까 피허는 게지!"

하고, 그러한 사상이 들어 있었던 것이 분명하였다.

사실, 을득이 녀석이 나중에 보고하는데 들으니까, 저녁때 돌아온 집주름 영감이 그 얘기를 듣고 나자,

"걔두 그만 분별은 있을 아이가, 그래 그런 상것허구 욕지거리를 허구 그러다니……."

쩻, 쩻, 쩻 하고 혀를 차니까, 늙은 마누라는 또 마주 앉아서,

"그렇죠, 그렇구 말구요. 쌈을 허드래두 같은 양반끼리 해야지, 그런 것허구 허는 건, 꼭 하늘 보구 침 뱉기지. 그 욕이 다아 내게 돌아오지, 소용 있나요."

㉢ 그리고 후유우 하고 한숨조차 내쉬는데, 방 안에서들 그러는 소리가 대문 밖까지 그대로 들리더라 한다.

[중략 부분의 줄거리] 골목 안 아홉 가구가 공동변소처럼 쓰는 불단집 소유의 뒷간에 양 서방이 갇힌다.

그는 아무리 상고하여 보아도 도무지 나갈 도리가 없는 것에 은근히 울화가 올랐다.

'제 집 뒷간두 아니구 남의 집 것을 그렇게 기가 나서 꼭꼭 잠그구 그럴 건 뭐 있누? 늙은이두 제엔장 헐…….'

㉣ 인제는 할 수가 없으니, 소리를 한번 질러 볼까? ──하기도 하였으나, 이러한 경우에 있어, 사람들은, 흔히 자기가 꼭 어떠한 수상한 인물인 듯싶게 스스로 느껴지는 경향이 있다. 그래, 그는 생각 끝에,

"아, 누가 문을 잠겄어어어?"

"문 좀 여세요오. 아, 누가……."

하고, 그러한 말을 제법 외치지도 못하고 그저 중얼대며, 한참이나 문을 잡아, 흔들어 자물쇠 소리만 덜거덕거렸던 것이다.

을득이한테 저의 아비가 불단집 뒷간에 가 갇히어 있다는 말을 듣고, 어인 까닭을 모르는 채 그곳까지 뛰어온 갑득이 어미는, 대강 사정을 알자, 곧 이것은 평소에 자기에게 좋지 않은 생각을 품고 있는 갑순이 할머니가 계획적으로 한 일임에 틀림없다고 혼자 마음에 단정하고,

"아아니, 그래, 애아범이 미우면 으떻게는 뭇 해서, 그 더러운 뒷간 숙에다 글쎄 가둬야만 헌단 말예요? 그래 노인이 심사를 그렇게 부려야 옳단 말예요?"

하고, 혼자 흥분을 하였다. 갑순이 할머니는, 그것은 전혀 예기하지 못하였던 억울한 말이라, 그래, 눈을 둥그렇게 뜨고, 손조차 내저어 가며,

"그건, 괜한 소리유, 괜한 소리야. 이 늙은 사람이 미쳐서 남을 뒷간 속에다 가둬? 모르구 그랬지, 모르구 그랬어. 난 꼭 아무두 없는 줄만 알구서, 그래, 모르구 자물쇨 챘지. 온, 알구야 왜 미쳤다구 잠그겠수?"

발명을 하였으나,

"모르긴 왜 몰라요. 다아 알구서 한 짓이지. 그래 자물쇨 챌 때, 안에서 말하는 소리두 뭇 들었단 말예요? 듣구두 모른 체했지. 듣구두 그냥 잠가 버린 거야."

하고, 갑득이 어미는 덮어놓고 시비만 걸려는 것을,

구경 나온 이웃 사람들이,

"아무러기서루니 갑순이 할머니께서 아시구야 그
러셨겠소?"

"노인이 되셔서 귀두 어두시구 그래 몰르셨지!"

하고 말들이 있었고, 정작, 양 서방이 또 머뭇거리
다가,

"자물쇨 채실 때, 내가 얼른 소리를 냈어두 아셨을
텐데, 미처 못 그래 그리 된 거야."

하고, 그러한 말을 매우 겸연쩍게 하여, 갑득이 어미
는 집주름집 마누라를 좀더 공박할 것을 단념하여 버
릴 수밖에 없는 동시에,

⑩ "오오, 그러니까, 채, 무어, 말할 새두 없이 문
이 잠겨져서, 그냥 갇힌 채, 누구 오기만 기대린 게
로군?"

"그래, 얼마 동안이나 들어가 있었어?"

"뭐어 오래야 갇혔겠수? 동안이야 잠깐이겠지
만……."

- 박태원, 「골목 안」 -

*불단집 : 집 밖에도 전등을 단, 살림이 넉넉한 집.

5 집주름 영감과 양 서방에 대한 이해로 가장 적절한 것은?

① 집주름 영감이 딸의 행동을 분별없다고 탓한 이유는
아내가 갑득이 어미 앞에서 딸을 나무란 뒤 남편에게
밝힌 생각과 같다.

② 집주름 영감은 아내와 갑득이 어미의 갈등이 드러나지
않게 하는, 양 서방은 결과적으로 이들의 갈등을 완화
하는 역할을 한다.

③ 양 서방이 여러 궁리를 하면서도 뒷간을 빠져나오지
못한 이유는 아내에게 밝힌 사건의 경위와 무관하다.

④ 양 서방은 아내가 갑순이 할머니에게 한 말과 이에 대
한 이웃들의 반응을 듣고도 아내에게 무덤덤한 태도
를 보이고 있다.

⑤ 양 서방이 자신의 상황을 갑순이 할머니에게 알리지
못했다고 말한 것은 누가 뒷간 문을 잠갔는지에 대한
의문이 풀려서 화가 누그러졌기 때문이다.

6 <보기>를 참고하여 ㉠~㉤을 이해한 내용으로 적절하
지 <u>않은</u> 것은? [3점]

서술자는 자신의 시선만으로 서술하기도 하고 인물
의 시선으로 초점화하여 서술하기도 한다. 그런데 이
작품에서는 두 서술 방식이 겹쳐 나타나는 경우가 있
다. 이때 서술자는 인물과 거리를 둠으로써 그들의 말
이나 생각, 감정 등에 대한 태도를 드러낸다. 이 밖에
도 쉼표의 연이은 사용은 시간의 지연이나 인물의 상
황 등을 드러낸다. 이러한 서술 기법은 문맥 속에서 글
의 의미를 다양하게 보충한다.

① ㉠ : 말줄임표 이후 쉼표를 연이어 사용한 것은, 인물이
자신의 생각을 감추거나 다른 할 말을 떠올리면서
시간의 지연이 있음을 드러낸 것이겠군.

② ㉡ : 서술자 시선의 서술과 인물의 시선으로 초점화한
서술이 겹쳐 나타난 것은, 상황을 잘못 인지한 채
상대의 생각을 추측하는 인물에게 서술자가 거리
를 두고 있음을 드러낸 것이겠군.

③ ㉢ : 말을 전하는 '~라 한다'의 주체가 인물일 수도 있
고 서술자일 수도 있게 서술한 것은, 인물의 경험
을 전하기만 하고 특정 인물의 편에 서지 않으려
는 서술자의 태도를 드러낸 것이겠군.

④ ㉣ : 인물의 생각에 대해 쉼표를 연이어 사용하며 설명
한 것은, 인물이 생각을 실행에 옮기지 못하고 망
설이는 상황을 드러낸 것이겠군.

⑤ ㉤ : 감탄사 이후 쉼표를 연이어 사용한 것은, 인물이
새로운 정보를 바탕으로 사건을 파악하는 상황을
드러낸 것이겠군.

인물 간의 관계를 파악하고 사건과 연결짓기

장면 1

한참 정이와 별의별 말이 다 오고 가고 하였을 때, '불단 집*'에서 마악 설거지를 하고 있던 갑순이 할머니가 뛰어나왔다. 갑득이 어미는, 경우에 따라서는 그들 모녀를 상대하여서도, 할 말에 궁하지는 않다고 은근히 마음에 준비가 있었던 것이나, 뜻밖에도 갑순이 할머니는 자기 딸의 역성을 들려고는 하지 않고,
㉠ "애최에 늬가 말 실수헌 게 잘못이지, 남을 탄해 뭘 허니? 이게 모두 모양만 숭업구⋯⋯, 온, 글쎄, 그만 허구 들어가아. 늬가 잘못했어. 네 잘못이야."
하고 도리어 딸을 나무라던 것을, 갑득이 어미는 그 당장에는, 귀에 솔깃하여,
"그렇지. 자계가 먼저 말을 냈지. 나야 그저 대꾸헌 죄밖엔 없으니까. 잘했든 잘못했든 자계가 시초를 낸 게니까 ──"
하고, 뽐내도 보았던 것이나,

➡️ 갑득이 어미와 정이 사이에 말다툼이 있었던 상황입니다. 갑순이 할머니가 등장하자 갑득이 어미는 맞설 준비를 하고 있었지만, 예상과 달리 갑순이 할머니는 자기 딸을 편들지 않습니다. ('그들 모녀'와 '자기 딸'이라는 호칭어를 통해 인물 간의 관계를 알 수 있습니다.) 그리고 갑순이 할머니가 딸을 나무라자 갑득이 어미는 '귀에 솔깃'하여 우쭐해합니다. 자신의 정당성을 인정받았다고 생각한 것입니다. 그러나 '그 당장에는'과 '뽐내도 보았던 것이나'라는 표현에서 이러한 생각이 바뀔 것이라는 예상을 할 수 있습니다.

> **인물** 갑득이 어미, 갑순이 할머니, 정이(갑순이 할머니의 딸)
> **갈등** 갑득이 어미 vs 정이
> **상황** 말다툼 도중 갑순이 할머니의 등장
> **심리** 갑득이 어미(우쭐함, 승리감)

나중에 깨달으니, 그것은 얼토당토 않은 생각으로, 갑순이 할머니가 그렇게 자기 딸을 꾸짖으며 한사코 집으로 데리고 들어간 것에는,
㉡ "아, 그 배지 못헌 행랑것허구, 쌈이 무슨 쌈이냐?"
"똥이 무서워 피허니? 더러우니까 피허는 게지!"
하고, 그러한 사상이 들어 있었던 것이 분명하였다.

➡️ '나중에 깨달으니'라는 표현을 통해 갑득이 어미의 시선으로 초점화되어 있음을 알 수 있습니다. 갑순이 할머니가 딸을 나무란 진짜 이유는 신분 차이 때문이었다는 것을 뒤늦게 깨닫게 됩니다. '배지 못헌 행랑것'이라는 표현에서 계급 의식이 드러납니다.

> **상황** 갑순이 할머니의 진짜 의도 파악(신분 차별 의식)
> **사실 인지** 갑득이 어미는 갑순이 할머니가 정이를 편들지 않은 이유를 뒤늦게 알게 됨

사실, 을득이 녀석이 나중에 보고하는데 들으니까, 저녁때 돌아온 집주름 영감이 그 얘기를 듣고 나자,
"걔두 그만 분별은 있을 아이가, 그래 그런 상것허구 욕지거리를 허구 그러다니⋯⋯."
쩻, 쩻, 쩻 하고 혀를 차니까, 늙은 마누라는 또 마주 앉아서,
"그렇죠, 그렇구 말구요. 쌈을 허드래두 같은 양반끼리 해야지, 그런 것허구 허는 건, 꼭 하늘 보구 침 뱉기지. 그 욕이 다아 내게 돌아오지, 소용 있나요."
㉢ 그리고 후유우 하고 한숨조차 내쉬는데, 방 안에서들 그러는 소리가 대문 밖까지 그대로 들리더라 한다.

➡️ 을득이를 통해 전해 들은 이야기입니다. 집주름 영감도 똑같은 계급 의식을 가지고 있음이 드러납니다. '상것', '양반' 등의 표현을 통해 드러납니다. 이때, '늙은 마누라'라는 호칭어를 통해, 갑순이 할머니가 집주름 영감의 아내임을 알 수 있습니다. 불단집의 집주름 영감과 갑순이 할머니는 부부이고 정이는 그 둘의 자식입니다. 또한 '방 안에서들 그러는 소리가 대문 밖까지 그대로 들리더라'는 표현은 전해 들은 이야기임을 강조합니다.

배경 저녁(시간), 방 안(공간)
인물과 성격
· 갑득이 어미 : 승부욕이 강하고 성급함
· 정이 : 갑순이 할머니의 딸, 갑득이 어미와 말다툼을 함
· 갑순이 할머니(늙은 마누라) : 계급 의식이 뚜렷함, 체면을 중시함
· 집주름 영감 : 계급 의식을 가짐
· 을득이 : 소식 전달자 역할

 **교훈**

인물 간의 관계파악이 힘든 장면이었습니다. 일반적으로 소설에서 인물을 소개할 때, 'xx어미'라고 하면 'xx이'가 나오는데, 이 작품은 '갑순이 할머니'의 딸이 '갑순이'가 아닌 '정이'입니다. 심지어 '갑득', '갑순' 같은 유사한 이름을 통해 혼동을 줍니다. 또한 '집주름 영감'과 '늙은 마누라' 같은 호칭어를 통해, 부부 관계를 제시하나, 발화의 내용을 통해 '늙은 마누라'와 '갑순이 할머니'가 동일인물을 의미한다는 것을 눈치채지 못 하면, 불단집의 가족 구성을 파악하기가 힘듭니다.

인물 관계 파악을 위한 행동 원칙

1. 호칭어 정리하기

처음 읽을 때 인물이 등장할 때마다 호칭어를 정리하기·같은 인물을 가리키는 다른 호칭어들을 연결하기

예 갑순이 할머니 = 늙은 마누라 = 집주름집 마누라

2. 발화 내용으로 인물 확인하기

대화의 내용과 맥락을 통해 화자가 누구인지 추론하기

예 '그렇죠, 그렇구 말구요'같은 동조하는 발화가 나오면 대화 상대방이 누구인지, 누구에게 동조하는 것인지 확인

예 '을득이 녀석이 나중에 보고하는데 들으니까'처럼 전달자가 명시된 경우 전달자 확인

3. 시공간 정보 활용하기

시공간에 대한 맥락을 통해 인물들의 관계 파악하기

예 '불단집'에서 나온 사람 = 불단집 거주자일 확률 큼

예 저녁에 '방 안에서' 대화하는 사람들 = 같은 집 사람들일 확률 큼

4. 이름 구별하기

· 갑순, 갑득처럼 비슷한 이름 구분하기
· 가족 관계를 나타내는 접미사 주의 (XX 어미, XX 할머니, XX 영감 등)
· 세대 관계 파악 (할머니-딸-손자 등)

5. 독해하며 수정/보완하기

· 앞에서 파악한 인물 관계도를 끌어와서 읽기
· 읽어 나가다 모순되는 부분이 있으면 수정하기
· 갈등 구조를 중심으로 인물들의 범주(주동/반동) 파악하기

[중략 부분의 줄거리] 골목 안 아홉 가구가 공동변소처럼 쓰는 불단집 소유의 뒷간에 양 서방이 갇힌다.

배경 불단집 소유의 뒷간(공간)
인물 양 서방

장면 2

그는 아무리 상고하여 보아도 도무지 나갈 도리가 없는 것에 은근히 울화가 올랐다.
'제 집 뒷간두 아니구 남의 집 것을 그렇게 기가 나서 꼭꼭 잠그구 그럴 건 뭐 있누? 늙은이두 제엔장헐……'
ⓐ 인제는 할 수가 없으니, 소리를 한번 질러 볼까? ──하기도 하였으나, 이러한 경우에 있어, 사람들은, 흔히 자기가 꼭 어떠한 수상한 인물인 듯싶게 스스로 느껴지는 경향이 있다. 그래, 그는 생각 끝에,
"아, 누가 문을 잠겄어어어?"
"문 좀 여세요오. 아, 누가……."

하고, 그러한 말을 제법 외치지도 못하고 그저 중얼대
며, 한참이나 문을 잡아, 흔들어 자물쇠 소리만 덜거덕
거렸던 것이다.

➡ 양 서방이 뒷간에 갇힌 상황입니다. 내적 독백을 통
해 양 서방의 답답함과 분노가 드러납니다. '늙은이두 제
엔장헐'이라고 말하는 것을 보아 양서방은 누가 자신을 가
두었는지 알고 있습니다. 그리고 '이러한 경우에 있어, 사
람들은'이라는 부분에서 서술자가 개입하여 일반론을 제시
하고 있습니다. <보기>에서 말한 '서술자의 시선과 인물의
시선이 겹치는' 대표적인 예시입니다. 이후 양 서방이 제
대로 소리도 지르지 못하고 중얼거리는 모습이 묘사됩니다.
'제법 외치지도 못하고'라는 표현에서 양 서방의 소심한 성
격이 드러나죠.

을득이한테 저의 아비가 불단집 뒷간에 가 갇히어 있
다는 말을 듣고, 어인 까닭을 모르는 채 그곳까지 뛰
어온 갑득이 어미는, 대강 사정을 알자, 곧 이것은 평
소에 자기에게 좋지 않은 생각을 품고 있는 갑순이 할
머니가 계획적으로 한 일임에 틀림없다고 혼자 마음에
단정하고,

➡ 갑득이 어미가 등장합니다. 남편이 갇힌 상황을 알게
된 갑득이 어미는 즉시 갑순이 할머니의 고의적인 행동이
라고 단정짓습니다. 앞선 장면에서의 갈등이 이어지고 있음
을 알 수 있습니다. 그리고 우리는 드디어 을득이가 누구인지
알았습니다. '저의 아비'를 보니 을득이는 갑득이 어미와 양
서방의 자식입니다. 아무래도 갑득이가 첫째, 을득이가 둘
째인가 봅니다.

"아아니, 그래, 애아범이 미우면 으떻게는 뭇 해서, 그
더러운 뒷간 숙에다 글쎄 가둬야만 헌단 말예요? 그래
노인이 심사를 그렇게 부려야 옳단 말예요?"
하고, 혼자 흥분을 하였다. 갑순이 할머니는, 그것은 전
혀 예기하지 못하였던 억울한 말이라, 그래, 눈을 둥그
렇게 뜨고, 손조차 내저어 가며,
"그건, 괜한 소리유, 괜한 소리야. 이 늙은 사람이 미쳐
서 남을 뒷간 속에다 가둬? 모르구 그랬지, 모르구 그랬
어. 난 꼭 아무두 없는 줄만 알구서, 그래, 모르구 자물
쇨 챘지. 온, 알구야 왜 미쳤다구 잠그겠수?"
발명을 하였으나,
"모르긴 왜 몰라요. 다아 알구서 한 짓이지. 그래 자물
쇨 챌 때, 안에서 말하는 소리두 뭇 들었단 말예요? 듣구
두 모른 체했지. 듣구두 그냥 잠가 버린 거야."

➡ 갑득이 어미가 갑순이 할머니를 공격하자, 갑순이 할머
니는 당황하며 해명합니다. '전혀 예기하지 못하였던 억울
한 말이라, 그래, 눈을 둥그렇게 뜨고, 손조차 내저어 가며'
라는 표현에서 진짜로 모르고 그랬다는 것이 드러납니다. 그
러나 갑득이 어미는 끝까지 의심하며 갑순이 할머니를 몰아
세웁니다. 앞선 장면에서 형성된 적대감이 계속 이어지고
있습니다. 갈등 관계는 꼭 짚고 넘어갑시다.

하고, 갑득이 어미는 덮어놓고 시비만 걸려는 것을, 구경 나온 이웃 사람들이,

"아무러기서루니 갑순이 할머니께서 아시구야 그러셨겠소?"

"노인이 되셔서 귀두 어두시구 그래 몰르셨지!"

하고 말들이 있었고, 정작, 양 서방이 또 머뭇거리다가,

"자물쇨 채실 때, 내가 얼른 소리를 냈어두 아셨을 텐데, 미처 못 그래 그리 된 거야."

하고, 그러한 말을 매우 겸연쩍게 하여, 갑득이 어미는 집주름집 마누라를 좀더 공박할 것을 단념하여 버릴 수밖에 없는 동시에,

➣ 이웃 사람들이 갑순이 할머니를 옹호합니다. '덮어놓고 시비만 걸려는'이라는 표현에서 서술자가 갑득이 어미의 행동을 부정적으로 보고 있음이 드러납니다. 정작 당사자인 양 서방이 갑순이 할머니를 두둔하자 갑득이 어미는 더 이상 공격할 수 없게 됩니다. '매우 겸연쩍게'라는 표현에서 양 서방의 소심한 성격이 다시 한 번 드러납니다.

ⓜ "오오, 그러니까, 채, 무어, 말할 새두 없이 문이 잠겨져서, 그냥 갇힌 채, 누구 오기만 기대린 게로군?"

"그래, 얼마 동안이나 들어가 있었어?"

"뭐어 오래야 갇혔겠수? 동안이야 잠깐이겠지만……."

➣ 갑득이 어미가 남편에게 묻는 장면입니다. 갈등이 해소되면서 대화가 일상적인 것으로 전환됩니다.

상황 오해가 풀리며 갈등이 해소됨

사실 인지 갑득이 어미는 남편의 발화로 인해 갑순이 할머니가 악의를 가지고 한 일이 아님을 알게 됨

인물과 성격

· 양 서방 : 소심하고 체면을 중시함

· 갑득이 어미 : 성급하고 의심이 많음

· 갑순이 할머니 : 계급 의식을 가지고 있지만 본질적으로 악의는 없음

5 집주름 영감과 양 서방에 대한 이해로 가장 적절한 것은?

정답 ①

① 집주름 영감이 딸의 행동을 분별없다고 탓한 이유는 아내가 갑득이 어미 앞에서 딸을 나무란 뒤 남편에게 밝힌 생각과 같다.

➣ 먼저 지문을 읽으며 인물 간의 관계를 파악해야 합니다. '늙은 마누라'라는 호칭어를 통해, 갑순이 할머니가 집주름 영감의 아내임을 알 수 있습니다. 불단집의 집주름 영감과 갑순이 할머니는 부부이고, 정이는 그 둘의 자식입니다.

'그 배지 못헌 행랑것허구, 쌈이 무슨 쌈이냐?', '똥이 무서워 피허니? 더러우니까 피허는 게지!'라는 갑순이 할머니(아내)의 발화를 통해 차별 의식을 알 수 있습니다. 마찬가지로 집주름 영감도 '걔두 그만 분별은 있을 아이가, 그래 그런 상것허구 욕지거리를 허구 그러다니…….'라고 말하며, 딸이 '상것'(갑득이 어미)과 싸운 것을 분별없는 행동이라고 탓했습니다. 즉, 부부 모두 동일한 생각을 가지고 있으며, 딸이 신분이 낮은 사람과 싸운 것 자체를 문제로 본 것입니다. 적절합니다.

② 집주름 영감은 아내와 갑득이 어미의 갈등이 드러나지 않게 하는, 양 서방은 결과적으로 이들의 갈등을 완화하는 역할을 한다.

➣ 집주름 영감의 발화로 인해 갈등이 심화됩니다. 또한 갑득이 어미의 반감을 양 서방이 뒷간에 갇힌 일을 계기로 '아내'(갑순이 할머니)와 갑득이 어미의 갈등이 심화됩니다. 적절하지 않습니다.

③ 양 서방이 여러 궁리를 하면서도 뒷간을 빠져나오지 못한 이유는 아내에게 밝힌 사건의 경위와 무관하다.

➣ 양 서방이 뒷간을 빠져나오지 못한 이유와 아내에게 밝힌 사건의 경위는 서로 일치합니다. 지문에서 양 서방은 뒷간에 갇혔을 때 '이러한 경우에 있어, 사람들은, 흔히 자기가 꼭 어떠한 수상한 인물인 듯싶게 스스로 느껴지는 경향이 있다'며 소리를 지르지 못했다고 서술되어 있습니다. 이후 아내에게는 '자물쇨 채실 때, 내가 얼른 소리를 냈어두 아셨을 텐데, 미처 못 그래 그리 된 거야'라고 설명하는데, 이는 앞서 묘사된 소심한 성격으로 인해 소리를

내지 못했다는 내용과 일치합니다. 따라서 '무관하다'는 적절하지 않습니다.

④ 양 서방은 아내가 갑순이 할머니에게 한 말과 이에 대한 이웃들의 반응을 듣고도 아내에게 무덤덤한 태도를 보이고 있다.

➡ 양 서방은 아내에게 무덤덤한 태도를 보이지 않습니다. 지문에서 양 서방은 갑득이 어미가 갑순이 할머니를 비난하는 것과 이웃들이 갑순이 할머니를 옹호하는 반응을 듣고 난 후, '자물쇠 채실 때, 내가 얼른 소리를 냈어두 아셨을 텐데, 미처 못 그래 그리 된 거야'라고 '매우 겸연쩍게' 말했다고 제시합니다. '겸연쩍다'는 것은 민망하고 부끄러워하는 감정을 나타내는 것으로, 무덤덤한 태도라고 볼 수 없습니다. 적절하지 않습니다.

⑤ 양 서방이 자신의 상황을 갑순이 할머니에게 알리지 못했다고 말한 것은 누가 뒷간 문을 잠갔는지에 대한 의문이 풀려서 화가 누그러졌기 때문이다.

➡ 양 서방은 처음부터 누가 뒷간 문을 잠갔는지 알고 있었습니다. 지문 초반부에서 양 서방의 내적 독백을 보면 '제 집 뒷간두 아니구 남의 집 것을 그렇게 기가 나서 꼭 꼭 잠그구 그럴 건 뭐 있누? 늙은이두 제엔장혈……'이라고 하며 갑순이 할머니가 잠갔다는 것을 이미 알고 있었음(사실의 인지)이 드러납니다. 따라서 '누가 뒷간 문을 잠갔는지에 대한 의문이 풀려서'라는 전제 자체가 성립하지 않습니다. 적절하지 않습니다.

작품에서 인물이 새로운 정보를 접하거나 깨닫는 것에 주목합시다. 왜냐하면 이러한 변화는 인물의 행동 변화나 심리 변화를 유발하고 갈등을 심화시키거나 해결하기 때문입니다.

1. 직접 경험

인물이 사건에 직접 참여하거나 목격하여 새로운 사실을 알게 되는 경우

예 양 서방이 갑순이 할머니에 의해 뒷간에 갇히는 경험을 함

2. 간접 경험

다른 인물로부터 정보를 얻거나, 편지, 일기, 신문 등 매체를 통해 정보를 접하는 경우

예 갑득이 어미가 을득이의 보고를 통해 집주름 영감 부부의 대화 내용을 전해 들음

예 갑득이 어미가 을득이를 통해 남편이 뒷간에 갇혔다는 소식을 들음

3. 깨달음

인물이 기존 정보를 재해석하거나 숨겨진 의도를 뒤늦게 파악하는 경우, 스스로 진실을 깨닫는 경우

예 갑득이 어미가 '나중에 깨달으니' 갑순이 할머니가 딸을 나무란 진짜 이유가 차별 의식 때문임을 알게 됨

4. 예상치 못한 정보

인물이 전혀 예상치 못한 방식으로 새로운 사실을 알게 되는 경우

예 갑득이 어미가 갑순이 할머니가 고의로 양 서방을 가둔 것이 아님을 알게 됨

특히, ⑤번 선지와 같이 이미 정보를 알고 있음에도 불구하고 몰랐었다는 투의 선지가 나올 수 있습니다.

6 <보기>를 참고하여 ㉠~㉤을 이해한 내용으로 적절하지 <u>않은</u> 것은? [3점]

정답 ②

• 보기 •

　서술자는 자신의 시선만으로 서술하기도 하고 인물의 시선으로 초점화하여 서술하기도 한다. 그런데 이 작품에서는 두 서술 방식이 겹쳐 나타나는 경우가 있다. 이때 서술자는 인물과 거리를 둠으로써 그들의 말이나 생각, 감정 등에 대한 태도를 드러낸다. 이 밖에도 쉼표의 연이은 사용은 시간의 지연이나 인물의 상황 등을 드러낸다. 이러한 서술 기법은 문맥 속에서 글의 의미를 다양하게 보충한다.

① ㉠ : 말줄임표 이후 쉼표를 연이어 사용한 것은, 인물이 자신의 생각을 감추거나 다른 할 말을 떠올리면서 시간의 지연이 있음을 드러낸 것이겠군.

▶ 갑순이 할머니는 '이게 모두 모양만 숭업구……, 온, 글쎄, 그만 허구 들어가아. 늬가 잘못했어. 네 잘못이야.'라고 말합니다. 말줄임표 이후 쉼표가 연이어 사용되는데, 이는 <보기>에서 설명한 '쉼표의 연이은 사용은 시간의 지연'을 드러낸다는 서술 기법에 해당합니다. 갑순이 할머니는 겉으로는 딸을 나무라지만, 속으로는 '배지 못헌 행랑것'과 싸우면 안 된다는 진짜 생각을 감추고 있습니다. 말줄임표와 쉼표를 통해 표현된 머뭇거림은 바로 이런 속마음을 감추면서 적당한 말을 찾는 시간의 지연을 보여줍니다. 따라서 적절한 해석입니다.

② ㉡ : 서술자 시선의 서술과 인물의 시선으로 초점화한 서술이 겹쳐 나타난 것은, 상황을 잘못 인지한 채 상대의 생각을 추측하는 인물에게 서술자가 거리를 두고 있음을 드러낸 것이겠군.

▶ '나중에 깨달으니, 그것은 얼토당토 않은 생각으로'는 서술자의 시선과 갑득이 어미의 시선이 겹쳐 나타나는 부분입니다. <보기>에 따르면 이렇게 두 서술 방식이 겹칠 때 서술자는 인물과 거리를 두는데 실제로 서술자는 갑득이 어미의 과거 판단을 '얼토당토 않은'이라고 평가하며 거리를 둡니다. 그러나 갑득이 어미는 '상황을 잘못 인지한 채'로 끝나는 것이 아닙니다. 오히려 '을득이'에게 전해들은 이야기를 통해, 갑순이 할머니의 진짜 의도(계급 차별)

를 파악합니다. '배지 못헌 행랑것허구, 쌈이 무슨 쌈이냐?'라는 발화를 통해 갑순이 할머니의 속마음을 뒤늦게 깨닫게 됩니다. 따라서 적절하지 않습니다.

③ ㉢ : 말을 전하는 '~라 한다'의 주체가 인물일 수도 있고 서술자일 수도 있게 서술한 것은, 인물의 경험을 전하기만 하고 특정 인물의 편에 서지 않으려는 서술자의 태도를 드러낸 것이겠군.

▶ '방 안에서들 그러는 소리가 대문 밖까지 그대로 들리더라 한다'에서 '~더라 한다'라는 표현은 중의적입니다. '을득이 녀석이 나중에 보고하는데 들으니까'라는 앞 문장을 고려하면 을득이가 전달한 것으로 볼 수 있지만, 서술자가 직접 전하는 것으로도 해석 가능합니다. <보기>에 따르면 서술자는 인물과 거리를 두며 태도를 드러내는데, 여기서 서술자는 '~더라 한다'라는 모호한 표현을 통해 전달 주체를 명확히 하지 않습니다. 이는 집주인 부부의 계급 차별적 발언인 '쌈을 허드래두 같은 양반끼리 해야지'와 '그런 것'을 전달하면서도, 그들을 비판하거나 갑득이 어미 편을 들지 않고 중립적 거리를 유지하려는 서술자의 태도로 볼 수 있습니다. 적절합니다.

④ ㉣ : 인물의 생각에 대해 쉼표를 연이어 사용하며 설명한 것은, 인물이 생각을 실행에 옮기지 못하고 망설이는 상황을 드러낸 것이겠군.

▶ '인제는 할 수가 없으니, 소리를 한번 질러 볼까? ──하기도 하였으나'에서 물음표 뒤의 대시(──)와 '하기도 하였으나'라는 표현은 양 서방의 망설임을 보여줍니다. 그리고 '이러한 경우에 있어, 사람들은, 흔히 자기가 꼭 어떠한 수상한 인물인 듯싶게'라는 부분에서 쉼표가 연이어 사용되었습니다. <보기>에 따르면 쉼표의 연이은 사용은 시간의 지연이나 인물의 상황을 드러냅니다. 이 부분에서는 양 서방이 뒷간에 갇혀 소리를 지르고 싶지만 '수상한 인물'로 보일까 봐 망설이는 심리적 갈등을 표현합니다. 결국 '제법 외치지도 못하고 그저 중얼'거리는 것으로 끝나는데, 이는 쉼표를 통해 표현된 망설임이 실제 행동의 주저함으로 이어진 것입니다. 적절합니다.

⑤ ⑩ : 감탄사 이후 쉼표를 연이어 사용한 것은, 인물이
　　　　새로운 정보를 바탕으로 사건을 파악하는 상황을
　　　　드러낸 것이겠군.

◉ '오오, 그러니까, 채, 무어, 말할 새두 없이 문이 잠겨
져서'에서 감탄사 '오오' 이후 쉼표가 연속적으로 사용됩니
다. 이는 갑득이 어미가 양 서방의 설명을 듣고 상황을 이
해해가는 과정을 보여줍니다. 〈보기〉에 따르면 쉼표의 연
이은 사용은 시간의 지연이나 인물의 상황을 드러내는데,
여기서는 갑득이 어미가 새로운 정보를 받아들이며 사건의
전말을 파악해가는 과정을 드러낸다고 볼 수 있습니다. 적
절합니다.

문학 FOCUS

FOCUS

11

소설의 인물과 시공간

인물을 통해 시점을 파악하고 시간, 공간을 파악합시다.

인물을 통해 시점을 파악하고 시간, 공간을 파악합시다.

인물의 시선이 닿는 곳이 공간이고, 인물의 생각이 흐르는 곳이 시간이다.”

앞서 시점을 배울 때, 우리는 '누구의 눈으로 사건을 보는가'를 따졌습니다.
이 '눈(시점)'을 가진 인물이 바라보는 대상과 위치가 곧 작품의 공간이 되고,
그 인물이 겪거나 떠올리는 사건의 순서가 곧 시간이 됩니다.

따라서 시공간을 파악하는 것은 별개의 작업이 아닙니다.

· 인물의 이동: 인물이 움직이면 공간이 바뀌고, 공간이 바뀌면 인물의 심리나 태도가 변합니다.
· 인물의 의식: 인물이 과거를 생각하면 시간은 과거로 점프(역전)합니다.

결국, 인물을 따라다니는 것이 시공간 파악의 시작이자 끝입니다.
이제 앞서 배운 시점 개념에 인물과 시공간의 변화를 엮어, 출제자가 묻는 '장면 전환'의 원리를 뚫어봅시다.
이 인물을 통한 시간과 공간의 파악을 직접 문제에서 묻는 경우가 있으니 그 부분도 대비합시다.

시점과 인물, 시공간의 삼각관계	
1인칭 주인공 시점	'나'의 심리에 따라 공간이 주관적으로 왜곡되거나, '나'의 기억에 의존해 시간이 자유롭게 이동함
3인칭 관찰자 시점	카메라가 겉만 훑듯이, 객관적인 시간의 흐름과 물리적 공간 묘사에 집중함
전지적 작가 시점	서술자가 시공간을 마음대로 축약(요약적 제시)하거나, 공간의 의미를 직접 설명해버림.

∴ 시점을 안다는 것은, 시공간 정보가 제시되는 '방식'을 미리 아는 것과 같다! 따라서 어디에 독해를 집중해야 할지를 알 수 있고, 강약 조절이 가능해진다!

　몽달 씨 나이가 스물일곱이라니까 나보다 스무 살이나 많지만 우리는 엄연히 친구다. 믿지 않겠지만 내게는 스물일곱짜리 남자 친구가 또 하나 있다. 우리 집 옆, 형제슈퍼 의 김 반장이 바로 또 하나의 내 친구인데 그는 원미동 23통 5반의 반장으로 누구보다도 씩씩하고 재미있는 사람이었다. 나는 **매일같이** 슈퍼 앞의 비치파라솔 의자에 앉아 그와 함께 낄낄거리는 재미로 하루를 보내다시피 하였는데 **요즘**은 내가 의자에 앉아 있어도 전처럼 웃기는 소리를 해 주거나 쭈쭈바 따위를 건네주는 법 없이 다소 퉁명스러워졌다. ㉠그 까닭도 나는 환히 알고 있지만 모르는 척하는 수밖에. 우리 집 셋째 딸 선옥이 언니가 지난 달에 서울 이모 집으로 훌쩍 떠나 버렸기 때문인 것이다. 김 반장이 선옥이 언니랑 좋아지내는 것은 온 동네가 다 아는 일이지만 선옥이 언니 마음이 요새 좀 싱숭생숭하더니 기어이는 이모네가 하는 옷 가게를 도와준다고 서울로 가 버렸다. 선옥이 언니는 얼굴이 아주 예뻤다. 남들 말대로 개천에서 용이 났다고 해도 과언이 아닐 만큼 지지리 궁상인 우리 집에 두고 보기로는 아까운 편인데, 그 지지리 궁상이 지겨워 맨날 뚱하던 언니였다.

(중략)

　집으로 가다 말고 문득 형제슈퍼 쪽을 돌아보니 음료수 박스들을 차곡차곡 쟁여 놓는 일에 땀을 뻘뻘 흘리고 있는 몽달 씨가 보였다. ㉡실컷 두들겨 맞고 열흘간이나 누워 있었던 사람이라 안색이 차마 마주 보기 어려울 만큼 핼쑥했다. 그런데도 뭐가 좋은지 히죽히죽 웃어 가면서 열심히 박스들을 나르고 있는 게 아닌가. 그것도 김 반장네 가게에서. 아무리 눈을 크게 뜨고 보아도 몽달 씨가 분명했다. 저럴 수가. ㉢어쨌든 제정신이 아닌 작자임이 틀림없었다. 아무리 정신이 좀 헷갈린 사람이래도 그렇지, 그날 밤의 김 반장 행동을 깡그리 잊어버리지 않고서야 저럴 수가 없다는 게 내 생각이었다.
　잊었을까. 그날 밤 머리의 어딘가를 세게 다쳐서 김

반장이 자기를 내쫓은 부분만큼만 감쪽같이 지워진 것은 아닐까. 전혀 엉뚱한 이야기만도 아니었다. 텔레비전에서도 보면 기억 상실증인가 뭔가로 자기 아들도 못 알아보는 연속극이 있었다. 그런 쪽의 상상이라면 나를 따라올 만한 아이가 없는 형편이었다. 내 머릿속은 기기괴괴한 온갖 상상들로 늘 모래주머니처럼 빽빽했으니까. 나는 청소부 아버지의 딸이 아니라 사실은 어느 부잣집의 버려진 딸이다, 라는 식의 유치한 상상은 작년도 못 되어 이미 졸업했었다. 요즘의 내 상상이란 외계인 아버지와 지구인 엄마와의 사랑, 뭐 그런 쪽의 의젓한 것이었다. ㉣아무튼 나의 기막힌 상상력으로 인해 몽달 씨는 부분적인 기억 상실증 환자로 결정되었다. 그렇다면 이제는 확인할 일만 남은 셈이었다. 오래 기다릴 필요도 없었다. 나는 김 반장네 가게 일을 거들어 주고 난 뒤 비치파라솔 밑의 **의자**에 앉아 **뭔가**를 읽고 있는 몽달 씨에게로 갔다. 보나 마나 주머니 속에 잔뜩 들어 있는 종잇조각 중의 하나일 것이었다. ㉤멀쩡한 정신도 아닌 주제에
　이번엔 기억 상실증이란 병까지 얻어 놓고도 여태시 따위나 읽고 있는 몽달 씨 꼴이 한심했다.
　“ⓐ이거, 또 시예요?”
　“ⓑ그래. 슬픈 시야. 아주 슬픈…….”
　몽달 씨가 핼쑥한 얼굴을 쳐들며 행복하게 웃었다. 슬픈 시라고 해 놓고선 웃다니. 나는 이맛살을 찡그리며 몽달 씨 옆에 앉았다. 그리고 아주 낮은 목소리로 물었다.
　“ⓒ이제 다 나았어요?”
　“ⓓ응. 시를 읽으면서 누워 있었더니 금방 나았지.”
　금방은 무슨 금방. 열흘이나 되었는데. 또 한 번 나는 몽달 씨의 형편없는 정신 상태에 실망했다.
　“**그날** 밤에 난 **여기**에 앉아서 다 봤어요.”
　“무얼?”
　“ⓔ김 반장이 아저씨를 쫓아내는 것…….”
　순간 몽달 씨가 정색을 하고 내 얼굴을 쳐다보았다. 예전의 그 풀려 있던 눈동자가 아니었다. 까맣고 반짝이는 눈이었다. 그러나 잠깐이었다. 다시는 내 얼

굴을 보지 않을 작정인지 괜스레 팔뚝에 엉겨 붙은
상처 딱지를 떼어 내려고 애쓰는 척했다. 나는 더욱
바싹 다가앉았다.

"ⓕ김 반장은 나쁜 사람이야. 그렇지요?"

몽달 씨가 팔뚝을 탁 치면서 "아니야"라고 응수했
는데도 나는 계속 다그쳤다.

"ⓖ그렇지요? 맞죠?"

그래도 몽달 씨는 못 들은 척 팔뚝만 문지르고 있었
다. 바보같이. 기억 상실도 아니면서…… 나는 자꾸
만 약이 올라 견딜 수 없는데도 몽달 씨는 마냥 딴전
만 피우고 있었다.

- 양귀자, 「원미동 시인」 -

1 형제슈퍼를 중심으로 확인할 수 있는 인물의 행위에 대한 설명으로 가장 적절한 것은?

① '나'가 '매일같이' 김 반장과 재미있게 낄낄거렸던 행
위는 '그날'보다 앞선 시간대에 이루어지며, '그날'의
일을 지켜보기만 한 '나'의 부정적 자기 인식으로 이
어지고 있다.

② 김 반장이 '나'를 퉁명스럽게 대하는 행위는 '요즘'보
다 앞선 시간대에 이루어지며, '나'에게 반성을 유도
하고 있다.

③ 몽달 씨가 '히죽히죽' 웃는 행위는 현재 '여기'에서 '나'
에게 속내를 감추는 행위보다 앞선 시간대에 이루어지
며, '나'에게 진심을 드러내어 보여 주고 있다.

④ '의자'에서 '뭔가'를 읽는 몽달 씨의 행위는 '여기'에서
환기된 '그날'의 경험보다 앞선 시간대에 이루어지며,
'나'가 '그날' 느꼈을 긴박감과 대비되는 이완된 상황을
보여 주고 있다.

⑤ '여기'에서 목격된 '그날' 김 반장의 행위는 '요즘'보다
이후의 시간대에 이루어지며, '나'가 김 반장을 이전과
다르게 평가하는 원인으로 기능하고 있다.

2 <보기>를 바탕으로 ㉠~㉤을 이해한 내용으로 적절하지 않은 것은? [3점]

• 보기 •

미성숙한 어린아이 서술자라도 합리적 정보를 제공
하면 독자는 서술자를 신뢰하게 된다. 그러나 작가는
때로 합리성이 부족한 어린아이의 특성을 강화하여 독
자가 서술자를 의심하게 한다. 이때 독자는 서술자가
제공하는 정보가 틀릴 수 있다고 생각하면서 서술자
와 다른 각도에서 작품이 전하려는 의미를 탐색하게
된다. 이 경우에도 독자는 서술자가 제공하는 제한된
정보에 의존할 수밖에 없으므로, 서술적 상황과 작품
이 전하려는 의미가 서로 달라져 작품을 더욱 집중해
서 읽게 된다.

① ㉠ : 문제적 상황의 원인을 파악하여 이에 대응하고,
인물의 태도 변화를 설명할 수 있는 정보를 제시
한다는 점에서 독자가 서술자를 신뢰하도록 유도
하고 있군.

② ㉡ : 인물이 처한 부정적 상황을 보여 주고, 인물의 안
색과 그 이유에 대해 여러 정보를 제공한다는 점
에서 독자가 서술자를 신뢰하도록 유도하고 있군.

③ ㉢ : 논리적 연관을 무시하고, 추측에 근거하여 인물의
의식 상태를 단정하는 모습을 통해 독자가 작품에
더욱 집중하면서, 서술자와 다른 각도로 생각하도
록 유도하고 있군.

④ ㉣ : 인물에 대해 적극적으로 탐색하고, 인물의 상태
를 스스로 진단하여 그 정보를 제공하는 모습을
통해 독자가 서술자를 신뢰하도록 유도하고 있군.

⑤ ㉤ : 시에 대한 이해가 부족하고, 합당한 이유 없이 인
물의 취향을 비난하는 모습을 통해 독자가 작품에
더욱 집중하면서, 서술자와 다른 각도로 생각하도
록 유도하고 있군.

👍 학습목표

인물을 통해 시점과 시공간 파악하기

• 보기 •

미성숙한 어린아이 서술자라도 합리적 정보를 제공하면 독자는 서술자를 신뢰하게 된다. 그러나 작가는 때로 합리성이 부족한 어린아이의 특성을 강화하여 독자가 서술자를 의심하게 한다. 이때 독자는 서술자가 제공하는 정보가 틀릴 수 있다고 생각하면서 서술자와 다른 각도에서 작품이 전하려는 의미를 탐색하게 된다. 이 경우에도 독자는 서술자가 제공하는 제한된 정보에 의존할 수밖에 없으므로, 서술적 상황과 작품이 전하려는 의미가 서로 달라져 작품을 더욱 집중해서 읽게 된다.

인물 어린 아이(서술자)

[서술자의 정보 ≠ 실제 상황] → 서술자 의심 → 다각적인 의미 탐색

장면 1

몽달 씨 나이가 스물일곱이라니까 나보다 스무 살이나 많지만 우리는 엄연히 친구다. 믿지 않겠지만 내게는 스물일곱짜리 남자 친구가 또 하나 있다. 우리 집 옆, 형제슈퍼의 김 반장이 바로 또 하나의 내 친구인데 그는 원미동 23통 5반의 반장으로 누구보다도 씩씩하고 재미있는 사람이었다.

💬 일곱 살 정도의 어린 화자('나')가 스물일곱 살 어른들과 '친구'라고 주장하는 모습에서 어린아이 특유의 순진함이 드러납니다. '믿지 않겠지만'이라는 표현은 화자도 이것이 일반적이지 않다는 것을 어렴풋이 알고 있음을 보여줍니다. '나'라는 호칭어를 통해 시점은 1인칭임을 알 수 있습니다.

인물과 성격
· 나(7세) : 어른과 친구라고 생각하는 순진함
· 몽달 씨(27세) : '나'가 친구라고 여김
· 김 반장(27세) : '나'가 친구라고 여김, 씩씩하고 재미있는 사람

배경 원미동(공간)

나는 매일같이 슈퍼 앞의 비치파라솔 의자에 앉아 그와 함께 낄낄거리는 재미로 하루를 보내다시피 하였는데 요즘은 내가 의자에 앉아 있어도 전처럼 웃기는 소리를 해 주거나 쭈쭈바 따위를 건네주는 법 없이 다소 퉁명스러워졌다. ㉠그 까닭도 나는 환히 알고 있지만 모르는 척하는 수밖에. 우리 집 셋째 딸 선옥이 언니가 지난달에 서울 이모 집으로 훌쩍 떠나 버렸기 때문인 것이다.

💬 김 반장이 화자에게 퉁명스러워진 이유를 화자는 알고 있습니다. 선옥이 언니가 서울로 떠났기 때문이죠. 어린 화자도 김 반장의 마음을 이해하고 있지만 '모르는 척'한다는 것은 나름의 배려를 보여줍니다.

상황 김 반장의 태도 변화(친절 → 퉁명스러움), 선옥이 언니의 서울행

인물 선옥이 언니(직접 등장 X)

김 반장이 선옥이 언니랑 좋아지내는 것은 온 동네가 다 아는 일이지만 선옥이 언니 마음이 요새 좀 싱숭생숭하더니 기어이는 이모네가 하는 옷 가게를 도와준다고 서울로 가 버렸다. 선옥이 언니는 얼굴이 아주 예뻤다. 남들 말대로 개천에서 용이 났다고 해도 과언이 아닐 만큼 지지리 궁상인 우리 집에 두고 보기로는 아까운 편인데, 그 지지리 궁상이 지겨워 맨날 뚱하던 언니였다.

💬 화자는 자신의 집을 '지지리 궁상'이라고 표현합니다. 어린 나이임에도 가난한 집안 형편을 정확히 인식하고 있으며, 예쁜 언니가 이런 환경을 벗어나고 싶어 했다는 것도 이

해하고 있습니다. 이처럼 김 반장의 태도 변화에 대한 이유와 자신의 가난한 집안 형편에 대한 인식이 합리적으로 제시되어 있습니다. <보기>에 의하면 '합리적 정보를 제공하면 독자는 서술자를 신뢰하게 된다'라고 했습니다. 이 미숙한 서술자('나')를 신뢰해봅시다.

> **상황** 선옥이 언니의 서울행(∵ 가난한 집안)

(중략)

장면 2

> 집으로 가다 말고 문득 형제슈퍼 쪽을 돌아보니 음료수 박스들을 차곡차곡 쟁여 놓는 일에 땀을 뻘뻘 흘리고 있는 몽달 씨가 보였다. ⓛ실컷 두들겨 맞고 열흘간이나 누워 있었던 사람이라 안색이 차마 마주보기 어려울 만큼 핼쑥했다. 그런데도 뭐가 좋은지 히죽히죽 웃어 가면서 열심히 박스들을 나르고 있는 게 아닌가. 그것도 김 반장네 가게에서. 아무리 눈을 크게 뜨고 보아도 몽달 씨가 분명했다. 저럴 수가.

➡️ 중요한 정보가 나옵니다. 서술자에 의해 몽달 씨가 '실컷 두들겨 맞고 열흘간이나 누워 있었던' 사실이 드러납니다. 그런데 그 몽달 씨가 김 반장네 가게에서 일하고 있다니, 화자는 당황합니다. 왜 당황한 것일까요? 김 반장이 때린 것일까요? 확실하지 않습니다. 화자의 반응으로 보아 김 반장이 이 사건과 관련이 있음은 분명해 보입니다. 서술자인 '나'는 이 상황을 이해하지 못합니다.

> **배경** 형제슈퍼 근처
> **상황** 서술자 '나'에 의해 몽달 씨의 과거 사건이 제시됨
> **사실 인지** 서술자 '나'는 몽달 씨에게 있던 일을 이미 알고 있음

ⓒ어쨌든 제정신이 아닌 작자임이 틀림없었다. 아무리 정신이 좀 헷갈린 사람이래도 그렇지, 그날 밤의 김 반장 행동을 깡그리 잊어버리지 않고서야 저럴 수가 없다는 게 내 생각이었다.
잊었을까. 그날 밤 머리의 어딘가를 세게 다쳐서 김 반장이 자기를 내쫓은 부분만큼만 감쪽같이 지워진 것은 아닐까.

➡️ 화자는 이 상황을 자신만의 논리로 해석합니다. 몽달 씨가 제정신이 아니거나 기억을 잃었을 것이라고 추측합니다. 어린아이의 단순한 사고방식이 드러납니다. <보기>의 '합리성이 부족한 어린아이의 특성'이 드러난 부분입니다.

> 전혀 엉뚱한 이야기만도 아니었다. 텔레비전에서도 보면 기억 상실증인가 뭔가로 자기 아들도 못 알아보는 연속극이 있었다. 그런 쪽의 상상이라면 나를 따라올 만한 아이가 없는 형편이었다. 내 머릿속은 기기괴괴한 온갖 상상들로 늘 모래주머니처럼 빽빽했으니까. 나는 청소부 아버지의 딸이 아니라 사실은 어느 부잣집의 버려진 딸이다, 라는 식의 유치한 상상은 작년도 못 되어 이미 졸업했었다. 요즘의 내 상상이란 외계인 아버지와 지구인 엄마와의 사랑, 뭐 그런 쪽의 의젓한 것이었다. ⓐ아무튼 나의 기막힌 상상력으로 인해 몽달 씨는 부분적인 기억 상실증 환자로 결정되었다. 그렇다면 이제는 확인할 일만 남은 셈이었다. 오래 기다릴 필요도 없었다.

➡️ 화자의 상상력이 얼마나 풍부한지 보여주는 대목입니다. TV 드라마, 신분 상승 판타지, SF적 상상 등을 거쳐 결국 몽달 씨를 '부분적인 기억 상실증 환자'로 단정합니다. 이 부분도 <보기>에서 말한 '합리성이 부족한 어린아이의 특성'을 잘 보여줍니다. 이 서술자를 온전히 믿을 수는 없습니다.

장면 3

나는 김 반장네 가게 일을 거들어 주고 난 뒤 비치파라솔 밑의 의자에 앉아 뭔가를 읽고 있는 몽달 씨에게로 갔다. 보나 마나 주머니 속에 잔뜩 들어 있는 종잇조각 중의 하나일 것이었다. ㉤ <u>멀쩡한 정신도 아닌 주제에 이번엔 기억 상실증이란 병까지 얻어 놓고도 여태 시 따위나 읽고 있는 몽달 씨 꼴이 한심했다.</u>

➡ 화자는 이미 몽달 씨를 '멀쩡한 정신도 아닌' 사람으로, '기억 상실증 환자'로 단정하고 있습니다.

"ⓐ <u>이거, 또 시예요?</u>"
"ⓑ <u>그래. 슬픈 시야. 아주 슬픈……</u>"
몽달 씨가 핼쑥한 얼굴을 쳐들며 행복하게 웃었다. 슬픈 시라고 해 놓고선 웃다니. 나는 이맛살을 찡그리며 몽달 씨 옆에 앉았다. 그리고 아주 낮은 목소리로 물었다.
"ⓒ <u>이제 다 나았어요?</u>"
"ⓓ <u>응. 시를 읽으면서 누워 있었더니 금방 나았지.</u>"
금방은 무슨 금방. 열흘이나 되었는데. 또 한 번 나는 몽달 씨의 형편없는 정신 상태에 실망했다.

➡ '슬픈 시'를 읽으면서 '행복하게' 웃는 몽달 씨의 모습은 모순적으로 보입니다. 하지만 이는 시를 통해 위안을 받는 모습일 수도 있습니다. 화자는 이를 이해하지 못하고 '형편없는 정신 상태'로만 해석합니다.

> **인물과 성격**
> · '나': 상상력이 풍부하며 상황에 대한 이해가 미숙함
> · 몽달 씨: 시를 사랑하는 감성적 인물
>
> **상황** 화자는 몽달 씨가 정신 이상, 기억 상실증에 걸렸다고 생각함

"그날 밤에 난 여기에 앉아서 다 봤어요."
"무얼?"
"ⓔ <u>김 반장이 아저씨를 쫓아내는 것……</u>"

순간 몽달 씨가 정색을 하고 내 얼굴을 쳐다보았다. 예전의 그 풀려 있던 눈동자가 아니었다. 까맣고 반짝이는 눈이었다. 그러나 잠깐이었다. 다시는 내 얼굴을 보지 않을 작정인지 괜스레 팔뚝에 엉겨 붙은 상처 딱지를 떼어 내려고 애쓰는 척했다. 나는 더욱 바싹 다가앉았다.

➡ 화자가 그날 밤의 일을 언급하자 몽달 씨의 눈빛이 변합니다. 그러나 곧 시선을 피하고 딴청을 피우는 모습에서 몽달 씨가 의도적으로 모른 척하고 있음을 알 수 있습니다. 장면 2의 의문이 해결되었습니다. 김 반장은 몽달 씨를 아내며 외면했습니다.

> **상황** '나'는 몽달 씨에게 '그날 밤'의 사건을 봤다는 것을 알림

"ⓕ <u>김 반장은 나쁜 사람이야. 그렇지요?</u>"
몽달 씨가 팔뚝을 탁 치면서 "아니야"라고 응수했는데도 나는 계속 다그쳤다.
"ⓖ <u>그렇지요? 맞죠?</u>"
그래도 몽달 씨는 못 들은 척 팔뚝만 문지르고 있었다. 바보같이. 기억 상실도 아니면서……. 나는 자꾸만 약이 올라 견딜 수 없는데도 몽달 씨는 마냥 딴전만 피우고 있었다.

➡ 화자는 김 반장을 '나쁜 사람'이라고 단정하며 몽달 씨의 동의를 구합니다. 그러나 몽달 씨는 "아니야"라고 부정합니다. '까맣고 반짝이는 눈'을 했던 몽달 씨는 분명 과거의 일에 대해 기억을 하고 있습니다. 그 사실을 알고 있는 화자는 '기억 상실도 아니면서'라고 생각하며 약이 오릅니다. <보기>에 의하면 미성숙한 어린 아이의 시선에서 전달된 사건이기에 정보가 제한되어 있습니다. 아마 서술자가 인지하지 못한 어떤 이유가 있나 봅니다.

> **상황** 어른들의 복잡한 관계를 이해하지 못하는 '나'
> **갈등** 화자의 단순한 선악 구분 vs 몽달 씨의 복잡한 심경
> **시점** 1인칭 관찰자

1 형제슈퍼를 중심으로 확인할 수 있는 인물의 행위에 대한 설명으로 가장 적절한 것은?

정답 ⑤

① '나'가 '매일같이' 김 반장과 재미있게 낄낄거렸던 행위는 '그날'보다 앞선 시간대에 이루어지며, '그날'의 일을 지켜보기만 한 '나'의 부정적 자기 인식으로 이어지고 있다.

➡ '나'가 김 반장과 '매일같이' 재미있게 낄낄거리던 행위는 김 반장을 '친구'로 여기던 시절의 일로, '그날' 김 반장이 몽달 씨를 쫓아내는 것을 목격하기 이전의 시간대입니다. 따라서 '그날'보다 앞선 시간대라는 것은 맞습니다. 하지만 '나'는 '그날'의 일을 지켜본 후 김 반장을 '나쁜 사람'으로 평가할 뿐, 자신이 그 상황을 지켜보기만 했다는 것에 대한 부정적 자기 인식은 드러나지 않습니다. 따라서 적절하지 않습니다.

② 김 반장이 '나'를 퉁명스럽게 대하는 행위는 '요즘'보다 앞선 시간대에 이루어지며, '나'에게 반성을 유도하고 있다.

➡ 김 반장이 '나'를 퉁명스럽게 대하는 것은 선옥이 언니가 서울로 떠난 이후 '요즘'의 일입니다. 따라서 '요즘'보다 앞선 시간대가 아니라 바로 '요즘'에 해당하는 행위입니다. 또한 작품에서 김 반장이 '나'에게 반성을 유도한다는 내용은 찾을 수 없습니다. 따라서 적절하지 않습니다.

③ 몽달 씨가 '히죽히죽' 웃는 행위는 현재 '여기'에서 '나'에게 속내를 감추는 행위보다 앞선 시간대에 이루어지며, '나'에게 진심을 드러내어 보여 주고 있다.

➡ 몽달 씨가 김 반장네 가게에서 음료수 박스를 나르며 '히죽히죽' 웃는 행위는 '나'가 '여기'(비치파라솔)에서 몽달 씨와 대화하며 속내를 파악하려 하기 이전의 시간대입니다. 따라서 시간 관계는 맞습니다. 하지만 이때 몽달 씨의 웃음은 '나'에게 진심을 드러내는 것이 아니라, 속내를 감추는 행위입니다. 이는 '나'로 하여금 몽달 씨의 정신 상태를 의심하게 만듭니다. 따라서 적절하지 않습니다.

④ '의자'에서 '뭔가'를 읽는 몽달 씨의 행위는 '여기'에서 환기된 '그날'의 경험보다 앞선 시간대에 이루어지며, '나'가 '그날' 느꼈을 긴박감과 대비되는 이완된 상황을 보여 주고 있다.

➡ 몽달 씨가 '의자'에서 시를 읽는 행위는 '나'가 현재 시점에서 목격하는 일입니다. 몽달 씨는 '그날' 그런 일이 있었음에도 불구하고 김 반장네 가게에서 박스를 나른 후 '뭔가'를 읽고 있습니다. 따라서 '의자'에서 '뭔가'를 읽는 몽달 씨의 행위는 '그날'의 경험보다 앞선 시간대가 아니라 이후 시간대에서 이루어집니다. 시간적 선후관계 자체가 잘못 제시되었으므로 적절하지 않습니다.

⑤ '여기'에서 목격된 '그날' 김 반장의 행위는 '요즘'보다 이후의 시간대에 이루어지며, '나'가 김 반장을 이전과 다르게 평가하는 원인으로 기능하고 있다.

➡ 먼저 '나'는 '여기'(김 반장네 가게 앞의 비치파라솔)에서 김 반장이 몽달 씨를 쫓아내는 것을 봤습니다. 그 결과 '나'는 김 반장을 '친구'가 아닌 '나쁜 사람'으로 평가하게 됩니다.

다음으로 시간 순서를 파악해 봅시다. '나'가 김 반장을 '친구'로 여겼을 때는 '요즘'의 이전 시점입니다. 그리고 '그날' 있던 일로 '나'는 김 반장을 '친구'에서 '나쁜 사람'으로 인식하게 됩니다. 따라서 '여기'의 시간대는 '요즘'보다 이후의 시간대입니다.

특히 이 문제에서는 요구하는 것을 따라가다 보면 시공간의 유기적 관계가 자연스럽게 드러납니다. 모든 장면이 '나'의 시선으로 서술되기 때문에, 우리는 '나'의 반응과 감정 변화를 통해 상황을 이해해야 합니다. 따라서 ⑤번 선지에서 '나'가 김 반장에 대해 보인 평가의 변화를 추적하여 시간의 선후관계를 파악하는 것이 핵심이었습니다. 이처럼 문제 선지는 단순한 정답 확인 도구가 아니라, 작품 이해를 위한 중요한 가이드라인 역할을 할 수 있습니다.

2 <보기>를 바탕으로 ㉠~㉤을 이해한 내용으로 적절하지 않은 것은? [3점]

정답 ④

• 보기 •

미성숙한 어린아이 서술자라도 합리적 정보를 제공하면 독자는 서술자를 신뢰하게 된다. 그러나 작가는 때로 합리성이 부족한 어린아이의 특성을 강화하여 독자가 서술자를 의심하게 한다. 이때 독자는 서술자가 제공하는 정보가 틀릴 수 있다고 생각하면서 서술자와 다른 각도에서 작품이 전하려는 의미를 탐색하게 된다. 이 경우에도 독자는 서술자가 제공하는 제한된 정보에 의존할 수밖에 없으므로, 서술적 상황과 작품이 전하려는 의미가 서로 달라져 작품을 더욱 집중해서 읽게 된다.

인물 어린 아이(서술자)

(서술자의 정보 ≠ 실제 상황) → 서술자 의심 → 다각적인 의미 탐색
(서술자의 합리성 → 신뢰) vs (서술자의 비합리성 → 의심)

① ㉠ : 문제적 상황의 원인을 파악하여 이에 대응하고, 인물의 태도 변화를 설명할 수 있는 정보를 제시한다는 점에서 독자가 서술자를 신뢰하도록 유도하고 있군.

➥ '김 반장'의 태도 변화를 '선옥이 언니'가 서울로 이사를 한 사건과 엮어 합리적 정보를 제공합니다. 그 결과 <보기>에 의하면 독자는 서술자인 '나'를 신뢰하게 됩니다. 적절합니다.

② ㉡ : 인물이 처한 부정적 상황을 보여 주고, 인물의 안색과 그 이유에 대해 여러 정보를 제공한다는 점에서 독자가 서술자를 신뢰하도록 유도하고 있군.

➥ '나'의 발화를 통해, '몽달 씨'가 두들겨 맞고 열흘간 누워있었기에 안색이 좋지 않다는 합리적 정보를 제공합니다. 그 결과 <보기>에 의하면 독자는 서술자인 '나'를 신뢰하게 됩니다. 적절합니다.

③ ⓒ : 논리적 연관을 무시하고, 추측에 근거하여 인물의
　　 의식 상태를 단정하는 모습을 통해 독자가 작품에 더
　　 욱 집중하면서, 서술자와 다른 각도로 생각하도록 유
　　 도하고 있군.

➡ '나'는 '어쨌든 제정신이 아닌 작자임이 틀림없었다.'
'그날 밤의 김 반장 행동을 깡그리 잊어버리지 않고서야'
라는 내면의 발화를 통해, 논리적 연관을 무시하고, 추측에
근거하여 '몽달 씨'의 의식 상태를 단정짓는 모습을 보입니
다. 그 결과 〈보기〉에 의하면 독자는 합리성이 부족한 어
린아이의 특성을 발견하고 서술자를 의심하며 다른 각도에
서 생각하게 됩니다.

④ ⓔ : 인물에 대해 적극적으로 탐색하고, 인물의 상태
　　 를 스스로 진단하여 그 정보를 제공하는 모습을
　　 통해 독자가 서술자를 신뢰하도록 유도하고 있군.

➡ 서술자 '나'는 스스로의 사고를 '기막힌 상상력'이라고 평
가하며, '몽달 씨'를 '부분적인 기억 상실증 환자'로 진단
합니다. 이는 표면적으로는 인물을 탐색하고 진단하는 모
습이지만, 실제로는 어린아이의 한계가 드러나는 대목입
니다. 이후 독자는 '나'가 '그날 밤'을 언급하자 '몽달 씨'
가 정색을 하고 '까맣고 반짝이는 눈'으로 '나'를 쳐다보는
것을 통해, '몽달 씨'가 '그날 밤'의 일을 기억하고 있다
는 것을 알게 됩니다. 서술자의 '기억 상실증' 진단은 잘못
된 것입니다. 〈보기〉에 의하면, 합리성이 부족한 어린아이
의 특성을 통해, 독자가 서술자인 '나'를 의심하게 한다는
것을 알 수 있습니다. 따라서 독자가 서술자를 신뢰한다는
것은 적절하지 않습니다.

⑤ ⓜ : 시에 대한 이해가 부족하고, 합당한 이유 없이 인
　　 물의 취향을 비난하는 모습을 통해 독자가 작품에
　　 더욱 집중하면서, 서술자와 다른 각도로 생각하도
　　 록 유도하고 있군.

➡ 서술자 '나'는 몽달 씨를 '멀쩡한 정신도 아닌 주제에
이번엔 기억 상실증이란 병까지 얻어 놓고도 여태 시 따
위나 읽고 있는' 사람으로 묘사하며 '한심하다'고 평가합니
다. 여기서 화자는 시를 '시 따위'라고 평하하고, 시 읽기를
무가치한 행위로 취급합니다. 또한 몽달 씨가 '정신이 이
상하다'는 자신의 추측과 '기억 상실증'이라는 잘못된 진단
을 사실인 것처럼 전제하고 있습니다. 〈보기〉에 의하면,

작가는 합리성이 부족한 어린아이의 특성을 강화하여 독자
가 서술자를 의심하고 서술자와 다른 각도에서 작품의 의미
를 탐색하도록 유도합니다. 이를 통해 독자는 더욱 작품에
집중하여 읽게 됩니다. 적절합니다.

문학 FOCUS

FOCUS 12

소설의 소재

작품의 전체 맥락에서 소재의 역할을 파악합시다.

작품의 전체 맥락에서 소재의 역할을 파악합시다.

작품을 읽을 때 모든 소재의 의미를 파악할 수 없습니다.
어떤 맥락에서 어디에 이 소재가 등장했는지 생각해두고 문제에서 묻는다면 돌아가서 판단합시다.

처음부터 너무 독해에 집중해서 해상도를 높이려 하지 마세요. 자신이 파악한 바를 문제에서 묻지 않을 수 있습니다.
이는 시간도 오래 걸릴뿐더러 잘못된 해석을 할 수 있습니다.

소설 속 소재는 그 자체로 의미를 갖기보다, 인물과 사건 사이의 '관계' 속에서 의미를 갖고 기능합니다.

기본적으로 아래의 방식을 따라갑시다.

1. 사실 관계 위주로 담담하게 독해한다.
2. 소재가 제시된다면 어떤 맥락에서 제시되었는지 파악해둔다.
3. 문제에서 묻는다면 해당 선지에서 묻는 바를 작품의 맥락에 대입해서 판단한다.

확인했다면 이제 직접 문제로 가서 확인합시다.

　형은 또 울었다. 밤이 깊도록 어머니까지 불러 가며 엉엉 소리 내어 울었다.

　동생도 형 곁에서 남모르게 소리를 죽여 흐느껴 울었다. 그저 형의 설움과 울음을 따라 울 뿐이었다. 동생도 이렇게 울면서 어쩐지 마음이 조금 흐뭇했다.

　이날 밤의 감시는 밤새도록 엄했다.

　바깥은 ㉠첫눈이 흩날리고 있었다.

　형은 울음을 그치고 불쑥,

　"야하, 눈이 내린다, 눈이, 눈이. 벌써 겨울이 다 됐네."

　물론 감시병들의 감시가 심하니까 동생의 귀에다 입을 대지도 않고 이렇게 혼잣소리처럼 지껄였다.

　"저것 봐, 저기 저기, 에에이, 모두 잠만 자구 있네."

　동생의 허리를 쿡쿡 찌르기만 하면서…….

　어느새 양덕도 지났다. 하루하루는 수월히도 저물어 갔고 하늘은 변함없이 푸르렀을 뿐이었다. 산도 들판도 눈에 덮여 있었다. 경비병들의 겨울 복장을 바라보는 형의 얼굴에는 천진한 애들 같은 선망의 표정이 어려 있곤 했다. 날로 날로 풀이 죽어 갔다.

　어느 날 밤이었다. 일행도 경비병들도 모두 잠들었을 무렵, 형은 또 동생의 귀에다 입을 대고, 이즈음에 와선 늘 그렇듯 별나게 가라앉은 목소리로,

　"그 새끼 생각이 난다. 맘이 꽤 좋았댔이야이."

　ⓐ"……"

　"난 원래 다리에 ㉡담증이 있는데이. 너두 알잖니. 요새 좀 이상한 것 같다야."

하고는 헤죽이 웃었다.

　ⓑ"……"

　동생은 놀라 돌아다보았다. 여느 때 없이 형은 쓸쓸하게 웃으면서 두 팔로 동생의 어깨를 천천히 그러안으면서,

　"칠성아, 야하, 흠썩은 춥다."

　ⓒ"……"

　"저 말이다, 엄만 날 늘 불쌍히 여겼댔이야, 잉. 야, 칠성아, 칠성아, 내 다리가 좀 이상헌 것 같다야이."

　ⓓ"……"

　동생의 눈에선 다시 눈물이 비어져 나왔다.

　형은 별안간 두 눈이 휘둥그레져서 동생의 얼굴을 멀끔히 마주 쳐다보더니,

　"왜 우니, 왜 울어, 왜, 왜. 어서 그치지 못하겠니."

하면서도 도리어 제 편에서 또 울음을 터뜨리고 있었다.

　이튿날, 형의 걸음걸이는 눈에 띄게 절름거렸다. 혼잣소리도 풀이 없었다.

　"그만큼 걸었음 무던히 왔구만서두. 에에이, 이젠 좀 그만 걷지덜, 무던히 걸었구만서두."

하고는 주위의 경비병들을 흘끔 곁눈질해 보았다. 경비병들은 물론 알은체도 안 했다. 바뀐 사람들은 꽤나 사나운 패들이었다.

　그날 밤 형은 동생을 향해 쓸쓸하게 웃기만 했다.

　"칠성아, 너 집에 가거든 말이다, 집에 가거든…….'

하고는 또 무슨 생각이 났는지 벌쭉 웃으면서,

　"히히, 내가 무슨 소릴 허니. 네가 집에 갈 땐 나두 갈 텐데, 앙 그러니? 내가 정신이 빠졌어."

　한참 뒤엔 또 동생의 어깨를 그러안으면서,

　"야, 칠성아!"

　동생의 얼굴을 똑바로 마주 쳐다보기만 했다.

　바깥은 바람이 세었다. 거적문이 습기 어린 소리를 내며 열리고 닫히곤 하였다. 문이 열릴 때마다 눈 덮인 초라한 ㉢들판이 부유스름하게 아득히 뻗었다.

　동생의 눈에선 또 눈물이 비어져 나왔다.

　형은 또 벌컥 성을 내며,

　"왜 우니, 왜? 흐흐흐."

하고 제 편에서 더 더 울었다.

　며칠이 지날수록 ㉣형의 걸음은 더 절룩거려졌다. 행렬 속에서도 별로 혼잣소릴 지껄이지 않았다. 평소의 형답지 않게 꽤나 조심스런 낯색이었다. 둘레를 두리번거리며 경비병의 눈치를 흘끔거리기만 했다. 이젠 밤에도 동생의 귀에다 입을 대고 이것저것 지껄이지 않았다. 그러나 먼 개 짖는 소리 같은 것에는 여전히 흠칫흠칫 놀라곤 했다. 동생은 또 참다못해 눈물을 흘렸다. 그러나 형은 왜 우느냐고 화를 내지도 않고 울음을 터뜨리지도 않았다. 동생은 이런 형이 서러워 더 더 흐느꼈다.

그날 밤, 바깥엔 ⓜ함박눈이 내렸다.

형은 불현듯 동생의 귀에다 입을 댔다.

"너, 무슨 일이 생겨두 날 형이라구 글지 마라, 어엉?"

여느 때답지 않게 숙성한 사람 같은 억양이었다.

"울지두 말구 모르는 체만 해, 꼭."

동생은 부러 큰 소리로,

"야하, 눈이 내린다."

형이 지껄일 소리를 자기가 지금 대신하고 있다고 생각했다.

ⓔ "……"

그러나 이미 형은 그저 꾹하니 굳은 표정이었다.

동생은 안타까워 또 울었다. 형을 그러안고 귀에다 입을 대고,

"형아, 형아, 정신 차려."

이튿날, 한낮이 기울어서 어느 영 기슭에 다다르자, 형은 동생의 허벅다리를 쿡 찌르고는 걷던 자리에 털썩 주저앉고 말았다.

형의 걸음걸이를 주의해 보아 오던 한 사람이 뒤에서 따발총을 휘둘러 쏘았다.

형은 앉은 채 앞으로 꼬꾸라졌다. 그 사람은 총을 어깨에 둘러메면서,

"메칠을 더 살겠다구 뻐득대? 뻐득대길."

- 이호철, 「나상(裸像)」 -

---

1 위 글의 서술상 특징으로 가장 적절한 것은?

① 외양을 상세하게 묘사해 인물을 희화화하고 있다.

② 내적 독백을 통해 시간의 흐름을 지연시키고 있다.

③ 현재와 과거를 교차 서술하여 주제를 부각하고 있다.

④ 간접 인용을 활용하여 사건 전개의 신빙성을 높이고 있다.

⑤ 주인공의 반복적 행위를 서술하여 성격을 구체화하고 있다.

2 ㉠~㉤에 대한 이해로 적절하지 않은 것은?

① ㉠은 '형'의 동심을 불러일으킨다.

② ㉡은 형제 사이의 갈등을 유발한다.

③ ㉢은 '형'의 내면 풍경을 보여 준다.

④ ㉣은 '형'의 최후를 암시한다.

⑤ ㉤은 비극적 분위기를 고조시킨다.

3 위 글을 시나리오로 각색하고자 할 때, ⓐ~ⓔ의 처리 방법에 대한 의견으로 적절하지 않은 것은? [3점]

① ⓐ에서는 '모두 잠들었을 무렵'이라는 상황을 고려하여, 잠든 척 누워 있는 '동생'의 모습을 보여 주면 좋겠군.

② ⓑ에서는 '놀라 돌아다보았다'라는 표현에 주목하여, 걱정스레 '형'을 바라보는 '동생'의 표정을 보여 주면 좋겠어.

③ ⓒ에서는 춥다면서 끌어안는 '형'에게 기대어, 공감하듯 고개를 끄덕이는 '동생'의 모습을 보여 주면 좋겠군.

④ ⓓ에서는 아파하는 '형'을 눈물 어린 표정으로 바라보면서, 아픔을 나누지 못하는 '동생'의 안타까운 눈빛을 보여 주면 좋겠어.

⑤ ⓔ에서는 '부러 큰 소리로' 말했음에도 아무 반응이 없자, '형'을 무심하게 바라보는 '동생'의 모습을 보여 주면 좋겠군.

4 <보기>를 참조하여 위 글을 감상한 내용으로 적절하지 <u>않은</u> 것은?

> • 보기 •
>
> 　이 작품에서 작가는 북한군의 포로가 된 형제가 전쟁이라는 상황에서 어떤 모습을 보이는지를 실감 나게 그리고 있다. 특히 천진난만한 '벌거숭이 인간'인 '형'이 외부의 폭력에 희생되는 모습을 묘사하여 근원적인 인간성이 얼마나 소중한지를 일깨워 준다. 또한 이 작품은 포로 호송이라는 상황을 빌려 구성원을 획일화하는 사회를 우회적으로 비판한다.

① 이 작품의 제목은 본연의 순수성을 그대로 드러내는 '형'의 모습을 형상화한 것이다.

② '경비병'은 폭력적 상황 속에서 인간 본연의 모습을 억압하고 길들이는 감시망을 상징한다.

③ '형'과 '동생'이 계속 걸어야만 하는 강제적 상황은 구성원을 획일화하려는 현실을 반영한 것이다.

④ 자신을 압박해 오는 공포에 무감각한 '형'의 모습은 천진성을 파괴하려는 폭력에 대한 저항을 나타낸다.

⑤ '형'이 그를 지켜보던 '경비병'의 총에 맞는 것은 감시자의 요구를 수행할 수 없는 데 따른 희생을 보여 준다.

작품 맥락에서 소재와 행위의 의미 파악하기

> • 보기 •
>
> 　이 작품에서 작가는 북한군의 포로가 된 형제가 전쟁이라는 상황에서 어떤 모습을 보이는지를 실감 나게 그리고 있다. 특히 천진난만한 '벌거숭이 인간'인 '형'이 외부의 폭력에 희생되는 모습을 묘사하여 근원적인 인간성이 얼마나 소중한지를 일깨워 준다. 또한 이 작품은 포로 호송이라는 상황을 빌려 구성원을 획일화하는 사회를 우회적으로 비판한다.

▶ 형과 동생이 북한군의 포로가 된 상황입니다. 순수한 인물인 형이 외부의 폭력(북한군)에 희생되는 상황을 제시하며 근원적인 인간성을 일깨웁니다.

> **상황** 북한군의 포로가 된 형제가 호송되는 중임
>
> **인물과 성격**
> ·형 : 순수한 인물, 북한군에 희생됨
> ·동생

장면 1

> 형은 또 울었다. 밤이 깊도록 어머니까지 불러 가며 엉엉 소리 내어 울었다.
> 동생도 형 곁에서 남모르게 소리를 죽여 흐느껴 울었다. 그저 형의 설움과 울음을 따라 울 뿐이었다. 동생도 이렇게 울면서 어쩐지 마음이 조금 흐뭇했다.
> 이날 밤의 감시는 밤새도록 엄했다.

▶ 형과 동생이 밤을 보내는 장면입니다. 형은 어머니를 부르며 엉엉 울고, 동생도 형을 따라 울지만 '소리를 죽여' 웁니다. 감시가 엄격한 상황임을 알 수 있습니다.

바깥은 ㉠첫눈이 흩날리고 있었다.
형은 울음을 그치고 불쑥,
"야하, 눈이 내린다, 눈이, 눈이. 벌써 겨울이 다 됐네."
물론 감시병들의 감시가 심하니까 동생의 귀에다 입을
대지도 않고 이렇게 혼잣소리처럼 지껄였다.
"저것 봐, 저기 저기, 에에이, 모두 잠만 자구 있네."
동생의 허리를 쿡쿡 찌르기만 하면서……

➡ 첫눈이 내리는 것을 보고 형이 천진난만하게 반응하는 모습에서 형의 순수한 성격이 드러납니다. 이러한 소재의 경우 작품의 전체 맥락에서 의미를 가지게 됩니다. 따라서 소재에 기호 밑줄이 쳐져있다 하더라도 바로 선지 판단을 하는 것 보다는 읽고나서 판단 하는 것을 추천합니다. '모두 잠만 자구 있네'라고 말하며 동생의 허리를 찌르는 행동은 어린아이 같은 형의 모습을 보여 줍니다.

인물과 성격
· 형 : 천진난만하고 순수함, 어린아이 같은 성격
· 동생(칠성) : 형을 걱정하며 함께 우는 모습을 보임

상황 포로 후송 중 엄격한 감시 속에 첫눈이 내림

배경 밤, '첫눈' → 늦가을~초겨울(시간)

심리 형(슬픔과 향수), 동생(형에 대한 연민)

시점 전지적 작가

장면 2

어느새 양덕도 지났다. 하루하루는 수월히도 저물어 갔고 하늘은 변함없이 푸르렀을 뿐이었다. 산도 들판도 눈에 덮여 있었다. 경비병들의 겨울 복장을 바라보는 형의 얼굴에는 천진한 애들 같은 선망의 표정이 어려 있곤 했다. 날로 날로 풀이 죽어 갔다.

➡ 양덕을 지나며 계속 이동하는 장면입니다. '경비병들의 겨울 복장을 바라보는 형의 얼굴에는 천진한 애들 같은 선망의 표정'이라는 표현에서 형이 여전히 순수한 시선을 유지하고 있음을 알 수 있습니다. 그러나 '날로 날로 풀이 죽어 갔다'는 표현은 형의 상태가 점점 나빠지고 있음을 드러냅니다.

상황 계속되는 포로 호송

심리 형(점차 지쳐감)

장면 3

어느 날 밤이었다. 일행도 경비병들도 모두 잠들었을 무렵, 형은 또 동생의 귀에다 입을 대고, 이즈음에 와선 늘 그렇듯 별나게 가라앉은 목소리로,
"그 새끼 생각이 난다. 맘이 꽤 좋았댔이야이."
ⓐ "……"
"난 원래 다리에 ㉡담증이 있는데이. 너두 알잖니. 요새 좀 이상한 것 같다야."
하고는 헤죽이 웃었다.
ⓑ "……"
동생은 놀라 돌아다보았다. 여느 때 없이 형은 쓸쓸하게 웃으면서 두 팔로 동생의 어깨를 천천히 그러안으면서,
"칠성아, 야하, 흠썩은 춥다."
ⓒ "______"
"저 말이다, 엄만 날 늘 불쌍히 여겼댔이야, 잉. 야, 칠성아, 칠성아, 내 다리가 좀 이상헌 것 같다야이."
ⓓ "……"
동생의 눈에선 다시 눈물이 비어져 나왔다.
형은 별안간 두 눈이 휘둥그레져서 동생의 얼굴을 멀끔히 마주 쳐다보더니,
"왜 우니, 왜 울어, 왜, 왜. 어서 그치지 못하겠니."
하면서도 도리어 제 편에서 또 울음을 터뜨리고 있었다.

➡ 형이 다리의 이상을 호소하는 장면입니다. '난 원래 다리에 담증이 있는데이'라는 말과 '내 다리가 좀 이상헌 것 같다야이'라는 반복적인 호소가 나타납니다. 계속해서 걸어가야 하는데 다리에 이상이 생겼나 봅니다. 동생의 침묵(ⓐ~ⓓ)이 반복됩니다. 이 장면에서 제시된 발화의 의미를 묻는 기호 밑줄입니다. 문제의 선지의 도움을 받아가며 읽고 동시에 선지도 판단해 봅시다.

장면 4

이튿날, 형의 걸음걸이는 눈에 띄게 절름거렸다. 혼잣소리도 풀이 없었다.
"그만큼 걸었음 무던히 왔구만서두. 에에이, 이젠 좀 그만 걷지딜, 무던히 걸었구만서두."
하고는 주위의 경비병들을 흘끔 곁눈질해 보았다. 경비병들은 물론 알은체도 안 했다. 바뀐 사람들은 꽤나 사나운 패들이었다.

⬤ 형의 걸음이 눈에 띄게 절룩거리기 시작하는 장면입니다. '그만큼 걸었음 무던히 왔구만서두'라는 혼잣말은 더 이상 걷기 힘든 자신의 상태를 에둘러 표현한 것입니다. '바뀐 사람들은 꽤나 사나운 패들이었다'는 표현에서 경비병들이 더욱 폭력적으로 변했음을 알 수 있습니다.

상황 형의 신체 상태 악화, 경비병들이 바뀜

장면 5

"칠성아, 너 집에 가거든 말이다, 집에 가거든……."
하고는 또 무슨 생각이 났는지 벌쭉 웃으면서,
"히히, 내가 무슨 소릴 허니. 네가 집에 갈 땐 나두 갈 텐데, 앙 그러니? 내가 정신이 빠졌어."
한참 뒤엔 또 동생의 어깨를 그러안으면서,
"야, 칠성아!"
동생의 얼굴을 똑바로 마주 쳐다보기만 했다.
바깥은 바람이 세었다. 거적문이 습기 어린 소리를 내며 열리고 닫히곤 하였다. 문이 열릴 때마다 눈 덮인 초라한 ⓒ들판이 부유스름하게 아득히 뻗었다.
동생의 눈에선 또 눈물이 비어져 나왔다.
형은 또 벌컥 성을 내며,

"왜 우니, 왜? <u>흐흐흐</u>."
하고 제 편에서 더 더 울었다.

⬤ 형이 동생에게 유언과 같은 말을 하려다 마는 장면입니다. '칠성아, 너 집에 가거든 말이다'라고 시작했다가 '네가 집에 갈 땐 나두 갈 텐데'라며 말을 바꾸는 것은 자신의 죽음을 예감하면서도 동생에게 부담을 주지 않으려는 형의 배려입니다. 이는 <보기>에서 형이 북한군에게 최후를 맞는다는 사실을 파악했기에 가능한 사고입니다.

상황 형의 죽음 예감
심리 형(동생에 대한 걱정), 동생(형을 잃을 것에 대한 두려움, 슬픔)
배경 바람이 센 밤, 눈 덮인 들판

장면 6

며칠이 지날수록 ㉣형의 걸음은 더 절룩거려졌다. 행렬 속에서도 별로 혼잣소릴 지껄이지 않았다. 평소의 형답지 않게 꽤나 조심스런 낯색이었다. 둘레를 두리번거리며 경비병의 눈치를 흘끔거리기만 했다. 이젠 밤에도 동생의 귀에다 입을 대고 이것저것 지껄이지 않았다. 그러나 먼 개 짖는 소리 같은 것에는 여전히 흠칫흠칫 놀라곤 했다. 동생은 또 참다못해 눈물을 흘렸다. 그러나 형은 왜 우느냐고 화를 내지도 않고 울음을 터뜨리지도 않았다. 동생은 이런 형이 서러워 더 더 흐느꼈다.

⬤ '평소의 형답지 않게 꽤나 조심스런 낯색'이라는 서술이 나옵니다. 이전까지 천진난만했던 형이 눈치를 보는 것은 큰 변화입니다. 동생이 울어도 이전처럼 '왜 우느냐고 화를 내지도 않고 울음을 터뜨리지도 않았다'는 것에서 형의 반응이 달라졌음을 알 수 있는 장면입니다.

상황 형의 태도 변화 (천진난만 → 조심스러움)

장면 7

그날 밤, 바깥엔 ⑰함박눈이 내렸다.

형은 불현듯 동생의 귀에다 입을 댔다.

"너, 무슨 일이 생겨두 날 형이라구 글지 마라, 어엉?"

여느 때답지 않게 숙성한 사람 같은 억양이었다.

"울지두 말구 모르는 체만 해, 꼭."

동생은 부러 큰 소리로,

"야하, 눈이 내린다."

형이 지껄일 소리를 자기가 지금 대신하고 있다고 생각했다.

ⓔ"……"

그러나 이미 형은 그저 꾹하니 굳은 표정이었다.

동생은 안타까워 또 울었다. 형을 그러안고 귀에다 입을 대고,

"형아, 형아, 정신 차려."

➡ 형이 '너, 무슨 일이 생겨두 날 형이라구 글지 마라'고 당부합니다. 이전의 어린아이 같던 말투와는 다릅니다. 동생이 형 대신 '야하, 눈이 내린다'라고 말하는 것은 평소 형이 하던 말을 동생이 대신하는 것으로, 형의 변화를 더욱 부각합니다.

인물과 성격

· 형 : 성숙한 사람 같은 억양으로 변화

상황 형의 마지막 당부

배경 함박눈이 내리는 밤

장면 8

이튿날, 한낮이 기울어서 어느 영 기슭에 다다르자, 형은 동생의 허벅다리를 쿡 찌르고는 걷던 자리에 털썩 주저앉고 말았다.

형의 걸음걸이를 주의해 보아 오던 한 사람이 뒤에서 따발총을 휘둘러 쏘았다.

형은 앉은 채 앞으로 꼬꾸라졌다. 그 사람은 총을 어깨에 둘러메면서,

"메칠을 더 살겠다구 뻐득대? 뻐득대길."

➡ 형이 주저앉고 경비병이 총을 쏩니다. '메칠을 더 살겠다구 뻐득대?'라는 경비병의 말에서 포로를 인간으로 보지 않는 태도가 드러납니다. 〈보기〉에서 제시된 '형'이 외부의 폭력에 희생되는 모습입니다.

인물과 성격

· 경비병 : 형의 걸음걸이를 주의해 보아왔음, 잔인함

상황 형의 죽음

1 위 글의 서술상 특징으로 가장 적절한 것은?

정답 ⑤

선지의 전건과 후건을 나눠봅시다. 전건에서는 표현법(형식)이, 후건에서는 그 효과(내용)가 나타납니다. 이때, 우리가 판단해야 할 것은 '전건의 표현법이 후건의 그 효과를 나타내는가'입니다.

지문의 내용을 제대로 파악했다면 먼저 후건의 효과를 판단합시다. 이미 작품의 내용을 파악했는데, 표현법을 작품에서 찾느라 시간을 소모할 필요가 없습니다. 만약 후건에서 승부가 나지 않을 경우, 전건의 표현법으로 넘어갑시다.

① 외양을 상세하게 묘사해 / 인물을 희화화하고 있다.

➥ 먼저 후건부터 보고 희화화가 없음에서 판단합시다.

② 내적 독백을 통해 / 시간의 흐름을 지연시키고 있다.

➥ 먼저 후건을 봤을 때, 대화(특히 침묵)을 통해 시간의 흐름을 지연시키고 있음이 떠오릅니다. 이제 전건으로 가서 판단해 봅시다. 이 작품은 대화를 통해 진행됩니다. 내적 독백은 적절하지 않습니다.

③ 현재와 과거를 교차 서술하여 / 주제를 부각하고 있다.

➥ 먼저 후건을 봅시다. 문학의 표현법은 주제를 부각하기에 자명합니다. 다음으로 전건을 봅시다. 현재와 과거의 교차 서술은 제시되지 않습니다.

④ 간접 인용을 활용하여 / 사건 전개의 신빙성을 높이고 있다.

➥ 후건의 신빙성을 판단하기 애매합니다. 전건을 봅시다. 이 작품에서 간접 인용은 제시되지 않습니다.

⑤ 주인공의 반복적 행위를 서술하여 / 성격을 구체화하고 있다.

➥ 후건을 봅시다. 모든 소설 작품은 어떤 방법으로든 인물의 성격을 드러냅니다. 그런데 구체화하는지는 아직 모르겠습니다. 이제 전건을 봅시다. 주인공인 형의 행위(본인이 우는 행위, 동생에게 속삭이거나 동생을 찌르는 행위)가 반복적으로 드러납니다. 이를 통해, 형의 성격(순수함)을 구체화함을 알 수 있습니다. 따라서 적절합니다.

2 ㉠~㉤에 대한 이해로 적절하지 <u>않은</u> 것은?

정답 ②

① ㉠은 '형'의 동심을 불러일으킨다.

➥ '형'은 '야하, 눈이 내린다'라고 하며 눈물을 그칠 정도로 눈에 집중합니다. 이는 순수한 인물인 형의 동심을 불러일으켰다고 볼 수 있습니다.

② ㉡은 형제 사이의 갈등을 유발한다.

➥ 형제 사이의 갈등은 작품에서 제시되지 않았습니다. '담증'으로 인해 형은 죽음을 직감하고 동생은 그에 대해 걱정과 슬픔이라는 반응을 보입니다. 적절하지 않습니다.

③ ㉢은 '형'의 내면 풍경을 보여 준다.

➥ 아무것도 없이 눈만 덮인 들판을 초라하다고 묘사합니다. 황량하고 쓸쓸한 이미지를 느껴도 좋지만, 첫 독해에서 바로 알 수는 없습니다. 이 선지를 보고 돌아가서 내면 풍경을 드러낼 수 있음을 판단합시다.

④ ㉣은 '형'의 최후를 암시한다.

➥ 다리의 '담증' 때문에 형은 다리를 절게 됩니다. 점점 악화됨에 따라 형은 '꽤나 조심스런 낯색'으로 '둘레를 두리번거리며 경비병의 눈치를 흘끔거'리는 등 태도에 변화를 보입니다. 작품의 마지막에 형의 죽음이 제시되고 〈보기〉에서도 형이 희생됨을 언급합니다. 따라서 최후를 암시한다고 볼 수 있습니다.

이 선지는 ㉣부분만 보고 판단할 수 없습니다. 소재나 행동은 꼭 작품의 전체 맥락을 봅시다.

⑤ ⓜ은 비극적 분위기를 고조시킨다.

➡ 함박눈은 형이 동생에게 '너, 무슨 일이 생겨두 날 형이라구 글지 마라'라고 마지막 당부를 하는 밤에 내립니다. 이는 형의 죽음 바로 전날 밤의 상황으로, 형이 자신의 죽음을 예감하고 있음을 보여줍니다. 또한 처음 첫눈이 내렸을 때 형이 '야하, 눈이 내린다'며 천진난만하게 기뻐했던 것과 대조적으로, 이번에는 동생이 형 대신 그 말을 하고 있어 이별의 순간임을 암시합니다.

소재와 행동에 대한 것을 묻는 경우 장면의 일부만 보고 판단해서는 안됩니다. 소재의 의미는 작품의 맥락에서 결정되기 때문입니다.

이 세트의 풀이 순서를 봅시다.

0. 문제 배치 확인 후, <보기> 독해 → 상황과 인물 체크
1. 작품 독해를 하며 기호 ⓐ~ⓔ에 해당하는 3번 풀이 (독해 도중 돌아와서 선지 먼저 보고 허용 가능성 판단)
2. 독해 완료 후 2번 풀이 (0단계에서 소재가 낀 것을 보고 뒤로 빼야겠다는 생각을 할 것)
3. <보기> 문제인 4번 풀이
4. 작품 전체의 표현법을 묻는 1번 풀이 (다른 문제를 풀며 잔상만 남은 내용이 머리에 새겨지는데, 이때 1번을 풀면 내용 위주로 빠르게 털어낼 수 있음)

문제 배치 확인을 할 때, 구간, 기호 밑줄, 표현법(서술방식) 유형을 위주로 보고 바로 갈 것인지 나중에 갈 것인지에 대한 판단을 합시다.

여기서는 2번 문제가 소재를 묻고 있기에 실시간으로 독해하며 풀되 작품의 맥락도 고려해야 합니다.

뒤죽박죽으로 다 섞어 가자는 것이 아닙니다.

선 순위(<보기>, 구간, 기호 밑줄)과 후 순위(서술 방식)만 결정하고 나머지는 최대한 순서대로 풉시다.

기호 밑줄 유형은 작품의 전체 맥락을 봐야 하는 유형과 해당 장면만을 봐도 무방한 유형으로 나뉩니다. 2번은 전체 맥락을, 3번은 장면 내의 부분적인 맥락을 파악해야 합니다.

부분 맥락을 파악해야 하는 기호 밑줄은 선 순위(실시간으로 독해하며 풀기)로 두고 갑시다. 전체 맥락을 파악해야 하는 기호 밑줄은 실시간으로 읽으며 풀되 다 읽고 나서 내가 실시간으로 판단했던 것이 전체 맥락과 어긋난 것이 있다고 생각되면 수정을 해야 합니다.

3 위 글을 시나리오로 각색하고자 할 때, ⓐ~ⓔ의 처리 방법에 대한 의견으로 적절하지 <u>않은</u> 것은? [3점]

정답 ⑤

① ⓐ에서는 '모두 잠들었을 무렵'이라는 상황을 고려하여, 잠든 척 누워 있는 '동생'의 모습을 보여 주면 좋겠군.

➡ ⓐ는 형이 '그 새끼 생각이 난다. 맘이 꽤 좋았댔이야 이'라고 말한 후 동생의 침묵을 나타내는 부분입니다. '모두 잠들었을 무렵'이라는 상황 설명을 고려할 때, 동생이 잠든 척하면서도 형의 말에 귀 기울이는 모습을 보여 주는 것은 적절한 각색 방법입니다.

② ⓑ에서는 '놀라 돌아다보았다'라는 표현에 주목하여, 걱정스레 '형'을 바라보는 '동생'의 표정을 보여 주면 좋겠어.

➡ ⓑ는 형이 다리의 담증을 호소한 후 동생의 반응을 나타내는 부분입니다. 바로 뒤에 '동생은 놀라 돌아다보았다'라는 서술이 있으므로, 형의 상태를 걱정하며 놀란 표정으로 바라보는 동생의 모습을 시각적으로 보여 주는 것은 적절합니다.

③ ⓒ에서는 춥다면서 끌어안는 '형'에게 기대어, 공감하듯 고개를 끄덕이는 '동생'의 모습을 보여 주면 좋겠군.

➡ ⓒ는 형이 '흠썩은 춥다'라고 하며 동생을 끌어안은 후의

상황입니다. 형의 행동에 동생이 공감하며 고개를 끄덕이는 모습을 보여 주는 것은 형제 간의 정감을 드러내는 적절한 각색 방법입니다.

④ ⓓ에서는 아파하는 '형'을 눈물 어린 표정으로 바라보면서, 아픔을 나누지 못하는 '동생'의 안타까운 눈빛을 보여 주면 좋겠어.

➡ ⓓ는 형이 '내 다리가 좀 이상헌 것 같다야이'라고 재차 호소한 후의 상황입니다. 바로 뒤에 '동생의 눈에선 다시 눈물이 비어져 나왔다'는 서술이 있으므로, 형의 아픔을 함께 나누지 못하는 안타까움을 담은 동생의 표정을 보여 주는 것은 적절합니다.

⑤ ⓔ에서는 '부러 큰 소리로' 말했음에도 아무 반응이 없자, '형'을 무심하게 바라보는 '동생'의 모습을 보여 주면 좋겠군.

➡ ⓔ는 동생이 '부러 큰 소리로 야하, 눈이 내린다'라고 말한 후의 상황입니다. 동생은 평소 형이 하던 말을 대신하려고 했지만 형이 반응하지 않자, 본문에서 '동생은 안타까워 또 울었다. 형을 그러안고 귀에다 입을 대고, 형아, 형아, 정신 차려.'라고 나타납니다. 따라서 동생이 형을 '무심하게' 바라본다는 것은 작품의 맥락과 전혀 맞지 않습니다. 동생은 오히려 더욱 안타까워하고 걱정하는 모습을 보여야 합니다. 적절하지 않습니다.

💡 **교훈** • 선지 판단과 작품 독해

작품 독해를 하며 인물의 행동이나 발언의 의미를 판단해야 할 때가 많습니다. 완전한 이해와 감상을 해내는 것이 제일 좋지만, 확신이 서지 않을 때는 선지가 요구하는 핵심을 빠르게 **인지**하고 '허용 가능한 해석'인지 **판단**해 보세요.

이 전략을 쓰면 선지를 곧바로 **판단**해 시간을 아끼면서도, 작품 속 기호 밑줄 부분을 선지의 힌트로 자연스럽게 최소한의 **해석**을 할 수 있습니다. 지문을 모두 읽고 나면 기호 밑줄 문제는 이미 해결돼 있어야 합니다.

---

4 <보기>를 참조하여 위 글을 감상한 내용으로 적절하지 않은 것은?

정답 ④

> • 보 기 •
>
> 이 작품에서 작가는 북한군의 포로가 된 형제가 전쟁이라는 상황에서 어떤 모습을 보이는지를 실감 나게 그리고 있다. 특히 천진난만한 '벌거숭이 인간'인 '형'이 외부의 폭력에 희생되는 모습을 묘사하여 근원적인 인간성이 얼마나 소중한지를 일깨워 준다. 또한 이 작품은 포로 호송이라는 상황을 빌려 구성원을 획일화하는 사회를 우회적으로 비판한다.

작품 + <보기>

> **상황** 북한군의 포로가 된 형제가 호송되는 중입니다. <보기>에서 제시된 대로 전쟁이라는 극한 상황에서 형제가 어떤 모습을 보이는지를 그리고 있습니다.
>
> **인물과 성격**
> · 형 : 순수한 인물입니다. 지문에서 첫눈을 보고 기뻐하거나, 경비병들의 겨울 복장을 애들 같은 선망의 표정으로 바라보는 모습에서 그 순수함이 드러납니다. 하지만 다리의 '담증'으로 인해 점차 약해지다가 결국 <보기>에서 언급된 대로 '외부의 폭력(북한군)에 희생'됩니다.
> · 동생 : 형을 사랑하고 걱정하는 인물로, 형의 변화를 지켜보며 안타까워하고 눈물을 흘립니다. 형이 죽음을 예감할 때는 형 대신 '야하, 눈이 내린다'라고 말하며 형의 역할을 대신하려고 합니다.

① 이 작품의 제목은 본연의 순수성을 그대로 드러내는 '형'의 모습을 형상화한 것이다.

➡ 작품의 제목이 '나상(裸像)'입니다. 〈보기〉에서 형을 '천진난만한 벌거숭이 인간'이라고 표현했는데, 이는 어떤 꾸밈이나 가식 없이 순수한 본연의 모습을 그대로 드러내는 형의 모습을 의미합니다. 따라서 제목 '나상'이 형의 순수성을 형상화한 것이라는 감상은 적절합니다.

② '경비병'은 폭력적 상황 속에서 인간 본연의 모습을 억
  압하고 길들이는 감시망을 상징한다.

➡ 경비병들은 형제를 지속적으로 감시하며 통제합니다.
'감시가 엄했다', '바뀐 사람들은 꽤나 사나운 패들이었
다' 등의 표현에서 억압적 감시망의 모습이 드러나며, 마지
막에는 형을 총으로 쏘아 희생시킵니다. 따라서 인간성을
억압하는 폭력적 감시망을 상징한다는 감상은 적절합니다.

③ '형'과 '동생'이 계속 걸어야만 하는 강제적 상황은 구
  성원을 획일화하려는 현실을 반영한 것이다.

➡ <보기>에서 '포로 호송이라는 상황을 빌려 구성원을 획
일화하는 사회를 우회적으로 비판한다'고 했습니다. 형제가
자신의 의지와 관계없이 계속 걸어야만 하는 상황은 개인
의 특성을 무시하고 모든 구성원을 똑같이 통제하려는 현실
을 반영한다고 볼 수 있습니다. 적절합니다.

④ 자신을 압박해 오는 공포에 무감각한 '형'의 모습은 천
  진성을 파괴하려는 폭력에 대한 저항을 나타낸다.

➡ 형은 공포에 무감각한 것이 아니라 천진난만한 성격을
유지하고 있습니다. 또한 작품에서 형은 어떠한 저항도 보
이지 않습니다. 오히려 순수함을 그대로 간직한 채 외부의
폭력에 희생당합니다. 형의 모습은 저항이 아니라 순수한
인간성이 폭력 앞에서 무력하게 희생되는 것을 보여줍니
다. 적절하지 않습니다.

⑤ '형'이 그를 지켜보던 '경비병'의 총에 맞는 것은 감시
  자의 요구를 수행할 수 없는 데 따른 희생을 보여 준다.

➡ 형은 다리의 담증으로 인해 더 이상 걸을 수 없게 되어
주저앉고 말았고, 이를 지켜보던 경비병이 총을 쏩니다. 이
는 감시자(경비병)의 요구(계속 걷기)를 수행할 수 없게
된 데 따른 희생을 보여주는 것으로 적절한 감상입니다.

승상 나업은 딸 하나가 있었다. 재예(才藝)가 당대에 빼어났다. 아이는 이 말을 듣고 헌 옷으로 갈아입고 거울 고치는 장사라 속여 승상 집 앞에 가서 "거울 고치시오!"라 외쳤다. 소저는 이 말을 듣고 **거울**을 꺼내 유모에게 주어 보냈다. 소저는 유모 뒤를 따라 바깥문 안쪽까지 나가 문틈으로 엿보았다. 장사가 소저의 얼굴을 언뜻 보고 반해, 손에 쥐었던 **거울**을 일부러 떨어뜨려 깨뜨렸다. 유모가 놀라 화내며 때리자 장사가 울며 말했다.

"거울이 이미 깨졌거늘 때려 무엇 하세요? 저를 노비로 삼아 거울 값을 갚게 해 주세요."

유모가 들어가 이를 승상께 아뢰니 허락하였다. 승상은 그의 이름을 거울을 깨뜨린 노비라는 뜻으로 파경노(破鏡奴)라 짓고 말 먹이는 일을 시켰다. 말들은 저절로 살쪄 여윈 것이 하나도 없었다.

하루는 천상의 선관들이 구름처럼 몰려와 말 먹일 꼴을 다투어 그에게 주었다. 이에 파경노는 말들을 풀어놓고 누워만 있었다. 날이 저물어 말들이 파경노가 누워 있는 곳에 와 그를 향해 머리를 숙이며 늘어서자 보는 자마다 모두 기이하게 여겼다. 승상 부인은 이 말을 듣고 승상에게 말했다.

"파경노는 용모가 기이하고 탄복할 일이 많으니 필시 비범한 사람일 것입니다. 마부 일도, 천한 일도 맡기지 마세요."

승상이 옳게 여겨 그 말을 따랐다. 이전에 승상은 동산에 꽃과 나무를 많이 심었는데, 파경노에게 이를 기르게 했다. 이때부터 동산의 **화초**가 무성하며 조금도 시들지 않아, 봉황이 쌍쌍이 날아들어 꽃가지에 깃들었다.

열흘이 지났다. 파경노는 소저가 동산의 **꽃**을 보고 싶으나 파경노가 부끄러워 오지 못한다는 말을 들었다. 이에 파경노는 승상을 뵙고 말했다.

"제가 이곳에 온 지 여러 해 지났습니다. 한 번도 노모를 뵙지못했으니, 노모를 뵙고 올 말미를 주십시오."

승상은 닷새를 주었다. 소저는 파경노가 귀향했다는 소식을 듣고 동산에 들어와 꽃을 보고,

"꽃이 난간 앞에서 웃는데 소리는 들리지 않네."라고 시를 지었다. 파경노는 꽃 사이에 숨어 있다가,

"새가 숲 아래서 우는데 눈물 보기 어렵네."라고 **시**로 화답했다. 소저가 부끄러워 얼굴을 붉히며 돌아갔다.

[**중략 부분 줄거리**] 중국 황제는 신라 왕에게 석함을 보내, 그 안에 있는 물건을 알아내 시를 지어 올리라 명한다. 신라 왕은 이를 해결하지 못하고 나업에게 과업을 넘긴다.

나업은 집으로 돌아와 석함을 안고 통곡했다. 파경노는 이 말을 듣고 사람들에게 왜 우는지를 물었다. 사람들이 모두 말해주자, 자못 기쁨을 띠며 꽃가지를 꺾어 외청으로 갔다.

소저가 슬피 울다가 문득 벽에 걸린 **거울**에 비친 그림자를 보았다. 속으로 놀라 창틈으로 엿보니 파경노가 꽃을 들고 서 있었다. 소저가 이상히 여겨 묻자, 시치미를 떼며 말했다.

"그대가 이 꽃을 보고 싶다 하여 그대를 위해 가져 왔소. 시들기 전에 받아 보시오."

소저가 한숨을 크게 쉬니, 파경노가 위로하며 말했다.

"거울 속에 비친 이가 반드시 그대 근심을 없애 줄 것이오. 근심치 말고 꽃을 받으시오."

소저가 꽃을 받고 부끄러워하며 안으로 들어갔다. 얼마 뒤 소저는 파경노의 말을 괴이히 여겨 승상께 말했다.

"파경노가 비록 어리지만 재주가 남보다 뛰어나고, 신인(神人)의 기운이 있어 석함 속의 물건을 알아내어 시를 지을 수 있을 것입니다."

승상이 말했다.

"너는 어찌 쉽게 말하느냐? 만약 파경노가 할 수 있다면 나라의 이름난 선비 가운데 한 명도 시를 짓지 못해 이 석함을 나에게 맡겼겠느냐?"

소저가 말했다.

"뱁새는 비록 작지만 큰 새매를 살린다 합니다. 그

가 비록 노둔하나 큰 재주를 지니고 있는지 어찌 알
겠습니까?"
이어서 파경노가 걱정하지 말라고 했음을 고했다.
"만약 그가 시를 지을 수 없다면 어찌 그런 말을 냈
겠습니까? 원컨대 그를 불러 시험 삼아 시를 짓게
하소서."
승상이 파경노를 불러 구슬리며 말했다.
"만약 이 석함 속의 물건을 알아내 시를 짓는다면
후한 상을 줄 것이며, 마땅히 네 뜻을 이루어 주
겠다."
파경노가 거절하며 말했다.
"비록 후한 상을 준다 한들 제가 어찌 시를 짓겠습
니까?"
소저가 이 말을 듣고 승상에게 말했다.
"살고 싶고 죽기 싫은 것이 인지상정입니다. 옛날
에 어떤 이가 사형을 당하게 되었을 때, 그에게 '네
가 만약 시를 짓는다면 내 마땅히 사면해 주겠다.'
했습니다. 그 사람은 무식한 이였으나 그 명을 따랐
습니다. 하물며 파경노는 문학이 넉넉해 시를 지을
수 있지만 거짓으로 못하는 체하고 있습니다. 지금
아버님께서 그를 겁박하시면 어찌 삶을 좋아하고
죽음을 싫어하는 마음이없어 복종치 않겠습니까?"
승상이 그럴듯하다 여기고 파경노를 불렀다.

- 작자 미상, 「최고운전」 -

5 윗글의 내용에 대한 이해로 적절하지 <u>않은</u> 것은?

① 유모에게 주어 보낸 '거울'은 아이가 소저의 얼굴을 보
게 되는 계기를 만들고, 벽에 걸린 '거울'은 파경노가
소저에게 자신의 존재감을 드러내는 계기를 만든다.

② 깨뜨린 '거울'은 아이가 파경노라는 이름을 얻고 승상
의 집안으로 들어가는 계기가 되고, 파경노가 관리한
동산의 '화초'는 승상 부인으로부터 인정받는 계기로
작용한다.

③ 동산의 '꽃'은 소저가 보고 싶었으나 파경노로 인해 접
근하기 어렵게 된 대상이고, 파경노가 들고 서 있던 '꽃'
은 소저에게 자신의 마음을 전달하기 위한 수단이다.

④ 동산에서 화답한 '시'는 파경노가 소저와 교감하기 위
해 읊은 것이고, 석함 속 물건에 대한 '시'는 파경노가
해결할 수 있다고 소저가 기대하는 과제이다.

⑤ 석함 속 물건에 대한 '시'는 나업에게 슬픔을 유발하는
과업이지만, 파경노에게는 소저의 슬픔을 해소시켜 줄
수 있는 수단이다.

6 <보기>를 참고하여 윗글을 감상한 내용으로 적절하지 않은 것은? [3점]

「최고운전」은 비범한 인물로서의 최치원을 형상화했다. 주인공은 문제 해결의 국면에서 치밀함, 기지, 당당함을 보인다. 또한 초월적 존재의 도움을 받으면서도 이에 전적으로 의존하지 않고 자신이 지닌 신이한 능력을 발휘하여 개인의 문제와 국가의 과제를 직접 해결한다. 이는 당대 독자들이 원했던 새로운 영웅상을 최치원에 투영하여 작품 속에서 구현한 것이다.

① 아이가 헌 옷으로 바꾸어 입고 거울 고치는 장사라 속이는 장면은 최치원이 치밀한 면모를 지닌 인물임을 보여 주는군.

② 파경노에게 선관들이 몰려와 말먹이를 가져다주는 장면은 최치원이 초월적 존재에게 도움을 받는 인물임을 보여 주는군.

③ 파경노가 기른 뒤로 화초가 시들지 않아 봉황이 날아드는 장면은 최치원이 신이한 능력을 지닌 인물임을 보여 주는군.

④ 파경노가 노모를 핑계 삼아 말미를 얻는 장면은 최치원이 원하는 바를 얻기 위해 기지를 발휘하는 인물임을 보여 주는군.

⑤ 파경노가 승상의 제안을 거절하는 장면은 최치원이 보상을 추구하기보다 스스로 국가의 과제를 해결하려는 당당한 인물임을 보여 주는군.

작품 맥락에서 소재와 행위의 의미 파악하기

「최고운전」은 비범한 인물로서의 최치원을 형상화했다. 주인공은 문제 해결의 국면에서 치밀함, 기지, 당당함을 보인다. 또한 초월적 존재의 도움을 받으면서도 이에 전적으로 의존하지 않고 자신이 지닌 신이한 능력을 발휘하여 개인의 문제와 국가의 과제를 직접 해결한다. 이는 당대 독자들이 원했던 새로운 영웅상을 최치원에 투영하여 작품 속에서 구현한 것이다.

⊙ 제목과 보기를 통해 주인공을 파악합시다.

인물과 성격

최고운 : 최치원이 형상화된 인물, 비범하며 신이한 능력을 가짐

상황 개인의 문제와 국가의 과제가 발생하나, 주인공이 초월적 존재의 도움을 받으면서도 자신의 능력을 발휘함

장면 1

승상 나업은 딸 하나가 있었다. 재예(才藝)가 당대에 빼어났다. 아이는 이 말을 듣고 헌 옷으로 갈아입고 거울 고치는 장사라 속여 승상 집 앞에 가서 "거울 고치시오!"라 외쳤다. 소저는 이 말을 듣고 거울을 꺼내 유모에게 주어 보냈다. 소저는 유모 뒤를 따라 바깥문 안쪽까지 나가 문틈으로 엿보았다. 장사가 소저의 얼굴을 언뜻 보고 반해, 손에 쥐었던 거울을 일부러 떨어뜨려 깨뜨렸다. 유모가 놀라 화내며 때리자 장사가 울며 말했다.

"거울이 이미 깨졌거늘 때려 무엇 하세요? 저를 노비로 삼아 거울 값을 갚게 해 주세요."

유모가 들어가 이를 승상께 아뢰니 허락하였다.

⊙ 승상 나업의 딸은 재예가 당대에 빼어났다고 합니다. 단순히 아름답기만 한 것이 아니라 문학적 소양까지 갖춘

인물인 것 같습니다. 주인공이 이 소문을 듣고 '헌 옷으로 갈아입고 거울 고치는 장사라 속여' 승상 집에 접근합니다. 나업의 딸이 목적이었나 봅니다. 소저가 거울을 내보내며 문틈으로 바깥을 엿봅니다. 단순히 거울을 고치러 온 장사를 굳이 엿본다는 것은 그녀도 호기심을 가지고 있었다는 것입니다. 그리고 장사(아이)는 소저에게 반해 '일부러' 거울을 깹니다. 이때, '일부러'라는 표현에 주목하면 계획적인 행동임을 알 수 있습니다. 거울을 깨뜨림으로써 그는 승상 집에 머물 명분을 만들었습니다. 자신을 '노비삼아 거울 값을 갚게 해'달라는 그의 요청은 겉으로는 거울값을 갚기 위한 것이지만, 실제로는 소저 곁에 머물기 위한 계략입니다.

승상은 그의 이름을 거울을 깨뜨린 노비라는 뜻으로 파경노(破鏡奴)라 짓고 말 먹이는 일을 시켰다. 말들은 저절로 살쪄 여윈 것이 하나도 없었다.

◉ 승상은 그의 이름을 '파경노(破鏡奴)', 즉 거울을 깨뜨린 노비라고 짓습니다. 인물의 호칭을 잘 기억합시다. 파경노는 말 먹이는 일을 맡아 그 일을 잘 수행합니다.

인물과 성격

최고운(아이, 장사, 파경노) : 계획적임

소저 : 바깥에 호기심이 있음

심리 파경노(호기심→반함→결단), 소저(호기심)

상황 파경노가 소저의 재예를 듣고 거울 장사로 위장해 접근했다가, 소저를 보고 반해 일부러 거울을 깨뜨려 노비가 되어 집안으로 들어감

장면 2

하루는 천상의 선관들이 구름처럼 몰려와 말 먹일 꼴을 다투어 그에게 주었다. 이에 파경노는 말들을 풀어 놓고 누워만 있었다. 날이 저물어 말들이 파경노가 누워 있는 곳에 와 그를 향해 머리를 숙이며 늘어서자 보는 자마다 모두 기이하게 여겼다. 승상 부인은이 말을 듣고 승상에게 말했다.

"파경노는 용모가 기이하고 탄복할 일이 많으니 필시

비범한 사람일 것입니다. 마부 일도, 천한 일도 맡기지 마세요."

승상이 옳게 여겨 그 말을 따랐다. 이전에 승상은 동산에 꽃과 나무를 많이 심었는데, 파경노에게 이를 기르게 했다. 이때부터 동산의 화초가 무성하며 조금도 시들지 않아, 봉황이 쌍쌍이 날아들어 꽃가지에 깃들었다.

◉ 하루는 '천상의 선관들이 구름처럼 몰려와 말 먹일 꼴을 다투어' 주는 일이 벌어집니다. 〈보기〉의 초월적 존재가 이 선관들인가 봅니다. 심지어 말들이 그에게 머리를 숙입니다. 승상 부인이 이를 보고 비범한 사람이라 판단해 천한 일을 시키지 말라고 조언합니다. 승상은 주변인이 조언을 하면 잘 듣네요. 이후 동산의 화초를 맡기자 '화초가 무성하며 조금도 시들지 않아, 봉황이 쌍쌍이 날아들어' 왔다고 합니다. 〈보기〉에서 제시된 개인적 문제를 자신이 지닌 신이한 능력을 발휘해 해결하는 것을 알 수 있습니다.

상황 파경노가 말을 돌보고 정원을 가꾸는 일을 맡았는데, 그가 하는 일마다 특별한 성과를 보여 주변 사람들이 그의 비범함을 인정하게 됨

심리 승상 부인(놀라움→확신), 주변 사람들(경이로움)

인물과 성격

파경노(최고운) : 비범한 능력의 소유자

승상 부인 : 혜안을 가진 인물

열흘이 지났다. 파경노는 소저가 동산의 꽃을 보고 싶으나 파경노가 부끄러워 오지 못한다는 말을 들었다. 이에 파경노는 승상을 뵙고 말했다.

"제가 이곳에 온 지 여러 해 지났습니다. 한 번도 노모를 뵙지 못 했으니, 노모를 뵙고 올 말미를 주십시오."

승상은 닷새를 주었다. 소저는 파경노가 귀향했다는 소식을 듣고 동산에 들어와 꽃을 보고,

"꽃이 난간 앞에서 웃는데 소리는 들리지 않네."라고 시를 지었다. 파경노는 꽃 사이에 숨어 있다가,

"새가 숲 아래서 우는데 눈물 보기 어렵네."라고 시로 화답했다. 소저가 부끄러워 얼굴을 붉히며 돌아갔다.

➡ 열흘이 지나 파경노가 소저가 '동산의 꽃을 보고 싶으나 파경노가 부끄러워 오지 못한다'는 말을 듣습니다. 표면적으로는 파경노 때문에 소저가 동산에 오지 못한다는 뜻이지만, 실제로는 서로를 의식하고 있다는 의미입니다. 파경노는 고향에 다녀온다는 핑계로 자리를 비우나 실제로는 가지 않았습니다. 소저가 편하게 동산에 올 수 있도록 배려한 것으로 보입니다.

소저가 파경노가 귀향했다는 소식을 듣고 동산에 들어와 시를 짓습니다. 그런데 파경노가 꽃 사이에 숨어 있다가 화답합니다. 소저가 '부끄러워 얼굴을 붉히며 돌아갔다'는 것은 예상치 못한 파경노의 등장에 놀랐으며, 그의 마음을 알아차렸기 때문일 것입니다. 그런데 한낱 노비가 재예가 뛰어난 것으로 유명한 소저의 시를 바로 맞받아치고 있습니다. 이때, 소저는 파경노의 비범함을 눈치챘을 수 있습니다.

> **상황** 파경노가 거짓으로 귀향한다고 하고 동산에 숨어 있다가, 홀로 꽃을 보러 온 소저와 시를 주고받으며 서로의 마음을 확인함
> **심리** 소저(외로움→놀람→부끄러움)

> [중략 부분 줄거리] 중국 황제는 신라 왕에게 석함을 보내, 그 안에 있는 물건을 알아내 시를 지어 올리라 명한다. 신라 왕은 이를 해결하지 못하고 나업에게 과업을 넘긴다.

➡ 〈보기〉에서 제시된 국가의 과제가 제시되었습니다.

장면 3

> 나업은 집으로 돌아와 석함을 안고 통곡했다. 파경노는 이 말을 듣고 사람들에게 왜 우는지를 물었다. 사람들이 모두 말해주자, 자못 기쁨을 띠며 꽃가지를 꺾어 외청으로 갔다.
> 소저가 슬피 울다가 문득 벽에 걸린 거울에 비친 그림자를 보았다. 속으로 놀라 창틈으로 엿보니 파경노가

꽃을 들고 서 있었다. 소저가 이상히 여겨 묻자, 시치미를 떼며 말했다.
"그대가 이 꽃을 보고 싶다 하여 그대를 위해 가져 왔소. 시들기 전에 받아 보시오."
소저가 한숨을 크게 쉬니, 파경노가 위로하며 말했다.
"거울 속에 비친 이가 반드시 그대 근심을 없애 줄 것이오. 근심치 말고 꽃을 받으시오."
소저가 꽃을 받고 부끄러워하며 안으로 들어갔다.

➡ 중국 황제가 석함을 보내 그 안의 물건을 알아내 시를 지으라는 난제를 냅니다. 신라 왕이 이를 나업에게 넘기고, 나업은 '집으로 돌아와 석함을 안고 통곡'합니다. 국가적 과제를 해결하지 못하면 큰 문제가 될 것이기 때문입니다.

그러나 파경노가 이 소식을 듣고 기뻐하며 꽃을 꺾어 외청으로 갑니다. 이는 해결 능력이 있다는 자신감의 표현으로 볼 수 있습니다. 소저가 슬피 울다가 '벽에 걸린 거울에 비친 그림자'를 보고 파경노임을 알아차립니다. 파경노는 시치미를 떼며 꽃을 가져왔다고 합니다. 실제 의도를 숨기고 꽃 핑계를 댄 것입니다.

그리고 중요한 말을 합니다. '거울 속에 비친 이가 반드시 그대 근심을 없애 줄 것이오.' 자기 자신을 3인칭으로 표현하면서 간접적으로 도움을 약속하는 것입니다. 소저가 '꽃을 받고 부끄러워하며' 들어가는 것은 파경노의 마음과 능력을 모두 알아차렸기 때문으로 보입니다.

> **상황** 나업이 석함 문제로 절망하고 있을 때, 파경노가 오히려 기뻐하며 소저를 찾아가 꽃을 전하며 문제 해결을 암시함
> **심리** 나업(절망), 파경노(자신감), 소저(슬픔→놀람→기대)
> **인물과 성격**
> ·파경노 : 문제 해결 능력을 지녔으나 드러내지 않음

장면 4

얼마 뒤 소저는 파경노의 말을 괴이히 여겨 승상께 말했다.

"파경노가 비록 어리지만 재주가 남보다 뛰어나고, 신인(神人)의 기운이 있어 석함 속의 물건을 알아내어 시를 지을 수 있을 것입니다."

승상이 말했다.

"너는 어찌 쉽게 말하느냐? 만약 파경노가 할 수 있다면 나라의 이름난 선비 가운데 한 명도 시를 짓지 못해 이 석함을 나에게 맡겼겠느냐?"

소저가 말했다.

"뱁새는 비록 작지만 큰 새매를 살린다 합니다. 그가 비록 노둔하나 큰 재주를 지니고 있는지 어찌 알겠습니까?"

이어서 파경노가 걱정하지 말라고 했음을 고했다.

"만약 그가 시를 지을 수 없다면 어찌 그런 말을 냈겠습니까? 원컨대 그를 불러 시험 삼아 시를 짓게 하소서."

➡ 소저가 파경노의 말을 '괴이히 여겨' 승상에게 말합니다. 그동안 파경노를 관찰한 결과 그의 비범함을 확신하게 된 것입니다.

승상이 의심하자 소저는 논리적으로 설득합니다. 속담을 들어 작고 미천해 보이는 존재도 큰 일을 할 수 있음을 말합니다. 그리고 파경노가 했던 말을 근거로 "'만약 그가 시를 지을 수 없다면 어찌 그런 말을 냈겠습니까?'라고 추론합니다. 소저는 감정에 호소하는 것이 아니라 논리와 증거로 아버지를 설득하고 있습니다. 승상은 또 설득당합니다.

> **상황** 소저가 파경노의 능력을 확신하고 아버지에게 적극적으로 추천하며 논리적으로 설득함
>
> **심리** 소저(확신), 승상(의심→설득됨)
>
> **인물과 성격**
>
> · 소저 : 관찰력과 판단력, 논리적 설득력을 지닌 적극적 인물

승상이 파경노를 불러 구슬리며 말했다.

"만약 이 석함 속의 물건을 알아내 시를 짓는다면 후한 상을 줄 것이며, 마땅히 네 뜻을 이루어 주겠다."

파경노가 거절하며 말했다.

"비록 후한 상을 준다 한들 제가 어찌 시를 짓겠습니까?"

➡ 승상이 파경노를 불러 회유합니다. 그러나 파경노는 '비록 후한 상을 준다 한들 제가 어찌 시를 짓겠습니까?'라며 거절합니다. 능력이 있으면서도 일부러 거절하는 것입니다. 어떤 의도를 가지고 있는 것 같습니다.

소저가 이 말을 듣고 승상에게 말했다.

"살고 싶고 죽기 싫은 것이 인지상정입니다. 옛날에 어떤 이가 사형을 당하게 되었을 때, 그에게 '네가 만약 시를 짓는다면 내 마땅히 사면해 주겠다.' 했습니다. 그 사람은 무식한 이였으나 그 명을 따랐습니다. 하물며 파경노는 문학이 넉넉해 시를 지을 수 있지만 거짓으로 못하는 체하고 있습니다. 지금 아버님께서 그를 겁박하시면 어찌 삶을 좋아하고 죽음을 싫어하는 마음이 없어 복종치 않겠습니까?"

승상이 그럴듯하다 여기고 파경노를 불렀다.

➡ 소저가 다시 나서서 극단적인 예시를 듭니다. 사형당할 처지의 무식한 사람도 살기 위해 시를 지었는데, 하물며 파경노가 못할 리 없다는 논리입니다. '파경노는 문학이 넉넉해 시를 지을 수 있지만 거짓으로 못하는 체하고 있습니다.'라고 하고 파경노를 압박해서라도 능력을 발휘하게 하자는 제안을 합니다.

> **상황** 승상이 파경노를 회유하지만 거절당하자, 소저가 파경노가 능력을 숨기고 있음을 지적하며 압박 전략을 제시함
>
> **심리** 파경노(능력을 숨기려 함), 소저(파경노의 의도를 꿰뚫음)
>
> **갈등** 승상, 소저(파경노의 능력을 드러내기) vs 파경노(자신의 능력 숨기기)
>
> **인물과 성격**
>
> · 파경노 : 자신의 가치를 높이려는 전략가
>
> · 소저 : 상황 판단력과 전략적 사고를 지닌 인물

5 윗글의 내용에 대한 이해로 적절하지 않은 것은?

정답 ②

① 유모에게 주어 보낸 '거울'은 아이가 소저의 얼굴을 보게 되는 계기를 만들고, 벽에 걸린 '거울'은 파경노가 소저에게 자신의 존재감을 드러내는 계기를 만든다.

➡ 소저가 유모에게 거울을 주어 보내고 문틈으로 밖을 엿보았다고 합니다. 이때 아이가 소저의 얼굴을 언뜻 보고 반해 거울을 깨뜨립니다. 유모가 전달한 거울이 아이가 소저를 보게 되는 계기가 됩니다.

그리고 나업의 일로 울던 소저가 벽에 걸린 거울에 그림자가 비치는 것을 보고 창밖에 파경노가 있음을 알게 됩니다. 벽의 거울이 파경노의 존재를 드러내는 계기가 됩니다. 적절합니다.

② 깨뜨린 '거울'은 아이가 파경노라는 이름을 얻고 승상의 집안으로 들어가는 계기가 되고, 파경노가 관리한 동산의 '화초'는 승상 부인으로부터 인정받는 계기로 작용한다.

➡ 파경노는 '말들이 파경노가 누워 있는 곳에 와 그를 향해 머리를 숙이며 늘어서자 보는 자마다 모두 기이하게 여겼다'는 소식을 들은 승상 부인으로부터 인정받습니다. 따라서 승상 부인으로 인정받는 계기는 '화초'가 아닌 '말'입니다. 적절하지 않습니다.

③ 동산의 '꽃'은 소저가 보고 싶었으나 파경노로 인해 접근하기 어렵게 된 대상이고, 파경노가 들고 서 있던 '꽃'은 소저에게 자신의 마음을 전달하기 위한 수단이다.

➡ 소저가 '동산의 꽃을 보고 싶으나 파경노가 부끄러워 오지 못한다'고 합니다. 동산의 꽃은 파경노로 인해 접근하기 어려운 대상입니다.

그리고 파경노가 창밖에서 꽃을 들고 '그대가 이 꽃을 보고 싶다 하여 그대를 위해 가져왔소'라고 합니다. 파경노가 든 꽃은 소저에 대한 마음을 전달하는 수단입니다. 적절합니다.

④ 동산에서 화답한 '시'는 파경노가 소저와 교감하기 위해 읊은 것이고, 석함 속 물건에 대한 '시'는 파경노가 해결할 수 있다고 소저가 기대하는 과제이다.

➡ 소저가 '꽃이 난간 앞에서 웃는데 소리는 들리지 않네'라고 시를 짓자 파경노가 '새가 숲 아래서 우는데 눈물 보기 어렵네'라고 화답합니다. 동산에서의 시는 두 사람이 교감하는 수단입니다.

그리고 소저가 '파경노가 비록 어리지만 재주가 남보다 뛰어나고, 신인의 기운이 있어 석함 속의 물건을 알아내어 시를 지을 수 있을 것'이라고 말합니다. 석함 속 물건에 대한 시는 소저가 파경노에게 기대하는 과제입니다. 적절합니다.

⑤ 석함 속 물건에 대한 '시'는 나업에게 슬픔을 유발하는 과업이지만, 파경노에게는 소저의 슬픔을 해소시켜 줄 수 있는 수단이다.

➡ 승상이 석함 문제를 해결하지 못해 '집으로 돌아와 석함을 안고 통곡'합니다. 석함 속 물건에 대한 시는 나업에게 슬픔을 유발하는 과업입니다.

파경노가 울고 있는 소저에게 '거울 속에 비친 이가 반드시 그대 근심을 없애 줄 것이오'라고 말합니다. 석함 속 물건에 대한 시는 파경노에게 소저의 슬픔을 해소할 수 있는 수단입니다. 적절합니다.

6 <보기>를 참고하여 윗글을 감상한 내용으로 적절하지 <u>않은</u> 것은? [3점]

정답 ⑤

· 보기 ·

「최고운전」은 비범한 인물로서의 최치원을 형상화했다. 주인공은 문제 해결의 국면에서 치밀함, 기지, 당당함을 보인다. 또한 초월적 존재의 도움을 받으면서도 이에 전적으로 의존하지 않고 자신이 지닌 신이한 능력을 발휘하여 개인의 문제와 국가의 과제를 직접 해결한다. 이는 당대 독자들이 원했던 새로운 영웅상을 최치원에 투영하여 작품 속에서 구현한 것이다.

➡ 작품과 <보기>를 연결합시다.

인물과 성격

최고운 : 최치원이 형상화된 인물, 비범하며 신이한 능력을 가짐

상황 개인의 문제와 국가의 과제가 발생하나, 주인공이 초월적 존재의 도움을 받으면서도 자신의 능력을 발휘함

비범함
초월적 도움 : 천상의 선관들이 말 먹이를 도움
자신의 신이한 능력 : 말들이 절하며 인사함, 봉황이 날아듦, 시를 짓는 문학적 재능, 석함 문제를 해결할 수 있는 지혜

문제 해결의 특성
치밀함 : 거울 장사로 위장, 귀향 핑계로 동산에 숨음
기지 : 거울을 일부러 깨뜨려 집안에 들어감, 시로 소저와 교감
당당함 : 승상의 회유를 거절하며 자신의 가치를 높임

① 아이가 헌 옷으로 바꾸어 입고 거울 고치는 장사라 속이는 장면은 최치원이 치밀한 면모를 지닌 인물임을 보여 주는군.

➡ '아이가 헌 옷으로 갈아입고 거울 고치는 장사'라 속여 접근합니다. 신분을 위장하기 위해 옷까지 바꿔 입는 치밀한 준비를 보여줍니다. 적절합니다.

② 파경노에게 선관들이 몰려와 말먹이를 가져다주는 장면은 최치원이 초월적 존재에게 도움을 받는 인물임을 보여 주는군.

➡ '천상의 선관들이 구름처럼 몰려와 말 먹일 꼴을 다투어' 가져다줍니다. 파경노가 초월적 존재의 도움을 받는 장면입니다. 적절합니다.

③ 파경노가 기른 뒤로 화초가 시들지 않아 봉황이 날아드는 장면은 최치원이 신이한 능력을 지닌 인물임을 보여 주는군.

➡ 파경노가 화초를 맡자 '화초가 무성하며 조금도 시들지 않아, 봉황이 쌍쌍이 날아들어' 옵니다. 파경노의 신이한 능력을 보여주는 장면입니다. 적절합니다.

④ 파경노가 노모를 핑계 삼아 말미를 얻는 장면은 최치원이 원하는 바를 얻기 위해 기지를 발휘하는 인물임을 보여 주는군.

➡ 파경노가 '노모를 뵙고 올 말미'를 청해 닷새를 받지만 실제로는 가지 않고 동산에 숨어 있었습니다. 소저와의 만남을 위해 기지를 발휘한 것입니다. 파경노는 원하는 바(소저)를 얻기 위해 승상의 집에 노비로 들어갔으며, 승상의 제안도 일부러 거절합니다. 적절합니다.

⑤ 파경노가 승상의 제안을 거절하는 장면은 최치원이 보상을 추구하기보다 스스로 국가의 과제를 해결하려는 당당한 인물임을 보여 주는군.

➡ 승상이 '후한 상을 줄 것이며, 마땅히 네 뜻을 이루어 주겠다'고 회유하자 파경노가 거절합니다. 그런데 소저가 지적하듯 파경노는 '문학이 넉넉해 시를 지을 수 있지만 거짓으로 못하는 체하고' 있습니다. 이는 국가 과제 해결을 위한 당당함이 아니라, 개인적 목적(소저와의 인연)을 위해 자신의 가치를 높이려는 전략입니다. 적절하지 않습니다.

<보기>에서 제시된 요소를 지문과 연결합시다. 특히 소설의 <보기>의 상황과 그 상황에 대한 설명을 잘 분석해 둔다면 지문을 읽기 전에 어떤 일이 발생할지 예측할 수 있습니다. 이 예측과 작품에서의 확인을 통해 정보들을 머릿속에 새겨갑시다.

1. <보기>의 '치밀함'과 작품의 거울 장수로 위장을 해서 일부러 거울을 깬 것을 연결했다면, ①번 선지를 바로 판단할 수 있습니다.

2. <보기>의 주인공의 '비범함'(초월적 존재의 도움)과 '선관들'을 연결했다면, ②번 선지를 바로 판단할 수 있습니다.

3. <보기>의 자신의 '신이한 능력'과 작품의 '봉황이 쌍쌍이 날아들어' 온 것을 연결했다면, ③번 선지를 바로 판단할 수 있습니다. 봉황은 상서로운 새로, 파경노의 비범함을 드러냅니다.

4. <보기>의 '기지'와 작품에서 파경노가 '노모를 뵙고 오겠다'고 거짓말하고 실제로는 동산에 숨어있던 것을 연결했다면, ④번 선지를 바로 판단할 수 있습니다.

5. <보기>의 '당당함'과 승상의 회유를 거절하며 자신의 가치를 높임을 연결했다면, ⑤번 선지를 바로 판단할 수 있습니다.

FOCUSING

3

인물의 내면

배운 바를 적용합시다.

배운 바를 적용합시다.

앞서 배운 풀이 순서를 적용하며 이해를 어디까지 할 것인지 생각합시다.

잘 읽어야 잘 푸는 것이 맞습니다.
그런데 수능 문학은 잘 풀면 잘 읽을 수 있고, 잘 읽으면 잘 풀 수 있는 구조입니다.

어떻게 하면 최대한 경제적으로 읽고 문제를 풀어낼지 고민합시다.

문제 조망하기 (스스로 판단해 봅시다.)

번 :

번 :

번 :

작품 독해 완료

번 :

번 :

번 :

이러한 표를 준비했으니 독해 이전에 꼭 앞서 배운 풀이 순서를 적용해보고 해설지에서 확인합시다.

[앞부분의 줄거리] 화랑도를 숭상하는 '유종'과 당나라를 숭상하는 '금지'는 내심 서로 못마땅해한다. 이런 가운데 '금지'는 아들 '금성'과 '유종'의 딸 '주만'과의 혼사를 진행하려 한다.

　설령 금성이가 출중한 재주와 인물을 갖추었다 하더라도 유종은 이 혼인을 거절할밖에 없었으리라. 첫째로 금지는 당학파의 우두머리가 아니냐. 나라를 좀먹게 하는 그들의 소위만 생각해도 뼈가 저리거든 그런 가문에 내 딸을 들여보내다니 될 뻔이나 한 수작인가. 도대체 당학*이 무에 그리 좋은고. 그 나라의 바로 전 임금인 당 명황(唐明皇)만 하더라도 양귀비란 계집에게 미쳐서 정사를 다스리지 않은 탓에 필경 안녹산(安祿山)의 난을 빚어 내어 오랑캐의 말굽 아래 그네들의 자랑하는 장안이 쑥밭을 이루고 천자란 빈 이름뿐, 촉나라란 두메 속에 오륙 년을 갇히어 있지 않았는가. 금지가 당대 제일 문장이라고 추어올리는 이백이만 하더라도 제 임금이 성색에 빠져 헤어날 줄을 모르는 것을 죽음으로 간하지는 못할지언정 몇 잔 술에 감지덕지해서 그 요망한 계집을 칭찬하는 글을 지어 도리어 임금을 부추겼다 하니 우리네로는 꿈에라도 생각 밖이 아니냐. ⓐ 그네들의 한문이란 난신적자를 만들어 내기에 꼭 알맞은 것이거늘 이것을 좋아라고 배우려 들고 퍼뜨리려 드니 참으로 한심한 노릇이 아니냐. 이 당학을 그대로 내버려 두었다가는 우리나라에도 오래지 않아 큰 난이 일어날 것이요, 난이 일어난다면 누가 감당해 낼 자이랴.

"한 나이나 젊었더면!"

　유종은 이따금 시들어 가는 제 팔뚝의 살을 어루만지면서 한탄한다. 몇 해 전만 해도 자기와 뜻을 같이하는 이가 조정에 더러는 있었지만 어느 결엔지 하나씩 둘씩 없어지고 인제는 ⓑ 무 밑둥과 같이 동그랗게 자기 혼자만 남았다. 속으로는 그의 주의에 찬동하는 이가 없지도 않으련만 당학파의 세력에 밀리어 감히 발설을 못 하는지 모르리라. 지금이라도 젊은이 축 속으로 뛰어 들어가면 동지를 얼마든지 찾아낼지 모르리라. 아직도 이 나라의 명맥이 끊어지지

않은 다음에야 방방곡곡을 뒤져 찾으면 몇천 명 몇만 명의 화랑도를 닦는 이를 모을 수 있으리라. 그러나 아들이 없는 그는 젊은이와 접촉할 기회조차 없다. 이런 점에도 그는 아들이 없는 것이 원이 되고 한이 되었다. ⓒ 이 늙은 향도(香徒)에게 남은 오직 하나의 희망은 자기의 주의 주장에 공명하는 사윗감을 구하는 것이었다. 벌써 수년을 두고 ⓓ 그럴 만한 인물을 내심으로 구해 보았지만 그리 쉽사리 눈에 뜨이지 않았다. 고르면 고를수록 사람 구하기란 하늘에 별따기보담 더 어려웠다. 유종은 기대고 있던 서안에서 쭉 미끄러지는 듯이 털요 바닥 위에 누웠다. 금지의 청혼을 그렇게 거절한 다음에는 하루바삐 사윗감을 구해야 된다. 금지로 하여금 다시 입을 열지 못 하도록 ⓔ 다른 데 정혼을 해 놓아야 한다. 그러면 신라를 두 손으로 떠받들고 나아갈 인물이 누가 될 것인가. 삼한 통일 당년의 늠름하고 씩씩한 기풍(氣風)이 당학에 지질리고 문약(文弱)에 흐르는 이 나라를 바로잡을 인물이 누가 될 것인가.

　[중략 부분의 줄거리] '유종'이 사위를 구하는 가운데, '주만'이 부여의 천민 석공 '아사달'을 사모하고 있음이 알려진다. 한편 '아사달'은 자신을 찾아온 아내 '아사녀'가 끝내 자신을 만나지 못하고 그림자못에서 죽은 사실을 알게 되자, 그 못 둑에서 '아사녀'를 그리워하는 마음을 돌에 담아 새겨 내는 작업에 몰입한다.

　그러나 어느 결엔지 아사녀의 환영은 깜박 사라져 버렸다. 아까까지는 어렴풋이라도 짐작되던 그 흔적마저 놓치고 말았다. 아무리 눈을 닦고 돌 얼굴을 들여다보았으나 눈매까지는 그럴싸하게 드러났지마는 그 아래로는 캄캄한 밤빛이 쌓인 듯 아득할 뿐. 돌을 들여다보면 볼수록 골머리만 부질없이 힝힝 내어 둘리었다. 그러자 문득 그 돌 얼굴이 굼실 움직이는 듯하며 주만의 얼굴이 부시도록 선명하게 살아났다. 마치 어젯밤의 아사녀의 환영 모양으로.

　　　그 눈동자는 띠룩띠룩 애원하듯 원망하듯 자
　　기를 쳐다 보는 것 같다.
[A]　"이 돌에 나를 새겨 주세요. 네, 아사달님, 네,
　　마지막 청을 들어주세요."
　　　그 입술은 달싹달싹 속살거리는 것 같다.

　아사달은 정을 쥔 채로 머리를 털고 눈을 감았다. 돌 위에 나타난 주만의 모양은 그의 감은 눈시울 속으로 기어들어 오고야 말았다. 이 몇 달 동안 그와 지내던 가지가지 정경이 그림등 모양으로 어른어른 지나간다. 초파일 탑돌이할 때 맨 처음으로 마주치던 광경, 기절했다가 정신이 돌아날 제 코에 풍기던 야릇한 향기, 우레가 울고 악수가 쏟아질 적 불꽃을 날리는 듯한 그 뜨거운 입김들……. 아사달은 고개를 또 한 번 흔들었다. 그제야 저 멀리 돈짝만 한 아사녀의 초라한 자태가 아른거린다. 주만의 모양을 구름을 헤치고 둥둥 떠오르는 햇발과 같다 하면, 아사녀는 샐녘의 하늘에 반짝이는 별만 한 광채밖에 없었다.

　　　물동이를 이고 치마꼬리에 그 빨간 손을 씻으
　　며 배시시 웃는 모양, 이별하던 날 밤 그린 듯
[B]　이 도사리고 남편을 기다리던 앉음앉음, 일부
　　러 자는 척하던 그 가늘게 떨던 눈시울, 버드나
　　무 그늘에서 숨기던 눈물들…….

　아사달의 머리는 점점 어지러워졌다. 아사녀와 주만의 환영도 흔들린다. 휘술레를 돌리듯 핑핑 돌다가 소용돌이치는 물결 속에서 조각조각 부서지는 달그림자가 이내 한 곳으로 합하듯이, 두 환영은 마침내 하나로 어우러지고 말았다. 아사달의 캄캄하던 머릿속도 갑자기 환하게 밝아졌다. 하나로 녹아들어 버린 아사녀와 주만의 두 얼굴은 다시금 거룩한 부처님의 모양으로 변하였다.

　아사달은 눈을 번쩍 떴다. 설레던 가슴이 가을 물같이 맑아지자, 그 돌 얼굴은 세 번째 제 원불(願佛)로 변하였다. 선도산으로 뉘엿뉘엿 기우는 햇발이 그 부드럽고 찬란한 광선을 던질 제 못물은 수멸수멸 금빛 춤을 추는데 흥에 겨운 마치와 정 소리가 자지러지게 일어나 저녁나절의 고요한 못 둑을 울리었다.

　새벽만 하여 한가위 밝은 달이 홀로 정 자리가 새로운 돌부처를 비칠 제 정 소리가 그치자 은물결이 잠깐 헤쳐지고 풍 하는 소리가 부근의 적막을 한순간 깨트렸다.

- 현진건, 「무영탑」 -

문제 조망하기 (스스로 판단해 봅시다.)

번 :

번 :

번 :

작품 독해 완료

번 :

번 :

번 :

---

1. 윗글에 대한 설명으로 가장 적절한 것은?

① 인물의 의식이 내적 갈등에 초점을 둔 서술 방식을 통해 드러나고 있다.

② 인물들 간의 대화를 통해 특정 인물의 생각과 행동을 희화화하고 있다.

③ 미래에 대한 낙관적 전망이 신분이 낮은 인물의 발언을 통해 제시되고 있다.

④ 물신주의에 빠진 세태가 탈속적 세계를 지향하는 인물의 비판을 통해 제시되고 있다.

⑤ 권력과 사랑을 동시에 쟁취하여 신분 상승을 도모하는 소외된 개인의 욕망이 구체적인 일화를 통해 드러나고 있다.

2 ㉠~㉤에 대한 이해로 적절하지 <u>않은</u> 것은?

① ㉠은 신라를 '문약'하게 하는 요인으로 '유종'이 인식하고 있는 대상이다.

② ㉡은 '유종'의 외로운 처지를 보여 주는 비유이다.

③ ㉢은 현재의 주류적 '기풍'을 거부하는 '유종'을 지칭하는 표현이다.

④ ㉣은 '유종'이 자신의 이상을 실현하기 위해 원하는 대상이다.

⑤ ㉤은 '유종'이 자신과 대립하는 세력과의 연대를 위한 방도이다.

3 [A], [B]에 대한 분석으로 가장 적절한 것은?

① [A]에는 떠나는 '아사달'에 대한 '주만'의 걱정이 나타나 있다.

② [B]에는 '아사달'과 '아사녀'의 이별의 원인이 제시되어 있다.

③ [B]에는 훗날의 만남에 대한 '아사달'과 '아사녀'의 기약이 나타나 있다.

④ [A]와 [B] 모두에서, 이별한 대상인 '주만'과 '아사녀'를 잊고자 하는 '아사달'의 의지가 직접적으로 드러나 있다.

⑤ [A]의 '주만'의 모습과 [B]의 '아사녀'의 모습은 모두 '아사달'이 그들의 환영을 보는 방식으로 제시되어 있다.

4 <보기>를 바탕으로 윗글을 감상한 내용으로 적절하지 <u>않은</u> 것은?

① '유종'이 '이백'을 칭송하는 '금지'를 비판하고 화랑도 사윗감을 구하려 하는 장면에서, 작가의 민족주의적 태도를 엿볼 수 있군.

② '아사달'이 '아사녀'의 환영을 돌에 담아내려고 하는 장면에서, 주인공의 사랑과 예술혼을 융합해 내려는 작가의 의도를 엿볼 수 있군.

③ '금지'와 같은 '당학파'를 '나라를 좀먹게 하는' 집단으로 간주하는 장면에서, 외세를 추종하는 현실을 비판하려는 작가의 태도를 엿볼 수 있군.

④ '아사녀'와 '주만'의 환영이 하나로 어우러져 '부처님의 모양'으로 변한 장면에서, 신앙의 세계로 나아갈 수 없어 절망하는 인물의 내면이 나타나 있군.

⑤ '아사달'이 '아사녀'를 '별만 한 광채'로, '주만'을 '떠오르는 햇발'로 떠올리며 갈등하는 장면에서, 새로운 예술적 경지에 이르는 과정에서 빚어진 '아사달'의 고뇌가 드러나 있군.

5 <보기>를 참고하여 윗글을 이해한 내용으로 적절하지 <u>않은</u> 것은? [3점]

인물의 내면 심리를 통해 상황을 파악하고 <보기>와 연결하기

• 보기 •

아사달과 아사녀의 이야기는 조선 후기의 설화(「서석가탑」)뿐만 아니라, 현진건의 기행문(「고도 순례 경주」, 1929)과 그의 소설(「무영탑」, 1939)에도 나타난다.

[자료 1]

불국사 창건 시 당나라에서 온 석공에게 아사녀라는 여인이 있었다. 아사녀가 갑자기 와서 석공과 만나기를 요구하였으나, 큰 공사가 끝나지 않았고 아사녀가 비루한 몸이라는 이유로 허락되지 않았다. 다음날 아침 아사녀가 남서쪽 십 리쯤에 있는 연못을 내려다보면 석공이 보일 듯하여, 가서 살펴보니 정말 석공의 모습이 비쳤다. 그러나 탑의 그림자는 비치지 않았다. 그래서 무영탑이라 불렀다.

- 「서석가탑」 -

[자료 2]

제 환상에 떠오른 사랑하는 아내의 모양은 다시금 거룩한 부처님의 모양으로 변하였다. 그는 제 예술로 죽은 아내를 살리고 아울러 부처님에게까지 천도(薦度)하려 한 것이다. 이 조각이 완성되면서 자기 역시 못 가운데 몸을 던져 아내의 뒤를 따랐다. 불국사 남서방에 영지(影池)란 못이 있으니 여기가 곧 아사녀와 당나라 석공이 빠져 죽은 데다.

- 현진건, 「고도 순례 경주」 -

① 윗글은 [자료 1]과 같은 설화를 차용하여 소설로 변용한 모습을 확인할 수 있는 작품이군.
② 윗글은 [자료 2]처럼 '아내'의 죽음을 종교적 상징으로 승화하고 있는 관점을 이어 간 작품이군.
③ 윗글은 [자료 1]과 [자료 2]의 이야기에 '유종'과 '주만' 등의 서사를 추가하고 있군.
④ 윗글과 [자료 2]의 '못'은 [자료 1]의 '연못'이 부부간의 비극적인 사랑 이야기를 환기하는 공간으로 변용된 것이군.
⑤ 윗글의 '새로운 돌부처' 형상에 석공의 얼굴이 새겨진 것은 윗글이 [자료 1]과 [자료 2]의 서사 모티프를 이어받은 것으로 볼 수 있군.

문제 조망하기

4번: <보기> 분석

2번: 기호 밑줄 (실시간 풀이)

3번: 구간 [A], [B] ([B]까지 읽고 풀이)

작품 독해 완료

4번: <보기> 유형 (순서대로 풀이)

5번: <보기> 유형 (순서대로 풀이)

1번: 서술 방식 (후순위로 풀이)

• 보기 •

무영탑은 작가 현진건의 예술관, 민족주의적 태도, 현실 인식 등을 드러낸 작품이다. 이 작품은 석가탑 조성에 얽힌 인물들의 이야기를 펼쳐 내면서 숭고한 예술적 성취의 과정을 잘 보여 준다. 이러한 예술적 성취는 석공 아사달이 자신의 고뇌를 극복하며 예술품을 만들어 가는 과정, 특히 사랑과 예술혼이 하나로 융합되어 신앙의 궁극이라는 새로운 경지에 이르는 데에서 잘 드러난다.

상황 사랑+예술 → 신앙의 궁극
갈등 고뇌(내적 갈등) → 예술을 통한 극복(내적 갈등 해소)

인물과 성격
· 아사달 : 주인공, 고뇌(내적 갈등)를 예술을 통해 극복하며 신앙의 궁극에 이름

[앞부분의 줄거리] 화랑도를 숭상하는 '유종'과 당나라를 숭상하는 '금지'는 내심 서로 못마땅해한다. 이런 가운데 '금지'는 아들 '금성'과 '유종'의 딸 '주만'과의 혼사를 진행하려 한다.

갈등 유종(화랑도) vs 금지(당나라)
인물과 성격
· 유종 : 화랑도를 숭상
· 주만 : 유종의 딸
· 금지 : 당나라를 숭상
· 금성 : 금지의 아들

장면 1

설령 금성이가 출중한 재주와 인물을 갖추었다 하더라도 유종은 이 혼인을 거절할밖에 없었으리라. 첫째로 금지는 당학파의 우두머리가 아니냐. 나라를 좀먹게 하는 그들의 소위만 생각해도 뼈가 저리거든 그런 가문에 내 딸을 들여보내다니 될 뻔이나 한 수작인가.

➥ 유종의 확고한 거부 의지가 드러나는 부분입니다. '설령~하더라도'라는 가정 표현을 통해 조건과 상관없다는 거부감을 보여줍니다. '뼈가 저리다'는 표현에서 당학파에 대한 강한 거부감을 읽을 수 있습니다. 이 부분은 유종의 내면을 제시하고 있습니다. 빠르게 읽어 나갑시다.

상황 유종의 내면 심리 제시
심리 유종(당학파에 대한 극도의 혐오감, 확고한 거부 의지)

도대체 당학*이 무에 그리 좋은고. 그 나라의 바로 전 임금인 당 명황(唐明皇)만 하더라도 양귀비란 계집에게 미쳐서 정사를 다스리지 않은 탓에 필경 안녹산(安祿山)의 난을 빚어 내어 오랑캐의 말굽 아래 그네들의 자랑하는 장안이 쑥밭을 이루고 천자란 빈 이름뿐, 촉나라란 두메 속에 오륙 년을 갇히어 있지 않았는가. 금

지가 당대 제일 문장이라고 추어올리는 이백이만 하더라도 제 임금이 성색에 빠져 헤어날 줄을 모르는 것을 죽음으로 간하지는 못할지언정 몇 잔 술에 감지덕지해서 그 요망한 계집을 칭찬하는 글을 지어 도리어 임금을 부추겼다 하니 우리네로는 꿈에라도 생각 밖이 아니냐. ㉠그네들의 한문이란 난신적자를 만들어 내기에 꼭 알맞은 것이거늘 이것을 좋아라고 배우려 들고 퍼뜨리려 드니 참으로 한심한 노릇이 아니냐. 이 당학을 그대로 내버려 두었다가는 우리나라에도 오래지 않아 큰 난이 일어날 것이요, 난이 일어난다면 누가 감당해 낼 자이랴.

➥ 당학파 비판의 구체적 근거를 제시하는 부분입니다. 당 명황과 양귀비, 안녹산의 난, 이백 등 역사적 사례를 들어 비판합니다. '난신적자'라는 표현에서 유종의 위기의식을 파악할 수 있습니다. '참으로 한심한 노릇'에서 당학파에 대한 분노가 절정에 이릅니다.

심리 유종(위기감, 분노)

2번 문제 풀이 - ㉠~㉤ 기호별 지문 해설

① ㉠은 신라를 '문약'하게 하는 요인으로 '유종'이 인식하고 있는 대상이다.

➥ '㉠ 그네들의 한문이란 난신적자를 만들어 내기에 꼭 알맞은 것이거늘' → 유종의 관점에서 당학파의 한문은 나라를 어지럽히는 신하와 불효자를 양산한다는 것입니다. 따라서 이것이 신라를 '문약'하게 하는 요인으로 인식되고 있다는 선지는 적절합니다.

"한 나이나 젊었더면!"
유종은 이따금 시들어 가는 제 팔뚝의 살을 어루만지면서 한탄한다. 몇 해 전만 해도 자기와 뜻을 같이하는 이가 조정에 더러는 있었지만 어느 결엔지 하나씩 둘씩 없어지고 인제는 ㉡무 밑둥과 같이 동그랗게 자기 혼자만 남았다. 속으로는 그의 주의에 찬동하는 이

가 없지도 않으련만 당학파의 세력에 밀리어 감히 발설을 못 하는지 모르리라. 지금이라도 젊은이 축 속으로 뛰어 들어가면 동지를 얼마든지 찾아낼는지 모르리라. 아직도 이 나라의 명맥이 끊어지지 않은 다음에야 방방곡곡을 뒤져 찾으면 몇천 명 몇만 명의 화랑도를 닦는 이를 모을 수 있으리라. 그러나 아들이 없는 그는 젊은이와 접촉할 기회조차 없었다. 이런 점에도 그는 아들이 없는 것이 원이 되고 한이 되었다. ⓒ이 늙은 향도(香徒)에게 남은 오직 하나의 희망은 자기의 주의 주장에 공명하는 사윗감을 구하는 것이었다. 벌써 수년을 두고 ⓒ그럴 만한 인물을 내심으로 구해 보았지만 그리 쉽사리 눈에 뜨이지 않았다. 고르면 고를수록 사람 구하기란 하늘에 별따기보담 더 어려웠다. 유종은 기대고 있던 서안에서 쭉 미끄러지는 듯이 털요 바닥 위에 누웠다. 금지의 청혼을 그렇게 거절한 다음에는 하루바삐 사윗감을 구해야 된다. 금지로 하여금 다시 입을 열지 못 하도록 ⓜ다른 데 정혼을 해 놓아야 한다. 그러면 신라를 두 손으로 떠받들고 나아갈 인물이 누가 될 것인가. 삼한 통일 당년의 늠름하고 씩씩한 기풍(氣風)이 당학에 지질리고 문약(文弱)에 흐르는 이 나라를 바로잡을 인물이 누가 될 것인가.

💧 유종의 현실적 한계와 대안 모색이 드러나는 부분입니다. '시들어 가는 제 팔뚝의 살'에서 자신의 노쇠함에 대한 자각을, '무 밑둥과 같이 동그랗게'에서 자신의 고립을 드러냅니다. ⓒ에서 사위를 통한 이념 계승이 유일한 희망임을 보여주고, ⓜ에서 이를 위한 구체적인 행동 계획을 세우는 모습이 드러납니다.

심리	유종(고립감, 절망감, 희망)
갈등	이상과 현실 사이의 괴리, 개인적 한계와 사명감 사이의 갈등
상황	금지의 혼사를 거절하고 대안을 모색해야 하는 절박한 상황
시점	전지적 작가

2번 문제 풀이 - ㉠~㉤ 기호별 해설

② ㉡은 '유종'의 외로운 처지를 보여 주는 비유이다.

➡ '어느 결엔지 하나씩 둘씩 없어지고 인제는 ㉡ 무 밑둥과 같이 동그랗게 자기 혼자만 남았다.' → ㉡은 유종의 고립 상태를 형상화한 비유입니다. 화랑도를 지지하는 사람들이 없어 외로운 처지를 보여주므로 적절합니다.

③ ㉢은 현재의 주류적 '기풍'을 거부하는 '유종'을 지칭하는 표현이다.

➡ ㉢은 유종 자신을 지칭하는 표현입니다. 향도는 화랑도의 구성원을 의미하므로, 현재의 주류인 당학파 기풍을 거부하고 화랑도를 추종하는 유종을 나타냅니다. 적절합니다.

④ ㉣은 '유종'이 자신의 이상을 실현하기 위해 원하는 대상이다.

➡ 유종이 자신의 화랑도 이상을 함께 실현할 사위를 원한다는 맥락에서, ㉣은 유종이 자신의 이상을 실현하기 위해 원하는 대상이 맞습니다. 적절합니다.

⑤ ㉤은 '유종'이 자신과 대립하는 세력과의 연대를 위한 방도이다.

➡ ㉤은 유종이 금지 가문(당학파)이 아닌 다른 곳에 딸을 정혼시키겠다는 의지를 나타냅니다. 이는 자신과 대립하는 세력(당학파)과의 연대가 아니라, 자신의 이념에 부합하는 사윗감을 구하려는 방도입니다. 대립 세력과의 연대라는 해석은 적절하지 않습니다.

정답 ⑤

[중략 부분의 줄거리] '유종'이 사위를 구하는 가운데, '주만'이 부여의 천민 석공 '아사달'을 사모하고 있음이 알려진다. 한편 '아사달'은 자신을 찾아온 아내 '아사녀'가 끝내 자신을 만나지 못하고 그림자못에서 죽은 사실을 알게 되자, 그 못 둑에서 '아사녀'를 그리워하는 마음을 돌에 담아 새겨 내는 작업에 몰입한다.

장면 2

그러나 어느 결엔지 아사녀의 환영은 깜박 사라져 버렸다. 아까까지는 어렴풋이라도 짐작되던 그 흔적마저 놓치고 말았다. 아무리 눈을 닦고 돌 얼굴을 들여다보았으나 눈매까지는 그럴싸하게 드러났지마는 그 아래로는 캄캄한 밤빛이 쌓인 듯 아득할 뿐. 돌을 들여다보면 볼수록 골머리만 부질없이 힝힝 내어 둘리었다.

◑ 아사달의 좌절감이 드러나는 장면입니다. 아사녀를 돌에 새기려 하지만 떠오르지 않습니다.

상황 아사달이 아사녀를 돌에 새기려 하지만 떠오르지 않음

그러자 문득 그 돌 얼굴이 굼실 움직이는 듯하며 주만의 얼굴이 부시도록 선명하게 살아났다. 마치 어젯밤의 아사녀의 환영 모양으로.

[A]
　그 눈동자는 띠룩띠룩 애원하듯 원망하듯 자기를 쳐다 보는 것 같다.
　"이 돌에 나를 새겨 주세요. 네, 아사달님, 네, 마지막 청을 들어주세요."

그 입술은 달싹달싹 속살거리는 것 같다.
아사달은 정을 쥔 채로 머리를 털고 눈을 감았다. 돌 위에 나타난 주만의 모양은 그의 감은 눈시울 속으로 기어들어 오고야 말았다. 이 몇 달 동안 그와 지내던 가지가지 정경이 그림등 모양으로 어른어른 지나간다. 초파일 탑돌이할 때 맨 처음으로 마주치던 광경, 기절했

다가 정신이 돌아날 제 코에 풍기던 야릇한 향기, 우레가 울고 악수가 쏟아질 적 불꽃을 날리는 듯한 그 뜨거운 입김들…… 아사달은 고개를 또 한 번 흔들었다.

◑ 아사달의 머릿속에 주만의 얼굴이 떠오르는 장면을 구체화합니다. 최근 '몇 달' 동안 주만과 함께한 추억을 떠올리고 있습니다.

[A]에서는 주만의 이미지를 떠올립니다. '마치 어젯밤의 아사녀의 환영 모양으로.'에서 '마치'를 통해 어제 떠오른 것은 아사녀이고 '주만의 얼굴이 부시도록 선명하게 살아났다.'를 통해 지금 떠올린 것은 주만이라는 것을 알 수 있습니다.

그제야 저 멀리 돈짝만 한 아사녀의 초라한 자태가 아른거린다. 주만의 모양을 구름을 헤치고 둥둥 떠오르는 햇발과 같다 하면, 아사녀는 샐녘의 하늘에 반짝이는 별만 한 광채밖에 없었다.

[B]
　물동이를 이고 치마꼬리에 그 빨간 손을 씻으며 배시시 웃는 모양, 이별하던 날 밤 그린 듯이 도사리고 남편을 기다리던 앉음앉음, 일부러 자는 척하던 그 가늘게 떨던 눈시울, 버드나무 그늘에서 숨기던 눈물들…….

◑ 이번에는 아사녀가 떠오릅니다. 주만이 햇빛같이 강렬한 이미지라면 아사녀는 별빛같이 희미한 이미지입니다.

[B]에서는 '이별하던 날 밤 그린 듯이 도사리고 남편'의 '남편'이라는 호칭어를 통해 아사녀를 묘사하고 있음을 알 수 있습니다.

갈등 아사달(죽은 아내에 대한 의리와 살아 있는 주만에 대한 사랑 사이의 갈등)

💡 **교훈** • 작품 독해

'남편'이라는 호칭과 아사달의 아내가 아사녀라는 관계를 통해 [B]에 드러난 인물은 아사녀라는 것을 파악해야 합니다. 인물 간의 관계와 호칭어를 잘 파악합시다.

3번 문제 풀이 - [A], [B] 구간 해설

① [A]에는 떠나는 '아사달'에 대한 '주만'의 걱정이 나타나 있다.

➥ [A]의 '네, 아사달님, 네, 마지막 청을 들어주세요.'에서 주만은 아사달에게 간청합니다. 심지어 아사달이 떠나는 지도 알 수 없습니다. 적절하지 않습니다.

② [B]에는 '아사달'과 '아사녀'의 이별의 원인이 제시되어 있다.

➥ [B]에서 아사달과 아사녀가 이별하는 날 밤의 모습을 감각적으로 제시합니다. [B]에는 이별의 원인이 제시되어 있지 않습니다. 적절하지 않습니다.

③ [B]에는 훗날의 만남에 대한 '아사달'과 '아사녀'의 기약이 나타나 있다.

➥ 아사달과 아사녀가 이별하는 모습이 담겨있을 뿐 기약은 나타나있지 않습니다. 적절하지 않습니다.

④ [A]와 [B] 모두에서, 이별한 대상인 '주만'과 '아사녀'를 잊고자 하는 '아사달'의 의지가 직접적으로 드러나 있다.

➥ [A]와 [B] 모두에서 주만과 아사녀를 떠올리며 갈등하고 있습니다. 잊으려한다고 볼 수 없습니다. 적절하지 않습니다.

⑤ [A]의 '주만'의 모습과 [B]의 '아사녀'의 모습은 모두 '아사달'이 그들의 환영을 보는 방식으로 제시되어 있다.

➥ [A]에서는 주만이, [B]에서는 아사녀가 환영으로 제시됩니다. 적절합니다.

정답 ⑤

장면 3

아사달의 머리는 점점 어지러워졌다. 아사녀와 주만의 환영도 흔들린다. 휘술레를 돌리듯 핑핑 돌다가 소용돌이치는 물결 속에서 조각조각 부서지는 달그림자가 이내 한 곳으로 합하듯이, 두 환영은 마침내 하나로 어우러지고 말았다. 아사달의 캄캄하던 머릿속도 갑자기 환하게 밝아졌다. 하나로 녹아들어 버린 아사녀와 주만의 두 얼굴은 다시금 거룩한 부처님의 모양으로 변하였다.

아사달은 눈을 번쩍 떴다. 설레던 가슴이 가을 물같이 맑아지자, 그 돌 얼굴은 세 번째 제 원불(願佛)로 변하였다. 선도산으로 뉘엿뉘엿 기우는 햇발이 그 부드럽고 찬란한 광선을 던질 제 못물은 수멸수멸 금빛 춤을 추는데 흥에 겨운 마치와 정 소리가 자지러지게 일어나 저녁나절의 고요한 못 둑을 울리었다.

➥ 아사달의 내적 갈등이 해소되어 예술적 완성에 이르는 장면입니다. '점점 어지러워졌다'에서 혼란함을 보여주다가, '조각조각 부서지는 달그림자가 이내 한 곳으로 합하듯이'라는 비유를 통해 통합으로의 과정을 형상화합니다. 이제부터 〈보기〉의 '사랑과 예술혼이 하나로 융합'과 연결합시다. '캄캄하던 머릿속이 갑자기 환하게 밝아졌다'는 명암의 극적 대조로 깨달음의 순간을 표현하고, '거룩한 부처님의 모양'으로의 변화는 〈보기〉의 '신앙의 궁극'에 해당합니다. 마지막 '원불(願佛)'의 완성은 〈보기〉의 '숭고한 예술적 성취'를 보여줍니다.

심리	아사달(혼란 → 깨달음 → 예술적 황홀감)
갈등	내적 갈등의 완전한 해소, 예술을 통한 정신적 승화
상황	두 여성에 대한 사랑이 부처님 형상으로 승화되어 신앙의 궁극에 도달함

장면 4

> 새벽만 하여 한가위 밝은 달이 홀로 정 자리가 새로
> 운 돌부처를 비칠 제 정 소리가 그치자 은물결이 잠
> 깐 헤쳐지고 풍 하는 소리가 부근의 적막을 한순간 깨
> 트렸다.

◈ 정소리가 그치고 무언가가 못에 빠지는 소리가 납니다.

1. 윗글에 대한 설명으로 가장 적절한 것은?

정답 ①

① 인물의 의식이 내적 갈등에 초점을 둔 서술 방식을 통
해 드러나고 있다.

◈ 중략 전후로 해서 유종과 주만의 내적 갈등이 제시됩니
다. 적절합니다.

② 인물들 간의 대화를 통해 / 특정 인물의 생각과 행동을
희화화하고 있다.

◈ 희화화는 작품에 드러나지 않습니다. 심지어 인물들 간
의 대화는 제시되지 않습니다. 대화가 제시되지 않았으므
로 '대화를 통해 희화하고 있다'는 적절하지 않습니다.

③ 미래에 대한 낙관적 전망이 신분이 낮은 인물의 발언
을 통해 제시되고 있다.

◈ 신분이 낮은 인물은 아사달입니다. 아사달은 미래에
대한 낙관도 드러내지 않습니다. 심지어 아사달의 발언이
제시되지 않았습니다. 적절하지 않습니다.

④ 물신주의에 빠진 세태가 탈속적 세계를 지향하는 인물
의 비판을 통해 제시되고 있다.

◈ 세태를 제시한 인물은 유종입니다. 유종은 '자기의 주의
주장에 공명하는 사윗감을 구하'려는 정치에 관련된 인물
입니다. 그는 탈속적 세계를 지향하지 않습니다. 적절하지
않습니다.

⑤ <권력과 사랑을 동시에 쟁취하여 신분 상승을 도모하
는 소외된> 개인의 욕망이 구체적인 일화를 통해 드
러나고 있다.

◈ 권력에서 갈등하는 인물은 유종이고 사랑에서 갈등하는
인물은 아사달입니다. 이 둘을 구분해서 읽어야 합니다.
적절하지 않습니다.

교훈 · 선지 판단

선지를 끊어서 각 요소를 하나씩 판단하는 것이 아닙니
다. 복잡한 문장을 끊어서 처리한 후 합쳐서 판단하는 것
입니다.

먼저 'A → B'라는 선지가 있다면, A(전건)가 맞는지, B(후
건)가 맞는지 그리고 '→'(인과)가 맞는지 판단해야 합니
다. 이 과정에서 A와 B에 대한 판단을 하는 도중 정오가
판단되는 경우가 많습니다. 한편 A, B가 작품에 존재하는
가 판단을 하기 전에 A와 B가 모순되지는 않는지 판단을
해도 좋습니다. ②번이 이 유형에 해당합니다.

다음으로 'A는 B를 통해 C한다.'라는 선지가 있습니다.
이는 C에 '전개된다. 제시된다, 드러난다, 강조한다' 등이
들어 갑니다. C는 자명한 경우가 많으니 'B → A'를 판단
해야 합니다. 'A → B'와 동일한 과정을 따라가면 됩니다.

선지 'A → B' 판단 순서
0. A와 B가 모순되지는 않는가?
1. B의 효과(내용)가 작품에 존재하는가?
2. A가 작품에 존재하는가?
3. A가 B를 야기하는가?

---

2 ㉠~㉤에 대한 이해로 적절하지 않은 것은?

정답 ⑤

① ㉠은 신라를 '문약'하게 하는 요인으로 '유종'이 인식하
고 있는 대상이다.

➡ '㉠ 그네들의 한문이란 난신적자를 만들어 내기에 꼭
알맞은 것이거늘' → 유종의 관점에서 당학파의 한문은 나
라를 어지럽히는 신하와 불효자를 양산한다는 것입니다. 따
라서 이것이 신라를 '문약'하게 하는 요인으로 인식되고 있
다는 선지는 적절합니다.

② ㉡은 '유종'의 외로운 처지를 보여 주는 비유이다.

➡ '어느 결엔지 하나씩 둘씩 없어지고 인제는 ㉡ 무 밑둥
과 같이 동그랗게 자기 혼자만 남았다.' → ㉡은 유종의
고립 상태를 형상화한 비유입니다. 화랑도를 지지하는 사
람들이 없어 외로운 처지를 보여주므로 적절합니다.

③ ㉢은 현재의 주류적 '기풍'을 거부하는 '유종'을 지칭
하는 표현이다.

➡ ㉢은 유종 자신을 지칭하는 표현입니다. 향도는 화랑도의
구성원을 의미하므로, 현재의 주류인 당학파 기풍을 거부하
고 화랑도를 추종하는 유종을 나타냅니다. 적절합니다.

④ ㉣은 '유종'이 자신의 이상을 실현하기 위해 원하는 대
상이다.

➡ 유종이 자신의 화랑도 이상을 함께 실현할 사위를 원
한다는 맥락에서, ㉣은 유종이 자신의 이상을 실현하기 위
해 원하는 대상이 맞습니다. 적절합니다.

⑤ ㉤은 '유종'이 자신과 대립하는 세력과의 연대를 위한
방도이다.

➡ ㉤은 유종이 금지 가문(당학파)이 아닌 다른 곳에 딸을
정혼시키겠다는 의지를 나타냅니다. 이는 자신과 대립하는
세력(당학파)과의 연대가 아니라, 자신의 이념에 부합하
는 사윗감을 구하려는 방도입니다. 대립 세력과의 연대라
는 해석은 적절하지 않습니다.

작품을 다 읽었을 때, 이 문제가 풀려있어야 합니다. 중복
독해를 줄입시다.

3 [A], [B]에 대한 분석으로 가장 적절한 것은?

정답 ⑤

① [A]에는 떠나는 '아사달'에 대한 '주만'의 걱정이 나타
나 있다.

➡ [A]의 '네, 아사달님, 네, 마지막 청을 들어주세요.'에
서 주만은 아사달에게 간청합니다. 심지어 아사달이 떠
나는 지도 알 수 없습니다. 적절하지 않습니다.

② [B]에는 '아사달'과 '아사녀'의 이별의 원인이 제시되
어 있다.

➡ [B]에서 아사달과 아사녀가 이별하는 날 밤의 모습을
감각적으로 제시합니다. [B]에는 이별의 원인이 제시되어
있지 않습니다. 적절하지 않습니다.

③ [B]에는 훗날의 만남에 대한 '아사달'과 '아사녀'의 기
약이 나타나 있다.

➡ 아사달과 아사녀가 이별하는 모습이 담겨있을 뿐 기약은
나타나있지 않습니다. 적절하지 않습니다.

④ [A]와 [B] 모두에서, 이별한 대상인 '주만'과 '아사녀'
를 잊고자 하는 '아사달'의 의지가 직접적으로 드러나
있다.

➡ [A]와 [B] 모두에서 주만과 아사녀를 떠올리며 갈등
하고 있습니다. 잊으려한다고 볼 수 없습니다. 적절하지 않
습니다.

⑤ [A]의 '주만'의 모습과 [B]의 '아사녀'의 모습은 모두 '아
사달'이 그들의 환영을 보는 방식으로 제시되어 있다.

➡ [A]에서는 주만이, [B]에서는 아사녀가 환영으로 제시
됩니다. 적절합니다.

4 <보기>를 바탕으로 윗글을 감상한 내용으로 적절하지 않은 것은?

정답 ④

• 보기 •

　무영탑은 작가 현진건의 예술관, 민족주의적 태도, 현실 인식 등을 드러낸 작품이다. 이 작품은 석가탑 조성에 얽힌 인물들의 이야기를 펼쳐 내면서 숭고한 예술적 성취의 과정을 잘 보여 준다. 이러한 예술적 성취는 석공 아사달이 자신의 고뇌를 극복하며 예술품을 만들어 가는 과정, 특히 사랑과 예술혼이 하나로 융합되어 신앙의 궁극이라는 새로운 경지에 이르는 데에서 잘 드러난다.

➡ 작품과 <보기>를 연결합시다.

1. 상황 : 사랑+예술 → 신앙의 궁극

사랑: 아사달의 아사녀에 대한 그리움 + 주만의 일방적 사모
예술: 아사달의 석굴 조각 작업, 돌에 환영을 담아내는 과정
신앙의 궁극: '거룩한 부처님의 모양으로 변하였다' + '원불'의 완성

2. 갈등 : 고뇌(내적 갈등) → 예술을 통한 극복

고뇌(내적 갈등): '아사달의 머리는 점점 어지러워졌다' → 아사녀와 주만의 환영 사이에서의 혼란

예술을 통한 극복 : '조각조각 부서지는 달그림자가 이내 한곳으로 합하듯이, 두 환영은 마침내 하나로 어우러지고', '캄캄하던 머릿속도 갑자기 환하게 밝아졌다'

① '유종'이 '이백'을 칭송하는 '금지'를 비판하고 화랑도 사윗감을 구하려 하는 장면에서, 작가의 민족주의적 태도를 엿볼 수 있군.

➡ '유종'은 '금지는 당학파의 우두머리가 아니냐'라고 하며 금지를 비판하고 금지가 칭송하는 이백 또한 비판합니다. 그 당시에 당나라는 외세에 해당하기에 당나라를 배척하며 신라의 화랑도를 숭상하는 태도는 <보기>의 민족주의와 대응됩니다. 적절합니다.

② '아사달'이 '아사녀'의 환영을 돌에 담아내려고 하는 장면에서, 주인공의 사랑과 예술혼을 융합해 내려는 작가의 의도를 엿볼 수 있군.

➡ 아사달은 죽은 아내 아사녀를 그리워하는 마음을 돌에 담아 새겨내는 작업을 합니다. 따라서 아사녀에 대한 사랑과 그의 예술혼을 융합해 내려는 장면으로, <보기>의 '사랑과 예술혼이 하나로 융합'과 대응됩니다. 적절합니다.

③ '금지'와 같은 '당학파'를 '나라를 좀먹게 하는' 집단으로 간주하는 장면에서, 외세를 추종하는 현실을 비판하려는 작가의 태도를 엿볼 수 있군.

➡ 당학파를 '난신적자를 만들어 내기에 꼭 알맞은' 세력으로 규정하는 것은 외세 문화에 매몰된 지배층에 대한 비판 의식을 담고 있습니다. ①번과 연결되는 민족주의적 관점이라 할 수 있습니다. 적절합니다.

④ '아사녀'와 '주만'의 환영이 하나로 어우러져 '부처님의 모양'으로 변한 장면에서, 신앙의 세계로 나아갈 수 없어 절망하는 인물의 내면이 나타나 있군.

➡ 두 환영이 부처님 모양으로 합쳐지고 아사달이 '눈을 번쩍 뜨는' 장면은 <보기>의 '신앙의 궁극'에 도달하는 순간입니다. 절망이 아니라 오히려 내적 갈등이 해소되며 예술적·종교적 깨달음을 얻는 성취의 순간입니다. 적절하지 않습니다.

⑤ '아사달'이 '아사녀'를 '별만 한 광채'로, '주만'을 '떠오르는 햇발'로 떠올리며 갈등하는 장면에서, 새로운 예술적 경지에 이르는 과정에서 빚어진 '아사달'의 고뇌가 드러나 있군.

➡ 아사녀와 주만을 각각 '별만 한 광채', '떠오르는 햇발'로 형상화하며 혼란스러워하는 모습은 <보기>의 '고뇌'(내적 갈등) 단계에 해당합니다. 이후 예술을 통한 극복으로 이어집니다. 적절합니다.

5 <보기>를 참고하여 윗글을 이해한 내용으로 적절하지 <u>않은</u> 것은? [3점]

정답 ⑤

• 보 기 •

아사달과 아사녀의 이야기는 조선 후기의 설화(「서석가탑」)뿐만 아니라, 현진건의 기행문(「고도 순례 경주」, 1929)과 그의 소설(「무영탑」, 1939)에도 나타난다.

[자료 1]
불국사 창건 시 당나라에서 온 석공에게 아사녀라는 여인이 있었다. 아사녀가 갑자기 와서 석공과 만나기를 요구하였으나, 큰 공사가 끝나지 않았고 아사녀가 비루한 몸이라는 이유로 허락되지 않았다. 다음날 아침 아사녀가 남서쪽 십 리쯤에 있는 연못을 내려다보면 석공이 보일 듯하여, 가서 살펴보니 정말 석공의 모습이 비쳤다. 그러나 탑의 그림자는 비치지 않았다. 그래서 무영탑이라 불렀다.

- 「서석가탑」 -

[자료 2]
제 환상에 떠오른 사랑하는 아내의 모양은 다시금 거룩한 부처님의 모양으로 변하였다. 그는 제 예술로 죽은 아내를 살리고 아울러 부처님에게까지 천도(薦度)하려 한 것이다. 이 조각이 완성되면서 자기 역시 못 가운데 몸을 던져 아내의 뒤를 따랐다. 불국사 남서방에 영지(影池)란 못이 있으니 여기가 곧 아사녀와 당나라 석공이 빠져 죽은 데다.

- 현진건, 「고도 순례 경주」 -

설화 ([자료 1]) → 기행문 ([자료 2]) → 소설 (윗글)

① 윗글은 [자료 1]과 같은 설화를 차용하여 소설로 변용한 모습을 확인할 수 있는 작품이군.

➡ 아사녀가 석공(아사달)을 만나려 했으나 실패하고 못에서 죽음을 맞는다는 기본 골자가 [자료 1]과 일치합니다. 설화를 소설로 재창작한 양상을 보여줍니다. 적절합니다.

② 윗글은 [자료 2]처럼 '아내'의 죽음을 종교적 상징으로 승화하고 있는 관점을 이어 간 작품이군.

➡ [자료 2]의 '아내 모양이 부처님 모양으로 변화'하는 종교적 승화가 윗글에서도 아사달이 아사녀의 모습을 돌에 새기며 '아사녀와 주만이 거룩한 부처님 모양으로 변화'하는 장면으로 이어집니다. 적절합니다.

③ 윗글은 [자료 1]과 [자료 2]의 이야기에 '유종'과 '주만' 등의 서사를 추가하고 있군.

➡ 기존 자료에는 없던 유종(아사녀 아버지)과 주만(귀족 여성) 등이 등장하여 사회적 배경과 갈등을 확장했습니다. 적절합니다.

④ 윗글과 [자료 2]의 '못'은 [자료 1]의 '연못'이 부부간의 비극적인 사랑 이야기를 환기하는 공간으로 변용된 것이군.

➡ [자료 1]의 연못(단순 확인 공간) → [자료 2]와 윗글의 못(죽음과 비극이 일어나는 공간)으로 변용되어 비극적 사랑의 상징성이 환기됩니다. 적절합니다.

⑤ 윗글의 '새로운 돌부처' 형상에 석공의 얼굴이 새겨진 것은 윗글이 [자료 1]과 [자료 2]의 서사 모티프를 이어받은 것으로 볼 수 있군.

➡ 윗글에서 새로운 돌부처(원불상)에는 아사녀와 주만의 얼굴이 합쳐진 모습이 새겨집니다. 석공(아사달)의 얼굴이 아니라 두 여인의 얼굴이 부처님 형상으로 승화된 것입니다. 적절하지 않습니다.

장 소저가 남복을 벗고 담장 소복으로 여복을 개착하고 금로에 향을 사르며 시랑의 영위 먼저 차린 후 제문을 읽으니, ⓐ그 글에 하였으되,
'유세차 기축 삼월 정묘 삭 십오 일에 기주 장 한림의 딸 애황은 감히 이부 시랑 이 공 영위 앞에 아뢰나이다. 오호 애재라! 소첩의 부친이 대인과 사귐이 깊사옵더니, 그 후에 대인은 귀자를 두시고 부친은 소첩을 얻으시니 피차에 동년 동일생이라. 부친이 신기한 꿈을 꾸고는 대인과 **진진지연***을 깊이 맺었더니, 슬프다, 양가 시운이 불리하여 대인은 **간신의 모해**를 입어 외딴섬에 유배 가시고, 부친은 대인의 억울함과 소첩의 앞길이 그릇됨을 원통히 여겨 걱정과 분노가 병이 되어 중도에 **세상을 버**리시니, 모친 또한 부친의 뒤를 따라 별세하시니, 외롭고 연약한 소첩은 의지할 곳이 없더라. 간적 왕희가 첩의 고독함을 업신여겨 **혼인을 강제하**옵기로 변복 도주하였다가, 남자로 행세하여 용문에 올라 남적을 멸하고 대공을 이룸은, 적자 왕희를 없이하여 원통함을 풀고 대인과 공자를 찾아 혼약을 이루기 위함이었는데, 사신의 말을 들으니 대인 부자가 형적이 없다 하니, 반드시 수중고혼이 되신지라. 어찌 참통치 않으리잇고. 이에 한 잔 술을 바치옵나니 삼가 바라건대 존령은 흠향하옵소서.'
하였더라.

(중략)

각설. 이 공자 대봉이 부친을 모시고 ㉠용궁을 떠나 여러 날 만에 ㉡황성에 올라와 머물 곳을 정한 후, 흉노의 머리 벤 것을 봉하여 성상께 올릴새 상소를 지어 전후사연을 주달하였거늘, 이때 성상이 이 시랑 부자의 생사를 알지 못하시고 장 소저의 앞길을 애련히 여기사 마음에 잊지 못하시더니, 또 장 소저의 상표가 이르렀거늘 상이 반기사 급히 열어 보시니 왈,
'신첩 장애황은 일장 표를 용탑 하에 올리나이다. 신첩이 성상의 큰 은혜를 받자와 바닷가에서 제를 올려 고혼을 위로하오나, 이승과 저승이 판이하게 달

라 영혼이 자취가 없사오니, 비록 앞에 와 흠향하온들 어찌 알 리 있사오리잇가. 아득한 경상과 슬픈 마음을 진정치 못하와 제를 지내며 통곡하옵더니, 천우신조하와 삭발 승려를 만나오니 이 곧 시랑 이익의 처 양씨라. 비록 **성혼 행례**는 아니 하였사오나 어찌 시어머니와 며느리 사이가 아니리잇가. 일비일희하여 즐겁기 무궁하오니, 이는 다 성상의 넓으신 덕택으로 말미암음이라. 그러나 왕희 부자는 국가를 혼란스럽게 한 간신이옵고 신첩의 원수라. 바라건대 폐하는 왕희 부자를 엄형 국문하사 국법을 밝히시고, 그 부자를 신첩에게 내어 주시면 남선우 베던 칼로 난신을 죽여 이익의 부자에게 제하여 영혼을 위로하리이다.'
하였더라.

상이 다 보신 후 정히 처결코자 하시더니, 이때 또 하나의 표문이 올라오거늘, 상이 의괴하여 열어 보시니 ⓑ그 소에 하였으되,
'죄신 이대봉은 황공함과 두려운 마음으로 머리를 조아려 절을 올리며 한 장 표문을 황상 용탑 하에 바치옵나이다. 신의 부자가 간신 왕희의 모함을 입었사오나, 폐하의 성덕을 입사와 이 한목숨에 너그러움을 베풀어 ㉢해도에 내치신 덕택으로 유배지로 가옵더니, 도중을 향하와 배를 타고 대해 중에 행하옵더니, 뜻밖에 뱃사람들이 달려들어 아비를 결박하여 물에 던지거늘, 신의 아비 죽는 양을 보고 또한 뒤를 따라 수중에 빠지오매 거의 죽게 되었삽더니, 마침 서해 용왕의 구함을 입어 살아나 서역 천축국 ㉣백운암에 가 팔 년을 의탁하였나이다. 생각하옵건대 신의 부자가 국가의 죄인이라. 타처에 오래 있사옴이 옳지 않아 세상에 나와 수중에 빠진 아비 유골이나마 찾고 고국에 있는 어미를 찾아보고자 하와 중원으로 돌아가옵다가, 농서에서 한나라 장수 이릉의 영혼을 만나 갑옷과 투구를 얻고, 사평에서 오추마를 얻으며, 화용도에서 관 공의 영혼을 만나 칼을 얻어, 황성으로 향코자 하옵다가, 반적 흉노가 천자의 자리를 범하여 황성을 함몰하고 어가가 ㉤금릉으로 행하셨다 함을 듣고, 분심을 이기지

못하와 전죄를 무릅쓰고 천 리를 달려와 금릉에 이
르러 자칭 충의장군이라 하옵고 필마단창으로 적군
을 파하고 적장 묵특남과 동돌수를 베어 성상의 급
하심을 구하옵고, 흉노가 도망하는 것을 따라 서릉
도에 들어가 흉노를 베었나이다. 돌아오는 길에 해
중에서 풍랑을 만나 나흘 밤낮을 정처 없이 가다가
천우신조하옵고, 성상의 하해지덕으로 무인절도에
다다라 바람이 그치오며, 그 섬에 올라가 죽었던 아
비를 만났사오니 황명을 기다리지 아니하고 감히
함께 와 대죄하옵나니, 신의 부자의 죄 만 번 죽어
도 아까울 것이 없나이다. 그러하오나 왕희는 국가
의 난신적자요 신의 원수라. 뱃사람이 재물 없이 적
소로 가는 죄수를 무단히 살해하올 일은 만무하온
즉, 이는 반드시 왕희의 사주를 받은 것으로, 의심
할 바 없는지라 바라옵건대 성상은 엄형 국문하옵
신 후 왕적을 내어 주시고 신의 죄를 다스리옵소서.'
하였더라.

- 작자 미상, 「이대봉전」 -

* 진진지연(秦晉之緣) : 혼인의 인연.

문제 조망하기 (스스로 판단해 봅시다.)

번 :

번 :

작품 독해 완료

번 :

번 :

번 :

6 ㉠~㉤에 대한 설명으로 가장 적절한 것은?

① ㉠은 이대봉이 이릉의 영혼을 만나 갑옷과 칼을 얻은
   공간이다.
② ㉡은 흉노가 침범한 곳이자 이대봉이 흉노를 처단한
   공간이다.
③ ㉢은 장 한림 부부가 간신의 모해로 유배 간 공간이다.
④ ㉣은 이대봉이 중원으로 향하기 전에 머물던 공간이다.
⑤ ㉤은 동돌수가 이대봉을 피해 달아난 공간이다.

7 장 소저 에 대한 이해로 적절하지 <u>않은</u> 것은?

① 부친과 이 시랑이 '진진지연'을 맺은 데에는 신기한 꿈
   이 영향을 미쳤을 것이라고 알고 있다.
② 이 시랑이 '간신의 모해'를 입은 것은 시운이 좋지 않았
   기 때문이라고 생각했다.
③ 부친이 '세상을 버'린 까닭은 혼약이 어그러진 것과 이
   시랑의 죽음에 대한 분노 때문이라고 여겼다.
④ 왕희가 '혼인을 강제하'는 것으로 판단하여 변복 도주
   했다.
⑤ '성혼 행례'는 하지 않았으나, 승려가 된 양씨를 시어
   머니로 대했다.

8 <보기>의 [A]에 들어갈 말로 적절하지 <u>않은</u> 것은?

선생님 : 고전 소설에서는 제문, 표문 등과 같은 다양한 글이 활용되기도 해요. 윗글의 ⓐ와 ⓑ에서 글을 바치는 사람과 받는 상대가 누구인지 고려하여, 글의 특징이나 기능에 대해 말해 보세요.

학　생 : ＿＿＿＿＿＿＿＿＿[A]＿＿＿＿＿＿＿

선생님 : 네, 맞아요.

① ⓐ는 망자에게 바치는 제문이고, ⓑ는 성상에게 바치는 표문이에요.

② ⓐ는 상대의 원통함을 위로하기 위하여, ⓑ는 상대에게 사건 경과를 알려 특별한 조치를 요청하기 위하여 작성되었어요.

③ ⓐ와 달리 ⓑ에는 글을 바치는 사람이 스스로를 낮추는 표현이 사용되었어요.

④ ⓐ에서 글을 바치는 사람이 오해했던 사건의 실상이 ⓑ에서 드러나고 있어요.

⑤ ⓐ와 ⓑ는 모두 글을 바치는 사람과 상대를 서두에서 밝히고 있어요.

9 <보기>를 참고하여 윗글을 감상한 내용으로 적절하지 <u>않은</u> 것은? [3점]

「이대봉전」에서 주인공은 공적 가치와 사적 목표를 실현하기 위해 노력한다. 공적 가치는 국가 차원의 사건에 참여하는 당위로 제시되고, 사적 목표는 가문의 일원으로서 그 사건 해결에 가담하는 동력이 된다. 현실계나 비현실계의 존재들 또한 주인공의 이러한 문제 해결 과정에 조력한다. 공적 활약을 통해 공적 가치의 권위를 인정하는 이면에 사적 목표의 추구를 배치하는 이러한 구도는 영웅소설이 지향하는 '충'이라는 이념을 훼손하지 않으면서도 사적 목표의 추구를 정당화한다.

① 장애황이 혼약을 이루기 위해 대공을 세웠다고 한 데에서, 혼약이 국가 차원의 사건에 참여하는 동력이 되었음을 알 수 있군.

② 장애황이 난신 왕희를 국법으로 다스린 후 자신에게 내어 달라고 한 데에서, 공적 권위를 존중하되 사적 목표도 실현하고자 하는 마음을 알 수 있군.

③ 흉노의 침입으로 성상이 피신했다는 소식에 분노하여 이대봉이 출전한 데에서, 국가 차원의 문제 해결에 참여하는 당위성을 확인할 수 있군.

④ 표류하던 이대봉이 천우신조로 무인절도에서 이 시랑과 재회한 데에서, 비현실계의 존재가 이대봉의 공적 활약에 조력한 것을 확인할 수 있군.

⑤ 이대봉이 흉노 제압을 공으로 드러낸 후 성상에게 왕희의 처벌을 요구한 데에서, 충의 이념을 훼손하지 않으면서도 사적 목표의 정당성을 확보하려는 인물의 의중을 확인할 수 있군.

👍 학습목표

인물을 기준으로 독해하며 시공간의 처리를 하고,
<보기>에 제시된 소재를 통해 상황을 파악하기

문제 조망하기

9번 : <보기> 분석

6번 : 기호 밑줄 (실시간 풀이)

작품 독해 완료

8번 : 소재 ⓐ, ⓑ (잔상이 사라지기전 풀이)

7번 : 인물의 행적 (순서대로 풀이)

9번 : <보기> 유형 (순서대로 풀이)

• 보기 •

「이대봉전」에서 주인공은 공적 가치와 사적 목표를
실현하기 위해 노력한다. 공적 가치는 국가 차원의 사
건에 참여하는 당위로 제시되고, 사적 목표는 가문의
일원으로서 그 사건 해결에 가담하는 동력이 된다. 현
실계나 비현실계의 존재들 또한 주인공의 이러한 문
제 해결 과정에 조력한다. 공적 활약을 통해 공적 가
치의 권위를 인정하는 이면에 사적 목표의 추구를 배
치하는 이러한 구도는 영웅소설이 지향하는 '충'이라
는 이념을 훼손하지 않으면서도 사적 목표의 추구를
정당화한다.

상황 주인공이 공적 가치와 사적 목표를 실현하려 노
　　　력함
· 공적 가치 : 국가 차원의 사건 참여 당위(사건과 연결)
· 사적 목표 : 가문의 일원으로서 사건 해결에 가담하는
　동력(사건과 연결)
· 현실계/비현실계 존재들의 조력(인물 파악)
　→ 공적 활약을 통해 충이라는 이념을 훼손하지 않으
　　면서도 사적 목표 추구를 정당화

장면 1

장 소저가 남복을 벗고 담장 소복으로 여복을 개착하
고 금로에 향을 사르며 시랑의 영위 먼저 차린 후 제문
을 읽으니, ⓐ그 글에 하였으되,
'유세차 기축 삼월 정묘 삭 십오 일에 기주 장 한림의
딸 애황은 감히 이부 시랑 이 공 영위 앞에 아뢰나이다.
오호 애재라! 소첩의 부친이 대인과 사귐이 깊사옵더
니, 그 후에 대인은 귀자를 두시고 부친은 소첩을 얻으
시니 피차에 동년 동일생이라. 부친이 신기한 꿈을 꾸
고는 대인과 진진지연*을 깊이 맺었더니, 슬프다, 양가
시운이 불리하여 대인은 간신의 모해를 입어 외딴섬에
유배 가시고, 부친은 대인의 억울함과 소첩의 앞길이
그릇됨을 원통히 여겨 걱정과 분노가 병이 되어 중도
에 세상을 버리시니, 모친 또한 부친의 뒤를 따라 별세
하시니, 외롭고 연약한 소첩은 의지할 곳이 없더라. 간
적 왕희가 첩의 고독함을 업신여겨 혼인을 강제하옵기
로 변복 도주하였다가, 남자로 행세하여 용문에 올라
남적을 멸하고 대공을 이룸은, 적자 왕희를 없이하여
원통함을 풀고 대인과 공자를 찾아 혼약을 이루기 위
함이었는데, 사신의 말을 들으니 대인 부자가 형적이
없다 하니, 반드시 수중고혼이 되신지라. 어찌 참통치
않으리잇고. 이에 한 잔 술을 바치옵나니 삼가 바라건
대 존령은 흠향하옵소서.'
하였더라.

➡ 장 소저가 남복을 벗고 여복으로 갈아입어 제사를 지내
는 것은 더 이상 남장할 필요가 없어졌음을 의미합니다.

제문을 통해 상황이 드러납니다. 장 한림과 이 시랑은 깊
은 우정을 나누며 자녀들(장 소저-이대봉)의 혼약을 정했
으나, 간신 왕희의 모해로 이 시랑은 유배, 장 한림 부부
는 사망하게 됩니다. 고아가 된 장 소저에게 왕희가 강
제 혼인을 시도하자, 그녀는 변복 도주하여 남장을 하고 과
거에 급제한 뒤 남적을 토벌하는 공적 성취를 이룹니다. 이
때, 남복의 개착을 통해 시간 순서를 눈치챌 수 있습니다.

장 소저의 모든 행동은 '왕희 제거(복수)'와 '이대봉과의 혼
약 성취'라는 사적 목표를 위한 것이었습니다. 동시에 공적
활약(과거 급제, 남적 토벌)을 통해 사적 목표 추구를 정당
화합니다. <보기>와 연결지어서 갑시다.

상황 공적 성취(과거 급제, 남적 토벌)를 바탕으로 사적 목표(복수, 혼약)를 정당화함

심리 공장소저(장애황)(슬픔, 의지)

인물과 성격

· 장 소저(장애황) : 남장하여 과거 급제하고 남적을 토벌한 의지적이고 능력 있는 여성, 복수와 혼약 성취를 목표로 함

· 이 시랑 : 간신 왕희의 모해로 유배간 충신, 장 한림과 깊은 우정을 나눈 의리 있는 인물

· 장 한림 : 장 소저의 아버지, 친구의 억울함과 딸의 앞길을 걱정하다 병사한 의리 있는 아버지

· 왕희 : 충신을 모해하고 고아인 장 소저에게 강제 혼인을 시도하는 간신

· 이대봉 : 이 시랑의 아들, 장 소저와 혼약을 맺었으나 현재 생사불명 상태

(중략)

장면 2

각설. 이 공자 대봉이 부친을 모시고 ㉠용궁을 떠나 여러 날 만에 ㉡황성에 올라와 머물 곳을 정한 후, 흉노의 머리 벤 것을 봉하여 성상께 올릴새 상소를 지어 전후사연을 주달하였거늘, 이때 성상이 이 시랑 부자의 생사를 알지 못하시고 장 소저의 앞길을 애련히 여기사 마음에 잊지 못하시더니, 또 장 소저의 상표가 이르렀거늘 상이 반기사 급히 열어 보시니 왈,

'신첩 장애황은 일장 표를 용탑 하에 올리나이다. 신첩이 성상의 큰 은혜를 받자와 바닷가에서 제를 올려 고혼을 위로하오나, 이승과 저승이 판이하게 달라 영혼이 자취가 없사오니, 비록 앞에 와 흠향하온들 어찌 알리 있사오리잇가. 아득한 경상과 슬픈 마음을 진정치 못하와 제를 지내며 통곡하옵더니, 천우신조하와 삭발 승려를 만나오니 이 곧 시랑 이익의 처 양씨라. 비록 성혼 행례는 아니 하였사오나 어찌 시어머니와 며느리 사이가 아니리잇가. 일비일희하여 즐겁기 무궁하

오니, 이는 다 성상의 넓으신 덕택으로 말미암음이라. 그러나 왕희 부자는 국가를 혼란스럽게 한 간신이옵고 신첩의 원수라. 바라건대 폐하는 왕희 부자를 엄형 국문하사 국법을 밝히시고, 그 부자를 신첩에게 내어 주시면 남선우 베던 칼로 난신을 죽여 이익의 부자에게 제하여 영혼을 위로하리이다.'

하였더라.

상이 다 보신 후 정히 처결코자 하시더니,

이대봉이 ㉠용궁을 떠나 ㉡황성에 와서 흉노의 머리를 봉하여 성상께 올리며 상소합니다. 성상은 이 시랑 부자의 생사를 모르고 장 소저의 앞길을 걱정하고 있던 중 장 소저의 표문을 받습니다.

교훈 · 작품 독해

편지와 같은 글은 전후 맥락의 파악에 도움이 됩니다. 여기에서는 기호 밑줄 유형으로 제시되었으니 두 번째 기호인 '⒝그 소'까지 읽은 후 문제 풀이를 합시다.

장 소저의 표문 내용은 시어머니 양씨(이 시랑의 처)를 만난 기쁜 소식과 함께, 왕희 부자를 자신에게 내어달라는 요청입니다. 그녀는 '남선우 베던 칼로 난신을 죽여 이익의 부자에게 제하여 영혼을 위로하겠다'고 말합니다. 남적이 남선우였나 봅니다.

장 소저는 왕희를 국가를 혼란스럽게 한 간신이면서 동시에 '신첩의 원수'로 설정합니다. 즉 공적 정의(간신 처벌)와 사적 복수(원수 갚기)를 일치시켜, 개인적 복수 욕구를 국가적 정의 실현으로 정당화하는 〈보기〉의 구조를 보여줍니다.

상황 공적 충성을 바탕으로 사적 복수의 정당성을 주장

교훈 · 작품 독해

시어머니 양씨와 같은 조연은 잔상만 남겨두고 선지에서 물을 때 돌아와서 확인합시다. 모든 인물들을 머릿속에 다 챙겨갈 수는 없으니까요.

이때 또 하나의 표문이 올라오거늘, 상이 의괴하여 열어 보시니 ⓑ그 소에 하였으되,
'죄신 이대봉은 황공함과 두려운 마음으로 머리를 조아려 절을 올리며 한 장 표문을 황상 용탑 하에 바치옵나이다. 신의 부자가 간신 왕희의 모함을 입었사오나, 폐하의 성덕을 입사와 이 한목숨에 너그러움을 베풀어 ⓒ해도에 내치신 덕택으로 유배지로 가옵더니, 도중을 향하와 배를 타고 대해 중에 행하옵더니, 뜻밖에 뱃사람들이 달려들어 아비를 결박하여 물에 던지거늘, 신의 아비 죽는 양을 보고 또한 뒤를 따라 수중에 빠지오매 거의 죽게 되었삽더니, 마침 서해 용왕의 구함을 입어 살아나 서역 천축국 ⓓ백운암에 가 팔 년을 의탁하였나이다. 생각하옵건대 신의 부자가 국가의 죄인이라. 타처에 오래 있사옴이 옳지 않아 세상에 나와 수중에 빠진 아비 유골이나마 찾고 고국에 있는 어미를 찾아보고자 하와 중원으로 돌아가옵다가, 농서에서 한나라 장수 이릉의 영혼을 만나 갑옷과 투구를 얻고, 사평에서 오추마를 얻으며, 화용도에서 관 공의 영혼을 만나 칼을 얻어, 황성으로 향코자 하옵다가, 반적 흉노가 천자의 자리를 범하여 황성을 함몰하고 어가가 ⓔ금릉으로 행하셨다 함을 듣고, 분심을 이기지 못하와 전죄를 무릅쓰고 천 리를 달려와 금릉에 이르러 자칭 충의장군이라 하옵고 필마단창으로 적군을 파하고 적장 묵특남과 동돌수를 베어 성상의 급하심을 구하옵고, 흉노가 도망하는 것을 따라 서릉도에 들어가 흉노를 베었나이다. 돌아오는 길에 해중에서 풍랑을 만나 나흘 밤낮을 정처 없이 가다가 천우신조하옵고, 성상의 하해지덕으로 무인절도에 다다라 바람이 그치오며, 그 섬에 올라가 죽었던 아비를 만났사오니 황명을 기다리지 아니하고 감히 함께 와 대죄하옵나니, 신의 부자의 죄 만 번 죽어도 아까울 것이 없나이다. 그러하오나 왕희는 국가의 난신적자요 신의 원수라. 뱃사람이 재물 없이 적소로 가는 죄수를 무단히 살해하올 일이 만무하온즉, 이는 반드시 왕희의 사주를 받은 것으로, 의심할 바 없는지라 바라옵건대 성상은 엄형 국문하옵신 후 왕적을 내어 주시고 신의 죄를 다스리옵소서.'
하였더라.

6번 문제 풀이 - ㉠~㉤ 기호별 해설

① ㉠은 이대봉이 이릉의 영혼을 만나 갑옷과 칼을 얻은 공간이다.

➡ ㉠은 용궁입니다. 작품에서 '농서에서 한나라 장수 이릉의 영혼을 만나 갑옷과 투구를 얻고', '화용도에서 관 공의 영혼을 만나 칼을 얻어'라고 명시했습니다. 이릉의 영혼은 농서에서, 관공의 영혼은 화용도에서 만났으므로 적절하지 않습니다.

② ㉡은 흉노가 침범한 곳이자 이대봉이 흉노를 처단한 공간이다.

➡ ㉡은 황성입니다. '반적 흉노가 천자의 자리를 범하여 황성을 함몰하고'에서 흉노가 침범한 곳은 맞습니다. 하지만 이대봉의 실제 토벌 장소는 '금릉에 이르러~ 적군을 파하고 적장 묵특남과 동돌수를 베어', '서릉도에 들어가 흉노를 베었나이다'로 금릉과 서릉도입니다. 황성은 침범당한 곳이지 처단한 곳이 아니므로 적절하지 않습니다.

③ ㉢은 장 한림 부부가 간신의 모해로 유배 간 공간이다.

➡ ㉢은 해도입니다. '신의 부자가 간신 왕희의 모함을 입었사오나… ㉢해도에 내치신'에서 해도는 이 시랑과 그의 아들 이대봉이 유배간 곳입니다. 장 한림 부부는 장면 1에서 '걱정과 분노가 병이 되어 중도에 세상을 버리시니, 모친 또한 부친의 뒤를 따라 별세하시니'에서 알 수 있듯 사망했습니다. 따라서 적절하지 않습니다.

그리고 유배를 가는 도중 바다에 빠지는데 이후 비현실계의 조력(용궁, 천우신조)도 나타납니다.

④ ㉣은 이대봉이 중원으로 향하기 전에 머물던 공간이다.

➡ ㉣은 백운암(서역 천축국)입니다. '㉣백운암에 가 팔 년을 의탁하였나이다. 생각하옵건대~ 아비 유골이나마 찾고 고국에 있는 어미를 찾아보고자 하와 중원으로 돌아가옵다가'에서 백운암 8년 거주 → 중원으로 향함의 순서가 드러납니다. 따라서 적절합니다.

⑤ ㉤은 동돌수가 이대봉을 피해 달아난 공간이다.

➡ ㉤은 금릉입니다. '금릉에 이르러~ 적장 묵특남과 동돌

수를 베어 성상의 급하심을 구하옵고'에서 동돌수는 이대봉에게 처단당했습니다. 이미 베어 죽임을 당했으므로 피해 달아날 수 없습니다. 적절하지 않습니다.

정답 ④

ⓒ해도(유배지) → 대해(바다) → ㉠용궁(서해 용왕 구원) → ㉣백운암(서역 천축국, 8년 수행) → 중원 → 농서(이릉 영혼, 갑옷·투구) → 사평(오추마 획득) → 화용도(관공 영혼, 칼) → ㉤금릉(국난 구제, 충의장군) → 서릉도(흉노 잔당 토벌) → 무인절도(부자 상봉) → ㉡황성(현재)

6 ㉠~㉤에 대한 설명으로 가장 적절한 것은?

정답 ④

① ㉠은 이대봉이 이릉의 영혼을 만나 갑옷과 칼을 얻은 공간이다.

➡ ㉠은 용궁입니다. 작품에서 '농서에서 한나라 장수 이릉의 영혼을 만나 갑옷과 투구를 얻고', '화용도에서 관 공의 영혼을 만나 칼을 얻어'라고 명시했습니다. 이릉의 영혼은 농서에서, 관공의 영혼은 화용도에서 만났으므로 적절하지 않습니다.

② ㉡은 흉노가 침범한 곳이자 이대봉이 흉노를 처단한 공간이다.

➡ ㉡은 황성입니다. '반적 흉노가 천자의 자리를 범하여 황성을 함몰하고'에서 흉노가 침범한 곳은 맞습니다. 하지만 이대봉의 실제 토벌 장소는 '금릉에 이르러~ 적군을 파하고 적장 묵특남과 동돌수를 베어', '서릉도에 들어가 흉노를 베었나이다'로 금릉과 서릉도입니다. 황성은 침범당한 곳이지 처단한 곳이 아니므로 적절하지 않습니다.

③ ㉢은 장 한림 부부가 간신의 모해로 유배 간 공간이다.

➡ ㉢은 해도입니다. '신의 부자가 간신 왕희의 모함을 입었사오나... ㉢해도에 내치신'에서 해도는 이 시랑과 그의 아들 이대봉이 유배간 곳입니다. 장 한림 부부는 장면1에서 '걱정과 분노가 병이 되어 중도에 세상을 버리시니,

모친 또한 부친의 뒤를 따라 별세하시니'에서 알 수 있듯 사망했습니다. 따라서 적절하지 않습니다.

④ ㉣은 이대봉이 중원으로 향하기 전에 머물던 공간이다.

➡ ㉣은 백운암(서역 천축국)입니다. '㉣백운암에 가 팔 년을 의탁하였나이다. 생각하옵건대~ 아비 유골이나마 찾고 고국에 있는 어미를 찾아보고자 하와 중원으로 돌아가옵다가'에서 백운암 8년 거주 → 중원으로 향함의 순서가 드러납니다. 따라서 적절합니다.

⑤ ㉤은 동돌수가 이대봉을 피해 달아난 공간이다.

➡ ㉤은 금릉입니다. '금릉에 이르러~ 적장 묵특남과 동돌수를 베어 성상의 급하심을 구하옵고'에서 동돌수는 이대봉에게 처단당했습니다. 이미 베어 죽임을 당했으므로 피해 달아날 수 없습니다. 적절하지 않습니다.

7 장 소저에 대한 이해로 적절하지 않은 것은?

정답 ③

① 부친과 이 시랑이 '진진지연'을 맺은 데에는 신기한 꿈이 영향을 미쳤을 것이라고 알고 있다.

➡ 장 소저는 제문에서 '부친이 신기한 꿈을 꾸고는 대인과 진진지연을 깊이 맺었다'고 밝히고 있습니다. 신기한 꿈이 진진지연을 맺는 계기가 되었음을 알고 있으므로 적절합니다.

② 이 시랑이 '간신의 모해'를 입은 것은 시운이 좋지 않았기 때문이라고 생각했다.

➡ 장 소저는 제문에서 '시운이 불리하여 대인은 간신의 모해를 입었다'고 밝히고 있습니다. 시운이 불리했기 때문에 간신의 모해를 입었다고 인과관계를 파악하고 있으므로 적절합니다.

③ 부친이 '세상을 버'린 까닭은 혼약이 어그러진 것과 이 시랑의 죽음에 대한 분노 때문이라고 여겼다.

➡ '대인은 간신의 모해를 입어 외딴섬에 유배 가시고'에서 이 시랑은 유배를 갔다는 것을 알 수 있습니다. 유배를 갔을 뿐, 죽진 않았습니다. 적절하지 않습니다.

④ 왕희가 '혼인을 강제하'는 것으로 판단하여 변복 도주했다.

➡ 장 소저는 제문에서 '간적 왕희가 첩의 고독함을 업신여겨 혼인을 강제하옵기로 변복 도주하였다'고 밝히고 있습니다. 왕희의 강제 혼인을 피해 변복 도주했다고 했으므로 적절합니다.

⑤ '성혼 행례'는 하지 않았으나, 승려가 된 양씨를 시어머니로 대했다.

➡ 장 소저는 상표에서 '삭발 승려를 만나오니 이 곧 시랑 이익의 처 양씨라. 비록 성혼 행례는 아니 하였사오나 어찌 시어머니와 며느리 사이가 아니리잇가'라고 했습니다. 정식 혼례는 치르지 않았지만 양씨를 시어머니로 모시고 있으므로 적절합니다.

장 소저가 쓴 두 개의 글(제문, 표문)에 제시된 정보를 조합해야 합니다. 이 과정에서 중심인물(이대봉)은 머릿속에 새겨가고 그 외의 주변 인물들은 잔상만 남겨서 갑시다. 주변 인물들에 대해 물을 때는 꼭 돌아가서 확인하고 복귀합시다. 세부 정보를 외워가기보다 돌아가서 확인합시다.

8 <보기>의 [A]에 들어갈 말로 적절하지 않은 것은?

정답 ③

• 보기 •

선생님 : 고전 소설에서는 제문, 표문 등과 같은 다양한 글이 활용되기도 해요. 윗글의 ⓐ와 ⓑ에서 글을 바치는 사람과 받는 상대가 누구인지 고려하여, 글의 특징이나 기능에 대해 말해 보세요.

학 생 : ＿＿＿＿＿＿[A]＿＿＿＿＿＿

선생님 : 네, 맞아요.

① ⓐ는 망자에게 바치는 제문이고, ⓑ는 성상에게 바치는 표문이에요.

➡ ⓐ는 장 소저가 죽었다고 믿는 이 시랑에게 바치는 제문이고, ⓑ는 이대봉이 황제에게 올리는 표문입니다. 적절합니다.

② ⓐ는 상대의 원통함을 위로하기 위하여, ⓑ는 상대에게 사건 경과를 알려 특별한 조치를 요청하기 위하여 작성되었어요.

➡ ⓐ는 억울하게 죽었다고 여기는 이 시랑의 원통함을 달래려는 위로의 글이고, ⓑ는 왕희의 악행을 고발하고 처벌을 요청하는 상소문입니다. 각각의 작성 목적이 분명하므로 적절합니다.

③ ⓐ와 달리 ⓑ에는 글을 바치는 사람이 스스로를 낮추는 표현이 사용되었어요.

➡ ⓐ에서 장 소저는 '소첩'으로 자신을 낮춰 부르고, ⓑ에서 이대봉은 '죄신'(죄지은 신하)으로 자신을 낮춰 부릅니다. 두 글 모두 겸양 표현을 사용하고 있습니다. 적절하지 않습니다.

④ ⓐ에서 글을 바치는 사람이 오해했던 사건의 실상이 ⓑ에서 드러나고 있어요.

➡ 장 소저는 이대봉 부자가 죽었다고 잘못 알고 제문을 썼지만, ⓑ를 통해 이대봉이 실제로는 살아서 직접 상소를 올리고 있음을 확인할 수 있습니다. 적절합니다.

⑤ ⓐ와 ⓑ는 모두 글을 바치는 사람과 상대를 서두에서 밝히고 있어요.

➡ ⓐ는 '기주 장 한림의 딸 애황' → '이부 시랑 이 공', ⓑ는 '죄신 이대봉' → '황상'으로 발신자와 수신자를 서두에서 명시합니다. 적절합니다.

9 <보기>를 참고하여 윗글을 감상한 내용으로 적절하지 않은 것은? [3점]

정답 ④

> · 보기 ·
>
> 「이대봉전」에서 주인공은 공적 가치와 사적 목표를 실현하기 위해 노력한다. 공적 가치는 국가 차원의 사건에 참여하는 당위로 제시되고, 사적 목표는 가문의 일원으로서 그 사건 해결에 가담하는 동력이 된다. 현실계나 비현실계의 존재들 또한 주인공의 이러한 문제 해결 과정에 조력한다. 공적 활약을 통해 공적 가치의 권위를 인정하는 이면에 사적 목표의 추구를 배치하는 이러한 구도는 영웅소설이 지향하는 '충'이라는 이념을 훼손하지 않으면서도 사적 목표의 추구를 정당화한다.

> **상황** 주인공이 공적 가치와 사적 목표를 실현하려 노력함
> · 공적 가치 : 국가 차원의 사건 참여 당위(사건과 연결)
> · 사적 목표 : 가문의 일원으로서 사건 해결에 가담하는 동력(사건과 연결)
> · 현실계/비현실계 존재들의 조력(인물 파악)
> → 공적 활약을 통해 충이라는 이념을 훼손하지 않으면서도 사적 목표 추구를 정당화

① 장애황이 혼약을 이루기 위해 대공을 세웠다고 한 데에서, 혼약이 국가 차원의 사건에 참여하는 동력이 되었음을 알 수 있군.

➡ 장애황은 개인적 혼약 성취(사적 목표)를 위해 국가적 공훈(공적 가치)을 세우려 합니다. 즉 사적인 동기가 공적 참여의 원동력이 되는 구조로, <보기>의 '사적 목표가 사건 해결 가담의 동력'에 해당합니다. 적절합니다.

② 장애황이 난신 왕희를 국법으로 다스린 후 자신에게 내어 달라고 한 데에서, 공적 권위를 존중하되 사적 목표도 실현하고자 하는 마음을 알 수 있군.

➡ 왕희를 먼저 국법으로 다스린(공적 권위 인정) 후에 개인적 복수를 위해 넘겨받겠다는 것(사적 목표)은 <보기>의 '충의 이념을 훼손하지 않으면서도 사적 목표 추구를 정당화'하는 구조입니다. 적절합니다.

③ 흉노의 침입으로 성상이 피신했다는 소식에 분노하여 이대봉이 출전한 데에서, 국가 차원의 문제 해결에 참여하는 당위성을 확인할 수 있군.

➡ '황성을 함몰하고 어가가 금릉으로 행하셨다'는 소식에 이대봉이 '분심을 이기지 못하여' 출전한 것은 순수한 국가적 의무(공적 가치)에서 비롯된 행동입니다. <보기>의 '국가 차원 사건 참여 당위'에 해당합니다. 적절합니다.

④ 표류하던 이대봉이 천우신조로 무인절도에서 이 시랑과 재회한 데에서, 비현실계의 존재가 이대봉의 공적 활약에 조력한 것을 확인할 수 있군.

➡ 아버지와의 재회는 가문 복원이라는 사적 목표에 해당합니다. 앞서 해설한 바와 같이 이대봉은 '아비 유골이나마 찾고 고국에 있는 어미를 찾아보고자' 중원으로 향했는데, 아버지와의 재회는 사적 목표 달성에 해당합니다. 이를 '공적 활약에 조력'으로 보는 것은 사적/공적 영역을 혼동한 것으로 적절하지 않습니다. 또한 비현실적 존재는 앞서 '서해 용왕의 구함을 입어 살아나'에서 확인할 수 있는데, 이 용왕은 이 시랑과 재회할 때 개입하지 않습니다. 바다에 빠진 두 사건을 통해 혼동을 준 선지입니다. '천우신조'는 하늘과 신의 도움으로 라는 뜻으로 우연히 살아남았다는 뜻입니다.

⑤ 이대봉이 흉노 제압을 공으로 드러낸 후 성상에게 왕희의 처벌을 요구한 데에서, 충의 이념을 훼손하지 않으면서도 사적 목표의 정당성을 확보하려는 인물의 의중을 확인할 수 있군.

➡ 흉노 제압(공적 공훈)을 먼저 내세운 후 왕희 처벌(사적 복수)을 요구하는 것은 <보기>의 핵심인 '충의 이념 훼손 없이 사적 목표 추구를 정당화'하는 전략입니다. 공적 권위를 우선시하면서도 개인적 목표를 달성하려는 의도가 드러납니다. 적절합니다.

"8·15 이후의 비극은…… 주민들이, 그러니까 국민들이 중요하지 않은 것처럼 되는 가운데에 그 마을과 동네가 이루어지고 역사가 이루어져 왔다는 바로 그 점에 있는 것 아니겠습니까? 그게 앞으로도 그럴까요? 적어도 이 독가촌에서만은 그렇게 되지 않을 겁니다."

㉠ 이 세상에서 서로 말이 통하지 않는 두 종류의 인간군들이 사는가 보았다.

"역사에 관해서 말씀을 하시니, 나는 무식하고 먹고살기에 바빠서. 도무지 그런 얘기라는 것이…… 글쎄요."

허명두 씨는 하품을 하였다.

[A]
   "실례지만 선생께서는 8·15 직후에 무슨 청년당 일에……?"

온 씨의 어조가 진지한 것이 아니었다면 허명두 씨는 욕설을 퍼부어 네가 무슨 사찰 요원이냐고 따질 뻔하였다. 하지만 허명두 씨는 오랜만에 증오가 되살아나서 온 씨를 냉담하게 바라보며 입을 열었다.

"8·15 직후라? 그때 참 별의별 못난 것들이 제 세상 만났다고 착각하며 날뛰었지요."

"역시 그러셨구만."

"왜? 나를 본 적이라도?"

"많이 보았지요. 지금도 많이 보고 있고, 이봐요. 허 선생. 더 이상 서툰 짓은 하지 마시오. 당신이 무슨 짓을 꾸미고 있는지 다들 알고 있소. 그런데 이제 당신 같은 사람들이 날뛰던 시대는 서서히 지나가고 있는 거요. 우리의 피땀으로 이룩한 독가촌을 가지고 서툰 짓을 벌이려고 하다가는 당신이 온전치는 못할 거요."

"나한테 협박을 하는 것이라면…… 그런 협박은 하나도 무섭지 않으니 어디 한번 해볼 대로 해보라지."

허명두 씨는 증오를 억누르며 말했는데 온 씨도 거연히 일어났다.

"내가 한 말 명심하시오. 당신 같은 사람이 날뛰던 시대는 서서히 지나가고 있다는 것을."

그러고 나서 온 씨는 가 버렸는데, 독가촌 일대에는 금방 그 소문이 돌 대로 돌았다. 온 씨가 만나는 사람에게마다 ⓐ 이야기를 퍼뜨렸기 때문이었다.

허명두 씨로서는 마지막 안간힘을 내어 그가 일으켜 보려는 이번 싸움이 과거 어느 때보다도 어렵다는 것은 알고 있었다. 그리고 온 씨의 말이 단순한 협박만은 아니라는 것도 알았다. ㉡ 그러나 그렇기는 하지만 명분이나 사리의 옳음이란 것이 싸움에 무슨 필요가 있단 말인가.

이러한 사단이 벌어지게 된 것은 다름이 아니었다. 아무도 거들떠보지 않던 심심산골, 불모의 황무지였던 이곳 독가촌 일대가 하루아침에 각광을 받는 지대로 둔갑이 되었기 때문에 생긴 일이었다. 특히 독가촌은 오늘의 달라진 인문지리의 환경으로 따져 보았을 적에 고속도로와 접속이 되게 될 교통 요충지가 되었을 뿐 아니라 관광지로서의 좋은 조건을 모두 구비하고 있다는 것이었다.

[중략 부분 줄거리] 허명두는 온 씨와의 언쟁 전에 있었던, 외부 기업 측으로부터 독가촌의 주택 매입을 요청받은 일을 회상한다.

행정 당국은 지목(地目) 변경은 해 두었지만 서류상으로는 그 모든 가옥들이 무허가 주택이나 다름없었으며, 따라서 집들의 매매는 권리금에 다름이 아니었다. 물론 불하를 내게 될 적에는 이미 지어진 집 임자에게 기득권을 부여하게 될 터이었다. 허명두 씨가 관청을 들락거리고 야금야금 집들을 사두게 된 것이 이 때문이었다.

그러다가 그는 ⓑ 소문을 듣고 찾아온 온 씨와 만나 언쟁을 벌이게 되었던 것이지만, 온 씨가 무슨 이야기를 하고 싶어 하는지 모르는 바는 아니었다. ㉢ 전국 각처에서 찾아든 사람들이 이곳 독가촌에 정착하여 그럭저럭 안정을 얻을 만하게 된 이즈음 이곳이 외부의 자본에 의해 관광지로 돼 버린다면 도대체 이 사람들은 또 어느 곳으로 찾아들어 가 얼마만큼 방황을 해야한다는 말인가? 그러니 두메산골이었던 곳을 피땀 흘려 오늘의 독가촌으로 개척해 온 이곳 사람들이 이 마을을 지켜야 한다는 것이 틀린 말일 수는 없는 것이었다. 더구나 농촌 부락으로서는 어느 정도 자립할 수 있는 터전도 굳혀 놓은 게 사실이었다. 온 씨의 주장은 옳은 것이었다. 허명두 씨의 입장에서도 그것은 부정할 수 없었다. 피땀 흘려 가꾼 땅이 도시의 온갖 잡것들이 논다니를 치는 관광지로 되려는 것을 어찌 귀농 개척자들이 가만 보고만 있을 것인가. 하지만 그런 사리만을 가지고는 모자라는 것이 현실인 것이고, 그 모자라는 부분을 채워 놓고 있는 게 무엇이겠느냐를 따져 보면서 허명두 씨는 웃음을 짓는 것이었다. 대한청년단 시절의 일하며 화랑동 지회의 체험들을 그가 요 근래 부쩍 회상해 보는 것도 그 때문이었다. ㉣ 명분보다는 실리를 추구해 오는 측이 항상 이겨 오고 있었던 게 아닌가. 온 씨가 찾아와서 자신에게 하였던 말을 그가 곰곰 생각해 보는 것도 그 때문이었다. '이제 당신 같은 사람들이 날뛰던 시대는 서서히 지나가고 있다'는 말을 그는 물론 실감으로 받아들이고는 있으되, ㉤ 문제는 그것이 아직까지는 완전히 지나간 게 아니라는 데 있었다.

- 박태순, 「독가촌 풍경」 -

10 [A]에 대한 이해로 적절하지 <u>않은</u> 것은?

① 온 씨와 허명두는 서로에게 질문을 하며 상대의 반응을 살폈다.

② 허명두는 온 씨의 발언에 불쾌해하며 과거에 자신이 느꼈던 감정을 떠올렸다.

③ 온 씨는 허명두와 대화를 나누며 상대에 대한 자신의 짐작이 맞았다고 생각하였다.

④ 온 씨는 상대의 행위를 평가하는 표현을 반복하며 허명두에게 꾸미고 있는 일을 그만두라고 경고하였다.

⑤ 온 씨가 공격적인 태도를 보이자 허명두는 에둘러 말하여 상대의 관심을 다른 곳으로 돌릴 수 있었다.

11 ⓐ와 ⓑ에 대한 이해로 가장 적절한 것은?

① ⓐ가 형성된 과정은 ⓑ가 주변에 전해진 것과 무관하다.

② ⓐ가 처음 퍼진 시점은 ⓑ가 처음 퍼진 시점보다 앞선다.

③ ⓐ는 ⓑ로 인한 인물 간의 갈등을 해결할 실마리를 제공하고 있다.

④ ⓐ가 주변에 빠르게 확산된 것은 ⓑ가 거짓으로 판명되었기 때문이다.

⑤ ⓐ에는 ⓐ를 처음 퍼뜨린 인물이 ⓑ와 관련하여 찾아가 만난 인물에게 확인한 내용이 반영되어 있다.

12 '독가촌'에 대한 설명으로 가장 적절한 것은?

① 고속도로가 연결될 것이 알려진 후 외부 사람들의 관심을 받게 된 곳이다.

② 허명두가 지목 변경으로 기득권을 부여받고서 집들을 사들이고 있는 곳이다.

③ 마을 사람들이 농사를 지어 왔지만 여전히 경제적으로 자립 하기 어려운 곳이다.

④ 온 씨가 마을 사람들과 함께 농업 중심의 기존 생활양식을 바꾸려 하는 곳이다.

⑤ 관광지로서의 좋은 조건을 갖추게 하려고 마을 사람들이 피땀 흘려 노력한 곳이다.

13 <보기>를 참고하여 ㉠~㉤을 이해한 내용으로 적절하지 <u>않은</u> 것은? [3점]

— 보 기 —

윗글에서 서술자는 부정적 인물인 허명두에게 초점화하여 그의 내면을 서술하였다. 이를 통해 허명두가 자신의 생각이나 경험을 일반화하거나, 주어진 상황을 주관화하거나, 상대의 생각을 헤아리는 모습을 보여 준다. 이는 인물의 생각을 타당한 것처럼 보이게 하지만 한편으로는 상황을 자신에게 유리하게 해석하는 인물의 태도를 드러내어, 서술의 이면에 그 부정성에 대한 서술자의 비판이 함께 있음을 보여 준다.

① ㉠ : 인물과 상대를 '두 종류의 인간군'으로 일반화함으로써 상대와의 인식 차이가 좁힐 수 없는 것임을 드러내어, 상대와 소통이 어렵다는 인물의 생각이 타당한 것처럼 서술하였다.

② ㉡ : 마을의 상황을 '싸움'으로 주관화함으로써 상대가 추구하는 '사리의 옳음'이 싸움에서 이기는 데에 유용하지 않음을 드러내어, 인물의 생각이 타당한 것처럼 서술하였다.

③ ㉢ : 상황 변화가 '안정'을 위협한다는 상대의 생각을 헤아림으로써 변화의 부정성을 인정하면서도 무엇이 변화의 원인인지는 달리 보아, 인물의 왜곡된 시선이 드러나도록 서술하였다.

④ ㉣ : '실리'를 추구한 측이 언제나 우위를 차지했다며 과거의 경험을 일반화함으로써 현재 상황에서도 실리가 우선되어야 한다고 합리화하여, 인물의 생각이 타당한 것처럼 서술하였다.

⑤ ㉤ : '그것'이 지나가고 있음에도 '아직'은 유효하다고 주관화함으로써 현실의 변화를 인식하면서도 기존의 선택을 고수하여, 인물의 자기중심적 태도가 드러나도록 서술하였다.

2611 박태순, 「독가촌 풍경」

인물을 기준으로 독해하며 시공간을 처리하고, <보기>에 제시된 소재를 통해 상황을 파악하기

문제 조망하기

13번: <보기> 분석

10번: 구간 [A] (실시간 풀이)

13번: 기호 밑줄 <보기> (실시간 독해 풀이)

독해 완료

12번: 단어에 대한 평가 (독해 후 풀이)

11번: 기호 밑줄 상호 비교 (독해 후 풀이)

— 보 기 —

윗글에서 서술자는 부정적 인물인 허명두에게 초점화하여 그의 내면을 서술하였다. 이를 통해 허명두가 자신의 생각이나 경험을 일반화하거나, 주어진 상황을 주관화하거나, 상대의 생각을 헤아리는 모습을 보여 준다. 이는 인물의 생각을 타당한 것처럼 보이게 하지만 한편으로는 상황을 자신에게 유리하게 해석하는 인물의 태도를 드러내어, 서술의 이면에 그 부정성에 대한 서술자의 비판이 함께 있음을 보여 준다.

시점 허명두에게 초점화 → 허명두의 내면 서술 (제한적 전지적 작가 시점)

우리가 찾아야 할 것은 '일반화, 주관화. 상대의 생각 헤아리기'입니다. 이 세 가지가 나오면 '허명두의 생각이 타당해 보이게 함'과 '동시에 그 부정성을 비판'으로 생각하면 됩니다.

인물과 성격

· 허명두 : 부정적 인물 (읽으며 구체화하기)

장면 1

"8·15 이후의 비극은…… 주민들이, 그러니까 국민들이 중요하지 않은 것처럼 되는 가운데에 그 마을과 동네가 이루어지고 역사가 이루어져 왔다는 바로 그 점에 있는 것 아니겠습니까? 그게 앞으로도 그럴까요? 적어도 이 독가촌에서만은 그렇게 되지 않을 겁니다."

누구의 발언인지 알 수 없습니다. 우리는 이 사람을 A라고 부릅시다. 주민(국민)이 소외되어 온 역사를 비판하며, 독가촌만큼은 그렇게 되지 않을 것이라고 합니다. A는 독가촌을 지키려는 인물임을 알 수 있습니다.

㉠ 이 세상에서 서로 말이 통하지 않는 두 종류의 인간 군들이 사는가 보았다.

서술자의 평가입니다. A와 상대방을 서로 다른 부류로 일반화하고 있습니다.

"역사에 관해서 말씀을 하시니, 나는 무식하고 먹고살기에 바빠서. 도무지 그런 얘기라는 것이…… 글쎄요."
허명두 씨는 하품을 하였다.

허명두는 온 씨의 역사 이야기에 무관심한 태도를 보입니다. 하품까지 합니다.

인물 A, 허명두(부정적)

"실례지만 선생께서는 8·15 직후에 무슨 청년당 일에……?"
온 씨의 어조가 진지한 것이 아니었다면 허명두 씨는 욕설을 퍼부어 네가 무슨 사찰 요원이냐고 따질 뻔하였다. 하지만 허명두 씨는 오랜만에 증오가 되살아나서 온 씨를 냉담하게 바라보며 입을 열었다.

온 씨가 허명두에게 질문합니다. 허명두의 과거 행적을 떠보는 질문입니다. 허명두는 불쾌해하며 과거의 증오가 되살아납니다. 왜일까요?

인물 A(온씨), 허명두
심리 허명두(증오 → 냉담함)

"8·15 직후라? 그때 참 별의별 못난 것들이 제 세상 만났다고 착각하며 날뛰었지요."
"역시 그러셨구만."

허명두의 대답에 온 씨가 '역시'라고 합니다. 자신의 짐작이 맞았다는 반응입니다. 무슨 짐작인지 모르겠습니다. <보기>를 붙여읽으면, '허명두'에게 초점화했기에 '온 씨'의 심리는 '허명두'의 시선을 통해 파악해야 한다는 것을 알 수 있습니다. 따라서 여기에서 '온 씨'가 왜 그러는가를 찾아내려 힘쓰지말고 완급 조절을 하며 갑시다.

"왜? 나를 본 적이라도?"
"많이 보았지요. 지금도 많이 보고 있고, 이봐요. 허 선생. 더 이상 서툰 짓은 하지 마시오. 당신이 무슨 짓을 꾸미고 있는지 다들 알고 있소. 그런데 이제 당신 같은 사람들이 날뛰던 시대는 서서히 지나가고 있는 거요. 우리의 피땀으로 이룩한 독가촌을 가지고 서툰 짓을 벌이려고 하다가는 당신이 온전치는 못할 거요."

온 씨가 허명두를 직접적으로 경고합니다. '서툰 짓'이라는 표현으로 허명두의 행위를 평가하고, '당신 같은 사람들이 날뛰던 시대는 서서히 지나가고 있다'고 반복합니다.

갈등 온 씨 vs 허명두

"나한테 협박을 하는 것이라면…… 그런 협박은 하나
도 무섭지 않으니 어디 한번 해볼 대로 해보라지."
허명두 씨는 증오를 억누르며 말했는데 온 씨도 거연
히 일어났다.
"내가 한 말 명심하시오. 당신 같은 사람이 날뛰던 시
대는 서서히 지나가고 있다는 것을."

➡ 허명두는 온 씨의 경고에 정면으로 맞섭니다. '해볼 대로
해보라'며 대응합니다.

심리 허명두(증오, 불쾌함)

10 [A]에 대한 이해로 적절하지 <u>않은</u> 것은?

정답 ⑤

① 온 씨와 허명두는 서로에게 질문을 하며 상대의 반응
을 살폈다.

➡ 온 씨는 '실례지만 선생께서는 8·15 직후에 무슨 청년
당 일에……?'라고 질문하고, 허명두는 '왜? 나를 본 적이라
도?'라고 질문합니다. 서로에게 질문을 하며 상대의 반응을
살피고 있습니다. 적절합니다.

② 허명두는 온 씨의 발언에 불쾌해하며 과거에 자신이
느꼈던 감정을 떠올렸다.

➡ '허명두 씨는 욕설을 퍼부어 네가 무슨 사찰 요원이냐고
따질 뻔하였다'에서 불쾌함을, '오랜만에 증오가 되살아
나서'에서 과거에 느꼈던 감정(증오)을 떠올렸음을 확인할
수 있습니다. 적절합니다.

③ 온 씨는 허명두와 대화를 나누며 상대에 대한 자신의
짐작이 맞았다고 생각하였다.

➡ 온 씨는 허명두의 말을 듣고 '역시 그러셨구만'이라고 합
니다. '역시'라는 표현에서 상대에 대한 자신의 짐작이 맞
았다고 생각하고 있음을 알 수 있습니다. 적절합니다.

④ 온 씨는 상대의 행위를 평가하는 표현을 반복하며 허
명두에게 꾸미고 있는 일을 그만두라고 경고하였다.

➡ 온 씨는 '이제 당신 같은 사람들이 날뛰던 시대는 서
서히 지나가고 있는 거요'라고 하고 해당 표현의 '날뛰던'
이라는 평가 표현을 반복합니다. 또한 '더 이상 서툰 짓은
하지 마시오'라며 꾸미고 있는 일을 그만두라고 경고합니다.
적절합니다.

⑤ 온 씨가 공격적인 태도를 보이자 허명두는 에둘러 말
하여 상대의 관심을 다른 곳으로 돌릴 수 있었다.

➡ 온 씨가 공격적인 태도를 보이자 허명두는 '그런 협박은
하나도 무섭지 않으니 어디 한번 해볼 대로 해보라지'라고
합니다. 정면으로 맞대응한 것입니다. 또한 온 씨는 '내가
한 말 명심하시오'라며 다시 한번 경고하고 떠났으므로, 허
명두가 상대의 관심을 다른 곳으로 돌렸다고 볼 수 없습니다.
적절하지 않습니다.

자, 이제 13번의 ㉠을 판단해 봅시다.

① ㉠ : 인물과 상대를 '두 종류의 인간군'으로 일반화함으
로써 상대와의 인식 차이가 좁힐 수 없는 것임을 드러
내어, 상대와 소통이 어렵다는 인물의 생각이 타당한
것처럼 서술하였다.

➡ ㉠은 인물(허명두)과 상대(온 씨)를 '두 종류의 인간군'
으로 일반화함으로써 상대와의 인식 차이가 좁힐 수 없는
것임을 드러냅니다. <보기>의 '일반화'에 해당합니다. 적
절합니다.

장면 2

그리고 나서 온 씨는 가 버렸는데, 독가촌 일대에는 금
방 그 소문이 돌 대로 돌았다. 온 씨가 만나는 사람에게
마다 ⓐ <u>이야기</u>를 퍼뜨렸기 때문이었다.

➡ 온 씨가 떠난 후 이야기(소문)가 퍼집니다. 온 씨가 허명
두와 나눈 언쟁 내용입니다.

허명두 씨로서는 마지막 안간힘을 내어 그가 일으켜
보려는 이번 싸움이 과거 어느 때보다도 어렵다는 것
은 알고 있었다. 그리고 온 씨의 말이 단순한 협박만은
아니라는 것도 알았다. ⓒ 그러나 그렇기는 하지만 명
분이나 사리의 옳음이란 것이 싸움에 무슨 필요가 있
단 말인가.

➡️ 허명두는 현재 상황을 '싸움'으로 인식합니다. 명분이나
사리의 옳음은 싸움에 필요 없다고 생각합니다.

시점 제한적 전지적 작가

② ⓒ : 마을의 상황을 '싸움'으로 주관화함으로써 상대
가 추구하는 '사리의 옳음'이 싸움에서 이기는 데에 유
용하지 않음을 드러내어, 인물의 생각이 타당한 것처
럼 서술하였다.

➡️ ⓒ을 봅시다. 허명두는 현재 상황을 '싸움'으로 인식합니
다. <보기>의 '주관화'에 해당합니다. 명분이나 사리의 옳
음은 싸움에 필요 없다는 허명두의 생각이 타당한 것처럼
서술되고 있습니다. 적절합니다.

이러한 사단이 벌어지게 된 것은 다름이 아니었다. 아
무도 거들떠보지 않던 심심산골, 불모의 황무지였던
이곳 독가촌 일대가 하루아침에 각광을 받는 지대로
둔갑이 되었기 때문에 생긴 일이었다. 특히 독가촌은
오늘의 달라진 인문지리의 환경으로 따져 보았을 적에
고속도로와 접속이 되게 될 교통 요충지가 되었을 뿐
아니라 관광지로서의 좋은 조건을 모두 구비하고 있
다는 것이었다.

➡️ 독가촌의 상황이 설명됩니다. 원래는 심심산골, 불모의 황
무지였는데 고속도로 접속 예정과 관광지 조건 구비로 각광
받게 되었습니다.

배경 독가촌(공간)

장면 3

[중략 부분 줄거리] 허명두는 온 씨와의 언쟁 전에 있었
던, 외부 기업 측으로부터 독가촌의 주택 매입을 요청받
은 일을 회상한다.

행정 당국은 지목(地目) 변경은 해 두었지만 서류상
으로는 그 모든 가옥들이 무허가 주택이나 다름없었
으며, 따라서 집들의 매매는 권리금에 다름이 아니었
다. 물론 불하를 내게 될 적에는 이미 지어진 집 임자
에게 기득권을 부여하게 될 터이었다. 허명두 씨가 관
청을 들락거리고 야금야금 집들을 사두게 된 것이 이
때문이었다.

➡️ 허명두가 집들을 사들이는 이유가 드러납니다. '불하를 내
게 될 적에는 이미 지어진 집 임자에게 기득권을 부여하게
될 터이었다'에서, 기득권은 '집 임자'에게 부여되는 것임
을 알 수 있습니다. 허명두 자신이 기득권을 얻기 위해 집
들을 사들이는 것입니다.

그러다가 그는 ⓑ 소문을 듣고 찾아온 온 씨와 만나 언
쟁을 벌이게 되었던 것이지만, 온 씨가 무슨 이야기를
하고 싶어 하는지 모르는 바는 아니었다. ⓒ 전국 각처
에서 찾아든 사람들이 이곳 독가촌에 정착하여 그럭
저럭 안정을 얻을 만하게 된 이즈음 이곳이 외부의 자
본에 의해 관광지로 돼 버린다면 도대체 이 사람들은
또 어느 곳으로 찾아들어 가 얼마만큼 방황을 해야 한
다는 말인가? 그러니 두메산골이었던 곳을 피땀 흘려
오늘의 독가촌으로 개척해 온 이곳 사람들이 이 마을
을 지켜야 한다는 것이 틀린 말일 수는 없는 것이었다.

➡️ 허명두가 집들을 사들이고 있다는 소문입니다. 이 소문을 듣
고 온 씨가 허명두를 찾아온 것입니다.

③ ⓒ : 상황 변화가 '안정'을 위협한다는 상대의 생각을 헤아림으로써 변화의 부정성을 인정하면서도 무엇이 변화의 원인인지는 달리 보아, 인물의 왜곡된 시선이 드러나도록 서술하였다.

➡ ⓒ을 봅시다. 허명두가 온 씨의 입장을 헤아리는 부분입니다. <보기>의 '상대의 생각을 헤아리기'에 해당합니다. 그런데 ③번 선지는 '무엇이 변화의 원인인지를 달리 보아, 인물의 왜곡된 시선이 드러나도록 서술하였다'고 합니다. ⓒ에서 허명두는 변화의 원인을 '외부의 자본'이라고 보고 있는데, 이것은 온 씨의 생각을 그대로 헤아린 것입니다. 허명두가 원인을 '달리 보는' 모습이 ⓒ에서 드러나지 않습니다. 적절하지 않습니다.

정답 ③

더구나 농촌 부락으로서는 어느 정도 자립할 수 있는 터전도 굳혀 놓은 게 사실이었다. 온 씨의 주장은 옳은 것이었다. 허명두 씨의 입장에서도 그것은 부정할 수 없었다.

➡ 허명두도 온 씨의 주장이 옳다는 것을 인정함을 알 수 있습니다. 또한 독가촌은 경제적으로 어느 정도 자립할 수 있는 곳입니다.

피땀 흘려 가꾼 땅이 도시의 온갖 잡것들이 논다니를 치는 관광지로 되려는 것을 어찌 귀농 개척자들이 가만 보고만 있을 것인가. 하지만 그런 사리만을 가지고는 모자라는 것이 현실인 것이고, 그 모자라는 부분을 채워 놓고 있는 게 무엇이겠느냐를 따져 보면서 허명두 씨는 웃음을 짓는 것이었다. 대한청년단 시절의 일하며 화랑동지회의 체험들을 그가 요 근래 부쩍 회상해 보는 것도 그 때문이었다.

➡ 허명두는 온 씨의 주장이 옳다는 것을 인정하면서도, '그런 사리만을 가지고는 모자라는 것이 현실'이라고 생각합니다. 과거 대한청년단, 화랑동지회 경험을 회상하며 웃음을 짓습니다. <보기>를 붙여읽으면 자기합리화를 통한 부정적인 면모 강조임을 알 수 있습니다.

ⓔ 명분보다는 실리를 추구해 오는 측이 항상 이겨 오고 있었던 게 아닌가.

④ ⓔ : '실리'를 추구한 측이 언제나 우위를 차지했다며 과거의 경험을 일반화함으로써 현재 상황에서도 실리가 우선되어야 한다고 합리화하여, 인물의 생각이 타당한 것처럼 서술하였다.

➡ 허명두는 과거 경험(대한청년단, 화랑동지회)을 바탕으로 '명분보다 실리'가 항상 이겼다고 일반화합니다. <보기>의 '일반화'에 해당합니다. 현재 상황에서도 실리가 우선되어야 한다는 생각을 합리화하고 있습니다. 적절합니다.

온 씨가 찾아와서 자신에게 하였던 말을 그가 곰곰 생각해 보는 것도 그 때문이었다. '이제 당신 같은 사람들이 날뛰던 시대는 서서히 지나가고 있다'는 말을 그는 물론 실감으로 받아들이고는 있으되, ⓜ 문제는 그것이 아직까지는 완전히 지나간 게 아니라는 데 있었다.

- 박태순, 「독가촌 풍경」-

⑤ ⓜ : '그것'이 지나가고 있음에도 '아직'은 유효하다고 주관화함으로써 현실의 변화를 인식하면서도 기존의 선택을 고수하여, 인물의 자기중심적 태도가 드러나도록 서술하였다.

➡ ⓜ을 봅시다. 허명두는 온 씨의 말(날뛰던 시대는 지나가고 있다)을 실감하면서도, '아직까지는 완전히 지나간 게 아니'라고 생각합니다. <보기>의 '주관화'에 해당합니다. 현실의 변화를 인식하면서도 기존의 선택을 고수하는 자기중심적 태도가 드러납니다. 적절합니다.

12 '독가촌'에 대한 설명으로 가장 적절한 것은?

정답 ①

① 고속도로가 연결될 것이 알려진 후 외부 사람들의 관심을 받게 된 곳이다.

◈ '고속도로와 접속이 되게 될 교통 요충지가 되었을 뿐 아니라 관광지로서의 좋은 조건을 모두 구비하고 있다'에서, 고속도로 연결 예정 후 각광받게 되었음을 알 수 있습니다. 적절합니다. 복귀해서 선후 관계를 바로 체크합시다.

② 허명두가 지목 변경으로 기득권을 부여받고서 집들을 사들이고 있는 곳이다.

◈ '불하를 내게 될 적에는 이미 지어진 집 임자에게 기득권을 부여하게 될 터이었다'에서, 기득권은 '집 임자'에게 부여되는 것입니다. 허명두는 기득권을 얻기 위해 집들을 사들이는 것입니다. 적절하지 않습니다. 방향성이 반대입니다. 의식적으로 판단합시다.

③ 마을 사람들이 농사를 지어 왔지만 여전히 경제적으로 자립하기 어려운 곳이다.

◈ '농촌 부락으로서는 어느 정도 자립할 수 있는 터전도 굳혀 놓은 게 사실이었다'에서, 어느 정도 자립할 수 있는 곳임을 알 수 있습니다. 적절하지 않습니다.

④ 온 씨가 마을 사람들과 함께 농업 중심의 기존 생활양식을 바꾸려 하는 곳이다.

◈ 온 씨는 '피땀 흘려 오늘의 독가촌으로 개척해 온 이곳 사람들이 이 마을을 지켜야 한다'는 입장입니다. 기존 생활양식을 바꾸려는 것이 아니라 지키려는 것입니다. 적절하지 않습니다.

⑤ 관광지로서의 좋은 조건을 갖추게 하려고 마을 사람들이 피땀 흘려 노력한 곳이다.

◈ 마을 사람들은 '두메산골이었던 곳을 피땀 흘려 오늘의 독가촌으로 개척'한 것입니다. 관광지 조건은 지리적 이점(고속도로 접속 등)일 뿐, 마을 사람들이 관광지 조건을 갖추려고 노력한 것이 아닙니다. 적절하지 않습니다.

11 ⓐ와 ⓑ에 대한 이해로 가장 적절한 것은?

정답 ⑤

◈ ⓐ와 ⓑ의 시간 순서를 정리합시다. ⓑ(허명두가 집을 사들인다는 소문)가 먼저 퍼지고, 이를 들은 온 씨가 허명두를 찾아와 언쟁을 벌이고, 그 언쟁 내용이 ⓐ로 퍼진 것입니다.

① ⓐ가 형성된 과정은 ⓑ가 주변에 전해진 것과 무관하다.

◈ ⓑ가 퍼졌기에 온 씨가 허명두를 찾아왔고, 그 언쟁 내용이 ⓐ로 퍼진 것입니다. 관련이 있습니다. 적절하지 않습니다.

② ⓐ가 처음 퍼진 시점은 ⓑ가 처음 퍼진 시점보다 앞선다.

◈ '소문을 듣고 찾아온 온 씨와 만나 언쟁을 벌이게 되었던 것'에서, ⓑ가 먼저 퍼지고 그 후 ⓐ가 퍼졌음을 알 수 있습니다. 적절하지 않습니다.

③ ⓐ는 ⓑ로 인한 인물 간의 갈등을 해결할 실마리를 제공하고 있다.

◈ ⓐ는 온 씨와 허명두의 언쟁 내용이 퍼진 것으로, 갈등이 오히려 증폭됩니다. 해결의 실마리가 아닙니다. 적절하지 않습니다.

④ ⓐ가 주변에 빠르게 확산된 것은 ⓑ가 거짓으로 판명되었기 때문이다.

◈ ⓑ(허명두가 집을 사들인다는 것)는 '허명두 씨가 관청을 들락거리고 야금야금 집들을 사두게 된 것'에서 확인되는 사실입니다. 거짓이 아닙니다. 적절하지 않습니다.

⑤ ⓐ에는 ⓐ를 처음 퍼뜨린 인물이 ⓑ와 관련하여 찾아가 만난 인물에게 확인한 내용이 반영되어 있다.

◈ ⓐ를 처음 퍼뜨린 인물은 온 씨입니다. '온 씨가 만나는 사람에게마다 이야기를 퍼뜨렸기 때문이었다'에서 확인됩니다. 온 씨는 ⓑ(허명두가 집을 사들인다는 소문)와 관련하여 허명두를 찾아가 만났고, 그 언쟁에서 확인한 내용이 ⓐ에 반영되어 있습니다. 적절합니다.

FOCUS 13

문학의 비문학화

비문학처럼 출제된 문학, 이런 문학을 비문학처럼 읽어 봅시다.

비문학처럼 출제된 문학, 이런 문학을 비문학처럼 읽어 봅시다.

최근 문학의 선지를 보면 복잡하게 구성되어 있다는 것을 눈치챌 수 있습니다. 저는 이러한 변화를 문학의 비문학화라고 생각합니다. 그런데 막상 저것을 '비문학'화라고 부른다면 이런 것도 비문학화가 될 수 있지 않을까? 라는 생각을 했습니다.

우리가 비문학 지문을 접할 때 이런 것을 본 적이 있을 겁니다.

지문에서 A라고 말한 다음 A^1, A^2, A^3라고 반복을 하는거죠. 이때, 우린 어떻게 읽죠? 저 말들이 결국 같은 말이라고 생각하며 패러프레이징(재진술)을 통해 묶어냅니다. 그리고 B가 제시된 후 B^1, B^2, B^3가 나열되면 이 B들을 묶어서 갑니다. 이때, A와 B의 관계가 대비되는 관계라면 우리 머릿속에는 이런 구조가 생깁니다.

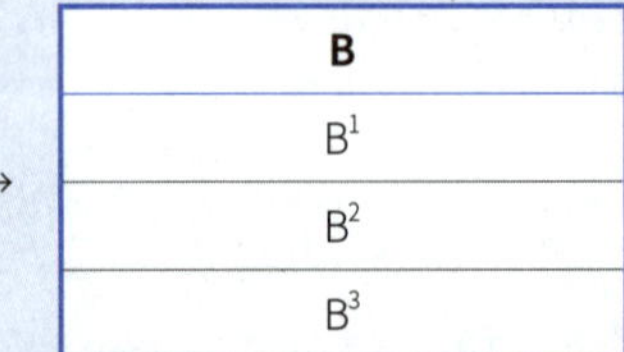

A
A^1
A^2
A^3

↔

B
B^1
B^2
B^3

그런데 뭔가 기시감이 들지 않나요?

문학에서 어떤 기준을 세우고 그 기준으로 범주를 설정해서 읽는 것은 저 방식과 비슷합니다.

이 방법이 어느정도 연습이 된 상태라면, 작품의 이해가 완벽하지는 않아도, 문학적 지식 혹은 <보기>를 통해 기준을 세우고 작품을 읽으며 범주를 나눠서 읽을 수 있습니다. 즉, 문학도 비문학처럼 풀어낼 수 있습니다.

여기서는 선지 자체가 복잡하거나 어휘적 요소가 중요한 경우들도 하나씩 다루며 갑니다.

선지를 잘 판단하려면 그 선지 자체를 면밀하게 뜯어서 읽어내야 하기 때문입니다.

(가)

흙이 풀리는 내음새
강바람은
산짐승의 우는 소릴 불러
다 녹지 않은 얼음장 울멍울멍 떠내려간다.

진종일
나룻가에 서성거리다
행인의 손을 쥐면 따듯하리라.

고향 가차운 주막에 들러
누구와 함께 지난날의 꿈을 이야기하랴.
양귀비 끓여다 놓고
주인집 늙은이는 공연히 눈물지운다.

간간이 잰나비 우는 산기슭에는
아직도 무덤 속에 조상이 잠자고
설레는 바람이 가랑잎을 휩쓸어간다.

예제로* 떠도는 장꾼들이여!
상고(商賈)하며 오가는 길에
혹여나 보셨나이까.

전나무 우거진 마을
집집마다 누룩을 디디는 소리, 누룩이 뜨는 내음
새……

- 오장환, 「고향 앞에서」-

1 <보기>를 참고하여, (가)를 감상한 학생들의 반응의 정
오를 판단하라. [3점]

> **• 보 기 •**
>
> 고향을 떠난 사람들이 고향을 각박하고 차가운 현실
> 과 대비되는 공간으로 인식하고, 그곳으로 복귀하려는
> 것을 귀향 의식이라고 한다. 이때 고향은 공동체의 인
> 정과 가족애가 살아 있는 따뜻한 공간으로 표상된다.
> 이들의 기억 속에서 고향은 평화로운 이상적 공간으로
> 남아 있기도 하다. 그러나 고향으로 돌아가더라도 고
> 향이 변해 있거나 고향이 고향처럼 느껴지지 않을 때
> 귀향은 미완의 형태로 남게 된다.

① (가)에서 주인집 늙은이의 슬픔에 공감하는 것을 보니,
화자는 타인과의 조화를 통해서 현실을 따뜻한 공간으
로 만들어 귀향을 완성하려 하겠군.

② (가)에서 전나무가 울창하고 집집마다 술을 빚고 있는
모습으로 고향을 묘사한 것을 보니, 화자의 의식 속에
서 고향은 평화로운 공간으로 기억되고 있겠군.

③ (가)에서는 고향을 앞에 두고도 고향 근처 주막에 머
물고 있기에 화자의 귀향이 완성되었다고 보기 어렵
겠군.

작품 맥락에서 단어의 의미 파악하기

- 보 기 -

　고향을 떠난 사람들이 고향을 각박하고 차가운 현실과 대비되는 공간으로 인식하고, 그곳으로 복귀하려는 것을 귀향 의식이라고 한다. 이때 고향은 공동체의 인정과 가족애가 살아 있는 따뜻한 공간으로 표상된다. 이들의 기억 속에서 고향은 평화로운 이상적 공간으로 남아 있기도 하다. 그러나 고향으로 돌아가더라도 고향이 변해 있거나 고향이 고향처럼 느껴지지 않을 때 귀향은 미완의 형태로 남게 된다.

고향과 고향이 아닌 곳을 대비하며 읽어야 합니다.
고향(인정, 가족애 → 따뜻한 공간)을 떠나온 사람들은 그 속성(평화로운 이상적 공간) 때문에 귀향을 하고 싶어합니다. 그러나 돌아가도 변해있거나 고향이 낯설게 느껴지면 귀향은 미완의 형태로 남게 됩니다. 작품에서 고향의 변화를 찾아봅시다. <보기>를 통해 배경(현재의 고향)과 대상(과거의 고향)으로 설정하고 작품을 읽어 봅시다. 물론 다를 수 있으니 중간에 수정하며 가야 합니다.

흙이 풀리는 내음새
강바람은
산짐승의 우는 소릴 불러
다 녹지 않은 얼음장 울멍울멍 떠내려간다.

➡ 얼음이 떠내려가고 흙이 풀리는 냄새가 납니다.

배경 　초봄(시간)

진종일
나룻가에 서성거리다
행인의 손을 쥐면 따듯하리라.

➡ 화자가 원하는 것을 드러냅니다. '행인의 손을 쥐면 따듯하리라'에서 알 수 있습니다. 행인들이 없는 걸까요? 아니면 있음에도 불구하고 손을 잡을 만큼 가까운 사이가 아닌 걸까요?
아직은 모르겠습니다.

배경 　나룻가(공간)

고향 가차운 주막에 들러
누구와 함께 지난날의 꿈을 이야기하랴.
양귀비 끓여다 놓고
주인집 늙은이는 공연히 눈물지운다.

➡ 설의법으로 고향 가까운 주막에서 과거의 꿈을 이야기할 '누구'도 없음을 강조합니다. <보기>에서 언급된 '고향이 변해'버린 상황 같습니다. 평화로운 이상적 공간이 변질되었으니 부정적인 상황입니다.

주막의 주인인 늙은이는 '공연히'(아무 이유 없이) 눈물을 흘립니다.

그런데 정말 아무 이유가 없을까요? 늙은이는 '누구와 함께 지난날의 꿈을 이야기'할 사람 하나 없는 화자의 처지에 공감해서 눈물을 흘린 것이라고 볼 수 있습니다.

화자에게 있어서는 늙은이가 뜬금없이 눈물을 보였다고 느껴지기에 '공연히'라는 표현을 했습니다.

배경 　고향 근처 주막(공간)
대상 　고향
정서 　그리움

모르는 단어가 나와도 어느정도 맥락으로 유추할 수 있습니다. 화자의 입장에서 뜬금없이 늙은이가 눈물을 흘리니 '공연히'라는 말을 사용했습니다.

> 간간이 잰나비 우는 산기슭에는
> 아직도 무덤 속에 조상이 잠자고
> 설레는 바람이 가랑잎을 휩쓸어간다.

잰나비(원숭이)가 우는 산기슭에는 무덤이 있고 낙엽이 날립니다. 변하지 않은 것은 오직 무덤뿐입니다.

대상 잰나비(삭막함), 무덤(변화 X), 가랑잎(삭막함)

> 예제로* 떠도는 장꾼들이여!
> 상고(商賈)하며 오가는 길에
> 혹여나 보셨나이까.

화자는 여기저기 떠도는 장꾼들에게 묻습니다.

> 전나무 우거진 마을
> 집집마다 누룩을 디디는 소리, 누룩이 뜨는 내음새……

감각적인 이미지로 화자의 고향을 묘사합니다. 자기 고향을 본 적이 있냐고 묻습니다.

고향 근처 주막에서 고향이 어디에 있냐고 묻는 것은 <보기>에서 귀향의 미완에 대응됩니다. 화자는 고향이 변해 더 이상 고향으로 느껴지지 않는 것입니다.

---

1 <보기>를 참고하여, (가)를 감상한 학생들의 반응의 정오를 판단하라. [3점]

> • 보기 •
>
> 고향을 떠난 사람들이 고향을 각박하고 차가운 현실과 대비되는 공간으로 인식하고, 그곳으로 복귀하려는 것을 귀향 의식이라고 한다. 이때 고향은 공동체의 인정과 가족애가 살아 있는 따뜻한 공간으로 표상된다. 이들의 기억 속에서 고향은 평화로운 이상적 공간으로 남아 있기도 하다. 그러나 고향으로 돌아가더라도 고향이 변해 있거나 고향이 고향처럼 느껴지지 않을 때 귀향은 미완의 형태로 남게 된다.

고향과 고향이 아닌 곳을 대비하며 읽어야 합니다. 고향(인정, 가족애 → 따뜻한 공간)을 떠나온 사람들은 그 속성(평화로운 이상적 공간) 때문에 귀향을 하고 싶어합니다. 그러나 돌아가도 변해있거나 고향이 낯설게 느껴지면 귀향은 미완의 형태로 남게 됩니다.

<보기>를 통해 배경(현재의 고향)과 대상(과거의 고향)으로 설정하고 작품을 읽어 봅시다. 물론 다를 수 있으니 중간에 수정하며 가야 합니다.

이제 지문과 <보기>를 연결합시다.

작품을 읽으며 화자는 '나룻가'와 '고향 가차운 주막'에 있다는 것을 알 수 있었습니다. 그리고 '고향'은 그리움의 대상입니다.

배경 나룻가, 주막
대상 고향
정서 그리움

① (가)에서 주인집 늙은이의 슬픔에 공감하는 것을 보니, 화자는 타인과의 조화를 통해서 현실을 따뜻한 공간으로 만들어 귀향을 완성하려 하겠군.

정답 ✕

주인집 늙은이가 화자에게 공감하며 슬픔을 드러냅니다. 방향성(주인집 늙은이 → 화자)을 판단해보면 적절하지 않습니다.

심지어 화자는 늙은이와 조화를 통해 귀향을 완성하려 하
지 않습니다. 화자는 그저 장꾼들에게 물어 볼 뿐입니다.

② (가)에서 전나무가 울창하고 집집마다 술을 빚고 있는
　　모습으로 고향을 묘사한 것을 보니, 화자의 의식 속에
　　서 고향은 평화로운 공간으로 기억되고 있겠군.

정답 ○

➡ 화자는 기억속의 고향을 평화롭고 이상적인 공간으로 묘
사합니다.

③ (가)에서는 고향을 앞에 두고도 고향 근처 주막에 머
　　물고 있기에 화자의 귀향이 완성되었다고 보기 어렵
　　겠군.

정답 ○

➡ 작품의 사실관계로 판단합시다. 화자는 고향 근처의 나
룻가에 있다가 주막으로 이동해 머물고 있습니다. 따라서
선지가 물어본 부분의 배경은 주막입니다.

화자는 고향 근처의 주막에 있습니다. 고향은 배경이 아닌
대상입니다. 화자는 고향에 돌아가려 했으나, 고향은 변
해버렸고 화자의 귀향은 미완으로 남고 말아 그저 인근 주
막에 머물고 있습니다.

단순히 "고향에 안갔으니까, 귀향이 아니네"가 아닙니다.
화자의 고향은 변해버렸고 그 결과 귀향은 미완으로 남았
습니다. 이 점을 인지하고 있는 화자는 고향에 가지 않고,
그저 고향을 그리워하며 그 근처에 머물고 있을 뿐입니다.

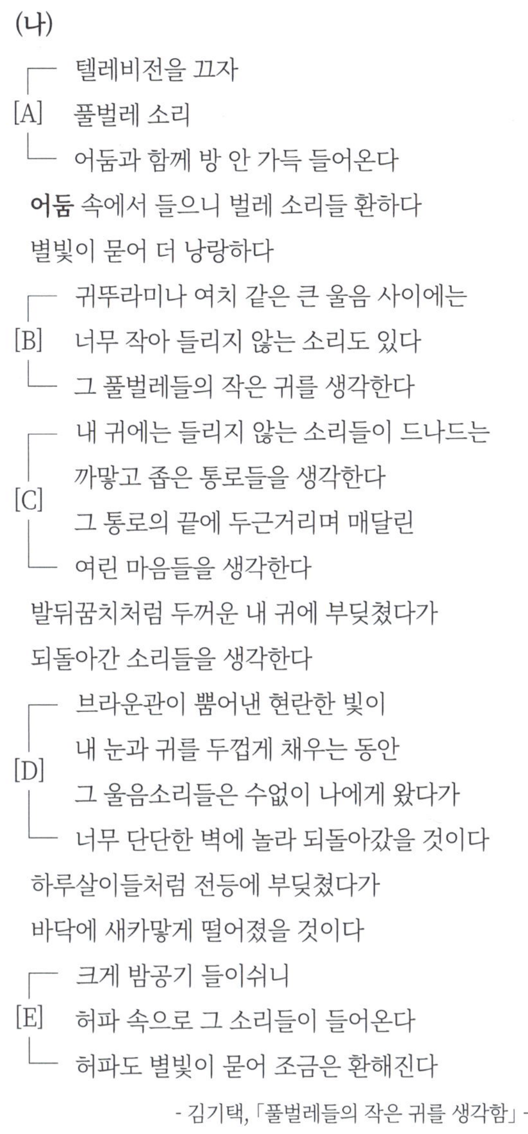

2 (나)의 [A]〜[E]에 대한 감상으로 적절하지 <u>않은</u> 것은?

① [A]에서 화자는 '텔레비전'을 끈 후 평소 관심을 두지 못했던 '풀벌레 소리'를 지각하고 있어.

② [B]에서 화자는 '큰 울음'뿐만 아니라 '들리지 않는 소리'도 존재한다는 것을 알게 됨으로써 화자의 인식 범위가 확장되고 있어.

③ [C]에서 화자는 '들리지 않는 소리'의 주체들이 화자 자신 때문에 서로 소통할 수 없게 된 것에 대해 미안함을 느끼고 있어.

④ [D]에서 화자는 자신이 의식하지 못했던 '그 울음소리들'을 떠올리며, 그 소리를 간과했던 삶을 성찰하고 있어.

⑤ [E]에서 화자는 '그 소리들'을 귀로만 듣지 않고 내면 깊숙이 받아들이고 있는 자신의 모습을 확인하고 있어.

선지를 통해 지시적 의미 판단하기

① [A]에서 화자는 '텔레비전'을 끈 후 평소 관심을 두지 못했던 '풀벌레 소리'를 지각하고 있어.

> ┌ 텔레비전을 끄자
> [A]　풀벌레 소리
> └ 어둠과 함께 방 안 가득 들어온다

➡️ 텔레비전을 끄자 풀벌레 소리와 어둠이 방 안을 채웁니다. 텔레비전의 소음과 빛이 사라지자 풀벌레 소리가 들리며 어둠이 느껴지나 봅니다. ①번은 허용 가능합니다.

> 어둠 속에서 들으니 벌레 소리들 환하다
> 별빛이 묻어 더 낭랑하다

➡️ 텔레비전의 빛이 사라지자 별빛이 보이나 봅니다. 화자는 그 상황에서 벌레 소리들을 들었나 봅니다. 벌레 소리들에 별빛이 묻었다고 묘사하네요.

② [B]에서 화자는 '큰 울음'뿐만 아니라 '들리지 않는 소리'도 존재한다는 것을 알게 됨으로써 화자의 인식 범위가 확장되고 있어.

> ┌ 귀뚜라미나 여치 같은 큰 울음 사이에는
> [B]　너무 작아 들리지 않는 소리도 있다
> └ 그 풀벌레들의 작은 귀를 생각한다

➡️ 큰 울음보다 작은 소리가 있는데 화자는 텔레비전이 꺼지자 이 소리를 인지했습니다. 이전보다 더 많은 것을 듣고 있습니다. 따라서 ②번 선지에서 인식 범위의 확장은 허용할 수 있습니다.

③ [C]에서 화자는 '들리지 않는 소리'의 주체들이 화자 자신 때문에 서로 소통할 수 없게 된 것에 대해 미안함을 느끼고 있어.

> ┌ 내 귀에는 들리지 않는 소리들이 드나드는
> │　까맣고 좁은 통로들을 생각한다
> [C]
> │　그 통로의 끝에 두근거리며 매달린
> └ 여린 마음들을 생각한다
> 발뒤꿈치처럼 두꺼운 내 귀에 부딪쳤다가
> 되돌아간 소리들을 생각한다

➡️ 화자의 귀에 들리지 않는 풀벌레들의 작은 소리들이 통로를 드나듭니다. 그리고 그 끝에는 여린 마음들(풀벌레들)이 있습니다. 그런데 ③번 선지에서는 풀벌레들끼리 '서로 소통할 수 없게 된 것'이라고 했는데, 화자는 자신이 소리를 인지하지 못 한 것에 대한 미안함을 드러냅니다. 적절하지 않습니다.

　　　　　　　　　　　　　　　　　　　　정답 ③

④ [D]에서 화자는 자신이 의식하지 못했던 '그 울음소리들'을 떠올리며, 그 소리를 간과했던 삶을 성찰하고 있어.

> ┌ 브라운관이 뿜어낸 현란한 빛이
> │　내 눈과 귀를 두껍게 채우는 동안
> [D]
> │　그 울음소리들은 수없이 나에게 왔다가
> └ 너무 단단한 벽에 놀라 되돌아갔을 것이다

➡️ '~갔을 것이다'라는 추측을 통해 화자가 텔레비전을 켜 두는 동안 풀벌레들의 울음소리를 인식하지 못했을 것이라는 생각을 드러냅니다. ④번 선지의 성찰을 판단해 봅시다. 화자는 자신이 과거에 '그 울음소리들'을 간과한 것에 대해 반성하고 있습니다. 적절합니다.

하루살이들처럼 전등에 부딪쳤다가
바닥에 새카맣게 떨어졌을 것이다

➥ 텔레비전에 켜져있던 동안에는 그 울음소리들이 전등에 부딪쳤다가 바닥에 떨어졌을 것이라는 추측을 드러냅니다.

⑤ [E]에서 화자는 '그 소리들'을 귀로만 듣지 않고 내면 깊숙이 받아들이고 있는 자신의 모습을 확인하고 있어.

    ┌ 크게 밤공기 들이쉬니
[E] 허파 속으로 그 소리들이 들어온다
    └ 허파도 별빛이 묻어 조금은 환해진다

➥ 화자가 숨을 쉬자 별빛이 묻은 벌레 소리들이 들어옵니다. 그 결과 화자의 허파에도 별빛이 묻습니다. 이는 ⑤번 선지의 '내면 깊숙이 받아들이고 있는 자신의 모습'에 해당합니다. 적절합니다.

🔔 교훈 • 선지 판단

최근 평가원 현대 시 기출에서 사실관계의 판단을 묻는 경우가 많습니다. 분명 문학에서는 시어가 **함축적 의미**(암시적이고 상징적인 의미로, 독자의 정서적 반응을 불러일으키는 의미)를 갖습니다. 그러나 오류 없이 모두가 동의할 수 있는 정답이 있어야 하는 수능에서는 **지시적 의미**(사전에 명시된 객관적이고 명확한 의미)를 통한 정오 판단을 유도하는 경우가 많습니다.

따라서 작품을 '감상'할 때는 시어의 **함축적 의미**를 충분히 음미하는 것이 맞지만 수능에서 문제를 풀 때는 작품의 맥락에서 드러나는 **지시적 의미**에 근거하여 '판단'하는 것이 중요합니다. 특히 선지에서 시어의 의미를 묻는 경우, 과도한 해석보다는 텍스트에서 직접 확인할 수 있는 내용을 맥락을 통해 판단해야 합니다. 단, <보기>라는 외적 준거가 제시된다면 <보기>를 기준으로 함축적 의미를 파악합시다.

(가)

향아 너의 고운 얼굴 조석으로 우물가에 비최이던
오래지 않은 옛날로 가자

수수럭거리는 수수밭 사이 걸찍스런 웃음들 들려
나오며 호미와 바구니를 든 환한 얼굴 그림처럼 나
타나던 석양……

구슬처럼 흘러가는 냇물가 맨발을 담그고 늘어앉
아 빨래들을 두드리던 전설같은 풍속으로 돌아가자

눈동자를 보아라 향아 회올리는 무지갯빛 허울의
눈부심에 넋 빼앗기지 말고
철따라 푸짐히 두레를 먹던 ㉠정자나무 마을로 돌
아가자 미끈덩한 **기생충의 생리**와 허식에 인이 배기
기 전으로 눈빛 아침처럼 빛나던 우리들의 고향 병들
지 않은 젊음으로 찾아 가자꾸나

향아 허물어질까 두렵노라 얼굴 생김새 맞지 않는
발돋움의 흉낼랑 그만 내자
들국화처럼 소박한 목숨을 가꾸기 위하여 맨발을
벗고 콩바심하던 **차라리 그 미개지에로 가자** 달이 뜨
는 명절밤 비단치마를 나부끼며 **떼지어 춤추던** 전설
같은 풍속으로 돌아가자 냇물 굽이치는 싱싱한 마음
밭으로 돌아가자.

- 신동엽, 「향아」 -

3 <보기>를 참고하여 (가)를 감상한 내용의 정오를 판단
하라. [3점]

(가)는 부정적 현실을 비판한 작품이다. 물질문명의
허위와 병폐에 물들어 가는 공동체가 농경 문화의 전
통에 바탕을 두고 건강한 생명력과 순수성을 회복하기
를 소망하는 작가 의식을 담고 있다.

① (가)에서 '차라리 그 미개지에로 가자'라는 화자의 권
유는 공동체의 터전을 확장하여 순수성을 지켜 나가려
는 의식을 보여 주는군.

② (가)에서 '기생충의 생리'는 자족적인 농경 문화 전통에
반하는 문명의 병폐를 보여 주는군.

③ (가)에서 '발돋움의 흉내'를 낸다는 것은 물질문명에 물
들어 가는 상황을 보여 주는군.

④ (가)에서 '떼지어 춤추던' 모습은 농경 문화 공동체의
건강한 생명력을 보여 주는군.

학습목표

단어에 집중해 범주 나눠 읽기

─ • 보 기 • ─

(가)는 부정적 현실을 비판한 작품이다. 물질문명의 허위와 병폐에 물들어 가는 공동체가 농경 문화의 전통에 바탕을 두고 건강한 생명력과 순수성을 회복하기를 소망하는 작가 의식을 담고 있다.

➔ '부정적 현실'에서 긍정과 부정을 나누어야 함을 파악해야 합니다.

그리고 '물질문명'과 '농경 문화의 전통', '생명력과 순수성'을 보고 자연과 문명의 대비를 파악해야 합니다.

또한 '회복하기'를 통해 시공간을 기준 삼아 과거와 현재의 대비를 설정하고 읽어 봅시다.

> **상황** 부정적 현실(물질문명의 허위와 병폐)에서 긍정적 과거 지향(농경 문화의 전통, 생명력과 순수성)

향아 너의 고운 얼굴 조석으로 우물가에 비취이던 오래지 않은 옛날로 가자

➔ '향'에게 말을 건네며 시작합니다. 오래지 않은 옛날(과거)로 가자고 합니다. 이때 '오래지 않은 옛날'을 보고 <보기>의 '회복하기'와 연결해야 합니다. '가자'라는 청유형 어조에서 현재에서 과거로 돌아가려는 의지가 드러납니다.

> **화자** 이면적 화자
> **상황** 화자는 오래지 않은 옛날(긍정적 과거)을 그리워함

수수럭거리는 수수밭 사이 걸찍스런 웃음들 들려 나오며 호미와 바구니를 든 환한 얼굴 그림처럼 나타나던 석양……

구슬처럼 흘러가는 냇물가 맨발을 담그고 늘어앉아 빨래들을 두드리던 전설같은 풍속으로 돌아가자

➔ 대상의 나열이 나왔으니 공통점을 찾아봅시다. '수수밭', '호미와 바구니', '냇물가', '맨발' 등을 통해 소박한 농촌의 삶을 그리고 있습니다. <보기>에서 말한 '농경 문화의 전통'이 바로 이런 모습입니다. 그리고 '걸찍스런 웃음', '환한 얼굴'에서 <보기>의 순수성을 확인할 수 있습니다. '전설같은 풍속'에서 과거라는 것을 알 수 있습니다.

> **대상** 농경 문화의 전통 (수수밭, 호미, 바구니, 냇물가)
> **상황** 전설같은 풍속(긍정적 과거)을 그리워함

눈동자를 보아라 향아 회올리는 무지갯빛 허울의 눈부심에 넋 빼앗기지 말고
철따라 푸짐히 두레를 먹던 ㉠정자나무 마을로 돌아가자 미끈덩한 기생충의 생리와 허식에 인이 배기기 전으로 눈빛 아침처럼 빛나던 우리들의 고향 병들지 않은 젊음으로 찾아 가자꾸나

➔ '눈동자를 보아라'라는 명령형 어조를 통해 화자의 지향을 드러냅니다. '말고'를 통해 지양해야 할 것도 제시합니다.

'돌아가자', '가자'를 기준으로 긍정과 부정을 나누어 봅시다.

부정적 현실(물질문명)
· '회올리는 무지갯빛 허울의 눈부심' (물질문명의 허위)
· '미끈덩한 기생충의 생리와 허식' (물질문명의 병폐)

긍정적 과거(농경 문화)
· '정자나무 마을' (농경 문화의 전통)
· '병들지 않은 젊음' (생명력과 순수성)

화자는 '향'에게 부정적 현실에 현혹되지 말고 과거로 돌아가자고 당부하고 있습니다.

> 향아 허물어질까 두렵노라 얼굴 생김새 맞지 않는 발돋움의 흉낼랑 그만 내자
> 들국화처럼 소박한 목숨을 가꾸기 위하여 맨발을 벗고 콩바심하던 차라리 그 미개지에로 가자 달이 뜨는 명절밤 비단치마를 나부끼며 떼지어 춤추던 전설같은 풍속으로 돌아가자 냇물 굽이치는 싱싱한 마음밭으로 돌아가자.

부정적 현실(물질문명)
· '허물어질까 두렵노라' (현재에 대한 불안)
· '발돋움의 흉내' (물질문명의 허위)

긍정적 과거(농경 문화)
· '들국화처럼 소박한 목숨' (생명력과 순수성)
· '콩밭심하던', '미개지' (농경 문화)
· '떼지어 춤추던 전설같은 풍속' (생명력과 순수성)
· '싱싱한 마음밭' (생명력과 순수성)

상황 부정적 현실(물질문명의 허위와 병폐)에서 긍정적 과거 지향(농경 문화의 전통, 생명력과 순수성)

정서 불안감(to현재), 그리움(to과거)

3 <보기>를 참고하여 (가)를 감상한 내용의 정오를 판단하라. [3점]

· 보기 ·

(가)는 부정적 현실을 비판한 작품이다. <물질문명의 허위와 병폐에 물들어 가는> 공동체가 농경 문화의 전통에 바탕을 두고 <건강한 생명력과 순수성을 회복하기를 소망하는> 작가 의식을 담고 있다.

상황 부정적 현실 (물질문명의 허위와 병폐)
　　　 긍정과 부정을 나누는 기준

1. 시공간 기준: '회복하기' → 과거 vs 현재

긍정 : 과거 (회복해야 할 대상)
오래지 않은 옛날, 전설같은 풍속, 정자나무 마을

부정: 현재 (부정적 현실)
미끈덩한 기생충의 생리, 허식에 인이 배기기, 회올리는 무지갯빛 허울의 눈부심, 발돋움의 흉내

2. 문명 기준: 물질문명 vs 농경 문화의 전통

긍정 : 농경 문화의 전통
들국화처럼 소박한 목숨, 맨발을 벗고 콩밭심하던

부정 : 물질문명의 허위와 병폐
미끈덩한 기생충의 생리, 허식

3. 가치 기준 : 생명력과 순수성 vs 허위와 병폐

긍정 : 건강한 생명력과 순수성
구슬처럼 흘러가는 냇물가, 싱싱한 마음밭

부정 : 허위와 병폐
회올리는 무지갯빛 허울의 눈부심, 발돋움의 흉내

① (가)에서 '차라리 그 미개지에로 가자'라는 화자의 권유는 공동체의 터전을 확장하여 순수성을 지켜 나가려는 의식을 보여 주는군.

정답 ✕

➔ 작품 맥락과 모순을 생각해 봅시다. 화자가 말하는 '차라리 그 미개지에로 가자'에서 '미개지'는 새롭게 확

장할 터전이 아니라 과거에 존재했던 순수한 공간입니다. 작품 전반에서 '돌아가자'라는 표현으로 과거 회귀를 강조하고 있습니다. 또한 〈보기〉에서도 '농경 문화의 전통에 바탕을 두고 **건강한 생명력과 순수성을 회복하기를 소망**'합니다. 화자는 터전을 확장하려는 게 아니라, 현재의 물질문명에서 벗어나 과거의 순수했던 농경 문화로 회귀하려고 합니다. 따라서 '확장'이 아닌 '회복'입니다. 적절하지 않습니다.

② (가)에서 '기생충의 생리'는 자족적인 농경 문화 전통에 반하는 문명의 병폐를 보여 주는군.

정답 ○

➥ '기생충의 생리'에 '인이 배기기 전으로 ~찾아 가자꾸나'에서 화자가 지향하는 긍정적 과거와 대비되는 것을 알 수 있습니다. '기생충의 생리'는 자족적인 농경 문화에 반대됩니다. '철따라 푸짐히 두레를 먹던'에서 알 수 있듯 농경 문화가 자신의 손으로 직접 생산하며 공동체와 조화를 이루는 자족적 삶이라면, 기생충의 생리는 남에게 의존하며 생산 없이 살아가는 의존적 삶을 의미합니다. 적절합니다.

③ (가)에서 '발돋움의 흉내'를 낸다는 것은 물질문명에 물들어 가는 상황을 보여 주는군.

정답 ○

➥ '발돋움의 흉내를 그만내자'에서 화자가 지향하는 긍정적 과거와 대비됨을 알 수 있습니다. 그런데 이 발돋움의 흉내를 낸다는 것은 물질문명의 허식에 물들어가는 상황을 보여줍니다. 적절합니다.

④ (가)에서 '떼지어 춤추던' 모습은 농경 문화 공동체의 건강한 생명력을 보여 주는군.

정답 ○

➥ '명절밤 비단치마를 나부끼며 떼지어 춤추던'에서 과거의 농경 문화 공동체의 생동감(생명력＋움직임)이 느껴집니다. 적절합니다.

(나)

이를테면 수양의 늘어진 ⓛ가지가 담을 넘을 때

그건 수양 가지만의 일은 아니었을 것이다

[A] 얼굴 한번 못 마주친 애먼 뿌리와

잠시 살 붙였다 적막히 손을 터는 꽃과 잎이

혼연일체 믿어주지 않았다면

가지 혼자서는 한없이 떨기만 했을 것이다

한 닷새 내리고 내리던 고집 센 비가 아니었으면

밤새 정분만 쌓던 도리 없는 폭설이 아니었으면

담을 넘는다는 게

가지에게는 그리 신명 나는 일이 아니었을 것이다

[B] 무엇보다 가지의 마음을 머뭇 세우고

담 밖을 가둬두는

저 금단의 담이 아니었으면

담의 몸을 가로지르고 담의 정수리를 타 넘어

담을 열 수 있다는 걸

수양의 늘어진 가지는 꿈도 꾸지 못했을 것이다

그러니까 목련 가지라든가 감나무 가지라든가

줄장미 줄기라든가 담쟁이 줄기라든가

[C] 가지가 담을 넘을 때 가지에게 담은

무명에 획을 긋는

도박이자 도반*이었을 것이다

- 정끝별, 「가지가 담을 넘을 때」 -

* 도반 : 함께 도를 닦는 벗.

---

4 (나)에 대한 이해로 가장 적절한 것은?

① [A]에서는 '얼굴 한번 못 마주친' 상황과 '손을 터는' 행위가 '한없이' 떠는 가지의 마음으로 인한 것임을 드러낸다.

② [B]에서는 '고집 센'과 '도리 없는'을 통해 가지가 '꿈도 꾸지 못'하게 만든 두 대상의 성격을 부각한다.

③ [B]에서는 '가지의 마음을 머뭇 세우'는 대상을 '신명 나는 일'에 연결하여 '정수리를 타 넘'는 행위의 의미를 드러낸다.

④ [A]에서 '가지만의'와 '혼자서는'에 나타난 가지의 상황은, [B]에서 '담 밖'을 가두어 [C]에서 '획'을 긋는 가지의 모습으로 이어진다.

⑤ [A]에서 '않았다면'과 [B]에서 '아니었으면'이 강조하는 대상들의 의미는, [C]에서 '목련'과 '감나무' 사이의 관계에서도 나타난다.

5 ⓛ에 대한 정오를 판단하라.

① ⓛ은 주변 대상에게 도움을 주며 미래를 대비한다.

② ⓛ은 자신의 영역을 확장하는 모습을 보인다.

③ ⓛ은 외부의 간섭을 최소화하려 한다.

④ ⓛ은 외면의 변화를 통해 내면의 불안을 감추려 한다.

⑤ ⓛ은 과거의 행위에 대해 반성하는 모습을 보인다.

6 <보기>를 참고하여 (나)를 감상한 내용으로 정오를 판단하라. [3점]

> • 보기 •
>
> (나)에는 주체가 대상을 바라보고 사유하여 얻은 인식이 드러난다. 이는 대상에서 발견한 새로운 의미를 보여 주는 방식이나, 대상의 속성에 주목하여 얻은 깨달음을 제시하는 방식으로 나타난다.

① (나)는 '수양'을 부분으로 나눠 살피고 부분들의 관계가 '혼연일체'라는 것을 발견해 수양이 하나의 통합된 대상이라는 인식을 드러내는군.

② (나)는 '담쟁이 줄기'의 속성에 주목해 담쟁이 줄기가 담을 넘을 수 있다는 인식을 드러내는군.

③ (나)는 담의 의미를 사유하여 담이 '도박이자 도반'이라는 깨달음을 드러내는군.

시어의 의미를 작품 맥락과 선지를 통해 판단하기

> 　　이를테면 수양의 늘어진 ⓛ 가지가 담을 넘을 때
> 　　그건 수양 가지만의 일은 아니었을 것이다
> 　　얼굴 한번 못 마주친 애먼 뿌리와
> [A]　잠시 살 붙였다 적막히 손을 터는 꽃과 잎이
> 　　혼연일체 믿어주지 않았다면
> 　　가지 혼자서는 한없이 떨기만 했을 것이다

➡ **수양 가지는 멀리 떨어진 뿌리, 잠깐 만났다 헤어진 꽃과 잎의 도움으로 담을 넘었습니다.**

> **대상**　가지, 뿌리, 꽃과 잎 → 수양
> **상황**　나무를 구성하는 다른 대상들의 도움으로 가지가 담을 넘음

4번 문제 풀이 - [A], [B], [C] 구간 별 해설

① [A]에서는 '얼굴 한번 못 마주친' 상황과 '손을 터는' 행위가 '한없이' 떠는 가지의 마음으로 인한 것임을 드러낸다.

➡ **'뿌리'와 '꽃과 잎'의 상황과 행위를 묘사한 것은 저들이 가지와 물리적 거리감이 멀고 짧게 만난 존재라는 것을 위함입니다. 그럼에도 불구하고 그들은 가지를 믿어주었습니다. 심지어 '가지의 마음 → 얼굴 한번 못 마주친 상황과 손을 터는 행위'라는 방향도 적절하지 않습니다.**

> 　　한 닷새 내리고 내리던 고집 센 비가 아니었으면
> 　　밤새 정분만 쌓던 도리 없는 폭설이 아니었으면
> 　　담을 넘는다는 게
> [B]　가지에게는 그리 신명 나는 일이 아니었을 것이다
> 　　무엇보다 가지의 마음을 머뭇 세우고
> 　　담 밖을 가둬두는

저 금단의 담이 아니었으면
담의 몸을 가로지르고 담의 정수리를 타 넘어
담을 열 수 있다는 걸
수양의 늘어진 가지는 꿈도 꾸지 못했을 것이다

→ 비와 폭설이라는 시련이 아니었다면 가지는 신명나게 담을 넘지 못했을 겁니다. 저 시련들이 '아니었으면'이라니 역설적입니다.

그리고 저 담 밖을 가두는 금단의 담 덕분에 담을 넘을 수 있다는 것을 알았습니다. 마찬가지로 '아니었으면'을 통해 넘을 수 없다고 여겨지던 담을 통해

> **대상** 비(-), 폭설(-)
> **상황** 시련 덕분에 가지가 담을 넘음

② [B]에서는 '고집 센'과 '도리 없는'을 통해 가지가 '꿈도 꾸지 못'하게 만든 두 대상의 성격을 부각한다.

→ 대구법을 통해 '비'와 '폭설'의 속성을 부각합니다. 두 대상은 시련과 위기라는 성격을 가지고 있습니다. 이 성격으로 인해 역설적으로 가지는 담을 넘으려는 시도를 하게 됩니다. 적절하지 않습니다.

③ [B]에서는 '가지의 마음을 머뭇 세우'는 대상을 '신명나는 일'에 연결하여 '정수리를 타 넘'는 행위의 의미를 드러낸다.

→ 금단의 담으로 인해 가지는 신명나게 담의 정수리를 타 넘을 수 있습니다. 적절합니다.

정답 ③

그러니까 목련 가지라든가 감나무 가지라든가
줄장미 줄기라든가 담쟁이 줄기라든가
[C] 가지가 담을 넘을 때 가지에게 담은
무명에 획을 긋는
도박이자 도반이었을 것이다

→ 다양한 식물들의 가지와 줄기가 나열되었습니다.
가지에게 담은 도박이자 도반입니다. 담을 타 넘는 것은 무모한 도전이었지만 담이 존재하기에 담을 넘을 수 있었습니다.

> **대상** 목련 가지, 감나무 가지, 줄장미 줄기, 담쟁이 줄기

④ [A]에서 '가지만의'와 '혼자서는'에 나타난 가지의 상황은, [B]에서 '담 밖'을 가두어 [C]에서 '획'을 긋는 가지의 모습으로 이어진다.

→ [A]에서 가지는 혼자서는 담을 넘지 못 했습니다. 적절하지 않습니다.

⑤ [A]에서 '않았다면'과 [B]에서 '아니었으면'이 강조하는 대상들의 의미는, [C]에서 '목련'과 '감나무' 사이의 관계에서도 나타난다.

→ 앞서 나열/열거를 파악했다면, 대상들의 공통점을 뽑아내려는 시도를 해야 합니다. 저 대상들은 자연물이자 식물이고 수양 나무와 같이 담을 넘으려는 존재입니다.

[A]에서 '않았다면'이 강조하는 대상들(가지, 뿌리, 꽃, 잎)과 [B]에서 '아니었으면'이 강조하는 대상들(비, 폭설, 담)의 의미는 각각 '혼연일체'(협력, 공동체)와 시련, 고난입니다. '목련'과 '감나무'의 관계에서는 이 의미가 나타나지 않습니다. 적절하지 않습니다.
이 풀이는 결국 범주화 풀이와도 맥이 닿아있습니다.

'목련', '감나무' = 담을 넘는 대상
'[A]에서 '않았다면'과 [B]에서 '아니었으면'이 강조하는 대상들' = 가지로 하여금 담을 넘을 수 있게 하는 존재
따라서 적절하지 않습니다.

> 💡 **교훈 • 선지 판단**
>
> 나열/열거가 나왔다면 대상들의 공통점, 차이점부터 생각합시다.

5 ㉡에 대한 정오를 판단하라.

① ㉡은 주변 대상에게 도움을 주며 미래를 대비한다.

정답 ✕

↪ 가지는 주변 대상(뿌리, 꽃, 잎)에게 도움을 받습니다.

② ㉡은 자신의 영역을 확장하는 모습을 보인다.

정답 ◯

↪ 가지는 담장을 넘어 자신의 영역을 넓힙니다. 따라서 확장은 적절합니다.

③ ㉡은 외부의 간섭을 최소화하려 한다.

정답 ✕

↪ 가지는 주변 대상(뿌리, 꽃, 잎)에게 도움을 받습니다. 따라서 간섭의 최소화는 적절하지 않습니다.

④ ㉡은 외면의 변화를 통해 내면의 불안을 감추려 한다.

정답 ✕

↪ 가지는 주변 대상(뿌리, 꽃, 잎)에게 도움을 받아 불안을 극복하고 담을 넘습니다. 그들이 없었다면 '가지 혼자서는 한없이 떨기만 했을 것'입니다.

⑤ ㉡은 과거의 행위에 대해 반성하는 모습을 보인다.

정답 ✕

↪ 가지는 반성하는 모습을 보이지 않습니다. 없어서 적절하지 않습니다.

자, 방금 푼 ⑤번 선지를 다시 봅시다. 우리는 반성하는 모습이 없다는 것을 어떻게 찾을 수 있었을까요? 혹시 지문을 처음부터 끝까지 다시 읽으며 '반성.. 반성.. 반성...' 하고 되뇌었나요? 그런 막막함을 해결할 효율적인 방법을 알려드리겠습니다. 원리는 '방 안의 코끼리 찾기'와 같습니다.

1. '코끼리 찾기' 원리를 이해하기

"이 방에 코끼리가 있는지 찾아보세요." 라는 말을 들으면, 우리는 방 전체를 샅샅이 뒤지지 않습니다. 대신 '코끼리의 특징'(거대한 덩치, 긴 코, 회색 피부)을 떠올리고, 그런 특징을 가진 존재가 있는지 스윽~ 훑어볼 뿐입니다. 그리고 없으면 없다고 바로 결론을 내리죠.

2. 문학 선지에 '코끼리 찾기'를 적용하라

문학 선지도 똑같습니다. 선지가 묻는 개념의 '특징'을 먼저 정의하고, 그 신호가 있을 법한 곳만 탐색하는 겁니다.

① 선지의 '개념' 정의하기

⑤번 선지의 핵심 개념은 '과거에 대한 반성'입니다. 즉, 회상을 통한 성찰이 있느냐를 묻습니다.

② '개념의 특징' 떠올리기

'과거에 대한 반성'이라는 코끼리는 문학 작품에서 보통 어떻게 나타날까요?
· 시간 표현 : '그때', '돌이켜보니', '어린 시절' 등 과거를 드러내는 말
· 정서 표현 : '후회한다', '부끄럽다' 등 성찰적 태도

③ '특징'을 찾아 탐색하기

이제 작품 전체가 아니라, '가지'의 과거, 즉 '담을 넘기 전' 상황이 묘사된 부분을 집중해서 봅시다. 그 부분에 위와 같은 회상을 통한 성찰의 특징이 있나요? 없습니다. 그저 '혼자서는 한없이 떨기만 했을 것'이라는 가정과 주변의 도움을 받았다는 사실만 나옵니다.

따라서 '과거에 대한 반성'의 특징이 없으므로, 이 작품에 '과거에 대한 반성'이라는 코끼리는 없다고 판단할 수 있는 것입니다.

6 <보기>를 참고하여 (나)를 감상한 내용으로 정오를 판단하라. [3점]

① (나)는 '수양'을 부분으로 나눠 살피고 부분들의 관계가 '혼연일체'라는 것을 발견해 수양이 하나의 통합된 대상이라는 인식을 드러내는군.

정답 ◯

➥ [A]에서 '않았다면'이 강조하는 대상들(가지, 뿌리, 꽃, 잎)의 의미는 '혼연일체'(협력, 공동체)입니다. 앞 문제를 풀었다면 바로 판단 가능합니다.

② (나)는 '담쟁이 줄기'의 속성에 주목해 담쟁이 줄기가 담을 넘을 수 있다는 인식을 드러내는군.

정답 ◯

➥ 담쟁이 줄기는 3연에서 대상의 나열에서 등장합니다. 이는 수양과 마찬가지로 담을 넘을 수 있다는 인식을 드러냅니다. 다른 식물들(목련 가지, 감나무 가지, 줄장미 줄기)도 마찬가지입니다.

③ (나)는 담의 의미를 사유하여 담이 '도박이자 도반'이라는 깨달음을 드러내는군.

정답 ◯

➥ 담을 타 넘는 것은 무모한 도전이었지만 담이 존재하기에 담을 넘을 수 있었습니다.

(다)

　온갖 꽃들이 요란스럽게 일제히 터트려져 광채가 찬란하다. 이때에 바람이 살짝 불어오면 향기가 코를 스친다. 때마침 꼴 베는 자가 낫을 가지고 와서 손 가는 대로 베어 내는데, 아쉬워 돌아보거나 거리끼는 마음도 없다. 나는 이에 한숨을 쉬며 탄식하여 말하였다.

　"땅이 낳고 하늘이 기르는바, 만물이 무성히 자라며 모두가 광대한 은택을 입는구나. 이에 따스한 바람이 불어 갖가지 형상을 아로새기고 단비를 내려 온 둘레를 물들이니, 천기(天機)를 함께 타고나 형체를 부여받음에 각기 그 자질에 따라 고운 자태를 드러낸다. 모란의 진귀하고 귀중함을 해당화의 곱고 아름다움에 견주어 보면, 비록 크고 작은 차이는 있겠으나, 어찌 **공교함과 졸렬함**에 다른 헤아림이 있었겠는가?

(중략)

　그런데도 **귀함**이 저와 같고 **천함**이 이와 같아, 어떤 것은 **부호가의 깊은 장막 안**에서 눈앞의 봄바람을 지키고, 어떤 것은 짧은 낫을 든 어리석은 종의 손아귀에서 가을 서리처럼 변한다. 이 어찌 된 일인가? 뜨락은 사람 가까이에 있고 교외의 땅은 멀리 막혀 있어 가까운 것은 친하기 쉽고 멀리 있는 것은 저어하기 때문이 아니겠는가? 아니면 요황과 위자*는 성씨가 존엄한데 범상한 화초는 이름이 없으며, 성씨가 존엄한 것은 곱게 빛나는데 이름 없는 것들은 먼 데서 이주해 온 백성 같은 존재이기 때문인가? 그도 아니면 뿌리가 깊은 것은 종족이 번성한데 빽빽이 늘어선 것들은 가늘고 작으며, 높고 큰 것은 높은 자리에 있고 가늘고 작은 것들은 들판에 있기 때문인가?

　아! 낳는 것은 하늘에 달려 있으나 **영화롭게** 하는 것은 인간에 달려 있다. 하늘은 사사로움이 없기에 그 **조화(造化)가 균일**하지만, 인간은 널리 베풀지 못하므로 **소원함**도 있고 **친함**도 있는 것이다. 하늘

이 이미 낳아 주었는데 또 어찌 사람이 영화롭게 하고 영화롭지 못하게 한다고 원망하겠는가? 나에게는 비록 감정이 있지만 풀에는 감정이 없으니, 그것이 **소**의 목구멍을 채우는 것과 **나비**로 하여금 다투어 찾도록 하는 것을 어찌 달리 보겠는가?"

- 이옥, 「담초(談艸)」 -

* 요황과 위자 : 모란의 진귀한 품종을 일컫는 말.

7 <보기>를 참고하여 (다)를 감상한 내용의 정오를 판단하라. [3점]

> **• 보기 •**
>
> 　문학적 표현에는 표현 대상을 그와 연관된 다른 관념이나 사물로 대신하여 나타내는 방법이 있다. 여기에는 사물의 속성으로 실체를 대신하거나 대상의 한 부분으로 전체를 대신하는 것 등이 포함된다. 이러한 방법들은 서로 혼재되기도 하면서 구체적이고 생생한 이미지와 분위기를 환기한다.

① (다)에서 귀한 대우를 받는 삶을 그러한 속성을 가진 '부호가의 깊은 장막 안'으로 나타냄으로써, 인간과 가까운 공간의 적막한 분위기를 환기하는군.

② (다)에서 풀의 가치를 '소'와 '나비'의 행위와 연관 지어 나타냄으로써, 하찮게 취급되는 풀과 귀하게 여겨지는 풀의 차이를 구체적 이미지로 보여 주는군.

🔼 **학습목표**

범주를 나누거나 지시적 의미로 판단하기

온갖 꽃들이 요란스럽게 일제히 터트려져 광채가 찬란하다. 이때에 바람이 살짝 불어오면 향기가 코를 스친다. 때마침 꼴 베는 자가 낫을 가지고 와서 손 가는 대로 베어 내는데, 아쉬워 돌아보거나 거리끼는 마음도 없다. 나는 이에 한숨을 쉬며 탄식하여 말하였다.

➡ 화자는 무심하게 베어지는 꽃을 보고 어떤 생각이 들었습니다.

"땅이 낳고 하늘이 기르는바, 만물이 무성히 자라며 모두가 광대한 은택을 입는구나. 이에 따스한 바람이 불어 갖가지 형상을 아로새기고 단비를 내려 온 둘레를 물들이니, 천기(天機)를 함께 타고나 형체를 부여받음에 각기 그 자질에 따라 고운 자태를 드러낸다. 모란의 진귀하고 귀중함을 해당화의 곱고 아름다움에 견주어 보면, 비록 크고 작은 차이는 있겠으나, 어찌 공교함과 졸렬함에 다른 헤아림이 있었겠는가?

➡ 만물은 하늘의 기운을 동일하게 받았기에 크고 작은 정도의 차이는 있지만 결국 같은 속성을 가지고 있다고 합니다. 모란과 해당화 같은 서로 다른 꽃들도 겉으로는 크기나 화려함의 차이가 있을 뿐, 본질적으로는 우열이 없다고 합니다.

(중략)

그런데도 귀함이 저와 같고 천함이 이와 같아, 어떤 것은 부호가의 깊은 장막 안에서 눈앞의 봄바람을 지키고, 어떤 것은 짧은 낮을 든 어리석은 종의 손아귀에서 가을 서리처럼 변한다. 이 어찌 된 일인가? 뜨락은 사람 가까이에 있고 교외의 땅은 멀리 막혀 있어 가까운 것은 친하기 쉽고 멀리 있는 것은 저어하기 때문이 아니겠는가? 아니면 요황과 위자*는 성씨가 존엄한데 범상한 화초는 이름이 없으며, 성씨가 존엄한 것은 곱게 빛나는데 이름 없는 것들은 먼 데서 이주해 온 백성 같은 존재이기 때문인가? 그도 아니면 뿌리가 깊은 것은 종족이 번성한데 빽빽이 늘어선 것들은 가늘고 작으며, 높고 큰 것은 높은 자리에 있고 가늘고 작은 것들은 들판에 있기 때문인가?

➡ 앞에서 모든 꽃이 본질적으로 평등하다고 했는데, 현실은 전혀 다르다는 점을 지적하고 있습니다. 어떤 꽃은 부잣집 깊은 곳에서 소중히 보호받으며 봄바람을 누리는데, 어떤 꽃은 무심한 일꾼의 낫에 가을 서리처럼 차갑게 베어진다는 것입니다. 화자는 이런 현실이 이해가 안 된다며 의문을 던집니다.

그러면서 차별의 원인들을 하나씩 따져봅니다. 첫째는 위치의 문제라고 봅니다. 사람 가까이 있는 뜰의 꽃은 사랑받지만 멀리 떨어진 들판의 꽃은 무시당한다는 것입니다. 둘째는 이름의 유무입니다. 모란이나 작약처럼 유명한 꽃들은 귀한 성씨를 가진 명문가 같은 대접을 받지만, 이름 없는 들풀들은 떠돌이 백성 취급을 받는다는 것입니다. 셋째는 계층의 차이인데, 뿌리가 깊고 큰 꽃은 기득권층처럼 번성하지만 가늘고 작은 꽃들은 평민층처럼 들판에 방치된다는 것입니다. 이처럼 대비되는 범주를 나누어서 읽었어야 합니다.

아! 낳는 것은 하늘에 달려 있으나 영화롭게 하는 것은 인간에 달려 있다. 하늘은 사사로움이 없기에 그 조화(造化)가 균일하지만, 인간은 널리 베풀지 못하므로 소원함도 있고 친함도 있는 것이다. 하늘이 이미 낳아 주었는데 또 어찌 사람이 영화롭게 하고 영화롭지 못하게 한다고 원망하겠는가? 나에게는 비록 감정이 있지만 풀에는 감정이 없으니, 그것이 소의 목구멍을 채우는 것과 나비로 하여금 다투어 찾도록 하는 것을 어찌 달리 보겠는가?"

➡ 하늘과 인간을 대비합니다. 하늘은 만물을 낳을 때 사사로운 마음이 없어서 공평하게 조화를 베푸는데, 인간은 그렇지 못해서 가까운 것과 먼 것을 차별한다는 것입니다. 결국 차별의 근본 원인이 인간의 사사로움에 있다고 설명합니다.

그리고 하늘이 이미 만물을 평등하게 낳아주었는데 인간이 차별한다고 해서 무엇을 원망하겠냐고 합니다.

마지막 부분에서는 깨달음이 드러납니다. 자신은 비록 감정이 있어서 이런 차별에 반응하지만, 정작 풀들은 감정이 없으니까 소의 먹이가 되든 나비들이 찾아와 즐기든 똑같이 여길 것이라는 깨달음에 이른 것입니다.

교훈 · 작품 독해

범주(A, B)를 나눠서 읽어 봅시다.

A(귀한 대우)	B(천한 대우)
부호가의 깊은 장막 안 → 봄바람을 지킴	짧은 낫을 든 어리석은 종의 손아귀 → 가을 서리처럼 변함
뜨락 (사람 가까이→ 친하기 쉬움)	교외의 땅 (멀리 막혀 있음 → 저어함)
요황과 위자 (성씨가 존엄)	범상한 화초 (이름이 없음)
곱게 빛나는 존재	이주해 온 백성 같은 존재
뿌리가 깊음 (종족이 번성)	빽빽이 늘어선 것들 (가늘고 작음)
높고 큰 것 (높은 자리)	가늘고 작은 것들 (들판)
나비가 다투어 찾음	소에게 먹힘

결국 대비되는 관계임을 알 수 있습니다.

---

7 <보기>를 참고하여 (다)를 감상한 내용의 정오를 판단하라. [3점]

• 보기 •

문학적 표현에는 표현 대상을 그와 연관된 다른 관념이나 사물로 대신하여 나타내는 방법이 있다. 여기에는 사물의 속성으로 실체를 대신하거나 대상의 한 부분으로 전체를 대신하는 것 등이 포함된다. 이러한 방법들은 서로 혼재되기도 하면서 구체적이고 생생한 이미지와 분위기를 환기한다.

'사물의 속성으로 실체를 대신하거나 대상의 한 부분으로 전체를 대신하는 것' → 앞서 제시된 범주(A, B)를 통해 귀함과 천함이라는 속성을 파악할 수 있습니다.

A(귀한 대우)	B(천한 대우)
부호가의 깊은 장막 안 → 봄바람을 지킴	짧은 낫을 든 어리석은 종의 손아귀 → 가을 서리처럼 변함
뜨락 (사람 가까이→ 친하기 쉬움)	교외의 땅 (멀리 막혀 있음 → 저어함)
요황과 위자 (성씨가 존엄)	범상한 화초 (이름이 없음)
곱게 빛나는 존재	이주해 온 백성 같은 존재
뿌리가 깊음 (종족이 번성)	빽빽이 늘어선 것들 (가늘고 작음)
높고 큰 것 (높은 자리)	가늘고 작은 것들 (들판)
나비가 다투어 찾음	소에게 먹힘

① (다)에서 귀한 대우를 받는 삶을 그러한 속성을 가진 '부호가의 깊은 장막 안'으로 나타냄으로써, 인간과 가까운 공간의 적막한 분위기를 환기하는군.

정답 ✕

➡ '부호가의 깊은 장막 안'은 범주 A에 속하는 귀한 대우를 받는 공간입니다. 그런데 선택지에서는 이 공간의 분위기를 '적막하다'고 표현했습니다. 여기서 범주 오류가 발생합니다. '적막한(고요+쓸쓸) 분위기'는 범주 B의 특성에 해당하기 때문입니다. 범주 A의 특성은 장막 안(보호), 봄(따뜻함), 뜨락(사람 가까이→친함)인데, 범주 B의 특성은 종의 손아귀(파괴), 가을 서리(차가움), 교외(멀리 막혀있음

→저어함)입니다.

따라서 범주 A에 속한 공간을 범주 B의 특성으로 설명한 범주 오류를 범했기 때문에 적절하지 않습니다.

또한 시어의 지시적인 의미로도 풀이가 가능합니다. '적막' 은 고요하고 쓸쓸한 상태를 이릅니다. 그런데 '부호가의 깊은 장막 안'은 범주 A에 속합니다. 이때, 범주 A의 뜨락 (사람 가까이→친함)에 주목하면, 사람과 가까이 있고 친하게 여기기에 쓸쓸하다고 볼 수 없습니다. 따라서 적절하지 않습니다.

> 단어의 지시적 의미에 집중해서 선지를 판단해도 좋습니다. 그러나 사전적인 의미에 집중한 풀이에 매몰된다면 모르는 단어가 나올 때, 틀릴 수밖에 없게 됩니다. 심지어 공부할 때마다 모든 단어를 누적해서 학습해야 하기에 학습의 부담감도 커집니다. 따라서 이런 풀이는 한 번 배우고 간다라는 의도로 받아들이고 갔으면 합니다.

② (다)에서 풀의 가치를 '소'와 '나비'의 행위와 연관 지어 나타냄으로써, 하찮게 취급되는 풀과 귀하게 여겨지는 풀의 차이를 구체적 이미지로 보여 주는군.

정답 ◯

➡ 하찮게 취급당해 '소'의 먹이가 되는 풀과 귀하게 여겨져 '나비'들이 앞다투어 찾는 풀의 차이를 통해 가치의 차이를 보입니다.

(가)

손 흔들고 떠나갈 미련은 없다
며칠째 청산에 와 발을 푸니
㉠흐리던 산길이 잘 보인다.
상수리 열매를 주우며 인가를 내려다보고
쓰다 둔 편지 구절과 버린 칫솔을 생각한다.
남방으로 가다 길을 놓치고
두어 번 허우적거리는 여울물
산 아래는 때까치들이 몰려와
모든 야성을 버리고 들 가운데 순결해진다.
길을 가다가 자주 뒤를 돌아보게 하는
서른 번 다져 두고 서른 번 포기했던 ⓐ관습들
서쪽 마을을 바라보면 나무들의 잔숨결처럼
㉡가늘게 흩어지는 저녁 연기가
한 가정의 고민의 양식으로 피어오르고
생목 울타리엔 들거미줄
맨살 ㉢비비는 돌들과 함께 누워
실로 이 세상을 앓아 보지 않은 것들과 함께
잠들고 싶다.

- 이기철, 「청산행」 -

8 ⓐ의 이해에 대한 정오를 판단하라.

① ⓐ는 '길을 가다가 자주 뒤를 돌아보게' 하는 것이라는 점에서 다시 돌아갈 수 없는 그리움의 대상이다.

② ⓐ는 바라봄의 대상인 '서쪽 마을'과 관련되어 있다는 점에서 피안에 대한 지향을 드러내고 있다.

③ ⓐ는 '서른 번 다져 두고 서른 번 포기'한 것이라는 점에서 내면의 갈등을 내포한다.

④ ⓐ는 사물들을 '내려다보'아 촉발된 것이라는 점에서 자기 연민의 성격을 띠고 있다.

학습목표

단어에 집중해 범주 나눠 읽기... 그런데 ?!

손 흔들고 떠나갈 미련은 없다
며칠째 청산에 와 발을 푸니
㉠흐리던 산길이 잘 보인다.

➡ 떠난다는 서술어에 집중해봅시다. 어딘가를 떠나며 그 곳에 미련이 없다고 합니다. 청산에 왔다고 하니 청산과 대비되는 곳을 떠나왔나 보네요. 산길이 흐렸는데 이제는 잘 보입니다.

배경 청산이 아닌 곳(공간) → 청산(공간)
대상 산길(흐림 → 잘 보임)

상수리 열매를 주우며 인가를 내려다보고
쓰다 둔 편지 구절과 버린 칫솔을 생각한다.

➡ 자연물과 인공물이 확실히 대비됩니다. 화자는 인간 세 상을 뒤로하고 자연에 왔습니다. 자연에서 인간 세상의 물 건들을 떠올리는 것을 보아 아직 미련이 남았나 봅니다. 앞 서 등지고 온 곳은 인간 세상입니다.

대상 상수리 열매(자연) ↔ 인가, 편지 구절, 칫솔(인 간 세상)

남방으로 가다 길을 놓치고
두어 번 허우적거리는 여울물
산 아래는 때까치들이 몰려와
모든 야성을 버리고 들 가운데 순결해진다.

➡ 화자의 내적 갈등이 여울물의 모습으로 형상화되었습니다. 여울물이 남방으로 가다 길을 놓치고 허우적거리는 것은 청산 을 지향하면서도 인간 세상에 대한 미련을 완전히 떨쳐 내 지 못하는 화자의 심정과 대응됩니다. 산 아래(인간 세상)

의 때까치들이 야성을 버리고 산 아래의 들에서 순결해진 다고 합니다. '순결'이라는 시어가 긍정적인 것 같지만 '산 아래'는 화자의 지향과 반대되는 대척점입니다. '순결해진 다'는 인간 세상의 속성에 물듦을 의미합니다.

대상 여울물(동일시), 때까치(+ → -)

길을 가다가 자주 뒤를 돌아보게 하는
서른 번 다져 두고 서른 번 포기했던 ⓐ관습들

➡ 화자는 인간 세상에 대한 미련이 남아있습니다. 서른 번 하기로 마음먹고 서른 번 포기했습니다.

대상 관습들(내적 갈등)

서쪽 마을을 바라보면 나무들의 잔숨결처럼
㉡가늘게 흩어지는 저녁 연기가
한 가정의 고민의 양식으로 피어오르고

➡ 화자는 청산에서 서쪽 마을의 연기를 바라보며 그 연기가 나온 집의 고민을 생각합니다.

대상 서쪽 마을, 가정(인간 세상)
상황 청산(자연)에서 인간 세상에 대한 미련을 드러냄 (내적 갈등)

생목 울타리엔 들거미줄
맨살 ㉢비비는 돌들과 함께 누워
실로 이 세상을 앓아 보지 않은 것들과 함께
잠들고 싶다.

➡ 세상을 앓아 보지 않은 순수한 돌들과 함께 누워 자고 싶어합니다. 이 거친 세상의 풍파를 겪지 않은 순수함이 부 럽나 봅니다. 그들과 같은 존재가 되고 싶어 합니다.

> 💡 **교훈** • 작품 독해

자연과 속세로 나눠서 읽어 봅시다. 범주화를 통한 독해는 기준점만 잘 잡으면 작품 독해의 속도와 선지 판단의 정확성을 높여줍니다.

8 ⓐ의 이해에 대한 정오를 판단하라.

① ⓐ는 '길을 가다가 자주 뒤를 돌아보게' 하는 것이라는 점에서 다시 돌아갈 수 없는 그리움의 대상이다.

정답 ✕

➡ 화자는 '관습들'에 대한 미련을 드러내지만 다시 돌아갈 수 없다고 여기지 않습니다.

② ⓐ는 바라봄의 대상인 '서쪽 마을'과 관련되어 있다는 점에서 피안에 대한 지향을 드러내고 있다.

정답 ✕

➡ '서쪽 마을'은 인간 세상을 드러내기에 '관습들'과 관련된 것이 맞습니다. 그러나 이를 불교에서 말하는 깨달음의 세계인 피안에 대한 지향으로 볼 수 없습니다.

③ ⓐ는 '서른 번 다져 두고 서른 번 포기'한 것이라는 점에서 내면의 갈등을 내포한다.

정답 ◯

➡ 화자는 청산에서 인간 세상에 대한 미련을 버리지 못해 내적 갈등을 겪고 있습니다.

④ ⓐ는 사물들을 '내려다보'아 촉발된 것이라는 점에서 자기 연민의 성격을 띠고 있다.

정답 ✕

➡ '관습들'은 화자의 미련에서 촉발된 것입니다.

> 💡 **교훈** • 선지 판단

단어의 지시적 의미에 집중하려 해도 '피안'을 파악하기 어려웠고, 범주화나 <보기>를 통한 추론으로도 쉽게 해결되지 않았습니다. 25년도 6월 모의고사에는 '피안', '권면'과 같이 학생들에게 낯선 어휘들이 제시되었습니다.

6월 모의고사는 종종 실험적 성향을 보이는데, 25년도 6월 모의고사 역시 일종의 실험이었을 가능성이 있습니다. 물론 평가원의 정확한 출제 의도는 알 수 없지만, 교육적 목적을 전제로 해석해보면 최근 교육계에 퍼진 문해력, 어휘력 이슈에 대한 민감한 반응으로 볼 수 있습니다.

개인적으로는 수능에서 이 정도 수준의 어휘가 출제될 가능성은 낮다고 생각합니다. 하지만 모의고사에서는 충분히 출제될 수 있으므로(26년도 9모에서도 또 나왔지 않나요 수반, 역전), 기출에 제시된 모든 어휘를 학습 대상으로 삼아 친숙해지는 것이 중요합니다.

실제 시험에서 정말 모르는 어휘를 만난다면, 소거법을 활용해서라도 문제를 해결해야 합니다.

(가)

무너지는 꽃 이파리처럼
휘날려 발 아래 깔리는
서른 나문 해야

구름같이 피려던 뜻은 **날로** 굳어
한 금 두 금 곱다랗게 감기는 연륜(年輪)

갈매기처럼 꼬리 떨며
산호 핀 바다 바다에 나려앉은 섬으로 가자

비취빛 하늘 아래 피는 꽃은 맑기도 하리라
무너질 적에는 눈빛 파도에 적시우리

초라한 경력을 육지에 막은 다음
주름 잡히는 연륜마저 끊어버리고
나도 **또한** 불꽃처럼 **열렬히** 살리라

- 김기림, 「연륜」 -

9 <보기>를 참고하여 (가)를 감상한 내용으로 적절하지 않은 것은? [3점]

• 보기 •

　시인은 결핍을 느끼는 상황에서 새로운 가치를 발견하고 이를 통해 삶을 성찰하는 경우가 많다. 예컨대 「연륜」은 축적된 인생 경험에서 결핍을 발견한 화자를 통해 일상에서 경험하는 것들이 재해석된다. 이 작품은 결핍된 상황에서 벗어나려는 의지를 구심점으로 삼아 시상을 전개한다.

① (가)에서 '서른 나문 해'를 '초라한 경력'으로 표현한 것은, 화자가 자신이 살아온 인생을 변변치 않은 경험으로 재해석한 것이겠군.

② (가)에서 '불꽃'을 긍정적인 이미지로 표현한 것은, '주름 잡히는 연륜'에 결핍되어 있는 속성을 끊을 수 있는 수단이라는 의미로 재해석한 것이겠군.

③ (가)에서 '육지'를 지나간 시간을 막아 둘 공간으로 표현한 것은, '육지'를 화자가 결핍을 느끼는 공간으로 재해석한 것이겠군.

범주 나눠 읽고 선지의 수식절 판단하기

• 보기 •

　시인은 결핍을 느끼는 상황에서 새로운 가치를 발견하고 이를 통해 삶을 성찰하는 경우가 많다. 예컨대 「연륜」은 축적된 인생 경험에서 결핍을 발견한 화자를 통해 일상에서 경험하는 것들이 재해석된다. 이 작품은 결핍된 상황에서 벗어나려는 의지를 구심점으로 삼아 시상을 전개한다.

대상 인생 경험
상황 인생 경험 → 결핍
태도 의지적

➲ 결핍을 드러내는 상황을 파악하고 그 상황에 대한 극복 의지를 파악합시다.

무너지는 꽃 이파리처럼
휘날려 발 아래 깔리는
서른 나문 해야

➲ 꽃 잎처럼 서른 나문 해(30년 정도)가 떨어집니다. 〈보기〉의 인생 경험이 이 시간을 의미하는 대상으로 드러낸 것일까요? 더 읽어 봅시다.

대상 꽃 이파리, 서른 나문 해(?)

구름같이 피려던 뜻은 날로 굳어
한 금 두 금 곱다랗게 감기는 연륜(年輪)

➲ 구름같이 피우려던 연륜은 굳어버렸습니다. '구름같이 피려던'에서 구름의 속성을 지향했으나 현재는 그 구름의 속성을 피워내지 못 했음을 알 수 있습니다. 구름은 긍정적 대상,

연륜은 부정적 대상입니다. '서른 나문 해'도 시간을 의미하기에 연륜과 마찬가지로 부정적 대상이겠습니다.

대상 구름(+), 연륜(-) ≒ 서른 나문 해(-)
상황 부정적(인생 경험 → 결핍)

갈매기처럼 꼬리 떨며
산호 핀 바다 바다에 나려앉은 섬으로 가자

➲ '∼가자'를 통해 화자의 지향이 드러납니다. 계속해서 직유법을 통해 보조 관념의 긍정적인 속성을 원관념에 부여합니다. 〈보기〉를 연결합시다. 의지적 어조를 통해 극복 의지가 드러납니다.

대상 갈매기(+), 섬(+)

비취빛 하늘 아래 피는 꽃은 맑기도 하리라
무너질 적에는 눈빛 파도에 적시우리

대상 꽃(+)

초라한 경력을 육지에 막은 다음
주름 잡히는 연륜마저 끊어버리고
나도 또한 불꽃처럼 열렬히 살리라

➲ 초라한 경력은 육지에 두고 연륜도 끊고 '불꽃'처럼 열렬히 살고 싶다는 의지를 드러냅니다. 화자는 직유법과 의지적 어조를 통해 보조 관념(불꽃)의 긍정적인 속성을 원관념에 부여하고 싶어 합니다.

대상 초라한 경력(-), 육지(-), 주름 잡히는 연륜(-), 불꽃(+)

9 <보기>를 참고하여 (가)를 감상한 내용으로 적절하지 않은 것은? [3점]

> • 보기 •
>
> 시인은 결핍을 느끼는 상황에서 새로운 가치를 발견하고 이를 통해 삶을 성찰하는 경우가 많다. 예컨대 「연륜」은 축적된 인생 경험에서 결핍을 발견한 화자를 통해 일상에서 경험하는 것들이 재해석된다. 이 작품은 결핍된 상황에서 벗어나려는 의지를 구심점으로 삼아 시상을 전개한다.

▶ 작품과 <보기>를 연결합시다.

대상	인생 경험(서른 나문 해, 연륜, 초라한 경력)
상황	인생 경험 → 결핍
상황	의지적(∵의지적 어조)

① (가)에서 '서른 나문 해'를 '초라한 경력'으로 표현한 것은, 화자가 자신이 살아온 인생을 변변치 않은 경험으로 재해석한 것이겠군.

정답 ○

▶ <보기>의 '축적된 인생 경험에서 결핍을 발견한 화자'를 읽고 인생 경험과 '서른 나문 해, 연륜, 초라한 경력'이 같은 의미를 가진다는 것을 알 수 있습니다. 시간을 의미하는 어휘들이라는 점에 주목합시다.

② (가)에서 '불꽃'을 긍정적인 이미지로 표현한 것은, [<'주름 잡히는 연륜'에 결핍되어 있는> 속성을 끊을 수 있는] 수단이라는 의미로 재해석한 것이겠군.

정답 ×

▶ 선지의 수식된 문장을 분절해서 파악하고 합쳐서 이해합시다.

0. 먼저 순서대로 읽은 후 바깥쪽의 수식된 문장을 파악합니다.

▶ "'불꽃'을 긍정적인 이미지로 표현한 것은 어떤 수단이다?" 이제 안쪽의 수식된 문장을 봐야 합니다. '불꽃'은 긍정이니 저 수단도 긍정이어야 합니다.

1. <'주름 잡히는 연륜'에 결핍되어 있는> 속성

▶ 이 속성은 불꽃의 열렬함(긍정)입니다. 주름 잡히는 연륜은 열렬함이라는 속성을 갖지 않기에 부정적 이미지를 갖게 됩니다.

2. [<'주름 잡히는 연륜'에 결핍되어 있는> 속성을 끊을 수 있는] 수단

▶ 이 수단은 앞의 속성(열렬함)을 끊어내는 수단입니다. 긍정적인 속성을 끊어냅니다. 결국 부정적인 의미를 가지기에 이 선지는 적절하지 않습니다.

③ (가)에서 '육지'를 지나간 시간을 막아 둘 공간으로 표현한 것은, '육지'를 화자가 결핍을 느끼는 공간으로 재해석한 것이겠군.

정답 ○

▶ 허용 가능합니다. 화자는 '지나간 시간'을 상징하는 '서른 나문 해, 연륜, 초라한 경력'이라는 대상들을 육지에 막고 섬으로 가려고 합니다. 따라서 화자는 섬을 지향하며 육지를 지향하지 않습니다.

💡 **교훈** • 선지 판단

> 선지가 복잡하게 제시되는 경우가 있습니다. 이때, 비문학과 마찬가지로 수식절을 통해 복잡하게 문장을 구성하기 때문에 분절해서 파악하고, 합쳐서 이해해야 합니다.
> 1. 왼쪽에서 오른쪽으로 읽던 대로 읽되, 수식절이 나오면 끊기
> 2. 문장을 다 읽고 나서, 오른쪽에서 왼쪽으로 바깥쪽의 문장부터 정리하기

(가)

아득한 옛날에 나는 떠났다
㉠부여를 숙신을 발해를 여진을 요를 금을
흥안령을 음산을 아무우르를 숭가리를
범과 사슴과 너구리를 배반하고
송어와 메기와 개구리를 속이고 나는 떠났다

나는 그때
㉡자작나무와 이깔나무의 슬퍼하던 것을 기억한다
갈대와 장풍의 붙드던 말도 잊지 않았다
㉢오로촌이 멧돝을 잡아 나를 잔치해 보내던 것도
쏠론이 십릿길을 따라 나와 울던 것도 잊지 않았다

나는 그때
㉣아무 이기지 못할 슬픔도 시름도 없이
다만 게을리 먼 앞대로 떠나 나왔다
그리하여 따사한 햇귀에서 하이얀 옷을 입고 매끄
러운 밥을 먹고 단 샘을 마시고 낮잠을 잤다
밤에는 먼 개소리에 놀라나고
아침에는 지나가는 사람마다에게 절을 하면서도
나는 나의 부끄러움을 알지 못했다

그동안 돌비는 깨어지고 많은 은금보화는 땅에 묻
히고 가마귀도 긴 족보를 이루었는데
이리하여 또 한 아득한 새 옛날이 비롯하는 때
㉤이제는 참으로 이기지 못할 슬픔과 시름에 쫓겨
나는 나의 옛 하늘로 땅으로 — 나의 태반으로 돌
아왔으나

이미 해는 늙고 달은 파리하고 바람은 미치고 보래
구름만 혼자 넋 없이 떠도는데

㉥아, 나의 조상은 형제는 일가친척은 정다운 이
웃은 그리운 것은 사랑하는 것은 우러르는 것은 나
의 자랑은 나의 힘은 없다 바람과 물과 세월과 같이
지나가고 없다

- 백석, 「북방에서-정현웅에게」 -

10 ㉠~㉥을 이해한 것으로 적절하지 <u>않은</u> 것은?

① ㉠에서는 여러 민족, 나라, 지명을 열거하여, 화자가 떠나온 공간을 북방으로 포괄되는 동질적 공간으로 표현하고 있다.

② ㉡에서는 의인화된 자연물을 제시하여, 화자가 북방을 떠나면서 느낀 슬픔을 드러내고 있다.

③ ㉢에서는 이별하던 장면을 유사한 통사 구조로 제시하여, 화자가 북방에서의 기억을 여전히 간직하고 있음을 보여 주고 있다.

④ ㉣의 시구가 ㉤에서 반복, 변주되는 것을 통해, 상반된 상황이 시간의 추이에 따라 일치되는 과정을 드러내고 있다.

⑤ ㉥에서 '없다'와 그 앞에 열거된 시어들을 통해, 화자가 가깝게 느끼고 가치를 부여했던 것들이 부재함을 표현하고 있다.

맥락을 통한 상황 파악하기

10번 문제 풀이 – 기호 밑줄 선지 해설

① ㉠에서는 여러 민족, 나라, 지명을 열거하여, 화자가 떠나온 공간을 북방으로 포괄되는 동질적 공간으로 표현하고 있다.

➡ 어라? 열거에서 동질성을 바로 뽑아낼 수 있지 않을까요? 나열/열거면 공통점이나 차이점을 통해 드러내고 싶은 것을 강조하니까요. 그러면 나열된 곳이 북방인지만 확인하면 됩니다.

아득한 옛날에 나는 떠났다
㉠ 부여를 숙신을 발해를 여진을 요를 금을
흥안령을 음산을 아무우르를 숭가리를
범과 사슴과 너구리를 배반하고
송어와 메기와 개구리를 속이고 나는 떠났다

➡ 화자는 떠났습니다. 어딜 떠났을까요? 선지에서 북방이라고 하는데 나열된 공간은 북방이기에 허용 가능합니다. (부여와 발해가 북방인데 모른다면 한국사 열심히 합시다.) 화자는 과거에 북방에서 동물들을 속이고 떠났습니다.

①번은 적절합니다. 사실 이 선지는 열거에서 동질성을 바로 뽑아낼 수 있는 선지입니다. 문학 개념어를 배웠다면 이 정도는 해야 합니다. "나열/열거는 비슷한 대상들을 늘어두는 것이니까 공통점을 드러내겠네. 즉, 동질성을 드러내기 위한 표현법이구나! 선지 자체가 모순이 없으니 바로 열거 여부만 봐야지."

② ㉡에서는 의인화된 자연물을 제시하여, 화자가 북방을 떠나면서 느낀 슬픔을 드러내고 있다.

➡ 대상과 정서에 집중해서 갑시다.

나는 그때
㉡ 자작나무와 이깔나무의 슬퍼하던 것을 기억한다
갈대와 장풍의 붙드던 말도 잊지 않았다

➡ 자연물들이 슬퍼하고 붙듭니다. 나무는 감정을 가질 수 없기에 의인법이 맞습니다. 여기서 최소한의 이해를 해봅시다. 화자 자신이 슬펐기에 자연물들도 슬퍼 보이는 것입니다. 화자는 자연물에 자신의 슬픔을 투영하고 있습니다.

②번도 적절합니다.

③ ㉢에서는 이별하던 장면을 유사한 통사 구조로 제시하여, 화자가 북방에서의 기억을 여전히 간직하고 있음을 보여 주고 있다.

㉢ 오로촌이 멧돝을 잡아 나를 잔치해 보내던 것도
쏠론이 십릿길을 따라 나와 울던 것도 잊지 않았다

➡ 유사한 통사 구조를 통해 이별의 장면을 드러냅니다. 울며 떠나보낸 것을 잊지 않았으니 당연히 북방에서의 기억을 간직하고 있겠죠. ③번도 적절합니다.

대구법으로 제시된 대상들은 화자를 붙잡기도 하고 따라 나와 울기도 합니다. 화자가 얼마나 떠나기 싫었으면 대상들을 의인화해서 표현했을까요.

> **정서** 슬픔
> **상황** 어떤 공간을 떠나며 미련의 태도와 슬픔의 정서를 드러냄

④ ㉣의 시구가 ㉤에서 반복, 변주되는 것을 통해, 상반
된 상황이 시간의 추이에 따라 일치되는 과정을 드러
내고 있다.

➡ 반복과 변주를 확인하고 ㉣과 ㉤이 상반되어 있는지부
터 확인합시다.

➡ '그때'라고 말하며 과거를 회상하고 있습니다. 슬픔과 시
름이 없다고 합니다. 아니 화자는 과거 북방을 떠날 때 의
인화를 통해 슬픔을 드러내지 않았나요? 일단 더 읽어 봅시
다. 앞대라는 곳의 삶을 감각적으로 묘사했습니다. 그런데
지금 와서 그때를 되돌아보니 부끄럽다고 합니다. 지금은 그
때의 상황을 부정적으로 여기고 있습니다. 그 당시엔 아니었
지만요. 과거를 회상하고 성찰하는 것일까요?

'아무 이기지 못할 슬픔도 시름도 없이'에서 '아무 이기지 못
할'에 주목하면 '강한 슬픔도 시름도 없이'로 읽을 수 있습
니다. 화자는 과거에 슬픔이 있긴 했으나, 이기지 못할 정
도는 아니었다. 즉, 약한 슬픔을 가지고 있었다고 볼 수 있
습니다.

배경 앞대(공간)
정서 부끄러움

그동안 돌비는 깨어지고 많은 은금보화는 땅에 묻히고
가마귀도 긴 족보를 이루었는데
이리하여 또 한 아득한 새 옛날이 비롯하는 때
㉤이제는 참으로 이기지 못할 슬픔과 시름에 쫓겨
나는 나의 옛 하늘로 땅으로 — 나의 태반으로 돌아
왔으나

➡ 시간이 흐르며 많은 것이 달라졌고 화자는 현재 강한 슬
픔과 시름을 느끼며 북방으로 돌아왔습니다.

정서 슬픔, 시름
배경 북방(공간)

㉣과 ㉤의 상황부터 판단합시다. ㉣은 약한 슬픔, ㉤은
강한 슬픔을 드러냅니다. 정도를 기준으로 하면 상반된 상
황은 맞습니다. 그러나 '시간의 추이에 따라 일치되는 과
정'은 드러나지 않습니다. ㉣에서 ㉤으로 흘러가며 정서의
정도가 달라졌습니다. '일치'가 아닌 '변화'입니다. 따라서
④번 선지는 적절하지 않습니다.

정답 ④

이미 해는 늙고 달은 파리하고 바람은 미치고 보래구
름만 혼자 넋 없이 떠도는데

➡ 대상을 나열해서 많은 것이 바뀌었음을 드러냅니다.

⑤ ㉥에서 '없다'와 그 앞에 열거된 시어들을 통해, 화자
가 가깝게 느끼고 가치를 부여했던 것들이 부재함을
표현하고 있다.

➡ 열거된 대상의 공통점을 확인합시다.

㉥아, 나의 조상은 형제는 일가친척은 정다운 이웃은
그리운 것은 사랑하는 것은 우러르는 것은 나의 자랑
은 나의 힘은 없다 바람과 물과 세월과 같이 지나가
고 없다

➡ 조상도 형제도 친척도 이웃도 사라지고 없습니다. 화자가
가깝게 느끼며 가치를 부여한 대상이라고 볼 수 있습니다.
⑤번은 적절합니다.

'시간의 추이에 따라 일치되는 과정'이라면 먼저 서로 다른 두 상황 A와 B가 제시되고, 시간이 흐른 후 이 둘이 어떤 지점 C로 수렴하여 결국 일치해야 합니다. 이는 마치 변증법적 과정과 유사합니다. (C가 A로 기울거나 B로 기울 수 있기에 완전히 변증법적이라고 볼 수 없기에 유사하다고 표현했습니다.)

그런데 잠깐, 이 선지를 다시 읽어 봅시다. 'ⓔ의 시구가 ⓜ에서 반복, 변주되는 것을 통해, 상반된 상황이 시간의 추이에 따라 일치되는 과정'이라고 하네요?

여기서 이상한 점을 발견해야 합니다. ⓔ과 ⓜ 자체가 상반된 상황이라면서 어떻게 시간이 흐르면서 일치한다는 걸까요?

선지가 말하려는 건 이런 걸 겁니다. '처음엔 서로 다른 두 개의 상황이 있었는데, 시간이 흐르면서 결국 하나로 수렴했다.' 예를 들어 A는 슬픔, B는 기쁨이었는데 시간이 흐르며 둘 다 담담함으로 변했다면 '일치되는 과정'이라고 할 수 있습니다.

따라서 상반된 상황인 ⓔ과 ⓜ만 나온 순간 일치되는 과정은 적절하지 않습니다. 이제 사실관계도 엮어서 다시 봅시다.

작품에서 우리가 본 건 뭐였나요? ⓔ에서 ⓜ으로 가면서 '약한 슬픔'이 '강한 슬픔'으로 변했습니다. 이건 일치가 아니라 변화입니다. 정도를 기준으로 봤을 때 정반대 방향으로 갔습니다. 따라서 적절하지 않습니다.

문학 FOCUS

FOCUSING

풀이 순서의 최적화

26년도 6, 9월 모의고사, 수능 적용 연습

26년도 6, 9월 모의고사, 수능 적용 연습

앞서 배운 풀이 순서를 가볍게 짚어보고 갈까 합니다.

이 시험지들은 여러 번 풀어봐서 익숙한 상황일 겁니다.

작품이나 문제의 해설보다도 풀이 순서를 어떻게 잡고 효율적으로 풀 것인가에 대해서 가볍게 정리하고 가겠습니다.

실제 시험지에서 풀이 순서를 조망한다고 생각하고 표를 채워봅시다.

그리고 확인해보세요.

FOCUSING 풀이 순서의 최적화

"그거 표구할 수 있겠지?"

"표구?"

"그래."

"그야 할 수 있겠지. ㉠창호지니까."

"난 그런 걸 잘 모르지 않나. 그래 **화가**인 자네 생각을 했지 뭔가. 자네가 어디 적당한 표구사에 맡겨서 좀 해 주지 않겠나?"

"그야 어렵지 않지만…… 자네도 어지간히 호사가 군. 이걸 표구해서 뭘 하나. 도대체 어디서 주워 온 건가, 이 ㉡휴지는?"

"아닌 게 아니라 정말 휴지통에서 주운 거지."

그 친구 은행 창구에 저녁때면 날마다 빠지지 않고 들르는 **지게꾼이 있단다. 은행** 문 앞에 지게를 벗어 세워 놓고는 매우 죄송스러운 태도로 조용히 은행 안으로 들어서는 스물댓 나보이는 그 꺼먼 얼굴의 청년을 처음엔 **안내원이 막았다.**

"뭐지요?"

"예, 예, 저어……."

"여긴 은행이오, 은행!"

"예, 그러니까 저 돈을……."

청년은 어리둥절해서 말도 제대로 하지 못했다.

"글쎄, 은행이라니까!"

"예, 그런데 그 조금도 할 수 있습니까?"

"조금이라니 뭘 말이오?"

"저금을 조금두 할 수 있습니까?"

"저금요!"

은행 안의 모든 시선들이 그 지게꾼에게로 쏠렸다.

[A]
청년은 점점 더 당황하였다. 얼굴이 붉어져서 돌아서 나가려는 그를 불러 세운 것은 예금 창구의 여직원이었다. 청년은 손에 말아 쥐고 있던 라면 봉지에서 꼬깃꼬깃한 백 원짜리 지폐 다섯 장과 새로 새긴 목도장을 꺼내어 떨리는 손으로 여직원에게 바쳤다. 청년은 저만치 한 구석으로 가 서서 불안스러운 눈으로 멀리 여직원을 지켜보고 있었다. 한참 만에 그는 흠칫 놀랐다. 생전 처음 그는 씨 자가 붙은 자기 이름을 들었던 것이다. 그는 여직원 앞으로 달려와 빳빳한 통장을 받았다. 청년은 여직원과 안내원에게 굽신굽신 절을 하고는 한 손에 통장

을 받쳐 든 채 들어올 때처럼 조심스럽게 유리문을 밀고 나갔다. 통장을 확인할 경황도 없이.

다음 날부터 그 청년은 매일 저녁 무렵이면 꼭꼭 들렀다. 하루에 이백 원 혹은 삼백 원 또 어떤 날은 오백 원, 그의 통장에는 입금만 있고 출금란은 비어 있었다. 이제는 제법 안내원과는 익숙해졌으나 여직원 앞에서는 여전히 얼굴을 붉히며 수고를 끼쳐서 대단히 죄송하다는 표정 그대로였다.

그러던 어떤 날이었다. 그날은 여느 날보다 조금 일찍 청년이 은행엘 들렀다.

"오늘은 일찍 오셨네요. 얼마 넣으시겠어요?"

여직원이 미소로 물었다.

"예, 기게 오늘은 좀……."

청년은 무언가 종이 뭉텅이를 들고 머뭇거렸다.

"왜요?"

"이거 정말 죄송합니다. 이거 얼마 되지도 않는 걸 동전으루…… 그동안 저금통에 넣었던 걸 오늘 깨었죠. 기래 여기 이렇게……."

청년은 종이에 싼 것을 내밀었다.

"아이, 많이 모으셨네요."

"죄송합니다. 정말 이거……."

청년은 뒤통수를 긁적거리며 언제나 그가 서서 기다리는 **구석으로 갔다.**

"**이게** 바로 그 지게꾼 청년이 동전을 싸 가지고 온 종이지."

친구는 내 손의 그 [편지]를 가리켰다.

"그래, 그럼 그의 집에서 그 청년에게 보낸 편지란 말인가?"

"글쎄, 반드시 그렇다고는 할 수 없겠지. 동전을 세는 여직원을 거들어 주다가 우연히 발견하고 **재미 있다고** 생각돼서 가지고 온 것뿐이니까."

우물집할머니하루알고갔다. 모두잘갓다한다. 장손이장가갓다. 색씨는너머마을곰보영감딸이다. 구장네탄실이시집간다. 신랑은읍의서기라더라. 앞집순이가어제저녁감자살마치마에가려들고왔더라. 순이는시집안갈끼라하더라. 니는빨리장가안들어야건나

나는 **비시시 웃음**이 새어 나왔다. **편지 내용**도 그렇고 **친구의 장난기**도 그랬다.

어쨌든 나는 그 창호지를 아는 표구사에 맡겼다. 그게 어떤 편지냐고 묻는 표구사 주인한테는,
"굉장한 겁니다. 이건 정말 ⓒ국보급입니다."
하고 얼버무렸다. 표구사 주인은 머리를 갸웃거렸다.
그 후 나는 그 창호지 편지를 감감히 잊어버리고 있었다. 그런데 은행 친구가 어느 외국 지점으로 전근이 되었다. **비행기가 떠날 때** 나는 문득 그 편지 생각이 났다.

　니떠나고메칠안이서송아지낫다.

　그길로 나는 **표구사**로 갔다. 구겨진 휴지였던 그 편지는 깨끗이 펴져서 액자 속에 들어 있었다. 그렇게 치장하고 보니 그게 정말 무슨 ⓔ국보나 되는 것 같았다.

　돈조타. 그러나너거엄마는돈보다도너가더조타한다. 밥묵고배아프면소금한줌무그라하더라.

　그날부터 그 ⓜ액자는 내 화실에 그냥 걸어 두었다. 그저 걸어 둔 거다. 그런데 그게 이상하게도 차츰 내 화실의 중심점이 되어 갔다. 그건 그림 같기도 하고 글 같기도 하다. 아니 그건 분명 그 둘이 합쳐진 것이었다.
　나는 친구가 외국으로 떠나고 이태 동안 그 액자를 간간 바라보고 있는 사이에 차츰 그 **친구의 심정**을 느껴 알 것 같아졌다.

　니무슨주변에고기묵건나. 콩나물무거라. 참기름이나마니처서무그라.
　순이는시집안갈끼라하더라. 니는빨리장가안들어야건나.
　돈조타. 그러나너거엄마는돈보다도너가더조타한다.

- 이범선, 「표구된 휴지」 -

<보기> 독해 (강/약)

번 ① :

번 : 읽다가 [A] 발견하면 풀이

번 나머지 :

작품 독해 완료

번 :

번 :

18 ㉠~㉢을 중심으로 윗글을 이해한 내용으로 가장 적절한 것은?

① '화가'는 대상을 표구할 수 없다는 인식을 바탕으로 눈앞의 종이를 ㉠으로 지칭하였다.
② '화가'는 눈앞의 종이가 자신에게 필요한 것임에 주목하여 이를 ㉡으로 지칭하였다.
③ '표구사 주인'은 종이에 담긴 내용에 주목하여 '화가'가 이를 ㉢이라 한 말에 동의하였다.
④ '화가'는 종이가 ㉣의 가치를 갖는다고 생각하여 자신이 주문한 물건을 찾으러 갔다.
⑤ '화가'는 표구한 종이의 글에서 그림 같은 느낌도 받으며 ㉤이 점차 화실의 중심점이 되고 있음을 인식하였다.

19 [A]의 서술상 특징으로 가장 적절한 것은?

① 대화 내용을 간접 인용으로 서술하며 인물을 비판하고 있다.
② 편집자적 논평을 통해 인물 간의 갈등이 지닌 의미를 부각하고 있다.
③ 동시에 진행되는 사건을 병렬하여 인물의 상반된 태도를 드러내고 있다.
④ 추측하는 진술로 장면 서술을 마무리하여 인물의 빠른 움직임을 부각하고 있다.
⑤ 거리와 위치를 나타내는 표현을 사용하여 인물의 불안한 심리를 부각하고 있다.

20 편지의 내용에 대한 설명으로 적절하지 <u>않은</u> 것은?

① 수신자도 알 만한 사람들의 소식들을 포함하고 있다.
② 혼사와 관련하여 수신자의 현재 상황을 지지하고 있다.
③ 아픈 상황이 생겼을 경우의 대처 방법을 전달하고 있다.
④ 수신자의 먹을거리에 대하여 관심을 보이며 조언하고 있다.
⑤ 재물보다 수신자를 더 중요하게 여기는 마음을 전달하고 있다.

21 <보기>를 참고하여 윗글을 감상한 내용으로 적절하지 <u>않은</u> 것은? [3점]

• 보기 •

「표구된 휴지」에서는 ⓐ 외화인 '화가'의 이야기에 ⓑ 내화인 '청년'의 이야기, ⓒ 또 다른 내화인 '편지' 내용들이 연결되거나 삽입된다. 외화와 내화가 연결될 때, 한 문단 안에서 이어 가거나 지시 표현을 사용하여, 서술 시점과 시·공간적 배경이 다른 두 이야기를 연결한다. 외화에 또 다른 내화가 삽입될 때는 편지의 내용과 형태에 대한 '화가'의 흥미와 관심이 드러난다. 또한 유사한 의미의 표현을 통해 '화가'가 떠올린 편지의 내용을 보여 주기도 하고, 거듭 제시된 내용을 통해 '화가'가 편지를 감상하며 그 의미를 되새기고 있음을 알려 주기도 한다.

① ⓐ에서 '지게꾼이 있단다'라고 들었음을 서술한 뒤에 '은행'의 '안내원이 막았다'는 ⓑ의 첫 문장을 서술한 것은, ⓐ에서 ⓑ로 서술 시점이 변하는 부분을 한 문단 안에 이어 연결한 것이군.
② ⓑ에서 '구석으로 갔다'라고 마무리하고 '이게'로 ⓐ를 다시 이어 간 것은, ⓑ에서 ⓐ로 시간적 선후가 역전되면서 이어지는 부분을 지시 표현을 사용하여 다시 연결한 것이군.
③ ⓐ에서 '재미있다'고 한 '친구'의 말 뒤에 ⓒ의 일부를 삽입한 것은, ⓐ에서 '화가'가 '편지 내용'과 '친구의 장난기'를 흥미롭게 받아들이며 '비시시 웃'게 되는 이유를 보여 주는군.
④ ⓐ에서 '비행기가 떠날 때'의 장면 뒤에 '니떠나고'로 시작되는 ⓒ의 일부를 삽입한 것은, ⓐ에서 유사한 의미의 표현을 떠올린 '화가'가 '그길로' '표구사'로 가는 행위로 연결되는군.
⑤ ⓐ에서 '친구의 심정'을 생각한 내용 다음에 앞서 제시했던 ⓒ의 일부를 다시 삽입한 것은, ⓐ에서 '화가'가 편지 내용들을 감상하며 그 의미를 다시 생각하고 있음을 보여 주는군.

(가)

화룡담 깊은 못이 너럭바위 아래 있어
뿜으며 들썩이며 변화가 무궁하다
사자봉 높은 돌이 **용소(龍沼)**를 굽어보되
바위 중턱 파인 곳에 **돌 하나** 끼어 있다
중의 말이 황당하여 대강 걸러 들으니
저 바위의 사자가 화룡더러 말하기를
이내 몸 육중하여 무너져 내려가면
너의 깊은 **못**이 터진도 없을 테니
네가 재주 많다 하니 내 발 조금 고여 다오   [A]
화룡이 옳게 여겨 **건너편 산**에 올라
저 돌을 빼다가 이 바위 괴었다 하네
들으니 그럴듯해 건넛산 바라보니
과연 산 중턱에 돌 하나 빠진 **틈**이
이 돌 갖다 끼울 만큼 크기가 비슷하다

(중략)

한참을 구경하고 도로 내려 금강문에
남여 타고 절에 와서 **점심을 먹은 후**에
만물초 가는 길이 온정을 지난다기에
극락고개 넘어서서 **오 리 남짓** 가니
주막집 바로 곁에 **우물집** 지었기에
문 열고 구경하니 상하탕(上下湯)이 늘어 놓여
넓적한 돌 네모지게 두 군데 똑같이 짜고
물빛은 흐릿하고 미지근하다 하네
보슬비 계속 내려 주점에서 머물고
이십일 일 조반 후에 날 흐리고 안개 덮여
만물초 구경하려 준비하고 내려가니
지로승(指路僧)과 **주막 주인** 붙들고 **만류**하되
ⓐ만물초 가는 길이 칠십 리 왕복이요
청명한 일기에도 구름 끼면 못 보는데
하물며 비 오는 날 지척을 분간하랴
미끄러운 돌사다리 천신만고 들어가서
산 밑만 겨우 보면 분하지 않으리오
들으니 그럴듯하고 일행들도 옳다 하여
봉래의 후약을 만물초에 남겨 두고
행장을 다시 차려 총석으로 향할 제
금강 내외산을 이곳에서 작별하니
만 이천 봉 빛이 눈앞에 역력하다

- 홍정유, 「동유가」 -

(나)

7월 3일(금)

총석정은 다음날 와서 찾아가기로 하고 송전(松田)으로 오다. 송전처럼 좋은 데가 왜 아직 이름이 못 났을까. 왜 깨끗한 여관 하나, 세별장(貰別莊) 하나 없을까. 단 두 집의 여관, 모두 여인숙급인데 하나는 이름이 없고 하나는 '**동해여관**'이라 대서(大書)하였다. 이름 있는 집으로 정하다.

고저(庫低)가 곳간 바닥 그대론 듯이 송전은 솔밭 그대로다. 거리도 반은 솔밭 속에 묻히었다. 해풍에 자란 솔들이라 통만 굵고 가지는 적은데 모두 아래로 드리워서 파라솔이라도 아주 요즘 유행형들이다. 그 밑에 돗자리나 깔아 놓으면 소나무 하나마다가 훌륭한 정자겠다.

솔만 보면 봄인 듯하다. 그렇게 **푸르기**만 하지 않고 **윤택**하다. 땅만 보면 가을인 듯하다. 그렇게 모새*가 보드랍지만 않고 쩽쩽 소리가 날 듯 양명(陽明)하다.

거리에서 ⓑ바다로 나가는 길이 좋다. 넓고 양편에 소나무가 선 길은 송전 말고도 얼마든지 있을 게다. 그러나 이 길처럼 정하고 고운 길을 나는 일찍이 걸어 본 적이 없다. 혼례식장에서 이제 막 나오는 신랑 신부나 걸었으면 싶은 그런 길이다. 이 길이 끝나면 천공(天空), 해활(海闊), 거기엔 떡 뻗치고 선 것이 하나 있으니 초현실파의 그림처럼 의외의 것이되 배경에 조화되어 버린 철봉이 하나, 나는 뛰어가 매달리어 턱걸이를 겨우 네 번을 하다.

바다는 물결이 세다. 뽀—얀 수말(水沫)은 눈보라처럼 해안을 올려 쏜다. 해당화가 잊어버리지 못할 정도로 군데군데서 나부낀다. 향기도 강하건만 파도 냄새에 묻혀 꺾어 들어야 코를 찌른다. 바다는 늘 보아도 젊어 있다.

밤에 창이 하 밝기에 **주인**에게 물으니 **보름달**이라 한다. 홑 고의적삼이 추우리만치 **산산**하나 다시 **여관을 나섰다.**

낮에도 텅— 비었던 길, 밤에도 사람의 그림자는 하나도 없다. 달빛만이 꽉— 차 있었다. 한 걸음 한 걸음 내어 디딜 때마다 달의 물결이 쏴— 쏴— 하고 흩어지는 것 같다. 길뿐이 아니라 솔밭 위에도, 철로 위에도, 으리으리한 바다 위에도, 달은 또한 큰 바다이다. 이 달의 바다 아래에선 물의 바다는 너무나 조그맣구

나! 그리고 달의 바다는 너무나 성스럽구나!

새 한 마리 노래하지 않는 솔밭, 들창 하나 열리지 않은 빈 별장들, 누구를 위해 달은 이처럼 밝아 있는가? 사람이야 나와서 보건 말건, 정물(情物)이 아닌 파도만 치는 곳에, 달은 이렇듯 밝아 있구나. 생각하면 우리 사람이 이르지 못하는 곳에 달은 얼마나 많이, 얼마나 널리 비치고 있는 것일까? 끝없는 사막, 끝없는 해양, 그리고 무인고도(無人孤島)들, 높은 산봉우리들, 남북극지의 빙원들, 또 그리고 무수한 천공에 달린 별의 세계들, 참 달은 무섭도록 크고 무섭도록 무심하구나! 사람이, 미물처럼 조그마한 사람이 제가 공연히 그에게 정을 두도다.

- 이태준, 「해촌 일지」 -

* 모새 : 가늘고 고운 모래.

[22~26] 문제 조망하기(스스로 판단해 봅시다.)

<보기> 독해 (강/약)

번:　　　　[A] 파트 도착

(가) 독해 완료

번 :

(나) 독해 완료

번 :

번 :

번 :

22 (가)와 (나)의 공통점으로 가장 적절한 것은?

① 자연물에서 덕성을 발견하여 사회적 차원으로 일반화하고 있다.

② 계절의 변화를 제시하여 삶에 대한 관조적 태도를 드러내고 있다.

③ 자연물의 모습에 주목하여 자연에 대한 친화적 태도를 드러내고 있다.

④ 자연물 간의 조화로움에 빗대어 현실에서 겪는 삶의 문제를 제기하고 있다.

⑤ 자연의 극한적 상황을 제시하여 인간의 나약함을 극복하고자 하는 태도를 드러내고 있다.

23 ⓐ, ⓑ에 대한 이해로 가장 적절한 것은?

① ⓐ는 화자가 날씨의 영향을 받지 않고 갈 수 있는 길이다.

② ⓑ는 글쓴이가 걷는 도중에 많은 사람들을 마주치는 길이다.

③ ⓐ는 화자가 가려던 길이고, ⓑ는 글쓴이가 가고 있는 길이다.

④ ⓐ는 화자가 일행을 찾아 떠나는 길이고, ⓑ는 글쓴이가 일행을 마중하러 나가는 길이다.

⑤ ⓐ와 ⓑ는 각각 화자와 글쓴이가 걷기에 편한 길이다.

24 [A]에 대한 설명으로 적절하지 <u>않은</u> 것은?

① 화자는 '용소' 위에 있는 '사자봉'의 중턱 파인 곳에 '돌 하나'가 끼어 있는 모습을 제시하고 있다.

② 화자는 '중'에게 전해 들은 말을 통해 '사자봉' 중턱 파인 곳의 위치가 사자 형상의 발밑임을 제시하고 있다.

③ 화자는 '중'에게 전해 들은 말을 통해 파인 곳에 끼어 있는 '돌 하나'는 '못'의 용이 재주를 부려 옮긴 것임을 제시하고 있다.

④ 화자는 '중'의 말을 듣고 자신이 '건너편 산'에 올라가 '사자봉'을 바라보는 상황을 제시하고 있다.

⑤ 화자는 '중'의 말을 듣고 산 중턱의 '틈'과 '이 돌'을 견주면서 그 크기가 유사함을 제시하고 있다.

25 (나)에 대한 이해로 적절하지 <u>않은</u> 것은?

① '솔'의 생김새에서 '파라솔'을 연상하면서, 쉴 수 있는 공간을 떠올리고 있다.

② '초현실파의 그림' 같은 공간에서 '뛰어가 매달리'는 행동을 하면서, '혼례식장'을 걷는 '신랑 신부'의 모습을 상상하고 있다.

③ '뽀—얀' 물거품이 '눈보라처럼' 퍼지는 바닷가의 풍경을 바라 보면서, 바다를 젊음과 연결하고 있다.

④ 밤 풍경 위를 채운 '달빛'을 '달의 물결'로 인식하면서, 세상 곳곳을 비추는 달의 속성을 발견하고 있다.

⑤ '끝없는 사막'과 '별의 세계'에 미치는 달빛을 '사람'의 미미함과 대비하면서, 달빛의 무한함에 대해 사색하고 있다.

26 <보기>를 참고하여 (가), (나)를 감상한 내용으로 적절하지 <u>않은</u> 것은? [3점]

> ◦ 보 기 ◦
>
> 새로운 것에 대한 욕구를 충족하려는 기행 주체는 여행 장소의 풍경이나 풍속, 사람들과의 만남 등을 체험하면서 감흥을 얻는다. (가)와 (나)의 기행 주체는 여정에서 기억에 남는 경험을 일기 형식을 사용하여 기록하고 있다. (가)에는 여행 장소에서의 체험에 대한 사실적 정보를 관찰자의 입장에서 기록하려는, (나)에는 여행 장소에서 관심을 기울인 대상에 대한 인상을 감각적으로 묘사하려는 양상이 주로 나타난다.

① (가)는 '점심을 먹은 후'에 '극락고개'를 넘어 '오 리 남짓' 가는 것으로 표현한 데서, 시간의 순서에 따른 장소의 이동을 사실적으로 기록하려는 양상이 드러나는군.

② (나)는 '솔'의 모습을 '푸르'고 '윤택하다'고 표현한 데서, 여행 장소에서 관심을 갖게 된 대상에 대한 인상을 감각적으로 묘사하려는 양상이 드러나는군.

③ (가)는 '우물집'을 '문 열고 구경하'는 데서, (나)는 '산산'함에도 '여관을 나섰다'는 데서, 동일한 장소를 다시 찾아가 감흥을 새로 얻고자 하는 욕구를 충족하려는 모습이 드러나는군.

④ (가)는 '조반' 먹은 것을 '이십일 일'로, (나)는 '동해여관'으로 숙소를 정한 것을 '7월 3일(금)'로 날짜를 밝혀 기록한 데서, 여정의 경험을 일기 형식을 사용하여 표현했음이 드러나는군.

⑤ (가)는 '주막 주인'이 '만류'한 일을, (나)는 '주인'이 '보름달'이라 답한 일을 기록한 데서, 여정 중의 만남에서 정보를 얻은 경험을 기억할 만한 것으로 여기는 모습이 드러나는군.

[앞부분 줄거리] 진옥은 월국에 승전한 일을 황제에게 전하고 돌아오다 문득 대풍을 만나 외딴섬에 이르러 한 노인을 만난다.

그 노인이 눈물을 흘리며 왈

"사십 후에 한 자식을 두었다가 갑자년 난중에 잃었나이다."

진옥이 왈

"그 자식의 이름을 아시나이까?"

노인이 답왈

"내 자식의 이름은 김진옥이거니와 화초암에서 공부하다가 이별하였더니 지금 사생존망을 모르나이다."

하거늘 원수가 그제야 부친인 줄 알고 그 노인을 붙들고 ㉠대성통곡 왈

"소자의 이름이 진옥이로소이다."

하니 그 노인이 진옥이란 말을 듣고 ㉡대성통곡하고 기절하고 엎어지니 진옥이 눈물을 그치고 부친을 위로하며 전후사를 낱낱이 설화하더라.

그런 뒤에 배를 타고 만경창파에 떠서 고국으로 향하더니 한곳에 다다르니 바람결에 청아한 ⓐ옥피리 소리 들리거늘 살펴보니 일위 동자가 청의를 입고 머리에 화관을 쓰고 ⓑ일엽편주를 타고 살같이 오며 왈

"김 원수는 배를 잠시 멈추소서."

하며 급히 불러 왈

"수부 왕이 청하시니 가사이다."

하거늘 원수가 대왈

"용왕은 수부 용신이요, 진옥은 진세지인이라. 용궁과 인세가 길이 다르니 어찌 서로 미치리오?"

원수가 부친께 고하여 왈

"어찌 하오리까?"

하니 그 부친이 왈

"용왕이 청하시니 어찌 거역하리오. 아모케든 가리라."

하시니 원수가 동자를 따라 수부에 이르니 일월이 명랑하고 천지가 광활하고 주궁이 장려하고 위의가 거룩하더라.

이때 용왕이 원수를 맞아 ⓒ백옥상에 좌정한 후 왈

"원수의 존명을 들은 지 오래더니 오늘에서야 처음 보는도다."

원수가 대왈

"저는 인간 사람이라. 이다지 관대하시니 감사무지로소이다."

한참이나 자리를 즐기더니 한 신하가 아뢰어 왈

"동곡 대병이 지경을 범하오니 대왕은 급히 막으소서."

하였더라.

이때 용왕이 원수를 돌아보아 왈

"과인이 김 원수를 청한 것은 다름 아니라 동곡 용왕이 지경을 침노하니 원수는 일신을 아끼지 말고 공을 이루라. 만일 적병을 소멸하면 수부의 영광이 될 것이요, 또 공을 표창하리라."

하니 원수가 대왈

"저는 진세 사람이라 어찌 수부 용왕을 당하리오. 그러나 힘을 다하여 보겠나이다."

용왕이 ㉢대희하여 즉시 정병 팔만을 조발하여 주거늘 동곡 용왕과 대진하니 천지가 진동하고 남해 용궁이 가득 찬 듯하더라. 원수 사은하고 물러 나오니 군영이 엄숙하고 위엄이 진동하는지라.

각설, 이때 중국 대병이 회환하다가 일야 대풍에 원수 탄 배 표풍하여 간 곳이 없는지라. 군중이 황황하여 두루 찾았으나 종적을 모르는지라. 삼 삭 만에 본국에 돌아와 황제께 아뢰길 '대원수 김진옥을 중도에 잃어버렸다.'라고 하니 황제가 그 말을 듣고 대경차탄하시고 다른 제장 군졸들은 무사 귀국함을 기꺼하시나 원수 표풍함을 슬퍼하시고 또한 이상하게 여기시더라.

이때 유 승상이 이 말을 듣고 ㉣대경실색하여 부인과 소저와 주야 근심하여 천만다행으로 살아 돌아옴을 두 손 모아 기도하더라. 이에 앞서 우양 공주가 김진옥이 파혼하매 형성군의 며느리 되었으니, 김진옥이 부마됨을 지극히 피함을 시기하여 항상 모해할 뜻을 두고 그윽이 틈을 엿보더니, 원수 표풍하여 사생모름을 듣고 대희하여 병부상서 정동한 등으로 통하여 황제께 여쭈오되

"갑자년 난중에 김진옥의 아비 시광도 오랑캐와 내응하다가 성사치 못함으로 월국으로 들어가더니 지금 진옥이 월국을 치는 체하다가 월국으로 도망하여 제 아비와 동심합력하여 중국을 해코자 하오니 그 처자를 어찌 살려 두리까? 황제는 앞날을 생각하소서."

황제 그 말을 듣고 그러할 듯한지라 즉시 유 승상을 삭탈관직하고 진옥의 처 유 씨를 잡아다가 죽이려 하더라.

(중략)

각설, 이때 원수 수부에서 용궁 대병을 거느리고 일자 장사진을 쳐 제장을 호령하시니 선봉 장신갑이 아뢰어 왈

"동곡 용왕은 유수진을 쳤거늘 원수께서는 어찌 일자 장사진을 쳤나니까?"

원수 웃으며 왈

"오행 중에 상극이 있으니 유수진을 치고 들면 어찌 살기를 바라리오."

제장이 서로 돌아보고 왈

"원수의 **진법**은 과연 **명장**이라."

하며 **칭찬**하더라.

이때 원수가 군법을 정제하고 싸움을 돋우더니 '동곡 용왕은 들어보라.' 하며 풍운조화를 부리니 동곡 용왕이 ⓜ대로하여 비룡마를 타고 ⓓ청전검을 들고 달려들거늘 원수가 응하여 동서남북으로 충돌하다가 용왕의 머리를 베어 들고 만군 중에 횡행하니 수중 명장이 대경실색하더라.

이때 적진 군중에서 ⓔ항서를 써 올리거늘 원수가 받은 후에 군사를 몰아 돌아오니 용왕이 대희하여 원수와 그 부친을 좌상에 앉히고 원수 공덕을 무수히 **치사**하시더라. 그 부친으로 서해군을 봉하시고 원수로서 **동해군**을 **봉**하시니라.

- 작자 미상, 「김진옥전」 -

27 ㉠~㉤에 대한 이해로 적절하지 않은 것은?

① ㉠ : '노인'과 함께 전란을 극복했던 과거를 떠올린 '진옥'의 반응이며, '진옥'이 서러움을 토로하는 모습으로 이어지는군.

② ㉡ : 자신이 알지 못했던 의외의 사실을 확인한 '노인'의 반응이며, '노인'이 격한 감정을 못 이기는 모습으로 이어지는군.

③ ㉢ : '진옥'의 태도에 만족한 '용왕'의 반응이며, '용왕'이 '진옥'에게 목표 달성을 위한 수단을 제공하는 행위로 이어지는군.

④ ㉣ : '진옥'의 실종 소식에 대한 '유 승상'의 반응이며, 가족들과 '유 승상'이 '진옥'의 생환을 비는 모습으로 이어지는군.

⑤ ㉤ : 싸움을 걸며 조화를 부리는 '진옥'에 대한 '동곡 용왕'의 반응이며, '동곡 용왕'이 '진옥'을 제압하려는 행위로 이어지는군.

28 ⓐ~ⓔ에 대한 설명으로 가장 적절한 것은?

① ⓐ는 환상적 분위기를 조성하여, 새롭게 등장하는 존재에 대한 인물의 주의를 환기하는 소재이다.
② ⓑ는 인물들이 계획했던 항해가 무사히 지속될 수 있도록 안내하여, 당초 목적한 곳에 이를 수 있도록 하는 소재이다.
③ ⓒ는 주변 풍광을 보여 주는 앞선 장면과 대비되어, 인물이 당면한 처지에 안절부절못함을 상징적으로 나타내는 소재이다.
④ ⓓ는 인물이 지닌 비범함을 돋보이게 하여, 직면한 공격에 상대가 미처 대응하지 못하게 도움을 주는 소재이다.
⑤ ⓔ는 갈등의 양상을 감추어, 건네받는 인물이 상대의 진의를 파악할 수 없도록 기능하는 소재이다.

29 다음은 학생이 윗글을 읽고 작성한 감상문의 일부이다. ㉠~㉤ 중 적절하지 <u>않은</u> 것은?

「김진옥전」에서는 진옥의 표류를 계기로 서로 다른 공간에서 가족의 상봉과 위기의 서사가 전개되었다. 진옥이 표류해 도착한 공간에서는 진옥이 부친과 상봉했는데, ㉠<u>진옥과 부친이 이별하였을 때의 상황이 언급되었고</u>, ㉡<u>진옥이 부친과 함께 배를 타고 고국으로 출발하는 이야기가 이어졌다.</u> 한편, 진옥이 부재한 공간에서는 진옥의 가족을 해치려는 시도가 이루어졌다. ㉢<u>황제는 진옥이 귀환하지 못했다는 상황이 그러할 듯하다고 이해했지만</u>, ㉣<u>공주는 진옥의 부재를 기회로 삼아 계략을 꾸몄다.</u> 그 후 ㉤<u>진옥을 모함하는 말을 들은 황제에 의해 진옥의 가족은 위기에 처하게 되었다.</u> 이렇듯 표류는 진옥과 가족의 만남을 돕거나 방해하면서 이야기를 입체적으로 만들고 있었다.

① ㉠   ② ㉡   ③ ㉢   ④ ㉣   ⑤ ㉤

30 <보기>를 참고하여 윗글을 감상한 내용으로 적절하지 <u>않은</u> 것은? [3점]

• 보기 •

「김진옥전」의 영웅 서사가 보여 주는 바다 세계에서의 모험담에서는 초월적 세계에 대한 변모된 서술 양상이 드러난다. 이 작품 속 초월적 세계는 다른 영웅소설에서처럼 인간세계와의 간극을 지닌 곳으로 인식되지만, 인간 세계에나 있을법한 갈등이 일어나는 곳으로도 그려진다. 주인공은 초월적 존재의 요청으로 초월적 세계의 문제를 대신 해결하는데, 이 과정에서 초월적 세계의 존재에게 우월한 능력을 인정받고, 약속된 보상을 받아 영웅의 자격을 증명한다.

① 진옥이 '청의'를 입은 '동자'와 이야기하는 장면에서 '용궁과 인세가 길이 다르'다고 하는 것을 보면, 진옥이 초월적 세계와의 간극을 인식하고 있음을 알 수 있군.
② 용왕이 '공을 이루라'고 한 장면에서 '적병'의 처치를 진옥에게 요청한 것을 보면, 진옥으로 하여금 인간 세계와 초월적 세계 사이에서 생긴 문제를 대신 해결하게 하려 함을 알 수 있군.
③ 진옥이 '지경'을 침입한 적과 '대진'하는 장면에서 '남해 용궁'에서도 '중국'처럼 전란이 생기는 것을 보면, 초월적 세계에도 인간 세계에나 있을 법한 갈등이 나타남을 확인할 수 있군.
④ 진옥이 '진법'을 펼치는 장면에서 용궁의 '제장'이 '명장'이라고 '칭찬'하는 것을 보면, 진옥이 초월적 세계의 존재에게 뛰어난 능력을 인정받고 있음을 확인할 수 있군.
⑤ 용왕이 진옥을 '치사'하는 장면에서 진옥을 '동해군'으로 '봉하'며 '표창'하는 것을 보면, 진옥이 약속된 보상을 받아 영웅으로서의 자격을 증명하고 있음을 알 수 있군.

(가)

마을 안에 차 집어넣고
이 집, 한 집 건너 저 집, 또 저 집,
구름처럼 피고 있는 **살구꽃**과 만난다. ⎤ [A]
빈집에는 작지만 **분홍빛 더 실린** 꽃구름,
때맞춰 깬 벌들이 이리저리 날고
날개맥(脈) 덜 여문 나비들이 저속으로 오간다.
소의 순한 얼굴이 너무 좋아
소 앞세우고 오는 마을 사람과 눈웃음으로
인사한다. ⎤ [B]
하늘 구름이 온통 동네에 내려와 있으니
말을 걸지 않아도 말이 되는군.
차에 올라 시동 걸고도 한참 동안 밖을 내다본다.
꽃들의 생애가 좀 짧으면 어때?
달포 뒤쯤 이곳을 다시 지날 때
이 꽃구름들 낡은 귀신들처럼 그냥 **허옇게 매달려**
있다면……
꽃도 황홀도 **때맞춰** 피고 지는 거다.

다리를 건너 가속 페달 밟으려다 말고
천천히 차를 몬다.
몸 돌려 보지 않아도 ⎤ [C]
차 거울들 속에 꽃구름 피고 있고
차 거울로는 잘 잡히지 않으나
하늘의 연분홍을 땅 위에 내려 받는 검은 둥
치들이 ⎤ [D]
군소리 없이 구름을 잔뜩 인 채 서 있겠지.
차를 멈추고 뒤돌아본다.
아 **하늘의 기둥**들! ⎤ [E]

- 황동규, 「살구꽃과 한때」 -

(나)

1

저 하잘것없는 한 송이의 달래꽃을 두고 보드래도,
다사롭게 타오르는 햇볕이라거나 보드라운 바람이
라거나 거기 모여드는 벌나비라거나 그보다도 이 하
늘과 땅 사이를 어렴풋이 **이끌고 가는 크나큰** 그 어
느 알 수 없는 **마음**이 있어 저리도 조촐하게 **한 송이
의 달래꽃은 피어나는** 것이요 길이 멸하지 않을 것
이다.

2

바윗돌처럼 꽁꽁 얼어붙었던 대지를 뚫고 솟아오른
저 애잔한 달래꽃의 **긴긴 역사**라거나 그 막아 낼 수
없는 위대한 힘이라거나 이것들이 빚어내는 아름다
운 모든 것을 내가 찬양하는 것도 오래오래 우리 마
음에 걸친 거추장스러운 푸른 **수의**(囚衣)를 자작나
무 허울 벗듯 훌훌 **벗고 싶은** 달래꽃같이 위대한 역
사와 힘을 가졌기에 이렇게 살아가는 것이요 살아가
야 하는 것이다.

3

한 송이의 달래꽃을 두고 보드래도 햇볕과 바람과
벌나비와 그리고 또 무한한 마음과 입 맞추고 살아가
듯 너의 뜨거운 심장과 아름다운 모든 것이 샘처럼 왼
통 괴어 있는 그 눈망울과 그리고 항상 내가 꼬옥 쥘
수 있는 그 뜨거운 핏줄이 나뭇가지처럼 타고 오는 뱅
어같이 예쁘디예쁜 손과 네 고운 청춘이 나와 더불어
가야 할 저 **환히 트인 길**이 있어 늘 이렇게 죽도록 사
랑하는 것이요 사랑해야 하는 것이다.

- 신석정, 「역사」 -

31 (가)와 (나)의 공통점으로 가장 적절한 것은?

① 공감각적 심상을 활용하여 대상의 외양을 묘사하고
있다.
② 영탄적 어조를 통해 대상에 대한 그리움을 부각하고
있다.
③ 중심 소재를 반복적으로 제시하여 주제 의식을 드러
내고 있다.
④ 대립적인 의미의 시어를 통해 현실에 대한 비판 의식
을 강조하고 있다.
⑤ 말을 주고받는 방식을 사용하여 의인화된 대상과의 교
감을 나타내고 있다.

32 [A]~[E]에 대한 이해로 적절하지 <u>않은</u> 것은?

① [A] : '이 집', '저 집'과 '빈집'으로 시선을 이동하며 대상의 형태와 색채를 인식하고 있다.

② [B] : '소'와 '마을 사람'에게 호의적 시선을 보내고 '하늘 구름'의 영향을 의식하고 있다.

③ [C] : '다리를 건너'며 '꽃구름'과 이별하는 상황에서도 '찬 거울들'에 비친 대상을 보고 있다.

④ [D] : '찬 거울로는' 시야에 온전히 들어오지 않는 '검은 둥치들'이 묵묵히 서 있는 모습을 떠올리고 있다.

⑤ [E] : 대상과의 정서적 거리가 멀어지는 상황에서 '차를 멈추고 뒤돌아'봄으로써 경외감을 드러내고 있다.

33 (나)에 대한 설명으로 적절하지 <u>않은</u> 것은?

① 1에서 '저 하잘것없는 한 송이의 달래꽃을 두고' 본다는 것은 사소해 보일 수 있는 대상에 대한 관심을 드러낸다.

② 2에서 '얼어붙었던 대지'라는 부정적 여건을 극복하여 '뚫고 솟아오른'다는 것은 '달래꽃'의 강인한 모습을 드러낸다.

③ 2에서 '이것들이 빚어내는 아름다운 모든 것'을 '찬양'한다는 것은 '역사와 힘'의 위대함을 기리는 태도를 드러낸다.

④ 3에서 '예쁘디예쁜 손'을 '항상 내가 꼬옥 쥘 수 있'다는 것은 함께하는 존재와의 결속에 대한 화자의 인식을 드러낸다.

⑤ 3에서 '네 고운 청춘'을 '죽도록 사랑하'겠다는 것은 공동체의 갈등을 해소하기 위한 화자의 희생정신을 드러낸다.

34 <보기>를 참고하여 (가), (나)를 감상한 내용으로 적절하지 <u>않은</u> 것은? [3점]

  (가)와 (나)는 시간적 속성에 주목하여 시적 대상을 의미화한다는 점에서 공통적이지만, 구체적 이미지와 추상적 관념을 통합하는 방식의 측면에서 차이를 보인다. (가)는 대상의 일시성에 주목하며 포착한 경험 세계를 비유와 묘사를 통해 그려 냄으로써 생명과 자연에 대한 내적 인식을, (나)는 대상의 영속성에 주목하며 인식한 관념적 세계를 감각적으로 형상화함으로써 역사에 대한 상징적 의미를 드러내고 있다.

① (가)에서 꽃을 '구름'으로, 나무둥치를 '하늘의 기둥'으로 비유한 것을 통해, '때맞춰' 꽃을 피워 하늘과 땅을 연결하고 있는 생명에 대한 내적 인식이 드러나는군.

② (가)에서 '분홍빛 더 실린' 꽃의 모습과 '때맞춰 깬 벌'의 움직임을 포착하여 그려 낸 것을 통해, 작은 생명이 선명하게 드러나는 순간에 대한 관심을 엿볼 수 있군.

③ (나)에서 온 세상의 역사를 '이끌고 가는' 힘은 '크나큰' '마음'으로 표현되며, '한 송이의 달래꽃'이 '피어나는 것'이라는 구체적인 이미지를 통해 감각적으로 형상화되는군.

④ (가)에서 '살구꽃'이 '허옇게 매달'린 모습에 대한 지향은 '달포 뒤쯤' 회복될 생명에 대한 기대로, (나)에서 '수의'를 '벗고 싶은' 소망은 '환히 트인 길'로 상징된 역사적 전망으로 이어지는군.

⑤ (가)에서 '꽃들의 생애가 좀 짧'아도 괜찮다는 것은 일시성에 주목하여 자연의 섭리를, (나)에서 '길이 멸하지 않을 것'은 영속성에 주목하여 '긴긴 역사'의 의미를 인식함을 보여 주는군.

<table>
<tr><td colspan="2">[31~34] 문제 조망하기(스스로 판단해 봅시다.)</td></tr>
<tr><td colspan="2"><보기> 독해 (강/약)</td></tr>
<tr><td>번:</td><td></td></tr>
<tr><td>번:</td><td></td></tr>
<tr><td colspan="2">작품 독해 완료</td></tr>
<tr><td>번:</td><td></td></tr>
<tr><td>번:</td><td></td></tr>
</table>

[18~21] 문제 조망하기

<보기> 독해 (액자식 구조 → 강)

21번 ① : 실시간 독해 풀이 (<보기>+기호 밑줄)

19번 : 읽다가 [A] 발견하면 풀이 (구간+서술 방식)

21번 나머지 : 실시간 독해 풀이 (<보기>+기호 밑줄)

작품 독해 완료

18번 : 시험지 배치순 풀이 (기호 밑줄 but 소재)

20번 : 시험지 배치순 풀이 (18번에서 이해 심화 후 풀이)

[27~30] 문제 조망하기

<보기> 독해 (영웅소설 변주 → 강)

29번 : 감상문 보기 독해 (줄거리 → 약)

27번 : 실시간 독해 풀이 (기호 밑줄)

작품 독해 완료

28번 : 독해 후 풀이 (기호 밑줄 but 소재)

30번 : 독해 후 풀이 (구절의 평가 묻는 <보기>)

· 29번의 적절하지 않은 감상문 유형은 줄거리를 주기에 작품 독해 전에 참조해도 좋습니다. 4개 선지는 맞는 말이기 때문입니다. 옛 기출에서 자주 나오던 유형들도 언제든지 다시 나올 수 있습니다. 그러나 앞서 정리한 유형과 다를 것이 없습니다.

[22~26] 문제 조망하기

<보기> 독해 (공통/차이 → 강)

24번 : (가) 독해하며 [A] 파트 도착 (선지 → 지문 판단)

(가) 독해 완료

25번 : (나) 독해하며 선지 동시에 판단

(나) 독해 완료

23번 : 독해 후 풀이 (ⓐ, ⓑ 기호 밑줄 but 비교)

26번 : 독해 후 풀이(구절의 평가 묻는 <보기>)

22번 : (가), (나) 공통점 (표현법)

[31~34] 문제 조망하기

<보기> 독해 (공통/차이 → 강)

32번 : (가) 실시간 독해 풀이 (구간)

33번 : (나) 실시간 독해 풀이(구절의 평가: 선지 → 지문 판단)

작품 독해 완료

34번 : 독해 후 풀이 (구절의 평가 묻는 <보기>)

31번 : 독해 후 풀이 (표현법)

상이 전라도 여산 고을로 간 원마다 죽고 고을이 황폐하여 인심이 궤란(憒亂)함을 들으시고 깊이 근심하사 유예 불평하시더니, 이화란 장사 있어 일찍 무과 급제하여 오래 벼슬을 못 하고 분울해하더니, 이 말을 듣고 상소하여 왈,

"신이 이제 급제하여 십여 년에 벼슬을 못 하옵고 성하에 무익하옴을 주야에 한이 깊삽더니, 이제 여산의 괴변이 고이하와 **본국**이 위태하오니, 신이 비록 재주 없사오나 한번 입거하와 **사변을 제어하**오리다."

상이 서사를 보시고 대희하사 즉일 ㉠ <u>여산 부사를</u> 제수하시자, 이화 대희하여 사은하고 집에 돌아오자, 가족이 대경하고 부모 왈,

"여산 가는 원마다 죽는 자 삼십여 인이라. 네 구태여 자원하여 죽으려 함은 어찜이뇨. 달리 말고 가지 말라."

생이 대 왈,

"소자 듣자오니 사악한 기운이 바른 기운을 범하지 못한다 하오니 과려치 마소서."

인하여 즉시 하직코 발행 나흘에 여산에 이르러 도임하니라.

[중략 부분 줄거리] 이화는 아전 집의 자물쇠에 깃든 혼령인 여백에게 원을 죽인 정체가 누군지 물으나, 여백은 말하기 어렵다고 대답한다.

이화 매우 노하여 여백을 칼로 당당히 베고자 하니, 여백이 애걸하여 왈,

"네 나를 **베고자 하**니, 무릇 두 번 죽는 일이 없으나 불행히 너를 만나 괴로움을 당하는지라. 내 말하나 네가 처치를 잘못하면 나는 예 있지 아니하고 너는 목이 베어지리라."

이화 은근히 문 왈,

"**좋은 꾀**를 가르치면 어찌 성치 못하리오."

여백 왈,

"저 은행나무 천여 년이나 묵은 여우 한 쌍이 있어 변화 무궁하니, 이 고을 원마다 죽여 그 피 빨아 먹으니 요술이 점점 더 신기한지라. 잡기를 착실히 할지니, 이 고을 백성에게 명하여 만군으로 겹겹이 진

쳐 사람마다 다 활과 총과 창검을 장전하라 하고, 대톱과 큰 도끼로 나무를 베면 처음에 피가 낭자할 것이니, 이는 **잡귀**라. 나무 끝에 백발 노옹과 노파 나올 것이니 억만 병으로 **여우를 잡**되 일시에 둘을 다 잡아내면 변이 없으리라."

이화 이 말을 듣고 기뻐서 왈,

"내가 착실히 할 것이니 염려 말라."

하고 ㉡ <u>각 면에 하령하니</u>, 그물을 맺어 둘러치고 억만 사람으로 겹겹이 둘러 진 치고 나무를 베어라 하니, 모든 관리와 백성이 일시에 말려 왈,

[A]
"이 나무가 극히 영험하와 나무 위에 백발 노옹과 노파 때때로 나오니 이는 신선이라. 신기한 변화 무궁하니 이 나무 베시면 백성이 다 죽기 쉽사오니 성주께도 화 있사온가 하**나이다**."

원이 대소 왈,

"너희 무삼 지각이 있노라 감히 내 명을 거스르느뇨. 개의치 않으니 나무 속 요괴를 잡지 못하면 반드시 너희들 이 창검으로 처벌하리라. 빨리 나무를 베어 착실히 다 잡으라."

하고 호령하니, 꾸짖는 소리에 산이 무너지고 고을이 터질 듯하니, 모든 군사 문득 두렵고 겁이 나서 일시에 달려들어 베니 과연 나무 속에 유혈이 낭자하니, 다 실색 창황치 않을 수 없어

일시에 빌어 왈,

"이 나무 변이 이와 같사오니 덕분에 베지 마사이다."

원이 문득 고성으로 크게 꾸짖어 왈,

"너희 관원의 지휘를 받아 목숨이 비록 다해도 마치지 아니려든, 나무 재변이 이와 같으매 베는 바라. 너희 방자히 굴어 대사를 이렇듯이 그릇되게 하니 반드시 살리지 못하리라."

하고 호령이 추상 같으니, 제군이 마지못하여 일시에 베니라.

연하여 나무 위에 백발 노옹과 노파가 있어 '살리라' 벽력 같이 소리 지르니, 문득 천지가 무너지는 듯 일광이 어둑해지고 음풍이 크게 일어나 진동하니, 성안의 제군이 다 거꾸러지고, 이화 겨우 정신을 차려 고성 왈,

"모든 군사는 창검을 발하여 저 요괴를 잡으라."

연이어 재촉하니 모든 군사와 백성이 겨우 정신을

차려 일시에 고함하고 나무를 베니, 요괴 둘이 땅에 떨어지매 길이 한 발이 되고 금빛 같은 여우라. 화살과 창검으로 ⓒ 그 짐승을 죽임에 이르니 그제야 정신을 차려 원에게 사례 왈,

[B]
"이런 요괴가 읍중에 있어 종전 커다란 변란이 있사옵더니, 성주의 명공 신기 이와 같사오니 이제는 태평을 누릴 줄 어찌 알았으리오. 천신이 강림하여 여러 원님의 원수를 갚으셨도다."

하더니, 문득 보고하여 왈,

"죽은 여우 **수여우**뿐이라."

이화 대경실색하고 돌아오더라.

- 작자 미상, 「이화전」 -

[18~21] 문제 조망하기(스스로 판단해 봅시다.)

번:

번:

작품 독해 완료

번:

번 :

번 :

18 윗글의 내용에 대한 이해로 적절하지 <u>않은</u> 것은?

① 이화는 사악한 기운이 바른 기운을 해칠 수 없다고 여기고 여산에 부임했다.
② 이화는 모든 관리와 백성이 자신의 명을 따르지 않는다고 나무라며 자신의 뜻을 고수했다.
③ 모든 군사는 이화의 호령하는 소리에 두려움을 느끼고 이화가 요구하는 대로 행동했다.
④ 모든 군사는 은행나무 속의 유혈을 보고 당황하여 이화에게 명령을 거둘 것을 요청했다.
⑤ 이화는 백발 노옹과 노파가 지르는 소리를 듣고 고함을 치며 나무를 베었다.

19 ㉠~㉢에 대해 이해한 것으로 가장 적절한 것은?

① 이화는 벼슬을 못 했던 울분을 ㉠을 통해 해소하고, 당면한 문제의 해결을 ㉡을 통해 시도한다.
② 상은 황폐한 인심을 수습하기 위한 방법으로 ㉠을 행하고, 이화는 자신에 대한 백성의 신임을 되찾고자 ㉡을 행한다.
③ 이화의 부모에게 ㉠은 이화의 안위를 염려하게 되는 이유가 되고, 이화에게 ㉢은 상의 권위를 확인하게 되는 계기가 된다.
④ 군사들은 ㉡을 계기로 이화를 외면하게 되고, 백성은 ㉢을 근거로 하여 이화를 신뢰하게 된다.
⑤ 이화는 백성의 요청에 부응하기 위해 ㉡을 행하고, ㉢을 통해 관리들에 대한 반감을 표출한다.

20 [A]와 [B]에 대한 설명으로 가장 적절한 것은?

① [A]에서는 자신들의 믿음이 사실과 일치함을 상대방에게 전하고 있고, [B]에서는 상대방에 대한 자신들의 믿음이 사실로 증명되었음을 밝히고 있다.

② [A]에서는 상황을 가정하여 대상이 자신들과 상대방에게 미칠 수 있는 부정적인 영향을, [B]에서는 상대방으로 인해 변화된 상황이 자신들에게 미치는 긍정적인 영향을 언급하고 있다.

③ [A]에서는 자신들이 목격한 상황을 토대로 대상에 대한 상대방의 인식 변화를, [B]에서는 자신들과 상대방이 공유한 경험을 토대로 대상에 대한 상대방의 행동 변화를 촉구하고 있다.

④ [A]와 [B]에서는 모두 과거와 현재의 상황을 대비하여 바람직한 상황을 가져온 상대방의 업적을 예찬하고 있다.

⑤ [A]와 [B]에서는 모두 상대방의 지위를 언급하며 상대방이 스스로의 역할에 부합하는 결정을 내릴 것을 제안하고 있다.

21 <보기>를 바탕으로 윗글을 감상한 내용으로 적절하지 <u>않은</u> 것은? [3점]

> • 보기 •
>
> 이화전 은 전기 소설과 영웅 소설의 면모를 동시에 보여 준다. 주인공이 초현실적 존재와 교섭하는 설정은 전기 소설의 면모를 보여 주며, 주인공이 위기 해결에 나서고 조력자의 도움으로 위기를 극복해 나가는 서사는 여타의 영웅 소설과 다르지 않다. 그러나 조력자가 직접 나서서 행동할 수 없는 혼령의 형태로 존재한다는 점, 조력자가 주인공의 위협과 회유에 의해 조언을 해 준다는 점, 주인공이 조언을 따르기만 할 뿐 조력자로부터 스스로 위기를 해결할 수 있는 능력까지는 전수받지 못한다는 점 등은 영웅 소설의 일반적인 조력자나 주인공과는 구별되는 특이성을 보여 준다.

① '본국'의 '사변을 제어하'겠다고 말하며 국가의 위기를 주도적으로 해결하고자 하는 이화의 모습에서, 영웅 소설의 주인공으로서의 면모를 확인할 수 있군.

② 자신을 '베고자 하'는 이화에게 '좋은 꾀'를 알려 주는 여백의 모습에서, 영웅 소설의 일반적 조력자와는 달리 주인공의 위협과 회유에 의해 조언을 제공하는 모습을 확인할 수 있군.

③ '잡귀'를 잡는 것에 관해 이화가 여백과 대화하는 장면에서, 현실 세계에 속한 주인공이 초현실적 존재와 교섭하는 전기 소설로서의 특징을 확인할 수 있군.

④ 여백에게 '여우를 잡'는 방법은 듣게 되나 스스로 위기를 해결할 수 있는 능력은 전수받지 못한 이화의 모습에서, 영웅 소설의 일반적 주인공과는 변별되는 특징을 확인할 수 있군.

⑤ 여백의 조언을 따른 결과 '수여우'가 죽은 것에서, 영웅 소설의 일반적 조력자와 달리 조력자가 혼령임에도 주인공이 위기에서 벗어날 수 있게 된 상황을 확인할 수 있군.

(가)

　유자남에 유자가 **열리고** 굴나무에는 귤이 열리는
이 지순한 길은 바다로 기울었다.

　길에는 자갈이 빛났다. 건조한 가을길에 가뿐한 나
의 신발(겨우 무거운 젊음의 젖은 구두를 벗은……)
길은 바다로 기울고 발바닥에 느껴지는 이 **신비스러
운 경사감.**

　겨우 시야가 열리는 남색, 심오한, 잔잔한 세계. **하
늘과 맞닿을** 즈음에 이 신비스러운 수평의 거리감.

　유자남에 유자가 열리고, 굴나무에는 귤이 열리는
이 당연한 길은 바다로 기울고, 가뿐한 나의 신발.

　나의 뒤통수에는 해가 저물고. 설레는 구름과 바람.
저녁 햇살 속에 자갈이 빛나는 길은 바다로 기울고,
나의 발바닥에 이 신비스러운 경사감. 오오 **기우는
세계여.**

- 박목월, 「경사」 -

(나)

내 조상은 뜨겁고 부신
태양 체질이 아니었다. 내 조상은
뒤안처럼 아늑하고
조용한
달의 숭배자였다.

그는 달빛 그림자를 밟고 뛰어놀았으며
밝은 달빛 머리에 받아 글을 읽고
자라서는, 먼 장터에서
달빛과 더불어 집으로 돌아왔다.

낮은
이 포근한 그리움
이 크나큰 기쁨과 만나는
힘겨운 과정일 뿐이었다.

일생이 달의 자장(磁場) 속에
갇히기를 원했던 내 조상의 달빛 체질은

지금
내 몸 안에 피가 되어 돌고 있다.

밤하늘 떠오르는 달만 보면
왠지 가슴이 멍해져서
끝없이 야행(夜行)의 길을 더듬고 싶은 나는

아, 그것은 모체의 태반처럼 멀리서도
나를 끌고 있다는 생각이 든다.
마치
보이지 않는 인력(引力)이 바닷물을 끌듯이.

- 이수익, 「달빛 체질」 -

(다)

　천지 만물에는 큼이 있고 작음이 있다. 큼과 작음은
사물의 형태이다. ㉠ 형태가 처음 생겨나면 그 종류
가 이미 구별되니, 누가 바꿀 수 있겠는가. 하지만 작
으면서도 크고 크면서도 작은 이치가 또한 없지 아니
하다. 무엇보다 작은 것이 대나무 도시락의 밥과 한
그릇의 국인데, 그것에서 표정이 드러나는 사람이 있
으니, 이는 사물은 작은데 사람이 그것을 보고 크게
여기는 것이다. 무엇보다 큰 것이 진나라와 초나라
의 부유함인데, 성인(聖人)은 ㉡ "내가 무슨 부족할
것이 있겠는가."라고 하였으니, 이것은 사물은 큰데
사람이 그것을 보고 작게 여기는 것이다. 그렇다면
사물에는 **큼과 작음**이 일찍이 없었던 것이고, 사람
의 마음이 그것을 대처함이 어떠한지에 달린 것일 뿐
이다.

　우 상사 사앙(禹上舍士仰)은 약봉의 아래에 자리를
잡고 산다. 집터가 몇 이랑도 되지 않고 띠로 지붕을
이었으니, 집 가운데서도 지극히 작은 경우이다. 그
래도 사앙은 그 집을 **편히 여기며, 자고 거처하는 집**
을 '용연사(容燕舍)'라고 명명하였다. 그 집이 제비
둥지를 겨우 수용할 수 있는 정도라는 의미이다. 사
앙이 언젠가 ㉢ 나에게 집의 규모를 말한 적이 있었
는데, 표정에 스스로 작다고 여기는 듯한 기색이 있
었다. 그래서 나는 웃으며 말해 주었다.
　"군(君)의 집은 정말 작네. 하지만 작다고 여기면 작
은 것이고 크다고 여기면 큰 것이니, 군이 어떻게 여
기느냐에 달렸을 뿐일세. 저 집이 이미 군을 수용하
고, 그 남은 공간에 다시 군의 처와 자식을 수용하

며, 뜰에는 국화를 많이 심어 매년 가을이면 **향기와 빛깔이 서로 한데 모이고**, 처마 밖에는 종남산 일대가 아침저녁으로 **푸르른 산 빛을 보내오**네. **집이 이 모든 것을 사양하지 않고 다 수용하니**, 군의 집은 수용하는 것이 많네. 하지만 이것은 모두 외면의 것이지 내면이 아니라네. ㉣ 군은 독서하는 사람이니 가까운 내면의 것을 시험 삼아 생각해 보게. 군에게 몸을 주재하는 것은 마음이 아닌가. 마음의 자리는 사방 한 치일 뿐이니, 비록 지극히 작은 사물이라고 말해도 될 것이네. 하지만 한량이 없고 방향이 없는 마음으로서 의로운 행동을 쌓아 생기는 것을 병졸로 삼아 제대로 기르면 천지 사이에 가득하게 된다네. 그래서 소자(邵子)는 '베 이불로 몸을 따뜻하게 하고 명아주 국으로 배를 불리고 나서 흉중의 기를 토해 내니 우주에 가득하도다.'라고 하였지. 안락한 오두막 하나가 천지 사이의 커다란 구역이 된다는 것을 누가 알겠는가. ㉤ 지금 군은 집으로 군의 몸을 수용하고, 몸으로 군의 마음을 수용하고, 마음으로 과연 능히 천지 사이에 가득한 것을 수용하였으니, 수용한 것의 근본을 바탕으로 정진한다면 집이 그것을 주인으로 삼지 않음이 없을 것이네."

- 채제공, 「용연사기」 -

22 (가)~(다)에 대한 설명으로 가장 적절한 것은?

① (가)는 일부 시행을 명사로 종결하여, 바라는 바를 이루고자 하는 화자의 의지를 부각하고 있다.

② (나)는 의인화된 대상을 활용하여, 대상이 가지는 의미의 변화를 드러내고 있다.

③ (다)는 서로 다른 관점을 대비하여, 글쓴이가 주목한 세태에 대한 냉소적 태도를 드러내고 있다.

④ (가)는 유사한 통사 구조를 반복하여, (나)는 동일한 시어를 반복하여 주제 의식을 부각하고 있다.

⑤ (가), (나), (다)는 모두 감탄사를 활용하여, 대상에서 촉발된 정서의 변화를 부각하고 있다.

23 (나)에 대한 이해로 적절하지 <u>않은</u> 것은?

① 2연과 4연을 통해, 1연에서 화자가 자신의 조상을 '달의 숭배자'라고 생각한 이유를 짐작할 수 있군.

② 4연을 통해, 화자의 '몸 안'에 '돌고 있'는 '피'의 속성은 '일생' 동안 '내 조상'이 '원했던' 것과 관련이 있음을 알 수 있군.

③ 6연을 통해, '그것'이 '멀리' 있음으로 인해 화자가 느끼는 아쉬움이 '모체의 태반'을 떠올리는 행위로 해소되고 있음을 알 수 있군.

④ 2연과 3연을 통해 알 수 있는, 함께하는 대상에 대한 '그'의 정서를 바탕으로, 6연에서 '나를 끌고 있다'고 생각되는 '그것'에 대한 화자의 인식을 짐작할 수 있군.

⑤ 6연의 '바닷물'과 관련된 자연 현상을 통해, 4연의 '달의 자장'과 화자가 맺고 있는 관계의 특징을 알 수 있군.

24 <보기>를 참고하여 (가), (나)를 감상한 내용으로 적절하지 <u>않은</u> 것은? [3점]

시는 보조 관념을 통해 원관념을 드러내는데, 이때 추상적인 개념도 구체적인 이미지로 형상화될 수 있다. 시에서 형상화는 개념과 이미지 간의 유사성을 바탕으로 하는데, 이러한 유사성은 밝은 속성을 가진 대상은 긍정적으로, 어두운 속성을 가진 대상은 부정적으로 여기는 것처럼 보편적 인식에 바탕을 두는 것이 일반적이다. 하지만 개념과 이미지 간의 유사성이 화자 개인의 경험이나 인식에 기반해 개성적으로 나타나는 경우도 있다.

① (가)에서는 '젊음'에 대한 화자의 인식과 '젖은 구두'를, 무거움이라는 유사성을 바탕으로 연관 지어, 과거를 힘겨웠다고 여기는 화자의 인식을 드러내고 있군.

② (가)에서는 '시야가 열리는' '바다'에 대한 인식과 '잔잔한' 모습을, 고요하고 평화롭다는 유사성을 바탕으로 연관 지어, 화자의 평온한 내면 상태를 드러내고 있군.

③ (나)에서 '태양 체질'을 '뜨겁'다는 것과, '달빛 체질'을 '뒤안'처럼 '아늑하'고 '조용한' 것과 연관 지어 표현한 것은, 추상적 개념을 감각적 이미지로 형상화한 것이겠군.

④ (가)에서 '해가 저물' 때의 심리를 '설레는 구름'과, (나)에서 밤에 느끼는 심리를 '크나큰 기쁨과 만나는' 상황과 연관 지어 표현한 것은, 모두 화자의 개성적 인식에 바탕을 둔 것이겠군.

⑤ (가)에서 '길'에 놓인 '자갈'을 '빛나는' 것으로, (나)에서 '달빛'을 '밝은' 것으로 표현한 것은, 각각 눈이 부신 속성을 가졌다는 유사성을 바탕으로 연관 지어, 희망을 추구하는 화자의 내적 지향을 드러낸 것이겠군.

25 ⊙~⑩에 대해 이해한 내용으로 적절하지 <u>않은</u> 것은?

① ⊙ : 물음의 방식을 활용하여, 사물의 외적 형태에 대한 ‘나’의 생각을 드러내는 진술이다.

② ⓛ : 인용의 방식을 활용하여, 사물의 크기에 대한 ‘나’의 관점을 뒷받침하는 진술이다.

③ ⓒ : 경험을 상기하는 표현을 통해, 자기 집의 크기에 대한 ‘사양’의 인식이 변화하였음을 보여 주는 진술이다.

④ ⓐ : 명령하는 표현을 통해, ‘나’의 생각을 이해하는 데 도움이 되는 방법을 ‘사양’에게 권유하는 진술이다.

⑤ ⑩ : 연쇄적 표현을 바탕으로, ‘나’가 중요하게 생각하는 바를 ‘사양’에게 적용하여 설명하는 진술이다.

26 다음에 따라 (가)와 (다)를 감상한 내용으로 가장 적절한 것은?

선생님 : 문학 작품을 통해 우리는 특정한 상황이나 대상에 대한 화자나 글쓴이의 인식을 확인할 수 있어요. (가)에서는 인생의 황혼기를 맞는 화자의 인식이, (다)에서는 사물의 형태와 주관적 판단의 관련성에 대한 글쓴이의 인식이 나타나 있지요.

① (가)에서 화자는 ‘유자낢에 유자가 열리’는 자연의 섭리에 주목해 나이 듦이 당연함을, (다)에서 글쓴이는 ‘사양하지 않’는 ‘집’에 주목해 이견을 포용하는 삶의 중요성을 부각하고 있군.

② (가)에서 화자는 ‘신비스러운 경사감’에 주목해 황혼기에 대한 기대감을, (다)에서 글쓴이는 ‘향기와 빛깔이 서로 한데 모이’는 ‘뜰’에 주목해 더불어 사는 삶의 가치를 드러내고 있군.

③ (가)에서 화자는 ‘하늘과 맞닿’아 있는 대상을 통해, (다)에서 글쓴이는 ‘푸르른 산 빛을 보내오’는 현상을 통해 자연으로부터 위로를 받고 있음을 드러내고 있군.

④ (가)에서 화자는 ‘저녁 햇살’이 비추는 대상을 통해 황혼기의 아름다움을, (다)에서 글쓴이는 ‘큼과 작음’을 통해 대상의 가치는 마음먹기에 따라 달라질 수 있음을 드러내고 있군.

⑤ (가)에서 화자는 ‘기우는 세계’에 주목해 황혼기의 불완전함을, (다)에서 글쓴이는 ‘편히 여기며, 자고 거처하는 집’에 주목해 주어진 상황에 순응하는 삶의 중요성을 부각하고 있군.

(가)

　이렇듯이 좋은 해에 이때가 어느 때뇨
불한불열 삼춘이라
버드나무 드린 곳에 꾀꼬리 편편하고
수놓은 장막 베푼 곳에 벌 나비 분분하다
우리 꾀꼬리 아니로되 ⓐ 꽃은 같이 얻었으니
우리 비록 여자라도 이러한 태평세에 아니 놀고 무
엇하리
　백만 년을 다 버리고 하루 놀음 하려 하고
날짜를 정하자 하니 좋은 날은 언제런고
이월이라 이십오일 청명시절 제때로다
손꼽고 바라더니 어느 덧에 다닫고야
아이 종 급히 불러 앞뒷집 서로 일러
소식 주고 가사이다 노소 없이 다 모이어
ⓐ 차례대로 달아나니 호화 장식 찬란하다
먼 산 같은 눈썹일랑 아미로 다스리고
구름 같은 귀밑일랑 고운 머리로 꾸미도다
동해의 고운 명주 잔줄 지어 누벼 입고
가을볕에 바랜 베를 연반 물 들여 입고
선명하게 나와 서서
좋은 풍경 보려 하고 가려강산 찾았으되
용산을 가려느냐 매봉으로 가려느냐
산명수려 좋은 곳은 소학산이 제일이라
어서 가자 바삐 가자 앞에 서고 뒤에 서고
태산같이 높은 고개 허위허위 올라가서
승지에 다닫거다
좌우 풍경 둘러보니 수양산 같은 **금오산**
충신이 멀었거늘 어찌 저리 푸르렀으며
황하 같은 낙동강은 성인이 나시련가
어찌 저리 맑아 있노
구경을 그만하고 화전터로 나려와서
빈천이야 **정관***이야 **시냇가**에 **걸어 놓고**
청유라 백분이라 화전을 지저 놓고
꽃 사이에 친척들을 웃으며 불렀으되
어서 오고 어서 오소
집에 앉아 수륙진미 맛보기는 하려니와
부녀자들 함께 즐김 이에서 더할소냐

(중략)

청계변에 복성 꽃은 **무릉원**이 의연하다
이러한 좋은 경치 흠 없이 다 즐기니
ⓛ 소선(蘇仙)의 적벽(赤壁)인들 이에서 더할손가
이백(李白)의 채석(采石)인들 이에서 나을손가
꽃 사이에 벌여 앉아 서로 보며 이른 말이
여자의 소견인들 좋은 경치 모를소냐
규중에 **썩힌 간장 오늘**이야 쾌한지고
가슴이 상쾌하고 심신이 호탕하여
장장춘일 긴긴날을 긴 줄도 잊었더니
ⓒ 서산에 지는 해가 깊은 계곡 재촉하여
층암 고산에 저녁 안개 일어나고
푸른 나무 숲속으로 숙조(宿鳥)가 돌아든다
흥대로 놀려 하면 인간의 자연 취객이
아닌 고로 마지못해 일어나니
암하(岩下)야 잘 있거라 강산아 다시 보자
시화세풍 하거들랑 창안백발 흩날리고
고향 산천 찾아오마

- 작자 미상, 「화전가」 -

* 정관 : 솥.

(나)

　ⓔ 공명을 헤아리니 영욕이 반이로다
　동문에 괘관하고* **전려**에 돌아와서 성**경현전 헤쳐
놓고** 읽기를 파한 후에 **앞내**에 살진 **고기도** 낚고 **뒷
뫼**에 엄긴 **약도** 캐다가 임고원망*하여 임의소요하니
청풍이 시지하고 **명월**이 자래하니 아지 못게라 천양
지간에 이같이 **즐거움**을 무엇으로 **대할쏘니**
　평생에 이리저리 즐기다가 노사태평하여 승화귀
진*하면 긔 좋은가 하노라

- 작자 미상 -

* 동문에 괘관하고 : 벼슬을 그만두고.
* 임고원망 : 높은 곳에 올라 먼 곳을 바라보는 것.
* 승화귀진 : 자연에 순응하며 살다가 자연에 귀의하는 것.

(다)

　ⓜ 청산이 둘러 있고 벽수도 흘러간다
　풍월이 **벗**이 되어 ⓑ **백운(白雲)**에 누웠으니
　백구(白鷗)야 **백년**을 함께 놀자 하노라

<제2수>
- 채헌, 「석문가」 -

27 (가)~(다)의 공통점으로 가장 적절한 것은?

① 관념적 사유를 통해 내면을 수양하는 모습이 나타난다.

② 현재의 상황을 바탕으로 미래에 대한 바람을 드러낸다.

③ 구체적 행위를 통해 대상의 유한한 속성에 대한 아쉬움을 드러낸다.

④ 대상의 이면적 가치에 주목하여 태도 변화에 대한 의지를 드러낸다.

⑤ 공간의 이동 과정에서 탈속적 가치의 지향이 심화되는 모습이 나타난다.

28 ㉠~㉤에 대한 이해로 적절하지 <u>않은</u> 것은?

① ㉠ : 대상의 동적 속성에 주목하여 자연 경물을 화려하다고 여기고 있음이 드러난다.

② ㉡ : 수려한 경관이라고 보편적으로 인정받는 대상과 관련지어 자연 경관에 대한 예찬을 드러낸다.

③ ㉢ : 시간의 경과를 느끼게 하는 자연물을 통해 화자가 처한 상황이 바뀌게 되는 배경이 드러난다.

④ ㉣ : 과거에 대한 성찰을 바탕으로 세속적 성취의 추구가 헛된 일일 수도 있다는 깨달음을 드러낸다.

⑤ ㉤ : 자연의 모습을 통해 화자가 속세로부터 벗어난 공간에 있음이 드러난다.

29 ⓐ와 ⓑ에 대한 설명으로 가장 적절한 것은?

① ⓐ는 화자가 현실의 한계를 인지하게 하는 원인이고, ⓑ는 화자가 추구하는 삶의 가치를 함축하고 있는 대상이다.

② ⓐ는 화자가 기다리던 시기가 도래했음을 알려 주는 표지이고, ⓑ는 화자가 심리적으로 가깝게 여기고 있는 대상이다.

③ ⓐ는 화자가 계절이 변화했음을 확인하게 되는 계기이고, ⓑ는 화자에게 특정한 계절을 연상하게 하는 대상이다.

④ ⓐ는 화자가 주변의 다른 존재들과 함께 즐기고 있는 대상이고, ⓑ는 화자가 주변과 소통하지 못하게 만드는 원인이다.

⑤ ⓐ는 화자가 시대를 태평하다고 판단하는 근거이고, ⓑ는 화자가 도달할 수 없다고 여기는 이상향을 의미하는 대상이다.

> ● 보기 ●
>
> (가)는 사대부가(士大夫家)의 여성이 자연에서 화전
> 놀이를 하는 상황을, (나)와 (다)는 사대부가의 남성이
> 강호에서 지내는 상황을 보여 준다. 세 작품에는 유교
> 적 가치가 내면화되어 있는 사대부가로서의 공통적 인
> 식이 드러나기도 하고, 사대부가의 여성이나 남성이
> 처해 있는 상황에 따라 화자의 정서, 행위, 주변 대상
> 과의 관계 등의 측면에서 서로 다른 인식이 드러나기
> 도 한다.

① (가)에서 '시냇가'에 '정관'을 '걸어 놓'는 것과 (나)에서
'앞내'의 '고기'를 낚고 '뒷뫼'의 '약'을 캐는 것에서, 일
상적 생활 공간으로서 자연에 머물고자 하는 사대부가
의 모습을 엿볼 수 있군.

② (가)에서 '금오산'의 푸름을 보며 '충신'을 연상하고,
(나)에서 '전려'에 돌아와서도 '성경현전 헤쳐 놓고 읽'
는 것에서, 유교적 가치가 내면화되어 있는 사대부가
의 모습을 엿볼 수 있군.

③ (가)에서 '청계변'의 광경을 '무릉원'으로, (나)에서 '청
풍'과 '명월'을 다른 것이 '대할' 수 없는 '즐거움'으로
여기는 것에서, 자연을 긍정적으로 수용하는 사대부
가의 모습을 엿볼 수 있군.

④ (가)에서 '부녀자들 함께 즐김'이 '이에서 더'하겠냐고
하는 것에서 사대부가 여성의 공동체적 흥취를, (다)에
서 '풍월'을 '벗'으로 삼는 것에서 사대부가 남성의 자
족적 흥취를 엿볼 수 있군.

⑤ (가)에서 '썩힌 간장'이 '오늘'은 쾌하다는 것에서 사대
부가 여성의 한시적 만족감을, (다)에서 '백구'와 '백년'
을 놀고자 하는 것에서 사대부가 남성의 지속적 만족
감 추구를 엿볼 수 있군.

[앞부분 줄거리] 위세를 떨치던 안양덕 집안에서 머슴으로 일하는 김원석이 양덕영감의 집에서 명절 떡을 훔쳐 온다. 이 떡으로 또쇠 아버지와 치전(길성 아버지)이 떡 먹기 내기를 하다가 치전이 급체로 죽는다. 이 일로 인해 순사가 양덕영감을 찾아온다.

"이리 오너라." 하며 순사는 죄인이나 다루듯이 원석이의 소맷자락을 잡아 채친다. 가슴이 떨리나 하는 대로 내버려두었다.

㉠ 설령 죄가 돌아온다 하더라도 받는 것이다! 고까지 생각하며 마음을 가라앉히려 하였다. 사랑 마당에 들어서서도 원석이의 소매를 놓지 않고 큰방에다가 대고 주인을 부른다.

노영감이 유리로 내다보다가 누구든지 나가 보라고 소리를 치니까 약(藥) 맡아보는 ⓐ 선달이 나왔다.

"당신이 주인이오?"

"아녜요……." 하고 이 늙은이는 벌벌 떨면서 뒤로 들어가더니 곧 양덕영감이 나왔다.

"왜 그러우?"

양덕영감은 망건을 도드라지게 쓴 위에 곱다란 인모탕건을 얹어 놓았다. 탐스런 대모풍잠이 은은히 비추인다. 말소리가 좀 거만한 듯한 데에 불끈한 순사는,

"당신이 주인이요? 호주요?" 하고 연거푸 물었다.

ⓑ 양덕영감은 왜 그러는지 잠깐 머뭇거리다가,

"네." 하고 겨우, 그러나 아까보다는 좀 **수그러진 목소리**로 대답을 했다.

"주재소로 좀 갑시다. 어서 옷 입으우."

"무슨 일인데요?"

"나도 모르우. 어서 옷 갖다가 입우."

이러는 동안에 노영감은 마루로 나서고 ⓒ 꼬깔 참봉은 누가 기별했는지 안에서 눈이 뚱그래서 고깔을 휘젓고 튀어나오고 아들 손자 하인 할 것 없이 삽시간에 마당이 **빽빽하게** 모여 들었다. 원석이 처는 코끝이 **빨개서** 뛰어나와서 **뚱그란 두 눈을 화화** 내젓다가 남편이 순사에게 붙들려 섰는 것을 보고 틈을 비비고 나서다가 꼬깔 참봉께 **호령**만 당하고 사람의 틈으로 물러섰다.

"왜 그러슈? 치전이 죽은 데 무슨 상관이 있는 줄 알고 그러슈?

그 일이면 내가 자세히 아니 나하고 갑시다."

꼬깔 참봉이 나서며 이렇게 물었다. ㉡ 이 말에 누구보다 놀란 사람은 원석이었다. 벌써 소문이 돌았던 게다.

"응? 치전이가 죽었어?" 하고 놀라는 소리도 그중에서는 들렸다.

"그럼 갈 테건 당신도 갑시다." 하며 ⓓ 순사는 부자를 다 데리고 갈 눈치다. 꼬깔 참봉이 나중에는 허리를 **굽실거리며 쉰네**를 개울려 가며 애원을 해 보았으나 끝끝내 고집을 세우고 어디로 도망이나 할 염려가 있는 듯이 부자의 옷을 내어다가 입혀서 앞장세우고 주재소로 갔다. **경관의 앞에는 상전 하인이 없었다.** ㉢ 이런 일은 이곳에 주재소가 나와 선 지 수십 년 내에, 아니 이 집의 가문에 없던 일이었다.

(중략)

치전이의 장사는 하여간 이와 같이 하여 그날 저녁때에 눈발이 날리고 쓸쓸한 가운데 ─ 그러나 읍내의 청년 단체의 대표자의 호상까지 받고서 무사히 지냈다. 송장을 파묻고 내려올 제 그 청년들은 원석이를 붙들고,

"기위 양덕 집에서 **쫓겨나게** 되었다니 나올 바에야 오늘로라도 나오슈. 우리도 이리 올 때에는 그 집에 가서 장비라도 부조를 하라고 권고를 할 작정이었으나 **그까짓 놈**이 내놓으면 얼마나 내놓겠소. 그래서 그만두었지만 저희도 좀 **정신 차릴 날**이 있으리라." 하며 남의 일이건만 왜 그러는지 성벽을 내어서 여러 사람을 충동이는 것 같았다.

㉣ "아닌 게 아니라 저희도 좀 양덕 댁에 말해 볼까 하다가 핀잔만 만날 것 같아 그만두었습죠."

원석이도 이렇게 맞장구를 쳤다.

"그렇다마다요. ㉤ 우리 지부에서도 창립할 때 원조를 청했더니 단돈 일 원 한 장도 안 내고 그런 건 우리는 모릅니다고 뻣뻣하기가 바지랑대*던데……."

이것은 또 다른 청년의 말이다.

"그는 하여간에 김원석 씨는 그 집에서 나오면 당장 어데를 가시려우?"

거의 길성이 집 근처까지 와서 한 청년은 원석이를 쳐다보며 발을 멈춘다. 길성 어머니는 어찌나 추운지 이제는 울지도 못하고 자식들이 기다리는 집으로 달

음질을 해 간다.

"왜 그러시죠? …… 저두 이번 일에 무식한 생각이나마 **깨달은 것이 있어서** 단정코 서울로 올라가렵니다." 하고 원석이도 발을 멈추며 섰다.

[A]
"서울루? 서울루 가서 뭘 하려우?"

"무얼 하자는 게 아니오라 여기 있으면 어떻게 땅뙈기라도 부쳐서 먹고 지내려면 지낼 수도 있겠지마는요……" 하며 원석이는 추운지 어깨를 으쓱하며 두루마기 소매로 코를 쓱 씻는다. 여러 사람은 원석이의 나중 말을 들으려는 듯이 잠자코 쳐다본다.

"글쎄 말요. 시골 사람은 덮어놓고 서울 서울 하지만 서울 처음 가서 어름어름하다가는 여기 있는 것보다도 더 어려울 것 같은데……"
청년은 이런 소리를 한다.

"그것도 모르는 건 아닙니다마는……" 하며 원석이는 자기가 아직 나이 늙기 전에 노동을 하면서라도 공부를 해서 **사람답게 살아 보겠다**는 말이며 길성이네 네 식구를 적어도 장래는 자기가 뒤를 보아주어야겠다는 말, 또 이곳에 떨어져 있으려면 친구들에게 낯이 없어서 괴롭다는 여러 가지 사정을 간단히 말하였다.

- 염상섭, 「두 출발」 -

* 바지랑대 : 빨랫줄을 받치는 긴 막대기.

[31~34] 문제 조망하기(스스로 판단해 봅시다.)

번:

번:

번:

작품 독해 완료

번 :

번 :

---

31 [A]에 나타난 서술상 특징으로 가장 적절한 것은?

① 서술자가 특정 인물의 시선에 의존하여 사건의 전모를 제한적으로 전달하고 있다.

② 이야기 외부의 서술자를 통해 인물에 대한 주관적 평가를 직접적으로 밝히고 있다.

③ 직접 인용 표현과 간접 인용 표현을 혼용하여 특정 인물의 생각을 드러내고 있다.

④ 대화를 주고받는 장면을 제시하여 인물 간의 갈등이 심화되는 양상을 보여 주고 있다.

⑤ 관찰자의 시선으로 특정 인물의 행동을 묘사하여 시간의 흐름에 따른 인물의 심리 변화를 제시하고 있다

32 ⓐ~ⓓ를 중심으로 윗글을 이해한 내용으로 가장 적절한 것은?

① ⓐ는 ⓓ가 주인을 부르는 소리를 듣고 ⓒ를 대신하여 마당으로 나온다.

② ⓑ는 불안한 상황에 처한 ⓐ의 입장을 설명하기 위해 ⓓ와의 대화를 시도한다.

③ ⓒ는 ⓓ가 ⓑ에게 거만한 태도로 응대하는 것을 지적하며 불만을 표출한다.

④ ⓒ는 ⓑ가 곤란한 상황에 처한 것을 알아차리고 ⓓ와 동행하겠다는 의사를 밝힌다.

⑤ ⓓ는 ⓒ가 제안한 바를 수용하여 ⓑ를 주재소로 데리고 간다.

33 ㉠~㉤에 대한 이해로 적절하지 <u>않은</u> 것은?

① ㉠ : 가정적인 상황을 상정하여 심리적인 압박 상태를 해소하고자 애쓰고 있음이 나타난다.

② ㉡ : 공유되지 않고 있다고 여겼던 일을 모두가 이미 알고 있었음을 알게 된 데에 따른 반응을 나타낸다.

③ ㉢ : 시간적인 내력을 따져 보며 인물이 처해 있는 상황이 매우 이례적인 사건임을 보여 준다.

④ ㉣ : 대화에서 언급된 대상의 반응을 예상할 수 있기 때문에 의도한 바를 시도조차 하지 않았음이 드러난다.

⑤ ㉤ : 과거의 경험에서 비롯된 인물에 대한 부정적 인식을 특정 사물의 속성에 빗대어 드러낸다.

34 <보기>를 참고하여 윗글을 감상한 내용으로 적절하지 <u>않은</u> 것은? [3점]

> • 보기 •
>
> 이 작품은 전통과 근대의 가치관이 혼재된 시기에, 엄격한 상하 관계에 기반한 신분 제도가 혼란해지는 사회상을 잘 담고 있다. 이 작품의 인물들은 권위를 내세우며 자신의 지위를 고수하려는 모습이나, 기존 삶의 구습에서 벗어나 자신의 삶을 새롭게 인식하는 면모를 보인다. 또한 급변하는 현실 속에서 위 세대와는 다르게, 권력에 더 민감하게 대응하는 모습을 보이기도 한다. 이 작품은 현실에 작용하는 권력이 다양한 계층의 인간들에게 영향을 끼치는 상황을 재현하며, 완고했던 신분적 위상이 흔들리고 있음을 보여 주고 있다.

① ‘똥그란 두 눈을 화홰 내젓’는 원석의 처에게 ‘호령’하는 꼬깔 참봉의 모습에서, 자신의 신분적 지위를 고수하며 권위를 내세우고자 하는 태도를 엿볼 수 있겠군.

② ‘그까짓 놈’의 행태를 지적하고 그들도 ‘정신 차릴 날’이 올 거라는 청년의 말에서, 완고했던 신분적 위상이 전통과 근대가 혼재하던 시기에 흔들리고 있는 상황을 엿볼 수 있겠군.

③ ‘경관의 앞’에서는 ‘상전 하인이 없었다’는 것에서, 당시에 작용했던 새로운 권력으로 인해 기존 신분제의 엄격한 상하 관계가 역전된 사회의 혼란상을 엿볼 수 있겠군.

④ ‘쫓겨나게’ 된 원석이 ‘깨달은 것이 있’다며 ‘사람답게 살아 보겠다’고 말하는 것에서, 기존 삶의 구습에서 벗어나 자신의 삶을 새롭게 인식하는 인물의 모습을 엿볼 수 있겠군.

⑤ ‘수그러진 목소리’ 정도만으로 순사를 대하는 양덕영 감과 달리, ‘굽실’대며 ‘쇤네’라고까지 하는 꼬깔 참봉의 모습에서, 위 세대보다 권력에 더 민감하게 대응하는 모습을 확인할 수 있겠군.

[18~21] 문제 조망하기

<보기> 독해 (원칙: 전기 소설+영웅 소설, 예외) → 강

19번: 실시간 독해 풀이 (기호 밑줄)

작품 독해 완료

20번: 독해 후 풀이 (구간 별 비교)

21번: 독해 후 풀이 (<보기>+구절 평가)

18번: 독해 후 풀이 (인물의 행적)

[22~26] 문제 조망하기

24번 <보기> 독해 (원칙/예외 → 약/강)

26번 <보기> 독해 (상황, 대상)

23번: (나) 4연까지 읽고 실시간 독해 풀이 (기준: ①번)

(나) 작품 독해 완료

(가) 작품 독해 완료

24번: 독해 후 풀이 (<보기> 구절 평가)

25번: (다) 실시간 독해 풀이 (기호 밑줄)

(다) 작품 독해 완료

26번: 독해 후 풀이 (<보기> 구절 평가)

22번: 독해 후 풀이 (표현법)

[27~30] 문제 조망하기

30번 <보기> 독해 (공통점/차이점 → 강)

28번: 실시간 독해 풀이(가: ①~③번, 나: ④번, 다: ⑤번)

(가), (나), (다) 작품 독해 완료

29번: 독해 후 풀이 (기호 밑줄 비교)

30번: 독해 후 풀이 (기호 밑줄 비교)

27번: 독해 후 풀이 (표현법 공통점)

[31~34] 문제 조망하기

34번 <보기> 독해 (인물 분류→ 강, 시대 배경 → 약)

33번: [A] 이전 실시간 독해 풀이 (기호 밑줄 + 적절X)

31번: [A] 이후 실시간 독해 풀이 (구간[A])

작품 독해 완료

32번: 독해 후 풀이 (비교형 기호 밑줄 + 적절)

34번: 독해 후 풀이 (<보기> 구절 평가)

[18~21] 다음 글을 읽고 물음에 답하시오.

> **[중모리]** 그때에 사슴이 발론하되 근래 인간이 하 무서워 짐승을 잡아먹기 온갖 꾀가 다 생기고 산중에 수목이 없어 은신할 곳 없어지니 각기 의견 들어 보면 방책이 있을런가 이 모임을 했사오니 수령님의 좋은 꾀를 일러 주옵소서
>
> **[아니리]** 호랑이가 수령 말을 듣더니마는 거두룸을 피우며 오늘은 노소고하를 막론하고 자세히 말해 보라 토끼가 여짜오되
>
> **[자진모리]** **사냥개**라 허는 것은 같은 우리 모족(毛族)으로 사람 집에 기식허니 제 무슨 아첨으로 내 잘 맡는 자랑허여 심산궁곡 층암절벽 찾고 찾어 들어와 동제 간 살해만 허니 수령님 이후로는 사냥개를 있는 대로 다 잡어 잡수오면 그 덕이 모든 금수에게 미치오리다
>
> **[아니리]** 호랑이 듣더니만 다 잡어 먹었으면 네 원통함도 풀고 나도 배부른 꼴을 보련마는 일등 **포수**가 따러다녀 어설피 물랴다가 조총에 불이 번듯 탄환이 쑥 나오면 거 내 신세는 어쩔 것이냐
>
> 그때에 별주부 저기 토 선생 계시오 부른다는 것이 수로 팔천리를 아래턱으로 밀고 오자니 아래턱이 빳빳허여 토 자가 살짝 늘어져 호 자로 되였것다 저기 호 생원 계시오 불러 놓으니 첩첩산중 호랑이가 생원 말 듣기는 제 평생 처음이라 ⓐ <u>반기 듣고</u> 내려오는듸
>
> **[엇모리]** 범 내려온다 범이 내려온다 송림 깊은 골로 한 짐승이 내려온다 누에머리를 흔들며 양 귀 찢어지고 몸은 얼숭덜숭 꼬리는 잔득 한 발이 남고 동아 같은 뒷다리 전동 같은 앞다리 새낫 같은 발톱으로 엄동설한 백설 격으로 잔디 뿌리 왕모래를 좌르르 흩으며 주홍 같은 입 벌리고 홍행행 허는 소리 산천이진동하고 강산이 뒤눕고 땅이 뚝 꺼지난 듯 자라가 ⓑ <u>깜짝 놀래여</u> 목을 움치고 가만히 엎졌을 제
>
> **[아니리]** 호랑이가 척 내려와 이것 무엇인고 이리 보아도 둥글둥글 저리 보아도 둥굴 둥굴아 하고 불러도 대답이 없것다 옳다 이것 한 입가심 허여 볼까 자라가 ⓒ <u>깜짝 놀래여</u> 여보 당신이 뉘라 허시오 호랑이 깜짝 놀래 에끼 이것 보아라 도리줌치 속에 배암 잡어넣어 놓은 것같이 생긴 것이 인사성은 밝네 나는 ㉠ <u>이 산중</u> 지키는 호 생원 어른이로다
>
> 자라가 호랑이란 말을 듣고서 겁짐에 바로 일러 나는 명색이 자라 새끼요
>
> **[중모리]** 호랑이 ⓓ <u>반기 듣고</u> 얼시구나 좋을시고 내 평생에 원하기를 왕배탕이 원일러니 오늘날 만났구나 맛진 진미를 먹어 보자 으르르르앙 허고 달려드니 자라 듣고 깜짝 놀래여 아이고 내 자라 아니요 이 놈 그러면 무엇인고 내가 두꺼비요 두꺼비 같으면 더욱 좋다 너를 산 채로 불에 살라 술에 타 먹었으면 만병회춘 명약이라니 너를 먹으리라 아이고 내 남생이요 남생이 같으면 더욱 좋다 습기에는 제일이라 허니 너를 산 채로 먹으리라
>
> **[아니리]** 별주부 듣고 기가 막혀 이 급살 맞어 죽을 놈이 **동의보감**을 얼마나 통달허였는지 보는 대로 약 취해 먹기로만 드니 기왕 죽을 바에는 속임수나 한 번 써 보고 죽을 밖에 없구나 허고 목을 길게 내놓으며 네 이놈 호랑아 내 목 나간다
>
> 호랑이 ⓔ <u>깜짝 놀래</u> 에끼 이것 목 나온다 고만 나오시오 하루 수천 발 나오겠소 대체 당신 명색이 무엇이오
>
> 나는 수국 전옥주부 공신 사대손 별주부 별나리로다 이놈 내 목 이 모양 된 내력을 들어 보아라
>
> **[자진모리]** 우리 ㉡ <u>수궁</u> 퇴락허여 영덕전 새로 질 제 일천팔백칸 기와를 내 손으로 올리다가 추녀 끝에 뚝 떨어져 목으로 잘칵 꺼꾸러져 이 모양이 되얏기로 명의다려 문의한즉 호랑이 쓸개를 열 보만 먹으면 목이 즉효헌다기로 우리 수궁 도리랑 귀신 잡어 타고 호랑이 사냥을 나왔더니 쓸개 한 보 못 주겠느냐 도리랑귀신 게 있느냐 이 호랑이 배 갈라라 앞으로 기어들며 도리랑 도리랑 허고 달려들어 호랑이 아랫도리를 꽉 물고 뺑 돌아 놓으니
>
> **[아니리]** 호랑이 ⓕ <u>질색허여</u> 아이고 별나리 이것 좀 놓아주시오 이놈 잔말 말고 쓸개만 내놓아라 호랑이 그 육중헌 놈이 자라에게 매달려 애걸을 허는듸
>
> **[중모리]** 별나리 전에 비나이다 나는 오대독신으로 오십이 다 되도록 슬하 일점혈육이 없소 만일 내가 죽게 되면 **선영**에 죄가 망극허오 차라리 내 왼눈이나 하나 빼 잡수시오 이놈 잔말 말고 쓸개만 내놔라 여기만 놓아주면 당장에 쓸개를 드리리다
>
> **[아니리]** 별주부 가만히 생각한즉 쓸개 주겠다고 놓아 달라는 것이 얼주검이 된 모양이라 꽉 물었던 호랑이 아랫도리를 슬그머니 늦춰 놓으니

[휘모리] 호랑이 몽그랏다 후다닥 뛰어갈 제 급한 난
  리 화살 듯 조총에서 철환 닫듯 오림에서 조조 닫듯
  산을 넘고 바다 건너 홀연히 간 곳 없네
[아니리] 전라도 **해남**에서 냅다 뛴 놈이 의주 **압록강
  가**에서 숨을 내쉬고 한편을 살펴보는데 남생이 한
  마리가 뽀쪼롬허고 내다보니 별주부로 알았것다 에
  끼 저놈 그 새 저기 쫓아왔구나 게서 또 후다닥 빼
  놓은 것이 함경도 ⓒ 세수람 고개에다 덜럼 올라앉
  어 장담을 허것다 내 용맹이나 된 게 여기까지 살아
  왔지 잡놈 같았으면 하마 그놈 뱃속에 굳었으렷다

- 작자 미상, 「수궁가」 -

[18~21] 문제 조망하기(스스로 판단해 봅시다.)

번:

번:

작품 독해 완료

번:

번 :

번 :

---

18 윗글에 대한 이해로 적절하지 **않은** 것은?

① 사슴이 호랑이에게 대책을 구하자 호랑이는 거드름을
  부리며 다른 동물들에게 발언하게 하였다.
② 호랑이가 자라의 외양에 주목하여 관심을 보이자 자라
  는 호랑이보다 먼저 자신의 정체를 밝혔다.
③ 자라는 자신을 해치려고 드는 호랑이에게 목을 내밀어
  놀라게 한 후 도리랑귀신을 들먹이며 맞섰다.
④ 호랑이가 쓸개를 주겠다며 놓아 달라는 것을 듣고 자
  라는 호랑이가 얼주검 상태가 되었다고 생각하였다.
⑤ 호랑이는 남생이가 내다보는 것을 보고 자신이 매달
  려 애걸했던 자라가 자신을 쫓아왔다고 생각하였다.

19 ㉠~㉢에 대한 이해로 가장 적절한 것은?

① ㉠은 공동의 문제를 해결하기 위한 모족의 노력이 나
  타나는 공간으로, 이곳에서 자라와 호랑이의 화해가
  이루어진다.
② ㉡은 자라가 자신의 내력을 소개하며 언급한 공간으
  로, 자라는 호랑이와의 만남을 예상하고 이곳에서 이
  를 대비하였다.
③ ㉢은 호랑이가 안도감을 나타내는 공간으로, 이곳에서
  호랑이는 살아남은 것을 자신의 능력을 넘어서는 뜻밖
  의 행운이라고 여겼다.
④ ㉠은 자라가 자신의 행위로 인해 위험에 빠지게 된 공
  간이며, ㉡은 자라가 위험에서 벗어나고자 언급한 공
  간이다.
⑤ ㉠은 호랑이의 지위가 다른 존재의 발언을 통해 확인
  되는 공간이며, ㉢은 호랑이가 다른 존재와의 비교를
  통해 자신의 위엄을 부정하는 공간이다.

20 ⓐ～ⓕ에 대한 설명으로 가장 적절한 것은?

① ⓐ와 ⓑ는 각기 다른 주체가 예의를 갖춘 상대의 태도에 대해 보인 반응이다.

② ⓑ와 ⓒ는 동일한 주체가 상대의 당황하는 모습에 대해 보인 반응이다.

③ ⓒ와 ⓕ는 각기 다른 주체가 상대의 말이나 행동으로 인해 생긴 위기 상황에서 보인 반응이다.

④ ⓓ와 ⓔ는 동일한 주체가 자신의 숙원이 성취될 수 있음을 확인하면서 보인 반응이다.

⑤ ⓔ와 ⓕ는 동일한 주체가 상대의 예상 밖 제안에 대해 보인 반응이다.

21 다음에 제시된 선생님의 설명을 참고하여 윗글을 감상한 내용으로 적절하지 <u>않은</u> 것은? [3점]

• 보기 •

선생님 : 수궁가 는 우화에서 판소리 사설로 발전한 작품입니다. 동물들이 인물로 등장하는 우화 속 세상에 청중의 현실 속 다양한 요소를 중첩하는 방식으로 이야기의 변모가 이루어졌어요. 이로써 부정적 면모를 지닌 다양한 인간에 대한 비판을 드러내거나, 현실감을 부여하여 인물이 처한 상황을 강조하거나, 현실이라면 불가능한 상황을 가능한 것으로 과장되게 표현하여 청중의 흥미를 높였어요.

① '사냥개'에 대한 토끼의 평가에서, 현실에서 사냥개가 사람에게 길들여진 것을 우화 속 상황에 중첩함으로써 강자의 환심을 사 이익을 얻는 인간에 대한 비판이 드러남을 알 수 있군.

② 자라가 '동의보감'을 떠올린 데서, 현실의 의서를 우화 속 상황에 중첩함으로써 명약을 탐하는 속내를 지식을 내세워 숨기는 위선적 인간에 대한 비판이 드러남을 알 수 있군.

③ '포수'에 대한 호랑이의 태도에서, 현실의 인간이 지닌 힘을 우화 속 인물들의 위계질서에 중첩함으로써 권력자가 상대에 대한 두려움을 보여 위신을 잃는 상황이 강조됨을 알 수 있군.

④ 호랑이가 '선영'을 언급한 데서, 현실의 윤리를 우화 속 인물이 내세운 구실에 중첩함으로써 자손의 도리를 말하며 곤란한 처지를 벗어나려는 인물의 절박한 상황이 강조됨을 알 수 있군.

⑤ 호랑이가 '해남'에서 '압록강 가'까지 뛴 데서, 현실의 지명을 우화 속 공간에 중첩함으로써 실제라면 단숨에 닿기 불가능한 거리를 이동하는 상황이 과장되게 표현된 것임을 알 수 있군.

(가)

두고 온 것들이 빛나는 때가 있다
빛나는 때를 위해 소금을 뿌리며
우리는 이 **저녁**을 떠돌고 있는가
사방을 둘러보아도
등불 하나 켜 든 이 보이지 않고
등불 뒤에 속삭이며 **밤을 지키는**
발자국 소리 들리지 않는다
잊혀진 목소리가 살아나는 때가 있다
잊혀진 ⊙ 한 목소리 잊혀진 다른 목소리의 끝을
찾아
목메이게 부르짖다 잦아드는 때가 있다
잦아드는 ⓛ 외마디 소리를 찾아 칼날 세우고
우리는 이 **새벽**길 숨가쁘게 넘고 있는가
하늘 올려보아도
함께 어둠 지새던 **별 하나 눈뜨지 않는다**
그래도 두고 **온 것들은** 빛나는가
빛을 뿜으면서 한 번은 되살아나는가
우리가 뿌린 **소금들** 반짝반짝 별빛이 되어
오던 길 환히 비춰 주고 있으니

- 이시영, 「그리움」 -

(나)

감나무 잎새를 흔드는 게
어찌 ⓐ 바람뿐이랴.
감나무 **잎새를 반짝**이는 게
어찌 햇살뿐이랴.
아까는 ⓑ 오색딱다구리가
따다다닥 찍고 가더니
봐 봐, 시방은 ⓒ 청설모가
쪼르르 타고 내려오네.
사랑이 끝났기로서니
그리움마저 사라지랴,
그 그리움 날로 자라면
주먹송이처럼 커 갈 땡감들.
때론 머리 위로 ⓓ 흰 구름 이고
때론 온종일 ⓔ 장대비 맞아 보게.
이별까지 나눈 마당에
기다림은 웬 것이랴만,
감나무 그늘에 평상을 놓고

그래 그래, **밤**이면 **잠 뒤척여**
산이 우는 소리도 들어 보고
새벽이면 퍼뜩 깨어나
계곡 물소리도 들어 보게.
그 기다림 날로 익으니
서러움까지 **익어선**
저 **짙푸른 감들**, 마침내
형형 등불을 밝힐 것이라면
세상은 어찌 환하지 않으랴.
하늘은 어찌 부시지 않으랴.

- 고재종, 「감나무 그늘 아래」 -

(다)

천지간에 만물이 소리를 내게 만드는 것은 무엇인가? 초목은 움직이지 않으면 그 자체로 소리가 나지 않으나 바람이 불면 소리가 난다. 그런즉 초목이 소리를 내게 하는 것은 바람이다. 금석은 때리지 않으면 그 자체로는 소리가 나지 않으나 물건이 때리면 소리가 난다. 그런즉 금석이 소리를 내게 하는 것은 물건이다. 무릇 크고 작은 만물이 소리를 내는 것은 또한 반드시 그렇게 만드는 것이 있다. 사람이 세상에 태어나면 안으로는 오장이 있고 밖으로는 형체가 있지만 그것만으로 어찌 소리를 내겠는가. 기(氣)가 안에 쌓이고 밖으로 드러난 뒤라야 소리가 나는 것이다. 그런즉 사람이 소리를 내게 하는 것은 기이다.

소리는 한 가지가 아니니, 쓸모없는 소리가 있고 쓸모 있는 소리가 있다. 재채기 소리와 코 고는 소리는 사람의 소리 가운데 쓸모없는 것이고, 탄식하고 담소하는 소리는 사람의 소리 가운데 쓸모 있는 것이다. 쓸모 있는 소리에는 아름다운 소리와 추한 소리가 있다. 사람이 그 소리를 듣고 좋아하면 아름다운 소리이고, 미워하면 추한 소리이다. 아름다운 소리에는 실상이 있는 소리가 있고 흩어지는 소리가 있다. 입에서 나와 글로 쓰이지 못하면 흩어지는 소리가 되고, 입에서 나와 글로 쓰이면 실상이 있는 소리가 된다. 실상이 있는 소리에는 바른 것이 있고 삿된 것이 있다. 또 바른 것 같으면서 삿된 것도 있고, 혹 삿된 것 같으면서 바른 것도 있다. ⓒ 사람의 소리로서 남에게 듣기 좋고, 남에게 듣기 좋아 글로 쓰이고, 글로 쓰였으면서 바름에 합당하다면 그것을 일컬어 ② 좋은 소리라 한다. 좋은 소리를 내는 것은 참으로 어려운 일이구나.

최립은 좋은 소리를 내는 사람에 가깝다. 그의 문장이 비록 완성된 것은 아니지만 그 뜻은 바름을 향한다. 그러니 학업을 게을리하지 않는다면 바르게 되는데 무슨 어려움이 있겠는가.

내가 들으니 소리를 내는 만물은 그 본체가 크면 그 소리 또한 크고, 그 본체가 작으면 그 소리 또한 작다고 한다. 최립은 소리가 크니 그 본체가 큰 것을 알 만하다. 사람의 본체는 마음이니 그의 마음이 가히 크다고 하겠다. 내가 또 들으니 크게 부딪치면 큰 소리가 나며, 작게 부딪치면 작은 소리가 난다고 한다. 큰 바람이 초목을 움직이면 천지를 뒤흔들 듯하나, 작은 바람이 불면 한 번 살랑거림에 불과할 뿐이다. 금석을 치는 것도 또한 이와 같다. 사람의 소리는 기가 크면 그 소리가 크게 나고 기가 작으면 그 소리가 작게 나니, 최립의 기는 가히 크다고 하겠다.

- 이이, 「최립에게 주는 글」 -

22 (가)~(다)에 대한 설명으로 가장 적절한 것은?

① (가)는 계절을 나타내는 소재로 시적 분위기를 조성하고 있다.
② (나)는 자연을 관조하며 시적 상황을 탈속적 태도로 바라보고 있다.
③ (다)는 글쓴이와 타인의 생각을 비교하며 세태를 비판하고 있다.
④ (가)와 (다)는 모두, 연쇄적 표현을 통해 주체의 태도 변화 과정을 보여 주고 있다.
⑤ (나)와 (다)는 모두, 가정적 표현을 통해 대상의 속성을 드러내고 있다.

[22~26] 문제 조망하기(스스로 판단해 봅시다.)

번:

번:

(나) 작품 독해 완료

(가) 작품 독해 완료

번:

번:

(다) 작품 독해 완료

번:

번:

---

23 <보기>를 참고하여 (가), (나)를 감상한 내용으로 적절하지 <u>않은</u> 것은? [3점]

(가)와 (나)는 밝음과 어두움의 이미지를 활용하는 양상이 서로 다르다. (가)는 연대를 상실한 암울한 현실 상황을 어두운 밤으로 표상하고, 빛이 회복되는 미래에 대한 소망을 드러낸다. 이러한 소망은 소금을 뿌리며 그리운 이를 찾아다니는 행동으로 형상화된다. (나)는 자연 속에서 공존하고 있는 명암의 이미지를 바탕으로 성숙에 대한 성찰을 드러낸다. 이러한 성찰은 자연물과 내면을 동일시하며 시간의 흐름에 따른 변화의 양상을 그려 내는 방식으로 나타난다.

① (가)에서 '사방을 둘러보'며 '발자국 소리'가 '들리지 않'음을 확인하는 것은, '밤을 지키는' 이의 눈을 피해 다니며 그리운 존재를 찾고 있는 암울한 현실 상황을 보여 주는군.

② (가)에서 '오던 길'을 '소금들'이 '환히 비춰 주'는 것은, '두고 온 것들'이 되살아날 미래를 기대하게 한다는 점에서 빛의 회복에 대한 소망이 실현될 수 있음을 암시하겠군.

③ (나)에서 '반짝'이는 '잎새'와 '그늘'을 함께 지닌 '감나무' 아래에 '평상을 놓'는 것은, 밝음과 어두움이 어우러져 있는 자연에서 내면에 대한 성찰을 이어 가고 있음을 나타내는군.

④ (가)에서 '별 하나 눈뜨지 않'는 밤은 함께하던 이가 보이지 않는 상실의 상황을, (나)에서 '잠 뒤척'이는 '밤'은 마음이 감처럼 '익어' 가는 데 필요한 성숙의 시간을 의미하겠군.

⑤ (가)에서 '빛나는 때를 위해' '저녁'부터 '새벽'까지 길을 걷는 행동과, (나)에서 '짙푸른 감들'이 '등불을 밝힐 것'이라는 전망은 모두, 밝음이 나타날 것이라는 인식을 드러내는군.

24 ㉠~㉣에 대한 이해로 적절하지 <u>않은</u> 것은?

① ㉠이 '목메이게 부르짖'는 것과 ㉡을 찾고자 '숨가쁘게' 길을 넘는 것에는 모두, 대상을 향한 간절한 마음이 드러난다.

② ㉢ 중에는 쓸모는 있지만 남들이 듣고 미워하는 소리가 있는 한편, ㉣은 아니지만 남들이 듣고 좋아하는 소리도 있다.

③ ㉠이 잦아드는 것은 '다른 목소리의 끝'에 닿지 못하고 있는 상태를, ㉡이 흩어지는 것은 아름다운 소리가 글로써 실현되지 못한 상태를 의미한다.

④ ㉠은 '잊혀진' 상태이지만 다시 '살아'날 수 있다고 화자가 생각하는 대상이고, ㉣은 바른 것 같으면서도 삿된 것일 수 있다고 글쓴이가 생각하는 대상이다.

⑤ ㉡을 찾기 위해 화자는 미세한 소리에도 '칼날'을 '세우'듯이 민감하게 반응하려 하고, ㉢ 중에서 담소하는 소리뿐만 아니라 탄식하는 소리도 글쓴이는 쓸모 있다고 여기고 있다.

25 ⓐ~ⓔ를 중심으로 (나)를 이해한 내용으로 가장 적절한 것은?

① 화자는 ⓐ가 흔드는 것이 감나무 잎새뿐이라고 여기다가 ⓑ를 보며 그 생각을 바로잡고 있다.

② 화자는 ⓑ가 내는 소리와 ⓒ의 움직임을 통해 감나무 열매가 충분히 익은 상태임을 짐작하고 있다.

③ 화자는 ⓑ와 ⓒ가 감나무에서 만났다가 한순간에 헤어지는 것을 보며 자신의 사랑이 끝났음을 떠올리고 있다.

④ 화자는 감나무 열매가 자라는 과정에서 ⓓ를 만나기도 하고 ⓔ를 만나기도 하는 일이 유의미하다고 여기고 있다.

⑤ 화자는 ⓑ와 ⓒ가 감나무를 떠난 후에 ⓓ와 ⓔ가 오는 것을 보며 머지않아 새로운 사랑이 시작될 것을 기대하고 있다.

26 <보기>를 참고하여 (다)를 감상한 내용으로 적절하지 <u>않은</u> 것은?

(다)는 마음에서 기가 움직여 뜻이 소리로 나오는 데 있어 도리에 합당해야 좋은 글[文]이라는 글쓴이의 문학론을 바탕으로, 상대의 문장을 평가하며 칭찬과 당부를 전하고 있다.

① '만물'이 소리 나는 이치에서 시작하여 '사람'이 소리를 내는 이치를 밝히며, 소리를 화두로 삼아 문장에 대해 말하고 있군.
② '소리'가 지닌 상반된 특성들이 서로 균형을 이루어야 '좋은 소리'임을 제시하여, 문장이 궁극적으로 도달해야 할 바를 드러내고 있군.
③ 최립의 문장이 완성된 것은 아니지만 '참으로 어려운 일'에 가까움을 언급하며, 그의 문장에 대한 평가를 드러내고 있군.
④ 최립의 문장에 담긴 '뜻'이 도리에 합당함을 향하고 있음을 언급하며, 그가 학업에 정진할 것을 당부하고 있군.
⑤ 글로 드러난 최립의 소리가 크게 나는 것이 그의 '마음'과 '기'에서 비롯됨을 언급하여, 그의 문장이 뜻을 크게 드러내고 있음을 칭찬하고 있군.

[27~30] 다음 글을 읽고 물음에 답하시오.

“8·15 이후의 비극은…… 주민들이, 그러니까 국민들이 중요하지 않은 것처럼 되는 가운데에 그 마을과 동네가 이루어지고 역사가 이루어져 왔다는 바로 그 점에 있는 것 아니겠습니까? 그게 앞으로도 그럴까요? 적어도 이 독가촌에서만은 그렇게 되지 않을 겁니다.”

㉠이 세상에서 서로 말이 통하지 않는 두 종류의 인간군들이 사는가 보았다.

“역사에 관해서 말씀을 하시니, 나는 무식하고 먹고살기에 바빠서. 도무지 그런 얘기라는 것이…… 글쎄요.”

허명두 씨는 하품을 하였다.

[A]

“실례지만 선생께서는 8·15 직후에 무슨 청년당 일에……?”

온 씨의 어조가 진지한 것이 아니었다면 허명두 씨는 욕설을 퍼부어 네가 무슨 사찰 요원이냐고 따질 뻔하였다. 하지만 허명두 씨는 오랜만에 증오가 되살아나서 온 씨를 냉담하게 바라보며 입을 열었다.

“8·15 직후라? 그때 참 별의별 못난 것들이 제 세상 만났다고 착각하며 날뛰었지요.”

“역시 그러셨구만.”

“왜? 나를 본 적이라도?”

“많이 보았지요. 지금도 많이 보고 있고, 이봐요. 허 선생. 더 이상 서툰 짓은 하지 마시오. 당신이 무슨 짓을 꾸미고 있는지 다들 알고 있소. 그런데 이제 당신 같은 사람들이 날뛰던 시대는 서서히 지나가고 있는 거요. 우리의 피땀으로 이룩한 독가촌을 가지고 서툰 짓을 벌이려고 하다가는 당신이 온전치는 못할 거요.”

“나한테 협박을 하는 것이라면…… 그런 협박은 하나도 무섭지 않으니 어디 한번 해볼 대로 해보라지.”

허명두 씨는 증오를 억누르며 말했는데 온 씨도 거연히 일어났다.

“내가 한 말 명심하시오. 당신 같은 사람이 날뛰던 시대는 서서히 지나가고 있다는 것을.”

그러고 나서 온 씨는 가 버렸는데, 독가촌 일대에는 금방 그 소문이 돌 대로 돌았다. 온 씨가 만나는 사람에게마다 ⓐ이야기를 퍼뜨렸기 때문이었다.

허명두 씨로서는 마지막 안간힘을 내어 그가 일으켜 보려는 이번 싸움이 과거 어느 때보다도 어렵다는 것은 알고 있었다. 그리고 온 씨의 말이 단순한 협박만은 아니라는 것도 알았다. ㉡그러나 그렇기는 하지만 명분이나 사리의 옳음이란 것이 싸움에 무슨 필요가 있단 말인가.

이러한 사단이 벌어지게 된 것은 다름이 아니었다. 아무도 거들떠보지 않던 심심산골, 불모의 황무지였던 이곳 독가촌 일대가 하루아침에 각광을 받는 지대로 둔갑이 되었기 때문에 생긴 일이었다. 특히 독가촌은 오늘의 달라진 인문지리의 환경으로 따져 보았을 적에 고속도로와 접속이 되게 될 교통 요충지가 되었을 뿐 아니라 관광지로서의 좋은 조건을 모두 구비하고 있다는 것이었다.

[중략 부분 줄거리] 허명두는 온 씨와의 언쟁 전에 있었던, 외부 기업 측으로부터 독가촌의 주택 매입을 요청받은 일을 회상한다.

행정 당국은 지목(地目) 변경은 해 두었지만 서류상으로는 그 모든 가옥들이 무허가 주택이나 다름없었으며, 따라서 집들의 매매는 권리금에 다름이 아니었다. 물론 불하를 내게 될 적에는 이미 지어진 집 임자에게 기득권을 부여하게 될 터이었다. 허명두 씨가 관청을 들락거리고 야금야금 집들을 사두게 된 것이 이 때문이었다.

그러다가 그는 ⓑ소문을 듣고 찾아온 온 씨와 만나 언쟁을 벌이게 되었던 것이지만, 온 씨가 무슨 이야기를 하고 싶어 하는지 모르는 바는 아니었다. ㉢전국 각처에서 찾아든 사람들이 이곳 독가촌에 정착하여 그럭저럭 안정을 얻을 만하게 된 이즈음 이곳이 외부의 자본에 의해 관광지로 돼 버린다면 도대체 이 사람들은 또 어느 곳으로 찾아들어 가 얼마만큼 방황을 해야한다는 말인가? 그러니 두메산골이었던 곳을 피땀 흘려 오늘의 독가촌으로 개척해 온 이곳 사람들이 이 마을을 지켜야 한다는 것이 틀린 말일 수는 없는 것이었다. 더구나 농촌 부락으로서는 어느 정도 자립할 수 있는 터전도 굳혀 놓은 게 사실이었다. 온 씨의 주장은 옳은 것이었다. 허명두 씨의 입장에서도 그것은 부정할 수 없었다. 피땀 흘려 가꾼 땅이 도시의 온갖 잡것들이 논다니를 치는 관광지로 되려는 것을 어찌 귀농 개척자들이 가만 보고만 있을 것인가. 하지만 그런 사리만을 가지고는 모자라는 것이 현실인 것이고, 그 모자라는 부분을 채워 놓고 있는 게 무엇이겠느냐를 따져 보면서 허명두 씨는 웃음을 짓는 것이었다. 대한청년단 시절의 일하며 화랑동지회의 체험들을 그가 요 근래 부쩍 회상해 보는 것도 그 때문이었다. ㉣ 명분보다는 실리를 추구해 오는 측이 항상 이겨 오고 있었던 게 아닌가. 온 씨가 찾아와서 자신에게 하였던 말을 그가 곰곰 생각해 보는 것도 그 때문이었다. '이제 당신 같은 사람들이 날뛰던 시대는 서서히 지나가고 있다'는 말을 그는 물론 실감으로 받아들이고는 있으되, ㉤ 문제는 그것이 아직까지는 완전히 지나간 게 아니라는 데 있었다.

- 박태순, 「독가촌 풍경」 -

[27~30] 문제 조망하기(스스로 판단해 봅시다.)

번:

번:

번:

작품 독해 완료

번:

번:

---

27 [A]에 대한 이해로 적절하지 <u>않은</u> 것은?

① 온 씨와 허명두는 서로에게 질문을 하며 상대의 반응을 살폈다.

② 허명두는 온 씨의 발언에 불쾌해하며 과거에 자신이 느꼈던 감정을 떠올렸다.

③ 온 씨는 허명두와 대화를 나누며 상대에 대한 자신의 짐작이 맞았다고 생각하였다.

④ 온 씨는 상대의 행위를 평가하는 표현을 반복하며 허명두에게 꾸미고 있는 일을 그만두라고 경고하였다.

⑤ 온 씨가 공격적인 태도를 보이자 허명두는 에둘러 말하여 상대의 관심을 다른 곳으로 돌릴 수 있었다.

28 ⓐ와 ⓑ에 대한 이해로 가장 적절한 것은?

① ⓐ가 형성된 과정은 ⓑ가 주변에 전해진 것과 무관하다.

② ⓐ가 처음 퍼진 시점은 ⓑ가 처음 퍼진 시점보다 앞선다.

③ ⓐ는 ⓑ로 인한 인물 간의 갈등을 해결할 실마리를 제공하고 있다.

④ ⓐ가 주변에 빠르게 확산된 것은 ⓑ가 거짓으로 판명되었기 때문이다.

⑤ ⓐ에는 ⓐ를 처음 퍼뜨린 인물이 ⓑ와 관련하여 찾아가 만난 인물에게 확인한 내용이 반영되어 있다.

29 '독가촌'에 대한 설명으로 가장 적절한 것은?

① 고속도로가 연결될 것이 알려진 후 외부 사람들의 관심을 받게 된 곳이다.

② 허명두가 지목 변경으로 기득권을 부여받고서 집들을 사들이고 있는 곳이다.

③ 마을 사람들이 농사를 지어 왔지만 여전히 경제적으로 자립하기 어려운 곳이다.

④ 온 씨가 마을 사람들과 함께 농업 중심의 기존 생활양식을 바꾸려 하는 곳이다.

⑤ 관광지로서의 좋은 조건을 갖추게 하려고 마을 사람들이 피땀 흘려 노력한 곳이다.

30 <보기>를 참고하여 ㉠～㉣을 이해한 내용으로 적절하지 <u>않은</u> 것은? [3점]

> ● 보기 ●
>
> 윗글에서 서술자는 부정적 인물인 허명두에게 초점화하여 그의 내면을 서술하였다. 이를 통해 허명두가 자신의 생각이나 경험을 일반화하거나, 주어진 상황을 주관화하거나, 상대의 생각을 헤아리는 모습을 보여 준다. 이는 인물의 생각을 타당한 것처럼 보이게 하지만 한편으로는 상황을 자신에게 유리하게 해석하는 인물의 태도를 드러내어, 서술의 이면에 그 부정성에 대한 서술자의 비판이 함께 있음을 보여 준다.

① ㉠ : 인물과 상대를 '두 종류의 인간군'으로 일반화함으로써 상대와의 인식 차이가 좁힐 수 없는 것임을 드러내어, 상대와 소통이 어렵다는 인물의 생각이 타당한 것처럼 서술하였다.

② ㉡ : 마을의 상황을 '싸움'으로 주관화함으로써 상대가 추구하는 '사리의 옳음'이 싸움에서 이기는 데에 유용하지 않음을 드러내어, 인물의 생각이 타당한 것처럼 서술하였다.

③ ㉢ : 상황 변화가 '안정'을 위협한다는 상대의 생각을 헤아림으로써 변화의 부정성을 인정하면서도 무엇이 변화의 원인인지는 달리 보아, 인물의 왜곡된 시선이 드러나도록 서술하였다.

④ ㉣ : '실리'를 추구한 측이 언제나 우위를 차지했다며 과거의 경험을 일반화함으로써 현재 상황에서도 실리가 우선되어야 한다고 합리화하여, 인물의 생각이 타당한 것처럼 서술하였다.

⑤ ㉤ : '그것'이 지나가고 있음에도 '아직'은 유효하다고 주관화함으로써 현실의 변화를 인식하면서도 기존의 선택을 고수하여, 인물의 자기중심적 태도가 드러나도록 서술하였다.

[31~34] 다음 글을 읽고 물음에 답하시오.

(가)

온성이 몇 리런고 ㉠ 우리 말이 지쳤구나
서성 밖에 잠깐 쉬어 말 얻어 먹이려니
홀연히 소주 장사 앞에 와 팔려 하니
그 술을 먹어 보자 ㉡ 촌인(村人)의 솜씨 아녀
분명 관가 술일네 그 곡절 모를쏘냐
이 사람이 술 즐김을 태수가 들었더라
미리 독에 빚어 예 와서 기다린 지
여러 날이 되었더라 ㉢ 수상히 오는 손을
나인 줄 짐작하고 짐짓 싸게 파는구나
자연히 이 소식을 바람결에 들으니
알은체 무엇 하리 담뱃대 둘을 주고
한 병을 기울이니 감홍로와 진배없네
㉣ 유심터라 이 부사야 너 언제 날 알더냐
여기에서 종성 가기 오십 리가 된다 하니
바삐 가는 저문 길에 얼음 밑에 빠지고나
버선 행전 다 적시고 **동태가 되었더라**
이 몰골 이 거동을 남 뵈기 부끄럽다
만인 중에 출두하고 남여 위에 높게 앉아
㉤ 억지로 발 드리운들 그 누가 저어하리

                (중략)

여러 달 주리다가 혹시 혹시 출두하면
음식은 장하건만 하나나 살로 가랴
여러 날 칩떨다가 더운 방에 들어오면
가슴에 열이 나니 먹느니 **냉수로다**
뉘라서 어사 벼슬 좋다고 하던가
봉고파출* 쾌한 일가 형문 곤장 차마 하랴
못할 일 마지못하니 제 심정 글러지고
송사 진 이 원통하여 몹쓸 말 지어내니
모르는 이 어이 알리 그 말을 곧이듣네
고맙단 이 잠깐이오 원수는 대대로다
괴롭기는 저 혼자라 못할 것이 어사로다

                        - 구강, 「북새곡」 -

* 봉고파출 : 어사가 고을 원을 파면하고 관가의 창고를 잠금.

(나)

이 시름 저 시름 여러 가지 시름 ⓐ 방패연에 세세히
적어 정월 대보름에 서풍이 고이 불 제 하얀 실 한 얼
레를 끝까지 풀어 띄울 **제 큰 잔에 술을** 부어 **마지막
전송**하자 둥게 둥게 둥둥 떠서 높고 높이 솟아올라 백
룡의 굽이같이 **굼틀뒤틀 뒤틀어져** 구름 속에 들거고
나 동해 바다 건너가서 외로이 섰는 나무에 걸렸다가
풍소소 우낙락할 제* 자연 소멸 하여라

                        - 작자 미상, 「사설시조」 -

* 풍소소(風蕭蕭) 우낙락(雨落落)할 제 : 바람 솔솔 불고 비가 후둑 후
둑 내릴 때에.

(다)

강원도 설화지를 제 **크기로** ⓑ 연을 지어
대사(大絲) 황사(黃絲) 백사(白絲) 줄을 통 얼레에
살이 없이 바람이 한창인 제 삼간 퇴김 사간 근두* 반
공에 **솟아올라 구름**에 걸쳤으니 풍력도 있거니와 줄
맥*이 없이 그러하랴
먼 데 임 줄맥을 길게 대어 낚아 올까 하노라

                        - 작자 미상, 「사설시조」 -

* 삼간 퇴김 사간 근두 : 갖은 재주를 부려 연을 날리는 것을 말함.
* 줄맥(脈) : 줄의 힘.

[31~34] 문제 조망하기(스스로 판단해 봅시다.)

번 : ________________________________

번 : ________________________________

(가) 작품 독해 완료

(나), (다) 작품 독해 완료

번 : ________________________________

번 : ________________________________

번 : ________________________________

31 (가), (나)에 대한 설명으로 가장 적절한 것은?

① (가)는 남의 말을 인용하여 목적지의 위험성을 드러내고 있다.

② (가)는 대구와 대조 표현을 함께 사용하여 화자의 괴로운 처지를 드러내고 있다.

③ (나)는 가상의 존재에 빗대는 표현을 사용하여 자연 현상의 변화를 드러내고 있다.

④ (나)는 방위의 의미를 포함한 두 어휘를 사용하여 대상이 서로 반대 방향으로 이동함을 드러내고 있다.

⑤ (가)와 (나)는 모두, 색채를 나타내는 표현을 통해 배경 속에서 대상의 움직임을 뚜렷하게 드러내고 있다.

32 ㉠~㉤에 대한 이해로 적절하지 <u>않은</u> 것은?

① ㉠은 행로를 잠시 멈추게 된 이유가 되는 인식으로, 서성 밖까지 이르는 여정이 고단했음을 드러내고 있다.

② ㉡은 술맛에 대한 평가로, 장사가 홀연히 등장했다는 인식과 함께 술의 출처를 판단하는 근거가 된다.

③ ㉢은 장사에게 화자가 어떻게 보였을지 추측한 진술로, 화자에게 물건을 싸게 판 이유를 추정하는 단서가 되고 있다.

④ ㉣은 이 부사에 대한 평가로, 좋은 술을 얻은 것은 그가 옛 인연이 있었던 화자를 알아보았기 때문이라는 생각을 바탕으로 한다.

⑤ ㉤은 발을 내려 모습을 가리는 행위의 효과를 의심하는 표현으로, 위엄을 세우기 어렵겠다는 인식과 연결되고 있다.

33 ⓐ, ⓑ에 대한 이해로 가장 적절한 것은?

① ⓐ는 감긴 실을 끝까지 풀어서 멀리 떠나보내려는 대상이다.

② ⓐ는 비를 기원하여 바다 건너 자연물에 걸어 두려는 대상이다.

③ ⓑ는 바람이 잦아들었을 때 하늘에 유유히 띄워 두는 대상이다.

④ ⓐ와 ⓑ는 모두, 임에게 보내려는 전언을 담고 있는 대상이다.

⑤ ⓐ와 ⓑ는 모두, 집단의 의지를 실현하기 위해 날리는 대상이다.

34 <보기>를 참고하여 (가)~(다)를 감상한 내용으로 적절하지 <u>않은</u> 것은? [3점]

이 시가들은 경험의 실상과 외적 대상을 다양한 모습으로 표현한다. (가)는 장면 속에서 묘사된 행위를 통해 정서나 의미를 드러내기도 하고, 화자를 대상화하며 해학의 대상으로 삼기도 한다. (나)와 (다)는 동일한 소재를 중심으로 시상을 전개하며, 구체적이고 생동감 있는 표현을 통해 대상이 그 자체로 부각되는 모습을 보여 준다. 하지만 (나)는 화자가 가지고 있는 정서를 대상과 행위에 담아내고, (다)는 대상으로부터 화자의 정서가 촉발되는 모습을 보여 준다.

① (가)에서 얼음물에 빠져 '버선 행전' 다 적시는 대목은 경험을 실감 나게 보여 주면서 화자를 장면 속에서 대상화하여 '동태가 되었더라'라고 우스꽝스럽게 표현하는군.

② (나)는 정월 보름날에 '큰 잔에 술을' 붓는 행위로 예를 갖추며 연을 '마지막 전송'하는 모습을 통해 평안함에 대한 화자의 바람을 담아내는군.

③ (다)에서 연이 '솟아올라 구름'에 걸치는 것을 보고 화자가 연줄의 힘을 빌려 '먼 데 임'에게 가려고 하는 것은 대상의 역동성이 화자의 욕망을 불러일으키는 모습을 보여 주는군.

④ (가)에서 '가슴에 열'이 나서 '냉수'를 먹는 행위는 임무 수행에서 느낄 수 있는 고충을 드러내고, (나)에서 근심을 '세세히 적'는 행위는 문제 해소를 원하는 화자의 마음을 보여 주는군.

⑤ (나)는 연이 '꿈틀뒤틀 뒤틀어져' 올라가는 모습을 생동감 있게 묘사하여, (다)는 연의 재료를 '강원도 설화지'로 구체적으로 제시하고 '크기'까지 언급함으로써 대상 자체를 부각하는군.

[18~21] 문제 조망하기

<보기> 독해 (의인화된 동물들 파악 → 강)

19번: 실시간 독해 풀이 (기호 밑줄)

작품 독해 완료

20번: 독해 후 풀이 (기호 별 비교)

21번: 독해 후 풀이 (<보기> 구절 평가)

18번: 독해 후 풀이 (인물의 행적) → 주체 별 복귀

[27~30] 문제 조망하기

13번: <보기> 분석

10번: 구간 [A] (실시간 풀이)

13번: 기호 밑줄 <보기> (실시간 독해 풀이)

작품 독해 완료

12번: 단어에 대한 평가 (독해 후 풀이)

11번: 기호 밑줄 상호 비교 (독해 후 풀이)

[22~26] 문제 조망하기

23번 <보기> 독해 (차이점 → 강)

25번: 실시간 독해 풀이 (기호 밑줄 단독)

(나) 작품 독해 완료

(가) 작품 독해 완료

23번: 독해 후 풀이 (<보기> 구절 평가)

26번: (다) 실시간 독해 풀이 (구절 평가)

(다) 작품 독해 완료

24번: 독해 후 풀이 (기호 밑줄 단독X)

22번: 독해 후 풀이 (표현법)

[31~34] 문제 조망하기

34번 <보기> 독해 (공통점/차이점)

32번: 실시간 풀이 (기호 밑줄, 단독)

(가) 작품 독해 완료

(나), (다) 작품 독해 완료

33번: 독해 후 풀이 (기호 밑줄 비교)

34번: 독해 후 풀이 (<보기> 구절 평가)

31번: 독해 후 풀이 (표현법)